Éxito comercial

Prácticas administrativas y contextos culturales

Fourth Edition

Michael Scott Doyle
University of North Carolina at Charlotte

T. Bruce Fryer
University of South Carolina at Columbia

Ronald Cere
Eastern Michigan University

THOMSON
HEINLE

Australia • Canada • Mexico • Singapore • Spain
United Kingdom • United States

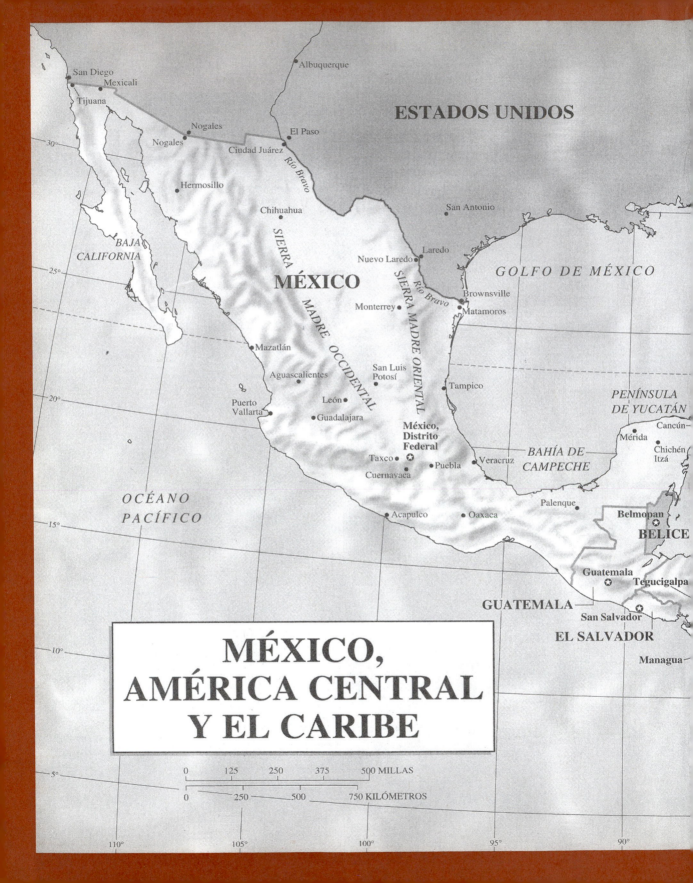

MÉXICO,
AMÉRICA CENTRAL
Y EL CARIBE

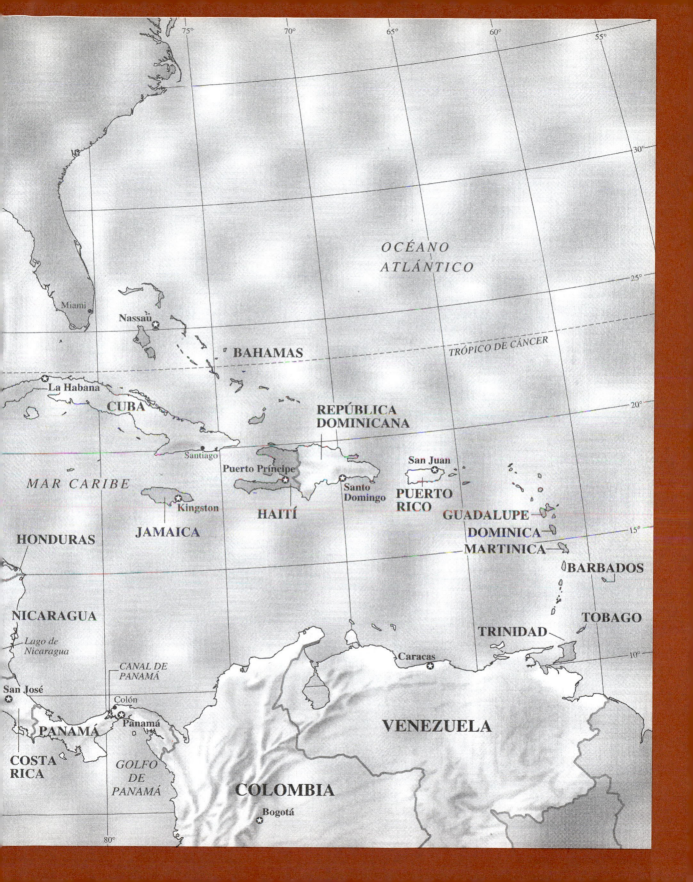

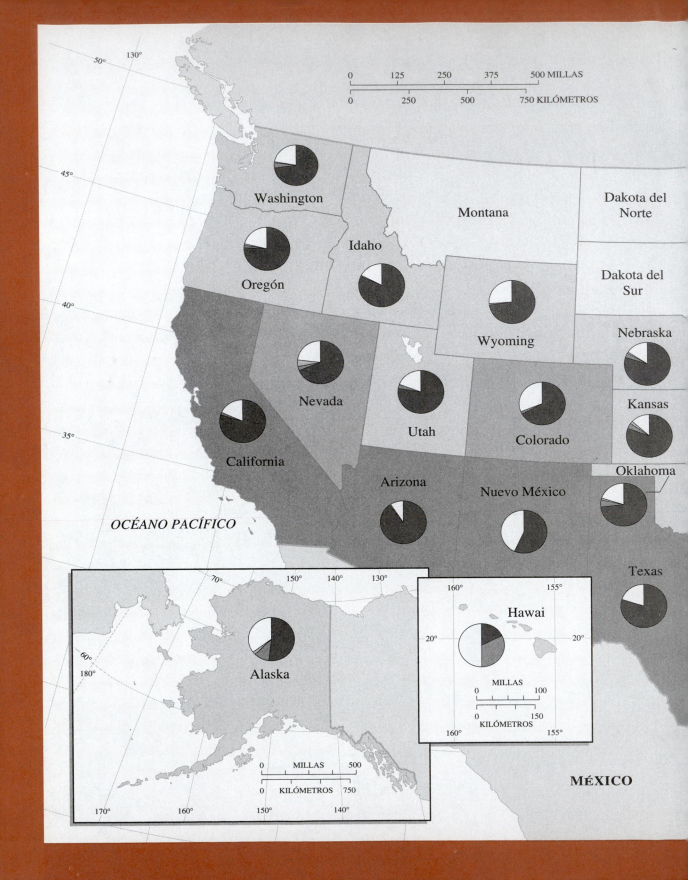

Washington

Oregón

Idaho

Montana

Dakota del Norte

Dakota del Sur

Wyoming

Nebraska

Nevada

Utah

Colorado

Kansas

California

Arizona

Nuevo México

Oklahoma

OCÉANO PACÍFICO

Texas

0   125   250   375   500 MILLAS

0   250   500   750 KILÓMETROS

Alaska

Hawai

160°   155°

20°   20°

MILLAS
0   100

0   150
KILÓMETROS

160°   155°

MILLAS
0   500

0   750
KILÓMETROS

MÉXICO

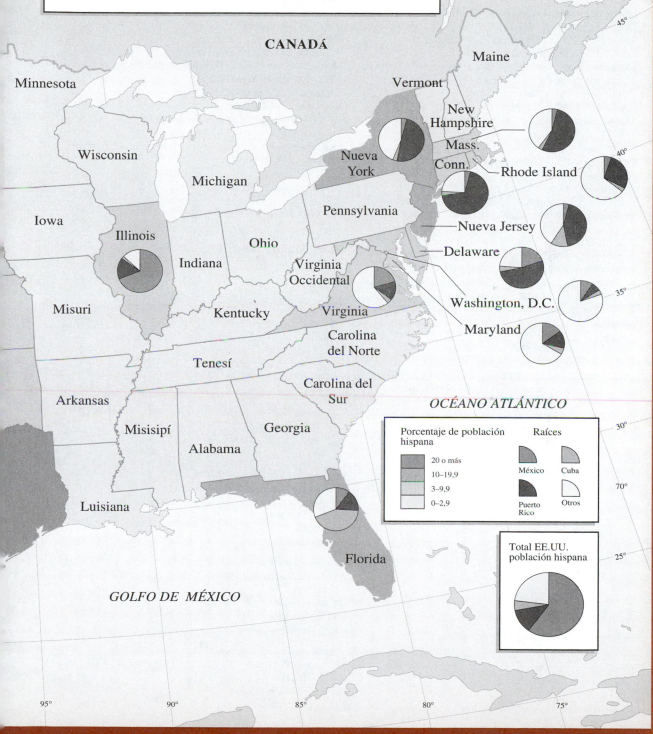

LOS HISPANOHABLANTES EN LOS ESTADOS UNIDOS

CANADÁ

Minnesota

Wisconsin

Michigan

Maine

Vermont

New Hampshire

Nueva York

Mass.

Conn.

Rhode Island

Pennsylvania

Nueva Jersey

Delaware

Washington, D.C.

Maryland

Iowa

Illinois

Indiana

Ohio

Misuri

Kentucky

Virginia Occidental

Virginia

Arkansas

Tenesí

Carolina del Norte

Carolina del Sur

OCÉANO ATLÁNTICO

Misisipí

Alabama

Georgia

Porcentaje de población hispana

20 o más

10–19,9

3–9,9

0–2,9

Raíces

México

Cuba

Puerto Rico

Otros

Luisiana

Total EE.UU. población hispana

Florida

GOLFO DE MÉXICO

95°

90°

85°

80°

75°

45°

40°

35°

30°

70°

25°

THOMSON
HEINLE

Éxito comercial: Prácticas administrativas y contextos culturales, Fourth Edition
Doyle, Fryer, Cere

Senior Acquisitions Editor: Helen Richardson
Development Editor: Heather Bradley
Technology Project Manager: Sacha Laustsen
Editorial Assistant: Caitlin McIntyre
Marketing Manager: Lindsey Richardson
Marketing Assistant: Rachel Bairstow
Advertising Project Manager: Stacey Purviance
Production Project Manager: Annette Pagliaro
Manufacturing Manager: Marcia Locke

Production Service: GGS Book Services, Inc.
Text Designer: Glenna Collett
Photo Manager: Sheri Blaney
Photo Researcher: Jill Engebretson
Cover Designer: Belinda Fernandez/Studio B
Cover Printer: Phoenix Color
Illustrator: GGS Book Services, Inc.
Compositor: GGS Book Services, Inc.
Printer: R. R. Donnelley & Sons Company

Cover Photos: *world globe*: © Mach 2 Stock Exchange/Index Stock Imagery; *hardhat*: © Novastock/Index Stock Imagery; *meeting*: © Keith Brofsky/Photodisc/Getty; *skyline*: © Jeremy Woodhouse/Photodisc/Getty

Printed in the United States of America
2 3 4 5 6 7 08 07 06 05

For more information about our products,
contact us at:
Thomson Learning Academic Resource Center
1-800-423-0563
For permission to use material from this text or
product, submit a request online at
http://www.thomsonrights.com.
Any additional questions about permissions
can be submitted by email to
thomsonrights@thomson.com.

Library of Congress Control Number: 2005921584

ISBN 1-4130-0691-4

Thomson Higher Education
25 Thomson Place
Boston, MA 02210-1202
USA

Asia (including India)
Thomson Learning
5 Shenton Way
#01-01 UIC Building
Singapore 068808

Australia/New Zealand
Thomson Learning Australia
102 Dodds Street
Southbank, Victoria 3006
Australia

Canada
Thomson Nelson
1120 Birchmount Road
Toronto, Ontario M1K 5G4
Canada

UK/Europe/Middle East/Africa
Thomson Learning
High Holborn House
50-51 Bedford Road
London WC1R 4LR
United Kingdom

Latin America
Thomson Learning
Seneca, 53
Colonia Polanco
11560 Mexico
D.F. Mexico

Spain (including Portugal)
Thomson Paraninfo
Calle Magallanes, 25
28015 Madrid, Spain

Índice

CAPÍTULO **1** **El comercio global y el contexto hispano: Geografía, demografía, idioma y cultura**   1

CAPÍTULO **2** **La empresa**   25

Índice del VídeoTexto

Índice temático

Índice de tablas informativas sobre países hispanoparlantes, Brasil y Estados Unidos de América

Índice de tablas comparativas

Preface

We are very pleased that the first three editions of *Éxito comercial* (1991, 1996, 2001) have met an instructional need at over 300 colleges and universities as well as numerous companies, banks, agencies, and other language/culture training institutes in six countries, including Mexico. We are excited about the prospects for the continued—and we hope improved—educational contribution of this fourth edition, which builds on the fundamental design and strengths of the previous editions. The socioeconomic data for each of the 21 Spanish-speaking countries and the United States has been updated. Brazil, the Colossus of the South, has been added to these country overviews because of its growing importance in Latin America and beyond. Other changes and additions place a premium on critical thinking, problem solving, and practice with the internet technology used daily in the business world. These skills, as we all know, are increasingly in demand in today's 24/7 e-global economy. The fourth edition is accompanied by a video, an audio CD, and an enhanced Web Site.

Éxito comercial is designed to give advanced-intermediate and advanced-level students of Spanish a solid foundation in business vocabulary, basic business and cultural concepts, and situational practice that will help prepare them for success in today's Spanish-speaking business world. It seeks to develop cross-cultural communicative competence for business purposes, which means that an individual is able to draw on his/her knowledge of business concepts and practices and culture, from geographic literacy to high "C" and low "c" culture, and apply this knowledge effectively in communicative situations. High "C" culture refers to the primary historical figures, events, and artistic expressions by which a nation identifies itself, while low "c" culture refers to the social values and conventions that shape everyday interaction and conduct within a given society. Both of these dimensions of culture are important for those who would conduct business with Spanish-speaking countries and communities. It is assumed that students have already mastered the fundamentals of Spanish grammar and that they control the general vocabulary needed for basic everyday communication.

Key business vocabulary, which may be unfamiliar to students, is presented in a short list at the beginning of each chapter. It is then reinforced through introductory readings, which deal with a functional area of business in domestic and global contexts. The business topics reflect the typical curriculum of an American business school. Due to the developmental nature of the text, students with a background in business or international studies will find that the descriptive readings reinforce their knowledge of business theory and principles. Native speakers of Spanish as well as English-speaking students, without prior knowledge of business, will find the readings informative and useful.

What I predict for the next century is that everyone will speak Spanish. Quit whining and get used to it! If you don't know it by now, start *practicando; el español es el futuro.*

Dr. David T. Gies,
Commonwealth
 Professor of
 Spanish,
University of
 Virginia,
Arts & Sciences,
July 2000

Previous editions of *Éxito comercial* have proven useful for students in the following disciplines:

- Spanish and Latin American Studies majors;
- Business and International Business majors planning to interact with a rapidly growing and influential number of Hispanic coworkers, clients, and consumers, both abroad and within the United States;
- International Studies or Government majors;
- Undergraduate liberal arts majors wishing to expand their awareness of the Spanish language or seeking positions with the growing number of companies needing to conduct business in Spanish;
- Majors in science, technology, and communications fields who plan to enter the expanding international business world.

Éxito comercial has also proven suitable for students pursuing graduate work in Spanish and has been used as a training manual to help prepare them to design and teach a course in Business Spanish. In addition, language and culture training institutes, as well as business firms, may wish to organize special language and culture training programs for their employees. *Éxito comercial* has been used effectively for these purposes, since it can be easily adapted to an institution's specific needs. It has been used in semester or quarter system courses meeting two or three days per week, in evening or Saturday sessions meeting once per week, and in intensive summer courses. It has also been used effectively by many instructors in a two-course sequence, for example, in a year-long course in which Chapters 1–7 are covered in the fall semester and Chapters 8–14 in the spring semester. This particular format makes it possible to fully supplement the basic text with the accompanying workbook, entitled *Éxito comercial: Cuaderno de correspondencia, documentos y ejercicios comerciales*. The workbook, which follows the chapter sequencing of the basic text, provides models for and practice in writing typical business letters, memoranda, e-mails, and other business documents. The workbook has also been used successfully by numerous instructors as a freestanding course in Spanish business correspondence, offering students a content-based alternative to the traditional Spanish composition course. What they write also serves as the basis for developing proofreading, editing, and translation skills.

CONTEXTUAL STRUCTURE OF THE TEXT

Éxito comercial remains uniquely interwoven with a number of thematic threads that establish useful and coherent contexts for both teachers and students. The business content is established by the chapter organization and sequence. Chapter 1 of this fourth edition has been restructured to provide a general introduction to global business and the Hispanic context—geography, demography, language, and culture. The United States and Equatorial Guinea (newly expanded), which appeared in this opening chapter in the third edition, have been moved to Chapters 14 and 2, respectively, for greater internal geographic coherence. Following the macroeconomic and cultural overview in Chapter 1, the text covers the establishment of a business firm and its subsequent development and participation in the international arena. This includes the initial organization of a company structure, its need for banking and accounting processes, capital investment (property, plant, and equipment), office systems, human resources management, the production of goods and services, marketing (from production to the consumer), financial management, setting up an international operation, import-export functions, and a futuristic outlook for business in our increasingly global and technological economy. The business context focuses on the role of the manager rather than on the operations performed by secretarial or office staff. Spanish professors teaching a business course for the first time have found and will continue to find the text to be very "user-friendly" because of its descriptive approach to business and the clear developmental sequencing of the functional business areas, from the creation and staffing of a company to its eventual involvement in international trade.

In each chapter, the geographic context is established through a continental or hemispheric map (Europe, Africa, or the Americas) as well as a country-specific map. Tables and readings follow these maps and present an economic overview of each country. The country-specific discussion begins with Spain and Equatorial Guinea (a Spanish colony in Africa until its independence in 1968) and moves on to the Americas: Mexico, Central America, South America (the Andean and the Southern Cone countries), and the Caribbean. It concludes the country "tour" with the United States, whose Hispanic population now makes it the world's fourth largest Spanish-speaking country, after Mexico, Spain, and Colombia. Throughout each section, students will find useful information about the geography, demography, government, economy, and commerce of each nation.

The geographic information is integrated with the business content from the outset. Both of these areas are in turn articulated with the cultural context, which deals with the social and business-related cultural patterns and conduct of the Hispanic world. To the extent possible, these themes have been related directly to the business content in each chapter. For example, honor, success, and forms of social interaction are presented in the chapters dealing with business organization and management; relations between men and women are addressed in the chapter on office management; and the impact of religion and holidays on business operations is discussed in the chapter on marketing and sales. Since cultural characteristics directly influence the way business —both national and international— is conducted, this cultural organization is an essential feature for the manager planning to do business successfully with Spanish-speaking coworkers, clients, and consumers.

INSTRUCTIONAL ORGANIZATION OF THE TEXT

Éxito comercial is divided into fourteen chapters, four appendices, and a vocabulary section (Spanish to English as well as English to Spanish). The Spanish to English vocabulary section at the end of the book has been expanded to make the text more user-friendly for students. In addition to the geographic, business, and cultural contexts described earlier, each chapter is physically divided into four distinct sections for instructional purposes.

I. *Lectura comercial*

This opening section consists of a basic reading that covers the business content for each chapter, focusing on aspects of the Hispanic context whenever feasible. Each business reading is previewed by a set of questions (*Preguntas de orientación*) as well as a short vocabulary list of key terms. The business reading is followed by activities designed to reinforce comprehension and increase language skills. The *Lectura comercial* also includes a new activity, *Para pensar*, which is based on an authentic document or graphic and requires additional critical thinking related to the business topic(s). Another highly recommended activity is for the student to do supplementary Internet readings in Spanish that deal with the topic (or related areas) presented in the *Lectura comercial*. This parallel Internet reading helps to build vocabulary through authentic texts that reflect ongoing developments in the functional areas of business.

- *¿Qué sabe Ud. de negocios?* These questions are found in the pre-reading *Preguntas de orientación*, to which the student returns after completion of the *Lectura comercial*. They can be answered orally or in writing.
- *¿Qué recuerda Ud.?* These "true-false" statements are designed to reinforce comprehension of the business readings. Students are asked to explain in their own words why statements are or may be considered true or false in order to further practice language skills and clarify their own understanding of business concepts.
- *Exploración.* This section draws upon the prior business-related knowledge and experiences of the students and integrates these with new information presented in the basic business readings. It may be answered orally or in writing, and is intended to stimulate discussion while reinforcing comprehension and vocabulary acquisition.
- *Al teléfono.* This exercise, which provides situational practice with a key form of communication in business, is one of the most important. It is based on the audio CD, which contains fourteen telephone dialogs dealing with the business topic of the corresponding chapter of *Éxito comercial*, Fourth Edition. The exercise is typically divided into three parts. The first part of the *Al teléfono* activity provides 4–5 pre-listening questions for students to **read.** After listening to the dialog, students may **hear** the same pre-listening questions, as these questions are also recorded on the audio CD. After listening to each question, use of the pause button will provide ample time to check listening comprehension in one of a variety of ways, depending on the proficiency level of students or the purpose of the instructor or learner: (1) an oral response in Spanish that answers the question in a complete or partial sentence or in a paragraph; (2) a complete or partial written response in Spanish; (3) a translation of the questions and/or answers into English or the language of the instructor or

learner; or (4) a complete or a partial sentence or a more extensive written response in English. The second part of the *Al teléfono* exercise, a new feature, is tied to the first activity (explained above) and requires each student to pair up with another and to take an active role in making a phone call directly related to the discussion heard in the audio CD. The third part of the *Al teléfono* exercise moves beyond the audio CD content and requires students to pair up to make another phone call that is related more broadly to the content of the business reading, as opposed to the specific conversation in the audio CD. Following a practice period in class, students may be asked to perform or model the phone calls for the entire class or to make an oral summary of the phone conversation that took place. They should be encouraged not to face one another during the in-class phone calls, so that they are required to focus on their listening comprehension. (This is easily achieved by having them sit back-to-back. The exercise is also more realistic if they use real or toy telephone receivers or cell phones.) This activity may also be assigned as homework to be done outside of class, using real telephones in a more realistic setting. They may make phone calls to one another or to a local Spanish-speaking business; individual students may be assigned to call the instructor (e.g., during his or her office hours); or the instructor may call the students. In previous editions of *Éxito comercial*, the first part of this audio CD exercise appeared only in the workbook. It has now been added to the textbook—with the new role-play phone conversations—in order to engage students earlier in this crucial form of business communication. The audio CD may also be used to develop fluency in Spanish as well as interpreting skills into English. A student may listen to the CD and repeat in Spanish the dialog he or she is hearing, using the pause button as needed for this shadowing activity. Or a student may listen to the CD and practice both consecutive and simultaneous interpretation into English, again using the pause button as needed.

- *Ejercicios de vocabulario.* These more traditional exercises, with a communicative and real-life twist in them, provide further reinforcement and practice of business terminology and language skills. Over the years, many students who have participated in a business internship in Spanish have emphasized that a key to their success was their knowledge of basic business vocabulary. The exercises may be done orally to enhance communicative interaction and collaboration in class, or they may be done in writing.
- *¡A ver si me acuerdo!* Students ask one another to translate business terms from English to Spanish, contextualizing the activity for specific business purposes.
- *¿Qué significan?* Students ask one another to define Spanish business terms and to provide synonyms if possible. Linguistic brainstorming should be encouraged.
- *Entrevista profesional.* In this interactive exercise, students interview one another using questions to solicit answers that further reinforce comprehension of the business reading.
- *Traducciones.* Students ask one another to translate sentences from English to Spanish, using business vocabulary to summarize key concepts presented in

the chapter. This allows them to further reinforce their understanding and to reproduce meaning through different forms or renditions, as there is seldom a single correct way to translate phrases, sentences, or contextualized discourse as compared to the translation of discrete vocabulary words. We have also found it productive to have students write their translations on the chalkboard (or equivalent), and have the whole class participate in constructive and creative peer editing. The exercise may be extended to include backtranslation (a common practice in the business world) whereby one student listens to or reads the translation made by another and then translates it back into the original language in order to verify the accuracy of the first version. In translating, students should be reminded that the fundamental goal is to translate sense for sense as opposed to word for word. Beware of literal, word-for-word translations!

II. *Una vista panorámica* and *La actualidad económica*

As in previous editions of *Éxito comercial*, this section provides a detailed statistical overview of the current geographic, political, demographic, and economic realities of the Spanish-speaking world. In each chapter, it provides thoroughly researched and updated information in over 50 categories for one or two countries. It also incorporates a brief narrative on recent socioeconomic and political developments in each country. The exercises that follow furnish additional communicative practice while focusing on (1) geographic literacy, (2) the socioeconomic and cultural data presented, and (3) other themes related to international business and business conducted in a Spanish-speaking country. NOTE: Instructors and students should use this information selectively as a basis or point of departure for communicative, analytical, comparative, and summative types of activities. It is not expected or intended that this very large quantity of data be absorbed or memorized in its entirety.

The *Vista panorámica* for each country begins with new, more detailed maps of the individual country as well as the region where it is located. A comprehensive data overview for each country is then presented in a clear, easy-to-read table, which contains the following major categories:

- Official name of the country
- Nationality of the citizens
- Country capital and population
- Type of government
- Head of state/government
- National holidays
- Size of the country in square miles and kilometers (also compared to the U.S., e.g., the size of California, twice the size of Texas, etc. *Note:* this always becomes more relevant if the students are asked to compare the size of a country to their home state or the state or country in which they are living, studying, and/or working.)
- Administrative divisions (states, provinces, departments, etc.)
- Major cities

- Principal ports
- Climate
- Arable land
- Population in years 2005 and projections for years 2015 and 2025
- Population distribution in urban vs. rural areas
- Age distribution of population
- Literacy rate
- Ethnic groups
- National currency
- Inflation rate
- Labor force (number of workers)
- Unemployment rate
- Gross Domestic Product (GDP), GDP per capita, and distribution of GDP (agriculture, industry, services/government)
- Valuation of imports and exports in $US
- Natural resources
- Major industries
- Principal exports and markets
- Principal imports and suppliers
- General business hours
- Transportation infrastructure (kilometers of highways and % paved, number of airports with paved runways)
- Communications infrastructure (number of telephone lines, radios per thousand people, televisions per thousand people)
- Major languages spoken
- Religions
- Typical foods and beverages, normal meal times and customs
- Proxemics and kinesics (spatial relationships, body language and typical gestures), conduct (good manners and courtesy)

Since much of the data is dynamic and changes continuously, a very useful and interesting activity for students is to update the information in selected categories by using the Internet or sources such as those listed in the bibliography (see http://exito.heinle.com). This type of exercise also reflects the research that is so often conducted in the world of international business and consulting. Reviewers and users of previous editions of *Éxito comercial* have underscored the educational value of this particular activity.

La actualidad económica is a brief narrative focusing on the current socioeconomic and political situation of each country. It too should be further updated with student research of current events. It is followed by activities designed to increase language practice and to reinforce students' geographic and socioeconomic knowledge. The follow-up activities include:

- *¿Qué sabe Ud. de _____?* This exercise gives students an additional opportunity to enhance their communication and computer skills, while increasing their knowledge of the Spanish-speaking world. In a new feature for the fourth edition, students are invited to frame their responses in the context of having been hired as cross-cultural consultants for international business, such that they are providing "clients" with information and making recommendations to them based on the data, readings, and research that they have conducted. They must also plan a business trip for themselves or their client(s) to the country or countries covered in each chapter, which requires them to prepare a budget (and perhaps a memorandum containing a formal itinerary and request for funding) that contains current pricing and costs involved. Students are particularly encouraged to update the country information given in pertinent sections by using data gathered from the Internet (*CIA World Factbook*, Nations of the World, U.S. Department of State Background Notes, World Bank Group Countries, Interamerican Development Bank, United Nations, etc.), magazines, newspapers, television, and reference books such as the *Almanaque Mundial*, published yearly in Spanish, or the annual publication of the *World Almanac and Book of Facts*, and similar sources.

III. *Lectura cultural*

In these reading passages students explore the cultural contexts of the Hispanic world within which the business activities are likely to occur. They encounter in this section the richness of the Spanish-speaking world and the cultural diversity represented by each country or geographic area. Each reading is followed by a set of exercises:

- *Asimilador cultural/Minidrama cultural.* In these narrative or dramatic passages, based on the previous cultural/commercial readings, students read or dramatize a situation in which individuals from different cultural backgrounds interact. In most cases, there is unacceptable or problematic behavior that occurs due to some form of cross-cultural insensitivity. In a communicative adaptation of the activity, students are asked to respond to questions about the flawed interaction and to analyze, discuss, and make recommendations regarding what happened in the scenario. In some cases, the cross-cultural conflict is presented through a cultural "*minidrama*," which can be performed, followed by similar questions designed to elicit increased cross-cultural performative awareness through analysis and discussion.

IV. *Síntesis comercial y cultural*
Actividades comunicativas and *Análisis y comparación*

This section provides real-life communicative activities designed to involve all students, regardless of their speaking level and abilities. Each activity integrates into realistic settings the business, geographic, and cultural contexts presented and practiced in previous sections of each chapter. The extent to which students can function in these contexts is limited only by their linguistic and cultural competence, as it would be in actual business situations. Reactions and responses may be as diverse as the students in the class, which adds to the richness of the classroom learning environment. In many instances there may be no single correct response, only one that may be deemed more appropriate under particular circumstances. In all cases, the students should be encouraged to determine the options that might be allowed by Hispanic society: how variables such as age, gender, social class, position (professional occupation and status), and place of residence may affect the manner in which people behave; how people might react in critical business situations in a particular Hispanic society or in a Spanish-speaking country or setting; what images are associated with words and phrases beyond the dictionary definition; and the appropriateness or inappropriateness of generalizations regarding Hispanic cultures. These are fascinating but particularly difficult issues to deal with at this or any other level of Spanish instruction, due to the great diversity among Spanish-speaking countries and communities. However, it is important that through these activities students look for basic similarities as well as differences in behavior. They need to identify sources of information and develop research skills for locating and organizing materials about Hispanic societies as well as those facets of Hispanic culture that stimulate their own intellectual curiosity. These activities will help prepare students for dealing with the situations that they may encounter in the business world.

The communicative activities are the following:

- *Situaciones para dramatizar.* As a point of departure, students read these culturally contextualized situations designed to be enacted in small groups or in front of the class. This type of role-playing allows for diversity and creativity in student performance, and accommodates the different communication levels so frequently encountered in the real world of international business.
- *Ud. es el/la intérprete.* Interpretation (oral translation) is necessary in many international business situations. This activity is designed for groups of three students. One student provides a consecutive (sequential) interpretation, rather than the more difficult simultaneous interpretation (which may also be tried!), for the other two students, who read the parts of an English-speaker and a Spanish-speaker attempting to engage in a conversation or negotiation. The interpreter is asked to listen carefully and to provide a reasonable interpretation of what was said without looking at the script. In one part of the activity, the interpretation is from English to Spanish and in the other, from Spanish to English, as functional multilingual fluency is required in international business. Interpreting, as with written translation, is both precise and flexible. There is almost always more than one acceptable rendition, which encourages students to be creative while maintaining accuracy. This type of exercise also builds students' ability to circumlocute and, therefore, builds their communicative confidence. These activities may be used effectively as written translation exercises, but be certain to keep in mind the different modes of discourse that each represents: interpretation = oral rendition and translation = written rendition. For Chapters 3–13, this exercise is included in a new section entitled *Vídeo-Texto,* found in a new color centerpiece. The centerpiece contains still photographs from the *Éxito* video (for Chapters 3–13) and includes the following activities: *Antes de ver* pre-viewing questions, *Al ver* questions that students will return to and answer after seeing the video, the *Ud. es el/la intérprete* activity,

and activities that propose additional student communication based on the video. These include practice in consecutive and simultaneous interpreting, use of the video to check for listening comprehension (ask the students to listen to the video sound track before they view the video), note taking, and scripting a continuation of the video.

- *Actividad empresarial.* In this activity, which reflects a current realistic function of international business—the role of the entrepreneur—students work for a fictional company and are asked to conduct research jointly or as teams, either on the Internet, via telecommunications, or in the local business community. They are then asked to present (orally, in writing, or both) their findings or recommendations on topics related to the business content of the chapter.

- *Caso práctico.* This activity requires students to synthesize and apply the business and cultural information presented in the chapter. After studying the case at home, the questions and scenarios derived from it are to be answered, discussed, and resolved either in small groups or by the entire class. They may also be written up as a homework assignment. The case study is a technique widely used in business classes. It encourages students to communicate meaningfully in a variety of business situations. It also further develops two important critical thinking skills—analysis and problem solving—that are highly valued by employers.

- *Análisis y comparación.* Students are presented with an updated table that summarizes specific data across all the Spanish-speaking countries, such as currencies and capitals, national populations and projected growth, major exports and markets, typical gestures, foods, etc. Each table is accompanied by questions and exercises in which students consider the various topics analytically and comparatively, often requiring them to perform calculations and use numbers and percentages in Spanish, as would occur in the business world. In this manner, the end of each chapter always reminds students of the broader context called "the Spanish-speaking countries" while engaging them in critical thinking and problem solving. The data summarized in this section at the end of each chapter makes the textbook a useful reference book as well.

- *GeoReconocimiento.* This new Internet activity, which appears in Chapters 1, 2, 3, 6, 9, 12 and 14, develops geographic literacy by referring students to the *Éxito comercial* Web Site (http://exito.heinle.com) where they are required to identify Spanish-speaking countries and regions on blank maps, answer questions, and draw comparisons.

- *Posibilidades profesionales.* This new activity at the end of each chapter refers students to the *Éxito comercial* Web Site and encourages them to explore job possibilities related to the business topic or field covered in that particular chapter.

APÉNDICES

The appendices constitute an important part of this text, providing the instructor and students with additional pertinent information as they pursue their study of

Spanish for business and international trade. Instructors and students are encouraged to familiarize themselves with these useful appendices—particularly the one dealing with the job interview—and to use them in conjunction with the text. These appendices also add to the utility of the textbook as a reference book. For example, *Apéndice 3* opens with a new section on numbers in Spanish (cardinal, ordinal, multiple, and partitive), how they are spelled, and how they are used.

VOCABULARIO

A list of essential economic and business terms at the end of each chapter provides most of the vocabulary necessary for completing the exercises and activities. A much more extensive list of vocabulary (Spanish to English and English to Spanish) is provided at the end of the text for further reference.

ANCILLARIES: VIDEO, AUDIO CD, AND WEB SITE

The fourth edition of *Éxito comercial* is accompanied by three media ancillaries—a video, an audio CD, and a Web Site—which may be used either with the textbook or the workbook.

The video, now highlighted in a color centerpiece (see *VídeoTexto*), provides the instructor and learner with short scenarios dealing with the business topics covered in Chapters 3–13. The scenarios, which use professional Spanish-speaking actors, are based on the *Usted es el/la intérprete* exercises. For Chapters 3 and 9, the full *Usted es el/la intérprete* activity is presented with three actors, one of whom serves as the professional interpreter who facilitates communication between monolingual speakers of Spanish and English. For the other nine chapters, the video portrays two Spanish-speaking individuals in a business situation. (The full text of the *Usted es el/la intérprete* exercise has been translated into Spanish.) The scenarios lend themselves to a discussion that goes far beyond the four questions posed at the end of each segment, and instructors and learners are encouraged to engage in a deeper analysis (psychology used, communicative strategies and purposes, tone of voice, accents, gestures, attire, attitudes of the protagonists, cross-cultural conflicts, etc.) of the business encounters represented.

The audio CD, which is the basis for the *Al teléfono* exercises mentioned earlier, provides the instructor and the learner with fourteen telephone dialogues, each dealing with the business topic of the corresponding chapter. These phone conversations, most of them between native speakers of Spanish, represent an excellent listening comprehension activity for the learner. After each phone conversation, the listener hears four or five questions designed to check his or her comprehension of the passage. After each question, use of the pause button will provide ample time to verify listening comprehension. The written version of these questions is included in the *Al teléfono* exercises in the text.

Lastly, the Web Site for the fourth edition of *Éxito comercial* (http://exito. heinle.com) provides the instructor and learner with additional resources pertaining to Business Spanish and the Internet. This new ancillary is divided into two sections: (1) Student Resources and (2) Instructor Resources.

The Student Resources section offers numerous cultural exploration activities, self-correcting quizzes, country data/tables, which may be updated as students progress through the text, as well as other activities. In this fourth edition the exercise entitled *Navegando el internet* has been moved from the textbook to the Web Site. This exercise reflects the integration of technology in current business practice and requires students to use the Internet to complete an activity related to the business reading. Not only do students use today's technology to locate authentic information in Spanish, but they also practice the research skills needed in the real world of business. The Web Site is also home to the *Posibilidades profesionales* activity and the *GeoReconocimiento* activity described earlier.

The Instructor Resources section contains the transcript for the audio CD, sample syllabi, sample midterm and final exams, and new PowerPoint summaries of the business content, which may be used in classroom teaching. A complete bibliography for the fourth edition of *Éxito comercial* has also been moved to the Web Site.

Éxito comercial strives to synthesize the basic business knowledge, geographic literacy, and cross-cultural awareness required for the success of future managers in Spanish-speaking countries and communities. With this goal in mind, the program seeks to foster and enhance the skills, creativity, leadership, cooperative spirit, and good will of our future global managers, who must become lifelong learners of language and culture.

IMPORTANT AUTHORS' NOTE TO THE INSTRUCTOR

Because of the increasing complexity of domestic and international commerce, *Éxito comercial* deals with many functional areas of business, highlights many relevant cultural topics, and provides a **plethora** of exercises and activities for the learner. The abundance of topics and exercises makes it possible, **even necessary,** to select the chapters or portions of chapters to be covered or emphasized during the Business Spanish course. Some exercises, such as *Navegando el internet*, *Actividad empresarial*, and *Análisis y comparación*, may be quite time-consuming and therefore impractical in terms of doing all of them for every chapter. Instructors, therefore, are encouraged to exercise their professional judgment in deciding whether to teach the entire text or a selection of its chapters and exercises—or even parts of exercises. The fourth edition of *Éxito comercial* has been designed with this flexibility in mind.

Acknowledgments

Many talented individuals have contributed their expertise and timely constructive criticism to *Éxito comercial*, which now enters its fourth edition. We are greatly indebted to Heather Bradley, Helen Richardson, and Annette Pagliaro at Heinle/Thomson Higher Education, and Kevin Bradley at GGS Book Services. We greatly appreciate their enthusiastic support and hard work as *Éxito comercial* enters its fifteenth year in print. We very much appreciate the expert assistance provided by our copy editor Kristine Zaballos and by Jorge Domínguez, whose "native reader" feedback was thoughtful and most beneficial in preparing the final manuscript. We wish to thank Nick Riccelli of Riccelli Creative for his earlier production of the video that accompanied the third edition, and Chris Johnson for his production (casts, records, edits) of the audio CD.

We also wish to thank the late Dr. Alvord Branan, and Drs. C. Ben Christensen and Gustavo Segade at San Diego State University; Jeffrey Arpan, Randy Folks, Fitz Beazley, Maria Mabrey, and Alejandro Bernal at the University of South Carolina; Graciela Tissera at Clemson University; Chris Korth at Western Michigan University; Frank W. Medley, Jr., professor emeritus from West Virginia University; Luis Acosta at Eastern Michigan University; Brian Toyne and Zaida Martínez at St. Marys University (TX); Ben Kedia, the inimitable Felipe Lapuente, and Fernando Burgos at the University of Memphis; Roberta Lavine at the University of Maryland; Babet Villena Alvarez at the University of South Carolina-Beaufort; Amy Pitts, former director of the Mayor's International Cabinet, Charlotte, NC; and Lynn Sandstedt (professor emeritus from University of Northern Colorado) John Gutiérrez (University of Mississippi), and the American Association of Teachers of Spanish and Portuguese.

We wish to express our sincere gratitude to the Business Spanish students at the University of North Carolina at Charlotte (particularly Zoila Gil and Lisa Kies, for their excellent proofreading and feedback), the University of South Carolina, and Eastern Michigan University for their input. For their useful observations, we also thank the many participants at the annual Faculty Development for International Business (FDIB) Workshops at the University of South Carolina from 1990–2005; the many who participated in the CIBER-Eastern Michigan Annual Conference on Languages and Communication for World Business and the Professions; and the many participants in other workshops we have conducted in forums such as the annual International Business and Foreign Language Workshop for Foreign Language Educators at the University of Memphis (1995–2005), and the Annual Conference of the American Association of Teachers of Spanish and Portuguese.

We are also very grateful to the following fourth edition reviewers for their very useful comments and suggestions, as we strive to improve this project called *Éxito*:

Enrica J. Ardemagni
Indiana University–Purdue University Indianapolis

Richard K. Danford
Marietta College

Maria Dorantes
University of Michigan

Ana E. Gray
North Carolina State University

José L. Murillo
Marshall University

Montserrat Oliveras Heras
University of Illinois at Urbana–Champaign

Viann Pederson de Castañeda
Concordia College

Yesenia Rodríguez
University of Iowa

Patricia Rubio
Skidmore College

Brian N. Stiegler
Salisbury University

Maria Florencia Tebano Basaluzzo
University of Pennsylvania

Graciela E. Tissera
Clemson University

Christine Uber Grosse
Thunderbird, The Garvin School of International Management

Mary F. Yudin
Mary Washington College.

A special acknowledgment goes to the Centers for International Business Education and Research (CIBERs) at the University of South Carolina and the University of Memphis for their support of our ongoing work in Spanish for Business and International Trade.

We greatly appreciate the support of family and friends as we have further developed and refined the *Éxito comercial* project over the years.

Any errors of fact or interpretation in this text are attributable solely to the authors.

M.S.D.
T.B.F.
R.C.

El comercio global y el contexto hispano: Geografía, demografía, idioma y cultura

Commerce links all mankind in one common brotherhood of mutual dependence and interests.

James A. Garfield

When goods do not cross borders, soldiers will.

Frédéric Bastiat

Spanish: Bestow great attention on this & endeavor to acquire an accurate knowledge of it. Our future connections with Spain and Spanish America will render that language a valuable acquisition.

Thomas Jefferson, 1787

Se ha dicho que el mundo está conectado por el comercio y que el comercio ayuda a mantener la paz entre las naciones. ¿Qué opina Ud.? ¿Cuándo llegaron los españoles a Santa Elena, Carolina del Sur (Estados Unidos de América, EUA)? ¿Por qué vinieron? ¿Quiénes les hicieron este tributo? ¿En qué fecha? Según el texto, ¿qué tienen en común España y EUA? Comente. Siguiendo este mismo contexto histórico, ¿en qué otros lugares estuvo España?

1-1 **P**reguntas de orientación

Al hacer la siguiente lectura, piense Ud. en las respuestas a las siguientes preguntas.

1. ¿Qué diferencias hay entre economía y comercio? ¿Y entre el significado de las palabras *economizar* y *comerciar*? ¿Qué quieren decir las siguientes frases: *tiene un precio muy económico, ha sido un verdadero éxito comercial* y *hoy cierra el comercio*?

2. ¿En qué se diferencian el comercio nacional y el internacional? ¿Cuáles serían algunos ejemplos de cada tipo de comercio?

3. ¿Cuáles serían algunos ejemplos de los siguientes términos: bienes, casa matriz, distribución de recursos, escasez, inflación, mano de obra, materia prima, mercado, trabajo?

4. ¿Qué son la exportación y la importación? Además de importar productos, ¿piensa Ud. que los países también importen mano de obra y trabajo intelectual? Comente con ejemplos.

5. Las industrias mineras, manufactureras y de construcción se dedican a la producción de bienes tangibles. ¿Cuáles son las diferencias entre estas industrias y el sector económico de servicios? ¿Qué diferencia hay entre un producto y un servicio?

6. ¿Qué es el comercio electrónico? ¿Ha usado Ud. alguna vez la computadora para hacer una compra? Comente y explique cómo funciona.

7. Dé algunos ejemplos de «prácticas administrativas» o pasantías que Ud. conoce en el mundo de los negocios. ¿Cuáles son algunas profesiones que exigen un período de práctica antes de certificarse uno? ¿Lo exige su propia carrera universitaria? ¿Cuáles son las ventajas de hacer una práctica profesional antes de graduarse o licenciarse?

8. ¿Cómo se escribiría el número *mil* en Colombia, México, Perú, Argentina, España y Guatemala? ¿Cómo se puede expresar de otra manera las 16 horas con 30 minutos, las 22 horas con 15 minutos, las cinco de la tarde y las nueve y media de la noche? ¿Cómo se escribiría la fecha el 5 de mayo de 2005 en México, el 8 de septiembre de 2005 en Bolivia y el 9 de agosto de 2006 en los Estados Unidos? ¿Cuántos kilos pesaría una máquina de 300 libras? ¿Cuántos kilómetros hay en un viaje de negocios de 500 millas? ¿Cuál es la temperatura típica en Asunción o en Buenos Aires durante el mes de diciembre?

9. ¿Cuándo se celebra «*April Fools' Day*» y qué nombre tiene en el mundo hispano? En la cultura hispana, ¿qué día de la semana equivale al día de la mala suerte, el viernes 13, en los Estados Unidos?

BREVE VOCABULARIO ÚTIL

bienes (*m*) • *goods, assets*

casa matriz • *main office*

divisa • *currency*

elaborar • *to manufacture*

éxito • *success*

gerencia • *management*

mano de obra (*f*) • *labor, workers*

mercancía • *merchandise, goods*

oferta • *offer, sale, supply*

pasantía • *internship*

práctica • *practice, internship*

Producto Interno Bruto (PIB) • *Gross Domestic Product (GDP)*

recurso • *resource*

sucursal (*f*) • *branch office*

Los contextos del comercio global

La información presentada en este primer capítulo panorámico es importante puesto que establece el contexto económico, geográfico, demográfico, lingüístico y cultural de los temas de comercio y de los países que luego se tratarán en el texto. Nuestro gran tema es el mundo hispano y el idioma español para los negocios en la economía global, tanto a nivel nacional como internacional. Al referirnos a lo nacional, se tratará no sólo de cada uno de los veinte países hispanohablantes del mundo, y de Puerto Rico, estado libre asociado de los Estados Unidos, sino también de la realidad económica hispana en los Estados Unidos de América (EUA, EEUU o EE.UU.), donde la población hispana norteamericana cobra cada día mayor importancia sociopolítica y económica.

La economía global

La economía global, un fenómeno que está en plena marcha, define nuestra época actual. La globalización o mundialización se ve todos los días en el comercio, las comunicaciones electrónicas (el internet y las páginas web), la producción internacional (ya se hace difícil hablar de un producto puramente nacional, es decir, fabricado en un solo país o con componentes manufacturados en un solo país) y la oferta de bienes y servicios a consumidores y a usuarios de todas partes del mundo. Como los vendedores (exportadores), compradores (importadores) e intermediarios comercializan un sinfín de artículos para satisfacer las necesidades y los deseos de los consumidores y usuarios, el transporte o la distribución internacional de mercaderías va cobrando mayor volumen cada año. Los recursos naturales y las materias primas de un país originario se transforman, elaboran o ensamblan en otro país diferente que luego los comercia con aun otros países. En el mundo de los negocios, la escasez de cualquier recurso, producto o servicio en cierto lugar se resuelve por la abundancia o disponibilidad del mismo en otra parte. La demanda determina los precios de los bienes y mercancías. Es decir, si hay escasez de petróleo, trigo o automóviles, suben los precios de estos productos, porque los consumidores están dispuestos a pagar más para conseguirlos en el gran mercado caracterizado por la oferta y la demanda.

Hay un movimiento internacional de mercadería, capital, trabajo y trabajadores, como la mano de obra que importan ciertos países para ayudar con sectores nacionales tales como el agrícola o manufacturero. La eficaz administración de empresas y de recursos humanos llega a representar un desafío más apremiante para los gerentes en la época global, ya que es necesario comprender otras culturas y comunicarse en otras lenguas. Las diferentes industrias compiten y se complementan a nivel de mercado mundial, donde las monedas nacionales de los diferentes países (y el cambio de divisas) son factores muy importantes cuando se considera el riesgo de la inflación y de la hiperinflación. En fin, el comercio nacional o subnacional (regional, estatal o local) opera como parte de la economía global, es decir, que lo que antes era nacional, se ha convertido en una actividad multinacional, transnacional o supranacional. La casa matriz de una empresa puede tener varias sedes, sucursales y filiales en diferentes lugares del mundo. Y en el horizonte siempre se vislumbran mayores cambios tecnológicos, mayor desarrollo del comercio electrónico y el crecimiento de la población mundial, con aún más retos y oportunidades para los gerentes del futuro global. Hoy en día, asegurarse del éxito comercial en la economía global requiere un conocimiento de las prácticas administrativas del mundo de los negocios, tanto como de los diferentes contextos lingüísticos y culturales en los cuales se realiza el comercio.

PARA PENSAR

Para analizar claramente el problema de la pobreza debe, primero, acordarse qué se entiende por pobreza. Según la definición básica, es la falta de acceso o dominio de los requisitos básicos para mantener un nivel de vida aceptable. Esto significa que una persona es pobre si no tiene suficiente comida o carece de acceso a una combinación de servicios básicos de educación, atención de salud, agua potable, sistemas de saneamiento adecuados y un lugar de residencia seguro. Generalmente los economistas usan el ingreso como medida representativa de la pobreza porque brinda los medios para asegurar la atención debida a las demás necesidades básicas. Por tal razón, la mayoría de las estrategias para combatir la pobreza, incluida ésta, dedican suma atención a la generación de ingresos como la principal solución del problema.

Desde el punto de vista del ingreso, la estrategia básica de eliminación de la pobreza consiste en ayudar a los pobres a ganar lo necesario para salir de esa situación. Para lograrlo, la economía debe aumentar el número de empleos disponibles y la productividad o el potencial de ingresos de los pobres que acceden a esos empleos. La mayoría de esos empleos se suscitará en el sector privado y corresponde al gobierno elegir las políticas que inclinen al sector privado a crear empleos mejor remunerados para los pobres. (de «Estrategia para reducir la pobreza», Banco Interamericano de Desarrollo [BID], Departamento de Desarrollo Sostenible. Reprinted with permission.)

1. ¿Cómo define la pobreza el BID?
2. ¿Cuáles son algunos indicadores clave de que una persona es pobre?
3. ¿Por qué usan los economistas el ingreso como medida de la pobreza?
4. Según el pasaje arriba, ¿qué debe producir en mayor número la economía y cuál es el papel del gobierno?
5. ¿Dónde y por qué existe la pobreza en América Latina? ¿Existe en un país «rico» como EUA? Explique.
6. ¿Piensa Ud. que la pobreza afecte más a ciertos sectores de la población, como las mujeres, los niños y los indígenas? Explique.
7. ¿Se puede hallar una solución para la pobreza mundial? Comente.
8. ¿Qué quiere decir «desarrollo sostenible» y por qué es importante este concepto al hablar del problema de la pobreza?

El comercio y los números

Los números constituyen la *lingua franca* o universal del comercio y de la economía. Permiten medir, calcular, asesorar, comparar, informar, planear y tomar decisiones con respecto a las múltiples y diferentes situaciones comerciales y económicas. Pero la representación numérica en el inglés de EUA puede variar bastante de los modos de presentación usados en el mundo hispano. Se trata de una importante diferencia cultural. Por ejemplo, para indicar la fecha de un envío de mercancía, de una carta o de un contrato comercial, la fecha el 4 de mayo del año 2005 se escribiría en EUA como 5/4/05 (mes/día/año). En el mundo hispano se escribiría 4/5/05,[1] es decir, primero se indica el día y luego el mes. Otro ejemplo sería el día el 10 de noviembre del año 2007, el cual se podría expresar en EUA como 11-10-07 y en España o en Hispanoamérica como 10-11-07.

La diferencia de expresión numérica también se puede ver con los horarios y la programación. En un viaje de negocios en EUA, por ejemplo, la hora de salida del vuelo o tren se expresaría normalmente en términos de las nueve de la mañana (9 A.M.), las tres de la tarde (3 P.M.) o las ocho de la noche (8 P.M.). En el mundo hispano, a menudo se usa en el aeropuerto o en la estación de trenes (ferrocarril) o autobuses el horario militar de 24 horas, tal como se hace en España; es decir, las tres de la tarde se anunciarían como las 15 horas y las ocho de la noche serían las 20 horas. De manera semejante, una reunión de negocios programada para las 5:30 de la tarde en EUA se podría expresar en español como las 17:30 o 17,30 (o incluso 17'30).

También existen notables diferencias al hablar de pesos y medidas. En EUA se usa el sistema inglés, mientras que en los países hispanos se usa el sistema métrico decimal (europeo). En el sistema métrico decimal la unidad básica es el número diez y sus múltiplos o partitivos: 100, 1,000 y 10,000, $\frac{1}{10}$ y $\frac{1}{100}$. En EUA el peso se expresa en libras y onzas (la computadora pesa sólo cinco libras, ese hombre pesa 180 libras), mientras que en los países hispanos se usan gramos y kilogramos (1 gramo = 0.035 onzas y 1 kilogramo = 2.2 libras). Así que la computadora arriba mencionada pesaría 2.3 kilogramos o kilos y el hombre pesaría 82 kilos. En EUA la capacidad se mide en galones, cuartos y pintas, mientras que en los países hispanos se usa el litro. Y las distancias y los tamaños (la longitud, altitud, altura, talla, estatura) se expresan en EUA en pulgadas, pies, yardas y millas, mientras que en los países hispanos se usa el metro. Por ejemplo, una distancia de cinco millas se traduciría a 8.1 kilómetros (1 milla = 1.61 kilómetros). Al conducir un carro en España o en Hispanoamérica, en lugar de ver una indicación de velocidad máxima de 60 millas por hora, típicamente se vería una señal de carreteras indicando 100 km/h. (Véase el Apéndice 3 para más información.)

Otro ejemplo se encuentra en la expresión de la temperatura. Supongamos que en el mes de enero Ud. hace un viaje de negocios desde Boston a Buenos Aires. Al aterrizar el avión, anuncia el piloto una temperatura de 30 °C. Usted se felicita por haber traído un buen abrigo de invierno. Sin embargo, al desembarcar Ud. nota inmediatamente el calor que hace. ¿Qué ocurre aquí? En primer lugar, el invierno del hemisferio norte cae en los meses de diciembre, enero y febrero. Por eso hace frío en estos meses en ciudades como Boston, Nueva York o Minneapolis. Sin embargo, en las ciudades del hemisferio sur, como Montevideo, Buenos Aires o Santiago, el invierno tiene lugar en los meses de junio, julio y agosto. También resulta que el

---

[1]También, 4-5-05, 4.5.05, or 4-*V*-05.

piloto anunció la temperatura usando la escala de grados centígrados, de modo que los 30 °C eran 90 °F, ¡un calor agobiante! Hay que recordar que en EUA se usa el sistema Fahrenheit para las temperaturas, mientras que en los países hispanos se usan los grados centígrados. Por cada 9 grados en la escala Fahrenheit, hay 5 centígrados. La fórmula para hacer la conversión de Fahrenheit a centígrados es la siguiente: (F°–32°) × 5/9 = C°, ó (F–32°) × 0.56 = C°. Para hacer la conversión de centígrados a Fahrenheit, la fórmula es: (C° × 9/5) + 32° = F°, ó (C° × 1.8) + 32° = F°. Así que las temperaturas medias de México, D.F. (Distrito Federal, la capital) serían 55 °F ó 13 °C en enero y 70 °F ó 21 °C en julio. En Madrid, en el mes de enero, serían 42 °F ó 6 °C y en julio 80 °F ó 27 °C.

El hombre o la mujer de negocios que viaja internacionalmente también tiene que percatarse de diferencias culturales en el uso y el simbolismo de los números, como las que se dan en el calendario. Por ejemplo, el día de la mala suerte en EUA es el viernes 13 de cualquier mes, pero en los países hispanos es el martes 13 (como dice el refrán «En martes 13, ni te cases ni te embarques»). El «*April Fools' Day*», que se celebra en EUA el primero de abril, se celebra en el mundo hispano como el Día de los Santos Inocentes, el 28 de diciembre. Y, por supuesto, el «*Independence Day*» norteamericano del 4 de julio no es la fecha celebrada como el día de la independencia en el mundo hispano. Por ejemplo, en México es el 16 de septiembre, en Ecuador, el 10 de agosto y en Paraguay, el 14 de mayo.

Otra importante diferencia cultural sería la expresión de los números grandes como *billion* y *trillion* al hablar del producto interno bruto (PIB) o producto nacional bruto (PNB) de los países. En el inglés de EUA, el número 1,000,000,000 se expresa como *billion*, pero en español normalmente se dice mil millones. En el inglés de EUA, el número 1,000,000,000,000 se expresa como *trillion*, pero en español se expresa como un billón ó millón de millones. Así que, hablar del PIB de un país —10.8 billones para EUA en 2003 ó 900 mil millones para México en 2003— requiere prestar atención al contexto cultural en el cual se indican los grandes números. Para resumir:

Número	En inglés (EUA)	Normalmente en español
1,000,000 (seis ceros)	*million*	millón (millones)
1,000,000,000 (nueve ceros)	*billion*	mil millones o millar(es) de millones
1,000,000,000,000 (doce ceros)	*trillion*	billón (billones) o millón de millones (millones de millones)

Y finalmente, hay otra consideración importante en la expresión numérica. Aquí se trata de diferencias en el uso de la coma y el punto para indicar los grandes números (miles, millones, miles de millones, etc.) y los decimales. En EUA el número mil se escribe 1,000 con una coma, un millón con dos comas (1,000,000), etc. y los decimales y las cifras de dinero con un punto ($1.00, $10.00 ó $100.00). En español, según el país, se puede expresar de modo contrario: 1,000 (mil en EUA) se escribe como 1.000 (con punto) y $10.00 (diez dólares en EUA) se escribe $10,00 (con coma). Algunos países hispanos usan el mismo sistema que EUA, otros no. En general, en América del Norte y en Centroamérica se usa el sistema de EUA: la coma para indicar miles y el punto para indicar decimales. Al contrario, en América del Sur y en España se suele usar el sistema europeo: el punto para indicar miles y la coma para indicar decimales. A continuación se da un resumen del uso en los diferentes países hispanos.

Mil = 1,000 (con coma) $10.50 (con punto)	Mil = 1.000 (con punto) $10,50 (con coma)
EUA	Argentina
El Salvador	Bolivia
Guatemala	Chile
Honduras	Colombia
México	Costa Rica
Nicaragua	Cuba
Panamá	Ecuador
Perú	España
Puerto Rico	Guinea Ecuatorial
República Dominicana	Paraguay
	Uruguay
	Venezuela

(Angel Rivera, *CATI Quarterly*, Primavera 1995)

En este libro se usará el sistema de la primera columna —la de EUA y México— por ser México el país hispanohablante más grande del mundo.

1-2 **A**ctividades

Vuelva a las *Preguntas de orientación* que se hicieron al principio del capítulo y a las que acompañan la foto de la primera página, y comente las respuestas con sus compañeros de clase. Use la lectura, sus conocimientos personales y el vocabulario que aparece al final del capítulo para confirmar las respuestas.

1-3 Al teléfono

1. Lea las siguientes preguntas. Después escuche atentamente la conversación telefónica del Capítulo 1 en el disco compacto (también llamado «CD» en español) y conteste las preguntas. Puesto que la comprensión auditiva es una destreza comunicativa sumamente importante, se recomienda escuchar el CD varias veces.

   a. ¿Cuál es el proyecto en equipo que tienen que entregar la Srta. Estévez y el Sr. Romero?

   b. ¿Cuáles son los países que les corresponden a los dos representantes?

   c. ¿Cuántos hispanos vivirán en los Estados Unidos en el año 2025?

   d. ¿Cuáles son las tres regiones que tienen poblaciones casi iguales?

   e. ¿Cómo se comparan los PIB y las poblaciones de estas tres regiones?

2. Basando sus comentarios en la conversación telefónica del ejercicio anterior, haga una de las siguientes llamadas telefónicas a otro/a estudiante de la clase. Cada persona deberá participar activamente en la conversación. Si necesita ayuda con esta actividad, véase el Apéndice 1, Protocolo telefónico, página 455.

   a. Ud. es la Srta. Ana Estévez Montalbán. Su jefe/a en otra oficina de Inversionestas en México, D.F., ya está enterado/a de la información que Ud. consiguió sobre las poblaciones y los PIB en México, el Caribe y EUA. Llame Ud. a su jefe/a para informarle sobre las investigaciones adicionales que hizo Ernesto Romero Palmero en Buenos Aires sobre América del Sur y Brasil.

   b. Ud. es el Sr. Ernesto Romero Palmero. Su jefe/a en otra oficina de Inversionestas en Buenos Aires ya está enterado/a de la información que Ud. consiguió sobre las poblaciones y los PIB en América del Sur y Brasil. Llame usted a su jefe/a para informarle sobre las investigaciones adicionales que hizo la Srta. Ana Estévez Montalbán en D.F. sobre México, el Caribe y EUA.

La geografía y la población mundial

Geográficamente, el Medio Oriente se considera parte de Asia; México y América Central forman parte de América del Norte, la cual va desde Canadá hasta Panamá; y Rusia y las otras repúblicas de la antigua Unión Soviética al oeste de los Urales se consideran como parte de Europa, mientras que al este de los Urales, son parte de Asia. Culturalmente se divide el mundo en otras regiones que no siempre coinciden exactamente con la identificación geográfica: Norteamérica, Sudamérica, Europa Occidental, la antigua Unión Soviética, el norte de África, el sudoeste asiático, el sur de Asia, el sudeste asiático, el Asia oriental, África y Australia, Nueva Zelanda y el Pacífico. El término «Hispanoamérica» se refiere a los países hispanohablantes de las Américas, mientras que Latinoamérica es un término más amplio que abarca también países como Brasil, cuya lengua nacional es el portugués. (Se verá más sobre este importante país, «El Coloso del Sur», en el Capítulo 12).

Figura 1-1 **Los continentes y comparación de superficie terrestre.**

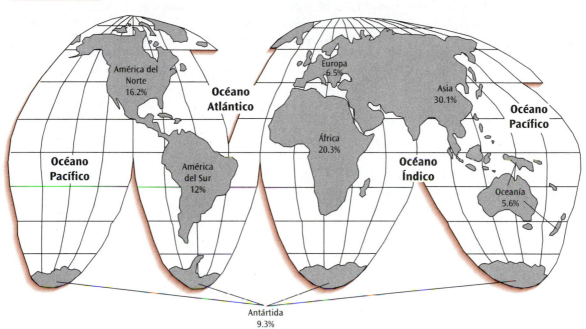

1-4 Actividades

Use las **Figuras 1-1, 1-2 y 1-3** y sus conocimientos personales para hacer los siguientes ejercicios.

1. ¿Cuáles son los cuatro continentes con el mayor porcentaje de superficie de la tierra? ¿Con el mayor porcentaje de la población mundial? ¿Qué dos continentes tienen un porcentaje de población mundial mayor que el porcentaje de la superficie terrestre que ocupan?

2. En cifras absolutas y en porcentajes, ¿cuánto aumentará la población mundial entre el año 2000 y el año 2025? ¿Entre 2025 y 2050? ¿Entre 2000 y 2050?

3. ¿En qué fecha sobrepasó por primera vez la población mundial la cifra de seis mil millones de habitantes?

4. ¿Cómo se relaciona la tasa de crecimiento poblacional con la disponibilidad, la oferta y la distribución de recursos?

5. ¿Cuáles son las regiones del mundo con más escasez de alimento (comida), agua potable, vivienda (casa) e indumentaria (ropa)? ¿Por qué?

6. En el mundo de los negocios, ¿piensa Ud. que sea mejor dividir el mundo en regiones geográficas o culturales? Explique.

Figura 1-2   **Población mundial en 2005: Millones de personas y porcentajes (%) continentales de la población mundial total.** (*www.census.gov*). Los datos de las Naciones Unidas indican que el 12 de octubre de 1999 la población mundial alcanzó por primera vez la cifra de seis mil millones de personas (6,000,000,000 = *six billion*). Para 2005 ya había aumentado a más de 6.4 mil millones. (*Nota:* La población de América del Norte incluye la de América Central y la del Caribe, los cuales geográficamente forman parte de América del Norte. Las cifras del mapa de abajo se refieren a la población total de cada continente/región en millones de personas y al % de la población mundial representada por cada continente/región.)

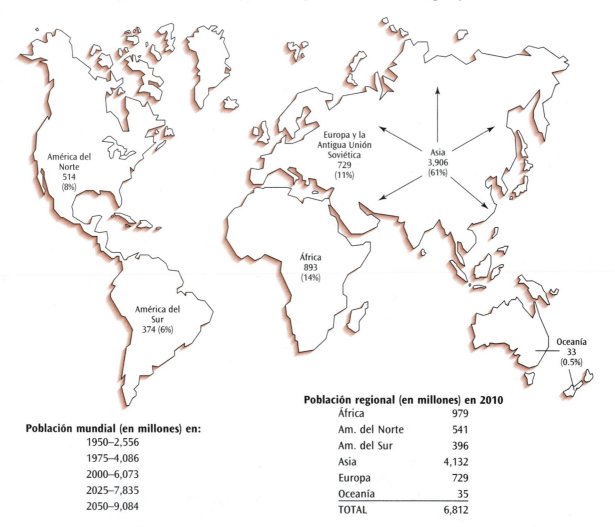

Población mundial (en millones) en:

1950–2,556

1975–4,086

2000–6,073

2025–7,835

2050–9,084

Población regional (en millones) en 2010

África	979
Am. del Norte	541
Am. del Sur	396
Asia	4,132
Europa	729
Oceanía	35
TOTAL	6,812

Figura 1-3 Comparación de la superficie terrestre y la población de los continentes.

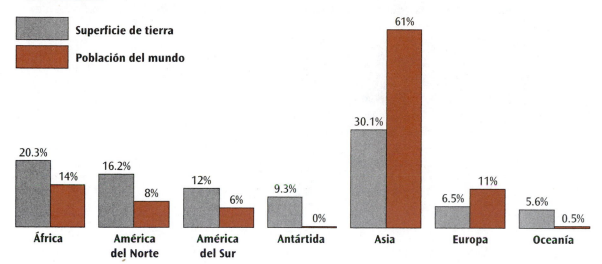

Superficie de tierra

Población del mundo

África: 20.3% / 14%
América del Norte: 16.2% / 8%
América del Sur: 12% / 6%
Antártida: 9.3% / 0%
Asia: 30.1% / 61%
Europa: 6.5% / 11%
Oceanía: 5.6% / 0.5%

Los idiomas del mundo y la creciente importancia del español

Sin saber a ciencia cierta el número exacto, se calcula que hay entre 6,700 y 10,000 lenguas en el mundo. El *U.S. Census Bureau* y el *World Almanac and Book of Facts 2004* nos informan que en 2004 había más de 6.4 mil millones de personas en el mundo y que había 227 lenguas con más de dos millones de hablantes cada una. Doce de estas lenguas eran habladas por casi dos tercios de la población mundial en el año 2000, o sea, por unos 4,000 millones de personas en 227 países.

En la década de los noventa, ya se había documentado en EUA la creciente importancia del idioma español, especialmente como lengua de negocios. Por ejemplo, en 1991 el *Wall Street Journal* informó que los empresarios profesionales y de la manufactura norteamericana ya consideraban que el español era «la lengua más importante para los que se matriculan en programas de comercio internacional». En la publicación *Recruiting Trends 1997–98*, se dio a conocer que el español era la segunda lengua (después del inglés) que buscaban las empresas entre sus empleados. Y en febrero de 1997, Accountemps (de Nueva York) informó que en una encuesta nacional, dos tercios de los ejecutivos señalaron que el español era el segundo idioma más valorado (después del inglés) para los negocios.

Tabla 1-1

Las doce lenguas más habladas del mundo en 2000 (población mundial de 6.4 mil millones de personas)

Idioma	Hablantes nativos				Total de hablantes		
	Clasificación mundial	N° países en que se habla	N° en millones de hablantes	% del total de hablantes	Clasificación mundial	N° en millones de hablantes	% del total de hablantes
Mandarín	1	16	885	13.8	1	1,075	16.9
Hindi	2	17	375	5.9	3	496	7.8
Español	3	43	358	5.6	4	425	6.6
Inglés	4	104	347	5.4	2	514	8.0
Árabe	5	17	211	3.3	6	250	3.9
Bengalí	6	9	210	3.3	6	250	3.9
Portugués	7	33	178	2.8	8	200	3.1
Ruso	8	30	165	2.6	5	320	5.0
Japonés	9	26	125	2.0	12	130	2.0
Alemán	10	40	100	1.6	10	128	2.0
Francés	11	53	77	1.2	11	129	2.0
Malayo-indonesio	12	14	58	1.0	9	160	2.5
TOTAL			3,089	48.5		4,077	63.7

NOTA: La categoría «hablantes nativos» se define como las personas que hablan una lengua como primer idioma, es decir, que se han criado hablando una sola lengua principal. El total de hablantes incluye a las personas que también hablan una lengua como segundo idioma o como idioma co-nacional. Las cifras representan una aproximación cuyas fuentes incluyen el *U.S. Bureau of the Census, Linguasphere Observatory, The World Almanac and Book of Facts 2004* y www.multilingualplanet.com.

1-5 Actividades

Use la Tabla 1-1 y la Figura 1-4, la breve lectura anterior y sus conocimientos personales para hacer los siguientes ejercicios.

1. ¿Cuántos idiomas había en el año 2000 en el mundo? ¿Cuántos tenían más de 100 millones de hablantes cada uno? ¿Más de diez millones? ¿Más de dos millones?

2. En 2000, ¿cuáles eran las cuatro lenguas con más hablantes nativos? ¿Las cuatro lenguas más habladas en total? ¿Tuvieron la misma clasificación mundial (primero, segundo, etc.) estos cuatro idiomas en ambas categorías? Explique.

Figura 1-4 **Resumen de las lenguas habladas en el mundo en el año 2000.**

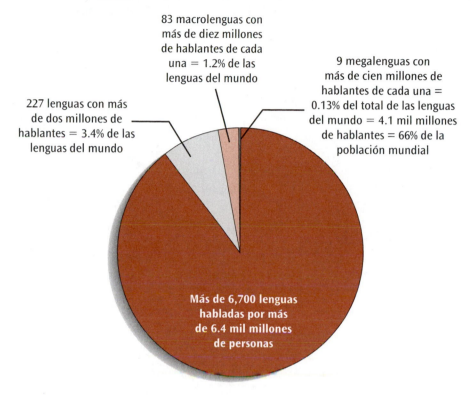

83 macrolenguas con más de diez millones de hablantes de cada una = 1.2% de las lenguas del mundo

9 megalenguas con más de cien millones de hablantes de cada una = 0.13% del total de las lenguas del mundo = 4.1 mil millones de hablantes = 66% de la población mundial

227 lenguas con más de dos millones de hablantes = 3.4% de las lenguas del mundo

Más de 6,700 lenguas habladas por más de 6.4 mil millones de personas

3. ¿Por qué hay más hablantes en la categoría «total de hablantes» que en la de «hablantes nativos»? ¿Cómo se define un «hablante nativo»? ¿Cuál es su lengua nativa? ¿Sabe Ud. más de una lengua o conoce a alguien que sepa más de una? Comente.

4. ¿Cuáles son los idiomas que se enseñan más frecuentemente en las escuelas y universidades de EE.UU.? ¿Por qué piensa Ud. que es así?

5. ¿Cuáles han sido las lenguas de comercio más importantes del mundo en los últimos dos mil años? ¿A qué se debe su importancia?

6. ¿Cuáles son algunas lenguas importantes en el mundo actual de los negocios? ¿Qué lenguas predominan en los EE.UU. en el mundo de los negocios? En su opinión, ¿cuáles serán los idiomas más importantes del siglo XXI?

7. ¿Qué opinan los empresarios y los gerentes norteamericanos de la importancia del idioma español como lengua comercial? ¿Quién fue Thomas Jefferson? ¿Qué opinaba él en el epígrafe que aparece al principio de este capítulo? ¿Qué opina Ud.?

Figura 1-5	**Población hispanohablante (en millones de personas), incluyendo EUA.** (*U.S. Bureau of the Census*). Al publicarse este libro en el año 2005, se calcula que hay aproximadamente 434 millones de hispanohablantes en el mundo.

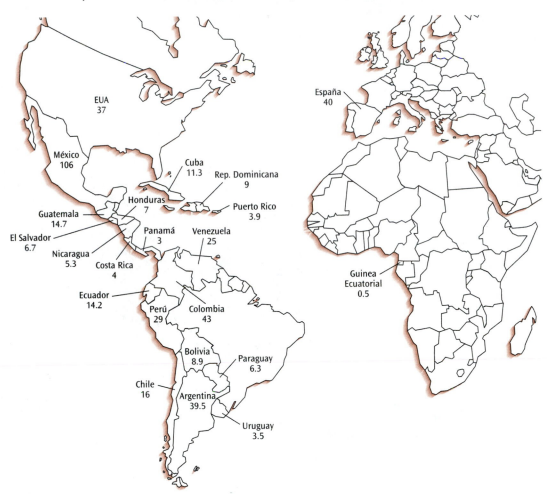

EUA
37

México
106

Cuba
11.3

Rep. Dominicana
9

Honduras
7

Puerto Rico
3.9

Guatemala
14.7

El Salvador
6.7

Panamá
3

Venezuela
25

Nicaragua
5.3

Costa Rica
4

Ecuador
14.2

Perú
29

Colombia
43

Bolivia
8.9

Paraguay
6.3

Chile
16

Argentina
39.5

Uruguay
3.5

España
40

Guinea
Ecuatorial
0.5

1-6 Actividades

Use la Figura 1-5 y las Tablas 1-2 y 1-3 para hacer los siguientes ejercicios.

1. En el año 2005, ¿cuántos hispanohablantes hay en el mundo?

2. ¿Cuál de los países hispanohablantes tiene la mayor población?

3. ¿Cuántos hispanohablantes hay en el Caribe? ¿En América Central? ¿En Sudamérica? ¿En los países andinos y en los del Cono Sur? (Véase la Figura 1-5 para ver cuáles son estos países.)

4. ¿Cuál de los países hispanos tiene la población más grande y cuál la más pequeña?

Tabla 1-2

Población nacional (en millones de personas) de EUA, los países hispanos y Guinea Ecuatorial

País	Clasificación mundial en 2005	Población en millones 2005	Clasificación mundial en 2015	Población en millones 2015	Clasificación mundial en 2025	Población en millones 2025
Estados Unidos de América	3	296	3	323	3	350
(EUA Hispanos)	(33)	(37)	(27)	(49)	(24)	(61)
Brasil	5	186	5	204	6	218
México	11	106	11	119	10	130
Colombia	26	43	26	49	25	55
España	29	40	30	40	39	40
Argentina	31	39.5	31	43	31	46
Perú	39	29	42	34	42	37
Venezuela	45	25	46	29	48	32
Chile	61	16	62	17	65	18.5
Guatemala	62	14.7	59	19	55	23
Ecuador	63	14.2	64	16.8	63	19
Cuba	70	11.3	75	12	78	11.7
República Dominicana	85	9.0	85	10.07	80	11.1
Bolivia	86	8.9	84	10.12	79	11.4
Honduras	97	7.0	94	8.3	92	9.5
El Salvador	98	6.7	98	7.9	97	9.1
Paraguay	100	6.3	97	8.0	90	9.9
Nicaragua	110	5.3	109	6.0	108	7.3
Costa Rica	122	4.0	119	4.6	119	5.0
Puerto Rico	124	3.9	129	4.1	130	4.1
Uruguay	130	3.5	131	3.7	131	4.0
Panamá	133	3.0	134	3.4	134	3.7
Guinea Ecuatorial	165	0.5	165	0.7	163	0.8
TOTAL		**879**		**973**		**1,056**

FUENTE: *U.S. Department of the Census.*

NOTA: Se presenta también la clasificación mundial de cada país, entre los 227 países que se incluyen en el informe. Para EUA se incluye la subcategoría demográfica de hispanos norteamericanos (entre paréntesis) para poder comparar esta población con la mundial y con la de los otros países hispanoparlantes.

Tabla 1-3

Comparación de la población hispana de EUA con los principales países hispanoparlantes

País	Clasificación entre países hispanos 2005	Población en millones 2005	Clasificación entre países hispanos 2015	Población en millones 2015	Clasificación entre países hispanos 2025	Población en millones 2025
Hispanos EUA	5	37	2	49	2	61
México	1	106	1	119	1	130
Colombia	2	43	2	49	3	55
España	3	40	4	40	5	40
Argentina	4	39.5	3	43	4	46

5. Si la población hispana de EUA constituyera un país independiente, ¿cuál sería su clasificación mundial entre los países hispanohablantes en 2005, 2015 y 2025? ¿Qué indican estos cambios de clasificación con respecto al comercio y la lengua española en EUA?

6. ¿Cuánto aumentará la población hispanohablante total entre el año 2005 y el año 2015? ¿Entre 2015 y 2025? ¿Entre 2005 y 2025? ¿Cuál será el país de mayor aumento, en números absolutos y en por ciento?

7. ¿Cuál de los países hispanohablantes no experimentará aumento demográfico entre 2005 y 2025?

8. En grupos de tres o cuatro estudiantes, háganse las siguientes preguntas, turnándose para que participen todos. ¿Dónde está situada geográficamente Colombia? ¿Cuáles son sus países vecinos? ¿Argentina? ¿España? ¿México? ¿Cuba? ¿Honduras? ¿Y Paraguay?

El comercio entre EUA e Hispanoamérica

Según el *U.S. Census Bureau*, en el año 2003 EUA realizó un total de $335 mil millones ($EUA) de comercio con Hispanoamérica y España, unos $136 mil millones en exportaciones y unos $198 mil millones en importaciones. En 2002 México se clasificó como el segundo país del mundo, después de Canadá, con el mayor comercio con EUA y Venezuela se clasificó como el país número 20.

1-7 Actividades

Use la Tabla 1-4, las Figuras 1-6 y 1-7 y el glosario en la página 23 para hacer los siguientes ejercicios.

1. ¿Qué es el PIB? ¿En qué se diferencia del PNB?

2. ¿Qué es el PIB per cápita? ¿Qué revela una comparación del PIB per cápita de dos naciones?

Tabla 1-4

Resumen de comercio de EUA con países hispanos en 2003 (en millones de $EUA)

País	Exportaciones	Importaciones	Comercio total	Balanza
Total	136,812.7	198,872.4	335,685.1	−62,059.7
México	97,457.3	138,073.5	235,530.8	−40,616.2
Venezuela	2,839.6	17,144.1	19,983.7	−14,304.5
España	5,935.3	6,708.1	12,643.4	−772.8
Colombia	3,754.7	6,385.6	10,140.3	−2,630.9
Rep. Dom.	4,213.6	4,455.2	8,668.8	−241.6
Costa Rica	3,414.2	3,361.4	6,775.6	52.8
Chile	2,719.3	3,703.1	6,422.4	−983.8
Honduras	2,844.9	3,311.7	6,156.6	−466.8
Argentina	2,435.4	3,169.4	5,604.8	−734
Guatemala	2,273.6	2,945.3	5,218.9	−671.7
Ecuador	1,448.4	2,720.9	4,169.3	−1,272.5
Perú	1,706.8	2,406.8	4,113.6	−700
El Salvador	1,823.9	2,019.2	3,843.1	−195.3
Panamá	1,848.2	301.3	2,149.5	1,546.9
Nicaragua	502.8	769.2	1,272.0	−266.4
Guinea Ec.	336.4	903.5	1,239.9	−567.1
Uruguay	326.8	256.0	582.8	70.8
Paraguay	488.8	53.1	541.9	435.7
Bolivia	181.7	184.8	366.5	−3.1
Cuba	261.0	0.2	261.2	260.8

FUENTE: www.census.gov/foreign-trade/balance/index.html

3. En las clasificaciones del PIB de los países hispanos mencionados arriba, ¿qué rangos ocuparon México, España, Colombia, Perú y Chile?

4. ¿A cuánto ascendería el PIB conjunto (regional) de los países hispanos del Caribe? ¿El de los países hispanos de Centroamérica? ¿El de los países andinos? ¿El de los países del Cono Sur? ¿Cómo sería la clasificación (de 1ª a 4ª) de estas cuatro regiones?

5. Al usar los datos demográficos y económicos de la Tabla 1-2 y las Figuras 1-5 y 1-6, calcule el PIB per cápita de México, Venezuela, Panamá, Uruguay y España. Luego, compárelos entre sí en términos de porcentajes.

Figura 1-6 PIB de los países hispanos en 2002.

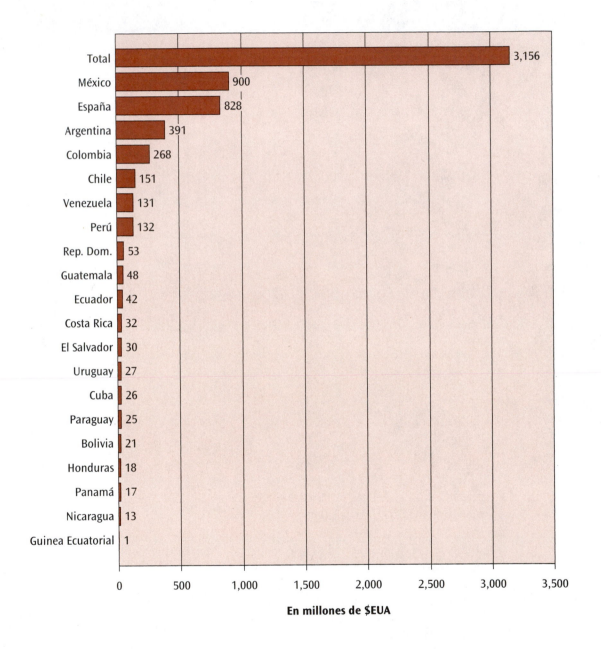

En millones de $EUA

Figura 1-7 **Producto Interno Bruto (PIB) en 2002 en mil millones de $EUA (*billions of dollars*): EUA, México, el Caribe hispano y las naciones hispanas de Centroamérica y Sudamérica.** (*U.S. Census Bureau* y *World Almanac and Book of Facts 2004*). El PIB es el valor de mercado de los bienes y servicios producidos dentro del territorio nacional. El PIB de España tenía un valor de $828 mil millones de dólares y el de Guinea Ecuatorial $1.3 mil millones de dólares.

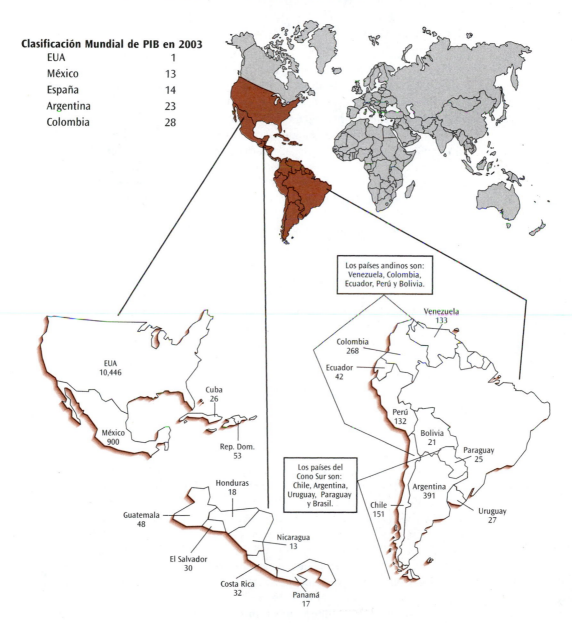

Clasificación Mundial de PIB en 2003

EUA	1
México	13
España	14
Argentina	23
Colombia	28

Los países andinos son:
Venezuela, Colombia,
Ecuador, Perú y Bolivia.

EUA
10,446

Cuba
26

México
900

Rep. Dom.
53

Venezuela
133

Colombia
268

Ecuador
42

Perú
132

Bolivia
21

Paraguay
25

Los países del
Cono Sur son:
Chile, Argentina,
Uruguay, Paraguay
y Brasil.

Argentina
391

Chile
151

Uruguay
27

Honduras
18

Guatemala
48

Nicaragua
13

El Salvador
30

Costa Rica
32

Panamá
17

6. ¿Cuánto comercio hubo en 2003 entre EUA e Hispanoamérica? ¿Hubo un equilibrio entre las importaciones y las exportaciones con EUA? Explique. (Véase Tabla 1-4, página 17.)

7. ¿Cuál es el sentido socioeconómico y político del epígrafe «*Commerce links all mankind in one common brotherhood of mutual dependence and interests.*»? Coméntelo con sus compañeros de clase.

Otros países donde se habla español

Como se ha demostrado, la lengua española va teniendo un impacto enorme en el mundo. Se calcula que en el año 2005 hay unos 434 millones de hispanos y que el español, tercer idioma del mundo en cuanto a hablantes nativos, es la lengua materna de casi 6% de la población mundial. Cuando se trata del idioma español, rápidamente vienen a la mente países como España, México, Cuba, Colombia, Argentina y los demás países hispanohablantes de América Central y del Sur. Ya hemos visto también la creciente importancia del español en los Estados Unidos de América, cuya población hispana de por sí constituiría actualmente el quinto país de hispanoparlantes del mundo, y el segundo para el año 2015. Pero cabe señalar que el español tiene aún mayor extensión mundial de lo que hemos visto hasta ahora.

Hay hispanos en todas partes el mundo. Por ejemplo, Australia, un país angloparlante, cuenta con una población de casi 100,000 hispanos. El español fue hasta 1898 la lengua oficial de las Islas Filipinas, por ser éstas colonia de España. Brasil, país de habla portuguesa, tiene sus raíces históricas en Portugal y la Península Ibérica. Al tener como vecinos a siete países hispanos, en Brasil a veces se usa en las zonas fronterizas lo que algunos llaman el «portuñol» o «portañol», una mezcla del portugués y del español, algo parecido al fenómeno del "Spanglish" (el español mezclado con el inglés) en muchas partes de EUA, especialmente en la frontera con México. En Belice, país centroamericano cuyo idioma oficial es el inglés, también se habla bastante español porque los países vecinos son México y Guatemala, y el Caribe hispanohablante queda muy cerca. Otro país con el español como lengua oficial es Guinea Ecuatorial, un país afrohispano que se estudiará en el próximo capítulo.

El idioma y la cultura en los negocios

El español, hablado en tantos países, es verdaderamente un idioma mundial. Sin embargo, según una encuesta en 1998, el estadounidense promedio pensaba que más de 50% del mundo hablaba y vivía en inglés («*Americans Believe That Over Half the World's Population Speaks English [Actually about 20% Do So].*» *The Harris Poll #61: November 4, 1998*). De hecho, en el año 2005 seis de cada diez usuarios del internet hablaban otro idioma que no fuera el inglés. El inglés seguirá siendo una importantísima lengua de negocios, pero otros idiomas como el español continuarán cobrando mayor importancia. La verdad es que no se puede vender los productos y servicios a los consumidores en una lengua que no entiendan. Tal como afirmó el senador Paul Simon en su libro *The Tongue-Tied American*, la lengua más importante para el comercio es siempre la del cliente.

No obstante, puede haber grandes diferencias entre el español que se habla en un lugar y el que se habla en otro; por ejemplo, entre el español de España, México, Cuba, Puerto Rico, Argentina y el de California o Tejas. No sólo es diferente el acento o el dejo, sino que también existen diferencias del vocabulario que se usa, como decir «guajolote» en México en lugar de usar la palabra «pavo». En fin, no hay una sola lengua española, sino diversas manifestaciones del idioma. También hace falta recordar que en muchos de los países hispanos se hablan otros idiomas, además del español. Algunos ejemplos serían el catalán, el gallego y el euskera (vasco o vascuence) en España; el náhuatl, el maya y el tarahumara en México; el maya en Guatemala; el quechua en Ecuador y Perú (donde el quechua es también una lengua oficial); el guaraní en Paraguay (también lengua oficial del país); el aimara en Perú y Bolivia; el fang y el bubi en Guinea Ecuatorial; y el garífuna en Honduras y Panamá.

Cada idioma reside en una realidad cultural y la refleja; es decir, la cultura es el hogar del idioma. La gente se comporta según las tradiciones y las normas de su sociedad, o según los conceptos de familia, escuela, religión, ciudad, región o país. Estas costumbres forman la base de todos los aspectos de la vida humana y, por supuesto, de la vida económica y comercial de la región considerada.

Hay muchas anécdotas sobre los intentos fracasados del mercadeo estadounidense en otras partes del mundo. Por ejemplo, en la década de los setenta la empresa estadounidense General Motors trató de vender su coche con la marca «Nova» en Hispanoamérica. El intento fracasó debido al doble sentido de las palabras porque un carro que «no va», tal como lo anuncia su nombre de venta Nova, obviamente sufre en los mercados de habla española. Para resolver esta situación perjudicial, los directores le cambiaron el nombre a «Caribe» según esta leyenda urbana.

Otra anécdota relata que en los años setenta, en la tradicional ciudad de Medellín, Colombia, en el departamento de Antioquia, había una empresa llamada «Éxito», parecida a la compañía estadounidense Wal-Mart. Los gerentes de «Éxito» eran colombianos y conocían bien las prácticas de marketing apropiadas para los clientes antioqueños, gente muy conservadora que solía comerciar solamente con las empresas ya conocidas de esa región. No se fiaban de las empresas dirigidas por forasteros o extranjeros, gerentes de otras regiones o países.

Entonces, cuando se abrió en la misma ciudad una nueva sucursal de la multinacional Sears, Roebuck & Co., los antioqueños bromeaban entre sí que pronto Sears sería un «Éxito». Estos usos de la palabra "éxito" representaban un juego de palabras. Cuando Sears no tuvo «éxito», debido a la falta de aceptación de sus prácticas administrativas y comerciales por parte de la gente local, la empresa que llegó a ocupar el edificio pocos meses después fue un auténtico «Éxito», dirigido por gerentes que habían sabido observar las normas comerciales vigentes de Medellín. ¿Pues quién conocerá mejor el mercado local que la gente de ese mismo lugar? Por eso la investigación y la cooperación internacional son tan importantes en el mundo actual de los negocios.

Estos dos ejemplos demuestran que las compañías que ignoren el idioma y las normas culturales de un mercado particular tendrán dificultades para triunfar. También pueden surgir otros problemas a consecuencia de los estereotipos o reacciones inmediatas basadas en ideas preconcebidas sobre un grupo o mercado comercial. Para tener éxito en la economía global se requiere la buena fe y la atención a los detalles; el conocimiento y la apreciación de otras lenguas y culturas; el deseo de aprender continuamente; y mucho trabajo y suerte. Pero ya se sabe que la «buena suerte» ocurre cuando coinciden la preparación y la oportunidad.

1-8 Actividades

Haga los siguientes ejercicios.

1. En lo que se refiere a los idiomas usados para la comunicación internacional, ¿qué ocurrirá con el internet?

2. Comente y discuta con sus compañeros de clase las diferencias que pueden encontrarse en el idioma español de los diferentes países o lugares.

3. ¿Qué opina Ud. de la frase «la cultura es el hogar del idioma»?

4. ¿Qué es un estereotipo? ¿Cuáles son algunos ejemplos de estereotipos positivos y negativos que conoce Ud. o que ha oído mencionar alguna vez? ¿Cuál sería un estereotipo del estadounidense? ¿Del mexicano? ¿Del español? ¿Del argentino? ¿Del francés? ¿Del alemán?, etc. ¿Piensa Ud. que tales generalizaciones tengan fundamento? Explique.

5. Explique el problema que encontró General Motors con la venta de su carro «Nova» en Hispanoamérica. ¿Cómo ejemplifica un problema lingüístico o cultural este caso de leyenda urbana?

6. Explique la dificultad de Sears con su sucursal en Medellín. ¿Por qué se convirtió en una anécdota lingüística?

7. ¿Cómo piensa Ud. que se logra el éxito en la economía global de hoy? ¿Cómo se puede preparar mejor el gerente para esta nueva realidad mundial?

GeoReconocimiento

Mire los mapas del Capítulo 1 en la página web del libro (http://exito.heinle.com) y haga los ejercicios.

Posibilidades profesionales

En esta sección del presente capítulo y de los siguientes, se van a señalar brevemente algunos aspectos del planeamiento de carreras y la busca de empleo así como una lista de posibles trabajos profesionales en el mundo internacional de los negocios. Luego, en la página web de *Éxito comercial*, en los capítulos correspondientes a los de este libro, se proporcionará más información sobre las posibilidades profesionales así como algunos ejercicios que ayudarán a planear y seleccionar su carrera profesional y buscar trabajo.

Este primer capítulo trata de la planificación requerida para determinar y seleccionar la(s) carrera(s) internacional(es) de los negocios que mejor corresponda(n) a su personalidad, sus habilidades y sus conocimientos generales, profesionales, lingüísticos y transculturales. Para más información, véase el primer capítulo de *Posibilidades profesionales* que se encuentra en http://exito.heinle.com.

Glosario de términos y conceptos fundamentales

administración: decisiones y acciones tomadas en la dirección de una empresa o de cualquier organización

agrícola (*m/f*, no cambia de forma):   relacionado con la agricultura

comercio: negociación para la compra, venta o cambio (permuta) de bienes con el objetivo de ganar dinero; comunicación y trato de unos pueblos o individuos con otros

comercio internacional: el que se realiza con otros países fuera del territorio nacional

comercio multinacional: tiene operaciones internacionales, pero con una perspectiva global y sin deber lealtad a ningún país

comercio nacional: el que ocurre dentro del territorio nacional de un país

consumidor/a: persona que compra o que usa bienes y servicios para satisfacer sus necesidades

contexto: orden de composición o tejido de ciertas cosas; hilo de la historia o unión de cosas que se enlazan

contrato: pacto o convenio escrito u oral entre personas que se comprometen a algo determinado, y a cuyo cumplimiento pueden ser compelidas legalmente

cultura: todo lo que se aprende, comparte y comunica de una generación a otra por medio de los padres, las organizaciones sociales, los gobiernos, las escuelas, las iglesias y los grupos informales; un sistema de conducta y de costumbres, tradiciones, ideas y creencias aprendidas que caracteriza a los miembros de una sociedad

dejo: modo particular de pronunciación o acento particular de determinada región

demanda: mercancías y servicios que necesitan o desean los consumidores en un momento y a un precio determinado

demografía: estudio científico de las poblaciones según su número, composición (por sexo, grupos etarios, etnicidad, etc.), distribución, desarrollo y otras características

distribución: asignación a cada uno de lo que le corresponde; transporte de bienes y servicios

economía: administración razonable de los recursos y bienes; el conjunto de actividades respecto a la producción y al consumo de riquezas; se caracteriza por la escasez de bienes y recursos y por la oferta y demanda; en otras palabras, se trata de cómo abastecer y satisfacer las necesidades y los deseos de los consumidores y usuarios

economía global: conjunto de relaciones comerciales y económicas de los países del mundo

ensamblar: unir o juntar partes de algo (como las piezas de un automóvil o de un mueble)

escasez (*f*):   falta de una cosa

filial (*f*):   compañía subsidiaria

gerencia: administración o dirección de los negocios

gerente (*m/f*):   persona que dirige un negocio

globalización: actividad económica y comercial a nivel mundial

hiperinflación: tasa de inflación anual mayor de 25%

industria: conjunto de operaciones destinadas a transformar materias primas en productos útiles para los consumidores y usuarios; se refiere especialmente a la minería, la manufactura y la construcción

inflación: desequilibrio económico caracterizado por la subida general de precios y que proviene de la circulación excesiva de papel moneda

materia prima: materiales (vegetales, animales, minerales) que se transforman por medio de la elaboración industrial

mercadería: cualquier género vendible; artículos que se pueden comprar y vender

mercado: lugar público designado para vender, comprar o cambiar mercancías; país (o región) con el cual comercia otro país

población: número de personas que constituyen un pueblo o una nación

Producto Interno Bruto (PIB): suma de la riqueza nacional producida dentro del territorio nacional (se relaciona con el comercio interior)

Producto Interno o Nacional Bruto per cápita: PIB o PNB dividido por el número de habitantes del país

Producto Nacional Bruto (PNB): suma de la riqueza total producida por una nación (PIB más las exportaciones e importaciones, comercio interior+exterior)

sede (*f*): oficina central

servicio: ayuda o atención concedida por una persona u organización; es algo intangible

sucursal (*f*): un establecimiento situado en distinto lugar que la oficina central o casa matriz de la cual depende

supranacional: empresa que verdaderamente haya superado toda vinculación nacional

trabajo: fuerza humana aplicada a la producción de riqueza

transnacional: empresa caracterizada por una administración compartida por representantes de varios países

usuario/a: persona que usa algo

2 La empresa

*Keep thy shop and thy
shop will keep thee.*
　Proverbio inglés

*Opportunity is luck's
entrepreneur.*
　　Anónimo

*Lo que mucho vale,
mucho cuesta.*
　　Proverbio

Una empresa estatal —el correo. Madrid, España. ¿Puede Ud. dar otros ejemplos de empresas estatales y los servicios que ofrecen?

2-1 Preguntas de orientación

Al hacer la *Lectura comercial*, piense en las respuestas a las siguientes preguntas.

1. ¿Qué es una empresa?
2. ¿Cómo se clasifican las empresas?
3. ¿Cuáles son las características de la empresa pública? ¿privada? ¿mixta?
4. ¿Cuáles son las distintas formas jurídicas de las empresas de lucro?
5. ¿Qué clases de empresas predominan en el mundo hispano?
6. ¿Quiénes son los dueños de las diferentes empresas privadas, y cuáles son sus actividades y responsabilidades individuales y sociales?
7. ¿Cómo se clasifican las empresas por actividad?
8. ¿A qué actividades económicas se dedica la mayoría de las empresas?
9. ¿Cómo se puede medir el tamaño de una empresa en EUA y en España?
10. ¿Cómo se constituye una empresa?

LECTURA COMERCIAL

Organización y clasificación de la empresa comercial

En los países capitalistas, entre los cuales están todos los países hispanohablantes menos Cuba, la empresa es la organización jurídica y social que dirige la mayor parte de la actividad económica. Reúne los recursos productivos (capital, materias primas, equipo, materiales, trabajadores) bajo la dirección, responsabilidad y control de uno o más empresarios para producir e intercambiar los bienes y servicios. Las empresas se clasifican según su

1. función social
2. forma jurídica
3. actividad particular
4. control legal
5. tamaño

Función social

En general, las empresas son públicas (estatales), privadas o mixtas. En los Estados Unidos y en algunos países hispánicos (Argentina, Chile, España y México) predominan las privadas, mientras que en otros países hispánicos han abundado hasta hace poco las estatales. Las empresas o instituciones públicas suelen ser estatales, benéficas, educacionales o religiosas. Reciben sus fondos de fuentes públicas, privadas o estatales, pero no funcionan con fines lucrativos. Usan el dinero recibido para ofrecer servicios al público o para financiar sus propias operaciones. En la mayoría de los casos, quedan bajo el control de órganos especiales, como el estado, y tienen ciertos privilegios económicos y legales. Las más típicas de estas instituciones son las agencias de gobierno, los ayuntamientos, correos, las escuelas y universidades, y las iglesias y los templos. Es preciso decir que en los países hispánicos hay empresas estatales que sí operan con fines de lucro, pero remiten sus ingresos a la tesorería nacional, bien para realizar obras públicas o para financiar sus propias operaciones. Las más representativas de estas empresas son las compañías telefónicas, petroleras, aéreas, ferroviarias, etc. Algunas de éstas se han privatizado recientemente en países como México, Chile, España, Colombia, Perú y Argentina por falta de capital y para obtener una dirección más eficaz. Otros están en camino de la privatización pero todavía les hacen falta capital y una dirección empresarial más eficiente y especializada.

Las empresas comerciales privadas, en cambio, son las que contribuyen a la producción y al fomento de las economías capitalistas. Por lo general, suelen ser

1. privadas por función social
2. productoras, comerciales o de servicios por actividad económica
3. pequeñas, medianas, grandes o multinacionales por el volumen de operaciones

En la mayoría de los casos funcionan con fines de lucro. Su organización social y administrativa puede ser sencilla o compleja, según su tamaño, actividad y número de propietarios, gerentes y empleados. Se constituyen legalmente y tienen responsabilidad social, es decir, los dueños tienen que responder y satisfacer tanto al público consumidor como a sus acreedores respecto de la calidad, seguridad y utilidad de los bienes y servicios que producen y venden. Las empresas mixtas también ofrecen productos y servicios al público, pero son semiprivadas, o sea, están controladas tanto por el gobierno como por una o más empresas particulares. Usan los fondos recibidos de subvenciones gubernamentales, donativos y otras fuentes para vender o proporcionar algún bien material o servicio al público, y a menudo operan con fines de lucro. Suelen figurar entre ellas las compañías de servicios públicos, pero también algunas de comercio y de manufactura como, por ejemplo, la SEAT (Sociedad Española de Automóviles de Turismo), la cual está dirigida por el Volkswagenwerk alemán y por el gobierno español.

Forma jurídica

Las empresas privadas pueden tener dos formas jurídicas: son individuales o sociales. La empresa individual pertenece a un solo empresario que aporta el capital, dirige el negocio y recibe todo el beneficio comercial. Su operación y sus ganancias son generalmente pequeñas y su constitución y disolución, por los pocos requisitos legales exigidos, fáciles de lograr. Sin embargo, a pesar de la libertad de que goza, la responsabilidad del propietario es ilimitada y solidaria; es decir, el dueño puede perder todo su patrimonio o bienes materiales si fracasa en el negocio o acumula deudas que no logra solventar, puesto que no existe una separación entre el patrimonio empresarial y el personal. Aunque numerosas, estas empresas (al menos en los EUA) a menudo tienen corta vida, debido a su pequeño tamaño y a la competencia de otras compañías más grandes. Algunos ejemplos de empresas individuales son las barberías, carnicerías, farmacias, florerías, etc.

Las empresas sociales o las sociedades, en cambio, son propiedad de un mínimo de dos individuos llamados socios. Éstos, generalmente con la ayuda de un abogado, se ponen de acuerdo acerca de la división del trabajo, los derechos sociales, las obligaciones empresariales y financieras, los modos de realizar las operaciones y los demás quehaceres de la firma. Su operación e ingresos, por el número de socios y el volumen de actividades, son más grandes que los de la empresa individual, y su gestión más compleja. La sociedad también tiene, por el número y la pericia del personal, una capacidad administrativa superior a la de la empresa individual y ofrece más oportunidades salariales y de ascenso a sus empleados.

Existen varias formas jurídicas de sociedades mercantiles. Las más importantes son las de personas —la *Sociedad Colectiva o en Nombre Colectivo* (*S. en N.C.*) y *la Sociedad Comanditaria o en Comandita* (*S. en C.*)— y las de capital —la *Sociedad de Responsabilidad Limitada* (*S. de R.L.*), la más común en España, y la *Sociedad Anónima* (*S.A.*). En las sociedades *personalistas* lo que determina la asociación mercantil es la «persona» del socio, mientras que en las sociedades *capitalistas* lo determinante es la «aportación» del socio. En la sociedad anónima, también llamada *corporación*, los accionistas son los verdaderos propietarios de la compañía, y su responsabilidad está limitada sólo a las inversiones directas que han hecho en la empresa. La Tabla 2-1 (página 29) resume las características de estas sociedades mercantiles. Cabe añadir que también existen otras formas jurídicas como la *Sociedad Civil* (*S.C.*), usada normalmente por contadores, abogados y consultores, y la *Sociedad Cooperativa*, constituida entre productores, vendedores o consumidores, para la utilidad común de los socios.

En los países de habla española, predominan las empresas individuales y las sociedades colectivas. En México y España, por ejemplo, constituyen la gran mayoría de todas las firmas, las cuales también suelen ser familiares. En cuanto a la actividad económica, son industriales, mercantiles o de servicios, y sus directores son generalmente hombres, aunque participan cada año más mujeres. Generalmente las empresas hispanas son bastante tradicionales y conservadoras en sus tratos personales, operaciones y tecnologías, y buscan desarrollar más sus productos, mercados, operación, administración y recursos humanos. Esta realidad está cambiando al crecer muchas empresas y al mejorar la calidad de administración, personal, planta y equipo, y al ofrecer a la mujer más oportunidades gerenciales. Además, al capitalizarse y al fusionarse, muchas empresas pequeñas y medianas están extendiendo sus operaciones y mercados a los países más desarrollados del mundo como EUA, Canadá, Francia, Alemania, Japón, etc. Las más conocidas entre estas empresas son las de cemento, telecomunicaciones, bebidas alcohólicas (licores), indumentaria (ropa) y alimentos. Tampoco hay que olvidar las numerosas empresas pequeñas y medianas de las comunidades hispanas (y no hispanas) de EUA, que también están experimentando el mismo desarrollo que en los países hispanohablantes pero que generalmente perciben ingresos que superan a éstos.

Actividad particular

La actividad comercial de una empresa puede ser la de fabricar productos, comercializar (compraventa) bienes materiales, prestar servicios o ser una combinación de las tres posibilidades. La Tabla 2-2 (página 31) resume la clasificación de la empresa según su actividad. Tanto en Latinoamérica como en España, predominan las empresas que se dedican a la explotación de materias primas, la construcción, la cultivación y elaboración de comida, la confección de ropa y de zapatos, las telecomunicaciones y el turismo.

Control legal

Las leyes que rigen la actividad económica de un país pertenecen mayormente al derecho mercantil. Éste «tiene por objeto regular las relaciones de los particulares como comerciantes, y de aquellas personas que sin ser comerciantes ejecutan actos de comercio, además de reglamentar los actos de comercio» (Alejandro Ramírez Valenzuela, *Derecho Civil*, pág. 29). El código mercantil puede variar de región a región y de país a país, y puede complementar los derechos o las leyes civiles que tratan temas tales como la discriminación en el trabajo, los problemas ambientales (por ejemplo, la contaminación del aire y del agua) y la estructuración ilegal de precios. Cuando surgen temas de derecho mercantil internacional, operan las leyes y los reglamentos acordados por los países firmantes en un convenio, pacto o tratado particular. Estos acuerdos abarcan tanto cuestiones de importación y exportación como asuntos financieros, intelectuales (derechos y patentes), industriales y económicos.

Tabla 2-1

Descripción y comparación de algunas de las sociedades mercantiles más típicas

Asunto	Sociedades de personas		Sociedades de capital	
Clasificación	Sociedad Colectiva o en Nombre Colectivo (S. en N.C.)	Sociedad Comanditaria o en Comandita (S. en C.)	Sociedad de Responsabilidad Limitada (S. de R.L.) o Sociedad Limitada (S.L.)	Sociedad Anónima (S.A.)
Constitución legal	Requiere a menudo un abogado o notario para precisar los artículos de constitución		Requiere los derechos de incorporación y ayuda legal	
Número y clasificación de propietarios	Al menos dos: llamados socios *colectivos* o *activos* que comparten los derechos y las obligaciones empresariales precisados contractualmente	Al menos dos: unos llamados *socios colectivos* o *activos* que dirigen la empresa, y otros, *comanditarios*, que aportan capital	Menos de cincuenta socios colectivos o el número fijado por la ley mercantil del país	Al menos uno llamado *accionista*; el número de accionistas puede ascender a miles
Responsabilidad social de propietarios (frente a terceros)	Ilimitada y solidaria con todo su patrimonio	Los socios colectivos responden ilimitada y solidariamente; los comanditarios sólo con el capital aportado (limitada)	Limitada al capital aportado por los socios colectivos	Limitada al capital aportado por los accionistas

Asunto	Sociedades de personas		Sociedades de capital	
Gestión (Gerencia)	Colectiva	En manos de socios colectivos	En manos de junta directiva nombrada o elegida por socios colectivos	
Razón social (Nombre oficial de la empresa)	Determinada por los socios		Determinada por los socios colectivos	Determinada por los incorporadores
Financiamiento	Capital aportado por todos los socios		Mediante participaciones de cada socio	Mediante venta de acciones o bonos
Distribución de ganancias	Ganancias proporcionadas según el contrato de constitución		Ganancias distribuidas a base de las participaciones de cada socio	Ganancias distribuidas mediante dividendos
Ventajas	Mayor disponibilidad de capital y crédito que la empresa individual; interés personal y habilidades particulares de los socios colectivos; facilidad de constituir la empresa e interés en conservar a los empleados capacitados		Máxima disponibilidad de capital; responsabilidad social limitada; facilidad de extender la empresa y de transferir o ceder los derechos de propiedad; tamaño y duración de la empresa	
Desventajas	Responsabilidad ilimitada y solidaria de los socios generales y colectivos o activos; dificultad de administrar, disolver, transferir y ceder los derechos de propietarios; tamaño pequeño y breve duración		Restricciones legales respecto a la monopolización; impuestos bastante altos	
Impuestos	Obligadas a pagar impuestos federales, regionales y locales, además de otros como el IVA, muchas empresas reciben exenciones tributarias; el impuesto de valor añadido (o de valor agregado) es aquel que se impone sobre el trabajo o la mano de obra que interviene en cada proceso o etapa de elaborarse o distribuirse un producto o servicio			

Tamaño

El tamaño se refiere al volumen de las operaciones, al total de las ventas o al número de empleados de una empresa. Ésta puede ser pequeña, mediana, grande o multinacional. En los EUA, por ejemplo, la empresa se considera pequeña si sus rentas anuales son menos de 150 millones de dólares, mediana si no alcanzan los 500 millones de dólares y grande si exceden los mil millones (*one billion*) de dólares. En los países hispánicos las rentas anuales para la clasificación de cada empresa varían. En España en 2003, por ejemplo, según el Ministerio de Economía (www.ipyme. org), las PYME (Pequeñas y Medianas Empresas) constituyeron más del 99% del total nacional de 2,813,120 empresas:

2,642,775 microempresas de 0–9 empleados

145,418 pequeñas empresas de 10–49 empleados

21,192 empresas medianas de 50–249 empleados

3,735 grandes empresas de 250 o más empleados

Una empresa llega a ser multinacional no sólo al establecer filiales en otros países, sino al concederles un tratamiento igual al que rige en la casa matriz. Algunos ejemplos de compañías multinacionales son General Electric, Microsoft y Exxon en EUA, Dana en México y Telefónica, S.A., en España.

Tabla 2-2

Clasificación de la empresa por actividad

Producción	Comercio	Servicios
Industria extractiva: cobre, hierro, plomo, oro, plata, etc.	Mayoristas: compran del productor para vender al minorista o directamente al consumidor	Banca y otros servicios financieros
Industria agropecuaria: cultivación de granos, frutas, etc. y ganadería (ganado mayor: vacas, mulas, caballos; y menor: cabras, etc.)	Minoristas o detallistas: venden directamente al consumidor o al usuario	Públicos: seguridad, transporte, etc. Información: periódicos, radio, televisión, internet
Industria constructora: vivienda y edificios		Enseñanza
Industria transformadora: automóviles, comida, ropa, etc.		Asesoramiento: legal, técnico, etc. Asistencia social y servicios médicos Hostelería Secretariales

Constitución de la empresa

La información referente a las distintas clases de empresas y a las decisiones que tienen que tomar los futuros administradores, sirve de base para uno de los pasos más importantes al emprender un negocio: la constitución de la empresa. Según los deseos y planes de los dueños y el tipo de compañía que piensan establecer, este proceso puede variar pero, por lo general, consta de los siguientes pasos y son casi los mismos tanto en España y en los países hispanoparlantes como en EUA.

1. Nombrar a las personas interesadas en formar la empresa.
2. Determinar la actividad comercial y los objetivos de la empresa.
3. Decidir su forma jurídica.
4. Establecer el número y la clase de propietarios.

5. Seleccionar la razón social (el nombre) de la empresa.

6. Fijar la organización de la empresa.

7. Especificar la fuente, forma, cantidad, proporción y distribución del capital aportado y de las ganancias previstas.

8. Detallar los derechos y las obligaciones, tanto de los propietarios como de los empleados.

9. Constituir la compañía legalmente e inscribirla en el Registro Público de Comercio (en España se llama Registro Mercantil) o en un documento oficial semejante, con lo cual se le asigna un número de identidad para los impuestos, llamado en España, por ejemplo, Código de Identificación Fiscal.

10. Disponer del terreno, edificios y equipo, y contratar al personal necesario.

11. Poner en marcha la empresa, planeando todo lo necesario para facilitar la compraventa y para satisfacer a los clientes.

PARA PENSAR

Analice el siguiente gráfico del estudio «Empresarialidad en economías emergentes: Creación y desarrollo de nuevas empresas en América Latina y el Este de Asia».

1. ¿Cuáles son las cinco categorías indicadas en el gráfico como principales motivos para hacerse empresario? Explique cada categoría con sus propias palabras.

2. ¿Cuál es el principal motivo indicado para hacerse empresario? ¿Por qué piensa Ud. que es tan importante este motivo?

3. ¿En qué dos países es más importante la categoría de «Mejorar su ingreso»?

4. Compare las cinco categorías en México y en Argentina. ¿Qué diferencias hay?

5. ¿Qué quiere decir promedio regional?

6. ¿Cuál sería el motivo más importante para Ud.? ¿Por qué?

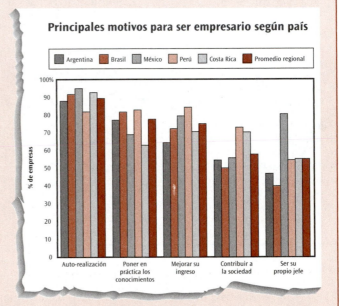

Principales motivos para ser empresario según país

Argentina · Brasil · México · Perú · Costa Rica · Promedio regional

(BID, Departamento de Desarrollo Sostenible, marzo 2002)

2-2 Actividades

1. **¿Qué sabe Ud. de negocios?** Vuelva a las *Preguntas de orientación* que se hicieron al principio del capítulo y a las preguntas que acompañan las fotos y contéstelas en oraciones completas en español.

2. **¿Qué recuerda Ud.?** Indique si las siguientes oraciones son *verdaderas* o *falsas* y explique por qué.

   a. La empresa es la organización que dirige la mayor parte de la actividad económica y política en los países capitalistas.

   b. Las empresas estatales obtienen sus fondos mediante las aportaciones de sus propietarios.

   c. Los socios comanditarios son los gerentes de una sociedad anónima.

   d. La sociedad colectiva tiene el menor número de propietarios.

   e. La empresa individual es la más común, pero la menos especializada y lucrativa.

   f. La distribución de ganancias de la S. de R.L. se realiza por medio de dividendos.

   g. Las empresas multinacionales predominan en el mundo hispánico.

   h. Todas las formas jurídicas comerciales implican una responsabilidad ilimitada y solidaria de los socios.

3. **Exploración.** Haga los siguientes ejercicios, usando sus propios conocimientos y opiniones personales.

   a. ¿Cuáles son las ventajas de las distintas empresas descritas en este capítulo? Explique.

   b. ¿Cuáles propietarios tienen mayor responsabilidad social?

   c. De las sociedades mercantiles, ¿cuál le parece la más eficaz en cuanto a la administración y a la competencia comercial? ¿Por qué?

   d. Si Ud. tuviera que formar una empresa, ¿cuál elegiría? ¿Cuál sería la principal actividad y el tamaño? ¿Por qué?

   e. ¿Cómo se relacionan los dichos al principio del capítulo con los temas tratados?

`2-3` Al teléfono

TRACKS 3 y 4

1. Lea las siguientes preguntas. Después, escuche atentamente la conversación telefónica del Capítulo 2 en el CD y conteste las preguntas. Puesto que la comprensión auditiva es una destreza comunicativa sumamente importante, se recomienda escuchar el CD varias veces.

   a. ¿Cuál es el tema de esta conversación telefónica?

   b. A su parecer, ¿a qué se debe la diferencia de opinión entre los dos hombres?

   c. ¿En qué quedan ambos comerciantes al despedirse? ¿Por qué no hablan más?

   d. ¿Qué les recomendaría usted a los dueños como posible solución al problema?

2. Basando sus comentarios en la conversación telefónica, haga la siguiente llamada telefónica a otro/a estudiante de la clase. Cada persona deberá participar activamente en la conversación. Si necesita ayuda con esta actividad, véase el Apéndice 1, *Protocolo telefónico*, página 455.

   Ud. es Juan de la Cava Vinbuenos, dueño de Vinbuenos de Jerez de la Frontera. Llame a su abogada Teresa Valdepeñas y comente con ella las ventajas y las desventajas de poner en práctica una fusión con Wines, Inc. para formar una sociedad anónima o una sociedad limitada. Consideren Uds. el posible funcionamiento de la empresa, la responsabilidad y el ambiente de trabajo que desean crear en una nueva empresa.

3. Haga la siguiente llamada telefónica a otro/a estudiante de la clase. Cada persona deberá participar activamente en la conversación. Si necesita ayuda con esta actividad, véase el Apéndice 1, *Protocolo telefónico*, página 455.

Ud. y un/a amigo/a de habla española discuten por teléfono la posibilidad de formar una sociedad mercantil. Usted, como estadounidense, quiere establecer una sociedad anónima, mientras que su compañero/a prefiere la constitución colectiva. Cada uno de Uds. ofrece sus razones desde la perspectiva cultural apropiada.

2-4 Navegando el internet

Para hacer este ejercicio del presente capítulo, visite la página web del libro http://exito.heinle.com.

2-5 Ejercicios de vocabulario

Si le es necesario, consulte la *Lectura comercial* o la lista de vocabulario al final del capítulo para completar estos ejercicios.

1. **¡A ver si me acuerdo!** Al pensar en la posibilidad de establecer una relación comercial, Ud. va a tener una conversación con una persona de negocios de un país hispano. Sin embargo, se le olvidan los siguientes términos en español. Un/a compañero/a lo/la ayuda a recordarlos al pedirle que se los traduzca.

   a. *corporation*
   b. *liability*
   c. *partner*
   d. *retailer*
   e. *main office*

   f. *state-controlled company*
   g. *silent partnership*
   h. *board of directors*
   i. *limited liability*
   j. *law*

2. **¿Qué significan?** A usted le interesa la posibilidad de establecer su propia empresa en un país hispanoparlante. Sin embargo, no sabe lo que significan ciertos términos que se usan frecuentemente en el comercio. Decide consultarlos con un/a amigo/a. Pídale a un/a compañero/a de clase que le explique los siguientes términos y que le dé algunos sinónimos si puede.

   a. sociedad
   b. comanditario
   c. lucro
   d. solidario

   e. propietario
   f. razón social
   g. patrimonio
   h. deuda

3. **Entrevista profesional.** Ud. quiere toda la información posible sobre las empresas hispanas porque quiere formar la suya en España. Por lo tanto, Ud. entrevista a un experto en derecho mercantil y le hace las siguientes preguntas. Haga la entrevista con un/a compañero/a de clase. No olviden el protocolo ni las cortesías.

   a. ¿Cómo se clasifican las empresas?

   b. ¿Cuáles son las formas jurídicas de las empresas privadas?

   c. ¿Cuáles son dos tipos principales de sociedad mercantil?

   d. ¿Cómo se diferencian los socios colectivos o generales de los socios comanditarios?

   f. ¿Cómo se financian las sociedades de capital?

   g. ¿Cómo consiguen fondos las sociedades limitadas y anónimas?

   h. ¿Cuáles son algunas de las ventajas y desventajas de las sociedades de personas?

4. **Traducciones.** Un/a amigo/a con el/la cual Ud. quiere formar una empresa acaba de empezar a estudiar el español y los negocios. Él/Ella sabe poco de las empresas y el comercio. Usted lo/la ayuda al pedirle que él/ella traduzca las siguientes oraciones que informan sobre el tema.

   a. *The sole proprietorship has great potential for individual satisfaction and profit but at the same time unlimited liability for the owner.*

   b. *Joint partnerships have two types of partners, active and silent, while limited liability companies and corporations have shareholders and a board of directors.*

   c. *Active partners have joint and unlimited liability, while silent partners, like shareholders, have only limited liability.*

   d. *The financing and profits of partnerships are based on the owners' capital and the company's profits, while those of capital companies are based on shares, dividends, and interest on bonds.*

   e. *Corporations are characterized by having limited liability stockholders who realize earnings through the receipt of dividends.*

Una vista panorámica de España

Nombre oficial:	Reino de España
Gentilicio:	español/a
Capital y población:	Madrid: 5.5 millones
Sistema de gobierno:	Monarquía parlamentaria
Jefe de Estado:	Rey Juan Carlos I de Borbón y Borbón
Jefe de Gobierno:	Presidente José Luis Rodríguez Zapatero
Fiesta nacional:	12 de octubre, Día Nacional (también llamado Día de la Hispanidad y Nuestra Señora del Pilar)

España

Geografía y clima

Área nacional en millas²/ kilómetros²	Tamaño (comparado con EUA)	División administrativa	Otras ciudades principales	Puertos principales	Clima	Tierra cultivable
194,884 m²/ 504,750 km²	Dos veces el tamaño de Oregón	17 comunidades autónomas y 50 provincias (sub-divisiones)	Barcelona, Valencia, Sevilla, Zaragoza, Bilbao, Málaga	Barcelona, Valencia, Bilbao, Cartagena, La Coruña, Gijón, Cádiz, Vigo	Templado y mediterráneo en la costa, verano caluroso en el interior	26.8%

Demografía

Año y población en millones				Distribución etaria		% de analfa-betismo	
2005	2015	2025	% urbana	<15 años	65+		Grupos étnicos
40	40	40	77%	15%	17%	2.8%	Combinación de mediterráneos y nórdicos con grupos distintos como los catalanes, vascos y gallegos

Economía y comercio

Moneda nacional	Tasa de inflación 2002	N° de trabajadores (en millones) y tasa de desempleo	PIB 2002 en millones $EUA	PIB per cápita $EUA	Distribución de PIB y de trabajadores por sector*			2002 Exporta-ciones en millones $EUA	2002 Importa-ciones en millones $EUA
					A	I	S		
Euro	3%	17.1/11.3%	$850,700	$21,200	3.6%	30.2%	66.2%	$122,200	$156,600
					7%	29%	64%		

*Para distribución del PIB y de los trabajadores (mano de obra): A = agricultura, I = industria, S = servicios (y gobierno).

Recursos naturales: Carbón, lignito, hierro, uranio, mercurio, pirita de cobre y de hierro, espato fluor, yeso, cinc, plomo, tungsteno, caolín, potasa, energía hidroeléctrica.

Industrias: Textiles, ropa, calzado, procesamiento de alimentos y de bebidas, metales y manufacturas de metal, productos químicos y petroquímicos, construcción de barcos, automóviles, herramientas mecánicas, bienes de consumo, productos electrónicos, turismo.

Comercio

Productos de exportación: Camiones y automóviles, maquinaria, fruta, minerales, metales, textiles, ropa, calzado, alimentos.

Mercados: 71.3% Unión Europea o UE (19.5% Francia, 11.8% Alemania, 10.0% Portugal, 9.0% Italia, 8.9% Reino Unido, 12.1% otros países de la UE), 4.4% EUA.

Productos de importación: Maquinaria, equipo de transporte, petróleo, productos químicos, aviones, granos, bienes semiacabados.

Proveedores: 63.9% UE (16.8% Francia, 15.5% Alemania, 9.1% Italia, 7% Reino Unido, 15.5% otros países de la UE), 4.6% EUA, 4.2% América Latina.

Horario general de comercio: De lunes a sábado, desde las nueve de la mañana hasta la una y media y luego desde las cuatro o cinco de la tarde hasta las ocho o nueve de la noche.

Transporte y comunicaciones

Kilómetros de carreteras y % pavimentadas	Kilómetros de vías férreas	Nº de aeropuertos con pista de aterrizaje pavimentada	N° de líneas telefónicas/ celulares	Radios por mil personas	Televisores por mil personas
663,795/99%	14,189	93	17,336,000/ 8,394,000	331	555

Idioma y cultura

Idiomas	Religión	Comidas y bebidas típicas/Modales
74% español o castellano (oficial), 17% catalán, 7% gallego, 2% vasco (vascuence o euskera)	94% católico (nominalmente); 6% otras	Tortilla española, gazpacho, paella, cocido, jamón serrano, queso, bocadillos, churros, carne, pollo, pescado, cerveza, vino, sangría, champán o cava, café (a veces «perfumado» con coñac). La comida española no es picante. Al empezar a comer es común desearles «Buen provecho» a los otros que están comiendo. Al terminar de comer, colocar el tenedor y el cuchillo lado a lado sobre el plato. Si no se desea comer más, cruzar el tenedor y el cuchillo sobre el plato.

Horario normal del almuerzo y de la cena: Alrededor de la una o las dos de la tarde para el almuerzo; a partir de las diez para la cena.

Gestos: Es importante mantener un buen contacto visual al conversar con alguien. Los buenos amigos se saludan con unas palmaditas en el hombro o en la espalda o con un abrazo; las mujeres se saludan con un besito en cada mejilla. No meter las manos en los bolsillos mientras se conversa. El gesto de «thumbs-up» tiene una connotación política en el País Vasco.

Cortesía: Saludar a cada individuo al llegar a una reunión o comida y despedirse individualmente al marcharse para no menospreciar a nadie o quedar mal. Cuando se visita la casa de alguien para comer o cenar, llevar a los anfitriones un detalle como flores, chocolates, un buen vino o una buena botella de whisky. No llevar dalias ni crisantemos, pues se asocian con la muerte. No regalar trece flores porque es mala suerte. Reconocer que una invitación a casa de alguien, si la persona no insiste sinceramente, puede representar un formulismo social en lugar de una auténtica invitación —no aceptar a la primera invitación. Si los anfitriones le hacen un regalo, abrirlo en el acto delante de ellos. Al hacer una visita a casa de alguien, si se llega durante una comida y se le ofrece algo de comer, reconocer que la oferta es un formulismo social (normalmente se agradece la invitación con decir, «No, gracias»). Es de mala educación andar por la calle comiendo, como lo es masticar chicle en público. Se pone de pie al saludar o ser presentado a otras personas.

LA ACTUALIDAD ECONÓMICA ESPAÑOLA

España es el más desarrollado de todos los países hispanohablantes y el más poderoso económicamente. Debido a una política comercial liberal de incentivos iniciada a partir de los años cincuenta, se ha desarrollado una capacidad industrial y financiera casi semejante a la de los países más ricos del mundo. También, entre los países hispanohablantes tiene el PIB per cápita más alto y es uno de los países líderes en varios sectores económicos.

Por otra parte, desde su ingreso en la Comunidad Económica Europea (CEE) en 1986, hoy la Unión Europea (UE), España ha reestructurado y modernizado su economía para hacerse más competitiva con los otros países de la UE. Con la ayuda del gobierno y los sectores tanto económicos como políticos, ha invertido enormes fondos en proyectos de investigación y desarrollo para regenerar varias industrias y ha emprendido notables medidas para aumentar la producción de textiles, calzados, aparatos electrodomésticos, acero y construcción naval. En efecto, estas industrias han dirigido gran parte de la prosperidad de la cual ha gozado España durante el último decenio del siglo XX y el comienzo del siglo XXI.

También, el país ha realizado proyectos y negocios en participación como la compañía estadounidense Frito Lay con Empresas Polar de Venezuela para vender sus productos en nueve países latinoamericanos, o los de la sociedad estadounidense AOL con el Grupo Cisneros venezolano para ingresar en el mercado de comunicación en México, Argentina y Brasil a través de internet. Además, ha logrado fusiones de empresas como la de SEAT y Volkswagen en España, compañías automotrices, y Mapfire, S.A. y Euroamérica Seguros Generales, S.A. de Chile, grandes empresas de seguros, para crear nuevas industrias o desarrollar aún más las ya existentes. Por otra parte, se han reducido las tasas de inflación y de desempleo durante los decenios de 1980–2000 y se están proyectando tasas aún más bajas.

Los pasos hacia la democracia en España comenzaron después de la muerte de Francisco Franco en 1975, cuando Adolfo Suárez fue nombrado presidente del gobierno en 1976 por el Rey Juan Carlos. Suárez mantuvo el poder hasta 1981 cuando dimitió al ver debilitada la posición política y la cohesión interna de su partido. Felipe González fue elegido primer ministro de España en 1982 y su Partido Socialista (PSOE) mantuvo control hasta 1996 con la elección del primer ministro José María Aznar del Partido Popular (PP), cuya política conservadora se considera la base de la nueva prosperidad económica de España. También, su campaña agresiva contra los terroristas de ETA, un grupo vasco separatista, mejoró la seguridad de los ciudadanos. Aznar también inició programas de cooperación económica, técnica y cultural con América Latina. Bajo su mando, España se integró en las instituciones políticas y económicas de la UE y en el año 2000 adoptó el euro como divisa oficial, reemplazando a la peseta. Además, apoyó a la Organización del Tratado del Atlántico Norte (OTAN) en las operaciones militares en Serbia y Montenegro en 1999 y participó en la invasión y la ocupación de Irak en 2003, una acción política que no había complacido al público español. Un mes antes de las elecciones presidenciales en abril de 2004, hubo una grave serie de explosiones en la estación céntrica madrileña de Atocha en las cuales casi 200 personas murieron y se hirieron más de mil. Fue el peor ataque terrorista sufrido en la historia de España. Al principio se les atribuían los ataques al grupo vasco ETA, pero resultó que los culpables eran una célula de al-Qaida. El resultado de las bombas en Madrid fue un cambio en el resultado del voto en las elecciones, cuando el candidato del Partido Popular, Mariano Rajoy, nombrado como sucesor por Aznar, fue derrotado y el líder socialista José Luis Rodríguez Zapatero, de 43 años de edad, fue elegido. Rodríguez Zapatero se hizo el quinto jefe de gobierno español desde la vuelta de la democracia a España en 1976. La posibilidad de que el ataque, ocurrido exactamente un año y medio después de los ataques del 11 de septiembre en EE.UU., fuera hecho por un grupo en nombre de la red al-Qaida, influyó directamente en el cambio de gobierno en España.

Una vista panorámica de Guinea Ecuatorial

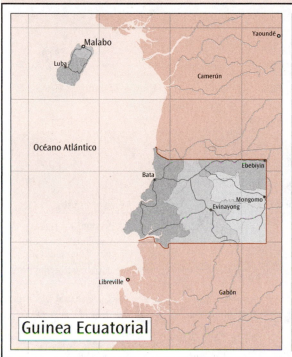

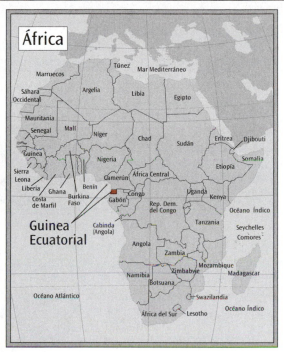

Nombre oficial:	República de Guinea Ecuatorial
Gentilicio:	guineano/a, ecuatoguineano
Capital y población:	Malabo: 60,065
Sistema de gobierno:	República en transición hacia una democracia dominada por el partido principal, el Partido Democrático de Guinea Ecuatorial (PDGE) y múltiples partidos políticos marginales
Sistema jurídico:	Leyes civiles españolas y costumbres tribales
Jefe de Estado:	Presidente Teodoro Obiang Nguema Mbasogo
Jefe de Gobierno:	Primer Ministro Cándido Muatetema Rivas
Fiesta nacional:	12 de octubre, Día de la Independencia (1968: de España)

Guinea Ecuatorial

Geografía y clima

Área nacional en millas²/ kilómetros²	Tamaño (comparado con EUA)	División administrativa	Otras ciudades principales	Puertos principales	Clima	Tierra cultivable
10,051 m²/ 28,051 km²	Un poco menos grande que Maryland	2 regiones y 7 provincias	Bata, Evinayong	Malabo, Bata, Luba	Tropical, siempre lluvioso y húmedo	4.6%

Demografía

Año y población en millones				Distribución etaria		% de analfabetismo	Grupos étnicos
2005	2015	2025	% urbana	<15 años	65+		
.51	.70	.88	43%	42.2%	3.8%	14.3%	(15%) bubi y fernandinos en la isla de Bioko y (85%) fang/bantú en la parte continental de Río Muni

Economía y comercio

Moneda nacional	Tasa de inflación 2002	N° de 1998 trabajadores (en millones) y tasa de desempleo	PIB 2002 en millones $EUA	PIB per cápita $EUA	Distribución de PIB y de trabajadores por sector*			2002 Exportaciones en millones $EUA	2002 Importaciones en millones $EUA
					A	I	S		
Franco cefa (CFA: Coopération Financière en Afrique)	6%	16.2/30%	$1,270	$2,700	16% **nd	75.3% nd	5.4% nd	$2,500	$736

*Para distribución del PIB y de los trabajadores (mano de obra): A = agricultura, I = industria, S=servicios (y gobierno).
**nd = no disponible

Recursos naturales: Petróleo, madera, manganeso, uranio, pequeños depósitos de oro inexplorados. 68% de los ingresos de exportación provienen del petróleo.

Industrias: Petróleo, pesca, aserraderos, gas natural.

Comercio

Productos de exportación: Cacao, café, animales vivos, petróleo y lubricantes, madera, bienes manufacturados.

Mercados: 28.3% EUA, 25.3% España, 17.4% China, 10.6% Canadá, 4.9% Francia, 13.5% otros países.

Productos de importación: Petróleo, comida, bebida, ropa, maquinaria.

Proveedores: 29.1% EUA, 15.9% España, 10.4% Francia, 7.2% Noruega, 4.9% Países Bajos, 4.7% Italia, 27.8% otros países.

Horario general de comercio: De lunes a viernes, desde las ocho de la mañana hasta la una y desde las cuatro de la tarde hasta las siete de la noche.

Transporte y comunicaciones

Kilómetros de carreteras (1999)	Kilómetros de vías férreas	Nº de aeropuertos con pista de aterrizaje pavimentada	Nº de líneas telefónicas/ celulares (1998)	Radios por mil personas	Televisores por mil personas
2,880 km	0	2	8,000/300	116	490

Idioma y cultura

Idiomas	Religión	Comidas y bebidas típicas/Modales
Español (oficial), francés (oficial), inglés «pidgin», fang, bubi	83% católico romano; protestante y musulmán; a menudo se mezclan las tradicionales prácticas africanas con los ritos occidentales	Carne (de res, cabra, mono y serpiente), pollo, pescado, yuca, cacahuetes, papaya, piña, bananos y plátanos, tope (vino de palmera) y malamba (bebida alcohólica de azúcar de caña). No comer con las manos excepto cuando se ve que lo hacen los anfitriones. La mujer le sirve la comida al invitado y luego come en la cocina con los niños.

Horario normal del almuerzo y de la cena: Mediodía o la una de la tarde para el almuerzo; entre las ocho y las diez de la noche para la cena.

Gestos: Para saludar, la gente se da la mano con un animado apretón. Si se tiene la mano sucia, se puede ofrecer la muñeca o el antebrazo para el saludo. Espacio físico reducido entre las personas que conversan; a veces se toca el hombro o el antebrazo de la otra persona al hablar. Para que se acerque alguien, la mano con la palma hacia abajo, cerrar y arañar con los dedos juntos. Las manos abiertas unidas como para rezar indican que «Así es la vida» o que no queda más de algo. Los hombres y los niños a menudo se pasean tomados de la mano o con los brazos entrelazados, un contacto físico inadmisible para personas del sexo opuesto.

Cortesía: En las ciudades es importante saludar a alguien con el título de esa persona (señor, señora, doctor, ingeniero, etc.). Al ir a casa de alguien para comer o cenar, llevar un regalito como fruta o pan. Los anfitriones no se ofenderán si el invitado se niega cortésmente a probar una comida, puesto que muchos guineanos tienen un tabú personal hacia ciertas comidas particulares.

LA ACTUALIDAD ECONÓMICA GUINEOECUATORIANA

La República de Guinea Ecuatorial, situada entre Camerún y Gabón, es el único país africano en el cual el español es la lengua oficial. Geográficamente, la nación consiste en dos regiones. La primera es Río Muni, ubicado en el África continental entre Camerún y Gabón, donde viven los fang, el grupo dominante en la política actual. La segunda región está formada por islas, entre las cuales está Bioko, la más grande, habitada por los bubi y los fernandinos y situada cerca de Nigeria y Camerún. Malabo, la capital de la república, está ubicada en esta isla.

Además de las tradiciones de origen bantú, hay evidencias de la influencia y herencia hispánica que comenzaron en 1471 cuando el explorador portugués, Fernao do Poo descubrió la isla de Bioko, llamándola Formosa por su belleza. En 1778 los portugueses cedieron a España la isla que en aquel entonces se llamaba Fernando Po, otras islas y los derechos comerciales a lo largo de la costa continental. En el siglo XIX, las poderosas fuerzas navales de Inglaterra mantenían una base militar en la isla para combatir el comercio de esclavos de los españoles. A principios del siglo XX, en el Tratado de París fueron unificados los territorios continentales y la isla bajo el control de España, que había perdido sus últimas colonias en América (Cuba, Puerto Rico) y las Islas Filipinas debido a su derrota en la guerra de 1898 con EUA.

En el siglo XX, muchos aspectos de las instituciones españolas fueron establecidas en Guinea Española, tales como la iglesia católica, la infraestructura política importada de España, la arquitectura y el ritmo de la vida diaria y la lengua oficial, el español. En 1968 Guinea Ecuatorial, con la influencia del movimiento anticolonialista de la década de los sesenta que liberó muchos países africanos, recibió su independencia. El primer presidente, Francisco Macías Nguema, aunque elegido en elecciones libres, se transformó en un dictador tiránico, cuyas políticas interrumpieron las funciones gubernamentales con la excepción de una policía interna que instauró un régimen de terror que causó la muerte o la huida del país de un tercio de la población nacional. En 1979, Teodoro Obiang Nguema Mbasago, sobrino de Macías y director de Playa Negra, una prisión de mala fama, fomentó un golpe de estado exitoso y se hizo presidente. Obiang ha ganado las elecciones nacionales en 1982, 1989, 1996 y 2002, a pesar de la legalización de múltiples partidos políticos en 1991, y seguirá siendo presidente hasta 2009. El presidente y el

Partido Democrático de Guinea Ecuatorial (PDGE) mantienen un control absoluto sobre la política guineoecuatoriana.

Económicamente, Guinea Ecuatorial ha buscado apoyo de Francia después de su independencia y en 1983 se hizo miembro de la *Union Douanière des États de l'Afrique Centrale* (UDEAC). También, se hizo miembro del *Banque des États de l'Afrique Centrale* (BEAC) entre cuyos miembros están Camerún, Chad, la República del Congo y Gabón. Después de 1985, el franco cefa (CFA) de BEAC reemplazó al epkuele, la divisa después de la independencia, lo cual significó una devaluación del 87% en la tasa de cambio extranjera.

Antes de esa época, la peseta española, la moneda que se empleaba en Guinea Española desde la época colonial hasta su independencia en 1968, se había convertido en la peseta guineana. En 1975, como parte de la política de africanización de esa época, el epkuele reemplazó la peseta guineana y continuó hasta 1985, cuando fue reemplazado por el franco cefa. Esta divisa incorporó dos aspectos monetarios: 1) una moneda regional compartida por las naciones africanas centrales y occidentales y 2) enlaces con una moneda oficial extranjera, el franco francés. Cada uno de estos aspectos representaba una situación rara y poco común. Al terminar el Tratado de Maastricht en 1993, los países europeos adoptaron el euro como el cambio oficial de la Unión Europea a partir del año 1999, y en enero de 2000 el euro reemplazó a las monedas nacionales, incluso el franco francés, en el cual originalmente se había basado el franco cefa.

Aunque Guinea Ecuatorial ha sufrido de una economía muy mala desde su independencia, después del descubrimiento de enormes cantidades de petróleo en Zafiro en 1995 (www.offshore-technology.com/projects/zafiro) y luego en Alba en el Golfo de Guinea, más los recientes acuerdos con Nigeria para establecer las fronteras entre los dos países, Guinea Ecuatorial se ha convertido en el tercer productor de petróleo de África y ya promete ser uno de los productores de hidrocarburos más importantes del mundo. Se espera que en el futuro el país pueda comenzar a distribuir las ganancias entre todos sus ciudadanos y que trate de resolver las citaciones hechas por las Naciones Unidas y la Secretaría de Estado de EUA sobre la falta de derechos civiles básicos.

2-6 Actividades

¿Qué sabe Ud. de España y de Guinea Ecuatorial?

1. A usted lo/la han contratado/a como asesor/a transcultural de negocios internacionales. Como tal, necesita informar a sus clientes sobre España y Guinea Ecuatorial, y recomendar un plan de viaje de negocios a cada país. Investigue sobre los datos pertinentes para poder abarcar los temas a continuación.

   a. Describa Ud. la geografía de España y de Guinea Ecuatorial, incluyendo temas relacionados como los siguientes: ubicación y tamaño de ambos países, capital y otras ciudades y puertos principales, división administrativa y clima. ¿Cómo se compara el tamaño de España con el de EUA? ¿Y con el tamaño del estado donde Ud. vive? ¿Y el tamaño de Guinea Ecuatorial con el de EUA y con el del estado donde Ud. vive?

     b. ¿Cuáles son las principales características demográficas y políticas de España y Guinea Ecuatorial? ¿Quién es el jefe de estado de cada país? ¿Por qué es el español una lengua oficial de Guinea Ecuatorial?

     c. ¿Cuándo se celebra la fiesta nacional de cada país? En qué otras fechas, respectivamente, hay fiestas públicas que también podrían afectar el éxito de un viaje de negocios? (Véase la Tabla 10-1 de la página 303.)

     d. Describa la economía de cada país. Incluya datos sobre la moneda nacional, la tasa de inflación, el PIB y el PIB per cápita, el número de trabajadores (la mano de obra), la tasa de desempleo, los recursos naturales, las industrias nacionales, los productos que se exportan e importan, los países destinos (mercados) y proveedores (fuentes) de estas transacciones internacionales, y la balanza de comercio. ¿A cuánto se cotiza cada moneda nacional respecto del dólar EUA?

     e. ¿Qué es el BEAC y cuáles son sus países miembros y su divisa? Describa el desarrollo de la divisa guineana.

     f. Describa el impacto económico que ha tenido el desarrollo de la industria petrolera en Guinea Ecuatorial desde 1995.

     g. ¿Cuál sería un producto o servicio que Ud. recomendaría vender en España y/o en Guinea Ecuatorial? ¿Por qué?

     h. Compare la infraestructura de transportes y de comunicaciones en cada país.

     i. ¿Cómo han cambiado algunos de los datos presentados en las secciones de *Vista panorámica* y *Actualidad económica* de este texto? Póngalos al día para cada país.

     j. Basándose en la *Actualidad económica* de cada país, ¿qué realidades, oportunidades y problemas destacaría y qué recomendaciones le daría al/a la cliente/a? ¿Qué impacto tuvieron las políticas gubernamentales de José María Aznar en España entre 1996 y 2004?

 2. Usando el internet u otras fuentes informativas, prepare un plan (con presupuesto e itinerario) para sus clientes, quienes harán un viaje de negocios o a cada país individualmente o a ambos durante el mismo viaje:

     a. Fechas de ida y vuelta

     b. Vuelos: aeropuertos de despegue y aterrizaje, líneas aéreas, horario; costos

     c. Transporte interno que se piensa usar en cada país: taxi, autobús, alquiler de carro, metro, tren, otro; costos

     d. Alojamiento y viáticos; costos

     e. La comida típica que van a pedir para la cena la primera noche en cada país

     f. Las formas de cortesía y los gestos que deben recordar, usar o evitar

LECTURA CULTURAL

Personalismo, individualismo y familia

Para participar en la actividad económica y comercial de cualquier país o de una comunidad diferente, hay que comprender, conocer y respetar a los habitantes y su cultura. Hay que tener en cuenta que cada país y sus habitantes tienen sus propias realidades geográficas (topografía, clima, patria chica), demográficas (distribución etaria [grupos de edad], sexo, raza, etnicidad, clase social, profesión), psicográficas (predilecciones, aversiones, ideas, actitudes distintas), así como sus propias costumbres, tradiciones y cualidades personales y culturales. En España y Guinea Ecuatorial, lo mismo que en Hispanoamérica, por ejemplo, se pone mucho énfasis en lo personal, la familia y el individuo, y esto se ve reflejado en el mundo de los negocios.

Si uno desea establecer una buena relación social, mercantil o industrial con una persona hispana, debe hacerse en persona. Aunque parece mucho más eficiente y rápido usar los medios de telecomunicación modernos para despachar ciertas transacciones y asuntos, a muchos hispanos les puede parecer demasiado impersonal, y hasta descortés y ofensivo, sustituir el trato humano con la tecnología. Para el hispano en general, es sumamente importante llegar a conocer a la persona con la cual se va a asociar en el trato comercial. Quiere saber si una persona es honrada, sincera y digna de confianza. Por ello no es raro que en las reuniones se pase algún tiempo inicial charlando de temas sociales y personales (familia, deportes, viajes, visitas, gustos, etc.), en vez de ir directamente al grano de los asuntos comerciales, los cuales en EUA se tratan como primer tema incluso durante el desayuno o el almuerzo. (A propósito, es mejor no hablar ni bromear sobre política y religión, temas muy delicados y potencialmente controvertidos para muchos hispanos.) Un factor clave es el *personalismo*, término que se da a este concepto hispano de la importancia fundamental del individuo y de quién y cómo es.

Muy relacionado con este tema está el de la familia. Para muchos hispanos, la familia es la entidad más importante de su mundo y el centro en torno al cual gira gran parte de su vida. Por un lado, define o le da identidad a cada miembro, a la vez que procura criarle y formarle a éste/a conforme a ciertos valores y normas socioculturales y éticas. Hace constar que cada individuo es ante todo un miembro de un núcleo familiar y extenso, y segundo, la persona de carne y hueso que lleva el nombre de la familia pero quien tiene su propio carácter y manera de ser y pensar. Así que cada miembro representa a la familia y como tal le debe a ésta una lealtad y un mantenimiento de honor totales. Si se cumple con este acuerdo social de satisfacer las expectativas de la familia, recibirá el apoyo y el respeto de ésta y si no, recibirá su oposición y posible rechazo.

Para procurar que cada miembro honre y sea fiel a la familia y que salga adelante, ésta le inculca ciertas normas de conducta, valores, ideas y quehaceres, muchos de los cuales se basan en la tradición católica. Entre la familia y la religión se aprende a respetar la autoridad (la figura paterna y también la materna), a ser responsable en sus relaciones y actividades, a ser fiel a quienes le hayan apoyado y a aceptar el destino como algo inmutable. A la vez, la familia enseña cómo cumplir con las obligaciones caseras, prácticas y cotidianas. Esta enseñanza les ayuda a los hijos a hacerse frente no sólo a la vida hogareña sino a la realidad externa, la cual muchas veces se relaciona con la familia como si fuera una extensión de ella. De hecho, en el mundo de los negocios, esta manera hispánica de ser y pensar puede ser bastante diferente de la de otros países y puede llevar a veces a malentendidos culturales. En el mundo hispano, la familia viene primero y luego el trabajo, mientras

La familia extendida. Perú. ¿Cuántas generaciones ve Ud. en esta foto? Identifíquelas. ¿Cuál es la figura central? Comente.

que en EUA la familia puede ser a menudo una consideración secundaria en una cultura que suele compartimentar cuidadosamente lo personal y lo profesional o laboral.

Por otra parte, la familia les sirve a sus miembros de unidad y centro de apoyo. A cambio de la lealtad, el honor y la responsabilidad que le demuestran sus miembros, la familia los ayuda en todo lo que les haga falta. Y en este caso, por familia se entiende la familia en sentido amplio, o sea, parientes (abuelos, tíos, primos, etc.), padrinos, compadres y hasta amigos íntimos. De modo que si un miembro de la familia necesita un trabajo, dinero, alojamiento, comida, compañerismo, consuelo o cualquier ayuda material, social o espiritual, y si hay otro pariente o buen amigo quien se lo pueda dar o ayudar a conseguir, se hace dentro de lo posible y sin cuestionar y, a menudo, sin esperar ninguna recompensa. No es raro, por ejemplo, que mediante *los enchufes* o *la palanca* se forme una compañía o un gobierno de familiares, amigos y conocidos. El nepotismo, en fin, es para muchos hispanos una forma de vida necesaria para sobrevivir aun cuando cause conflictos y problemas. De esta manera se entiende mejor la pregunta retórica de ¿quién hay mejor que un pariente leal y bien conocido con el cual trabajar? Por supuesto, las actitudes y realidades en cuanto a la familia hoy en día están cambiando, como lo demuestran las tendencias hacia el libre pensamiento respecto del matrimonio y revalorización de los papeles tradicionales del hombre y de la mujer.

Además de ser miembros fieles y valorados de familia, los hispanos son también individualistas, pero no sólo porque quieran distinguirse de los demás o independizarse completamente de la familia por razones egoístas o económicas. Lo son porque también quieren que se reconozcan y aprecien *su* persona, habilidades, ideas y acciones. Esta actitud individualista, junto a la importancia fundamental de la familia y lo personal, explica en parte por qué muchos hispanos optan por la pequeña empresa. Les gusta más el ambiente íntimo y personal en el cual no rige la competencia impersonal y donde se puede demostrar el mérito propio como individuo que siempre forma parte del grupo. Por supuesto, las realidades y actitudes están cambiando y al industrializarse y capitalizarse más los países hispanos, se han notado cada vez más las tendencias hacia la pérdida de estos valores e instituciones. Lo que no ha cambiado, sin embargo, es el hecho de que para conocer a los hispanos y estar en su mundo como socio, colega, empleado, compañero o amigo, hay que entender y apreciar su modo de ser, vivir y pensar. Y hay que hacerlo como individuo y de persona a persona.

2-7 Actividades

1. **¿Qué sabe Ud. de la cultura?** Demuéstrelo contestando las preguntas a continuación.
   a. ¿Qué importancia tienen lo personal, lo familial y lo individual en la vida socioeconómica del mundo hispano?

   b. Con un/a compañero/a haga una lista de las ventajas y desventajas de trabajar en una empresa familiar. Comenten el tema con otros compañeros de clase.

2. **Mini-drama cultural.** Con un/a compañero/a, dramatice lo siguiente y haga el ejercicio a continuación.

Bob Thompson, nativo de Chico, California, y representante de Wines, Inc., está en Barcelona para tratar de comprar Puig y Roig, S. en N.C., una compañía que produce los mejores vinos blancos y cava (champán) de Cataluña. Bob estudió español en la universidad y lo habla bastante bien, pero nunca ha viajado al extranjero ni conoce España ni a los españoles. Si logra adquirir la empresa española, Wines será la casa importadora y exportadora más grande de vinos blancos y de cava en los EUA y tendrá más del 30% de la participación del mercado internacional. Bob comenta el tema con el dueño de la empresa española, don Pablo Roig Muntaner.

Bob   Si Ud. decide ser socio de Wines, no sólo controlaremos más del 30% del mercado internacional, sino que seremos la compañía de vinos blancos y de cava más grande del mundo.

Don Pablo   No sé... Su compañía es muy grande y tiene sucursales por todas partes del mundo. Nosotros producimos vinos muy buenos y quizás nos convenga más una empresa más selectiva y no tan grande.

Bob   Creo que Ud. no comprende las ventajas que podemos ofrecerle en términos de tecnología, eficiencia, distribución, ganancias y expansión hacia nuevos mercados. Nosotros hemos logrado mucho éxito por medio de nuestra eficiencia tecnológica e informática. Me parece que esto es más importante que el deseo de mantener el «status», sobre todo en un sector tan competitivo como éste.

Don Pablo   No lo sé... Además, si vendiera la sociedad, no sé si mis socios, los empleados y yo podríamos adaptarnos a la vida mercantil de una compañía tan grande como Wines. Nos ha ido bien hasta ahora y no sé si veo la necesidad de un cambio.

Bob   Bueno, se está perdiendo una gran oportunidad y espero que cambie de opinión.

¿Cuál de las siguientes explicaciones daría Ud. a Bob para la actitud de don Pablo? Defienda su respuesta.

a. Don Pablo es muy egoísta y sólo venderá su compañía si Bob le asegura el puesto de director de marketing.

b. Los catalanes son muy individualistas y no cambian de opinión aunque estén equivocados.

c. Don Pablo quiere mantener el «status» de Puig y Roig porque teme que el nuevo ambiente comercial de Wines sea demasiado grande e impersonal.

SÍNTESIS COMERCIAL Y CULTURAL

2-8 Actividades comunicativas

1. **Situaciones para dramatizar.** Lea las siguientes situaciones y, después, haga el papel en español con otro/s estudiante/s, usando una de las posibilidades siguientes como punto de partida. Cada persona deberá participar activamente en la dramatización. No olviden el protocolo ni las cortesías.

a. *You are a businessperson from the U.S. meeting with a Spanish associate from Seville. Both of you have been talking for some time about setting up a business together. You discuss the following:*
   - *the product(s) or service(s) you would like to sell*
   - *the feasibility of selling these items in Spain as well as in the U.S.*

b. *You and your associate have agreed on the nature of your enterprise. You meet a second time.*
   - *Discuss from different cultural perspectives the pros and cons of the various types of business organizations as described in Table 2-1 on page 29.*
   - *Select and constitute the firm in which both of you would feel comfortable working.*

Después de dramatizar ambas situaciones, comenten con la clase cómo ha influido en sus decisiones la información cultural de este capítulo.

2. **Ud. es el/la intérprete.** La Srta. Marilyn Davis, estadounidense, y el Sr. Javier Durán, español, hablan de las ventajas y desventajas de la pequeña empresa mercantil. Haga Ud. el papel de intérprete entre estos dos individuos. Traduzca del español al inglés y del inglés al español lo que leerá en voz alta el/la otro/a estudiante. El/Ella hará una pausa después de cada raya(/)para permitir su traducción. Acuérdense de usar un tono de diálogo natural.

Sr. Durán Creo que la pequeña empresa es la mejor y la más eficaz de todas. / Crea un ambiente casi familiar / sin que nadie pierda su individualismo ni su dignidad, / y establece una interdependencia que beneficia no sólo a la compañía, / sino a todos los dueños y empleados. / También ofrece la posibilidad / de que todas las transacciones y negocios / se realicen con honor, / y que los productos y servicios que se ofrezcan / sean de alta calidad. / Por supuesto, siempre habrá problemas de competencia / y de producir y vender en menor escala, / pero esto es lo de menos. / Lo importante en el mundo de los negocios/son las buenas relaciones, ¿no le parece?

Intérprete: _____

Srta. Marilyn Davis *I understand your point of view but I have a different one. / For me and my company, / a corporation is preferred because of its advantages. / It has limited liability and certain tax exemptions / and it can utilize the talents and capital of its employees and investors. / Moreover, it enables us to be competitive / by being cost-efficient and cost-effective. /These days, isn't this much more important than any personal concern or situation?*

Intérprete: _____

  3. **Actividad empresarial.** Ud. y un/a amigo/a trabajan para Equilectron, S.A., una compañía internacional que produce y vende equipos electrónicos. La empresa quiere extender su mercado al mundo hispano al empezar por España mediante un negocio en participación o una fusión de empresas. Se les ha encargado a Uds. investigar las posibilidades de hacerlo. Después de reunirse para hablar del tema, Uds. deciden tratar de buscar en internet la siguiente información, en la que se basarán para escribir un breve informe que presentarán a su director/a.

a. Busquen una compañía española que venda equipo electrónico.

b. Procuren encontrar tanta información como sea posible sobre la compañía en relación con:
- su razón social
- su forma jurídica
- las señas de la casa matriz
- su extensión geográfica (¿dónde tiene operaciones?)
- su actividad económica (¿qué produce y/o vende?)
- su estado financiero (si está solvente o no)

- sus directores, número de empleados y/o obreros (¿publica un organigrama?)
- su interés o esfuerzo de extender sus mercados tanto dentro del país como en el extranjero

c. Comenten con sus compañeros/as de clase los datos que han hallado.

4. **Caso práctico.** Lea el caso y conteste las preguntas a continuación.

Juan y José Cortés, hermanos de unos cincuenta años de edad y de origen gallego, son dueños de Grains Abroad, una sociedad en comandita estadounidense que cultiva y vende soja, mayormente para la exportación a España. Aunque hace casi veinte años que viven en Kankakee, Illinois, los Cortés todavía no se han acostumbrado a la manera de vivir y pensar de los estadounidenses. Últimamente, el trabajo de cultivo y venta los tiene bastante cansados, y deciden aceptar como socio a un amigo, Tom McDonald, estadounidense de treinta y ocho años y antiguo jefe de ventas de Grains Abroad. Tom habla poco español, y ha pasado un mes en México como turista, pero no tiene ninguna otra experiencia en el mundo hispánico de los negocios.

Los tres hombres se reúnen para hablar de su asociación. Durante la reunión Tom dice que quiere transformar la empresa en una sociedad anónima. La nueva constitución, según Tom, aportará a la firma más beneficios y limitará su responsabilidad social. Al mismo tiempo, extenderá y mejorará las operaciones empresariales y hará posible la producción de aceite de soja. Dice que la comercialización de este producto abrirá nuevos mercados nacionales e internacionales y que aumentará las ventas de la compañía.

Los hermanos Cortés responden que no ven muy claro la necesidad de reorganizar la empresa. Sostienen que ésta ha funcionado bien en el pasado y que lo importante es conservar la presente organización y buena reputación de la firma. Además, dicen que producir aceite de soja va en contra de su experiencia con el mercado español y que ampliar las operaciones no significa que éstas vayan a mejorarse. Tom no se deja convencer y opina que los Cortés no planean muy bien para el futuro, y que son unos idealistas demasiado conservadores cuyos sentimientos se contraponen al buen sentido común comercial.

a. ¿Qué tipo de empresa es Grains Abroad? ¿Qué actividad realiza? ¿En qué mercados vende su producto?

b. ¿Qué clase de sociedad quiere establecer Tom? ¿Por qué? ¿Qué más sugiere hacer?

c. ¿Por qué cree Ud. que se oponen los hermanos Cortés a las propuestas de Tom, especialmente a la de producir aceite de soja?

d. ¿Qué conflicto de valores culturales se plantea entre los tres individuos?

e. ¿Cómo resolvería Ud. el conflicto entre Tom y los hermanos Cortés?

 2-9 Análisis y comparación

Estudie la siguiente tabla comparativa y haga los ejercicios a continuación. Use también sus conocimientos y, cuando haga falta, otras fuentes informativas como el diccionario, el *Almanaque Mundial*, el internet, etc. Los ejercicios se pueden hacer individualmente, en parejas o en pequeños grupos para comentar los temas en clase.

Tabla 2-3

Los países hispanoparlantes, Brasil y Estados Unidos: Nombre oficial, gentilicio, capital y población, otras ciudades principales, moneda nacional y denominación en billetes (DB)

País	Nombre oficial	Gentilicio	Capital y población	Otras ciudades importantes	Moneda nacional y DB
Argentina	República Argentina	argentino/a	Buenos Aires 12,106,000	Córdoba, Rosario, Mendoza, Mar del Plata, San Miguel de Tucumán	El peso 1, 2, 5, 10, 20, 50, 100
Bolivia	República de Bolivia	boliviano/a	La Paz (Administración: 1,499,000) y Sucre (Judicial: 183,000)	Santa Cruz de la Sierra, El Alto, Cochabamba, Oruro, Potosí, Tarija	El boliviano 2, 5, 10, 20, 50, 100, 200
Chile	República de Chile	chileno/a	Santiago 5,551,000	Concepción, Viña del Mar, Valparaíso, Antofagasta, Talcahuano, Temuco	El peso 500, 1,000, 5,000, 10,000
Colombia	República de Colombia	colombiano/a	Bogotá 6,957,000	Cali, Medellín, Barranquilla, Cartagena, Cúcuta, Bucaramanga	El peso 1,000, 2,000, 5,000, 10,000
Costa Rica	República de Costa Rica	costarricense (informal: tico/a)	San José 983,000	Alajuela, Cartago, Puntarenas, Limón	El colón 50, 100, 500, 1,000, 5,000
Cuba	República de Cuba	cubano/a	La Habana 2,268,000	Santiago de Cuba, Camagüey, Holguín, Guantánamo, Santa Clara, Cienfuegos	El peso 1, 3, 5, 10, 20, 50
Ecuador	República del Ecuador	ecuatoriano/a	Quito 1,616,000	Guayaquil, Cuenca, Machala, Portoviejo, Manta	El dólar EUA 1, 5, 10, 20, 50, 100
El Salvador	República de El Salvador	salvadoreño/a	San Salvador 1,381,000	San Miguel, Ahuachapán, Santa Ana, Sonsonate	El dólar EUA 1, 5, 10, 20, 50, 100

España	Reino de España	español/a	Madrid 3,969,000	Barcelona, Valencia, Sevilla, Zaragoza, Málaga, Bilbao	El euro 5, 10, 20, 50, 100, 200, 500
Guatemala	República de Guatemala	guatemalteco/a	Ciudad de Guatemala 3,366,000	Mixo, Villanueva, Quetzaltenango, Escuintla, Totonicapán, Retalhuleu	El quetzal 1, 5, 10, 20, 50, 100
Guinea Ecuatorial	República de Guinea Ecuatorial	guineano/a	Malabo 33,000	Bata, Ela-Nguema, Evinayong, Mongomo	El franco CFA (Coopération Financière en Afrique): 100, 500, 1,000, 5,000, 10,000
Honduras	República de Honduras	hondureño/a	Tegucigalpa 980,000	San Pedro Sula, La Ceiba, Danlí, Tela, El Progreso	El lempira 1, 2, 5, 10, 20, 50, 100
México	Estados Unidos Mexicanos	mexicano/a	México, D.F. (Distrito Federal) 18,268,000	Guadalajara, Monterrey, Puebla, León, Ciudad Juárez, Tijuana, Veracruz, Acapulco, Mérida	El nuevo peso 10, 20, 50, 100, 200, 500
Nicaragua	República de Nicaragua	nicaragüense	Managua 1,039,000	León, Granada, Matagalpa, Jinotega, Chinandega, Masaya	El córdoba oro $\frac{1}{2}$, 1, 5, 10, 20, 50, 100
Panamá	República de Panamá	panameño/a	Ciudad de Panamá 1,202,000	Colón, David, San Miguelito	El balboa (No hay billetes; el $EUA tiene curso legal)
Paraguay	República del Paraguay	paraguayo/a	Asunción 1,302,000	Pedro Juan Caballero, Encarnación, Ciudad del Este, San Lorenzo	El guaraní 100, 500, 1,000, 10,000, 50,000
Perú	República del Perú	peruano/a	Lima 7,594,000	Arequipa, Trujillo, Chiclayo, Cuzco, Callao, Ayacucho, Iquitos, Piura	El nuevo sol 10, 20, 50, 100

Puerto Rico	Estado Libre Asociado de Puerto Rico	puertorriqueño/a	San Juan 433,412	Bayamón, Ponce, Carolina, Caguas, Mayagüez, Arecibo	El dólar EUA 1, 2, 5, 10, 20, 50, 100
República Dominicana	República Dominicana	dominicano/a	Santo Domingo 2,629,000	Santiago de los Caballeros, La Vega, San Pedro de Macorís	El peso oro 1, 5, 10, 20, 50, 100, 500, 1,000
Uruguay	República Oriental del Uruguay	uruguayo/a	Montevideo 1,329,000	Salto, Paysandú, Las Piedras, Melo, Rivera, Minas, Tacuarembó	El peso $^1/_2$, 1, 2, 5, 10, 20, 50, 100, 200, 500
Venezuela	República Bolivariana de Venezuela	venezolano/a	Caracas 3,177,000	Maracaibo, Valencia, Maracay, Barquisimeto, Petare, Barcelona	El bolívar 5, 10, 20, 50, 100, 500, 1,000
Brasil	República Federativa do Brasil	brasileño/a	Brasilia 2,073,000	São Paulo, Río de Janeiro, Belo Horizonte, Porto Alegre, Recife	El real 1, 5, 10, 50, 100, 500, 1,000, 5,000
Estados Unidos (EU, EUA, EEUU, EE.UU.)	Estados Unidos de América	norteameri-cano/a, estadounidense	Washington D.C. 3,997,000	Nueva York, Los Ángeles, Chicago, Houston, Filadelfia, San Diego, Detroit, Dallas, Fénix, San Antonio	El dólar 1, 2, 5, 10, 20, 50, 100

FUENTES: *CIA World Factbook 2004, The World Almanac and Book of Facts 2004* y *Almanaque Mundial 2004*

1. ¿Cuáles de estos países no son repúblicas? Explique.
2. Además de EUA, ¿cuál es el otro país que tiene la frase «Estados Unidos» como parte de su nombre oficial? ¿Cuáles son cinco estados de este otro país? ¿Cuáles son los estados de este otro país que tienen frontera con EUA? ¿Cuáles son los estados de EUA que tienen frontera con este país?
3. ¿Cuál es el gentilicio de los siguientes países: Venezuela, Honduras, Costa Rica, EUA, Guinea Ecuatorial y Nicaragua?
4. ¿Cuáles son las capitales de México, Cuba, Ecuador, Perú, Colombia, Argentina, Puerto Rico y España?
5. Entre los países hispanos, ¿cuáles son las cuatro capitales de mayor población? ¿Cuántos habitantes hay en cada una de estas cuatro capitales?
6. Además de la capital, ¿cuáles son otras ciudades principales de México, Puerto Rico, Cuba, Chile, Colombia, Argentina, Perú y España? Muestre en un mapa dónde están algunas de estas ciudades.

7. ¿Cuáles son los países cuya moneda nacional es el peso? ¿Cuáles son las monedas nacionales de Panamá, Ecuador, Perú, Nicaragua, Bolivia y Guinea Ecuatorial?

8. ¿Cuáles son los dos países hispanos que oficialmente han adoptado el dólar EUA como su moneda nacional? ¿En qué otros países hispanos se usa el dólar EUA como dinero común para las transacciones, aunque el dólar no sea oficialmente su moneda nacional? ¿Qué significa la palabra «quetzal»? ¿Cuáles son los significados de la palabra «guaraní» y por qué piensa usted que la moneda nacional de Paraguay se llama así? ¿De dónde viene la palabra «dólar»? Busque su origen.

9. Compare el valor de los billetes de los siguientes países: Argentina, Chile, España, México y EUA. ¿A cuánto está el cambio de divisas de las siguientes monedas nacionales con el dólar EUA: el peso mexicano, el peso argentino, el euro, el bolívar, el sucre y el lempira?

10. Para resumir: Con un compañero/a de clase, o en pequeños grupos de tres o cuatro, háganse una prueba sobre el gentilicio, las capitales y las monedas nacionales de los distintos países presentados en la tabla. Ejemplos: ¿Cuál es la capital de Nicaragua? ¿El gentilicio de Ecuador? ¿La moneda nacional del Uruguay? ¡Esto puede convertirse en una competencia para ver quién saca más puntos (respuestas correctas)!

GeoReconocimiento

Mire los mapas del Capítulo 2 en la página web del libro (http://exito.heinle.com) y haga los ejercicios.

Posibilidades profesionales

Hay muchas carreras relacionadas con las empresas internacionales, pero una de las más importantes es la de asesor/a o abogado/a de derecho mercantil. Ésta es imprescindible en la organización y operación de las empresas, así como para todos los asuntos legales. Para más información, véase el Capítulo 2 de *Posibilidades profesionales* que se encuentra en (http://exito.heinle.com).

VOCABULARIO

Aquí se presentan los principales términos relacionados con este capítulo. Al final del libro hay un glosario más completo.

abarcar • *to encompass, include*

acción • *share, stock*

accionista (*m/f*) • *shareholder, stockholder*

acreedor • *creditor*

activo • *asset*

acuerdo • *agreement*

administrador • *manager*

ahijado • *godchild*

a menudo • *often*

aportación • *contribution*

asesoramiento • *advising*

beneficio • *profit, benefit*

benéfico • *charitable*

bien de consumo (*m*) • *consumer good*

bolsa • *securities exchange, stock market*

bono • *bond*

casa matriz • *home or main office*

cava • *champagne*

cobrar • *to charge, collect, cash*

comercialización • *marketing, selling*

comerciante (*m/f*) • *merchant*

comerciar • *to trade, sell, do business*

comercio • *business, commerce, trade*

compadrazgo • *relationship between the god-father/godmother and the parents of the child*

compraventa • *buying and selling, sales and pur-chases*

convenio • *agreement*

convenir (ie) • *to suit, agree*

cumpleaños • *birthday*

derecho • *right, law*

mercantil • *business law*

desarrollo • *development*

desempleo • *unemployment*

detallista (*m/f*) • *retailer*

deuda • *debt*

dirección • *management*

directivo (*adj*) • *managerial*

directivo (*n*) • *director, board*

disponibilidad • *availability*

divisa • *foreign currency*

donativo (*n*) • *donation*

emitir • *to issue*

emprender • *to undertake to do something*

empresa colectiva • *partnership*

   estatal • *state-controlled company*

   individual • *sole proprietorship*

   mediana • *mid-size company*

   mercantil • *commercial company*

   mixta • *company controlled by government and private enterprise*

   pequeña • *small business*

   privada • *private company*

   productora • *manufacturer*

   pública • *public company*

empresarial (*adj*) • *company*

empresario • *employer, manager*

encarte central (*m*) • *centerfold*

enchufe (*m*) • *"pull," influence*

enlace activo (*m*) • *hyperlink*

estatal (*adj*) • *government-run*

estructuración de precios • *pricing*

fallecer • *to die*

filial (*f*) • *subsidiary, branch*

financiamiento • *financing*

financiero • *financial*

fomentar • *to encourage, promote*

fondo • *fund*

fusión de empresas • *merger*

fusionar • *to merge*

ganancia • *earning, income, profit*

gasto • *expense*

gestión • *management*

hostelería • *hotel management*

índice de paro (*m*) • *unemployment rate*

indumentaria • *clothes, clothing*

ingreso • *income, revenue*

inversión • *investment*

invertir (ie) • *to invest*

investigación y desarrollo • *research and development*

junta directiva o de directores/consejo directivo • *board of directors*

ley (*f*) • *law*

   arancelaria • *custom law*

   mercantil • *business law*

mano de obra (*f*) • *workforce*

materia prima • *raw material*

mayorista (*m/f*) • *wholesaler*

minorista (*m/f*) • *retailer*

minuta • *summary, rough draft*

moneda • *national currency, coin*

negocio en participación • *joint venture*

obligación • *liability, debt*

padrinos • *godparents*

palanca • *"pull," influence*

patria chica • *hometown, county, or state*

patrimonio • *wealth, estate, assets*

pérdida • *loss*

pericia • *expertise*

perito • *expert*

personal (*m*) • *personnel*

presunto • *presumed, anticipated*

propietario • *owner*

proveedor • *supplier*

quehacer (*m*) • *task, duty*

razón social (*f*) • *company name*

recompensa • *compensation*

regir (i) • *to control, be in effect*

Registro Público de Comercio • *Public Business Register*

renta • *income, revenue*

rentable • *profitable*

señas (*f*) • *address*

socio activo o colectivo • *active partner*

   comanditario • *silent partner*

soler (ue) • *to be or do frequently, be in the habit of*

solidario • *joint*

solventar • *to settle* (e.g., *a debt*)

sucursal (*f*) • *branch, subsidiary*

supuesto • *supposition, hypothetical situation*

tasa de cambio • *rate of exchange*

tratado • *treaty*

usuario • *user*

utilidad • *usefulness, profit, benefit*

viáticos • *travel allowance, per diem, meals and lodging*

CAPÍTULO

3

La gerencia

Una ejecutiva colombiana en Bogotá. ¿Piensa Ud. que haya más oportunidades para que la mujer sea ejecutiva hoy en día? Explique.

Make sure you're right, then go ahead.
Davy Crockett

It is a bad plan that admits of no modification.
Publilius Syrus

El jefe siempre tiene razón.
Dicho popular

3-1   Preguntas de orientación

Al hacer la *Lectura comercial*, piense en las respuestas a las siguientes preguntas.

1. ¿Qué es la gerencia?
2. ¿Cuáles son las principales responsabilidades de un gerente y qué diferentes recursos debe tener en cuenta al desempeñarlas?
3. ¿Por qué es tan importante la actividad de planificación?
4. ¿Qué habilidades especiales contribuyen al éxito del gerente?
5. ¿Cuáles son algunas características de un buen gerente/líder? Aunque lo idóneo sería que un individuo fuera buen administrador y líder a la vez, ¿es lo mismo ser buen gerente y el ser líder? Comente. (Aquí se puede recurrir a la búsqueda de información en el internet, por ejemplo, bajo el tema Warren Bennis, quien nos dice que «el administrador es una copia, el líder es original; el administrador mantiene, el líder desarrolla; el administrador se concentra en sistemas y en la estructura, el líder se enfoca en la gente».)
6. ¿Cómo se diferencia la perspectiva horizontal de la vertical en el concepto de la gerencia?
7. ¿Qué es un organigrama?
8. ¿Qué es la Administración por Objetivos (MBO)?
9. ¿Qué factores especiales existen en la gerencia internacional?
10. ¿Cuáles son algunas tendencias de la tradición gerencial mexicana en comparación con la estadounidense?

BREVE VOCABULARIO ÚTIL

adiestramiento • *training, instruction*

Administración por Objetivos • *Management by Objectives (MBO)*

capataz (*m*) • *foreman*

desempeñar • *to perform, carry out*

Dirección por Objetivos • *Management by Objectives*

mando • *management*

meta • *goal*

organigrama (*m*) • *organizational chart*

presupuesto • *budget*

sueldo • *salary*

trámite (*m*) • *step, procedure*

LECTURA COMERCIAL

Requisitos y modelos administrativos estadounidenses e hispanos

Después de constituir la empresa, el propietario, los socios y los administradores (directores o gerentes) tienen la responsabilidad de planear, coordinar, dirigir, controlar y mejorar las actividades de las empresas, utilizando los diversos recursos humanos, financieros, materiales e informativos a su disposición. El paso inicial, la planificación, trata del futuro que se desea para la empresa y de cómo lograrlo. El segundo paso consiste en la organización y coordinación de los diferentes recursos materiales y humanos necesarios para realizar el plan. El tercer paso comprende la dirección de las actividades que llevarán a cabo el plan. En esta fase es esencial la calidad del liderazgo, el cual puede variar entre un estilo autocrático (autoritario y explotador) o democrático (consultivo y participativo). Liderar es el arte de lograr que los otros miembros de la organización cooperen para realizar la visión expuesta y el éxito del plan y de la compañía. Como afirmó Warren Bennis, es saber transformar la visión en realidad. En el último paso, el gerente necesita evaluar y modificar (si hace falta) el progreso hacia el cumplimiento del plan, para así asegurarse de que éste se cumpla dentro del plazo fijado y de la manera más óptima. Es un proceso dinámico cuyo propósito abarca el mejoramiento continuo de medios operativos y resultados: Planear → organizar (estructurar) → coordinar → implementar → dirigir → controlar (supervisar) → evaluar → modificar → mejorar → repetir otro ciclo.

Las habilidades que contribuyen a la eficacia y al éxito del gerente o gestor son: técnicas, interpersonales, conceptuales, diagnósticas y analíticas. Las habilidades técnicas son aquéllas que se requieren para realizar actividades especializadas. Las interpersonales se refieren a la capacidad de comunicarse y relacionarse con otros, y de lograr la cooperación eficaz y eficiente entre individuos. Las conceptuales indican la capacidad de pensar teóricamente. Las habilidades diagnósticas permiten que el administrador determine, al igual que un médico, el carácter de una situación o condición mediante el examen de sus signos o síntomas; es decir, demostrar la capacidad de recoger y analizar datos para evaluar problemas de diversa índole. Las habilidades analíticas, en cambio, sirven para identificar los elementos claves de un problema, la relación entre los diversos elementos y la decisión de cuáles de ellos requieren mayor atención en un momento determinado para resolver la situación. La capacidad diagnóstica lleva a la comprensión, mientras que la analítica facilita una estrategia de cómo resolver un problema. Estas habilidades se consiguen y se perfeccionan por medio de la educación y la experiencia.

Otras características de un buen gerente y líder incluyen la capacidad de comunicarse clara y convincentemente, tener sentido común, escuchar bien, reconocer y desarrollar talentos, ser justo y equitativo, tener paciencia y mantener un alto estándar o nivel de expectativas factibles. Se valoran la confianza y la credibilidad, la imaginación y la creatividad, la consistencia de juicio y de conducta, y la aptitud para tomar las mejores decisiones (especialmente en situaciones difíciles). También se valoran el ser trabajador y servir de buen ejemplo; el ser honesto y directo, y a la vez diplomático; el poder crear un buen ambiente de trabajo (una cultura empresarial positiva y optimista) y un espíritu de equipo (sinergia) y el tener sentido del humor. Y siempre se aprecia a la persona que es auténtica, que respeta a los demás y que puede justificar bien sus decisiones y acciones. En fin, se trata de ciencia y de arte, y de pasión, curiosidad e iniciativa (el ser proactivo) para llegar a ser buen líder o administrador. Y la persona que tiene autoridad necesita saber respetar ese poder y no abusar de él, lo cual es destructivo y resulta en la pérdida de respeto y confianza de los colegas y empleados.

La clasificación de la gerencia comercial puede considerarse desde una perspectiva horizontal o vertical. En la horizontal se hallan los gerentes de alto, medio y bajo mando. Es decir, se trata de los niveles administrativos dentro de una organización o empresa. Los de alto mando son los responsables de establecer las metas y la estrategia general de la empresa, es decir, la visión. Los de medio mando son, por lo general, los jefes o directores de departamentos o divisiones, y su principal responsabilidad es la de poner en marcha los planes proporcionados o aprobados por el alto mando. Los de bajo mando, los supervisores y capataces, controlan y coordinan directamente las actividades de los demás empleados y trabajadores. Como se ve en la Figura 3-1 (página 63), participan en la perspectiva vertical los diferentes gerentes de marketing, finanzas, operaciones, personal, administración, investigación y desarrollo y otros gerentes especializados. Estos se caracterizan por

PARA PENSAR

Ejemplos de avisos de empleo para gerentes.

<u>México, Distrito Federal.</u> Importante empresa solicita ejecutivo de ventas; 25 años en adelante. Escolaridad mínima: carrera en curso o trunca. Disponibilidad de tiempo, disponibilidad para viajar el 40% del tiempo. Requisitos indispensables: Experiencia en ventas y en utilización de equipos de cómputo e internet. Requisitos deseables: Ventas de equipo de cómputo y software; instalación, configuración y soporte de software y la intranet; ventas de productos bancarios. Sexo Postulante: Indistinto.

<u>Chile, Santiago, Región Metropolitana.</u> Se orienta a técnicos y profesionales del área de Recursos Humanos para trabajar en nuestro departamento de Capacitación. Funciones: Realizar todos aquellos trámites y controles administrativos referidos a los programas y actividades de capacitación. Requisitos: Estudios técnicos y/o profesionales en el área de Recursos Humanos o de Administración; experiencia mínima de un año en cargo similar; manejo de PC nivel usuario. Descripción de la empresa: Multitiendas, comercialización de variados productos. Sexo Postulante Indistinto.

<u>Venezuela, Caracas, Distrito Federal.</u> Empresa importadora de equipos médicos y material quirúrgico en el área oftalmológica en proceso de expansión. Nos encontramos en la búsqueda de candidatos para el cargo de Coordinador de Ventas. Los candidatos deben cumplir con los siguientes requisitos: Edad 30–40; título universitario preferiblemente (Lic. en Administración, Marketing, Mercadotecnia o carrera afín); experiencia mínima de 3 años en ventas de comprobada sólida trayectoria en ventas (de preferencia en área médica); habilidad negociadora/implementar planes de ventas; capacidad para liderizar; competitivo, persuasivo, comunicativo, influyente; orientado a resultados y excelencia en servicio; alto nivel de compromiso organizacional; disposición para el aprendizaje constante; proactivo; vehículo propio en buen estado; disponible para viajar al interior y exterior; nivel de inglés avanzado; excelente para el manejo de herramientas informáticas; excelente presencia (indispensable). Sexo Postulante: Masculino. Tipo de puesto-nivel: Carrera Media, Área: Tecnología, Industria: Salud, Full-time.

(Redacción adaptada de www.bumeran.com, marzo de 2004).

1. ¿Cuáles son las tres áreas o tipos de trabajos ofrecidos en los avisos?
2. ¿Cómo son diferentes los requisitos indispensables y los deseables para un candidato?
3. ¿Qué quiere decir «indistinto» cuando se señala el sexo del postulante? ¿Indican los tres avisos que el sexo es indistinto? Comente.
4. ¿Qué requieren los tres avisos en cuanto a experiencia previa de trabajo en el campo anunciado y en cuanto a conocimientos de informática o computadoras?
5. ¿A qué se refiere el tener una «excelente presencia» de parte de los postulantes?

Busque en internet el anuncio de algún puesto administrativo o ejecutivo en un campo que le interese. (Puede usar un «cazatalentos», «cazacerebros», «bolsa de empleo» o «banco de trabajos» como www.bumeran.com o www.monster.es.)

Figura 3-1   **Perspectivas horizontales y verticales de la gerencia.**

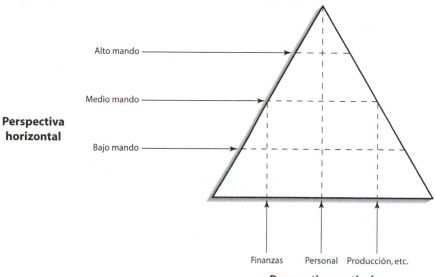

su función dentro de la compañía, y no por su nivel administrativo, y aportan la información necesaria para que la empresa funcione como una unidad bien integrada a todos los niveles horizontales de la gerencia. Cabe repetir que la buena comunicación y coordinación son imprescindibles.

Otra manera de representar la estructura administrativa es por medio de un organigrama. Éste variará según el sector industrial y el tamaño de la empresa. El modelo en la Figura 3-2 (página 64) ofrece un ejemplo de la estructura administrativa típica de una sociedad anónima (S.A.), empezando por los accionistas (verdaderos propietarios de la compañía) hasta llegar a los supervisores y representantes del bajo mando.

Uno de los modelos tradicionales de cómo proceder en la gerencia ha sido la Administración o Dirección por Objetivos (*MBO, Management by Objectives*). Según este modelo, se busca una colaboración entre el gerente y el empleado para proponer metas individuales que se determinan de acuerdo con las metas generales de la empresa. Es decir, las metas generales se dividen en metas y responsabilidades asignadas a individuos o a grupos, de modo que coincidan los objetivos del individuo con los de la empresa. Una ventaja de este sistema es que cada empleado tiene una idea clara de qué hay que hacer y para cuándo, puesto que ha participado en la identificación de las metas. Se evalúa y recompensa al empleado a base del cumplimiento de la meta acordada. Pero también hay una desventaja. Un programa de «*MBO*» puede resultar a veces en la falta de apoyo directo del alto mando, el cual ha delegado esta función a otros gerentes de medio o bajo mando. Irónicamente, esto puede producir un ambiente de trabajo en el cual la meta y su cumplimiento

Figura 3-2   **Organigrama de una sociedad anónima (S.A.).**

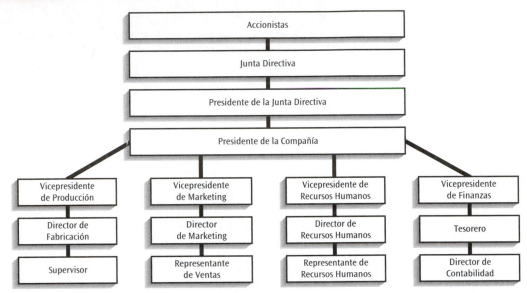

hagan olvidar al elemento humano, cuando el propósito original del «*MBO*» era prestar más atención al empleado como individuo que contribuye directamente al éxito de la empresa o fábrica.

La gerencia en el campo internacional, en cambio, presenta factores especiales que hay que considerar. Por un lado, existe una mayor extensión geográfica de operaciones, lo cual puede dificultar la comunicación y el transporte. También hay diferentes lenguas, costumbres y leyes, las cuales crean un nuevo contexto de operaciones además de nuevas dimensiones comerciales y políticas. También es importante tener en cuenta que puede haber diferentes estilos y valores gerenciales.

Tradicionalmente, la gerencia hispana y su estructura son más formales que en los Estados Unidos. Si se considera que la gerencia varía entre lo democrático (colaborativo y participativo) y lo autocrático, la tradición hispana tiende más hacia un modelo autoritario. Claro que esto también ocurre en los Estados Unidos, especialmente en las compañías de mayor tamaño. Sin embargo, en los Estados Unidos hay una larga tradición democrática nacional —de igualitarismo— reconocida por todos los empleados de cualquier empresa. Para el hispano, en cambio, existe en general una larga tradición política e histórica de jerarquías fijas dirigidas desde arriba: el modelo de autoridad del padre, del gobernador, del presidente, del rey, del caudillo, etc. Por ejemplo, es difícil que un subordinado cuestione, critique o corrija al gerente hispano, quien a su vez espera ser premiado con la lealtad de sus subordinados. Esto, junto con un trato más formal entre los individuos, quizás explique en parte la tendencia hacia lo que se puede percibir como una estructura más formal, burocrática y autocrática en el estilo administrativo hispano. Otras diferencias de estilo se ven en el hecho de que en EUA se valora mucho el ser una persona práctica y de acción, bien entrenada en la teoría aplicada a las soluciones, mientras que el hispano suele ser más teórico en su orientación. En el mundo hispanohablante, la cultura de delegación de responsabilidades está mucho menos extendida que en EUA. El estadounidense espera meterse en situaciones caracterizadas por una competición directa, mientras que el hispano suele preferir la armonía e intenta eludir la competencia personal. Y el concepto de planificación en EUA suele ser a más largo plazo. Pero hay que reconocer también que, para la nueva generación de gerentes, el estilo directivo hispano está cambiando. Esto se debe a diferentes factores, entre ellos a una «mejor» formación en el campo de la administración de empresas (muchas veces obtenida en los programas de MBA de EUA, en Europa o en programas nacionales que siguen el modelo norteamericano), talleres de adiestramiento, el acceso al internet y a otros medios de comunicación universal y el deseo de la nueva generación de ocupar puestos administrativos. Un buen gerente comprenderá que la forma de proceder en un contexto cultural particular, como el de los EE.UU., pocas veces será la más propicia para poner en práctica en otro contexto cultural. Lo que ha tenido éxito comercial en Baltimore, Minneapolis o Denver, no dará siempre el mismo resultado en Caracas, San José, Bogotá o Buenos Aires. Pero en cualquier contexto comercial, nacional o internacional, lo importante es recordar que el éxito de una empresa depende, en primera y última instancia, de la competencia y las habilidades de los que dirigen sus actividades —los líderes y los gerentes.

3-2 Actividades

1. **¿Qué sabe Ud. de negocios?** Vuelva a las *Preguntas de orientación* que se hicieron al principio del capítulo y a la que acompaña la foto, y contéstelas en oraciones completas en español.

2. **¿Qué recuerda Ud.?** Indique si las siguientes oraciones son *verdaderas* o *falsas* y explique por qué.
   a. El planeamiento y la organización son responsabilidades prescindibles para un gerente.
   b. Un plan trata del futuro que se desea y cómo mejor eludirlo.
   c. El liderazgo es en un extremo autocrático y en el otro práctico.
   d. Liderar es más arte que ciencia.
   e. Las habilidades que contribuyen a la eficacia y al éxito de un gerente se perfeccionan sólo con la experiencia.
   f. La capacidad analítica hace posible determinar una estrategia de «qué hacer» frente a un problema.
   g. En principio, la Administración por Objetivos (*MBO*) no cuenta con el empleado como individuo.

3. **Exploración.** Haga los siguientes ejercicios, usando sus conocimientos y opiniones personales.

   a. ¿Cuáles son algunos ejemplos de recursos humanos, financieros, materiales e informativos?

   b. ¿Qué podría suceder a una empresa que no practique la función de controlar o evaluar?

   c. ¿Qué es más importante, la formación o la experiencia de un gerente? Justifique su respuesta.

   d. ¿Por qué cree Ud. que la habilidad interpersonal es clave para un gerente? Dé algunos ejemplos en que la falta de esta habilidad podría llevar a resultados negativos.

   e. ¿Cómo sería para Ud. el gerente o jefe ideal?

   f. ¿Tiene Ud. dotes de liderazgo y de mando? ¿Cuáles son? Al hacerse un autoanálisis de sus puntos fuertes y débiles (virtudes y defectos) como gerente, ¿cuáles serían algunas áreas que necesitan mejoras? ¿Cómo se podrían mejorar?

   g. ¿Cómo se relacionan los dichos al principio del capítulo con los temas tratados?

   h. Además de *MBO*, ¿ha oído Ud. hablar de otros modelos administrativos como «*Total Quality Management (TQM)*» o «*Management by Walking Around (MBWA)*»? Comente.

3-3 **A**l teléfono

TRACKS 5 y 6

1. Lea las siguientes preguntas. Después, escuche atentamente la conversación telefónica del Capítulo 3 en el CD y conteste las preguntas. Puesto que la comprensión auditiva es una destreza comunicativa sumamente importante, se recomienda escuchar el CD varias veces.

   a. ¿Por qué llama Michael Patrón a Germán Gestor?

   b. ¿Qué le explica el Sr. Gestor al Sr. Patrón?

   c. ¿De qué se queja el Sr. Patrón?

   d. ¿Qué espera el Sr. Patrón del Sr. Gestor? ¿Éste lo puede hacer?

   e. ¿Qué les recomendaría usted a los señores Patrón y Gestor para solucionar el problema?

2. Basando sus comentarios en la conversación telefónica del ejercicio anterior, haga la siguiente llamada telefónica a otro/a estudiante de la clase. Cada persona deberá participar activamente en la conversación. Si necesita ayuda con esta actividad, véase el Apéndice 1, *Protocolo telefónico*, página 455.

   Usted es el Sr. Germán Gestor, supervisor de la maquiladora Fénix en Reynosa, México. Llame a su colega, Mariana Luz de las Estrellas, quien trabaja directamente con la mano de obra en la planta, para hablar de lo que el Sr. Patrón, en Houston, no comprende sobre la importancia de la familia en México en comparación con la importancia de las cuotas o la fama del nombre de la empresa.

3. Haga la siguiente llamada telefónica a otro/a estudiante de la clase. Cada persona deberá participar activamente en la conversación. Si necesita ayuda con esta actividad, véase el Apéndice 1, *Protocolo telefónico*, página 455.

Usted es el/la recepcionista del Departamento de Recursos Humanos. Llame al/a la director/a para decirle que la nueva secretaria ejecutiva bilingüe desea concertar una entrevista para aclarar sus responsabilidades. El/La director/a le dirá la fecha y la hora que le convienen.

3-4 Navegando el internet

Para hacer este ejercicio del presente capítulo, visite la página web del libro http://exito.heinle.com.

3-5 Ejercicios de vocabulario

Si le es necesario, consulte la *Lectura comercial* o la lista de vocabulario al final del capítulo para completar estos ejercicios.

1. **¡A ver si me acuerdo!** Pensando en la posibilidad de establecer una relación comercial, usted va a tener una conversación con una persona de negocios de un país hispano. Sin embargo, se le olvidan a usted los siguientes términos en español. Un/a compañero/a lo/la ayuda a recordarlos al pedirle a usted que se los traduzca.

   a. *manager*
   b. *goal*
   c. *training*
   d. *leadership*
   e. *appointment*
   f. *upper management*
   g. *foreman*
   h. *workers*
   i. *organizational chart*
   j. *resources*

2. **¿Qué significan?** A usted le interesa la posibilidad de aceptar un puesto administrativo que se le ha ofrecido en México. Sin embargo, no sabe explicar en español lo que significan ciertos términos que se usan frecuentemente en la administración de empresas. Ud. decide consultarlos con un/a amigo/a. Pídale a un/a compañero/a de clase que le explique los siguientes términos y que le dé algunos sinónimos si puede.

   a. administración
   b. organizar
   c. desempeñar
   d. gastos
   e. plan
   f. meta
   g. trámite
   h. cumplimiento

3. **Entrevista profesional.** Usted quiere aclarar algunos detalles sobre la gerencia porque ha podido conseguir una entrevista para un puesto directivo en México. Por lo tanto, usted entrevista a un experto en este campo, haciéndole las siguientes preguntas. Haga la entrevista con un/a compañero/a de clase. No olviden el protocolo ni las cortesías.

    a. ¿Cuáles son algunos de los elementos claves para que un/a director/a realice los objetivos que se propone una empresa?

    b. ¿Cómo funciona la Administración por Objetivos?

    c. ¿A qué se refieren las perspectivas horizontal y vertical en la dirección de una empresa o fábrica?

    d. ¿Cómo sería un organigrama típico de una sociedad anónima?

    e. ¿Qué diferencias puede haber entre el estilo y los valores gerenciales en EUA y México?

4. **Traducciones.** Un/a amigo/a suyo/a que desea ser ascendido a un puesto administrativo acaba de empezar a estudiar español. Él/Ella sabe poco del vocabulario que se usa a nivel de director/a. Usted lo/la ayuda al pedirle que él/ella traduzca al español las siguientes oraciones que informan sobre ciertos aspectos del tema.

    a. *Managers are responsible for guiding the activities of a business.*

    b. *A good manager strives to create teamwork and good working conditions.*

    c. *A manager attempts to reduce or remove obstacles to the successful performance of his or her employees.*

    d. *It is best to avoid paralysis by analysis.*

    e. *A good manager will recognize that everyone has personal feelings, attitudes, needs, and aspirations.*

    f. *Management in international business is often more complex because of the cultural and legal dimensions that must be taken into consideration.*

Una vista panorámica de México

México

América del Norte

Nombre oficial:	Estados Unidos Mexicanos
Gentilicio:	mexicano/a
Capital y población:	México, D. F.: 8,681,000 (Distrito Federal); 21,233,900 (región metropolitana)
Sistema de gobierno:	República federal
Jefe de Estado/Jefe de Gobierno:	Presidente Vicente Fox Quesada (hasta 2006)
Fiesta nacional:	16 de septiembre, Día de la Independencia (1810: de España)

México

Geografía y clima

Área nacional en millas²/kilómetros²	Tamaño (comparado con EUA)	División administrativa	Otras ciudades principales	Puertos principales	Clima	Tierra cultivable
761,600 m²/1,972,550 km²	Casi tres veces el tamaño de Tejas	El Distrito Federal y 31 estados	Guadalajara, Monterrey, Puebla, León, Veracruz, Tijuana, Ciudad Juárez	Coatzacoalcos, Mazatlán, Veracruz, Tampico	Varía de tropical a desértico	12.0%

Demografía

Año y población en millones			% urbana	Distribución etaria		% de analfabetismo	Grupos étnicos
2005	2015	2025		<15 años	65+		
106	119	130	75%	32.3%	4.6%	10.6%	60% mestizo, 30% amerindio, 9% blanco europeo, 1% otro

Economía y comercio

Moneda nacional	Tasa de inflación 2002	N° de trabajadores (en millones) y tasa de desempleo	PIB 2002 en millones $EUA	PIB per cápita $EUA	Distribución de PIB y de trabajadores por sector*			2002 Exportaciones en millones $EUA	2002 Importaciones en millones $EUA
					A	I	S		
El peso mexicano	6.4%	39.8/2.6%	$924,400	$8,900	5% 20%	26% 24%	69% 56%	$158,400	$168,400

*Para distribución del PIB y de los trabajadores (mano de obra): A = agricultura, I = industria, S = servicios (y gobierno).

Recursos naturales: Petróleo, plata, cobre, oro, cinc, plomo, gas natural, madera.

Industrias: Petróleo, alimentos y bebidas, tabaco, productos químicos, hierro, acero, minería, textiles y ropa, vehículos de motor, bienes durables de consumo, turismo.

Comercio

Productos de exportación: Petróleo crudo y productos de petróleo, café, plata, máquinas (motores), vehículos de motor, algodón, electrónica de consumo, productos agrícolas.

Mercados: 82.7% EUA, 5.4% Canadá, 1.1% Japón, 0.6% España, 0.6% Chile, 0.5% Brasil, 9.1% otros países.

Productos de importación: Máquinas para metalurgia, productos siderúrgicos, maquinaria agrícola, equipo electrónico, piezas para ensamble de automóviles, aviones y piezas para aviones.

Proveedores: 70.6% EUA, 2.7% Japón, 3.5% Alemania, 2% Canadá, 2% Corea del Sur, 1% Italia, 1% Francia, 17.8% otros países.

Horario general de comercio: De lunes a viernes, desde las nueve de la mañana hasta las seis de la tarde. El almuerzo se come normalmente entre el mediodía y las dos de la tarde. En los pueblos a menudo se cierran las tiendas entre las dos y las cuatro de la tarde.

Transporte y comunicaciones

Kilómetros de carreteras y % pavimentadas	Kilómetros de vías férreas	Nº de aeropuertos con pista de aterrizaje pavimentada	N° de líneas telefónicas/ celulares	Radios por mil personas	Televisores por mil personas
329,532/33%	19,510	231	14,941,600/ 2,020	329	272

Idioma y cultura

Idiomas	Religión	Comidas y bebidas típicas/Modales
Español (oficial), más otras 53 lenguas indígenas como náhuatl, maya, zapoteca, tzeltal, tarahumara, etc.	89% católico, 6% protestante; 5% otras	Tortilla de maíz, frijol, refrito, quesadilla, taco, tostada, chalupa, flauta, enchilada, chile relleno, tamales, enfrijolada, pozole, chile poblano, birria, mole, huachinango, cerveza, tequila, vino, café. Apoyar las manos, no los codos, encima de la mesa al comer. Los invitados no se marchan inmediatamente después de comer, sino que se quedan un rato para conversar.

Horario normal del almuerzo y de la cena: Sobre la una de la tarde para el almuerzo; entre las siete y las ocho de la noche para la cena.

Gestos: Al darse la mano en forma de saludo, usar un apretón firme. En el segundo o tercer encuentro, los hombres a menudo se saludan con un abrazo. Para llamar la atención de alguien en público, se puede hacer un sonido de «ssst, ssst». Se usa el gesto de «*thumbs-up*» (dedo pulgar hacia arriba) para indicar aprobación y éxito. Los artículos, como el dinero que se paga en una tienda, se entregan directamente a una persona, no se tiran o dejan sobre el mostrador o la mesa. Los hombres evitan meter las manos en los bolsillos mientras conversan. Poner los brazos en jarras se puede interpretar como un desafío directo y puede llevar a un encuentro violento. Usar el dedo índice para indicar la altura de una persona, usar la mano con la palma hacia el suelo para indicar el tamaño o la altura de un animal. Un gesto obsceno mexicano es el de formar la letra V con el dedo índice y el dedo corazón y colocarlos sobre la nariz con la palma hacia la cara.

Cortesía: Los hombres esperan hasta que la mujer les ofrezca la mano en forma de saludo antes de darle a ella la mano. La comida que se compra en la calle en un puesto se debe comer allí mismo, no andando por la calle. En una segunda o tercera reunión de negocios, se pueden hacer pequeños regalos a las secretarias (el hombre le dice a la secretaria que su esposa ha seleccionado el regalito). Al regalar flores, el folklore mexicano mantiene que el color amarillo simboliza la muerte, las flores rojas hechizan a alguien y las blancas quitan un hechizo. Evitar regalarle a alguien un cuchillo, pues se puede interpretar como un corte en las relaciones con esa persona. Cuando se visita la casa de alguien para comer o cenar, traer para los anfitriones un regalito como flores, chocolates, un buen vino o una buena marca de whisky.

LA ACTUALIDAD ECONÓMICA MEXICANA

Después de la Revolución Mexicana de 1910, la Constitución de 1917 y un período de caos que terminó en 1929, México fue gobernado casi exclusivamente por un solo partido, el Partido Revolucionario Institucional (PRI). Siguió así hasta la elección de Vicente Fox Quesada del Partido de Acción Nacional (PAN) en el año 2000. En las últimas tres décadas, el país ha desarrollado una economía de mercado libre basada en prácticas administrativas y comerciales modernas. Una de éstas ha sido la privatización de las empresas estatales, especialmente durante el gobierno del Presidente Zedillo (1994–2000). En 1982 México contaba con más de 1,000 empresas estatales y para 1998 este número había descendido a menos de 200. Esto produjo un aumento de competencia en diversos sectores como los de transporte (los aeropuertos, ferrocarriles y puertos marítimos), telecomunicaciones y servicios públicos (electricidad y gas natural). La industria petrolera, dirigida por la compañía Pemex, sigue siendo estatal. En 1994, un plan de austeridad, apoyado por préstamos de EUA, ayudó a revalorizar el peso mexicano e impidió un posible colapso económico completo. Para 1997 México logró saldar la deuda contraída con EUA en 1994, aunque persiste el problema de desigualdad en la renta personal de los mexicanos.

Por otra parte, la firma de nuevos convenios mercantiles tales como el Tratado de Libre Comercio de América del Norte (TLCAN; en inglés *NAFTA, North American Free Trade Agreement*) entre México, EUA y Canadá (1994) ha ayudado a aumentar la actividad económica del país. Desde 1994, el comercio de México con EUA y Canadá se ha triplicado. El PIB aumentó el 6.9% en 2000, pero bajó 0.3% en 2001; luego se recuperó a un aumento de 1.2% en 2002, y subió a 3.2% en 2004. El crecimiento del PIB se debe a nuevos acuerdos comerciales entre México y otros países hispanos y Europa, tales como el Tratado de Libre Comercio (TLC) entre México, Venezuela y Colombia en 1994; el TLC con Costa Rica en 1995; el TLC con Bolivia en 1995; y los TLC con Guatemala, Honduras, El Salvador y la Unión Europea en 2001. En 2003 los países con los que se firmaron estos acuerdos fueron responsables del 90% de las importaciones y exportaciones mexicanas. De los $25 mil millones (EUA) de inversión directa en México en 2001, el 50% vino de la compra del banco Banamex por Citicorp. A partir de 2000, las inversiones

¿Se acuerda Ud. de algo parecido en EUA, «Buy American»? ¿Qué opina Ud. de esta actitud en el comercio?

extranjeras directas en América Latina y el Caribe bajaron continuamente en 28 de las 40 economías de la región.

Otro factor clave en el desarrollo de la economía mexicana ha sido la industria maquiladora, iniciada en 1966, cuyo concepto se refiere a las «operaciones de manufactura para la elaboración o transformación de mercancías destinadas a la exportación» (www.economía.gob.mx, marzo 2004). Según la Secretaría de Economía de México, para 2003 esta industria de exportación se había convertido en «el factor más dinámico dentro de la industria nacional durante los últimos años», recibiendo «del Gobierno Federal una atención permanente a fin de favorecer el desarrollo de sus actividades». El apoyo gubernamental ha incluido «el otorgamiento de estímulos para la importación temporal sin pago de impuestos de importación, del impuesto al valor agregado (y) de cuotas compensatorias, de las materias primas y maquinaria y equipo para la realización de sus operaciones». Además, «no existen restricciones sectoriales para su funcionamiento, se inscriben en un campo abierto 100% al capital extranjero» y se permite «su instalación y operación en cualquier lugar de la República Mexicana». La maquila, entonces, es típicamente una fábrica de ensamble o ensamblaje generalmente establecida en México por otros países, especialmente EUA, para aprovecharse tanto de la mano de obra barata y de la buena calidad como de las exenciones o los incentivos productivos y fiscales (impositivos). Participan en esta industria algunas de las compañías más grandes del mundo, entre ellas General Motors, Ford, General Electric, Zenith, Sony, Mattel, Hitachi, Motorola, Eastman Kodak e IBM.

Originalmente la mayoría de las maquiladoras norteamericanas se instalaron a lo largo de la frontera mexicana, puesto que la proximidad geográfica ofrecía claras ventajas logísticas de transporte. En 1993, un año antes de la ratificación del TLCAN, ya había unas 2,060 maquiladoras en México. Para 2003 ese número había llegado a 2,893 establecimientos en activo en diferentes regiones del país; en 1995 el censo señaló 648,263 trabajadores en las maquilas, un número que había subido a 1,063,123 en el año 2003. Con el tiempo y la inversión de fondos y recursos, se ha ido transformando esta industria pionera en México. Ya no se trata del simple ensamble de productos baratos, sino que más y más se ve como una industria internacional de alta tecnología que requiere a su vez expertos en ingeniería y diseño.

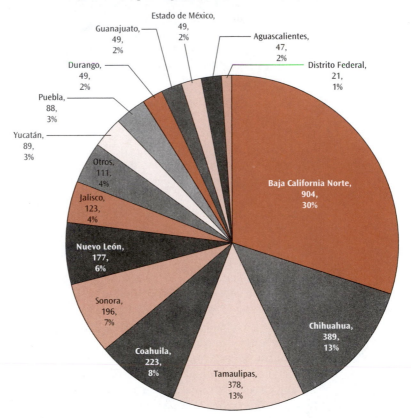

Figura 3-3 **Distribución geográfica de las maquiladoras en México 2003.** (*Datos del Instituto Nacional de Estadística Geográfica e Informática [INEGI], gráfico de M.S. Doyle*)

No obstante, la industria maquiladora ha empezado a enfrentar una nueva competencia exterior representada mayormente por China y otros países orientales, lo cual ha perjudicado el mercado laboral mexicano. A pesar de las expectativas de una recuperación económica mundial y la falta de producción petrolera en Irak en 2004, lo cual ha favorecido las extracciones en otros países como México, todavía no se ha realizado una recuperación de la mano de obra. Esto ha fomentado frustraciones con el gobierno de Vicente Fox y ha motivado más emigraciones laborales a EUA.

Por otra parte, la industria maquiladora siempre ha tenido sus críticos. En EUA, algunos sectores manufactureros —los textiles, los de muebles, la industria electrónica, etc.— se han visto afectados de modo negativo por la fuga de trabajos a México. Los sindicatos norteamericanos se han quejado de esta pérdida o exportación de trabajos, y han logrado que esto sea un importante tema de política nacional. Por otra parte, en México ha habido quejas de que el empleo brindado por las maquiladoras lo ocupan mayormente las mujeres y que ha faltado suficiente

Figura 3-4 **Empleados y trabajadores en las maquiladoras mexicanas.**
(*Datos de Secretaria de Economía de México, diciembre 2003: gráfico de M.S. Doyle*)

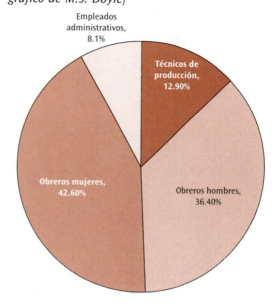

transferencia de tecnología y preparación administrativa de nuevos directores mexicanos y que el salario medio del trabajo ha subido muy poco. También en ambos países se ha tratado el tema de la contaminación del medio ambiente por ciertas maquiladoras y los bajos salarios que se pagan.

México sigue adelante con sus planes y esfuerzos por modernizar su economía y elevar el nivel de vida de sus ciudadanos. Los resultados de las campañas electorales legislativas en 2003 (hay más partidos de fracción y por tanto, más debate), sin embargo, han dificultado esta meta. Las manifestaciones y protestas de los indígenas de Chiapas, las pérdidas de trabajos, la emigración de un alto porcentaje de la fuerza laboral hacia EUA y el tráfico de drogas, también han obstaculizado un mayor progreso económico. Habrá que ver ahora si las reformas prometidas por Fox se realizan.

3-6 **A**ctividades

¿Qué sabe Ud. de México?

1. A usted lo/la han contratado/a como asesor/a transcultural de negocios internacionales. Como tal, necesita informar a sus clientes sobre México y recomendar un plan de viaje de negocios al país.
   a. Describa usted la geografía de México, refiriéndose a temas como los siguientes: ubicación y tamaño del país, capital y otras ciudades y puertos importantes, división administrativa y clima. Compare el tamaño de México con el de EUA. Compárelo con el tamaño del estado donde Ud. vive.

    b. ¿Cómo es México demográfica y políticamente? ¿Quién es el presidente actual?

    c. ¿Cuáles son las principales características demográficas y políticas de México? En qué otras fechas hay fiestas públicas que también podrían afectar el éxito de un viaje de negocios? (Véase la Tabla 10-1 de la página 303.)

    d. Describa la economía mexicana. Incluya datos sobre la moneda nacional, la tasa de inflación, el PIB y el PIB per cápita, el número de trabajadores (la mano de obra), la tasa de desempleo, los recursos naturales, las industrias nacionales, los productos que se exportan e importan, los países destinos (mercados) y proveedores (fuentes) de estas transacciones internacionales, y la balanza de comercio. ¿A cuánto se cotiza el peso respecto del dólar EUA?

    e. ¿Cuál sería un producto o servicio que usted recomendaría vender en México? ¿Por qué?

    f. Describa la infraestructura de transportes y de comunicaciones en México. ¿De qué ventajas económicas ha gozado México debido a su geografía (proximidad a mercados como EUA, etc.)?

    g. ¿Cómo han cambiado algunos de los datos presentados en las secciones de *Vista panorámica* y *Actualidad económica* de este texto? Póngalos al día.

    h. ¿Qué es una maquiladora? Describa el desarrollo de las maquiladoras y su impacto económico en México.

    i. Basándose en la *Actualidad económica mexicana*, ¿qué realidades, oportunidades y problemas destacaría y qué recomendaciones le daría al/a la cliente/a? ¿Qué opina usted sobre la migración de trabajadores mexicanos a EUA?

2. Usando el internet u otras fuentes informativas, prepare un plan (con presupuesto e itinerario) para sus clientes, quienes harán un viaje de negocios al D.F. y a Veracruz:

    a. Fechas de ida y vuelta (el viaje durará cinco días)

    b. Vuelos: Aeropuertos de despegue y aterrizaje, líneas aéreas, horario; costos

    c. Transporte interno que se piensa usar en México: taxi, autobús, carro de alquiler, metro, tren, otro; costos

    d. Alojamiento y viáticos; costos

    e. La comida típica que van a pedir para la cena la primera noche

    f. Las formas de cortesía y los gestos que deben recordar, usar o evitar

LECTURA CULTURAL

El estilo directivo hispano: honor, éxito, comunicación y trato social

La gran variedad social y cultural imposibilita hablar con precisión definitiva de todas las diferencias y semejanzas entre el mundo hispano y EUA en el campo de la gerencia comercial. No obstante, según los investigadores (Ávila, Carson, Condon, Ferraro, Heusinkveld, Jessup, Kras, Naughton, Uber Grosse) se puede detectar algunas características que revelan un contraste cultural en el estilo gerencial y la práctica administrativa.

En ambas culturas, la hispana y la estadounidense, es importante el individuo como tal. Para el hispano, el honor y el orgullo son muy valorados como atributos personales. Se prefiere el trato directo y personal. Para el gerente hispano, es muy importante conocer a la persona con la cual se está haciendo el negocio, mientras que para el estadounidense pueden prevalecer los objetivos y los intereses puramente comerciales. Es decir, para el hispano es mucho más importante la persona que el trabajo, el problema o la tarea, mientras que en EUA se le puede considerar a la persona principalmente como instrumento para resolver el problema o realizar la tarea. Asímismo, es descortés cortar una conversación o una reunión para acudir a tiempo a otra reunión con otra persona, lo cual se podría interpretar como un mensaje de que «El otro es más importante que usted». El respeto y la cortesía son centrales.

También le puede parecer al hispano que el estadounidense mide demasiado el éxito personal y profesional en términos de ser siempre el «número uno», mientras que para el hispano la medida del éxito es más amplia y su valor no consiste en ser el primero en todo lo que se hace, sino en formar parte del grupo, crear un ambiente armónico y quedar bien. El estilo estadounidense suele ser muy competitivo y muchas veces agresivo: la meta es ganar y la mentalidad es frecuentemente la de «el ganador se lo lleva todo». En contraste, en las negociaciones, el gerente hispano busca una solución en la cual ambas partes se benefician (nosotros «ganamos» y ustedes también) y desea evitar que el otro se aproveche de él. Es muy importante guardar las apariencias y no quedar mal ante otras personas. En este mismo contexto, la mejor regla de conducta es elogiar públicamente y criticar a puerta cerrada, pues la crítica delante de los compañeros de trabajo, la cual se tomará como una censura personal y una ofensa, perjudicará el trato comercial y profesional.

El estilo comunicativo del hispano suele ser menos directo que en los Estados Unidos. Se valora más el tacto, la diplomacia y la discreción, por lo cual «decir la verdad» es un concepto más relativo que en EUA, donde «la verdad» se considera como un valor absoluto, trátese de una buena o mala noticia. En EUA se espera una respuesta directa de «Sí» o «No» a una pregunta, mientras que en la cultura hispana una respuesta de «Sí» no significa necesariamente «Sí, muy bien», sino que puede ser sencillamente un modo diplomático de responder con lo que uno piensa que el otro desea o necesita oír en esas circunstancias. Vale la pena tener esto en cuenta durante las propuestas, las solicitudes de información, las evaluaciones, las negociaciones y otras situaciones comunicativas.

Hay normas de conducta social y profesional para el hispanohablante. El hispano puede ser algo más formal en sus relaciones profesionales hasta que se haya establecido un trato más familiar. Este nivel de confianza muchas veces requiere tiempo y repetido contacto. La formalidad se refleja en la lengua con el uso inicial de la forma «usted», especialmente en un primer encuentro entre personas de diferentes edades y responsabilidades (puestos, títulos, etc.) o de diferentes clases sociales. El uso de la forma «usted» indica cierto distanciamiento que refleja el respeto hacia el otro. No es tan rápido ni culturalmente aceptable el llegar a la familiaridad de tutearse, como lo es en Estados Unidos, donde «*Mr.*» o «*Miss*» se convierten más fácilmente en «Tom», «Billy», «Mary» o «Susie». En el mundo hispano es más importante usar los títulos formales al dirigirse a alguien por primera vez: licenciado (Lic. o Ldo.) Gómez, doctor o doctora (Dr. o Dra.) Martínez o ingeniero (Ing.) Varela. El tuteo prematuro puede perjudicar el trato comercial porque se puede interpretar como falta de respeto, arrogancia o simplemente como falta de educación o de buenos modales.

3-7 Actividades

1. **¿Qué sabe Ud. de la cultura?** Demuéstrelo contestando las preguntas a continuación.

   a. ¿Cómo describiría Ud. el estilo gerencial norteamericano? ¿Variará este estilo en diferentes partes del país o es igual en California, la Ciudad de Nueva York y una ciudad pequeña en el sur del país? ¿Cómo? Explique.

   b. ¿Piensa que el conocer a la persona con la cual se está haciendo el negocio es importante? ¿O es una consideración secundaria en las relaciones comerciales? Justifique su opinión.

   c. ¿Qué opina de la tendencia estadounidense de medir el éxito en términos de ser el «número uno»? ¿Cómo mide Ud. su propio éxito? En el futuro, ¿cómo medirá Ud. su éxito profesional? ¿Qué haría Ud. si su propia medida no coincidiera con la de su jefe?

   d. ¿Cuáles son algunas ventajas y desventajas de los diferentes estilos de comunicación, el directo y el indirecto? ¿Cuál prefiere Ud. y por qué?

   e. ¿Qué opina del trato formal y el familiar en el mundo de los negocios? ¿Cuál de los dos es mejor para los negocios y por qué?

   f. ¿Es Ud. partidario de la gerencia democrática o de la autocrática? Explique.

2. **Asimilador cultural.** Lea lo siguiente y conteste las preguntas a continuación. J. T. Daniels, un estadounidense de 29 años de edad, está en Guadalajara, México, para concluir los trámites de un contrato con la compañía Álvarez-Gómez, S.A. Tiene consigo todos los papeles que hay que repasar y firmar con el ingeniero (Ing.) Francisco Álvarez Delgado, vicepresidente de la compañía. J. T. habla español bastante bien, debido a sus tres años de estudios universitarios. Es el primer encuentro entre los dos. Cuando J. T. entra en la oficina del vicepresidente, un señor distinguido de unos 50 años, lo saluda con una amplia y amistosa sonrisa, diciéndole:

   —Hola, Paco, J. T. Daniels. Aquí tengo todos los papeles que tienes que firmar.

   Al decir esto, saca de su maletín una carpeta y la echa sobre el escritorio del Ing. Álvarez. En ese mismo momento observa en el rostro del Ing. Álvarez una rápida mirada de sorpresa y de enojo. El Ing. Álvarez le ofrece a J. T. un asiento y le dice:

   —Sí, Sr. Daniels, gracias por su visita de hoy. Siéntese, por favor...

   a. ¿Por qué cree Ud. que se muestra sorprendido y enojado por un momento el Ing. Álvarez cuando lo saluda J. T. Daniels?

b. ¿Qué cree Ud. que estará pensando el Ing. Álvarez cuando le ofrece un asiento a J. T.?

c. ¿Qué cree Ud. que serán las próximas palabras que dirá el Ing. Álvarez?

d. ¿Cómo hubiera iniciado Ud. este primer encuentro con el Ing. Álvarez? ¿Qué recomendaciones le habría dado Ud. a J. T. para que hubiera iniciado su trato con el Ing. Álvarez con más sensibilidad cultural?

SÍNTESIS COMERCIAL Y CULTURAL

3-8 Actividades comunicativas

1. **Situaciones para dramatizar.** Lea las siguientes situaciones y después haga el papel en español con otro/s estudiante/s, usando una de las posibilidades siguientes como punto de partida. Cada persona deberá participar activamente en la dramatización. No olviden el protocolo ni las cortesías.

   a. *As a manager, you need to call a meeting to resolve a personnel problem in your division. Tell your secretary to send a memo with the following:*
      - *Date, time, and place of the meeting.*
      - *Who is to attend: Mr. Ricardo Ausejo and Ms. Theresa Nash*
      - *The reason for the meeting: to clarify which of these two is in charge of the project they have been assigned.*

   b. *You are now meeting with Ricardo Ausejo and Theresa Nash, two of your key employees, who are having difficulties working together. Ricardo Ausejo is the older of the two, a member of Mexico's upper middle class with definite ideas of how things should be done. He resents his younger American colleague's new authority. Theresa Nash, on the other hand, thinks that Ausejo is trying to dominate her and limit her possibilities for promotion. The morale of the other workers is being adversely affected by the antagonistic relationship between the two. They are all wondering who is in charge.*
      - *Acknowledge the many years of valuable service provided by the older employee.*
      - *Comment on the new, needed skills that the younger employee brings to the division.*
      - *Resolve the issue of who is in charge of the project that has been brought to a standstill by their differences. Provide them with a rationale for your decision.*

   Después de dramatizar las situaciones, comente con sus compañeros de clase la cuestión de autoridad, considerada desde el punto de vista hispano y estadounidense, y desde la perspectiva del hombre y la mujer.

2. **Comprensión y comunicación.** Para este ejercicio basado en el vídeo de *Éxito comercial*, favor de pasar al encarte central del texto, VídeoTexto 4.

3. **Actividad gerencial.** Una de las partes más difíciles de cualquier puesto administrativo es la responsabilidad que tiene el/la gerente de hacerle una evaluación negativa a un/a empleado/a cuando éste/a no haya cumplido con un trabajo o lo haya hecho mal. Otra responsabilidad gerencial muy difícil es tener

que despedir a un/a empleado/a. Haga por lo menos una de las siguientes actividades administrativas. Para prepararse, se recomienda hacerle una entrevista a algún/una gerente o especialista en recursos humanos sobre el mejor modo de proceder.

a. En una reunión con un/a empleado/a (compañero/a de clase), hágale una evaluación negativa por un trabajo muy mal hecho ayer. Se trataba de un proyecto muy importante para uno de los principales clientes de la empresa. Infórmele al/a la empleado/a que necesitará mejorar su trabajo si desea continuar con esta compañía. Diseñe con él/ella un plan de mejoramiento.

b. Despida a un/a empleado/a (compañero/a de clase). (Primero haga una lista de las razones por las cuales siente usted la necesidad de despedir a esta persona.)

Luego, comenten con sus otros/as compañeros/as de clase las situaciones anteriores y cómo han procedido. ¿Le hicieron una entrevista a algún/una gerente o perito para buscar recomendaciones sobre cómo proceder? Si así es, comparta esta información con la clase. ¿Ha sido difícil hacer una evaluación negativa o despedir a un/a empleado/a? Explique.

4. **Caso práctico.** Lea el caso y haga los ejercicios a continuación.

La Compañía Fumacartones, Inc., produce unos cigarrillos de la mejor calidad en su fábrica de Tampa. El Sr. Julio Sánchez Gutiérrez, natural de Cuba, de 78 años, organizó la compañía como una gran familia bajo su dirección paternal. Desde los primeros años de su fundación, la empresa ha mantenido su desarrollo y ha podido aumentar el número de empleados de 45 en 1947 a 78 en el año actual. Entre los 78 empleados hay 16 gerentes (muchos de ellos son parientes), secretarias y otros funcionarios de oficina.

Debido a los cambios recientes en las actitudes sociales y a las leyes contra el uso de cigarrillos en muchos lugares públicos, en los aviones y en los restaurantes en los Estados Unidos, la venta de los productos de Fumacartones ha sufrido una baja en los últimos meses. Los sueldos y salarios constituyen el 75% de los costos anuales de Fumacartones. Un asesor independiente estadounidense le ha recomendado a Sánchez que la manera más fácil de reducir las pérdidas sería una reducción de personal a todos los niveles, especialmente entre los gerentes y las secretarias. Hacer esto, sin embargo, cambiaría el concepto familiar y paternal que siempre ha existido en la empresa. El viejo presidente está considerando las siguientes soluciones.

• Podría cerrar la fábrica para reestructurar la organización. El vicepresidente, su sobrino Manuel Suriega, podría asumir el puesto de presidente. Sánchez Gutiérrez se «ascendería» a un nuevo puesto puramente honorífico de presidente de la junta directiva, lo cual le pagaría menos, pero aumentaría su control. La reestructuración de gerentes y empleados sería un proceso complicado que podría presentar problemas legales de despido.

• Podría eliminar algunos de los beneficios de los empleados: las vacaciones retribuidas de los gerentes, el pago por las horas adicionales de los trabajadores y las dos semanas de vacaciones navideñas (del 24 de diciembre hasta después del Día de Reyes[1]) que reciben todos los empleados. También se podría eliminar el aguinaldo.[2]

- Podría aplazar el lanzamiento de una nueva campaña publicitaria para exportar más cigarrillos a nuevos mercados en Centroamérica, el Caribe y España. Perder estos mercados, sin embargo, representaría otra considerable pérdida de ingresos.
- Podría cancelar la compra de unas computadoras que se han pedido para las oficinas, y el adiestramiento planeado para su utilización. Hace 40 años que las secretarias usan el mismo sistema de archivo, lo cual ha causado muchas demoras y problemas con las ventas y los pagos en el pasado. Esta cancelación resultaría en la probable pérdida de clientes.
- Podría cerrar la fábrica y crear otra empresa para vender otro tipo de producto, puesto que el tabaco, aunque muy lucrativo, representa un mercado en declive a largo plazo. Esto sería también un golpe emocional, ya que el tabaco representa lazos afectivos con su herencia cubana.
  a. ¿Qué tipo de problema tiene el Sr. Sánchez Gutiérrez?
  b. ¿Cómo refleja la empresa la tradición cultural del Sr. Sánchez?
  c. Describa los procesos mentales que ha utilizado Sánchez al considerar diferentes soluciones.
  d. ¿Cuáles serían los resultados de cada posible decisión?
  e. ¿Cuál sería la decisión de Ud. si fuera el presidente de Fumacartones? ¿Por qué?
  f. Haga el papel de Sánchez Gutiérrez y comente sus opciones con otros estudiantes que representarán cada grupo a continuación.
     - Los otros gerentes
     - Los obreros con muchas horas adicionales
     - Los vendedores que reciben sus comisiones por el volumen de ventas
     - Las secretarias y los funcionarios de oficina

3-9 Análisis y comparación

Estudie la siguiente tabla comparativa y haga los ejercicios. Use también sus propios conocimientos y, cuando haga falta, otras fuentes informativas como el internet, el diccionario, el *Almanaque mundial*, etc. Los ejercicios se pueden hacer individualmente, en parejas o en pequeños grupos para discutir en clase.

---

[1]Día de Reyes, el 6 de enero, la Epifanía. Como la Navidad, en algunos países hispanos es una ocasión para intercambiar regalos con los familiares.

[2]El aguinaldo es un regalo que se da en Navidad o en la fiesta de la Epifanía. En el mundo comercial representa un regalo de la empresa en forma de un pago extra para los empleados durante la Navidad. Es conocido en diversos países hispánicos también como «décimotercero», «bono», «extraordinaria», «prima» o «gratificación navideña».

Tabla 3-1

Los países hispanoparlantes, Brasil y EUA: Jefe de estado o de gobierno y membresía en organizaciones regionales y mundiales

País	Jefe de estado y de gobierno	El país es miembro de
Argentina	Presidente Néstor Kirchner	OMC, ONU, OEA, ALADI, Mercosur, SELA
Bolivia	Presidente Carlos Diego Mesa Gisbert	OMC, ONU, OEA, ALADI, Pacto Andino, Pacto del Amazonas, SELA
Chile	Presidente Ricardo Lagos	OMC, ONU, OEA, ALADI, SELA
Colombia	Presidente Álvaro Uribe Vélez	OMC, ONU, OEA, ALADI, Pacto Andino, SELA
Costa Rica	Presidente Abel Pacheco de la Espriella	OMC, ONU, OEA, ALADI (observador), MCCA, SELA
Cuba	Presidente Fidel Castro Ruz	OMC, ONU, OEA (suspendido), ALADI, SELA
Ecuador	Presidente Lucio Gutiérrez Borbúa	OMC, ONU, OEA, ALADI, Pacto Andino, SELA
El Salvador	Presidente Elías Antonio Saca	OMC, ONU, OEA, MCCA
España	De Estado: Rey Juan Carlos I de Borbón De Gobierno: José Luis Rodríguez Zapatero	OMC, ONU, OTAN, UE, Consejo de Europa, OUA, CSCE, OCED
Guatemala	Presidente Oscar Berger Perdomo	OMC, ONU, OEA, MCCA, SELA
Guinea Ecuatorial	De Estado: Teodoro Obiang Nguema De Gobierno: Candido Mautetema Rivas	OMC, ONU, OUA
Honduras	Presidente Ricardo Maduro Joest	OMC, ONU, OEA, ALADI, MCCA, SELA
México	Presidente Vicente Fox Quesada	OMC, ONU, OEA, ALADI, TLCAN (TLC) , SELA, G-8 (observador), OCED
Nicaragua	Presidente Enrique Bolaños Geyer	OMC, ONU, OEA, MCCA, SELA
Panamá	Presidente Martín Torrijos Espino	OMC, ONU, OEA, ALADI (observador), MCCA (observador), SELA
Paraguay	Presidente Nicanor Duarte Frutos	OMC, ONU, OEA, ALADI, Mercosur, SELA
Perú	Presidente Alejandro Toledo	OMC, ONU, OEA, ALADI, Pacto Andino, SELA
Puerto Rico	Jefe de Estado: George W. Bush Gobernador Aníbal Acevedo Vilá	
República Dominicana	Presidente Leonel Fernández Reyna	OMC, ONU, OEA, ALADI (observador), SELA

Uruguay	Presidente Tabaré Ramón Vázquez Rosas	OMC, ONU, OEA, ALADI, Mercosur, SELA
Venezuela	Presidente Hugo Rafael Chávez Frías	OMC, ONU, OEA, OPEP, ALADI, Pacto Andino, SELA
Brasil	Luis Ignacio da Silva	OMC, ONU, OEA, ALADI, Mercosur, SELA, G-8 (observador)
EUA	Presidente George Walker Bush	OMC, ONU, OTAN, OEA, CSCE, G-8, OCED

SIGLAS: ALADI = Asociación Latinoamericana de Integración; CARICOM = Comunidad y Mercado Común Caribeños (15 países); CSCE = Conferencia sobre Seguridad y Cooperación en Europa; G-8 = Grupo de Ocho (Alemania, Canadá, EE.UU., Francia, Italia, Japón, Reino Unido, Rusia); MCCA = Mercado Común Centroamericano (5 países); Mercosur = Argentina, Brasil, Uruguay y Paraguay; OCED = Organización de Cooperación Económica y Desarrollo (25 países); OEA = Organización de Estados Americanos (35 países); OMC = Organización Mundial del Comercio; ONU = Organización de las Naciones Unidas (185 países); OPEP = Organización de Países Exportadores de Petróleo (11 países); OTAN = Organización del Tratado del Atlántico del Norte; OUA = Organización de la Unidad Africana (51 países); SELA = Sistema Económico Latinoamericano (27 países); TLCAN = Tratado de Libre Comercio de América del Norte (*NAFTA: North American Free Trade Agreement*); UE = Unión Europea (15 países).

FUENTES: *CIA World Factbook 2004, The World Almanac and Book of Facts 2004* y *Almanaque Mundial 2004.*

1. ¿Qué diferencias hay entre el Jefe de Estado y el Jefe de Gobierno de un país? ¿Qué es el «presidente» de un país? En su opinión, ¿cuáles son algunas de las cualidades que debería tener un presidente? ¿Cómo son diferentes las responsabilidades de un presidente, un primer ministro, un rey y un gobernador?

2. ¿Cuáles son algunos de los efectos que puede tener el/la líder de un país sobre la economía y el comercio nacionales?

3. ¿Por qué tiene Puerto Rico un gobernador en lugar de un presidente?

4. ¿Qué posibilidades tiene la mujer hoy en día para ser elegida o nombrada presidenta de un país hispano o de EUA? Comente.

5. ¿Qué quieren decir las siglas ONU, OEA, OTAN y G-8? ¿Qué hacen estas organizaciones?

6. ¿Qué quieren decir las siglas CARICOM, MCCA, TLCAN y UE? ¿Por qué existen? ¿Qué son el Pacto Andino y Mercosur?

7. ¿Qué significa OPEP? ¿Cuál de los países hispanos es miembro de la OPEP?

8. ¿Piensa usted que sea importante que un país sea miembro de asociaciones y organizaciones internacionales? Explique.

9. Puesto que los líderes de un país cambian con el tiempo, ponga al día la categoría de Jefe de Estado/Jefe de Gobierno donde haga falta. Esto se puede hacer individualmente o en pequeños grupos de tres o cuatro para distribuir el trabajo (cinco o seis países por persona).

⊕ GeoReconocimiento

Mire los mapas del Capítulo 3 en la página web del libro (http://exito.heinle.com) y haga los ejercicios.

⊕ Posibilidades profesionales

Con respecto a la gerencia internacional, hay muchos trabajos y a todos los niveles de mando —alto, medio, bajo— y en todos los campos comerciales e industriales —contabilidad, finanzas, producción, marketing, etc. Para más información al respecto y para una actividad que le ayude a saber más sobre el tema, véase Capítulo 3 de *Posibilidades profesionales* que se encuentra en http://exito.heinle.com.

VOCABULARIO

Aquí se presentan los principales términos relacionados con este capítulo. Al final del libro hay un glosario más completo.

administración • *administration, management*

administrador/a • *manager*

aguinaldo • *Christmas bonus*

altibajos • *ups and downs*

alto mando • *upper management*

aplazar • *to postpone*

asesor/a • *consultant, adviser*

aviso • *ad, advertisement, warning, announcement*

bajo mando • *first-line management*

bolsa de empleo • *employment agency*

buenos modales • *good manners*

búsqueda • *search*

capacitación • *training*

carpeta • *folder*

cazacerebros (*m/f*) • *headhunter*

cazatalentos (*m/f*) • *headhunter, talent scout*

cita • *appointment*

clave (*f*) • *key, important element*

cumplimiento • *fulfillment, achievement*

demora • *delay*

desempeño • *performance, fulfillment, a carrying out of duties*

desventaja • *disadvantage*

dirección • *management, board of directors; direction*

disponibilidad (*f*) • *availability*

educación • *manners, upbringing; schooling, education (in Latin America)*

eficacia • *effectiveness*

ensamblaje (*m*) • *assembly*

entrega de bachillerato • *high-school graduation*

finanzas • *finance*

fomentar • *to foster, encourage, promote*

formación • *education, formation*

fracaso • *failure*

funcionario • *staff member, employee, official*

gerente (*m/f*) • *manager*

gestor/a • *manager, business representative*

guiar • *to guide, direct*

imprescindible • *indispensable*

indistinto • *immaterial (does not matter)*

interventor/a • *comptroller, auditor*

inversionista (*m/f*) • *investor*

jornal (*m*) • *day's wages*

líder (*m*) • *leader*

liderar • *to lead*

liderazgo • *leadership*

llevar a cabo • *to carry out, conclude*

maletín (*m*) • *briefcase*

maquiladora • *assembly plant, in-bond plant*

medio mando • *middle management*

nombramiento • *appointment (to a position)*

obrero • *worker, blue-collar worker, laborer*

pauta • *model, guideline*

plazo • *time period, deadline*

postulante (*m/f*) • *job candidate, applicant*

prescindible • *dispensable*

realizar • *to accomplish, carry out, perform*

recompensa • *compensation*

recurso • *resource*

retribuido • *compensated, repaid*

sacar de apuro • *to bail out, help*

salario • *wages, pay*

trato • *treatment, manner of dealing with*

trunco • *incomplete, not finished*

tutearse • *to use the familiar form of address, deal with someone on a first-name basis*

tuteo • *the familiar form of address, first-name basis*

ventaja • *advantage*

4

La banca y la contabilidad

Transacción con un cajero automático. España. ¿Qué otros avances tecnológicos prevé Ud. para la industria bancaria? Comente y discuta.

The only way to keep score in business is to add up how much money you make.
Harry B. Helmsley

Let all things be done decently and in order.
Corinthians

En la casa donde hay dinero, no debe haber más de un cajero.
Proverbio

4-1 **P**reguntas de orientación

Al hacer la *Lectura comercial*, piense en las respuestas a las siguientes preguntas.

1. ¿Qué es la banca y en qué se diferencia de un banco?
2. ¿Cuáles son las principales funciones de un banco?
3. ¿Qué tipos de bancos hay y en qué se diferencian?
4. ¿Qué tipos de depósitos se pueden hacer? Explique.
5. ¿Qué es una cuenta corriente y qué clases de cuenta corriente hay? Explique.
6. ¿Qué es un cheque y cómo funciona? Explique cómo intervienen el girador, el girado, el portador, el endosador y el endosante.
7. ¿Qué tipos de cheque hay?
8. ¿Qué es la contabilidad? ¿La partida doble?
9. ¿Cuáles son los estados contables y financieros más importantes?
10. ¿Qué datos proporcionan el estado de ganancias y pérdidas y el balance general?
11. ¿Cuál es la ecuación fundamental de la contabilidad y qué información aporta?

LECTURA COMERCIAL

Custodia y control del dinero

Una vez establecidas la forma jurídica y la estructura administrativa de la empresa comercial, los gerentes utilizan la banca y la contabilidad para conseguir, custodiar y controlar los fondos que necesitan o que tienen, y para vigilar y asegurar su estado y solvencia financieros.

Banco y banca

El banco es el establecimiento público y físico (el edificio) de crédito donde se efectúan las transacciones bancarias. La banca, en cambio, es el conjunto de bancos y banqueros que representan el sistema de las operaciones bancarias, es decir «la situación básica del sistema crediticio, que realiza las funciones del sector público y privado, en base del ahorro y del depósito [...] cumpliendo la función de intermediario financiero, apoyada en el proceso de transformación y creación de dinero» (Andrés Suárez, *Diccionario económico de la empresa*, página 48). Dentro de este sistema crediticio, los bancos custodian, prestan, cobran, cambian y transfieren dinero, a la vez que giran cheques, títulos de crédito y otros instrumentos bancarios (letras de cambio, pagarés, etc.). También sirven a menudo de instituciones inversionistas que prestan servicios de asesoramiento financiero y facilitan las transacciones, tanto nacionales como internacionales, sobre las pensiones, los seguros, las fusiones y las cobranzas empresariales. Para hacer todo esto, existen

---

BREVE VOCABULARIO ÚTIL

activo • *asset, assets*

balance general (*m*) • *balance sheet*

banca • *banking* (*the banking industry*)

banco • *bank* (*building*)

contabilidad • *accounting*

cuenta • *account*

  corriente • *checking account*

  de ahorros • *savings account*

cuentacorrentista (*m/f*) • *current account holder*

estado • *statement*

  de cuenta • *statement of account*

  de ganancias y pérdidas • *profit and loss or income statement*

partida doble • *double-sided entry* (*accounting*)

pasivo • *liability, liabilities*

diferentes tipos de bancos según su actividad mercantil, como los privados y estatales, centrales, comerciales, hipotecarios, de ahorros, de crédito agrícola e industrial y las cajas de ahorros. Consta decir, sin embargo, que en el mundo hispano, especialmente en Centroamérica, son muy importantes los bancos de desarrollo o fomento, o sea, los que ayudan a desarrollar la economía de los países hispanoparlantes, como el Banco Interamericano de Desarrollo (BID) o el Banco Centroamericano de Integración Económica (BCIE), ubicado en Guatemala, el cual desde su fundación ha contribuido mucho al desarrollo de la región.

PARA PENSAR

Misión y objetivos del BCIE

Misión. El Banco Centroamericano de Integración Económica (BCIE), banco de desarrollo y brazo financiero de la integración, tiene como misión fomentar el progreso e integración del istmo, propiciar el crecimiento económico con equidad y respetar el ambiente, mediante el apoyo a programas y proyectos públicos y privados que generen empleo productivo y contribuyan a mejorar la productividad y competitividad, así como a elevar los índices de desarrollo humano de la región.

Objetivos. Centroamérica está emergiendo como un sector vital de la economía internacional y, por más de 38 años, el BCIE ha sido la institución financiera más influyente en la estimulación del crecimiento económico y el desarrollo de la región. Establecido como parte del Proceso de Integración Centroamericana en 1960, la misión del BCIE es asistir a los sectores público y privado centroamericanos en la consecución de recursos externos para promover el desarrollo regional. Al buscar mercados de capital internacionales y asumir el riesgo de los países, el BCIE ha atraído financiamiento externo para una multitud de proyectos de asistencia financiera y técnica. Estos programas han mejorado y desarrollado los sectores de energía, telecomunicaciones, transporte y agricultura de los países centroamericanos, así como los recursos humanos, vivienda, turismo, desarrollo social y conservación del medio ambiente.

(www.bcie.org/)

1. En su misión, ¿cuáles son las dos áreas de fomento que desea apoyar el BCIE? ¿A qué «istmo» se refiere?
2. ¿Qué tipos de programas y proyectos apoyará?
3. ¿Cuáles son los sectores que se han beneficiado del BCIE? ¿Cómo?
4. ¿Piensa Ud. que los bancos de desarrollo y fomento, como el BCIE, son una buena idea? Explique.

 Busque información en internet sobre los servicios ofrecidos por algún banco comercial en América Central (cuentas, préstamos, etc.).

En cambio, en las comunidades hispanas de EUA son muy comunes las sucursales de bancos de países de habla española, tales como el Banco Popular de Puerto Rico, el Banco de Santander de España, etc. Lo mismo que los demás bancos estadounidenses, los bancos hispanos ofrecen servicios de cobranza, cambio, depósitos, retiros, etc., a la vez que prestan dinero a los que desean establecer sus propias empresas o ayudar económicamente a la comunidad hispana. Por supuesto, el trato personal y el uso del español atraen a muchos clientes hispanoparlantes.

Fundamentales para las actividades bancarias son los depósitos y las cuentas corrientes y de ahorros. Los depósitos a la demanda o a la vista son los bienes o fondos entregados al banco para su custodia o transformación con la opción de que se puedan retirar en el momento que lo desee el cliente. Los depósitos a plazo fijo, en cambio, se refieren al dinero depositado por cierto plazo de tiempo y «pueden considerarse como un préstamo que el cliente efectúa a su banco» (Bernard y Colli, *Diccionario económico y financiero*, página 499). Requieren que el depositante no retire los fondos antes de la fecha de vencimiento señalada, so pena de perder los intereses devengados. Tanto para los depósitos a plazo fijo como para las cuentas que se describen a continuación, hay que identificarse, depositar algún dinero y completar y firmar los formularios, boletos y tarjetas apropiados.

La **cuenta corriente** es aquélla que se utiliza para pagar las obligaciones comerciales y financieras. Puede ser individual, conjunta (**mancomunada**) o a nombre de una empresa. Su principal instrumento o documento de pago es el cheque, el cual se define como una orden de pago mediante la cual el cuentacorrentista o cuentahabiente (**el girador** o **librador**) autoriza que el banco (**el girado** o **librado**) pague de la cuenta corriente de ese cliente cierta cantidad de dinero a un beneficiario (**el tenedor** o **portador**). Al endosarlo, el tenedor (**endosante**) puede cobrar el importe en un banco o en otro lugar que le proporcione crédito o puede remitirlo a un tercero (a otro beneficiario o endosatario). Hay varios tipos de cheques:

1. **nominativo,** el que se gira a nombre de una persona particular autorizada para cobrarlo (e.g. «A la orden de Juan Lorca»)
2. **al portador,** el que puede ser cobrado por cualquier persona sin más requisito
3. **bancario o de administración,** el que gira un banco a otro banco

El cheque cuyo importe excede los fondos en una cuenta corriente se llama **cheque sin fondos** o **en descubierto.**

En la **cuenta de ahorros** se custodia el dinero depositado por personas o empresas a cambio de cierto interés devengado periódicamente, lo cual representa el precio del dinero depositado. Existen varias clases de cuentas de ahorros, con tipos de interés variables, y sus transacciones se realizan mediante formularios impresos como las boletas de depósito o retiro, en lugar de cheques.

Otra función del banco, especialmente del banco mercantil, es la concesión de crédito o de préstamos. El banco les concede fondos a los prestatarios en forma de una línea de crédito a cambio de cierta garantía, fianza o prenda. Al vencer la fecha de pago acordado, se le devuelve al prestamista lo prestado más cierto rédito de interés fijado previamente. Este procedimiento, el cual se presenta a continuación, no varía mucho de país a país, salvo las condiciones de devolución del dinero prestado, los tipos de interés y ciertas normas legales:

1. La persona o entidad que pide dinero prestado (el prestatario) averigua el tipo de crédito que le es más factible y con el prestamista precisa la cantidad y condiciones de pago.
2. La misma persona o entidad rellena los formularios necesarios, los cuales, por lo general, piden lo siguiente:
   a. Nombre de la persona o razón social de la empresa
   b. Número del carnet (o de la tarjeta) de identidad o de seguro social
   c. Datos sobre el empleo y sueldo o salario
   d. Cantidad de crédito o de préstamo
   e. Rédito de interés, duración, fechas de inicio y de vencimiento, y otras condiciones contractuales fijadas por el acreedor o el prestamista
   f. La garantía, fianza o prenda ofrecida
   g. Otros asuntos o requerimientos pertinentes
3. El prestatario necesita cumplir con las condiciones contractuales.

La contabilidad o contaduría

Los gerentes necesitan estar al tanto de la situación financiera de su empresa. Necesitan informarse sobre los **ingresos** (aumentos brutos en los activos obtenidos por la entrega o la venta de bienes o por la prestación de servicios) y sobre los **gastos** (disminuciones brutas en activos causados por la venta de artículos o la prestación de servicios), todo lo cual se relaciona con el **flujo de efectivo** (*cash flow*) y la solvencia de la firma. Necesitan saber el estado de sus ganancias y pérdidas para poder tomar decisiones sobre el futuro de la empresa. También necesitan anotar por escrito todas las transacciones que emprenden en nombre de la firma. Para realizar estos propósitos de información y control se recurre a la contabilidad.

La contabilidad o contaduría se define como «el conjunto de conocimientos y funciones que se refieren a la creación, registro, clasificación, proceso, ordenación, interpretación y suministro de información fiable y significativa de una realidad económica para conseguir con ella unos objetivos determinados» (Suárez, páginas 94–95). En otras palabras, es una disciplina que sirve para registrar y clasificar el impacto monetario de las transacciones y los eventos comerciales de una empresa. Además, sirve para interpretar los resultados de las transacciones y los eventos para poder informar a los grupos interesados, tales como los propietarios, los gerentes, los accionistas y el gobierno. Al calcular la diferencia entre los ingresos y los gastos, se espera que los beneficios recibidos sean superiores a los costos incurridos.

Debido a su complejidad, la contabilidad tiene varias ramas —general, gerencial, financiera, de costos, de impuestos, de presupuestos, de sistemas y de auditoría— y existen varias clases de contables o contadores profesionales —públicos, titulados, fiscales o privados— que la ejercen. También existen varios principios y sistemas contables, el más importante de los cuales es el de la **partida doble.** Según este sistema de control, para cada transacción comercial hay un deudor, un acreedor y una misma cantidad de dinero que cambia de manos. Cuando hay una transacción, se hace constar en los libros contables al asentarla dos veces y en dos lugares por convención: una vez como **débito** a la izquierda de la página contable y otra vez como **crédito** a la derecha de la página. Un principio fundamental de la partida doble es que los asientos siempre deben igualarse en valor.

Este sistema facilita que los gerentes controlen y entiendan la situación financiera de la empresa. El concepto se ve más claramente en el proceso contable, el cual consiste en tres etapas principales:

1. la recolección de datos referentes a las transacciones comerciales
2. el registro o asiento de éstas en los libros contables
3. la interpretación de la situación financiera de una empresa por medio de un análisis de los estados contables y la presentación del análisis en un informe

La recolección de los datos consiste en reunir y ordenar todos los documentos comerciales —facturas, recibos y pagarés— recibidos, prometidos o emitidos por una empresa durante cierto período de actividad comercial. Al final de este período, se enumeran las cuentas en un balance. En términos generales, si el balance de comprobación tiene un **saldo deudor,** es desfavorable para la compañía; si tiene un **saldo acreedor,** hay una situación favorable.

Para poder ver todas las transacciones de la empresa y para comprender cómo afectan su situación financiera, se registra cada transacción en los libros contables, primero en el **diario** y luego en el **libro mayor** (véase la Tabla 4-1, página 94).

Los productos finales del proceso contable se llaman **estados financieros.** Los estados financieros más importantes son los siguientes:

1. el **balance general:** una lista de los activos, pasivos y patrimonio (el conjunto de bienes pertenecientes a una persona natural o jurídica) de la entidad económica en un momento dado. También se llama **balance de situación, estado de posición** o **estado de condición financiera** (véase la Tabla 4-2, página 95).
2. el **estado de ganancias y pérdidas** y el **estado de ganancias retenidas:** documentos que relacionan los ingresos y los gastos de una entidad económica durante un período de tiempo definido (véase la Tabla 4-3, página 95). El estado de ganancias retenidas es el enlace principal entre dos balances generales.
3. el **estado de flujo de caja** (o **de efectivo**): un documento que explica el cambio en el efectivo durante un período, debido a las operaciones comerciales como la compraventa y las inversiones. Es decir, este estado explica las fuentes y los usos del dinero (véase la Tabla 4-4, página 96).

La relación entre los activos, los pasivos y el patrimonio puede expresarse en una ecuación fundamental llamada la **ecuación contable:**

$$\textbf{activos = pasivos + patrimonio (o capital)}$$

El patrimonio tiene dos partes, el capital pagado o contribuido, y las ganancias retenidas por la empresa. Es decir,

activos = pasivos + capital pagado + ganancias retenidas

o

activos = pasivos + capital pagado + ingresos − gastos

El balance general resume la situación financiera de una empresa. Valora y estructura los bienes, derechos y obligaciones de una empresa, e indica el beneficio obtenido al final de un tiempo específico, llamado **período** o **ejercicio** (generalmente tres, seis o doce meses). Para comprender mejor el proceso, los términos más pertinentes se definen de la siguiente manera. Los **activos** representan los bienes y derechos de una empresa e incluyen cuentas como caja y banco, cuentas por cobrar, títulos, terrenos, edificios, maquinaria, etc. El **patrimonio** consiste en las aportaciones de dinero (o su equivalencia) a la propia empresa; el patrimonio de los accionistas y las ganancias; y todos los bienes de una entidad económica adquiridos por cualquier título o derecho de posesión. Los **pasivos** representan las obligaciones y deudas de una empresa, como las cuentas por pagar, así como las de los acreedores y los proveedores. El **capital** consiste en las aportaciones de dinero (o su equivalente) a la propia empresa e incluye el capital pagado o contribuido (el capital social o el patrimonio de los accionistas) y las ganancias retenidas (los ingresos menos los gastos).

Muchas empresas se sirven también de los auditores y la auditoría para verificar (auditar) el estado de sus cuentas y utilizan las computadoras para facilitar las operaciones contables. Aunque las empresas hispánicas a veces siguen métodos de contabilidad y procedimientos diferentes a los de EUA, todas las empresas e individuos, por ley o por interés propio, utilizan la contabilidad para conocer, comprender, controlar y mejorar su situación financiera. El siguiente caso sirve para ilustrar cómo funcionan varios estados financieros.

La compañía USCAN, S.A.* se organizó el primero de abril de 2005 con diez accionistas. USCAN se especializa en la venta de zapatos de mujer. Arrendó espacio en un centro comercial y realizó las siguientes transacciones durante el mes de abril. Véanse las Tablas 4-1, 4-2, 4-3 y 4-4, las cuales reflejan los eventos narrados a continuación.

1. Al incorporarse la compañía, los accionistas invirtieron $120,000 al contado.
2. USCAN, S.A. adquirió $70,000 de inventario, $45,000 de los cuales debían pagarse al contado. El balance se adquirió a crédito y se abrió posteriormente una cuenta corriente con el proveedor. Dicha cuenta debía cancelarse en 30 días.
3. Las ventas fueron $86,000: $25,000 al contado y $61,000 a crédito.
4. El costo del inventario fue $37,000.
5. Recaudo o colección de cuentas por cobrar, $15,000.
6. Pago a proveedores, $18,000.
7. El primero de abril se adquirió equipo de almacén por $36,000. Se espera una vida útil de 36 meses. USCAN hizo un pago en efectivo de $12,000 y firmó una letra por pagar de $24,000.

*(Se le agradece al Dr. Fitz Beazley, Ex-Director de la Facultad de Contabilidad, University of South Carolina, por el ejemplo y la explicación del caso de USCAN, S.A.)

8. El primero de abril, USCAN firmó un acuerdo de arrendamiento. Este convenio exigía un pago mensual de $2,000 pagaderos por anticipado cada tres meses. Por esta razón, USCAN pagó $6,000 al contado a principios de abril.
9. El acuerdo de arrendamiento requiere un pago adicional igual al 10% de las ventas. Este pago debe hacerse el último día de cada mes. USCAN hizo el pago a tiempo el 30 de abril.
10. Los sueldos y salarios de los empleados pagados al contado sumaron $35,000.
11. Se asentó el gasto de depreciación para el mes de abril de $1,000 ($36,000/36).
12. Se asentó el gasto de arrendamiento para el mes de abril, $2,000.

Tabla 4-1
Análisis de transacciones

| USCAN, S.A. | Mes de abril de 2005 | | | | | = PASIVO | | + PATRIMONIO | |
| | ACTIVO | | | | | | | | |
Descripción	Caja	CXC	INV.	PXA	E	CXP	LXP	CP	GR
1. Emisión de acciones	+120							+120	
2. Compra de inventario	−45		+70			+25			
3. Ventas	+25	+61							+86
4. Costo de ventas			−37						−37
5. Cobros	+15	−15							
6. Pagos a proveedores	−18					−18			
7. Adquisición de equipo	−12				+36		+24		
8. Pagos por anticipación	−6			+6					
9. Gasto de arrendamiento	−8.6								−8.6
10. Salarios	−35								−35
11. Depreciación					−1				−1
12. Gasto de arrendamiento				−2					−2
Saldo, 30 de abril	**+35.4**	**+46**	**+33**	**+4**	**+35**	**+7**	**+24**	**+120**	**+2.4**

Clave para las abreviaturas usadas en la Tabla 4-1

Caja = efectivo
CXC = cuentas por cobrar
INV. = inventario
PXA = pagos por anticipación
E = equipo
CXP = cuentas por pagar
LXP = letras por pagar
CP = capital pagado
GR = ganancias retenidas

Tabla 4-2
Balance general

Compañía USCAN, S.A. 30 de abril de 2005	
ACTIVOS	
Efectivo	$ 35,400
Cuentas por cobrar	46,000
Inventario	33,000
Arriendo pagado por anticipación	4,000
Equipo del almacén (neto)	35,000
Total de activos	**$153,400**
PASIVOS Y PATRIMONIO	
Pasivos	
Cuentas por pagar	7,000
Letras por pagar	24,000
Total de pasivos	31,000
Patrimonio	
Capital pagado	120,000
Ganancias retenidas	2,400
Total de patrimonio	122,400
Total de pasivos y patrimonio	**$153,400**

Tabla 4-3
Estado de ganancias y pérdidas

Compañía USCAN, S.A. Para el mes de abril de 2005		
Ventas		$86,000
Gastos		
Costo de ventas	$37,000	
Salarios	35,000	
Arriendo	10,600	
Depreciación	1,000	83,600
Utilidad neta		$ 2,400

4-2 Actividades

1. **¿Qué sabe Ud. de negocios?** Vuelva a las *Preguntas de orientación* que se hicieron al principio del capítulo y a la pregunta que acompaña la foto y contéstelas en oraciones completas en español.

Tabla 4-4

Estado de flujo de caja (efectivo)

Compañía USCAN, S.A. *Para el mes de abril de 2005*	
Flujo de efectivo para actividades de operaciones comerciales:	
Ventas al contado	$25,000
Cobros de los clientes	15,000
Pagos a los proveedores	(63,000)
Pagos para los gastos	(49,600)
Total	(72,600)
Flujo de efectivo para actividades de inversión:	
Adquisición de equipo	(12,000)
Flujo de efectivo para actividades financieras:	
Emisión de acciones	120,000
Cambio en efectivo	$35,400

2. **¿Qué recuerda Ud.?** Indique si las siguientes oraciones son *verdaderas* o *falsas* y explique por qué.
   a. El banco es el girador de un cheque y la persona que lo cobra es el librado.
   b. Cualquier persona puede cobrar un cheque nominativo.
   c. La contabilidad sirve para registrar y clasificar las actividades comerciales de una empresa.
   d. El debe y el haber son asientos que se hacen en los libros contables, de derecha a izquierda, respectivamente.
   e. El balance general, el estado de ganancias y pérdidas y el estado de flujo de caja se preparan sólo al final de cada ejercicio anual.
   f. La ecuación fundamental de la contabilidad se puede expresar como:

$$\text{pasivos} = \text{activos} - \text{patrimonio}$$

3. **Exploración.** Haga los siguientes ejercicios, usando sus conocimientos y opiniones personales.
   a. ¿Qué cuenta/s bancaria/s tiene Ud.? ¿Para qué la/s usa?
   b. ¿Qué cheques ha girado Ud.? ¿Por qué? ¿Cuándo y con qué frecuencia?
   c. ¿Ha pedido Ud. prestado o ha prestado dinero alguna vez? ¿A quién? ¿Por qué? ¿Bajo qué condiciones?
   d. Si Ud. tuviera que analizar un negocio, ¿qué libros y estados contables necesitaría? ¿Por qué?
   e. ¿Cómo se relacionan los dichos y proverbios que aparecen al principio del capítulo con los temas tratados?

4-3 Al teléfono

TRACKS 7 y 8

1. Lea las siguientes preguntas. Después, escuche atentamente la conversación telefónica del Capítulo 4 en el CD y conteste las preguntas. Puesto que la comprensión auditiva es una destreza comunicativa sumamente importante, se recomienda escuchar el CD varias veces.

   a. ¿Por qué llama Tom Cash a Justo Librado?

   b. ¿Por qué no ha solventado el Sr. Librado la cuenta que tiene pendiente con Agromec?

   c. ¿Qué le propone el Sr. Librado al Sr. Cash? ¿Ofrece alguna garantía?

   d. ¿Qué pueden hacer los Sres. Cash y Librado para solucionar el problema de la cuenta morosa?

2. Basando sus comentarios en la conversación telefónica del ejercicio anterior, haga una de las siguientes llamadas telefónicas a otro/a estudiante de la clase. Cada persona deberá participar activamente en la conversación. Si necesita ayuda con esta actividad, véase el Apéndice 1, *Protocolo telefónico*, página 455.

   Ud. es Justo Librado, gerente guatemalteco de compras para Amerind, y decide llamar a un funcionario del Banco Honesto para solicitar un préstamo a corto plazo para pagar sus deudas. Explique su situación morosa al funcionario de Agromec y defienda su pedido.

3. Haga la siguiente llamada telefónica a otro/a estudiante de la clase. Cada persona deberá participar activamente en la conversación. Si necesita ayuda con esta actividad, véase el Apéndice 1, *Protocolo telefónico*, página 455.

   La compañía estadounidense, para cuya sucursal guatemalteca Ud. va a trabajar por nueve meses, le va a pagar en quetzales. Durante su residencia en Centroamérica, Ud. quiere ahorrar dinero en un banco, pero no sabe qué sería más rentable: una cuenta de ahorros o un depósito a plazo fijo. Llame al banco y pida a la persona apropiada que le explique los beneficios de ambos tipos de ahorros. Pregúntele también sobre los trámites que hay que hacer para abrir una cuenta.

4-4 Navegando el internet

Para hacer este ejercicio del presente capítulo, visite la página web del libro http://exito.heinle.com.

4-5 Ejercicios de vocabulario

Si le es necesario, consulte la *Lectura comercial* o la lista de vocabulario que aparece al final del capítulo para completar estos ejercicios.

1. **¡A ver si me acuerdo!** El banco comercial estadounidense donde trabaja usted tiene muchos clientes jubilados en Honduras y Guatemala. El alto mando de su banco ha decidido que le hacen falta sucursales en estos países y le ha encargado a Ud. que se reúna con los directores de los bancos hondureños y guatemaltecos. Sin embargo, a Ud. se le olvidan los siguientes términos en español. Un/a compañero/a lo/la ayuda a recordarlos al pedirle a usted que se los traduzca.

   a. *accounting*   d. *statement of account*   g. *balance sheet*
   b. *double-sided entry* e. *time deposit*   h. *borrow*
   c. *cash flow*   f. *check*   i. *loan*

2. **¿Qué significan?** A usted le interesan las carreras de banca y contabilidad y quiere trabajar para un banco o una empresa hispanoparlante. Sin embargo, no sabe lo que significan ciertos términos que se usan frecuentemente en estos campos. Decide consultarlos con un/a amigo/a. Pídale a un/a compañero/a de clase que le explique los siguientes términos y que le dé algunos sinónimos si puede.

   a. cuentacorrentista   d. en descubierto   g. asiento
   b. ejercicio   e. contaduría   h. tenedor
   c. patrimonio   f. girado

3. **Entrevista profesional.** En un banco de habla española en Los Ángeles, Ud. se ha presentado como candidato para el puesto de asesor/a financiero/a, lo cual requiere ciertos conocimientos bancarios y contables. El/La director/a del departamento de contabilidad lo/la va a entrevistar y es posible que le haga las siguientes preguntas. Haga la entrevista con otro/a compañero/a de clase. No olviden el protocolo ni las cortesías.

   a. ¿Qué funciones bancarias conoce usted? ¿Cuáles son algunos servicios bancarios que ha usado usted?
   b. ¿Cuáles son los pasos para conceder una línea de crédito o un préstamo?
   c. ¿Qué conocimientos o experiencias contables tiene Ud. que le puedan ser útiles a nuestra empresa?
   d. ¿Qué cualidades personales y profesionales tiene Ud. que nos ayuden a atender mejor a nuestra clientela?

4. **Traducciones.** Al banco donde trabaja usted le interesa comunicar a sus clientes hispanos, tanto del extranjero como de los Estados Unidos, información y consejos sobre los servicios que presta y la banca en general. Le piden que traduzca las siguientes oraciones que informan sobre el tema.

   a. *Deposit sufficient money into the checking account to cover the full amount of the check drawn.*
   b. *Fill out all the information required by the check: the date, the amount in words and numbers, the name of the bearer and the drawer.*
   c. *To cash a check at a bank or other place of business, the bearer must endorse it.*
   d. *The bearer can also use the check to pay a third person who must endorse it again to receive the full amount.*
   e. *Banking services include checking and savings accounts, deposits and withdrawals of funds, loans, payment of bills, and investment opportunities.*

Una vista panorámica de Guatemala

Nombre oficial:	República de Guatemala
Gentilicio:	guatemalteco/a
Capital y población:	Ciudad de Guatemala: 2,655,000
Sistema de gobierno:	República democrática constitucional
Jefe de Estado/Jefe de Gobierno:	Presidente Óscar Berger Perdomo
Fiesta nacional:	15 de septiembre, Día de la Independencia (1821: de España)

Guatemala

Geografía y clima

Área nacional en millas²/ kilómetros²	Tamaño (comparado con EUA)	División administrativa	Otras ciudades principales	Puertos principales	Clima	Tierra cultivable
42,000 m²/ 108,780 km²	Casi tan grande como Tenesí	22 departamentos	Mixco, Villa-nueva, Quet-zaltenango, Escuintla, Totonicapán	Puerto Ba-rrios, San José	Tropical y cálido en las tierras bajas, templado en la altiplanicie	12%

Demografía

Año y población en millones			% urbana	Distribución etaria		% de analfa-betismo	Grupos étnicos
2005	2015	2025		<15 años	65+		
15	19	23	39%	42%	4%	39%	56% mestizo, (llamado «ladino» en el país), 44% amerindio

Economía y comercio

Moneda nacional	Tasa de inflación 2001	N° de trabajadores (en millones) y tasa de desempleo	PIB 2001 en millones $EUA	PIB per cápita $EUA	Distribución de PIB y de trabajadores por sector*			2002 Exporta-ciones en millones $EUA	2002 Importa-ciones en millones $EUA
					A	I	S		
El quetzal	7.6%	3.7/7.5%	$48,300	$3,700	23% 50%	20% 15%	57% 34%	$2,700	$5,600

*Para distribución del PIB de los trabajadores (mano de obra): A = agricultura, I = industria, S = servicios (y gobierno)

Recursos naturales: Petróleo, níquel, maderas poco comunes, pesca, chicle.

Industrias: Azúcar, textiles y ropa, muebles, productos químicos, petróleo, metales, caucho (goma), turismo.

Comercio

Productos de exportación: Café, azúcar, carne, bananos y frutas, cardamomo, vegetales, petróleo.

   Mercados: 57% EUA, 8.7% El Salvador, 3.7% Costa Rica, 2.8% Nicaragua, 2.6% Alemania, 25.2% otros países.

Productos de importación: Combustibles, lubricantes, productos de petróleo, maquinaria industrial, ve-hículos de motor, hierro, acero, abono, electricidad.

   Proveedores: 35.2% EUA, 12.6% México, 7.9% Corea del Sur, 6.4% El Salvador, 3.9% Venezuela, 34% otros países.

Horario general de comercio: De lunes a viernes, desde las ocho de la mañana hasta las seis de la tarde. El almuerzo se come normalmente entre el mediodía y las dos de la tarde.

Transporte y comunicaciones					
Kilómetros de carreteras y % pavimentadas	*Kilómetros de vías férreas*	*Nº de aeropuertos con pista de aterrizaje pavimentada*	*Nº de líneas telefónicas*	*Radios por mil personas*	*Televisores por mil personas*
14,118/34.5%	886	11	756,000	79	61
Idioma y cultura					
Idiomas	*Religión*	*Comidas y bebidas típicas/Modales*			
Español (oficial), 21 lenguas mayas (akateko, kíiché, kakchikel, kekchi, etc.), zinka y garífuna	Principalmente católico; protestante, maya tradicional	Tortillas de maíz, frijoles, arroz, tamales, plátanos fritos, carne, pollo, cerdo, café. Al terminar de comer, se suele decir «Muchas gracias» a lo cual se responde «Buen provecho».			

Horario normal del almuerzo y de la cena: Sobre la una de la tarde para el almuerzo; entre las siete y las ocho para la cena.

Gestos: Al darse la mano en forma de saludo, el apretón es bastante más flojo que en otros países hispanos. Para señalar en una dirección, se frunce la boca hacia lo que se desea indicar. Para indicar sorpresa, asombro o apuro, se agita la mano de manera vigorosa, lo cual resulta en un chasquido de los dedos. Para llamarle la atención a alguien, se puede hacer un sonido de «tssst, tssst». Para decir adiós, la mano (con la palma hacia el cuerpo de uno) parece como si estuviera abanicándose. Para que se detenga un autobús o taxi, extender la mano hacia afuera con la palma hacia el suelo. Son obscenos los gestos de «*A-Okay*» y el higo (un puño con el dedo pulgar colocado entre el dedo índice y el dedo corazón), y ambos equivalen a «*to give the finger*».

Cortesía: Cuando se visita la casa de alguien para comer o cenar, traer para los anfitriones un regalito como flores (¡pero no blancas porque se asocian con la muerte!), chocolates o algo para la casa. Al estar de visita en casa de alguien, es descortés rehusar la oferta de un café, té o refresco con una meriendita. Al marcharse de la casa de alguien, se le agradece su hospitalidad y es común invitarlo a su vez a pasar por la casa de usted.

LA ACTUALIDAD ECONÓMICA GUATEMALTECA

Guatemala, poblada mayormente por ladinos (56%) e indígenas (44%), es un país montañoso con un clima tropical y cálido en las tierras bajas y templado en la altiplanicie. Socioeconómicamente, depende muchísimo de la agricultura, la cual constituye casi un cuarto del PIB y emplea la mitad de la mano de obra guatemalteca. También, proporciona casi el 60% de la exportación nacional, destinada mayormente a EUA y a otros países centroamericanos. El hecho de que Guatemala es uno de los países más pobres del hemisferio se debe en gran parte a una larga historia de enormes divisiones políticas, étnicas, sociales y económicas. Después de la segunda Guerra Mundial, Juan José Arévalo (1944–1951) y Jacobo Arbenz (1951–1954) iniciaron reformas sociales, las cuales intentaban redistribuir las tierras de los terratenientes y las empresas internacionales, y un sistema de seguro social. Cuando Arbenz nacionalizó las plantaciones bananeras de la United Fruit Company, fue derrocado por un golpe de estado apoyado por EUA, lo cual puso fin a las reformas agrarias. Luego, las tensiones civiles siguieron y, a pesar de las elecciones presidenciales y la reinstitución de un gobierno civil en los años sesenta, se reabrió otra época de control militar en 1970 cuando el nuevo presidente, Carlos Arena, inició ataques contra los grupos izquierdistas en el campo.

En 1992 la activista Rigoberta Menchú, luchadora por los derechos civiles de los indígenas, las mujeres y los obreros marginados, ganó el Premio Nobel de la Paz, despertando la conciencia mundial frente a la violencia y la explotación guatemaltecas. Al firmarse los Convenios de Paz en 1996, la guerra civil había durado casi 35 años. Los convenios pusieron en vigor la pena de muerte y la cesación de la violación grave de los derechos humanos. Como consecuencia, la economía guatemalteca se empezó a regenerar, especialmente en las industrias de turismo y de telecomunicaciones. Con la inversión extranjera se han construido nuevos hoteles, lugares de recreo y restaurantes, tanto en la costa como en las grandes ciudades, y se ha aumentado la compra de terrenos para construir nuevos centros mercantiles. La privatización y formación de nuevas empresas, por otra parte, han modernizado el sistema de telecomunicaciones. Hoy día algunas compañías telefónicas como GUATEL, privatizada en 1998, prestan a las grandes empresas nuevos servicios como la identificación de llamadas, correo de voz (o correo auditivo), hotline, llamada en espera, seguimiento de llamadas, servicios de despertador, redes privadas de comunicaciones, redes virtuales dentro de la misma red y servicios con tarjetas prepagadas. Además, el gobierno ha liberalizado su política económica para fomentar la inversión directa de capital extranjero, a la vez que ha tomado medidas para saldar la deuda internacional, reformar el sistema impositivo y bancario, y controlar la inflación, el valor y el cambio del quetzal.

Entre 1997 y 1998, Guatemala experimentó una serie de contratiempos tanto políticos y económicos como naturales, y el país casi se hundió en una serie de intentos de golpe de estado. Aunque no triunfaron, se inauguró una política de represión violenta que persiste hasta hoy, en especial contra los indígenas y los que apoyan la reforma agraria. En cambio, los altos gastos y la corrupción estatales, así como el resultante endeudamiento del país, lo encaminaron hacia una recesión que restringió severamente su desarrollo económico y que, con la destrucción causada por el huracán Mitch, llevó el país a una crisis a finales de los noventa. El desafío nacional es continuar con los pasos económicos positivos y el progreso logrado en algunos sectores durante la década de los noventa, mientras se buscan soluciones a graves problemas internos como la pobreza, la distribución equitativa de terrenos (reforma agraria), la persistente corrupción política y el analfabetismo. Un tratado de libre comercio entre los Estados Unidos y los países centroamericanos puede mejorar la situación actual guatemalteca.

Una vista panorámica de Honduras

Nombre oficial:	República de Honduras
Gentilicio:	hondureño/a
Capital y población:	Tegucigalpa: 1,248,300
Sistema de gobierno:	República democrática constitucional
Jefe de Estado/Jefe de Gobierno:	Presidente Ricardo Maduro
Fiesta nacional:	15 de septiembre, Día de la Independencia (1821: de España)

Honduras

Geografía y clima

Área nacional en millas²/ kilómetros²	*Tamaño (comparado con EUA)*	*División administrativa*	*Otras ciudades principales*	*Puertos principales*	*Clima*	*Tierra cultivable*
43,278 m²/ 112,100 km²	Un poco más grande que Tenesí	Un distrito capital y 18 departamentos	San Pedro Sula, La Ceiba	Puerto Cortés, La Ceiba	Tropical y cálido en la costa, subtropical en las tierras bajas, templado en la altiplanicie y las montañas	15%

Demografía

Año y población en millones				*Distribución etaria*		*% de analfabetismo*	
2005	*2015*	*2025*	*% urbana*	*<15 años*	*65+*		*Grupos étnicos*
7	8.3	9.5	46%	41.8%	3.6%	23.8%	90% mestizo, 7% amerindio, 2% africano, 1% blanco europeo

Economía y comercio

Moneda nacional	*Tasa de inflación 2003*	*N° de trabajadores (en millones) y tasa de desempleo*	*PIB 2003 en millones $EUA*	*PIB per cápita $EUA*	*Distribución de PIB y de trabajadores por sector**			*2001 Exportaciones en millones $EUA*	*2001 Importaciones en millones $EUA*
					A	*I*	*S*		
El lempira	9.7%	2.3/28%	$17,550	$2,600	14% 34%	32% 21%	54% 45%	$2,000	$2,700

*Para distribución del PIB de los trabajadores (mano de obra): A = agricultura, I = industria, S = servicios (y gobierno)

Recursos naturales: Madera, oro, plata, cobre, plomo, cinc, hierro, antimonio, carbón, pesca.

Industrias: Azúcar, café, textiles y ropa, productos de madera, cemento, cigarros, productos alimenticios.

Comercio

Productos de exportación: Café, bananos y frutas cítricas, camarón y langosta, minerales, textiles, carne, madera, azúcar, plomo, cinc.

Mercados: 39.9% EUA, 9.2% El Salvador, 7.9% Alemania, 5.8% Bélgica, 3% España, 34.2% otros países.

Productos de importación: Petróleo y combustibles, maquinaria y equipo de transporte, bienes manufacturados, productos químicos, productos alimenticios.

Proveedores: 43% EUA, 5% Guatemala, 5% Japón, 4% Alemania, 3% México, 3% El Salvador, 37% otros países.

Horario general de comercio: De lunes a viernes, desde las ocho de la mañana hasta el mediodía y luego desde la una hasta las cinco de la tarde. Los sábados, desde las ocho hasta el mediodía o hasta las dos de la tarde.

Transporte y comunicaciones

Kilómetros de carreteras y % pavimentadas	Kilómetros de vías férreas	Nº de aeropuertos con pista de aterrizaje pavimentada	Nº de líneas telefónicas	Radios por mil personas	Televisores por mil personas
13,603/20.4%	370	12	322,500	410	95

Idioma y cultura

Idiomas	Religión	Comidas y bebidas típicas/Modales
Español (oficial), varios idiomas indígenas (miskito, towaka, etc.) y garífuna	97% católico romano, 3% protestante	Tortillas de maíz, frijoles, arroz, nacatamales, tapado, mondongo, topogios o charamuscas, pizza, bananos, piña, mango, coco, melón y otras frutas, café. No apresurarse durante la comida. Mantener las manos (no los codos) encima de la mesa al comer.

Horario normal del almuerzo y de la cena: Sobre la una de la tarde para el almuerzo; entre las seis y las ocho para la cena.

Gestos: Al darse la mano en forma de saludo, el apretón es bastante más flojo que en otros países hispanos. Para señalar en una dirección, se frunce la boca hacia lo que se desea indicar. Para indicar sorpresa, asombro o apuro, se agita la mano de manera vigorosa lo cual resulta en un chasquido de los dedos. Para decir adiós, la mano parece como si estuviera abanicándose. Apretar juntas las manos indica entusiasmo y aprobación. Tocarse bajo el ojo con el dedo índice es señal de ¡ojo!, tener cuidado. Para indicar que alguien es tacaño, colocar la mano, con la palma boca arriba, bajo el otro codo. Es obsceno el gesto del higo (un puño con el dedo pulgar colocado entre el dedo índice y el dedo corazón), que equivale a «to give the finger».

Cortesía: Hacer un saludo general a todos al entrar en una habitación pero si se trata de una reunión bastante pequeña, saludar individualmente a cada persona al llegar y despedirse de cada una al marcharse. Cuando se visita la casa de alguien para comer o cenar, traer para los anfitriones un detalle como flores (¡pero no blancas porque se asocian con la muerte!), chocolates o algo para la casa. Durante una visita a la casa de alguien, es descortés rehusar los refrescos ofrecidos por un anfitrión.

LA ACTUALIDAD ECONÓMICA HONDUREÑA

Honduras, lo mismo que Guatemala, es un país montañoso con un clima variado y templado en el interior, y tropical y cálido en las costas. Económicamente, depende de la agricultura, tal como ocurre en otros países centroamericanos. Desde los años setenta, la fuerza laboral ha sido una de las más grandes y de más rápido crecimiento de Centroamérica. Se cultivan principalmente el banano y el café. En los años ochenta, etapa de gran inseguridad política y económica en América Central, los EUA establecieron campamentos de entrenamiento en Honduras para los «Contras» nicaragüenses y para salvadoreños involucrados en actividades antisandinistas. En 1984, Honduras empezó a participar en la Iniciativa de la Cuenca del Caribe, un organismo creado para modernizar los países más subdesarrollados de la región. Gracias a los proyectos de investigación y desarrollo subvencionados por esta iniciativa, Honduras pudo aumentar la exportación de algunos productos secundarios —madera, frutas cítricas, frijoles y maíz— principalmente a EUA.

Sin embargo, ni el comercio ni la industria han experimentado un desarrollo comparable al de la agricultura. Honduras sigue exportando comestibles e importando materias primas y productos terminados. En realidad, a partir de los años ochenta, ha experimentado frecuentes períodos de descenso en todos los sectores económicos y es uno de los países menos desarrollados de Centroamérica. Esta situación se debe a varios factores, pero en especial a la falta de capital, a la inestabilidad política y a una población cuyo índice de crecimiento es el más alto de América (2.9%).

En los años noventa, Honduras empezó a enfrentarse con los problemas económicos que habían plagado el país por años. Redujo el déficit presupuestario y puso en vigor reformas que reestructuraban los sectores financieros, en especial la bolsa y la banca. Se atrajeron a más inversionistas y se lograron avances tecnológicos en el sistema bancario para automatizarlo. Por falta de capital y debido a los altibajos en los ingresos del cultivo del banano, entre otras cosas, ha habido poco mejoramiento. En verdad, a diferencia de los otros países hispanoamericanos, Honduras apenas ha emprendido una política de privatización de sus sectores económicos más importantes como el de telecomunicaciones, y la mayoría de las empresas sigue en manos del estado. Además, después del huracán Mitch en 1998, quedó destruida casi la mitad de la infraestructura socioeconómica del país y fue eliminada casi la mitad de la producción bananera. Este desastre natural dejó a miles de personas sin medios de subsistencia, y todavía no se sabe cuándo seguirá el gobierno la política de reforma que tanto le hace falta al país. En la actualidad, Honduras, el país más dañado por Mitch, está tratando de regenerarse, pero el proceso es lento. Por ejemplo, en 2001 la renta nacional producida por el café bajó a 161 millones de dólares de los 340 millones de dólares en 2000, debido a la caída de los precios mundiales, al frío anormal y a las fuertes lluvias que redujeron la producción.

Por otra parte, Honduras ha recibido ayuda financiera externa, principalmente de EUA, y es el único país centroamericano que no ha devaluado su moneda nacional. Políticamente, ha elegido libremente a Roberto Suazo (1981), José Azcona

Huyo (1985), Rafael Leonardo Callejas (1989), Carlos Roberto Reina (1993), Carlos Flores Facussé (1997) y Ricardo Maduro (2001), en contraste con casi 20 años de control militar desde 1963 hasta 1981. Además, muchos trabajadores hondureños envían remesas ($700 millones en 2002) a sus familias de sus trabajos en otros países, especialmente desde EUA. Desgraciadamente, la desigualdad económica, la desnutrición, la falta de vivienda adecuada y las enfermedades infantiles siguen azotando la sociedad hondureña.

4-6 Actividades

¿Qué sabe Ud. de Guatemala y de Honduras?

1. A usted lo/la han contratado/a como asesor/a transcultural de negocios internacionales. Como tal, necesita informar a sus clientes sobre Guatemala y Honduras y recomendar un plan de viaje de negocios a cada país. Investigue sobre los datos pertinentes para poder abarcar los temas a continuación.

   a. Describa usted la geografía de Guatemala y de Honduras, incluyendo los siguientes temas: ubicación y tamaño de ambos países, capital y otras ciudades y puertos importantes, división administrativa y clima. Compare el tamaño de Guatemala con el de EUA y con el tamaño del estado donde Ud. vive. Compare el tamaño de Honduras con el de EUA y con el del estado donde Ud. vive.

   b. ¿Cuáles son las principales características demográficas y políticas de Guatemala y Honduras? ¿Quién es el jefe de estado de cada país?

   c. ¿Cuándo se celebra la fiesta nacional de cada país? En qué otras fechas hay fiestas públicas que también podrían afectar el éxito de un viaje de negocios? (Véase la Tabla 10-1, página 303.)

   d. Describa la economía de cada país. Incluya datos sobre la moneda nacional, la tasa de inflación, el PIB y el PIB per cápita, el número de trabajadores (la mano de obra), la tasa de desempleo, los recursos naturales, las industrias nacionales, los productos que se exportan e importan, los países destinos (mercados) y proveedores (fuentes) de estas transacciones internacionales y la balanza de comercio. ¿A cuánto se cotiza cada moneda nacional respecto al dólar EUA?

   e. ¿Cuál sería un producto o servicio que usted recomendaría vender en Guatemala y en Honduras? ¿Por qué?

   f. Compare la infraestructura de transportes y de comunicaciones en cada país.

   g. ¿Cómo han cambiado algunos de los datos presentados en las secciones de *Vista panorámica* y *Actualidad económica* de este texto? Póngalos al día para cada país.

   h. ¿Quién es Rigoberta Menchú? ¿Es controvertido su testimonio? (Busque más información en internet.)

   i. ¿Qué impacto tuvo el huracán Mitch en Guatemala y en Honduras? Busque información en la internet. ¿Ha habido problemas con otros desastres naturales en estos dos países?

   j. Basándose en la *Actualidad económica* de cada país, ¿qué realidades, oportunidades y problemas destacaría y qué recomendaciones le daría al/a la cliente/a?

2. Usando el internet u otras fuentes informativas, prepare un plan (con presupuesto e itinerario) para sus clientes, quienes harán un viaje de negocios a las capitales de Guatemala y Honduras. Busque las verdaderas posibilidades en la internet, por medio de una llamada telefónica, en una agencia de viajes o en el aeropuerto mismo. Comuníquese en español, si es posible.
   a. Fechas de ida y vuelta
   b. Vuelos: Aeropuertos de despegue y aterrizaje, líneas aéreas, horario; costos
   c. Transporte interno que se piensa usar en cada país: taxi, autobús, carro de alquiler, metro, tren, otro; costos
   d. Alojamiento y viáticos; costos
   e. La comida típica que van a pedir para la cena la primera noche en cada país
   f. Las formas de cortesía y los gestos que deben recordar, usar o evitar

LECTURA CULTURAL

Banca, oportunidad, estabilidad, desarrollo y acceso

Muchísimas personas han podido realizar sus sueños gracias a la banca. La asistencia proporcionada por este sistema crediticio ha facilitado la creación de nuevas empresas, la operación y el mejoramiento de fábricas, la compra de casas y carros, la educación y hasta los medios para tomarse unas bien merecidas vacaciones. La banca nos ha ofrecido nuevas tecnologías de compraventa, como el cajero automático (*ATM*) y la tarjeta de débito, y el rápido desarrollo de la banca electrónica (la banca en línea o la banca por la internet) que se va extendiendo por todas partes, reafirmando el concepto de la economía global al instante. La banca ha servido para proteger y aumentar los ingresos y los ahorros y para crear fortunas. Para muchos, los bancos de diversa índole y otras instituciones crediticias relacionadas han representado la oportunidad de mejorar su condición de vida y la de sus hijos.

Ya se ha visto el tema del banco comercial; a continuación se hablará de otros dos tipos de bancos: los **centrales** (o nacionales) y los de **desarrollo** (o fomento). Los bancos centrales tienen un importante papel en el sistema bancario nacional de cada país. El banco central de los Estados Unidos es el *Federal Reserve Bank* (Banco de Reserva Federal), creado en 1913 para asegurar un sistema monetario y financiero más estable para el país. Hoy en día, el «Fed» dirige la política monetaria de la nación, supervisa la banca nacional, protege los derechos crediticios de los consumidores y mantiene la estabilidad del sistema financiero (www.federalreserve. gov). Los bancos centrales de los países hispanos tienen objetivos semejantes, con un énfasis especial en controlar el valor de la moneda nacional (contra tendencias inflacionarias) y supervisar la política cambiaria de divisas. El Banco de Guatemala, por ejemplo, debe «contribuir a la creación y mantenimiento de las condiciones más favorables al desarrollo ordenado de la economía nacional, para lo cual propiciará las condiciones monetarias, cambiarias y crediticias que promuevan la estabilidad en el nivel general de precios» (www.banguat.gob.gt). Al Banco Central de Chile se le ha encomendado «velar por la estabilidad de la moneda y el normal funcionamiento de los pagos internos y externos» y «la regulación de la cantidad de dinero y de crédito en circulación, la ejecución de operaciones de crédito y cambios internacionales, como, asimismo, la dictación de normas en materia monetaria, crediticia, financiera y de cambios internacionales» (www.bcentral.cl/esp/index.asp). Para el Banco Central de la República Argentina, su «misión primaria y fundamental es preservar el valor de la moneda». También figuran entre sus funciones el «vigilar el buen funcionamiento del mercado financiero... actuar como agente financiero del Gobierno Nacional, concentrar y administrar sus reservas de oro, divisas y otros activos externos... y ejecutar la política cambiaria» (www.bcra.gov.ar). Y el Banco de la República (Colombia) tiene «en forma exclusiva, la facultad de emitir la moneda legal colombiana... administrar las reservas internacionales del país y actuar como banquero del Gobierno» (www.banrep.gov.co). Los bancos centrales desempeñan un papel clave a nivel nacional, pero no exclusivo ya que hay otros bancos que también ayudan con el desarrollo nacional y regional.

Los bancos de desarrollo (o de fomento) multilateral y otras organizaciones financieras relacionadas (recuerde el caso del BCIE, presentado antes en el ejercicio *Para pensar* de la *Lectura comercial*) tienen propósitos diferentes a los de los bancos centrales. La misión de El Grupo del Banco Mundial (GBM), por ejemplo, «es combatir la pobreza para obtener resultados duraderos y ayudar a la gente a ayudarse a sí misma y al medio ambiente que la rodea, suministrando recursos, entregando conocimientos, creando capacidad y forjando asociaciones en los sectores público y privado». El Banco Interamericano de Desarrollo (BID) «contribuye al desarrollo socioeconómico de América Latina y el Caribe a través de sus operaciones de préstamo, liderazgo de iniciativas regionales, actividades de investigación y de difusión de conocimiento, institutos y programas». También busca «promover la equidad social y combatir la pobreza, modernizar el Estado y fomentar el libre comercio y la integración regional» (www.iadb.org). SELA, el Sistema Económico Latinoamericano, cuenta entre sus objetivos el de «promover un sistema de consulta y coordinación para concertar posiciones y estrategias comunes de América Latina y el Caribe, en materia económica, ante países, grupos de naciones, foros y organismos internacionales» e «impulsar la cooperación y la integración entre países de América Latina y el Caribe» (www.sela.org). La CEPAL, Comisión Económica para América Latina, fue creada por las Naciones Unidas «para contribuir al desarrollo económico de América Latina, coordinar las acciones encaminadas a su promoción y reforzar las relaciones económicas de los países entre sí y con las demás naciones del mundo» (www.cepal.org). Y, como último ejemplo, el CMCA (Consejo Monetario Centroamericano), «integrado por los Presidentes de los cinco Bancos Centrales Centroamericanos y el Gobernador del Banco Central de República Dominicana», tiene como «principal objetivo promover y ejecutar las acciones necesarias para realizar gradual y progresivamente la integración monetaria y financiera centroamericana y contribuir al proceso de integración económica regional» (www.secmca.org).

En fin, los diferentes tipos de bancos tienen distintos papeles. En breve, el banco comercial funciona a nivel microeconómico para ayudar a los individuos y a las empresas con préstamos, cuentas corrientes y de ahorros, etc.; el banco central o nacional se encarga a nivel macroeconómico y macrobancario de la banca nacional, la estabilidad de la moneda nacional y la política cambiaria; y el banco de desarrollo, también a nivel macroeconómico, se dedica a reducir la pobreza en un país o en una región, a la integración económica y monetaria regional y al desarrollo socioeconómico nacional o regional. Este último es muy importante para los países hispanoamericanos en vías de desarrollo. La verdad es que el banco comercial ha sido mucho más asequible para los que viven en un país desarrollado como EUA, donde la riqueza nacional está repartida entre más personas. Para lograr el acceso a la banca comercial, primero hace falta reducir la pobreza la cual, como se ve en la Figura 4-1, es un problema grave y persistente en muchos países hispanos (datos del *CIA World Factbook 2003*, www.cia.gov).

Los menos afortunados —los pobres, las mujeres, los indígenas, los de ascendencia africana y otros discriminados— no han tenido acceso a la banca comercial, la cual ha servido mayormente los intereses de las clases alta y media. Y a causa de la corrupción endémica en muchos países hispanos, tampoco se ha tenido mucha confianza en las instituciones bancarias y oficiales. Por eso, ha llegado a tener gran importancia el concepto del desarrollo sostenible, definido en 1987 por la Comisión de Brundtland como «aquél que satisface las necesidades del presente sin comprometer que las generaciones futuras satisfagan sus propias necesidades». Se trata de un desarrollo económico, ambiental y social auténtico y duradero. La banca en general, al concentrarse más en la reducción de la pobreza y en el desarrollo sustentable, puede ayudar a muchos más hispanoamericanos con el progreso socioeconómico.

Figura 4-1   % de población nacional que vive en pobreza.

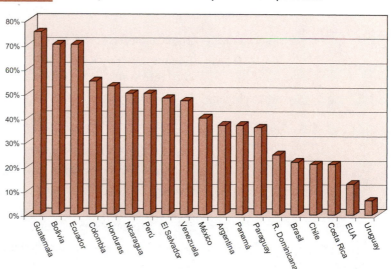

4-7 Actividades

1. **¿Qué sabe Ud. de la cultura?** Demuéstrelo contestando las preguntas a continuación.
   a. ¿En qué se diferencian los objetivos de un banco comercial, un banco central y un banco de desarrollo?
   b. ¿Cómo se llama el banco central de EUA y cuáles son sus responsabilidades principales?
   c. ¿Cuál es el objetivo principal de muchos de los bancos centrales de Hispanoamérica? ¿Por qué piensa Ud. que es así?
   d. ¿Qué son el GBM, el BID, el SELA, la CEPAL y el CMCA? ¿Por qué existen?
   e. ¿Quién se puede servir de la banca en Hispanoamérica y quién no? ¿Hay un acceso general? Explique.
   f. Use la Figura 4-1 (página 111) para analizar la pobreza en Latinoamérica. ¿Cuáles son los países hispanos con más de 50% de su población por debajo de la línea de la pobreza? ¿Con 20% o menos? ¿Piensa que la pobreza sea un problema limitado sólo a Latinoamérica? Comente con ejemplos.
   g. Si fuera Ud. banquero/a, ¿incluiría el «desarrollo sostenible» como una condición de un préstamo o una inversión? ¿Por qué piensa que es importante este concepto para el futuro de Hispanoamérica y del mundo?

2. **Mini-drama cultural.** Dramatice lo siguiente y conteste las preguntas. Roberta O'Neil, estudiante de idiomas y comercio en una universidad estadounidense, está haciendo su práctica profesional con Petroleras Guatemaltecas en Puerto Barrios, cerca del golfo de Honduras en el noroeste del país. Después de una semana en esta ciudad, decide abrir una cuenta corriente y otra de ahorros para llevar a cabo varias transacciones personales y comerciales. Va al Banco Comercial y al ver lo moderno del interior del banco, piensa que las costumbres bancarias guatemaltecas serán semejantes a las de Filadelfia, su ciudad natal. Pasa a la ventanilla de la primera cajera donde se entabla la siguiente conversación.

Primera Cajera	Buenos días, señorita. ¿En qué puedo servirle?
O'Neil	Buenos días. Soy Roberta O'Neil, y quisiera abrir una cuenta corriente y otra de ahorros.
Primera Cajera	Lo siento, señorita. Aquí se sirve sólo a quienes ya tienen cuentas. Pase, por favor, a la ventanilla cuatro. (Al decir esto, la cajera frunce la boca hacia la ventanilla cuatro.)
O'Neil	Gracias. (Se acerca a la ventanilla cuatro.)
Cajero	Buenos días. ¿En qué puedo servirle?
O'Neil	Buenos días. Quisiera abrir una cuenta corriente y otra de ahorros.
Cajero	Ud. es estadounidense, ¿verdad?
O'Neil	Sí. Soy Roberta O'Neil de Filadelfia.

Cajero	Bienvenida a Guatemala. Espero que le guste nuestro país. Es muy bonito. En cuanto a las cuentas que desea abrir, tiene que pasar a la ventanilla diez. (Frunce la boca hacia la ventanilla diez.)
O'Neil	(Un poco irritada) Gracias.
Cajera	Buenos días, señorita. ¿En qué puedo servirle?
O'Neil	Quisiera abrir una cuenta corriente y otra de ahorros, pero me parece que es muy difícil hacerlo.
Cajera	No, señorita, es fácil. ¿Tiene Ud. pasaporte y permiso para trabajar en Guatemala?
O'Neil	Sí, aquí los tengo.
Cajera	Gracias. Un momentito, por favor. (Se va y vuelve un rato después.)

(Mientras O'Neil espera, viene un señor guatemalteco y se pone delante de ella, entregándole a la cajera unos papeles. Además, saluda a la cajera y comienza a charlar con ella amistosamente. La cajera le sigue con interés el hilo de la conversación, preguntándole por la familia, el trabajo, etc.)

O'Neil	(Nerviosa) Perdone, señor, pero es mi turno, ¿no?
Guatemalteco	Ah, lo siento, señorita, pero pensaba que Ud. ya había terminado y que me tocaba a mí.
O'Neil	(Ya irritada) Bueno, todavía no he terminado.
Guatemalteco	Pues, Amalia (dirigiéndose a la cajera), lo siento, pero tengo que irme a casa. Me espera toda la familia. Adiós, favor de saludar a tu papá. Nos vemos esta noche en casa de Tito y Carmen.
O'Neil	(A la misma cajera) ¿Qué le pasa a ese señor? ¡Qué mal educado!
Cajera	¿Perdón, señorita? Un poco de paciencia, por favor. Aquí tiene Ud. los formularios para abrir las cuentas que desea. Llénelos y pase a la ventanilla catorce. (Frunce la boca hacia la ventanilla catorce.)
O'Neil	Gracias y adiós. (A sí misma) ¡Qué raros son los guatemaltecos! Parece que todos tienen un tic nervioso en la boca.

a. ¿Qué tiene que aprender todavía la señorita O'Neil? Defienda su selección.
   • Los guatemaltecos son muy agresivos y mal educados.
   • Los guatemaltecos no respetan a los extranjeros.
   • Los guatemaltecos tienen otras normas de conducta bancarias.
b. ¿Por qué piensa la señorita O'Neil que todos tienen un tic nervioso? En realidad, ¿qué significa este gesto de fruncir la boca? ¿Ocurre esto en los bancos de EUA? Comente.

SÍNTESIS COMERCIAL Y CULTURAL

4-8 **A**ctividades comunicativas

1. **Situaciones para dramatizar.** Lea las siguientes situaciones y después haga el papel en español con otro/s estudiante/s, usando una de las posibilidades siguientes como punto de partida. Cada persona deberá participar activamente en la dramatización. No olviden el protocolo ni las cortesías.

    a. *You are a representative of the Inter-American Development Bank* (Banco Interamericano de Desarrollo) *which was funded to help finance economic development projects in the Americas. The bank has loaned the Guatemalan government several million dollars in notes* (pagarés) *to build needed housing in Quetzaltenango, the second largest city in that country. You are in Guatemala City because the government has not paid the first note, which was due two months ago. You discuss the following with a representative of the Ministry of Finance.*

    • *Reasons for the non-payment*
    • *Possible solutions to the problem (partial payment, rescheduling the loans, etc.)*
    In your discussion you come to realize that each of you has different views on borrowing, lending, and repayment—yours more typically American (insistence on paying on time, etc.) and his/hers more typically Guatemalan (appealing somewhat to the lender's goodwill and understanding). Try to resolve the problem tactfully.

    b. *You are an auditor for a U.S. bank on assignment in Tegucigalpa to review the financial books and statements of its Honduran branch. After examining the necessary documents, you discuss the following with the branch's chief accountant.*

    • *The need for bank employees to adhere to the parent bank's policies and practices on making the appropriate entries clearly and keeping all journals and ledgers up-to-date*
    • *The practice of giving preferential treatment for various bank transactions, especially to close friends or relatives*
    During your conversation, you encounter resistance from the Honduran accountant, who defends some of the very customs that you are questioning. Try to come to a mutually satisfactory agreement on procedure.

2. **Comprensión y comunicación.** Para este ejercicio basado en el vídeo de *Éxito comercial*, favor de pasar al encarte central del texto, VídeoTexto 5.

3. **Actividad empresarial.** Usted y sus compañeros de clase trabajan para USCAN, S.A. Por ser especialistas en contabilidad y por saber español, se les ha asignado a Uds. explicar las transacciones hechas en las Tablas 4-1 hasta 4-4, indicando:
    • a qué estado contable pertenece cada una
    • por qué se realizaron y con qué resultados
    • cuál es el estado financiero de la empresa
    Repartan lo asignado de modo que todos colaboren. Luego, comenten sus análisis con sus compañeros/as de clase.

4. **Caso práctico.** Lea el caso y conteste las preguntas a continuación.

Eagle Fidelity es uno de los bancos comerciales más grandes de EUA. A fines del último año fiscal, ya tenía más de 50 mil millones de dólares en activos, y su estado financiero indicaba una tasa de crecimiento superior a la de los demás bancos de su clase. Debido a esta situación favorable, el alto mando de Eagle Fidelity decide extender sus operaciones y colocar parte de su capital en nuevas inversiones tanto dentro como fuera del país.

Para su expansión extranjera, el alto mando elige a Honduras, porque a pesar de su deuda internacional, este país todavía tiene una de las monedas regionales más estables y ofrece unas inversiones y ganancias muy lucrativas, especialmente en los alimentos. Eagle Fidelity manda a dos gerentes a Tegucigalpa —uno de marketing y otro de contabilidad— para investigar la posibilidad de invertir capital en Alimentos Calidad, S. de R.L., una compañía que elabora comidas preparadas. Según los informes económicos más recientes, esta empresa ha tenido un éxito fenomenal en Centroamérica.

Al llegar a la capital, los gerentes estadounidenses procuran ver a los dueños de Alimentos. Al principio, tienen mucha dificultad en pasar por la primera y segunda líneas de defensa: la recepcionista y la secretaria del director de finanzas. Dos días después, mediante una persona que tiene «enchufe» con Alimentos, logran ver a uno de sus dueños. Inmediatamente, tratan de hablar con él sobre la inversión que proponen hacer, pero el hondureño prefiere hablar primero de la visita de ellos a su país. Así pasan una media hora antes de tratar el tema de la reunión.

Entonces, el dueño, algo interesado en la propuesta estadounidense, se pone a hablar efusivamente de su compañía y de sus éxitos comerciales. Hace constar, en particular, ser el primero en la producción y ventas de alimentos preparados en todo el istmo y el tener una planta y oficinas muy modernas. Todo esto impresiona mucho a los dos gerentes estadounidenses. Al ver la reacción positiva de estos, el dueño se pone más entusiasmado y cordial. Cambia de actitud, sin embargo, cuando los estadounidenses piden ver el estado financiero de Alimentos. El dueño responde que esta información es privilegiada, pero que si ellos quisieran asegurarse de la solvencia de la compañía, podrían hablar con los acreedores de Alimentos, en especial con el Banco Cariblántico. Entretanto, los tres hombres conversan y se ponen de acuerdo provisionalmente sobre un préstamo de veinte millones de lempiras a una tasa de interés anual del 14%, pagadero a un plazo de cinco años. Poco después, se despiden.

Más tarde los contables estadounidenses confirman que, pese a algunos estados financieros menos completos que los que suelen hacerse en los EE.UU., Alimentos, salvo un breve período de dificultad financiera, ha sido y sigue siendo una compañía muy rentable. Los representantes de Eagle Fidelity deciden que pueden hacer una de las siguientes recomendaciones al alto mando en Miami.
- no emprender la inversión
- hacer una investigación más detallada de la empresa
- otorgar el préstamo discutido

Conteste las siguientes preguntas.

a. ¿Cuál es el estado financiero de Eagle Fidelity?

b. ¿Por qué quiere invertir su capital en Honduras? ¿En Alimentos Calidad, S. de R.L.?

c. ¿Qué inconvenientes encuentran los representantes de Eagle Fidelity en Tegucigalpa? ¿Los resuelven todos?

d. ¿Cuál de las recomendaciones señaladas le haría Ud. al alto mando de Eagle Fidelity? ¿Por qué?

4-9 Análisis y comparación

Estudie la siguiente tabla comparativa y haga los ejercicios a continuación. Use también sus propios conocimientos y, cuando haga falta, otras fuentes informativas como el diccionario, el *Almanaque Mundial*, el internet, etc. Los ejercicios se pueden hacer individualmente, en parejas o en pequeños grupos para discutir en clase.

Tabla 4-5

Los países hispanoparlantes, Brasil y EUA: Área nacional (en millas^2 y en kilómetros^2) y comparación de tamaño con EUA, división administrativa, población nacional y proyecciones de crecimiento poblacional

País	Área nacional en millas^2 y en kilómetros^2 y comparación con EUA	División administrativa	Población 2005 (en millones de personas)	Población 2015 (en millones de personas)	Población 2025 (en millones de personas)
Argentina	1,068,300 m^2/2,736,690 km^2 (4 × TX = 4 veces el tamaño de Tejas)	Un distrito federal y 23 provincias	39.5	43	46
Bolivia	424,000 m^2/1,098,580 km^2 (TX + CA)	9 departamentos	8.9	10.1	11.4
Chile	302,778 m^2/756,945 km^2 (2 × CA)	13 regiones y 51 provincias	16	17	18.5
Colombia	440,000 m^2/1,200,000 km^2 (2 × MT)	Un distrito capital y 32 departamentos	43	49	55
Costa Rica	19,652 m^2/51,032 km^2 (<WV = un poco más pequeño que WV)	7 provincias	4.0	4.6	5.0
Cuba	44,200 m^2/110,860 km^2 (PA)	14 provincias y un municipio especial	11.3	12	11.7
Ecuador	109,500 m^2/283,560 km^2 (CO)	22 provincias	14.2	16.8	19

El Salvador	8,260 m²/21,476 km² (MA)	14 departamentos	6.7	7.9	9.1
España	194,884 m²/504,750 km² (2 × OR)	17 comunidades autónomas, 50 provincias	40	40	40
Guatemala	42,000 m²/108,780 km² (TN)	22 departamentos	14.7	19	23
Guinea Ecuatorial	10,831 m²/28,050 km² (MD)	2 regiones y 7 provincias	0.5	0.7	0.8
Honduras	43,270 m²/112,100 km² (TN)	Un distrito capital y 18 departamentos	7	8.3	9.5
México	761,600 m²/1,972,500 km² (3 × TX)	El Distrito Federal y 31 estados	106	119	130
Nicaragua	50,446 m²/130,688 km² (NY)	15 departamentos y 2 regiones autonomistas	5.3	6	7.3
Panamá	29,762 m²/77,381 km² (SC)	9 provincias y 2 comarcas (territorios)	3	3.4	3.7
Paraguay	157,047 m²/406,752 km² (CA)	El Distrito Capital y otros 17 departamentos	6.3	8	9.9
Perú	496,225 m²/1,285,220 km² (3 × CA)	12 regiones, 24 departamentos y una Provincia Constitucional	29	34	37
Puerto Rico	3,508 m²/9,104 km² (2 × RI)	78 municipios	3.9	4.1	4.1
República Dominicana	18,704 m²/48,442 km² (3 × RI)	Un distrito nacional y otras 29 provincias	9.0	10.1	11.1
Uruguay	68,000 m²/176,000 km² (OK)	19 departamentos	3.5	3.7	4
Venezuela	352,143 m²/912,050 km² (2 × CA)	Un distrito federal, 22 estados, una dependencia federal	25	29	32

Brasil	3,286,486 m²/ 8,511,965 km² (Un poco más grande que EUA continental [sin Alaska y Hawai]; el país más grande de América del Sur)	1 distrito federal (Brasilia) y 26 estados	186	218	228
EUA	3,717,796 m²/ 9,629,091 km²	El Distrito de Columbia y 50 estados	296	323	350

FUENTES: *U.S. Bureau of the Census, U.S. Department of State Background Notes, CIA World Factbook 2004, The World Almanac and Book of Facts 2004*

1. ¿Cuáles son los cinco países hispanos más grandes? ¿De qué tamaño es cada uno en términos de millas² y kilómetros²? ¿Cuáles son los tres países hispanos más pequeños?

2. En cuanto a tamaño, ¿con qué estado/s de EUA son comparables Cuba, España, México, Chile, Uruguay, Argentina y Venezuela? Comparen los siguientes países con el lugar (estado o país) donde usted vive: Nicaragua, Colombia, Paraguay y Perú.

3. Compare el tamaño de los siguientes países: España y Argentina, Chile y México, Uruguay y Colombia, Venezuela y Cuba. (Ejemplo: Argentina es 6.8 veces más grande que Paraguay.)

4. ¿Cómo se relaciona el tamaño de un país con la infraestructura de transportes del mismo?

5. Al hablar de la división política de un país, ¿qué diferencias hay entre regiones, provincias, estados, departamentos y municipios? ¿Qué quiere decir «región autónoma»? ¿Cuáles son algunas de las regiones autónomas de España?

6. ¿Que es un «distrito federal» o «distrito capital»? ¿Cuáles son los países hispanos que tienen esta división política?

7. ¿Cuáles son los tres países hispanos de mayor población en el año 2005? ¿Cuáles son los tres de menor población? Haga un gráfico lineal o circular (*line or pie chart*) de comparación entre estos seis países.

8. ¿Cuánto aumentará la población de México entre los años 2005 y 2015? ¿Entre 2015 y 2025? ¿Y entre 2005 y 2025? Haga los mismos cálculos para otros dos países hispanos de su selección.

9. ¿Cuál es el único país hispano que no experimentará un aumento poblacional entre los años 2005, 2015 y 2025? Explique. ¿Será bueno o malo esto para la economía nacional? Explique.

10. Como consultor/a para una empresa multinacional que planea entrar en el mercado hispano, haga una breve presentación de resumen (o comente el tema con sus compañeros de clase) de las proyecciones poblacionales para los países hispanos en su totalidad entre los años 2005 y 2025. ¿Cuánto crecerá este gran mercado hispanohablante? ¿Crecerá de igual manera según los siguientes países principales y regiones: México, España, el Caribe, América Central, los países andinos y los países del Cono Sur? Explique.

Posibilidades profesionales

La banca y la contabilidad son campos muy importantes en la actividad empresarial global. Proporcionan un sinnúmero de trabajos de distintas clases tales como los de director/a consultor/a de banca, cajero/a, etc., contador/a o contable y sus distintas especializaciones (de tributos, de costos, etc.). Para más información al respecto y para una actividad que le ayude a saber más sobre el tema, véase Capítulo 3 de *Posibilidades profesionales* que se encuentra en http://exito.heinle.com.

VOCABULARIO

Aquí se presentan los principales términos relacionados con este capítulo. Al final del libro hay un glosario más completo.

abonar • *to pay*

a corto (largo, medio) plazo • *in the short (long, mid-) term*

acreedor/a • *creditor*

activo • *assets*

ahorrar • *to save*

ahorro-depósito • *savings deposit*

ahorros • *savings*

al contado • *cash*

a plazo fijo • *fixed term*

arriendo • *rent, lease*

asentar (ie) • *to note, enter*

asesoramiento • *advice, consultation*

asiento • *entry*

auditoría • *auditorship, auditing*

balance de comprobación (*m*) • *trial balance*

balance general • *balance sheet*

banquero • *banker*

billón • *trillion in U.S. system*

caja • *cash register*

  de ahorros • *savings bank*

  de seguridad • *safety deposit box*

cajero • *cashier*

cancelar • *to pay off, settle*

capital pagado • *owner's equity*

capital social (*m*) • *capital stock*

cheque (*m*) • *check*

  al portador (*m*) • *check to the bearer*

  bancario • *bank check*

  de administración • *cashier's check*

  en descubierto, sin fondos • *overdrawn check* (*NSF: insufficient funds*)

  nominativo • *check to a designated payee*

cobrar • *to cash, charge*

conjunto (*adj*) • *joint (account)*

contable (*m/f/adj*) • *accountant, accounting*

   fiscal • *government accountant*

   público titulado • *certified public accountant*

contador (*m/f/adj*) • *accountant, accounting*

   fiscal • *government accountant*

   público titulado • *certified public accountant*

contaduría • *accounting*

costo de ventas • *cost of goods sold*

cuenta • *account*

   conjunta • *joint account*

   mancomunada • *joint account*

   por cobrar • *account receivable*

   por pagar • *account payable*

custodiar • *to keep, hold, take care of*

debe (*m*) • *debt*

débito • *debit*

depositante (*m/f*) • *depositor*

depósito • *deposit*

   a la demanda • *demand deposit*

   a plazo fijo • *time deposit*

devengar • *to yield, earn (interest)*

devolución • *refund, repayment*

diario • *book of original entry, general journal*

efectivo • *cash*

ejercicio • *accounting period, fiscal year*

enchufe (*m*) • *"pull," influence*

endosante (*m/f*) • *endorser*

endosar • *to endorse*

endosatario • *endorsee*

enterarse de • *to find out*

equipo de almacén • *plant equipment*

estado • *statement*

   contable • *accounting statement*

de flujo de caja • *cash flow statement*

de ganancias retenidas • *statement of retained earnings*

de ganancias y pérdidas • *profit and loss statement*

financiero • *financial statement*

factura • *invoice*

flujo de caja • *cash flow*

   de efectivo • *cash flow*

formulario • *(printed) form*

ganancias retenidas • *retained earnings*

gastos • *costs, expenses*

girado • *drawee*

girador/a • *drawer of check or draft*

girar • *to draw, issue*

haber (*m*) • *credit, assets*

hacer constar • *to point out, indicate*

importe (*m*) • *amount, price, cost*

ingreso • *receipt, revenue, income*

letras por pagar • *bills (of exchange) payable*

librado • *drawee*

librador/a • *drawer*

librar • *to draw or issue*

libro mayor • *ledger*

mancomunado • *joint*

obligaciones • *liabilities*

otorgar • *to give, grant*

pagaré (*m*) • *promissory note (I.O.U.)*

pase (*m*) • *entry (ledger)*

pasivo • *liabilities*

   circulante • *current liabilities*

   fijo • *fixed liabilities*

patrimonio • *wealth, estate capital, net worth*

pedir prestado • *to borrow*

portador/a • *bearer*

prestamista (*m/f*) • *lender*

préstamo comercial • *commercial loan*

prestatario • *borrower*

presupuesto • *budget*

recaudo • *collection*

recibo • *receipt*

rentabilidad • *profitability*

retirar • *to withdraw*

saldo • *balance of an account*

acreedor • *credit balance*

deudor • *debit balance*

de utilidad neta • *net profit*

so pena de • *under penalty of*

tenedor/a • *holder, bearer*

tipo • *rate (of interest, exchange)*

tomar prestado • *to borrow*

viáticos • *travel allowance, expenses*

CAPÍTULO

5 Los bienes raíces y el equipo

*The best investment
on earth is earth.*
Louis Glickman

*Real estate is the
closest thing to the
proverbial pot of gold.*
Ada Louise Huxtable

*Generación va y
generación viene,
mas la tierra
siempre permanece.*
Proverbio

Una obra de construcción (construction site) en Chile. ¿Qué ocurre en esta obra de construcción? ¿Qué hacen en este terreno? ¿Por qué?

5-1 Preguntas de orientación

Al hacer la *Lectura comercial*, piense en las respuestas a las siguientes preguntas.

1. ¿Qué tipo de inversión representa la adquisición de terreno, de local y de equipo?
2. ¿Qué factores entran en la decisión de dónde establecer una empresa o planta manufacturera?
3. ¿Cuáles son algunas de las funciones de los corredores de bienes raíces?
4. ¿Qué es un contrato de arrendamiento?
5. ¿Quiénes son el arrendador y el arrendatario?
6. ¿Cuáles son algunas de las estipulaciones que se incluyen en un contrato de arrendamiento de local de negocios?
7. ¿Cómo se diferencia el propósito del equipo y de la maquinaria para una empresa, del propósito de su inventario?
8. ¿Qué es la depreciación?
9. ¿Cómo funciona el método lineal para medir la depreciación de una máquina comercial o industrial?
10. ¿Qué es la plusvalía?

BREVE VOCABULARIO ÚTIL

arrendamiento • *lease, rent*

bienes inmuebles (*m*) • *real estate*

bienes raíces (*m*) • *real estate*

corredor/a • *agent, broker*

equipo • *equipment*

inmobiliaria • *real-estate agency*

inmobiliario (*adj*) • *real estate*

local (*m*) • *premises, establishment, site*

materia prima • *raw material*

oferta • *offer*

plusvalía • *gain in value, appreciation*

seguro • *insurance*

terreno • *land, property*

LECTURA COMERCIAL

Las inversiones de capital a largo y a corto plazo

La adquisición de terreno, de local y de equipo representa una inversión de capital a largo plazo. Es decir, se trata de propiedades físicas (no intangibles como una patente o marca registrada) de larga vida para usarse como inversión o en la producción y la venta de bienes y servicios.

Los bienes raíces pueden ser urbanos, municipales, rurales o agrícolas, y una de las decisiones más importantes para un negocio es su ubicación. Lerner y Baker explican que en esta decisión hay que tener en cuenta los siguientes factores: el costo de adquisición de propiedad (terreno o solar) y edificios; la proximidad a los mercados; la estabilidad del mercado; y el acceso a los recursos necesarios como la materia prima, la fuerza laboral y la energía que se necesitará para operar el negocio. También es importante considerar la estructura impositiva (los impuestos que se tendrán que pagar) y las regulaciones locales. Otros factores son la oportunidad de expansión que ofrece el local y la disponibilidad de servicios de policía y de bomberos. Para los empleados serán importantes los factores de vivienda, escuelas, transporte, acceso a los centros de compras y otros elementos relacionados con la calidad de vida y trabajo (*Theory and Problems of Introduction to Business*, página 182).

Para tramitar la compraventa o el arrendamiento de un local, se acude generalmente a una agencia de bienes raíces o inmuebles, también llamada inmobiliaria. Intervienen en esta transacción los corredores, cuya función es reunir a los compradores con los vendedores. Los corredores ayudan con el financiamiento y la consecución de un préstamo hipotecario (de un banco, una unión de crédito u otra institución crediticia), así como con las cuestiones de primas de seguros (contra incendio, robo, etc.) y el traspaso del título de la propiedad, por lo cual reciben un corretaje o una comisión. El traspaso del título se realiza muchas veces con la ayuda de un abogado, notario o escribano.

En general, después de verificar que la propiedad está en buenas condiciones físicas y que el edificio o edificios servirán para las operaciones del negocio, se hace una oferta, y en el caso de que sea aceptada, será necesario hacer un pago inicial. Si se desea arrendar un local en lugar de comprarlo, para así evitar un alto gasto inicial de fondos, se tendrá que firmar un contrato de arrendamiento, cuyo texto será semejante al modelo presentado en este capítulo.

Con la excepción del terreno comercial, todos los activos en forma de local y de equipo tienen una vida limitada. Los edificios, el equipo y la maquinaria se desgastan gradualmente a lo largo de los años, a diferencia del inventario y otros artículos y materiales que se compran para revender al público o para ser agotados por el uso y la operación de la empresa a corto plazo. Según la actividad comercial de una empresa, el mismo elemento puede considerarse como parte del equipo o parte del inventario. Ejemplo de esto sería la compra de varias camionetas. Para un florista o para UPS o Federal Express, representarían parte del equipo necesario para el reparto de los pedidos de flores, paquetes, etc.; para un concesionario de automóviles, serían parte de su inventario.

El agotamiento de un activo se mide en términos de la **depreciación** del mismo. Bernard y Colli definen la depreciación como la «disminución de valor de un elemento del activo... debida al desgaste, a la obsolescencia o sencillamente a las variaciones de precio en el mercado del bien en cuestión» (*Diccionario económico y financiero*, página 500). La depreciación es un concepto contable para propósitos impositivos. Aunque hay varios modos de calcularla, el método lineal es el más fácil. Al usar este método (en general para máquinas y equipo que se desgastan uniformemente cada año) se calcula la depreciación de la siguiente manera: la base de depreciación dividida por la vida útil en años da por resultado el gasto anual de depreciación. La **base de depreciación** es el costo del equipo menos su valor de recuperación. Por ejemplo, se compra una máquina por $21,000, con un valor de recuperación de $1,000 después de una vida útil de cinco años. Su gasto de depreciación anual sería $4,000 ($20,000 dividido entre cinco años). La depreciación acumulada sería $4,000 para el primer año, $8,000 para el segundo, $12,000 para el tercero, etc., lo cual se podría interpretar también como una tasa anual de depreciación del 20% (100% dividido entre cinco años).

En las inversiones de capital a largo plazo, el terreno comercial generalmente no sufre depreciación. Usualmente ocurre todo lo contrario, es decir, que el terreno experimenta una plusvalía, o sea, un aumento de su valor.

CONTRATO DE ARRENDAMIENTO

En Valencia, a doce de marzo del año dos mil cinco: <u>REUNIDOS</u>, de una parte, <u>DON JULIÁN GARCÍA</u>, vecino de Valencia... el cual comparece en nombre propio, y de otra parte, DOÑA PILAR RAMÍREZ... la cual comparece como representante legal de la empresa <u>SERGIO BALLESTER SOCIEDAD ANÓNIMA</u>, con sede en Valencia... Todos los comparecientes con plena capacidad legal, y con el carácter que comparecen, libre y espontáneamente

MANIFIESTAN

<u>PRIMERO</u>. Que don Julián García es propietario de un local situado en planta baja, calle Balaguer esquina a calle San Andrés. <u>SEGUNDO</u>. Es del interés del mencionado propietario el arrendar el citado inmueble, y es interés de la entidad <u>SERGIO BALLESTER SOCIEDAD ANÓNIMA</u> el tomarlo en alquiler, por lo cual ambas partes llevan a cabo su interés, y en este acto y por medio del presente documento, <u>DON JULIÁN GARCÍA</u> arrienda la entidad a <u>SERGIO BALLESTER SOCIEDAD ANÓNIMA</u>, que acepta el arrendamiento del local indicado en la anterior manifestación y en base a las siguientes.

ESTIPULACIONES

I. La renta convenida por ambas partes, del local objeto del presente contrato, es de <u>CIENTO VEINTE MIL EUROS</u> (120,000) al año, pagaderos a 10,000 euros cada mes, por anticipado, en el domicilio del propietario, del 1 al 5 de cada mes.

II. El plazo de duración de este contrato será de un año a contar desde la fecha del presente contrato, siendo prorrogado tácitamente a voluntad del arrendatario por mensualidades sucesivas.

III. En la renta pactada no se encuentra incluido el costo de ningún servicio ni suministro del local... los cuales son de cuenta de la firma arrendataria... electricidad, agua, teléfono, gas.

IV. Sobre la renta convenida... se repercutirá el IVA que legalmente corresponda, siendo en el presente año el 12 por ciento.

V. En el supuesto de que haya pasado el plazo contractual del primer año, continuará vigente el presente contrato, la renta convenida será variada en más o menos cada <u>DOCE MESES</u>...

VI. El arrendatario reconoce que el estado del local está en perfectas condiciones de ocupación, no obstante, se compromete a realizar a sus expensas cuantas reparaciones fueran necesarias introducir para poder destinarlo a su negocio, así como cualquier otra que fuera necesaria en el futuro para mantener el local en buen estado. Se autoriza a la entidad arrendataria para que... pueda realizar las reformas que estime necesario introducir para adaptar el local a sus necesidades, siempre y cuando no afecten a la estructura del local ni derechos de terceros, y obteniendo previamente los correspondientes permisos oficiales.

VII. El arrendatario hace entrega en este acto al propietario de <u>DIEZ MIL EUROS</u>, como fianza del presente contrato, y con base en lo previsto en la vigente Ley de Arrendamientos Urbanos, sirviendo el presente documento de formal y eficaz carta de pago. Estando todas las partes conformes, firman seguidamente de conformidad, sujetándose todos ellos a la Jurisdicción de los Tribunales de Valencia para interpretación o cumplimiento del presente contrato.*

CONFORMES: _____   _____

1. ¿Quién es el propietario del local y qué desea hacer con este lugar?
2. ¿Quiénes son el arrendador y el arrendatario en este contrato?
3. ¿Cuál es la renta convenida por ambas partes y cómo se efectuará el pago?
4. ¿Qué es el IVA y cuánto dinero representa en el contrato?
5. Si piensa el arrendatario que hay que hacer ciertos cambios en el local para destinarlo a su negocio, ¿se pueden realizar las reparaciones necesarias? ¿Cuáles serían los trámites y las condiciones para proceder?

*Muestra de contrato español proporcionada por el Sr. J. Ed Ramsey, Director de Ventas Internacionales de Taylor Ramsey Corporation en Lynchburg, Virginia. NOTA: Las pesetas se han cambiado a euros.

Figura 5-1 **Método lineal de depreciación.** (*Gráfico de M.S. Doyle*)

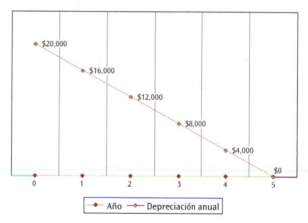

5-2 Actividades

1. **¿Qué sabe Ud. de negocios?** Vuelva a las *Preguntas de orientación* que se hicieron al principio del capítulo y a las preguntas que acompañan la foto y contéstelas en oraciones completas en español.

2. **¿Qué recuerda Ud.?** Indique si las siguientes oraciones son *verdaderas* o *falsas* y explique por qué.
   a. Toda empresa comercial requiere edificio y equipo para realizar sus operaciones.
   b. La cobertura de seguro médico es un factor importante para los empleados en la cuestión de dónde establecer una empresa.
   c. La naturaleza de una compañía o planta no es un factor importante en la decisión de dónde debe ubicarse.
   d. Los corredores de bienes inmuebles sirven para reunir a los prestamistas con los banqueros.
   e. El terreno, el local y el equipo son ejemplos de propiedades intangibles.

    f. El terreno comercial tiene una vida limitada, al igual que los edificios y el equipo.

    g. La depreciación y la plusvalía son sinónimos.

3. **Exploración.** Haga los siguientes ejercicios, usando sus conocimientos y opiniones personales.

    a. Dé algunos ejemplos en los cuales la naturaleza de una empresa comercial determina su local. Explique por qué.

    b. ¿Qué elementos consideraría Ud. al decidir si un terreno y un edificio están en buenas condiciones físicas?

    c. ¿Bajo qué circunstancias compraría Ud. un terreno o un edificio comercial en lugar de arrendarlos?

    d. Dé ejemplos de artículos y materiales que se agotan con el uso comercial a corto plazo.

    e. ¿Qué es la plusvalía de un terreno y por qué ocurre?

    f. Describa algunas circunstancias bajo las cuales un terreno podría perder valor (e.g., la contaminación del agua, etc.).

    g. ¿Cómo se relacionan los dichos y proverbios que aparecen al principio del capítulo con los temas tratados?

5-3 Al teléfono

TRACKS 9 y 10

1. Lea las siguientes preguntas. Después, escuche atentamente la conversación telefónica del Capítulo 5 en el disco compacto y conteste las preguntas. Puesto que la comprensión auditiva es una destreza comunicativa sumamente importante, se recomienda escuchar el CD varias veces.

    a. ¿Cuál es el motivo del Sr. Sage para llamar a la Sra. Fianza?

    b. ¿Cuál es la posibilidad de que se le firme el contrato de compraventa al Sr. Sage?

    c. ¿Qué es lo que le preocupa al Sr. Sage?

    d. ¿Qué responde la Sra. Fianza respecto a las preguntas del Sr. Sage?

    e. ¿Cómo puede obtener el Sr. Sage más información sobre la compra del sitio?

2. Basando sus comentarios en la conversación telefónica del ejercicio anterior, haga la siguiente llamada telefónica a otro/a estudiante de la clase. Cada persona deberá participar activamente en la conversación. Si necesita ayuda con esta actividad, véase el Apéndice 1, *Protocolo telefónico*, página 455.

    Usted es el Sr. Val Sage de Hoteles Esquisitos y habla por teléfono con un/a joven socio/a sobre el problema de viajar a Costa Rica en junio debido a las fiestas religiosas. Por ser joven, él/ella no ha experimentado las demoras asociadas con los fines de semana largos (llamados **puentes**) y la imposibilidad de hacer negocios bajo estas condiciones. Hablen ustedes de las posibles consecuencias.

3. Haga la siguiente llamada telefónica a otro/a estudiante de la clase. Cada persona deberá participar activamente en la conversación. Si necesita ayuda con esta actividad, véase el Apéndice 1, *Protocolo telefónico*, página 455.

    Ud. es el/la propietario/a de un edificio cuyo alquiler no se recibió a primeros del mes, tal como fue convenido. Llame al/a la arrendatario/a y pídale la mensualidad.

5-4 Navegando el internet

Para hacer este ejercicio del presente capítulo, visite la página web del libro
http://exito.heinle.com.

5-5 Ejercicios de vocabulario

Si le es necesario, consulte la *Lectura comercial* o la lista de vocabulario que aparece al final del capítulo para completar estos ejercicios.

1. **¡A ver si me acuerdo!** Pensando en la posibilidad de establecer una relación comercial a largo plazo, usted va a tener una conversación con una persona de negocios de un país hispano. Sin embargo, se le olvidan a usted los siguientes términos en español. Un/a compañero/a lo/la ayuda a recordarlos al pedirle a usted que se los traduzca.

   a. *land*
   b. *to rent*
   c. *down payment*
   d. *contract*
   e. *insurance*
   f. *tenant*
   g. *equipment*
   h. *inventory*
   i. *real estate*
   j. *owner*

2. **¿Qué significan?** Existe la posibilidad de que la compañía donde trabaja Ud. lo/la envíe a Centroamérica por tres meses. Tendrá que conseguir alojamiento. Sin embargo, no sabe qué quieren decir ciertos términos que se usan frecuentemente en el campo de los bienes inmuebles. Ud. decide consultarlos con un/a amigo/a. Pídale a un/a compañero/a de clase que le explique los siguientes términos y que le dé algunos sinónimos.

   a. comisión
   b. inmueble
   c. local
   d. corredor
   e. arrendar
   f. arrendador
   g. arrendatario
   h. mensualidad
   i. traspaso
   j. prima

3. **Entrevista profesional.** Usted quiere aclarar algunos detalles sobre los bienes raíces y el equipo, los cuales son ejemplos de inversión de capital a largo plazo. Por lo tanto, usted entrevista a un experto en este campo, haciéndole las siguientes preguntas. Haga la entrevista con un/a compañero/a de clase. No se olviden del protocolo ni de las cortesías.

   a. ¿Qué es la depreciación?
   b. ¿A qué se refiere la vida útil de una máquina?
   c. ¿Qué quiere decir el valor de recuperación de una máquina?
   d. ¿A qué se refiere la plusvalía de un terreno?
   e. ¿Qué significa el concepto de vida limitada de un activo?

4. **Traducciones.** A un/a amigo/a suyo/a le parece buena idea invertir en bienes raíces en Centroamérica. Él/Ella acaba de empezar a estudiar español y sabe poco del vocabulario inmobiliario. Usted lo/la ayuda al pedirle que él/ella traduzca al español las siguientes oraciones que informan sobre ciertos aspectos del tema.

   a. *Location is a very important consideration in purchasing or leasing an office building.*

   b. *When considering a possible location, proximity to one's customers and suppliers is also an important factor.*

   c. *Real estate agents receive a commission for assisting clients in the purchase or lease of land and buildings.*

   d. *Instead of buying a building outright, many businesses rent office space in the beginning in order to avoid large cash outlays.*

   e. *Land, unlike buildings and equipment, is not subject to depreciation. It is not considered to have a limited life in terms of commercial usefulness, and many times it actually gains in value.*

Una vista panorámica de El Salvador

Nombre oficial:	República de El Salvador
Gentilicio:	salvadoreño/a
Capital y población:	San Salvador: 1,791,700 (metro); 504,700 (ciudad)
Sistema de gobierno:	República
Jefe de Estado/Jefe de Gobierno:	Presidente Elías Antonio Saca (elegido marzo de 2004)
Fiesta nacional:	15 de septiembre, Día de la Independencia (1821: de España)

El Salvador

Geografía y clima

Área nacional en millas²/ kilómetros²	Tamaño (comparado con EUA)	División administrativa	Otras ciudades principales	Puertos principales	Clima	Tierra cultivable
8,124 m²/ 21,040 km²	Casi tan grande como Massachusetts	14 departamentos	San Miguel, Ahuachapán Santa Ana, Sonsonete	La Unión, Acajutla, La Libertad, Puerto Cutuco, El Triunfo	Semitropical con estación lluviosa mayo-octubre	27.3%

Demografía

Año y población en millones			% urbana	Distribución etaria		% de analfa-betismo	Grupos étnicos
2005	2015	2025		<15 años	65+		
6.7	7.9	9.1	58%	37.4%	5.1%	19.8%	90% mestizo, 9% blanco europeo, 1% amerindio

Economía y comercio

Moneda nacional	Tasa de inflación 2001	N° de trabajadores (en millones) y tasa de desempleo	PIB 2002 en millones $EUA	PIB per cápita $EUA	Distribución de PIB y de trabajadores por sector*			2002 Exporta-ciones en millones $EUA	2002 Importa-ciones en millones $EUA
					A	I	S		
El dólar (EUA)	3.8%	2.35/10%	$29,400	$4,600	10% 30%	30% 15%	60% 55%	$2,900	$4,900

*Para distribución del PIB y de los trabajadores (mano de obra): A = agricultura, I = industria, S = servicios (y gobierno).

Recursos naturales: Energía hidroeléctrica y geotermal, petróleo.

Industrias: Procesamiento de alimentos y de bebidas, ropa y calzado, textiles, petróleo, productos químicos, abono, muebles, metales ligeros, electrónica.

Comercio

Productos de exportación: Maquila, café, azúcar, camarones, textiles, papel y derivados, electricidad.

Mercados: 63.3% EUA, 12% Guatemala, 7.2% México, 6.8% Honduras, 4.5% Nicaragua, 5% UE, 1.2% otros países.

Productos de importación: Materia prima, bienes de consumo, combustibles, alimentos, petróleo, electricidad.

  Proveedores: 39% EUA, 43% MCCA (Mercado Común Centroamericano), 7.2% México, 4% Francia, 6.8% otros países.

Horario general de comercio: De lunes a viernes, desde las ocho de la mañana hasta las seis de la tarde. El almuerzo se come normalmente entre el mediodía y las dos de la tarde. Los sábados, desde las ocho de la mañana hasta el mediodía.

Transporte y comunicaciones

Kilómetros de carreteras y % pavimentadas	Kilómetros de vías férreas	Nº de aeropuertos con pista de aterrizaje pavimentada	Nº de líneas telefónicas	Radios por mil personas	Televisores por mil personas
10,029/19.8%	283 (una reducción importante por causa de una falta de mantenimiento)	4	667,700	478	191

Idioma y cultura

Idiomas	Religión	Comidas y bebidas típicas/Modales
Español (oficial), nahua entre algunos indígenas	83% católico, 17% protestante evangélico	Frijoles, tortillas, arroz, huevos, carne, frutas, café. La comida es menos picante que la de México y otros países hispanos. Probar un poco de cada plato servido. Dejar un poquito de comida sobre el plato al terminar de comer. Los hombres se ponen de pie cuando se levanta una mujer de la mesa.

Horario normal del almuerzo y de la cena: Sobre la una de la tarde para el almuerzo; entre las siete y las ocho de la noche para la cena.

Gestos: Se le considera maleducada a la persona que usa demasiados gestos al hablar. No señalar a alguien ni con el dedo ni con el pie.

Cortesía: Saludar a cada individuo al llegar a una reunión o comida y despedirse individualmente al marcharse para no menospreciar a nadie o quedar mal. Cuando come o cena en casa de alguien, llevarles a los anfitriones un regalito como flores (¡pero no de color blanco porque se asocia con la muerte!) o chocolates. Ponerse de pie al saludar o ser presentado a otras personas.

LA ACTUALIDAD ECONÓMICA SALVADOREÑA

A pesar de haberse enfrentado con muchos problemas económicos en las décadas recientes, el gobierno actual de El Salvador se ha comprometido a crear una fuerte economía libre y abierta en la región. El país ha dependido tradicionalmente de las cosechas agrícolas, en particular del azúcar y del café, aunque la dependencia de éste bajó de un 50% del ingreso nacional de las exportaciones en 1988 a un 3.5% en 2002. Esta dependencia agrícola ha tenido como resultado una economía nacional controlada en gran parte por las fluctuaciones de precios en el mercado mundial. Cuando hay una catástrofe natural, como ocurrió con el huracán Mitch en octubre de 1998 —un evento que los aseguradores clasifican normalmente como un caso de fuerza mayor (un evento que no se puede asegurar)— la economía nacional sufre enormes daños que luego tardan años en repararse. Además, en 2001 hubo terremotos que dañaron un 80% de las casas, y en 2002 una sequía eliminó un 80% de las cosechas agrícolas. Tras la catástrofe de Mitch, la cual también tuvo como consecuencia una rápida subida en la tasa de inflación, el país ha recibido bastante asistencia económica (del BM, el BID, etc.), pero la reconstrucción física y económica será labor de muchos años.

El Salvador ha sido históricamente el país más industrializado de América Central. En 2002 se calculaba que la manufactura constituía un 30% del PIB, subiendo del 24% en 2001. Algunas de las industrias más importantes son el procesamiento de alimentos y bebidas, los textiles, la confección y el calzado. Desde 1993 el sector industrial ha incorporado cada año más maquiladoras (plantas de fabricación o de ensamble [ensamblaje o montaje]), transformando la orientación industrial del país de manufactura nacional en manufactura de zona libre de comercio con fines de exportación. Es decir, el cambio ha sido de lo nacional a lo internacional. El desarrollo de las nuevas maquiladoras ha resultado en un importante aumento de las exportaciones nacionales, lo cual ha tenido un impacto notable en la economía salvadoreña.

El país aún sigue recuperándose de la guerra civil que duró desde 1980 hasta la ratificación de un pacto de paz en México el 16 de enero de 1992. Más de 74,000 personas murieron en el conflicto. Ocurrieron muchas violaciones de los derechos humanos, cometidas tanto por las fuerzas del gobierno como por los revolucionarios. Se creó una Comisión de la Verdad de la ONU para investigar los hechos y en 1993, al terminar esta investigación, el presidente salvadoreño Cristiani le pidió a la Comisión que no nombrase a individuos en su informe porque se temían actos de venganza si se revelaban las identidades de los culpables. Poco después, la Asamblea Nacional aprobó una nueva ley de amnistía para quienes hubiesen cometido crímenes de guerra. Como era de esperar, esta lucha sangrienta creó grandes incertidumbres políticas, con la consecuencia de una gran reducción de créditos internacionales durante la guerra. Otro resultado fue la emigración de muchos salvadoreños del campo a la capital (un aumento de la población urbana de un 45% a un 58% entre 1998 y 2004), debido a la despoblación forzosa de áreas controladas por el movimiento revolucionario, el Frente Farabundo Martí para la

Liberación Nacional (FMLN), llevada a cabo por el ejército. Esto agravó el alto índice de desempleo en la nación. Hoy día el FMLN es uno de los principales partidos políticos del país.

Quedan graves problemas para el mayor desarrollo de la economía salvadoreña: pobreza, desempleo, falta de oportunidades educativas y de adiestramiento, deforestación, contaminación del medio ambiente y la necesidad de continuar con la reforma agraria. No obstante, en los últimos años ha empezado a subir de nuevo la inversión internacional en El Salvador, con el desarrollo de las maquiladoras y la privatización de ciertos sectores como el de las telecomunicaciones. La posibilidad de aumentar aún más sus exportaciones y las inversiones extranjeras ha mejorado gracias al Tratado de Libre Comercio entre Centroamérica y Estados Unidos (conocido por sus siglas en inglés como *CAFTA, Central America Free Trade Agreement*), el cual se pone en marcha en 2005, y a los acuerdos comerciales con México, Chile, la República Dominicana y Panamá. También, El Salvador, Guatemala, Honduras y Nicaragua están negociando un acuerdo comercial con Canadá.

Una vista panorámica de Costa Rica

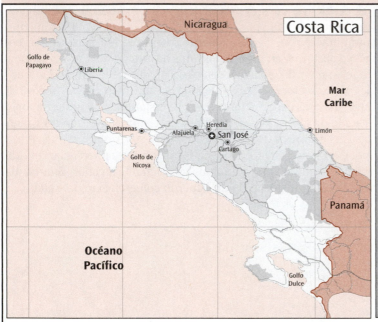

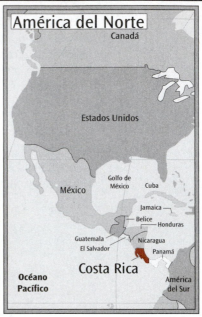

Nombre oficial:	República de Costa Rica
Gentilicio:	costarricense (informalmente tico/a)
Capital y población:	San José: 1,527,300 (metro), 337,200 (ciudad)
Sistema de gobierno:	República democrática
Jefe de Estado/Jefe de Gobierno:	Presidente Abel Pacheco de la Espriella
Fiesta nacional:	15 de septiembre, Día de la Independencia (1821: de España)

Costa Rica

Geografía y clima

Área nacional en millas²/ kilómetros²	Tamaño (comparado con EUA)	División administrativa	Otras ciudades principales	Puertos principales	Clima	Tierra cultivable
19,730 m²/ 51,032 km²	Casi tan grande como West Virginia	7 provincias	Alajuela, Puntarenas, Limón, Cartago	Limón, Puntarenas, Golfito	Tropical y sub-tropical en las costas, templado en la altiplanicie. Estación de lluvias mayo–noviembre.	4.4%

Demografía

Año y población en millones			% urbana	Distribución etaria		% de analfa-betismo	Grupos étnicos
2005	2015	2025		<15 años	65+		
4.0	4.6	5.0	59%	30%	6%	4%	94% blanco europeo y mestizo, 3% africano, 1% amerindio, 1% chino, 1% otros

Economía y comercio

Moneda nacional	Tasa de inflación 2002	N° de trabajadores (en millones) y tasa de desempleo	PIB 2002 en millones $EUA	PIB per cápita $EUA	Distribución de PIB y de trabajadores por sector*			2002 Exporta-ciones en millones $EUA	2002 Importa-ciones en millones $EUA
					A	I	S		
El colón	9.1%	1.9/5.2%	$32,300	$8,500	11% 20%	32% 22%	52% 58%	$5,100	$6,400

*Para distribución del PIB y de los trabajadores (mano de obra): A = agricultura, I = industria, S = servicios (y gobierno).

Recursos naturales: Energía hidroeléctrica.

Industrias: Microprocesadoras, procesamiento de alimentos, textiles y ropa, materiales para construcción, abono, productos de plástico.

Comercio

Productos de exportación: Productos manufacturados, café, bananos, tabaco, camarón, pescado, textiles, azúcar, carne, piña, flores recortadas y plantas de ornato, componentes electrónicos, equipo médico.

  Mercados: 52% EUA, 20% UE, 11% Centroamérica, 3% Puerto Rico, 2% México, 12% otros países.

Productos de importación: Maquinaria, vehículos de motor, bienes de consumo, productos químicos, petróleo y derivados, alimentos, abono, recursos naturales.

  Proveedores: 53% EUA, 10% UE, 6% México, 5.3% Venezuela, 4.9% Centroamérica, 20.8% otros países.

Horario general de comercio: De lunes a viernes, desde las ocho de la mañana hasta las seis de la tarde. El almuerzo se come normalmente entre el mediodía y las dos de la tarde.

Transporte y comunicaciones					
Kilómetros de carreteras y % pavimentadas	*Kilómetros de vías férreas*	*Nº de aeropuertos con pista de aterrizaje pavimentada*	*Nº de líneas telefónicas*	*Radios por mil personas*	*Televisores por mil personas*
35,892/22%	950	30	1,038,000	774	228

Idioma y cultura		
Idiomas	*Religión*	*Comidas y bebidas típicas/Modales*
Español (oficial), en el litoral caribeño (cerca de Puerto Limón) se habla un inglés de Jamaica	76.3% católico, 13.7% protestante evangélico, 3.2% ninguna, otras 6.8%	Olla de carne, tamales, lengua en salsa, mondongo, empanadas, arroz con pollo, gallos, gallo pinto, casado, café. Al comer se ponen las manos, no los codos, encima de la mesa.

Horario normal del almuerzo y de la cena: Sobre la una de la tarde para el almuerzo; sobre las siete de la noche para la cena.

Gestos: Entre amigos y conocidos no se usa el abrazo tanto como en otros países hispanos. Para decir que no a algo, mover el dedo índice de lado a lado con la palma de la mano hacia afuera. Para expresar sorpresa o asombro, los ticos a veces agitan la mano de manera vigorosa de tal modo que se hace un chasquido con los dedos. La higa, el puño con el dedo pulgar colocado entre el dedo índice y el dedo corazón (*the* «figa» *or* «fig» *gesture*), equivale al gesto «*to give the finger*» en EUA.

Cortesía: Cuando se visita la casa de alguien para comer o cenar, llevar un detalle como flores, un buen vino o una plantita ornamental. Se prefiere que se anuncie una visita de antemano (llamar o avisar antes de ir a la casa de alguien).

LA ACTUALIDAD ECONÓMICA COSTARRICENSE

Históricamente, la realidad sociopolítica de Costa Rica ha reflejado un notable contraste con la de sus países vecinos. Para empezar, Costa Rica no tiene ejército, por lo cual ha podido evitar la participación en los conflictos de la región. De hecho, en 1993, seis años después de que el presidente Óscar Arias ganó el Premio Nobel de la Paz, Costa Rica proclamó su neutralidad permanente, posición nacional parecida a la de Suiza en Europa. Costa Rica tiene una larga tradición democrática y de liderazgo progresista, y en el país ha habido más oportunidades educativas, una clase media estable y creciente y una mayor prosperidad nacional, la cual ha brindado a bastantes costarricenses la oportunidad de mejorar su condición socioeconómica. Estos factores han permitido que en Costa Rica se haya logrado un alto nivel de vida comparado con el de los otros países de la región: ha tenido el PIB más alto de Centroamérica, la mejor distribución de renta nacional y tierra por persona y una estabilidad sociopolítica poco común en el área. En una sola generación, se ha doblado el PIB per cápita del país. El gobierno ha aprovechado estas condiciones favorables, así como los préstamos conseguidos de varios países extranjeros en la década de los ochenta y del FMI para desarrollar los sectores industriales, agrícolas y de transporte y para mejorar las comunicaciones y los servicios médicos. Durante los años sesenta y setenta, la economía costarricense prosperó de tal modo que el Banco Mundial destacó al país como modelo para las demás naciones centroamericanas.

Los principales recursos económicos de Costa Rica son su tierra fértil, una población bien educada (sólo hay 4% de analfabetismo), una situación geográfica que facilita el acceso a los mercados de América del Norte, América del Sur, Europa y Asia, y su belleza natural que atrae a muchos turistas. De hecho, el turismo y el ecoturismo ya han reemplazado la exportación de bananos como la principal fuente de divisas extranjeras. En 1996 unos 781,000 turistas aportaron $684 millones EUA a la economía nacional, y en 1997 hubo 812,000 turistas cuya aportación de divisas extranjeras ascendió a $750 millones EUA. Desgraciadamente, después de los ataques en EUA del 11 de septiembre de 2001, el turismo bajó un 4%. La inflación, la cual subió a 22.5% en 1995, se había reducido a un 11% en 2001. La tasa de desempleo (5.2%) no es problemática, pero sí lo continúa siendo el subempleo.

Entre las principales exportaciones de Costa Rica figuran el café, el azúcar, la carne (especialmente importante en la provincia de Guanacaste), la fruta, las flores, las plantas ornamentales y más recientemente los componentes electrónicos y el equipo médico, lo cual refleja su expansión en el sector industrial (de un 24% del PIB en 1998 a un 37% en 2002) y la reducción en los sectores de servicios y agricultura. Costa Rica tiene doce centrales hidroeléctricas, las cuales permiten que el país sea autosuficiente en este sector energético. Hay muchas fábricas estadounidenses en Costa Rica y últimamente el país ha atraído inversiones en el sector de la alta tecnología, logrando que varias multinacionales establezcan allí nuevas operaciones de manufactura. El futuro económico de Costa Rica es prometedor en cuanto a su comercio internacional y un desarrollo nacional sostenible, aunque el presidente Pacheco, elegido en 2002, ha tenido que confrontar problemas con el precio mundial del café y del banano y la estancada economía estadounidense. Sus intentos de privatizar y modernizar las empresas de electricidad y telecomunicaciones provocaron huelgas y la renuncia de varios ministros del gobierno.

5-6 Actividades

¿Qué sabe Ud. de El Salvador y de Costa Rica?

1. A usted lo/la han contratado/a como asesor/a transcultural de negocios internacionales. Como tal, necesita informarles a sus clientes sobre El Salvador y Costa Rica y recomendar un plan de viaje de negocios a cada país. Investigue los datos pertinentes para desrrollar los temas a continuación.

   a. Describa la geografía de El Salvador y Costa Rica, incluyendo temas como los siguientes: ubicación y tamaño de ambos países, capital y otras ciudades y puertos importantes, división administrativa y clima. Compare el tamaño de El Salvador con el de EUA y con el tamaño del estado donde Ud. vive. Compare el tamaño de Costa Rica con el de EUA y con el del estado donde Ud. vive.

   b. ¿Cuáles son las principales características demográficas y políticas de El Salvador y Costa Rica? ¿Quién es el jefe de estado de cada país?

   c. ¿Cuándo se celebra la fiesta nacional de cada país? En qué otras fechas hay fiestas públicas que también podrían afectar el éxito de un viaje de negocios? (Véase la Tabla 10-1 de la página 303.)

   d. Describa la economía de cada país. Incluya datos sobre la moneda nacional, la tasa de inflación, el PIB y el PIB per cápita, el número de trabajadores (la mano de obra), la tasa de desempleo, los recursos naturales, las industrias nacionales, los productos que se exportan e importan, los países destinos (mercados) y proveedores (fuentes) de estas transacciones internacionales, y la balanza de comercio. ¿A cuánto se cotiza cada moneda nacional respecto del dólar EUA?

   e. ¿Qué producto o servicio recomendaría Ud. vender en El Salvador y Costa Rica? ¿Por qué?

   f. Compare la infraestructura de transportes y de comunicaciones de cada país.

   g. ¿Cómo han cambiado algunos de los datos presentados en las secciones de *Vista panorámica* y *Actualidad económica* de este texto? Póngalos al día para cada país.

   h. ¿Quién fue Óscar Arias?

   i. ¿Cuáles han sido los efectos económicos de la guerra civil (1980–1992) en El Salvador?

   j. ¿Qué importancia tienen el turismo y el ecoturismo en Costa Rica?

   k. Basándose en la *Actualidad económica* de cada país, ¿qué realidades, oportunidades y problemas destacaría y qué recomendaciones le daría al/a la cliente/a?

2. Usando el internet u otras fuentes informativas, prepare un plan (con presupuesto e itinerario) para sus clientes, quienes harán un viaje de negocios o a cada país individualmente o a ambos durante el mismo viaje.

a. Fechas de ida y vuelta
b. Vuelos: aeropuertos de despegue y aterrizaje, líneas aéreas, horarios; costos
c. Transporte interno que se piensa usar en cada país: taxi, autobús, carro de alquiler, metro, tren, otro; costos
d. Alojamiento y viáticos; costos
e. La comida típica que van a pedir para la cena la primera noche en cada país
f. Las formas de cortesía y los gestos que deben recordar, usar o evitar

LECTURA CULTURAL

El campo y la ciudad

Muchos países hispanos tienen economías esencialmente agrícolas que dependen de su clima y tierra fértil para producir cultivos como café, azúcar, plátanos, maíz, frijoles, soja, algodón y flores. Tradicionalmente, el campo ha representado una fuente imprescindible de ingresos, puesto que constituye el fundamento de las exportaciones. Pero muchos trabajadores rurales llevan una vida muy dura en el campo, muchas veces en condiciones de latifundio y extrema pobreza. Estas condiciones han llevado a muchas familias a emigrar hacia los centros urbanos en busca de una vida mejor. Pero al llegar a las ciudades, muchas veces hallan que las condiciones de vida y el desempleo son mucho peores que las que acaban de dejar en las zonas rurales. La gente llega mal preparada para enfrentarse con las dificultades y la competencia de la vida urbana. Además, su llegada tiende a agravar la presión ya ejercida por las grandes poblaciones urbanas sobre los limitados recursos naturales.

Tradicionalmente, la ciudad ha representado la civilización y el progreso en Hispanoamérica. El campo y la naturaleza, en cambio, se han asociado con la miseria y la barbarie. Esta oposición se ha manifestado como un tema importante en la literatura hispanoamericana, en forma del esfuerzo de la ciudad por tener preeminencia sobre el campo, lo cual simboliza el triunfo de la civilización sobre la barbarie. Este ideal, sin embargo, choca con la realidad histórica y económica de la importancia del campo, puesto que hay naciones enteras que deben su subsistencia al sector agrícola. El dilema que representa el eje campo–ciudad hasta ahora no ha encontrado solución, es decir, equilibrio vital y socioeconómico.

En cualquier parte del mundo para los trabajadores son importantes las cuestiones de buena vivienda y de oportunidades educativas, tanto para sus hijos como para ellos mismos. Tal como ocurre en EUA, quienes viven en los centros urbanos hispanoamericanos muchas veces alquilan un apartamento porque el costo de comprar o construir una casa es prohibitivo. En cuanto a la enseñanza, en los países hispanos las mejores oportunidades sin duda se hallan en las grandes ciudades, donde hay más escuelas y donde se ubican las universidades. No existe el fenómeno, como en los EUA, de las grandes universidades «land grant» o de las pequeñas «liberal arts colleges» situadas en pueblos o en zonas rurales. Las naciones hispanas requieren en general un promedio de seis a diez años de enseñanza para sus

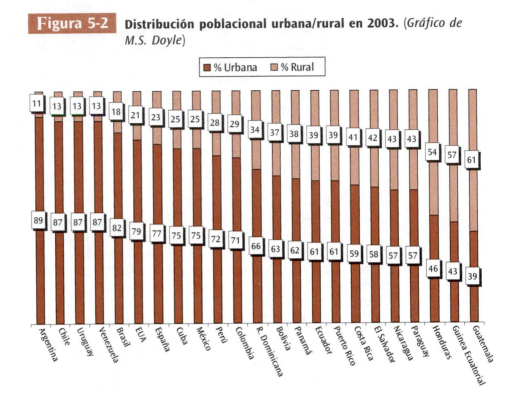

Figura 5-2 **Distribución poblacional urbana/rural en 2003.** (*Gráfico de M.S. Doyle*)

ciudadanos, aunque hay ejemplos, como el de Colombia, donde sólo el 28% completa el nivel primario. La enseñanza comprende la escuela primaria, la secundaria y luego los institutos profesionales o escuelas superiores, y las universidades. La universidad es un lujo e igual que en EUA, representa un medio para mejorar la vida económica y culturalmente.

En el futuro se prevé que continuará la emigración hispanoamericana del campo a las grandes ciudades. Un buen ejemplo es la capital de México, donde el crecimiento urbano es representativo de lo que se proyecta para muchos países hispanos. Como consecuencia, habrá aún más necesidad de educar a esta nueva población urbana para que pueda participar con éxito en un futuro caracterizado por la globalización y los rápidos cambios informáticos y tecnológicos. Respecto a esto, y en contraste con el estadounidense que lleva décadas de una fuerte orientación hacia este futuro, se puede decir también que el hispano suele sentir mayor aprecio por su pasado y sus tradiciones. Un ejemplo de la actitud estadounidense es la facilidad con la que se derrumban los antiguos edificios para reemplazarlos con nuevas estructuras, mientras que en los países hispanos se conservan más los lazos con el pasado histórico, haciendo nuevas construcciones sin derrumbar con tanto afán los bellos logros arquitectónicos de ayer, los cuales son señales o «textos» históricos dignos de preservarse.

5-7 Actividades

1. **¿Qué sabe Ud. de la cultura?** Demuéstrelo contestando las preguntas a continuación.

   a. En la Figura 5-2, Distribución poblacional en 2003, ¿cuáles son los países que tenían una población urbana de más del 80%? ¿De 70–80%? ¿De 60–70%? ¿De 50–60%? ¿Y los que tenían una población urbana de menos del 50%?

   b. Describa la relación entre el campo y la ciudad en Hispanoamérica. Compárela con la de los EUA.

   c. ¿Qué problemas representa la emigración del campo a la ciudad en Hispanoamérica? ¿Existe el mismo fenómeno en los EUA? Comente.

   d. Describa el sistema educativo en los países hispánicos. En términos generales, ¿en qué se diferencia del sistema estadounidense?

    e. Busque en internet u otra fuente las universidades que hay en El Salvador y en Costa Rica. ¿Quiénes se pueden matricular? ¿Cómo se matricula?

   f. ¿Qué opina de la educación como solución a la pobreza y a otros problemas socioeconómicos?

   g. ¿Qué cambios tecnológicos piensa que habrá en los próximos diez años? ¿Cuáles serán de tipo comercial? ¿Qué efecto tendrán en nuestra vida? ¿Habrá mayor o menor globalización? ¿La globalización es un fenómeno positivo o negativo? Comente.

   h. ¿Qué es más importante para Ud., el pasado o el futuro? ¿Por qué? ¿Puede el mundo comercial ignorar el pasado al apresurarse para entrar en la nueva década?

2. **Asimilador cultural.** Lea lo siguiente y conteste las preguntas a continuación.

   Carolyn Hunter, una ejecutiva de Atlanta, está en Barcelona visitando la nueva sucursal de su compañía MacIntyre Corporation, la cual se dedica a la fabricación y venta de equipo de oficina. Está hablando con Ramón Casals Ramírez sobre el nuevo edificio de MacIntyre, situado en la vía Laietena al borde del Barrio Gótico, el antiguo centro de la ciudad. Al pasar por la puerta principal que los lleva a las oficinas del interior, Hunter le comenta a Casals:

   —Es muy bonito el edificio, casi pintoresco, pero es una lástima que no hayamos podido derrumbarlo para construir uno más moderno y eficiente, como los de Atlanta o los que he visto en la avenida Diagonal. Quizás pudiéramos, por lo menos, quitar las paredes del salón de entrada, para así abrir más el espacio interior, cambiando lo que existe ahora por un vidrio reflector que corriese de lado a lado. Esto representaría mejor la imagen de modernidad que deseamos crear.

   Sorprendido, Casals recorre con su vista las paredes del salón en cuestión, cuyo diseño data del siglo diecisiete. Una de las paredes es de un elegante mármol rojizo y blanco, la otra presenta un mural del plano del Barrio Gótico en el siglo XVI. Aclarándose la garganta, le empieza a contestar a Hunter que...

a. ¿Cómo contestará Casals la propuesta de Hunter?

b. ¿Cuáles son los dos puntos de vista que están en conflicto en este encuentro?

c. ¿Cómo contestaría Ud. los comentarios de Hunter?

d. ¿Piensa Ud. que es un error resistir los avances de la modernidad para conservar edificios antiguos, aunque sean ineficientes en su uso del espacio interior y en la conservación de energía?

SÍNTESIS COMERCIAL Y CULTURAL

5-8 Actividades comunicativas

1. **Situaciones para dramatizar.** Lea las siguientes situaciones y después haga el papel en español con otro/s estudiante/s, usando las posibilidades siguientes como punto de partida. Cada persona deberá participar activamente en la dramatización. No olviden el protocolo ni las cortesías.

   a. *You are from Chicago and are meeting with the two other co-owners of your business in San Salvador to discuss whether to purchase or lease three delivery trucks for the heavy office equipment you sell. Ask for their input on the following.*
      - *What type of truck is needed?*
      - *Is it better to buy or rent?*
      - *What amounts of money are involved? Look up actual costs on the Internet.*

   b. *While meeting with your co-owners, you also want to discuss two options for a permanent location for the business, one downtown, the other 20 kilometers outside the city of San Salvador. Ask them about the pros and cons of each location. María Jiménez, as you already know, will insist on the downtown location, despite its higher rent and the fact that the building is in worse condition than the one on the outskirts of the city.*

   Después de dramatizar la segunda situación, comente con sus compañeros de clase las diferencias culturales (las hispánicas y las estadounidenses) que pueda haber respecto al centro de la ciudad como centro de operaciones comerciales. Al considerar esto, tenga presente la popularidad del fenómeno del suburbio en los EUA.

2. **Comprensión y comunicación.** Para este ejercicio, basado en el vídeo de *Éxito comercial*, favor de pasar al encarte central del texto, VídeoTexto 6.

3. **Actividad empresarial.** Ud. es copropietario/a de una nueva tienda de música que Uds. planean abrir en tres meses. Necesitan decidir dónde ubicar la nueva tienda y se han presentado las dos siguientes posibilidades:
   - comprar un terreno y construir una nueva tienda de 600 metros cuadrados de espacio, en las afueras de la ciudad (a unos 9 kilómetros del centro), por un costo total de $160,000 EUA.
   - comprar un edificio recién construido y situado en el centro comercial, área muy concurrida, con mil metros cuadrados de espacio, por $400,000 EUA.

También piensan invertir en el diseño de una buena página web para la venta electrónica de su música, siguiendo así el rápido desarrollo del comercio electrónico. En una reunión, Uds. comentan las ventajas y las desventajas de cada posibilidad, entre ellas las siguientes:

a. costo

b. número y tipo de clientes

c. facilidad de acceso físico

d. posibilidades de expansión

e. impacto y costo del negocio por internet (el ecomercio o eComercio), y de la publicidad y las ventas electrónicas vs. medios más tradicionales de publicidad y venta

f. ventajas y desventajas de la ubicación en el centro comercial vs. en las afueras

Luego, después de llegar a un acuerdo para la ubicación de la nueva tienda de música, comenten y comparen su decisión con la de sus otros/as compañeros/as de clase.

4. **Caso práctico.** Lea el caso y haga los ejercicios a continuación.

Una compañía textil estadounidense, Penntext, que produce camisas, pantalones, chaquetas de vaqueros y toallas, está considerando dos localidades centroamericanas para establecer una fábrica. Hasta ahora, todas sus operaciones se han ubicado en Pensilvania. Pero últimamente los costos de producción han subido muchísimo allí, donde hay una fuerte presión por parte del sindicato de trabajadores para seguir aumentando los sueldos y los beneficios de los empleados de Penntext. También han subido los costos de importación del algodón que reciben en grandes cantidades de Centroamérica. Los dos países que se consideran como posibles sucursales de manufactura son El Salvador y Costa Rica. El situarse en cualquier país representaría un ahorro del 40% al 50% de los costos de producción en Pensilvania. Los sueldos de los trabajadores serían mucho más bajos y la compañía estaría más cerca de sus proveedores de algodón (materia prima).

En San Salvador y en San José, Penntext ha encontrado dos plantas textiles que cuestan más o menos el mismo precio. La de San Salvador está a 20 kilómetros (unas 12 millas) de la capital; está en buenas condiciones y ya tiene la maquinaria necesaria para realizar la producción deseada. La de San José está en el centro mismo de la ciudad y también tiene la maquinaria que se requiere, pero esta planta necesitaría algunas modificaciones y reparaciones antes de ponerse en marcha. Las máquinas son de la misma marca en ambos lugares, cada una de ellas tenía una vida útil de 20 años al comprarlas nuevas. Las de San Salvador se compraron hace tres años por $10,000 cada una; las de San José hacen siete años por un valor unitario de $8,000. Todas tienen un valor de recuperación de $1,000 y se podrían incluir en la compra.

Al considerar las dos opciones, la gerencia de Penntext ha analizado el efecto del posible traslado. Unos 200 trabajadores en Pensilvania perderían sus puestos. Sin embargo, si no se efectuara el traslado, probablemente habría que despedir a bastantes trabajadores para cortar los gastos y asegurar las ganancias de la compañía. Además, la reciente situación política centroamericana inquieta a los gerentes y supervisores estadounidenses que tendrían que mudarse a Centroamérica por un año o más para montar la operación. Se preocupan por su propia seguridad física y la de sus familias si se trasladan con ellos. Las opciones son tres para Penntext:

• quedarse en Pensilvania
• trasladar una parte substancial de sus operaciones a San Salvador
• efectuar el mismo traslado a San José

Conteste las siguientes preguntas.

a. ¿Por qué está considerando la gerencia de Penntext trasladar parte de sus operaciones a Centroamérica?

b. ¿Qué semejanzas y diferencias hay entre las dos localidades consideradas?

c. Si se efectúa el traslado a San Salvador o a San José, ¿existe la maquinaria de producción que se necesita, o se tendrá que hacer inmediatamente una costosa inversión de capital para adquirirla? Explique.

d. ¿Cuántos años de vida útil tenía cada máquina cuando se compró nueva? ¿Cuántos años tiene aún en cada lugar? Usando el método lineal, ¿cuál ha sido el gasto anual de depreciación para cada máquina en San Salvador y en San José? ¿Cuánta depreciación acumulada hay para las máquinas en cada lugar? Si fuera Ud. a comprar estas máquinas, ¿qué precio de oferta consideraría justo? ¿Por qué?

e. ¿Cuáles serán los efectos sobre los trabajadores en Pensilvania si se hace el traslado a Centroamérica? ¿Y si no se hace?

f. ¿Qué opina Ud. del temor de los gerentes y supervisores estadounidenses por la reciente situación política en Centroamérica? ¿Sería un factor importante para Ud. y su familia si Ud. fuera uno de ellos?

g. Justifique cada una de las tres opciones de Penntext:
  • quedarse en Pensilvania
  • efectuar un traslado a San Salvador
  • efectuar un traslado a San José

h. Si Ud. tuviera que tomar la decisión final, ¿cuál opción escogería? Justifique su decisión.

5-9 Análisis y comparación

Estudie la siguiente tabla comparativa y haga los ejercicios que aparecen a continuación. Use también sus conocimientos y, cuando haga falta, otras fuentes informativas como el diccionario, el *Almanaque Mundial*, el internet, etc. Los ejercicios se pueden hacer individualmente, en parejas o en pequeños grupos para discutir en clase.

Tabla 5-1

Los países hispanoparlantes, Brasil y EUA: Población en el año 2005, % población urbana, distribución etaria, analfabetismo, número de líneas telefónicas, radios y televisores por mil personas (números redondeados)

País	Población 2005 (en millones de personas)	% Urbana	Distribución etaria		% Analfa-betismo	Número de líneas telefónicas	Radios por mil personas	Televisores por mil personas
			% <15 años	%65+ años				
Argentina	39.5	89%	31%	9%	3%	8,009,400	681	293
Bolivia	8.9	63%	39%	5%	13%	563,900	675	118
Chile	16	87%	26%	7%	4%	3,467,200	354	240
Colombia	43	71%	31%	5%	8%	7,766,000	539	279
Costa Rica	4	59%	30%	6%	4%	1,038,000	774	228
Cuba	11.3	75%	21%	10%	3%	574,400	352	248
Ecuador	14.2	61%	35%	5%	10%	1,115,272	406	213
El Salvador	6.7	58%	37%	5%	20%	667,700	478	191
España	40	77%	15%	17%	3%	17,336,000	331	555
Guatemala	14.7	39%	42%	4%	39%	756,000	79	61
Guinea Ecuatorial	0.5	43%	42%	4%	14%	8,000	116	490
Honduras	7	46%	42%	4%	24%	322,500	410	95
México	106	75%	32%	5%	11%	14,941,600	329	272
Nicaragua	5.3	57%	42%	3%	32%	171,600	270	69
Panamá	3	62%	32%	6%	7%	396,000	299	192
Paraguay	6.3	57%	39%	5%	6%	273,200	182	205
Perú	29	72%	34%	5%	9%	2,022,300	273	147
Puerto Rico	3.9	61%	23%	12%	6%	1,322,000	714	321
República Dominicana	9	66%	35%	5%	15%	709,000	178	96
Uruguay	3.5	87%	24%	13%	2%	946,500	603	531
Venezuela	25	87%	34%	4%	9%	2,841,800	296	185
Brasil	186	82%	30%	6%	17%	38,810,000	434	333
EUA	296	79%	21%	13%	3%	194,000,000	2,116	884

FUENTES: *U.S. Bureau of the Census, U.S. Department of State Background Notes, CIA World Factbook 2004, The World Almanac and Book of Facts 2004*

1. ¿Cuáles son los tres países hispanos con el mayor porcentaje de población urbana? ¿Los tres con el menor porcentaje? Haga un gráfico lineal o circular (*line o pie chart*) para comparar el porcentaje de población urbana de estos seis países.

2. En su opinión, ¿qué efectos tiene la urbanización sobre el comercio?

3. ¿Qué quiere decir la frase «distribución etaria»? ¿Cuáles son los cuatro países hispanos con el mayor porcentaje de habitantes de menos de 15 años de edad? ¿Cuáles son los cuatro países hispanos con el mayor porcentaje de habitantes de más de 65 años de edad? ¿Cuál es el promedio de edad del Caribe hispano? ¿De América Central? ¿La región andina? ¿Los países del Cono Sur?

4. ¿Qué quiere decir «analfabetismo» y cómo se determina? ¿Cuáles son los dos países hispanos con el mayor porcentaje de analfabetismo? ¿Y los dos países hispanos que tienen el menor porcentaje de analfabetismo? ¿Cuáles son algunos efectos que puede tener el % de analfabetismo de un país sobre los medios comunicativos (prensa, carteleras de carretera, radio, televisión, fax, internet, etc.) que se usan para el comercio y los anuncios?

5. ¿Para qué tipos de actividades comerciales se usa el teléfono? ¿Ha hecho usted alguna vez alguna compra por teléfono? Explique. ¿Qué opina usted del uso del contestador automático y el correo auditivo para los negocios? ¿Facilitan o complican el comercio? Explique.

6. ¿Cuántas líneas telefónicas hay en cada uno de los siguientes países: España, Puerto Rico, Bolivia, Argentina, El Salvador, Colombia, México y EUA? En España, Argentina y EUA, ¿cuántas líneas telefónicas hay por cada mil habitantes? (Se calcula al dividir el número de líneas por la población nacional dividida por mil: por ejemplo, para México, $14,941,600 \div (106,000,000 \div 1,000) = 140$ teléfonos por cada mil habitantes.)

7. En términos de la infraestructura comunicativa, ¿cuáles son los cinco países hispanos con el mayor número de radios y de teléfonos por cada mil personas?

8. ¿Qué países hispanos tienen más televisores que radios por cada mil personas?

9. ¿Piensa usted que es más útil la radio o la televisión para el comercio? Explique.

10. ¿Cuáles han sido algunos de los cambios o avances recientes en las telecomunicaciones? ¿Cómo se usa la internet para anunciar, vender o comprar algo? ¿Ha hecho usted alguna vez una compra electrónica (nacional o internacional)? Si así es, hable del proceso y de su experiencia con sus compañeros de clase. En comparación con comprar en persona en una tienda, ¿piensa usted que es más fácil, más difícil, mejor o peor usar el comercio electrónico para la compraventa de mercadería? ¿Qué riesgos hay? ¿Cuáles son otros cambios o avances tecnológicos que usted prevé para las telecomunicaciones y su uso comercial?

www Posibilidades profesionales

Los bienes raíces ofrecen muchas posibilidades laborales a nivel internacional, en especial las de corredor, agente o tasador de inmuebles y especialista en hipotecas, entre otras. Para más información al respecto y para una actividad escolar que le ayudará a saber más sobre el tema, véase el Capítulo 5 de *Posibilidades profesionales*, que se encuentra en http://exito.heinle.com.

VOCABULARIO

Aquí se presentan los principales términos relacionados con este capítulo. Al final del libro hay un glosario más completo.

abastecedor/a • *supplier*

aclarar la garganta • *to clear one's throat*

agotamiento • *depletion*

agotar • *to deplete*

alquilar • *to rent*

alquiler (*m*) • *rent*

apresurarse • *to hurry*

arrendar • *to lease, rent*

arrendatario • *lessee, tenant*

bienes inmuebles (*m*) • *real estate*

bombero • *fireman*

camioneta • *van, pickup truck*

chaqueta de vaquero • *cowboy jacket, denim jacket*

cierre de la casa (*m*) • *closing on a home (sale)*

cobertura • *coverage*

comparecer • *to appear, make an appearance (e.g., in court)*

contraer • *to incur, enter into an obligation*

contratante (*m/f*) • *party entering into a contract*

contrato • *contract*

corretaje (*m*) • *commission (for agent or broker)*

cumplimiento • *fulfillment*

depreciación lineal • *straight-line depreciation*

derrumbar • *to tear down, demolish (a building)*

desgastar (se) • *to wear out, deplete*

desgaste (*m*) • *deterioration, damage, depletion*

eje (*m*) • *axis, axle*

fianza • *down payment, deposit*

impositivo • *tax-related*

inmobiliaria • *real estate agency*

inmueble (*m*) • *real estate; a building*

inquilino • *tenant*

inventario • *inventory*

IVA (impuesto sobre el valor añadido o agregado) • *value-added tax*

latifundio • *large landed estate, ranch*

logro • *achievement*

mensualidad • *monthly payment, rent*

método lineal • *straight-line method (depreciation)*

montar • *to set up*

pagadero • *payable*

pago inicial • *down payment*

por anticipado • *down payment, payment in advance*

parte (*f*) • *party in a negotiation or contract*

plano • *map* (*of city*)

planta baja • *ground floor* (*at street level*)

plusvalía • *appreciation, gain in value*

préstamo hipotecario • *mortgage loan*

prima • *premium* (*insurance*)

promedio • *average*

prorrogado • *postponed, deferred*

recuperación • *salvage* (*in reference to «salvage value»*)

renuevo • *renewal*

reparación • *repair*

reparto • *delivery*

requisito • *requirement*

reventa • *resale*

sede (*f*) • *home office*

sequía • *drought*

servicio (de electricidad, gas, agua) • *utilities*

suministro • *supply*

tácitamente • *tacitly*

terceros • *third parties*

tramitar • *to attend to, deal with*

traslado • *move* (*residence or job*)

traspaso • *transfer* (*of title to property*)

ubicarse • *to be located*

valor de recuperación (*m*) • *salvage value*

vecino • *neighbor, resident*

vencer • *to fall due, mature, be payable* (*on a certain date*)

vigente (*adj*) • *effective, in effect, in force*

vivienda • *housing*

CAPÍTULO

6 La oficina

Technology means the systematic application of scientific or other organized knowledge to practical tasks.
John Kenneth Galbraith

In the software industry, change is the norm.
Bill Gates

Más vale resbalar con el pie que con la lengua.
Proverbio

Una oficina moderna en Buenos Aires, Argentina. Describa lo que ve Ud. en esta foto. ¿Qué usos tienen las máquinas de oficina representadas?

6-1 Preguntas de orientación

Al hacer la *Lectura comercial*, piense en las respuestas a las siguientes preguntas.

1. ¿Cómo es la oficina de la Figura 6-1 (página 153)?
2. ¿Por qué es importante el concepto de «renovarse o morir» en el contexto comercial?
3. ¿Cuáles son las funciones básicas de la oficina en las actividades diarias de una empresa?
4. ¿Qué procesos se desempeñan en una oficina para lograr los fines comerciales de una empresa?
5. ¿Qué impacto han tenido los avances tecnológicos en las operaciones de oficina?
6. ¿Qué componentes tiene una computadora y cuáles son algunos de sus accesorios y periféricos?
7. ¿Qué diferentes tipos de computadora hay, y cuáles son sus ventajas y desventajas?
8. ¿Qué distingue la comunicación telefónica de la correspondencia escrita?
9. ¿Qué otras máquinas y aparatos se usan en la oficina moderna?
10. ¿Cómo ha sido la «revolución comunicativa» en comparación con otras revoluciones tecnológicas del pasado?

BREVE VOCABULARIO ÚTIL

almacenar • *to store*

archivar • *to file*

chisme (*m*) • *gossip*

computadora • *computer*

desempeñar • *to carry out*

escáner (*m*) • *scanner*

impresora • *printer*

jerga • *jargon*

nómina • *payroll*

papeleo • *paperwork*

red de comunicación (*f*) • *communications network*

renovar(se) (ue) • *to renew*

LECTURA COMERCIAL

Sistemas y equipo de la oficina moderna

Una empresa multinacional puso el siguiente anuncio en una revista comercial española:

> Imagine un mundo sin fronteras. Imagine una oficina sin problemas, donde máquinas y personas colaboren en perfecta armonía. Donde el futuro sea realidad.

Si se compara este concepto de la oficina moderna con el dibujo que se presenta a continuación (Figura 6-1, página 153), uno se da cuenta de las enormes innovaciones que han ocurrido en el diseño, la organización y el equipo de la oficina del nuevo milenio.

Los anticuados sistemas y equipos de trabajo que se usaban en las oficinas de hace quince o veinte años ya no cumplen con las necesidades actuales. La empresa que no se prepare para la diversidad y la rapidez de los cambios tecnológicos y su efecto en la estructura y en los valores sociales del siglo XXI, se dirige hacia un fracaso casi seguro. Con respecto al panorama comercial del futuro, hay que «renovarse o morir».

Una meta primordial de la oficina es la de proveer el lugar físico y el ambiente necesarios para poder planear y realizar la administración óptima de una organización o empresa así como de cualquiera de sus funciones operativas. Clave en el diseño de una oficina es el uso del espacio para impulsar y mejorar la productividad. Después de planear y asignar las responsabilidades y los trabajos, hay que desarrollar la capacidad de recibir y procesar información; es decir, de seleccionar la más valiosa y **registrar, almacenar,** adaptar y transformarla, siempre con el propósito de poder tomar la mejor decisión comercial posible. Según el caso, los datos que se comunican pueden ser en forma de texto, cifras (números), gráficos, texto o imágenes; y la comunicación puede ser escrita, oral, visual o una combinación de los tres medios. La comunicación de una empresa se puede realizar entre los empleados mismos (la interna) o entre la compañía y sus clientes (la externa). Por eso es importante considerar no sólo el equipo y los sistemas de comunicación imprescindibles, sino también los aspectos psicológicos y sociológicos que afectan a quienes se comunican.

Consideremos primero las máquinas, los **dispositivos** de la **tecnología de información (TI)** y los sistemas de telecomunicación que han sido el resultado de

Figura 6-1   **La oficina de antaño**

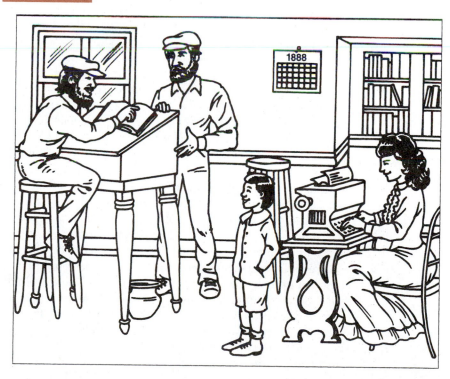

los avances tecnológicos. Éstos han aumentado la cantidad de información y datos que las empresas pueden recibir, procesar, archivar o enviar, y han acelerado la velocidad con la que pueden hacerlo. También han podido reducir, en un sentido físico, el odiado papeleo acumulado durante las décadas anteriores. Hoy en día, por ejemplo, se pueden guardar miles de páginas de información y gráficos en un solo disco o CD de computadora. Por otra parte, la compatibilidad entre las diferentes redes de comunicación electrónica ha facilitado la flexibilidad de la comunicación inmediata entre las **estaciones** o los **puestos de trabajo,** tanto dentro de la empresa misma como entre estas estaciones y otros lugares geográficos que participan en la comunidad virtual.

Entre las nuevas máquinas, la computadora o el computador (el ordenador en España) ha tenido una enorme influencia en el mundo comercial. Ha facilitado el procesamiento de enormes cantidades de información cada vez más compleja con mayor rapidez y precisión, y ha permitido su **almacenamiento** o **alojamiento** en menos espacio físico. Esto ha permitido que la empresa se dedique a otros asuntos más creativos y productivos. Por supuesto, antes de comprar cualquier **sistema de computación** o **de cómputo,** hay que considerar el precio del equipo, su instalación y mantenimiento, los objetivos, los problemas que puedan resultar de una conversión parcial o total al sistema electrónico, con arquitectura **inalámbrica** o **satelital** conectada e integrada, y el costo de adiestrar a los empleados por medio de cursos de formación. Las **computadoras de mesa** o **de sobremesa** suelen tener más memoria y velocidad que las **microcomputadoras (microordenadores)** o las **computadoras portátiles** o «**laptop**» (cada día más **ultraligeras** y **ultradelgadas**) mientras que éstas ofrecen mayor flexibilidad de lugar de trabajo. En realidad, todas las computadoras han hecho más prácticas las conversiones de sistemas en las oficinas de las PYME (pequeñas y medianas empresas).

Lo más importante es conseguir o programar el sistema operativo y el **software** que se necesitan, o sea, el conjunto o soporte lógico para el procesamiento de textos, datos, imágenes y voz. Éste se usa con el **hardware,** o sea, el equipo físico, el cual puede tener accesorios y periféricos como los siguientes: el teclado; el ratón (que puede ser óptico); las tarjetas madre, de video (o vídeo), de sonido, de red y de TV; bocina(s); quemador de CD y DVD; y la cámara digital. En fin, se puede configurar la computadora «a medida» de las necesidades del usuario, con conectividad inalámbrica y sin fisuras, acceso a servidores, protección de virus y de «*firewall*» o cortafuegos (pared cortafuegos o contra fuego), para realizar funciones tales como el procesamiento de datos y textos, la hoja de cálculo, la esquematización y el correo electrónico (el *E-mail* o *email*). Al entrar la información, se proyecta sobre una pantalla o un monitor (que puede ser de panel plano) que permite repasar, modificar o corregir la información en el acto. Se puede reproducir una copia exacta de cualquier documento y almacenarla en un disco por medio de un escáner o explorador. Se puede guardar grandes cantidades de información al quemar un CD o usar un disco zip o una memoria portátil (*flash drive*). La salida de información se consigue por medio de una impresora de tipo láser o de chorro o de inyección de tinta (que requiere cartuchos o cintas). Si se necesitan más copias, se utiliza una fotocopiadora que combina una serie de pasos: separación, ordenación y engrapamiento. Otro desarrollo tecnológico ha sido la reprografía que permite enviar documentos, dibujos u otros materiales por medio del fax o facsímil. Hasta se puede usar una impresora multifunción que tiene capacidad de fotocopiar y **faxear.**

Otros avances incluyen el control remoto o mando a distancia, el organizador, el handheld o el palm, la pocket PC, las baterías removibles y recargables, la televisión satelital o por cable y la telefonía móvil o celular. La comunicación telefónica ha avanzado por la introducción de estos teléfonos portátiles, muchos con baterías (pilas) recargables de larga duración. Además, el correo auditivo (correo de voz, correo vocal o correo de mensajes hablados), la identificación de llamadas (o de abonado llamante o de origen), la remarcación (o rellamada automática), la transferencia o el reenvío de llamadas y el discado activado por voz han hecho más flexible la comunicación oral. Los usuarios celulares, conectados por auriculares y un beeper (bíper, localizador, ubicador o buscapersonas) van ganando rápidamente terreno contra el uso de las líneas fijas telefónicas.

A principios del siglo XXI, las comunicaciones electrónicas han mejorado mucho y siguen avanzando cada día, lo cual presenta el reto de tener que renovar el equipo que va quedando desfasado por tan rápido desarrollo digital, inalámbrico y satelital. Actualmente el internet está ganando adeptos en todas partes del mundo. La computadora ya ha creado el mercado y, según Internet-World-Stats, en 2004 el internet ya contaba con 739,721,856 de usuarios (11.5% de la población mundial de 6,453 mil millones), número que se había duplicado en sólo cuatro años desde 2000, con la siguiente distribución (datos de www.internetworldstats.com):

Figura 6-2   **Distribución mundial de usuarios de internet en 2004.** (*Gráfico de M.S. Doyle*)

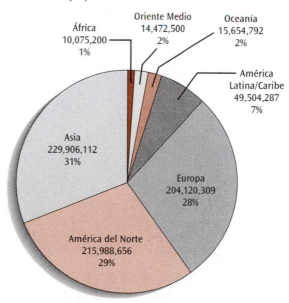

Figura 6-3 **Usuarios de internet en Latinoamérica en 2004.** (*Gráfico de M.S. Doyle*)

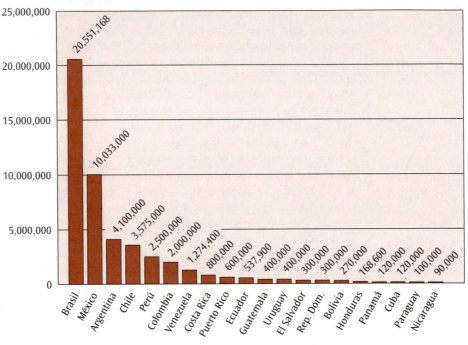

Entre los países líderes del mundo por número de usuarios, EUA se clasifica en primer lugar con 180 millones (62% de la población nacional); Brasil es el país número 11 con 20.5 millones (8%); España es el 12 con 13.9 millones (34%); México, el 21 con 10.7 millones (4.6%); y Argentina es el país número 24, con 4.1 millones (11%). El gráfico de la Figura 6-3 se basa en datos del mismo informe y nos proporciona un panorama del uso reciente de internet en Latinoamérica.

La revolución comunicativa y la creación de la «tienda virtual» han eliminado y han creado compañías y trabajos al llegar a todos los sectores de la economía mundial. Pero esta revolución parece no haber tenido tantas consecuencias negativas como otras revoluciones tecnológicas del pasado. Lo que sí ha traído es la necesidad y la permanencia de la palabra «cambio» en la vida cotidiana de casi todo el mundo, y el estrés de vivir en una economía mundial electrónica y satelital de 24 por 7 (de 24 horas al día, siete días por semana). La nueva era de la *banda ancha* facilitará la confluencia de voz, datos e imágenes por un solo medio de comunicación y una nueva generación de «internautas» o «móvilnautas» con tecnología de punta está creando una cultura de información móvil y de tiempo real, y los teléfonos celulares jugarán un papel clave en la arquitectura del nuevo hogar-empresa-universo de control a distancia y alcance inmediato.

El número de participantes en el comercio electrónico y satelital se ha expandido radicalmente, eliminando el intermediario y los medios de distribución tradicionales. El vendedor/exportador ya puede generar e imprimir etiquetas, facturas comerciales y la documentación transportista o aduanera necesaria desde una estación de trabajo muy alejada del consumidor. Todo esto exige que el vendedor respalde o tenga **back-up** de información valiosa en sus archivos, su servidor y su disco duro. Además, el potencial de negocios por la internet o en línea es multiplicado por el concepto de la **página web,** la cual está revolucionando la cadena productiva y las posibilidades publicitarias de cualquier empresa. Con este avance tecnológico, los proveedores, clientes, socios y empleados tienen acceso a las funciones de un negocio cuando y dondequiera que estén en el mundo. Solamente tienen que **hacer clic** (o **cliquear**) u oprimir (**pulsar, apretar, presionar**) un botón.

Esta nueva realidad está creando una mayor necesidad de avanzadas medidas de seguridad electrónica. Por ejemplo, el teléfono celular con cámara ya se prohíbe en muchas multinacionales, a causa del riesgo real del espionaje, y se están «utilizando contraseñas generadas al azar que expiran en minutos.» Y para un futuro cercano se prevé el uso de «dispositivos biométricos como lectores de huellas digitales o escáneres de retina [...] para acceder a sistemas críticos, e incluso a los computadores personales y las memorias portátiles.» («Grandes ideas: Diez ideas tecnológicas que se deben tomar ya,» Greg Brown, en *Latin Trade*, enero 2005, vol. 13, N° 1)

La convergencia de la informática y las telecomunicaciones les ofrece al gerente y al empleado contemporáneo una nueva libertad de trabajar en y desde cualquier lugar. Es decir, las comunicaciones y otras funciones comerciales ya se pueden realizar fuera de la oficina tradicional, por ejemplo, en **lugares clave** como hoteles y aeropuertos o en casa, en un parque, en un carro o en un avión. La **videoconferencia,** las **reuniones en línea,** el teléfono celular con pantalla visual y los **mensajes instantáneos** quizás lleguen a reemplazar la cita de cara a cara o el viaje de negocios tan importantes tradicionalmente para los negocios en Latinoamérica. Incluso en los casos en que no sea posible comunicarse telefónicamente con un cliente, existe el/la contestador/a telefónico/a para mandar y recibir información. Hay empleados que ya pasan varias horas por semana trabajando en casa con una computadora personal, y en un futuro muy cercano podrá haber una sociedad profesional y semi-profesional de **teleconmutadores** o **trabajadores a distancia,** es decir, de personas que trabajan en casa y cuyo único contacto con la oficina central es por medio del teléfono o la computadora. En realidad, el usuario de una computadora conectada con la existente red mundial de comunicación puede navegarla para recibir toda clase de información útil de tipo multimedia sobre cualquier tema. Lo que requiere esta nueva realidad es la capacidad de determinar cuál es la información más valiosa, puesto que la red está saturada también de información sospechosa o de mala calidad.

PARA PENSAR

El empleador puede tener preocupaciones legítimas en lo que respecta a la posible utilización del correo electrónico por parte de sus empleados y ejecutivos para divulgar informaciones confidenciales o secretos comerciales a los competidores. De la misma forma, son legítimas las preocupaciones sobre los mensajes electrónicos que llegan a las terminales de los trabajadores con anexos enormes que contienen bromas, juegos, fotos, pornografía, etc., que sobrecargan la red y pueden derrumbar el sistema o retardar la llegada y el envío de mensajes importantes y esperados, además de traer virus. Por otro lado, son igualmente legítimas las preocupaciones de los empleados en cuanto a la protección de los mensajes y de sus vidas privadas. Estos intereses pueden ser conciliados con una política empresarial de directivas claras respecto a la utilización de internet y del correo electrónico por parte de los empleados.
(www.revistapoder.com; 5/7/04; página 2.)

1. ¿Qué preocupaciones legítimas tienen los empleadores respecto al uso del correo electrónico por parte de sus empleados?
2. Por otra parte, ¿qué preocupaciones legítimas tienen los empleados respecto a este tema?
3. Según la lectura, ¿cómo se pueden conciliar los intereses de los empleadores (el control de trabajo durante las horas laborales) y de los empleados (la libertad y privacidad) en cuanto al uso de internet y del correo electrónico? Si usted fuera el empleador, ¿qué directivas claras propondría como su política empresarial respecto a la utilización de internet y del correo electrónico por parte de los empleados? ¿Cómo aseguraría usted que sus empleados están cumpliendo con la política empresarial?
4. ¿Piensa usted que muchos empleados abusan de internet y del correo electrónico durante sus horas de trabajo? ¿Es verdaderamente un problema que afecta la productividad? Explique.
5. ¿Piensa usted que los empleadores tienen o deben tener el derecho de espiar los e-mails de sus empleados? Explique.

A pesar de tantos avances tecnológicos, la oficina de hoy aún necesita muebles muy parecidos a los que se usaban antes de la revolución digital y satelital. Existen todavía el escritorio, el pupitre para la máquina de escribir o la computadora, las sillas (fijas y giratorias), los sillones o butacas (la sillería con formas ergonométricas para evitar la fatiga), los estantes para los libros o manuales, y los archivos con carpetas. Los efectos que se guardan sobre el escritorio o dentro de sus cajones siguen pareciéndose a los de antaño. (Véase Figura 6-4.)

Tampoco han cambiado ciertos aspectos de la comunicación oral y escrita dentro de la oficina. Todavía existe la comunicación oral sumergida, es decir, el chisme y los rumores que circulan en las reuniones y en los pasillos, en las charlas informales por teléfono y por correo electrónico. ¡Las paredes oyen! En la comunicación escrita aún se usan el memorando, el tablón o tablero de anuncios, las cartas y otros documentos rutinarios. Además, todavía existe la posibilidad de una mala comunicación, ya sea escrita u oral, por las siguientes razones:

1. La interpretación errónea que se le dé a una comunicación a causa del significado de una palabra o símbolo
2. La diferencia entre niveles operativos, por ejemplo, entre la gerencia y los funcionarios
3. La falta de una comunicación clara entre diferentes departamentos
4. La diferencia en el uso de la jerga profesional
5. La diferencia en la formación cultural o intelectual de los individuos, y la existencia de los estereotipos
6. La competencia y la falta de confianza entre los empleados
7. La interpretación errónea de la cinética y la proxémica: los gestos, las expresiones faciales, las posturas del cuerpo y la distancia física o relación espacial entre las personas que se hablan
8. La interpretación errónea del paralenguaje comunicado por la voz humana: el tono, el suspiro, el gruñido, etc.

Figura 6-4

6-2 **A**ctividades

1. **¿Qué sabe Ud. de negocios?** Vuelva a las *Preguntas de orientación* que se hicieron al principio del capítulo y a las preguntas que acompañan la foto y contéstelas en oraciones completas en español.

2. **¿Qué recuerda Ud.?** Indique si las siguientes oraciones son *verdaderas* o *falsas* y explique por qué.
   a. La oficina actual es muy parecida a la oficina de hace veinte años.
   b. La manera de almacenar información no ha cambiado mucho.
   c. La secretaria transforma información cuando entra en la computadora una carta dictada.
   d. El uso de la computadora ha aumentado la cantidad de papeleo en la oficina.
   e. La telefonía celular es el avance tecnológico que ha tenido mayor efecto en la oficina moderna.
   f. La selección del hardware es más importante que la del software en un sistema para el procesamiento de información.
   g. La fibra óptica puede controlar hasta el color de las paredes de la oficina.
   h. No es posible perjudicar un acuerdo comercial por una mirada poco apropiada o un suspiro inoportuno.

3. **Exploración.** Haga los siguientes ejercicios usando sus conocimientos y opiniones personales.
   a. ¿Qué diferencias hay entre la comunicación interna y la externa de una empresa? ¿Qué importancia tiene cada una?
   b. ¿Cree Ud. que los avances tecnológicos han tenido un efecto positivo en la oficina? Explique.
   c. ¿Qué máquinas considera Ud. imprescindibles en una oficina moderna? ¿Por qué?
   d. ¿Cuáles pueden ser algunos efectos negativos del chisme en el ambiente de la oficina? ¿Cómo se puede eliminar o reducir el chisme en el trabajo?
   e. ¿Cuáles son algunas ventajas y desventajas de esta era de la «tienda virtual», los teleconmutadores y los «móvilnautas»? ¿Tiene Ud. algunas preocupaciones en cuanto al futuro digital y satelital? ¿Cuáles son?
   f. ¿Cómo se relacionan los dichos que aparecen al principio del capítulo con los temas tratados?

6-3 **A**l teléfono

TRACKS 11 y 12

1. Lea las siguientes preguntas. Después escuche atentamente la conversación telefónica del Capítulo 6 en el CD y conteste las preguntas. Puesto que la comprensión auditiva es una destreza comunicativa sumamente importante, se recomienda escuchar el CD varias veces.
   a. ¿Por qué llama la Sra. Bermúdez al Sr. Sánchez?
   b. ¿Cuáles son las quejas específicas que tiene la Sra. Bermúdez?
   c. ¿Cómo justifica el Sr. Sánchez las funciones de las computadoras?
   d. ¿Qué les va a sugerir la Sra. Bermúdez a sus operarios?
   e. ¿Qué ofrece hacer el Sr. Sánchez para calmar las inquietudes de sus clientes?

2. Basando sus comentarios en la conversación telefónica del ejercicio anterior, haga la siguiente llamada telefónica a otro/a estudiante de la clase. Cada persona deberá participar activamente en la conversación. Para ayuda con esta actividad, véase el Apéndice 1, *Protocolo telefónico*, página 455.

   Ud. es el Sr. Raúl Sánchez Álvarez, de Instalaciones Perfectas. El lunes siguiente Ud. vuelve a llamar a María Angélica Bermúdez con el propósito de fijar una fecha para ofrecerles un cursillo a sus trabajadoras que usan las computadoras recientemente instaladas. Durante la conversación, ella le revela los resultados de sus propios intentos de sugerirles a las operadoras que tengan paciencia con sus nuevas computadoras.

3. Haga la siguiente llamada telefónica a otro/a estudiante de la clase. Cada persona deberá participar activamente en la conversación. Si necesita ayuda con esta actividad, véase el Apéndice 1, *Protocolo telefónico*, página 455.

   Ud. es gerente de una oficina en la cual un sistema de computadoras recién instalado no ha funcionado muy bien. Llame a la persona que lo instaló y explique las complicaciones que hay (por ejemplo, que no aparece nada en el monitor, no funciona la impresora láser, etc.).

6-4 Navegando el internet

Para hacer este ejercicio del presente capítulo, visite la página web del libro http://exito.heinle.com.

6-5 Ejercicios de vocabulario

Si le es necesario, consulte la *Lectura comercial* o la lista de vocabulario al final del capítulo para completar estos ejercicios.

1. **¡A ver si me acuerdo!** Pensando en la posibilidad de establecer una relación comercial, usted va a tener una conversación con una persona de negocios de un país hispano. Sin embargo, se le olvidan a usted los siguientes términos en español. Un/a compañero/a lo/la ayuda a recordarlos al pedir que usted se los traduzca.

   a. *home office*
   b. *hard drive*
   c. *system*
   d. *fax machine*
   e. *technology*
   f. *paperwork*
   g. *spread sheet*
   h. *e-commerce*
   i. *gesture*
   j. *word processor*

2. **¿Qué significan?** A usted le interesa la posibilidad de trabajar en una oficina en un país hispanohablante. Sin embargo, no sabe lo que significan ciertos términos que se usan frecuentemente en el comercio. Ud. decide consultarlos con un/a amigo/a. Pídale a un/a compañero/a de clase que le explique los siguientes términos y que le dé algunos sinónimos si puede.

   a. almacenar
   b. sucursal
   c. ordenador
   d. chisme
   e. correo electrónico
   f. renovarse
   g. efectos de escritorio
   h. muebles de oficina

3. **Entrevista profesional.** Usted quiere saber lo más posible sobre las oficinas hispánicas porque quiere amueblar la suya en Panamá. Por lo tanto, usted entrevista a un experto en la organización de oficinas, haciéndole las siguientes preguntas. Haga la entrevista con un/a compañero/a de clase. No olviden el protocolo ni las cortesías.

   a. ¿Para qué funciones se usa la computadora en una oficina?

   b. ¿Qué impacto ha tenido el uso de internet en los negocios?

   c. ¿Existe un protocolo para el uso del correo electrónico?

   d. Dé algunos ejemplos de la jerga en la industria informática.

   e. ¿Qué es una página web personal y cómo se establece?

   f. ¿Para qué se usan los teléfonos celulares en una empresa?

4. **Traducciones.** Un/a amigo/a suyo/a, con el/la cual Ud. quiere planear la oficina de la casa matriz de una empresa, acaba de empezar a estudiar español y negocios. Él/Ella sabe poco de la organización de oficinas. Usted lo/la ayuda al pedirle que él/ella traduzca las siguientes oraciones que informan sobre el tema.

   a. *Advances in technology make it possible to conduct business more quickly and efficiently.*

   b. *Machines and people must work together in the modern office.*

   c. *Some employees are afraid at first to use high-tech equipment.*

   d. *Data processing and word processing are two important functions performed by computers.*

   e. *The existence of commercial web pages on the internet has enormously expanded e-commerce activity.*

   f. *A business needs to know how to "surf" the internet in order to keep abreast of worldwide developments that may affect its decisions. A client is just a click away.*

Una vista panorámica de Nicaragua

Nombre oficial:	República de Nicaragua
Gentilicio:	nicaragüense
Capital y población:	Managua: 1,390,500 (metro); 1,145,000 (ciudad)
Sistema de gobierno:	República
Jefe de Estado/Jefe de Gobierno:	Presidente Enrique Bolaños Geyer
Fiesta nacional:	15 de septiembre, Día de la Independencia (1821: de España)

Nicaragua

Geografía y clima

Área nacional en millas²/ kilómetros²	Tamaño (comparado con EUA)	División administrativa	Otras ciudades principales	Puertos principales	Clima	Tierra cultivable
49,998 m²/ 129,494 km²	Casi tan grande como el estado de Nueva York	15 departamentos y 2 regiones autonomistas	León, Granada, Jinotega, Chinandega, Masaya	Corinto, Puerto Sandino, San Juan del Sur	Tropical en las tierras bajas, más templado y fresco en la altiplanicie	15.94%

Demografía

Año y población en millones			% urbana	Distribución etaria		% de analfabetismo	Grupos étnicos
2005	2015	2025		<15 años	65+		
5.3	6.0	7.3	57%	42%	3%	31.8%	69% mestizo, 17% blanco europeo, 9% negro, 5% amerindio

Economía y comercio

Moneda nacional	Tasa de inflación 2001	N° de trabajadores (en millones) y tasa de desempleo	PIB 2002 en millones $EUA	PIB per cápita $EUA	Distribución de PIB y de trabajadores por sector*			2002 Exportaciones en millones $EUA	2002 Importaciones en millones $EUA
					A	I	S		
El córdoba oro	7.4%	1.7/24%	$12,800	$2,500	30% 42%	26% 15%	44% 43%	$1,600	$609.5

*Para distribución del PIB y de los trabajadores (mano de obra): A = agricultura, I = industria, S = servicios (y gobierno).

Recursos naturales: Oro, plata, cobre, tungsteno, plomo, cinc, madera, pesca.

Industrias: Procesamiento de alimentos y bebidas, productos químicos y de metal, textiles y ropa, refinación de petróleo, calzado, madera.

Comercio

Productos de exportación: Café, marisco, carne, azúcar, bananos, ajonjolí (sésamo), algodón, tabaco, carne, azúcar.

Mercados: 59.4% EUA, 5.3% Alemania, 4.2% Canadá, 3.3% Costa Rica, 3.0 % Honduras, 2.0% México, 22.8% otros países.

Productos de importación: Productos de petróleo, bienes de consumo, maquinaria y equipo, materias primas.

Proveedores: 23.7% EUA, 10.3% Costa Rica, 10.1% Venezuela, 7.8% Guatemala, 6.7% México, 6.0% El Salvador, 4.6% Corea del Sur, 30.8% otros países.

Horario general de comercio: De lunes a viernes, desde las ocho de la mañana hasta las cinco o seis de la tarde. El almuerzo se come normalmente entre el mediodía y las dos de la tarde. Los sábados, desde las ocho de la mañana hasta el mediodía.

Transporte y comunicaciones

Kilómetros de carreteras y % pavimentadas	Kilómetros de vías férreas	Nº de aeropuertos con pista de aterrizaje pavimentada	Nº de líneas telefónicas	Radios por mil personas	Televisores por mil personas
19,032/11%	La línea nacional está casi inoperante: 6 km	11	171,600	270	69

Idioma y cultura

Idiomas	Religión	Comidas y bebidas típicas/Modales
Español (oficial), inglés y varias lenguas indígenas (miskito y sumo) en la costa del Atlántico	85% católico, 15% protestante	Tortilla, enchilada, nacatamal, gallo pinto, mondongo, baho, plátano frito, vigorón. Mantener las manos, no los codos, encima de la mesa durante la comida. Halagar la buena comida servida y practicar el arte de la buena conversación.

Horario normal del almuerzo y de la cena: Sobre la una de la tarde para el almuerzo; alrededor de las siete para la cena.

Gestos: Los nicaragüenses usan muchos gestos al hablar. Para indicar algo, se frunce la boca o se señala con la barbilla en esa dirección. Para decir adiós, la mano parece como si estuviera abanicándose. Tocarse bajo el ojo con el dedo índice es señal de ¡ojo!, tener cuidado. Para indicar que alguien es tacaño, colocar la mano, con la palma boca arriba, bajo el otro codo. Si se quiere pagar algo, se puede frotar los dedos índices de las manos (el gesto norteamericano de «shame on you»). Es obsceno el gesto del higo (un puño con el dedo pulgar colocado entre el dedo índice y el dedo corazón) —equivale a «to give the finger».

Cortesía: Saludar individualmente a cada persona al llegar a una reunión o comida y despedirse de cada una al marcharse para no quedar mal con nadie. Se considera descortés hablar con una voz exageradamente alta. Cuando se visita la casa de alguien para comer o cenar, llevar para los anfitriones un regalito como flores (¡pero no blancas porque se asocian con los funerales!), caramelos o chocolates.

LA ACTUALIDAD ECONÓMICA NICARAGÜENSE

La economía de Nicaragua fue un desastre en la década de los ochenta, debido a los efectos de la revolución sandinista iniciada en 1979. La guerra civil de los ochenta dio como resultado una gran escasez de toda clase de bienes y artículos de primera necesidad y el consumidor nicaragüense se fastidiaba al tener que hacer largas colas en todas partes. Según muchos informes, el nivel de vida en esa época fue incluso más bajo que durante la época de la dictadura de Anastasio Somoza (1967–1974). Éste fue el último miembro de la dinastía familiar que se originó con el general Anastasio Somoza García en 1937. Somoza García había ordenado la muerte del guerrillero antinorteamericano Augusto César Sandino, cuyo nombre llevaba el Frente Sandinista de Liberación Nacional (FSLN). Cuando el general Somoza fue asesinado en 1956, su hijo, Luis Somoza Debayle, asumió la presidencia de Nicaragua ese mismo año. Al morir Luis Somoza en 1967, su hermano Anastasio inició la represión.

Durante los años ochenta la lucha entre sandinistas y «contras» (contrarevolucionarios), además de las grandes pérdidas de vidas humanas, representó un gasto enorme de 50% del presupuesto nacional. El embargo económico impuesto por EUA en 1985 agravó la situación y empujó a Nicaragua a buscar más apoyo económico de la antigua URSS. La prolongada crisis económica de Nicaragua se debía además a la política económica seguida por el gobierno sandinista, dirigido por Daniel Ortega, elegido presidente en 1984. Su política de redistribución de la tierra y sus reformas en la salud pública y la educación no fueron apoyadas por EUA. Se había creado en Nicaragua una economía estatal que imponía controles sobre los precios de consumo, lo cual había conducido a un bajo nivel de producción. A la vez, México, Venezuela y otros países exportadores de petróleo, para demostrar su oposición a esa política económica, se resistieron a vender esta fuente energética a Nicaragua a los precios favorables de antes, hasta que se empezaran a resolver las grandes deudas ya acumuladas.

En las elecciones de febrero de 1990, Violeta Chamorro fue elegida Presidenta de Nicaragua, lo cual fue un acontecimiento totalmente inesperado por el gobierno sandinista. En 1994 hubo otros intentos del Frente Sandinista para despertar interés en un nuevo Movimiento de Renovación Sandinista (MRS). En 1996 Arnoldo Alemán Lacayo de la Alianza Liberal fue elegido presidente. El Huracán Mitch azotó el país durante su presidencia, en el otoño de 1998. Por eso, a pesar de que durante el gobierno de Alemán el país había implementado varias nuevas políticas económicas que comenzaban a superar las tendencias negativas de la guerra civil y las malas administraciones económicas que la siguieron, estos esfuerzos reformistas se detuvieron completamente, anulando las predicciones de un mejor futuro económico. Nicaragua, el país más pobre de Centroamérica, fue el que sufrió más daños del huracán. La ayuda y la caridad internacionales aliviaron las circunstancias y ayudaron a atraer también el apoyo de acreedores como el Club de París y otros para la eliminación del déficit. Sin embargo, le faltaron a Nicaragua más préstamos financieros para poder volver a establecer incluso las condiciones económicas que existían antes de la gran tormenta.

En 2000 el FSLN ganó las elecciones municipales de Managua, pero Daniel Ortega, otra vez su candidato presidencial, perdió las elecciones ante el candidato de la Alianza Liberal, Enrique Bolaños Geyer. En 2002 el expresidente Alemán fue condenado por lavado de dinero y desfalco durante su presidencia. El Banco Mundial por fin perdonó el 80% de la deuda nicaragüense, posiblemente la mejor noticia económica para el país desde 1980.

Una vista panorámica de Panamá

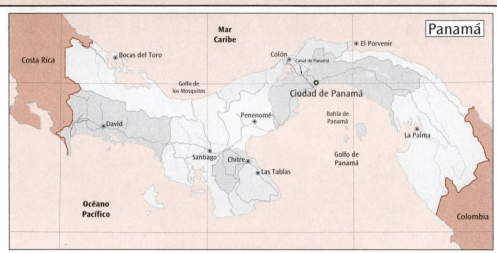

Nombre oficial:	República de Panamá
Gentilicio:	panameño/a
Capital y población:	Ciudad de Panamá: 1,053,500 (metro); 437,200 (ciudad)
Sistema de gobierno:	Democracia constitucional
Jefe de Estado/Jefe de Gobierno:	Presidente Martín Torrijos Espino
Fiesta nacional:	3 de noviembre, Día de la Independencia (1903: de Colombia)

Panamá

Geografía y clima

Área nacional en millas²/ kilómetros²	Tamaño (comparado con EUA)	División administrativa	Otras ciudades principales	Puertos principales	Clima	Tierra cultivable
30,193 m²/ 77,381 km²	Casi tan grande como Carolina del Sur	9 provincias y 2 comarcas (territorios)	Colón, David, San Miguelito	Balboa, Cristóbal, Coco Solo, Manzanillo Vacamonte	Tropical, cálido, húmedo, nublado; estación de lluvias mayo–enero	6.7%

Demografía

Año y población en millones			% urbana	Distribución etaria		% de analfabetismo	Grupos étnicos
2005	2015	2025		<15 años	65+		
3.0	3.4	3.7	62%	32%	6%	7.4%	70% mestizo, 14% zambo (amerindio y afroantillano), 10% blanco europeo, 6% amerindio

Economía y comercio

Moneda nacional	Tasa de inflación 2001	Nº de trabajadores (en millones) y tasa de desempleo	PIB 2002 en millones $EUA	PIB per cápita $EUA	Distribución de PIB y de trabajadores por sector*			2001 Exportaciones en millones $EUA	2001 Importaciones en millones $EUA
					A	I	S		
El balboa, el dólar	1.8%	1.1/13%	$18,060	$6,200	7% 21%	17% 18%	76% 61%	$5,900	$6,700

*Para distribución del PIB y de los trabajadores (mano de obra): A = agricultura, I = industria, S = servicios (y gobierno).

Recursos naturales: Cobre, caoba y bosques, camarones.

Industrias: Construcción, refinación y productos de petróleo, cemento, azúcar, procesamiento de alimentos y bebidas, metalistería (trabajo en metales), productos químicos, papel y productos de papel, imprenta, minería, ropa, muebles.

Comercio

Productos de exportación: Bananos, camarones y productos de pescado, azúcar, ropa, café.

  Mercados: 45.9% EUA; 8.1% Suecia; 5.3% Benelux; 5.1% Costa Rica, 35.6% otros países.

Productos de importación: Equipo industrial, petróleo crudo, productos alimenticios, bienes de consumo, productos químicos.

Proveedores: 33.1% EUA; 7.2% Ecuador; 6.6% Venezuela; 5.5% Japón, 47.6% otros países.

Horario general de comercio: De lunes a viernes, desde las siete de la mañana hasta las cuatro de la tarde. El almuerzo se come normalmente al mediodía. Los sábados, desde las siete de la mañana hasta las seis de la tarde.

Transporte y comunicaciones

Kilómetros de carreteras y % pavimentadas	Kilómetros de vías férreas	Nº de aeropuertos con pista de aterrizaje pavimentada	Nº de líneas telefónicas	Radios por mil personas	Televisores por mil personas
11,400/34.6%	355	41	396,000	299	192

Idioma y cultura

Idiomas	Religión	Comidas y bebidas típicas/Modales
Español (oficial), 14% de la población habla inglés como idioma nativo y muchos son bilingües; garífuna y varios idiomas indígenas como el chibcha y el chocoe	85% católico, 15% protestante evangélico	Arroz con pollo, frijoles, maíz, plátanos, carne, pescado, sancocho, bollo, guacho, guisado, verduras y frutas, chicha. Comer toda la comida servida y halagar a los anfitriones por la buena comida servida.

Horario normal del almuerzo y de la cena: Mediodía para el almuerzo; entre las cinco y las seis de la tarde para la cena.

Gestos: Mantener buen contacto visual al hablar con otra persona. Se frunce la boca en una dirección para señalar algo o para indicar que ya es hora de marcharse. Se encogen los hombros con las manos palmas hacia arriba para preguntar «¿Qué pasa?» Para decir que «no», mover el dedo índice de lado a lado con la palma de la mano hacia afuera. Para indicar que se vuelve pronto, dibujar un círculo o dos en el aire cerca de la cabeza. Se frunce la nariz para indicar que no se entiende algo.

Cortesía: Saludar individualmente a cada persona al llegar a una reunión o comida y despedirse de cada una al marcharse para no quedar mal con nadie. Mantener buen contacto visual con la otra persona durante una conversación. Normalmente no se les lleva un regalo a los anfitriones cuando come o cena en su casa; es más común retribuir invitándolos a comer en su casa o en un restaurante. Se aceptan las visitas no anunciadas de antemano, y hasta se aprecian.

LA ACTUALIDAD ECONÓMICA PANAMEÑA

La economía de Panamá ha dependido mucho del Canal de Panamá (construido en 1914) el cual ha generado un 10% del PIB anual. Su posición geográfica estratégica une América del Sur con el resto de las Américas continentales y sirve de enlace entre el océano Atlántico y el Pacífico. En los setenta del siglo pasado, Panamá se convirtió en un centro de refugio financiero debido a los siguientes factores: los buenos medios de comunicación y de transporte disponibles; el uso del español e inglés; una fuerza laboral bien adiestrada; la ausencia de controles gubernamentales sobre el cambio de dinero (lo cual, en su aspecto negativo, facilitó el lavado de dinero por parte de los narcotraficantes) y leyes más liberales hacia las sucursales ultramarinas (operaciones fuera del país de empresas establecidas en Panamá), las cuales quedaron exentas de impuestos locales. Recientemente, en 2002, bajo el gobierno de Mireya Moscoso Rodríguez (1999–2004), el país prometió hacer más transparente su sistema impositivo, con lo cual logró quitarse de la lista de refugios usados internacionalmente para evitar el pago de impuestos.

A mediados de los ochenta, el número de bancos en Panamá superó los 125. Durante la segunda mitad de la década, una serie de problemas políticos causados por las actividades sospechosas del general Manuel Antonio Noriega, un ex-agente de la CIA, provocó sanciones económicas contra el gobierno panameño por parte de los EUA. Después, hubo una rápida salida de depósitos bancarios y una enorme pérdida de capital. Además, como el gobierno de Panamá no emite su propio papel moneda, el balboa tiene y tenía solamente un valor nominal. En diciembre de 1989 las tropas norteamericanas invadieron a Panamá, capturaron al general Manuel Noriega y lo encarcelaron en EUA. Luego lo condenaron por tráfico de drogas y todavía continúa encarcelado en Miami. El gobierno estadounidense instaló ese mismo año a Guillermo Endara (1989–1994) como presidente. Se cree que el tráfico de drogas aumentó bajo Endara, quien eliminó el ejército panameño en 1990 y luego creó las Fuerzas Públicas.

Desde la construcción del canal en 1914, EUA mantuvo control de la Zona del Canal de Panamá hasta las últimas horas de 1999. La transferencia del control del canal a Panamá culminó en una ceremonia presidida por la presidenta Moscoso y el expresidente de EUA, Jimmy Cárter, quien había firmado el tratado inicial en 1977 con el general Omar Torrijos Herrera, el fallecido caudillo militar panameño.

Es evidente que la mayor parte de la economía panameña todavía se basa en los servicios debido a su favorable situación geográfica. Se han enfatizado más la banca, el comercio y el turismo. En 1948, se creó la Zona Libre de Colón, actualmente la más grande del hemisferio occidental. Con estos años de experiencia en logística y almacenamiento y el control del canal, los panameños esperan convertirse en el principal centro de logística de la región, el «Hong Kong de América». Es cierto que tienen ciertas ventajas: un sector naviero muy adelantado, con nuevas terminales de contenedores, y un creciente número de negocios portuarios para el suministro y la distribución de actividades de transbordo (el traslado de carga de un barco a otro). Esperan que en un futuro próximo el ferrocarril transoceánico se pueda reconstruir para transportar contenedores entre los océanos Atlántico y Pacífico. Lo que no tiene Panamá todavía son instalaciones para aerolíneas de carga.

El presidente Ernesto Pérez Balladares (1994–1999) comenzó un programa de reformas económicas cuyos propósitos fueron liberalizar las estructuras de comercio internacional, captar inversiones extranjeras, privatizar diversas empresas estatales, reformar las estructuras fiscales y crear nuevos trabajos por el cambio de los códigos laborales. Privatizó los dos puertos que quedaban y aprobó la venta del ferrocarril. También, Panamá se hizo miembro de la Organización Mundial del Comercio (OMC). En 1998, Pérez Balladares intentó cambiar la Constitución para poder continuar como presidente, pero el voto popular rechazó el cambio. Luego, Mireya Moscoso, quien sí fue elegida presidenta, prometió detener la privatización y elevar los aranceles sobre la importación, una política económica que no atraería las inversiones necesarias para promover el papel de Panamá como centro de logística regional. Además, Moscoso estableció una comisión para investigar crímenes cometidos bajo los gobiernos militares entre 1968 y 1979.

Aunque todavía existe la desigualdad entre la élite socioeconómica y el 40% de la población que vive en pobreza, hoy en día Panamá depende menos de la renta del canal y más de la banca, la manufactura, el comercio naviero y la zona de libre comercio en Colón. En las elecciones en mayo de 2004, Martín Torrijos Espino, el hijo de Omar Torrijos, el hombre fuerte de Panamá en la década de los setenta, fue elegido presidente.

6-6 Actividades

¿Qué sabe Ud. de Nicaragua y Panamá?

1. A Ud. lo/la han contratado/a como asesor/a transcultural de negocios internacionales. Como tal, necesita informarles a sus clientes sobre Nicaragua y Panamá, y recomendar un plan de viaje de negocios a cada país. Investigue los datos pertinentes para desarrollar los temas a continuación.

    a. Describa la geografía de Nicaragua y Panamá, refiriéndose a temas como los siguientes: ubicación y tamaño de ambos países, capital y otras ciudades y puertos principales, división administrativa y clima. Compare el tamaño de Nicaragua con el de EUA. Compárelo con el tamaño del estado donde Ud. vive. Compare el tamaño de Panamá con el de EUA y con el del estado donde Ud. vive.

    b. ¿Cuáles son las principales características demográficas y políticas de Nicaragua y Panamá? ¿Quién es el jefe de estado de cada país?

    c. ¿Cuándo se celebra la fiesta nacional de cada país? ¿Qué fiestas públicas podrían afectar un viaje de negocios a esos países? (Véase la Tabla 10-1, página 303.)

    d. Describa la economía de cada país. Incluya datos sobre la moneda nacional, la tasa de inflación, el PIB y el PIB per cápita, el número de trabajadores (la mano de obra), la tasa de desempleo, los recursos naturales, las industrias nacionales, los productos que se exportan e importan, los países destinos (mercados) y proveedores (fuentes) de estas transacciones internacionales, y la balanza de comercio. ¿A qué factor(es) se debe la diferencia del PIB y del PIB per cápita de los dos países? ¿A cuánto se cotiza cada moneda nacional respecto del dólar EUA?

e. ¿Qué producto o servicio recomendaría usted vender en Nicaragua y Panamá? ¿Por qué?

f. Compare la infraestructura de transportes y de comunicaciones en cada país. Originalmente se consideró la posibilidad de construir un canal a través de Nicaragua en vez de Panamá. ¿Por qué decidieron construirlo en Panamá? Busque la respuesta en un libro de consulta o en la internet.

g. ¿Cómo han cambiado los datos presentados en las secciones de *Vista panorámica* y *Actualidad económica* de este texto? Póngalos al día para cada país.

h. ¿Qué influencia en el comercio ha tenido el traslado del control del canal de EUA a Panamá al final del siglo pasado?

i. ¿Qué trámites son necesarios en Panamá para establecer una sociedad anónima con actividades fuera del país?

j. ¿Qué indican las leyes acerca del registro de naves bajo la bandera de Panamá, los requisitos sobre el tonelaje para pasar inspección, los requisitos para obtener una patente de navegación y las tasas de registro?

k. Basándose en la *Actualidad económica* de cada país, ¿qué realidades, oportunidades y problemas destacaría usted y qué recomendaciones le daría al/a la cliente/a?

 2. Usando el internet u otras fuentes informativas, prepare un plan (con presupuesto e itinerario) para sus clientes, quienes harán un viaje de negocios o a cada país individualmente o a ambos durante el mismo viaje. Busque las posibilidades en internet, por medio de una llamada telefónica, en una agencia de viajes o en el aeropuerto mismo. Comuníquese en español, si es posible.

a. Fechas de ida y vuelta

b. Vuelos: aeropuertos de despegue y aterrizaje, líneas aéreas, horario; costos

c. Transporte interno que se piensa usar en cada país: taxi, autobús, carro de alquiler, metro, tren, otro; costos

d. Alojamiento y viáticos; costos

e. La comida típica que van a pedir para la cena la primera noche en cada país

f. Las formas de cortesía y los gestos que deben recordar, usar o evitar

LECTURA CULTURAL

El hombre, la mujer y el empleo

Durante la primera mitad de los ochenta, la tasa de desarrollo económico de Hispanoamérica subió. Esto se debió en gran parte al crecimiento de la producción manufacturera y al aumento de las exportaciones de bienes de toda clase pero, en especial, al de las materias primas y de productos agrícolas. Brasil y México gozaron de la mayor prosperidad entre todos los países latinoamericanos, debido al petróleo y a sus productos forestales, frutas frescas y productos pesqueros. Sólo Centroamérica experimentó un desarrollo menos favorable a causa de las guerras civiles y del énfasis en productos agrícolas para el consumo interno. En algunos países, el turismo ha sido muy importante para la economía nacional.

Sin embargo, a partir de 1987 esta realidad favorable de Latinoamérica empezó a deteriorarse. El desempleo y el subempleo empezaron a aumentar de nuevo. También, por falta de una buena educación general y capacitación técnica, gran parte de la población no estaba preparada para desempeñar muchos de los trabajos disponibles. Complicaron e intensificaron esta situación las siguientes circunstancias:

1. La urbanización de la población, lo cual desplazó la fuerza laboral del sector agropecuario hacia los sectores industriales, y en especial hacia los de servicios, los cuales llegaron a ser y siguen siendo los sectores económicos de mayor crecimiento.
2. La enorme entrada de mujeres a la fuerza laboral en la década de los ochenta, complicada aún más en los noventa por la privatización de empresas cuyas políticas y prácticas de contratación son desiguales para los hombres y las mujeres.
3. La creciente tendencia hacia una mayor participación de la mujer en la economía informal, que no ofrece beneficios sociales ni protección legal (en 1995, un 50% de las mujeres participaban en Bolivia y Guatemala; un 35% en Argentina, Uruguay, Chile y Venezuela; un 30% en Costa Rica y Panamá).
4. La baja participación de mujeres en puestos gerenciales (un 2% en Chile y Argentina; un 5.5% en México, pero el 45% de estas administradoras trabajan en recursos humanos, lo cual es mucho menos que su participación en la política).

En muchos casos la desigualdad de oportunidades laborales se debe a las actitudes preconcebidas sobre el papel tradicional de la mujer. A pesar de la existencia de movimientos feministas en Europa y América del Norte desde hace 90 años, el hombre y la mujer tradicionalmente han tenido una formación y roles diferentes en el mundo hispano. Especialmente en las clases más bajas, la mujer muchas veces se criaba en un ambiente religioso en el cual tenía gran importancia el marianismo, el culto de veneración hacia la Virgen María. En ese contexto, la mujer no sólo aprendía a ser sumisa al hombre en todos los asuntos morales y espirituales, sino que aceptaba y se instruía en las responsabilidades de ser madre. Esos valores se ponían en práctica con las tareas para la mujer tanto en casa como en la oficina o en la fábrica, creando obstáculos para el progreso de la mujer en el trabajo. Buena parte de la discriminación que enfrentaba y que todavía enfrenta la mujer se basa en los papeles tradicionales preconcebidos, los cuales supuestamente justifican los salarios o sueldos más bajos, ya que se los considera como complementarios de los del hombre para el mantenimiento de la familia. En muchos casos, la mujer hispanoamericana tiene que participar en la economía informal porque no encuentra trabajo en las empresas.

En cambio, las mujeres hispanoamericanas de las clases altas han podido ocupar altos puestos como las mujeres norteamericanas, gracias al servicio doméstico que asume parte de las responsabilidades caseras, como la limpieza y la cocina.

A pesar de estas oportunidades, muy pocas mujeres han ocupado puestos ejecutivos en empresas latinoamericanas. Éstas no tienen reglas contra la discriminación sexual para elevar a un mayor número de mujeres a cargos de responsabilidad. Las empresas transnacionales tampoco han puesto en práctica en sus sucursales latinoamericanas todas las medidas que existen en sus sedes centrales.

Algunos problemas que la mujer hispanoamericana necesita superar en el trabajo son:

- despido por maternidad (se ha dado el caso de empresas que han exigido un certificado de esterilización o una prueba de embarazo negativa como condición de trabajo)
- menos puestos ejecutivos a las jóvenes de clase media o baja
- falta de entrenamiento o capacitación profesional
- trato condescendiente en el trabajo (muchas veces en las maquiladoras, las mujeres poco educadas desconocen sus derechos legales)
- falta de equidad en los sueldos o salarios
- falta de exención de trabajo por maternidad
- falta de guarderías infantiles cerca de la empresa o en ella

Por otra parte, las oportunidades escolares de la mujer han aumentado en las últimas dos décadas. Según la UNESCO, en 1995 en Hispanoamérica y el Caribe la mujer representaba el 48% de los alumnos en las escuelas primarias, el 54% en las escuelas secundarias y el 49% en las universidades (en las universidades de Brasil, Colombia, Cuba, Panamá, Uruguay y Venezuela, más de la mitad de los estudiantes eran mujeres). No obstante, es obvio que la mujer todavía necesita más oportunidades y preparación para poder competir por los mismos puestos que el hombre. Sigue sufriendo de la invisibilidad, lo cual conlleva pobreza y discriminación, particularmente grave en las zonas rurales.

El hombre, en cambio, ha tenido tradicionalmente otra formación social, basada en el concepto del machismo. Por un lado ha aprendido a ser generoso, digno, honrado y caballeresco. Por otro, ha adoptado una actitud de superioridad hacia las mujeres y se ha dedicado a probar y a manifestar la virilidad, reflejada en el famoso personaje literario Don Juan. Esta actitud machista ha influido mucho en las relaciones entre hombres y mujeres y explica en gran parte por qué les es muy problemático a muchos hombres hispanos aceptar a la mujer como jefa, gerente o ejecutiva.

La igualdad entre el hombre y la mujer en el lugar de trabajo no ha sido la norma hasta hoy en día, ni en los países hispánicos ni en los Estados Unidos. La tradición de desigualdad se conserva más entre las clases sociales bajas y en las regiones rurales que en las grandes ciudades, donde hay un mayor número de mujeres bien educadas y adiestradas que antes. Con la entrada de más mujeres capacitadas al campo del comercio, la decisión de escoger al «mejor hombre» para cierto trabajo o puesto administrativo se está convirtiendo en la búsqueda de la «mejor persona».

Aunque el «enchufe» o la «palanca» siguen siendo importantes, poco a poco el amiguismo (*good old boy's club*) de antaño se está debilitando para brindarles más oportunidades y justicia a las mujeres. Con estos cambios, se ve que la vida profesional en la oficina también está cambiando las estrategias, las convenciones, las reglas de conducta, los tabúes, los códigos de vestirse y los criterios del habla aceptables en el pasado. En el panorama del futuro, se esperan importantes cambios al considerar elementos como los siguientes:

- las cualidades positivas exigidas y aprendidas desde joven, como la firmeza, el espíritu emprendedor competitivo y la capacidad de asumir el mando con autoridad y fuerza
- la fuerza física y la capacidad intelectual
- la preparación y la inteligencia emocional y psicológica
- la independencia y la capacidad de cooperación (de trabajar en equipo)
- la asignación de responsabilidades dentro de una empresa

6-7 Actividades

1. **¿Qué sabe Ud. de la cultura?** Demuéstrelo contestando las preguntas a continuación.
   a. ¿Qué factores contribuyeron al desarrollo económico de Hispanoamérica en los años ochenta?
   b. ¿Qué acontecimientos reflejan posibles dificultades para la mano de obra en Hispanoamérica?
   c. ¿Qué es el marianismo? ¿El machismo? ¿Qué efectos han tenido o pueden tener en la oficina donde uno trabaja?
   d. ¿Hay igualdad de oportunidades para hombres y mujeres en el mundo de los negocios en los países hispanos? ¿En los Estados Unidos? ¿Y en otros países (Inglaterra, Francia, Alemania, etc.) u otras regiones del mundo (Asia, África)? Comente.
   e. Describa su propia formación académica y familiar. ¿Lo/a han preparado para hacerse gerente de un negocio?

2. **Asimilador cultural.** Lea lo siguiente y conteste las preguntas a continuación.

   María Isabel Salazar, titulada de la universidad con una especialización en Administración y Finanzas, es la nueva directora del Departamento de Ventas en la empresa DeKorado, que vende muebles para la sala de estar, el comedor y la recámara. Ella ha decidido que hacen falta algunos cambios en las estrategias de sus vendedores.

   En la primera reunión con los tres vendedores, Salazar discute con ellos sus expectativas. Uno de ellos, Lópe Cárdenas de Santiago, uno de los primeros empleados de la empresa, se sienta en la silla inmediatamente delante de ella y la mira de arriba a abajo, mientras escucha sus palabras.

   —Es importante que lleguen Uds. puntualmente al trabajo y que atiendan inmediatamente a los clientes que pasen por la tienda. Me han informado que en el pasado, no ha sido así. Hay que mejorar este aspecto de nuestro servicio, ¿no les parece? Así que, empezando mañana...

Los otros dos vendedores con menos experiencia y años de servicio no dicen nada, pero Cárdenas de Santiago empieza a contestar con sorna la pregunta retórica hecha por la nueva ejecutiva:

—Bueno, señorita....

a. ¿Qué diferencias puede haber entre las perspectivas de Salazar y las de este vendedor?

b. ¿Qué le va a decir Cárdenas a su nueva jefa?

c. ¿Por qué se callan los otros vendedores durante la conversación entre Cárdenas y la nueva jefa?

d. ¿Qué opina Ud. del estilo gerencial de la nueva ejecutiva en su trato inicial con sus empleados? ¿Cómo habría iniciado Ud. este primer encuentro?

SÍNTESIS COMERCIAL Y CULTURAL

6-8 Actividades comunicativas

1. **Situaciones para dramatizar.** Lea las siguientes situaciones y después haga el papel en español con otro/s estudiante/s, usando las posibilidades siguientes como punto de partida. Cada persona deberá participar activamente en la dramatización. No olviden el protocolo ni las cortesías.

   a. *You have been assigned to an office in Managua. Tell the person in charge what new furniture and office supplies you need: a swivel chair, a desk lamp, pencils, pens, paper clips, etc. The person in charge asks why you need these things, as some of them will be difficult to obtain. Convince him/her that you need them in order to do your work.*

   b. *You are a sales representative for a computer firm and want to sell your products to a manufacturer who prefers not to use modern equipment. Explain the advantages of your system for the following:*
   - *internet access*
   - *creation of a web page*
   - *backing up files*
   - *e-mail access*

   Después de dramatizar estas situaciones, discuta Ud. con sus compañeros de clase el tipo de equipo de oficina que se necesita, según los objetivos de diferentes clases de empresa (producción, contabilidad, finanzas, administración de personal, seguros o naviera).

2. **Comprensión y comunicación.** Para este ejercicio basado en el vídeo de *Éxito comercial*, favor de pasar al encarte central del texto, VídeoTexto 7.

3. **Actividad empresarial.** Uds. trabajan para una empresa multinacional que vende mucho en México, Centroamérica y los países andinos del norte de Sudamérica (Venezuela, Colombia, Ecuador). El/La presidente/a de la empresa ha decidido instalar una oficina en Centroamérica para mejor coordinar las actividades comerciales de la empresa y para entrenar a los vendedores. Les pide

sugerencias sobre la decisión que él/ella tendrá que tomar entre la Ciudad de Panamá o Managua, Nicaragua. Es importante investigar y luego comparar los siguientes factores:

a. los costos de arrendar espacio para ubicar la oficina en las dos ciudades
b. la disponibilidad de vuelos internacionales entre los países mencionados
c. el número de personas bilingües bien educadas y con amplia experiencia en empresas internacionales
d. restricciones o impuestos sobre la importación de la tecnología necesaria para permitir las funciones necesarias de oficina

Después de hacer las investigaciones, recopilen todos los datos en un informe escrito con listas o tablas que indican la información indispensable para hacer un breve análisis del caso. Luego, presenten el informe oralmente sin leerlo.

4. **Caso práctico.** Lea el caso y haga los ejercicios a continuación.

   Faye Bornwell, nueva gerente de la empresa B & B Shipyards y directora de las sucursales fuera de Norfolk, Virginia, donde se ubica la casa matriz, acaba de llegar a Balboa. La Junta Directiva la ha mandado a Panamá para mejorar la eficiencia del personal de la oficina y de la fábrica y para tomar las decisiones necesarias para enfrentar la crisis provocada por las sanciones estadounidenses impuestas al país.

   Al llegar a la sucursal panameña, Bornwell se da cuenta de la informalidad y la falta de disciplina que caracterizan el ambiente de trabajo. Varios empleados, sin saber quién es ella, le echan piropos («Olé, guapa», «Por la gloria de Dios»), las recepcionistas no están en su lugar y hay un grupo de empleados al lado de la cafetera riéndose y chismeando sobre las huelgas contra el gobierno y la falta de dólares en la economía.

   Enfadada, Bornwell pregunta por el Sr. Daniel Costa, el Director de Personal, y uno de los hombres que le había echado los piropos le contesta: «Soy yo». Bornwell se presenta y le pide una reunión inmediata en su oficina, donde empieza a preguntar sobre la situación que acaba de encontrar al llegar a la sucursal.

   —Perdón, señorita, pero no sabíamos quién era Ud....

   Después de escuchar sus excusas, Bornwell le explica que ha decidido que hace falta ofrecer incentivos especiales para que los empleados tomen en serio sus recomendaciones de cómo comportarse en el trabajo: llegar a tiempo, fijar un horario para los descansos, no chismear, no echarles piropos a las mujeres, etc. Mientras la escucha atentamente el Sr. Costa, entra su colega Ruiz Carola Hoyos, el director de finanzas.

   —Perdón, Srta. Bornwell, me acabo de enterar de su llegada. Ruiz Carola Hoyos, a sus órdenes.

   El director de finanzas tiene contactos dentro de la industria bancaria en Panamá, que le han avisado sobre la posible vuelta de millones de dólares a los bancos de la nación y de un posible cambio en las exenciones tributarias para las multinacionales como B & B Shipyards. Él sabe la gran importancia de esta información, pero no le dice nada a la nueva gerente.

Conteste las siguientes preguntas.

a. ¿Por qué ha ido Bornwell a Balboa?

b. Describa su llegada a la sucursal.

c. ¿Qué quiere decir el lema: «Trabajo para vivir, no vivo para trabajar»? ¿Cómo se aplica a la situación en la oficina de Balboa?

d. ¿Qué efecto tiene el uso del papel moneda en dólares en las calles de Panamá? ¿Qué impacto tuvieron las sanciones estadounidenses en la economía de Panamá hace varios años?

e. ¿Por qué no habla de los datos económicos más recientes el director de finanzas? ¿Cómo resultará la comunicación entre Bornwell y Carola Hoyos?

f. Si Ud. fuera Bornwell, ¿cómo procedería durante el resto de su visita a Balboa?

6-9 Análisis y comparación

Estudie la siguiente tabla comparativa y haga los ejercicios que aparecen a continuación. Use también sus conocimientos y, cuando sea necesario, otras fuentes de información como un diccionario, un Almanaque Mundial, el internet, etc. Los ejercicios se pueden hacer individualmente, en parejas o en pequeños grupos para discutir en clase.

Tabla 6-1

Los países hispanoparlantes, Brasil y EUA: Idiomas además del español (además del inglés para EUA y del portugués para Brasil), grupos étnicos y religiones

| País | Idiomas (el español es el idioma oficial de todos estos países menos Brasil y EUA) | Grupos étnicos: Blanco Europeo (BE), Mestizo (ME), Indígena/Amerindio (I/A), Afrolatino (AL), Mulato (MU) | | | | | | Religión | | |
		BE	ME	I/A	AL	MU	Otro	Católico	Protestante	Otro*
Argentina	inglés, italiano, alemán, francés	97%		3%				90%	2%	8%
Bolivia	quechua (oficial), aimara (oficial), guaraní	15%	30%	55%				95%	5%	
Chile	mapuche, quechua, aimara	95%		3%			2%	90%	10%	
Colombia	más de 60 lenguas indígenas (chibcha, guajiro, etc.)	20%	58%	3%	3%	14%	2%	90%	10%	
Costa Rica	en el litoral caribeño un inglés de Jamaica	94%		1%	3%		2%	76%	14%	10%
Cuba	inglés	37%			11%	51%	1%	85%**		15%
Ecuador	unas 15 lenguas indígenas, esp., quechua	7%	65%	25%	3%			95%	5%	

*La categoría «Otro» incluye a los practicantes de otras religiones y a los no practicantes.

**85% católico romano antes de Castro.

País	Idiomas	BE	ME	I/A	AL	MU	Otro	Católico	Protestante	Otro*
El Salvador	nahua y lenca	9%	90%	1%				83%	17%	
España	catalán (17%), gallego (7%), vasco (euskera) (2%)	Combinación de mediterráneos y nórdicos; grupos distintos como los catalanes, vascos y gallegos						94%	6%	
Guatemala	21 lenguas mayas (akateko, kíiché, kakchikel, kekchi, etc.), zinka y garífuna		56%	44%				Principalmente católico romano	Protestante, maya tradicional	
Guinea Ecuatorial	francés, inglés pidgen, fang, bubi	85% fang/bantú en la parte continental de Río Muni; 15% bubi y fernandinos en la isla de Bioko						83%	17%	
Honduras	varios idiomas indígenas (miskito, towaka, itc.), garífuna	1%	90%	7%	2%			97%	3%	
México	unas 53 lenguas indígenas: náhuatl, maya, zapoteco, tzeltal, tarahumara, etc.	9%	60%	30%			1%	89%	6%	5%
Nicaragua	inglés, miskito, sumo	17%	69%	5%	9%			85%	15%	
Panamá	inglés (14%), garífuna, chibcha, chocoe	10%	70%	14% zambo (amerindio y afroantillano)			6%	85%	15%	
Paraguay	guaraní (oficial con el español)		95%				5%	90%	10%	
Perú	quechua (oficial con el español), aimara y otras lenguas indígenas	15%	37%	45%			3%	90%	10%	
Puerto Rico	inglés (oficial con el español)	81%		4%	8%		7%	85%	15%	
República Dominicana	inglés	16%			11%	73%		95%	5%	

País	Idiomas	BE	ME	I/A	AL	MU	Otro	Católico	Protes-tante	Otro*
Uruguay	portuñol o brasilero (mezcla del portugués y el español)	88%	8%		4%			66%	2%	32%
Venezuela	numerosos idiomas indígenas (arauaco, caribe, guajiro, etc.)	21%	67%	2%	10%			96%	2%	2%
Brasil	Portugués (oficial), español, inglés, francés	55%			6%		38%	80%		20%
EUA	español, chino, lenguas indígenas norteamericanas	69%		2%	13%		13% hispano y 3% asiático	28%	56%	16%

FUENTES: *U.S. Bureau of the Census, U.S. Department of State Background Notes, CIA World Factbook 2004, The World Almanac and Book of Facts 2004*

1. ¿Qué es un idioma? ¿Un dialecto? ¿Un dejo? ¿Una lengua indígena?

2. Además del español, ¿qué otros idiomas se hablan en los países «hispanos»? ¿Qué implicaciones tiene esto para el comercio, las ventas y los anuncios en dichos países «hispanoparlantes»?

3. Según la tabla, ¿cuántos idiomas se hablan en México? ¿En Colombia? ¿En Ecuador? ¿En Guatemala? ¿Cuántos idiomas indígenas se hablan en total en estos cuatro países? ¿Se hablan idiomas indígenas en EUA? Explique.

4. ¿Qué quiere decir la frase «idioma oficial»? ¿Cuáles son los países hispanos que tienen otro idioma oficial, además del español o castellano? Explique. ¿Piensa usted que el idioma oficial de EUA deba ser solamente el inglés? Explique.

5. ¿Qué es el «*Spanglish*» y dónde se habla en EUA? ¿Qué es el portuñol y dónde se habla? ¿Qué es el garífuna y dónde se habla? ¿Quiénes fueron los garífunas? Busque la información en un libro de consulta o en internet.

6. Al hablar de raza y etnicidad, ¿qué quiere decir mestizo?, ¿amerindio?, ¿afrolatino o afrohispano?, ¿mulato?, ¿zambo? ¿Existen el racismo y la discriminación racial en los países hispanoamericanos y en España? Busque información en un texto de consulta o en internet para comentar este tema.

7. ¿Cuáles son los principales grupos étnicos de México, Colombia, Ecuador, Cuba y Guatemala? ¿Cuáles son los grupos étnicos de España? ¿De Guinea Ecuatorial?

8. Usted ha sido contratado/a por una empresa como consultor/a de marketing en Hispanoamérica. Haga un breve resumen de los principales grupos étnicos que hallará la empresa al comerciar regionalmente con México, los países centroamericanos, los caribeños, los andinos y los del Cono Sur.

9. ¿Cuál es la religión predominante en los países hispanos? ¿Por qué piensa usted que es así? ¿Qué otras religiones se practican en los países hispanos? ¿Cuáles son algunas de las influencias que puede tener la religión sobre el comercio de una nación? ¿Tiene influencia la religión en la vida y el comercio de EUA? Comente estos temas con sus compañeros de clase.

www GeoReconocimiento.

Mire los mapas del Capítulo 6 en la página web del libro (http://exito.heinle.com.) y haga los ejercicios.

www Posibilidades profesionales

La oficina propiamente dicha es quizás la que proporciona la mayoría de los trabajos empresariales tanto a nivel internacional como nacional. Además de los secretariales, figuran, entre otros, los de especialistas de comunicaciones, de informática o tecnología, de administración así como los directores de relaciones públicas y, si hace falta, de asuntos gubernamentales. Para más información al respecto y para una actividad que le ayude a saber más sobre el tema, véase el Capítulo 6 de *Posibilidades profesionales* que se encuentra en http://exito.heinle.com.

VOCABULARIO

Aquí se presentan los principales términos relacionados con este capítulo. Al final del libro hay un glosario más completo.

acoso sexual • *sexual harassment*

adepto/a • *follower, supporter*

aduanero (*adj*) • *customs*

al azar • *random*

aldea • *village*

almacenaje (*m*) • *storage (memory in computer)*

almacenar • *to store (memory in computer)*

alojamiento • *storage (memory in computer)*

alojar • *to store (memory in computer)*

archivo • *file, filing cabinet*

aterrizaje (*m*) • *landing (plane)*

auricular (*m*) • *telephone receiver, earphone*

batería • *battery*

   recargable • *rechargeable battery*

   removible • *removable battery*

bufé para ensalada (*m*) • *salad bar*

buscapersonas (*m/sing.*) • *beeper, pager*

buzón de voz • *voice mailbox*

cafetera • *coffee machine, coffeemaker*

calculadora • *calculator*

capacitar • *to train*

carpeta • *file folder*

cartucho • *cartridge*

casa matriz • *home office*

chismear • *to gossip*

cibernauta (*m/f*) • *person who uses the Internet (cyberspace)*

cifra • *number, digit, code*

cinta • *ribbon (typewriter, printer)*

clic (*m*) • *click*

cliquear • *to click*

comercio electrónico • *e-commerce*

computador • *computer*

computadora • *computer*

  de sobremesa • *desktop computer*

  portátil • *laptop computer*

comunicación sumergida • *gossip*

conllevar • *to entail, involve*

contestador automático • *answering machine*

contraseña • *password*

control remoto (*m*) • *remote control*

correo • *mail*

  auditivo • *voice mail*

  de mensajes hablados • *voice mail*

  de voz • *voice mail*

  electrónico • *electronic mail, e-mail*

  vocal • *voice mail*

cortafuegos (*m/sing.*) • *firewall*

dejo • *accent (speaking)*

desfalco • *embezzlement*

despegue (*m*) • *takeoff (plane)*

discado activado por voz • *voice-activated dialing*

disco • *disk*

  compacto • *compact disk, CD*

  duro • *hard drive*

zip • *zip drive*

dispositivo • *device, mechanism*

economía informal • *underground economy*

efectos de escritorio • *desk set, stationery*

empresa naviera • *shipping company*

encoger • *to shrink*

engrapador • *stapler*

en línea • *online (computer/internet)*

enseres (*m*) • *tools, equipment, furniture and fittings*

entrar • *to input (computer)*

equipo • *equipment; team*

estante (*m*) • *bookshelf*

etiqueta • *tag, label*

explorador • *scanner*

fax (telefax) (*m*) • *fax, facsimile machine*

fibra óptica • *fiber optics*

fotocopiadora • *photocopier, copy machine*

gesto • *gesture*

goma elástica • *rubber band*

gráfico (*n/adj*) • *graph; graphic*

grapa • *staple*

hacer clic • *to click*

hoja de cálculo • *spreadsheet*

huella digital • *fingerprint*

identificación • *I.D.*

  de abonado llamante • *caller I.D.*

  de llamadas • *caller I.D.*

  de origen • *caller I.D.*

impresora • *printer*

  de chorro o de inyección de tinta • *ink-jet printer*

  de láser • *laser printer*

inalámbrico • *wireless*

informática • *computer science*

internauta (*m/f*) • *Internet user (internaut, as in astronaut)*

liga • *rubber band*

línea fija telefónica • *ground line phone*

localizador • *beeper, pager*

mando a distancia • *remote control*

máquina de escribir • *typewriter*

memoria portátil • *flash drive, thumb drive*

mensaje instantáneo • *instant message (messaging)*

monitor • *monitor*

móvilnauta (*m/f*) • *users of cell phones equipped with computers ("mobilnauts," a step beyond simple Internet users)*

navegar • *to surf (the internet)*

negocios por internet • *e-business*

oprimir • *to click, press*

ordenación • *collating*

ordenador • *computer (Spain)*

organizador/a • *organizer*

página web • *web page*

palanca • *"pull," influence*

pantalla • *screen, monitor*
   de panel plano • *flat screen*

paralenguaje (*m*) • *paralanguage (gestures, tone of voice, posture)*

pared • *wall*
   contra fuego (*m*) • *firewall*
   corta fuegos • *firewall*

pila • *battery*

piropo • *flirtatious remark*

portátil • *portable*

presilla • *paper clip*

procesador de textos (de palabras) • *word processor*

procesamiento • *processing*
   de datos • *data processing*
   de textos (de palabras) • *word processing*

puesto de trabajo • *work station*

quemador de CD • *CD burner*

ratón (*m*) • *mouse (computer mouse)*

reenvío de llamadas • *call forwarding*

registrar • *to record*

rellamada automática • *redial, redialing*

remarcación • *redial, redialing*

reprografía • *reprography, photocopying*

respaldar • *to back up (copy)*

reunión en línea • *online meeting*

sede (*f*) • *home office*

separación • *sort, sorting*

servidor • *server (computer)*

silla giratoria • *swivel chair*

sillería • *chairs (industry, product)*

sillón • *armchair*

sin fisuras • *seamless*

sitio • *web site*

sobre (*m*) • *envelope*

subempleo • *underemployment*

sucursal ultramarina (*f*) • *overseas branch*

tablero de anuncios • *bulletin board*

tarjeta • *card*
   de red • *network card*
   de sonido • *sound card*
   de TV • *TV card*
   de vídeo • *video card (computer)*
   madre • *mother board*

teclado • *keyboard*

tecnología • *technology*
   de información (TI) • *information technology (IT)*
   de punta • *cutting edge technology*

teleconmutador • *telecommuter*

trabajador a distancia • *telecommuter*

transferencia • *call forwarding*

ubicador • *beeper, pager*

ultradelgado • *ultrathin*

ultraligero • *ultralight*

ultramarino • *offshore*

Los recursos humanos y las relaciones laborales

A business that makes nothing but money is a poor kind of business.
Henry Ford

A company with internal dissension is drained of energy before it has a chance to devote it to its proper purpose.
J. C. Penney

El presente siempre triunfa del ausente.
Proverbio

Reunión de una ejecutiva con colegas y empleados. ¿Cuáles son algunos de los posibles temas para esta reunión?

7-1 **P**reguntas de orientación

Al hacer la *Lectura comercial*, piense en las respuestas a las siguientes preguntas.

1. ¿Qué responsabilidades importantes tiene el/la director/a de personal de una empresa al contratar a un nuevo empleado?
2. ¿Cuáles son algunos factores que se consideran para determinar la remuneración de un empleado?
3. ¿Cuáles son algunas formas de remuneración?
4. ¿En qué se diferencian la teoría del mercado y la del nivel de vida en la determinación de los salarios?
5. ¿Cuáles son los objetivos del sindicato?
6. ¿Cuáles son las ventajas y las desventajas de un convenio colectivo para los trabajadores?
7. ¿Cuáles son algunas estrategias de los sindicatos en las negociaciones?
8. ¿Qué métodos emplean los gerentes para tratar con los sindicatos?
9. ¿Por qué se contrataba a expatriados en puestos internacionales en el pasado? ¿Por qué ha cambiado esta práctica más recientemente?
10. ¿Cuál es el resultado de combinar expatriados y habitantes del lugar en las operaciones internacionales actuales?

LECTURA COMERCIAL

Contratación, pago y negociación laboral

Después de organizar la oficina y los sistemas de comunicación, el/la gerente o director/a de recursos humanos de una empresa tiene que prepararse para contratar a las personas mejor calificadas para los distintos cargos de la compañía. Entre otras responsabilidades, con otros gerentes de la empresa necesita:

1. evaluar las necesidades presentes y futuras de la firma con respecto al tipo de personal que ésta requiere, precisando, cuando sea posible, las descripciones y responsabilidades de cada puesto
2. reclutar a personas competentes, utilizando los diferentes medios publicitarios disponibles, en especial los anuncios. Entre éstos hay que considerar una descripción del empleo, las cualidades requeridas para el trabajo y los procedimientos para solicitar el empleo y, quizás, alguna información más: salario, datos sobre la comunidad, etc.
3. revisar toda solicitud, todo currículum e historial y las cartas de referencia, eligiendo y entrevistando a los solicitantes más idóneos
4. contratar a los mejores candidatos, informarles sobre los objetivos, la organización y la operación de la empresa, además de explicarles el horario y las relaciones laborales, los salarios y los aumentos, los beneficios, las posibilidades de ascenso y otros detalles pertinentes

5. ayudar con el adiestramiento o la capacitación del nuevo personal con respecto a las tareas y a las responsabilidades que debe cumplir
6. participar en la evaluación de los empleados con respecto a la realización de su trabajo

Uno de los aspectos más importantes para el gerente de recursos humanos es determinar, con la ayuda del supervisor inmediato del nuevo empleado, el salario o el sueldo que se le va a ofrecer a éste. Para determinar la **remuneración,** hace falta considerar varios factores, entre los cuales se destacan:

1. el estado financiero de la empresa
2. el tipo de empleo o trabajo
3. las habilidades requeridas para realizar el trabajo
4. la demanda de habilidades o conocimientos especiales del empleado y su experiencia
5. el salario o sueldo general de la región en la cual se ubica la empresa
6. el costo de vida en la región o comunidad

Tradicionalmente el **salario** (*wage*) se destina a los trabajos manuales o de taller y se determina por hora o por día, mientras que el **sueldo** (*salary*) se establece por semana, por mes o por año puesto que representa una remuneración regular asignada por el desempeño de un cargo o servicio profesional (suele aplicarse a los trabajos intelectuales y de administración, de supervisión o de oficina). En cuanto al salario, se puede hablar de salario mínimo (el que establece la ley como retribución mínima para cualquier trabajador), salario base, salario real y salario social (el que concede el Estado a personas sin ingresos para atender a sus necesidades primarias). En la práctica, muchas veces se usan indistintamente los términos sueldo y salario. Ambas formas de remuneración representan un pago a cambio de un trabajo y de algo producido, sea éste un bien o un servicio.

Además del sueldo y del salario, existen otras formas de recompensa o remuneración. Hay el **trabajo a destajo** que se paga por cada unidad de trabajo, es decir, se basa en la cantidad producida. La **comisión** representa una cantidad específica de dinero o un porcentaje del precio por cada unidad vendida. Se limita generalmente a las ventas y no se refiere a la producción. Con el comisionista, muchas empresas establecen una cuenta de anticipos por cada vendedor, contra la cual se cobran las comisiones. Otra forma de pago es la prima por trabajo fuera de turno que remunera más por el turno de noche (turno nocturno) con sus horas menos atractivas y de rutina irregular. En España, por ejemplo, el trabajo nocturno se realiza típicamente entre las diez de la noche y las seis de la mañana, «la jornada de trabajo de los trabajadores nocturnos no podrá exceder de ocho horas diarias de promedio, en un período de referencia de quince días» y «dichos trabajadores no podrán realizar horas extraordinarias» (Artículo 36 del Estatuto de los Trabajadores, 23/4/04). La última forma de remuneración la constituyen las cargas sociales, que son los beneficios mayores como los seguros de salud, vida y jubilación, y los seguros contra accidentes.

La teoría del mercado y la del nivel de vida representan dos puntos de vista distintos acerca de los sueldos y salarios. Según la primera, la recompensa se establece por medio de convenios colectivos entre los trabajadores y la gerencia. Los trabajadores venden su mano de obra y representan la oferta, mientras que la gerencia (los compradores) representa la demanda de la mano de obra. En la segunda, la remuneración debe asegurar que los trabajadores tengan un nivel de vida aceptable, satisfaciendo tanto las necesidades básicas como las oportunidades de educación, las de desarrollo personal y profesional, y las de ahorro y de recreo.

Sea cual fuere la teoría del pago, la forma de remuneración debe cumplir con ciertos requisitos y objetivos. En primer lugar, debe atraer a la empresa trabajadores bien calificados. Debe satisfacer a los empleados lo suficiente para que sigan con el trabajo, y debe ser justo con todos ellos, según la dificultad del trabajo y la habilidad requerida para realizarlo. Finalmente, debe aumentar la cantidad o mejorar la calidad de los productos elaborados o de los servicios proporcionados. En este último caso, se pueden ofrecer incentivos o beneficios adicionales (sobresueldos o bonificaciones) por el trabajo bien hecho.

PARA PENSAR

Artículo 20: Dirección y control de la actividad laboral.

1. El trabajador estará obligado a realizar el trabajo convenido bajo la dirección del empresario o persona a quien éste delegue.
2. En el cumplimiento de la obligación de trabajar asumida en el contrato, el trabajador debe al empresario la diligencia y la colaboración en el trabajo que marquen las disposiciones legales, los convenios colectivos y las órdenes o instrucciones adoptadas por aquél en el ejercicio regular de sus facultades de dirección y, en su defecto, por los usos y costumbres. En cualquier caso, el trabajador y el empresario se someterán en sus prestaciones recíprocas a las exigencias de la buena fe.
3. El empresario podrá adoptar las medidas que estime más oportunas de vigilancia y control para verificar el cumplimiento por el trabajador de sus obligaciones y deberes laborales, guardando en su adopción y aplicación la consideración debida a su dignidad humana y teniendo en cuenta la capacidad real de los trabajadores disminuidos, en su caso.
4. El empresario podrá verificar el estado de enfermedad o accidente del trabajador que sea alegado por éste para justificar sus faltas de asistencia al trabajo, mediante reconocimiento a cargo de personal médico. La negativa del trabajador a dichos reconocimientos podrá determinar la suspensión de los derechos económicos que pudieran existir a cargo del empresario por dichas situaciones.

(Estatuto de los Trabajadores, Ministerio de Trabajo y Asuntos Sociales, España, 23/4/03)

1. ¿A qué está obligado el trabajador?
2. En su cumplimiento de obligación, ¿qué le debe el trabajador al empresario?
3. ¿Qué quiere decir la frase «exigencias de la buena fe»?
4. ¿Qué «consideración debida» tiene que guardar el empresario al verificar el cumplimiento por el trabajador de sus obligaciones y deberes laborales? ¿Qué es un trabajador disminuido?
5. Cuando el trabajador se ausenta del trabajo, ¿qué puede hacer el empresario para averiguar las causas?

Tradicionalmente se han considerado los asuntos laborales como una función administrativa que facilita el éxito de las estrategias de marketing, producción y finanzas de la empresa. En algunas empresas no hay sindicato y el empleado tiene que negociar directamente con su jefe o jefa la remuneración y los beneficios. En las empresas sindicales, donde se intenta imponer límites al poder y a la autoridad administrativos, el sindicato interviene en los asuntos laborales y negocia los contratos a nombre de los trabajadores. Las negociaciones previas a un convenio laboral pueden ser largas y complicadas. El resultado ideal es un contrato que favorezca tanto a la compañía como a los trabajadores. En España y Latinoamérica abundan los sindicatos laborales, puesto que, como en el caso de El Reglamento de la Ley Orgánica del Trabajo de Venezuela (Decreto No 3.235, 20/1/99), «la libertad sindical constituye el derecho de los trabajadores y los empleadores a organizarse, en la forma que estimaren conveniente y sin autorización previa, para la defensa y promoción de sus intereses económicos y sociales, y de ejercer la acción o actividad sindical sin más restricciones que las surgidas de la ley».

Cuando la gerencia y el sindicato no pueden resolver sus diferencias, los dos suelen recurrir a tácticas agresivas para lograr sus metas. Por ejemplo, el sindicato puede utilizar la **huelga** o el **paro laboral,** a fin de paralizar las operaciones de la empresa. En las huelgas de larga duración, los trabajadores recurren a veces al **sabotaje** para dañar la producción, o a la **demora** que detiene la producción u obstaculiza la entrega de los servicios. También, el **boicot** puede convencer al público de que no comercie con ciertas empresas.

Los gerentes, por otra parte, utilizan el **cierre** o la **huelga patronal,** lo cual deja a los obreros sin trabajo. También pueden contratar a empleados llamados **esquiroles** (o **rompehuelgas** o **carneros**) o procurar conseguir un **mandato judicial** que ponga fin a la huelga. La **lista negra** es ilegal, pero la gerencia la usa para disuadir a los obreros de afiliarse con los sindicatos. Además, a veces emplean a **cabilderos** (miembros de un grupo de presión política) para cabildear y así convencer al gobierno que favorezca su causa.

Actualmente están cambiando las actitudes hacia la gestión de los recursos humanos. Estos cambios son el resultado de la creciente importancia de las compañías de alta tecnología que estiman el valor añadido de las habilidades especializadas, como activos capitales (el capital humano). Además, muchas empresas han adoptado políticas y prácticas de las empresas japonesas, que consideran a los empleados como participantes activos en la creación y el desarrollo de estrategias para la producción de alta calidad y la reducción de costos. Es decir, actualmente las empresas a la **vanguardia de la tecnología** utilizan mucho más que antes los recursos intelectuales de sus empleados, no solamente sus esfuerzos físicos. Otro cambio, debido a la globalización y la madurez de la empresa multinacional, es su dependencia de la información y la dirección de personas que conocen las operaciones administrativas en varias regiones del mundo. En otras palabras, las habilidades transculturales, cierta perspicacia y sensibilidad, hoy tienen más importancia que antes, aún dentro de las fronteras nacionales de un país tan diverso como EUA. Los directores de relaciones humanas deben saber compartir la autoridad y el poder en diferentes contextos culturales.

En el pasado, cuando había escasez de gerentes con conocimiento técnico o preparación adecuada en las prácticas de la empresa misma, muchas compañías solían contratar a expatriados/as para trabajar en las sucursales en países extranjeros. Los expatriados son naturales del país de la casa matriz, ciudadanos de terceros países contratados en las sucursales o nacionales extranjeros empleados en el país de la casa matriz. En todo caso, es preciso que las empresas que piensan mandar a expatriados a trabajar en el extranjero utilicen instrumentos de valoración para determinar las características de la personalidad de sus empleados. Algunas evaluaciones útiles son la «*Minnesota Multiphasic Temperament Survey*», la «*Allport-Vernon Study of Values*» o la evaluación utilizada por los Cuerpos de Paz. Es problemático y riesgoso contratar a un expatriado, debido a las diferencias culturales y económicas entre los países, pero hay que medir los beneficios, en comparación con las desventajas. El expatriado puede conocer mejor la cultura y la política interna de la empresa para la cual trabaja, pero por otra parte puede no conocer muy bien la nueva cultura del país al que se le asigna. En cambio, la contratación de un habitante del lugar asegura la comprensión cultural, pero puede presentar problemas de comunicación y comprensión respecto a las políticas formales e informales de la casa matriz en el extranjero, lo que siempre constituye un aspecto importante de la comunicación transcultural.

Actualmente, la mayor parte de los gerentes en la casa matriz o en las sucursales extranjeras son nativos de la región o del país. Solamente se emplean expatriados si hay escasez de gerentes locales cualificados, como en la industria petrolera en Arabia Saudita. Los franceses, alemanes, italianos, españoles y suizos suelen rechazar más frecuentemente un puesto como expatriado que los norteamericanos, australianos, ingleses y holandeses, debido a las posibles repercusiones negativas en la vida familiar. Entre las situaciones que producen un impacto negativo están la de vivienda inaceptable, la falta de oportunidades escolares para los hijos u oportunidades profesionales para un/a esposo/a y la necesidad de permanecer cerca de padres ancianos. Aparte de esto, los nativos entienden mejor que los expatriados las condiciones de trabajo del país, y es muy posible que el estado de ánimo de los trabajadores sea mejor bajo gerentes que se perciban como ciudadanos auténticos. Adicionalmente, al regresar a trabajar en su país de origen, el expatriado frecuentemente encuentra que ha perdido oportunidades de ascenso durante su ausencia y también puede experimentar un difícil periodo de reajuste cultural.

De todos modos, la interacción de nativos y expatriados ha formado una nueva cultura, ni local ni extranjera, sino una cultura gerencial global. La antigua consideración de las sucursales como apéndice o accesorio ha cambiado mucho, y la nueva empresa globalmente integrada ya tiene otras necesidades en el campo de los recursos humanos.

7-2 Actividades

1. **¿Qué sabe Ud. de negocios?** Vuelva a las *Preguntas de orientación* que se hicieron al principio del capítulo y a la pregunta que acompaña la foto y contéstelas en oraciones completas en español.

2. **¿Qué recuerda Ud.?** Indique si las siguientes oraciones son *verdaderas* o *falsas*, y explique por qué.
   a. El sueldo como norma se determina por hora o por día.
   b. La entrevista es el único factor que considera la gerencia al contratar a alguien que solicita un puesto.
   c. Cualquier sistema de remuneración debe atraer a la empresa trabajadores bien preparados.
   d. Los sindicatos laborales tratan de negociar contratos para salarios, horas de trabajo y condiciones de trabajo.
   e. Hacer una lista negra es una estrategia laboral legal.
   f. El cabildero es el que se encarga de organizar las funciones sociales de los sindicatos.

3. **Exploración.** Haga los siguientes ejercicios, usando sus conocimientos y opiniones personales.
   a. ¿Qué tipos de trabajo reciben un salario? ¿Un sueldo? ¿Cómo se determinan las diferencias?
   b. Dé un ejemplo del pago a destajo. ¿Cómo se puede controlar la calidad en este tipo de trabajo?
   c. Se dice que el sueldo y los beneficios adicionales son los costos que más afectan las ganancias de una empresa. ¿Cómo se pueden justificar estos costos?
   d. ¿Cuáles son las causas principales de las huelgas y de otras disputas entre la gerencia y los empleados?
   e. ¿Se puede justificar el uso de esquiroles en caso de una huelga? Comente.
   f. ¿Cuáles son las características necesarias para asumir un cargo en una empresa en otro país? ¿Es Ud. lo suficientemente flexible para hacerlo con éxito? Comente.
   g. ¿Cómo se relacionan los dichos al principio del capítulo con los temas tratados?

7-3 Al teléfono

TRACKS 13 y 14

1. Lea las siguientes preguntas. Después escuche atentamente la conversación telefónica del Capítulo 7 en el CD y conteste las preguntas. Puesto que la comprensión auditiva es una destreza comunicativa sumamente importante, se recomienda escuchar el CD varias veces.
   a. ¿Por qué llama la Sra. Maldonado de Miami al Sr. González de la Vega en Caracas?
   b. ¿Por qué no rechazó el gerente general en Caracas las preguntas del Sr. González?
   c. ¿Cuáles son los temas que no se permiten abordar en las entrevistas en los Estados Unidos?
   d. ¿Qué otros medios sugirió la Sra. Maldonado para reemplazar las preguntas eliminadas?

2. Basando sus comentarios en la conversación telefónica del ejercicio anterior, haga la siguiente llamada telefónica a otro/a estudiante de la clase. Cada persona deberá participar activamente en la conversación. Si necesita ayuda con esta actividad, véase el Apéndice 1, *Protocolo telefónico*, página 455.

   Ud. es el Sr. González de la Vega, el Director de Recursos Humanos para una sucursal de Petroproductos en Caracas. Después de hablar por teléfono con la Sra. Maldonado, Ud. llama a su gerente general también en Caracas. Trate de explicarle las reglas que atañen a las preguntas que no se permiten hacer en las entrevistas en los Estados Unidos sobre la edad, el estado civil y la nacionalidad de los candidatos. Cuando él/ella no comprende esto, explíquele el asunto de derechos civiles en este país.

3. Haga la siguiente llamada telefónica a otro/a estudiante de la clase. Cada persona deberá participar activamente en la conversación. Si necesita ayuda con esta actividad, véase el Apéndice 1, *Protocolo telefónico*, página 455.

   Ud. es gerente de un departamento de recursos humanos de una multinacional en Caracas. Hable con el/la jefe/a del sindicato, una persona tenaz, sobre los beneficios y comente con él/ella la posibilidad de conseguir los beneficios adicionales que se han pedido.

7-4 Navegando el internet

Para hacer este ejercicio del presente capítulo, visite la página web del libro en http://exito.heinle.com.

7-5 Ejercicios de vocabulario

Si le es necesario, consulte la *Lectura comercial* o la lista de vocabulario que aparece al final del capítulo para completar estos ejercicios.

1. **¡A ver si me acuerdo!** Pensando en la posibilidad de establecer una relación comercial, usted conversará con una persona de negocios de un país hispano. Sin embargo, se le olvidan a usted los siguientes términos en español. Un/a compañero/a lo/la ayuda a recordarlos al pedirle a usted que se los traduzca.

a. *interview*	f. *promotion*
b. *to hire*	g. *expatriate*
c. *incentive*	h. *assessment instruments*
d. *wage*	i. *lobbyist*
e. *salary*	j. *third-country national*

2. **¿Qué significan?** A usted le interesa la posibilidad de trabajar en una oficina de recursos humanos en un país hispanoparlante. Sin embargo, no sabe lo que significan ciertos términos que se usan frecuentemente en el comercio. Ud. decide consultarlos con un/a amigo/a. Pídale a un/a compañero/a de clase que le explique los siguientes términos y que le dé algunos sinónimos.

   a. convenio
   b. boicot
   c. remuneración
   d. obrero
   e. condiciones de vivienda
   f. la vanguardia de la tecnología
   g. lista negra
   h. huelguista
   i. cabildero
   j. cargo

3. **Entrevista profesional.** Usted quiere saber lo más posible sobre la gestión de una oficina de recursos humanos en países hispánicos porque ha conseguido una entrevista para un puesto en Venezuela. Por lo tanto, usted piensa practicar la entrevista con un experto en este campo. Utilice la información y las preguntas del Apéndice 4, *La entrevista de trabajo* (página 470) para prepararse. No se olvide de planear algunas preguntas para hacérselas al/a la entrevistador/a. Si es posible, haga una grabación de cassette o de vídeo para hacer un análisis de la entrevista.

4. **Traducciones.** Un/a amigo/a suyo/a que está inscrito/a en un programa de maestría en gestión de recursos humanos acaba de empezar a estudiar español. Él/Ella sabe poco del vocabulario necesario para funcionar eficazmente en ese contexto. Usted lo/la ayuda al pedirle que él/ella traduzca las siguientes oraciones.

   a. *The hiring of employees requires serious planning by the personnel manager.*
   b. *Salary level should be based on a balance between supply and demand.*
   c. *The wages of manual laborers or shop employees are sometimes greater than the salaries of managers.*
   d. *After retirement, it is sometimes difficult for workers to obtain health, accident, and life insurance benefits.*
   e. *The cross-cultural awareness and sensibility of both managers and employees has become increasingly important in order to create a new global culture in the work place.*

Una vista panorámica de Venezuela

Nombre oficial:	República Bolivariana de Venezuela
Gentilicio:	venezolano/a
Capital y población:	Caracas: 3,517,300 (metro); 1,741,000 (ciudad)
Sistema de gobierno:	República federal
Jefe de Estado/Jefe de Gobierno:	Presidente Hugo Rafael Chávez Frías
Fiesta nacional:	5 de julio, Firma del Acta de la Independencia (1811: de España)

Venezuela

Geografía y clima

Área nacional en millas²/ kilómetros²	Tamaño (comparado con EUA)	División administrativa	Otras ciudades principales	Puertos principales	Clima	Tierra cultivable
352,144 m²/ 912,050 km²	Dos veces más grande que California	1 distrito federal, 22 estados, 1 dependencia federal	Maracaibo, Valencia, Barquisimeto, Maracay	Maracaibo, La Guaira, Valencia, Puerto Cabello	Tropical, cálido, húmedo; más templado en la altiplanicie	4%

Demografía

Año y población en millones			% urbana	Distribución etaria		% de analfabetismo	Grupos étnicos
2005	2015	2025		<15 años	65+		
25	29	32	87%	34%	4%	8.9%	67% mestizo, 21% blanco, 10% africano, 2% amerindio

Economía y comercio

Moneda nacional	Tasa de inflación 2001	N° de trabajadores (en millones) y tasa de desempleo	PIB 2002 en millones $EUA	PIB per cápita $EUA	Distribución de PIB y de trabajadores por sector*			2002 Exportaciones en millones $EUA	2002 Importaciones en millones $EUA
					A	I	S		
El bolívar	12.3%	9.9/14%	$132,800	$3,800	5% 13%	50% 23%	45% 64%	$29,500	$18,400

*Para distribución del PIB y de los trabajadores (mano de obra): A=agricultura, I=industria, S=servicios (y gobierno).

Recursos naturales: Petróleo, gas natural, carbón, hierro, oro, bauxita, otros minerales, energía hidroeléctrica, diamantes.

Industrias: Petróleo, minería de hierro, materiales para construcción, procesamiento de alimentos, textiles, acero, aluminio, ensamblaje de vehículos de motor.

Comercio

Productos de exportación: Petróleo, hierro, café, bauxita, aluminio, acero, productos químicos, productos agrícolas, cacao.

Mercados: 40.3% EUA, 14.5% Colombia, 5.9% México, 4% Ecuador, 3.6% Países Bajos, 31.7% otros países.

Productos de importación: Materia prima, maquinaria, equipo de transporte, bienes manufacturados, materiales para construcción, productos químicos, productos alimenticios.

 Proveedores: 32.7% EUA, 11% Colombia, 8.1% Brasil, 4.9% México, 3.3% Japón, 3% Italia, 37% otros países.

Horario general de comercio: De lunes a viernes, desde las ocho de la mañana hasta las seis de la tarde.

Transporte y comunicaciones

Kilómetros de carreteras y % pavimentadas	Kilómetros de vías férreas	Nº de aeropuertos con pista de aterrizaje pavimentada	Nº de líneas telefónicas	Radios por mil personas	Televisores por mil personas
96,155/33.5%	682	127	2,841,800	296	185

Idioma y cultura

Idiomas	Religión	Comidas y bebidas típicas/Modales
Español (oficial), numerosos idiomas indígenas	96% católico, 2% protestante, 2% otras	Mondongo, pabellón criollo, cazuela de mariscos, caraotas negras, hervido, arepa, hallaca, punta trasera, parrillada, lechosa, jugo natural, batido de fruta, raspaíto, cafecito. Cuando se termina de comer, se colocan el tenedor y el cuchillo uno al lado del otro en el centro del plato.

Horario normal del almuerzo y de la cena: Sobre la una de la tarde para el almuerzo; entre las siete y las ocho para la cena.

Gestos: Para indicar que se quiere pagar algo o para pedir el precio, se frotan el dedo pulgar y el dedo índice con la palma de la mano hacia arriba. Se considera descortés señalar algo con el dedo índice (gesto típico en EUA); se señala algo con la mano entera. Pasar entre dos personas que conversan se considera maleducado; si se tiene que hacer, uno se disculpa diciendo «Con permiso». No sentarse en una silla de manera repantigada. No poner o descansar los pies sobre los muebles.

Cortesía: Se saluda con un firme apretón de manos. Al ir a la casa de alguien para cenar o para una fiesta, se aprecian las flores, especialmente las orquídeas (la flor nacional), los chocolates o una buena botella de vino. Las mujeres de negocios no les dan regalos a los hombres.

LA ACTUALIDAD ECONÓMICA VENEZOLANA

Venezuela es uno de los mayores productores y exportadores de petróleo del mundo y en 1976 fue uno de los fundadores de la Organización de Países Exportadores de Petróleo (OPEP). Su economía está basada en el petróleo. El gobierno nacionalizó la industria y, desde entonces, se ha doblado el número de empleos relacionados con este sector y se ha cuadruplicado el valor de las rentas, a pesar de la disminución de la producción de petróleo crudo. Venezuela también produce grandes cantidades de acero y de aluminio y ha crecido en los últimos años la industria manufacturera, aunque el sector manufacturero fue reducido por un 11% en 2002, debido a la falta de inversiones privadas.

Una baja en el precio mundial del petróleo en los ochenta despertó interés en el desarrollo de la agricultura, especialmente durante la presidencia de Jaime Lusinchi (1984–89). En la actualidad se produce maíz, hortalizas, aves domésticas y carne porcina y se ha intentado aumentar las cosechas de soja y de arroz, pero Venezuela sigue importando dos tercios de sus necesidades alimenticias.

Al igual que el de otros países hispanoamericanos, el gobierno venezolano comenzó a desempeñar un papel menos importante en la economía nacional, debido a la privatización. En 1991, un consorcio internacional compró casi la mitad de la compañía telefónica estatal y el país trató de diversificar su industria y de reducir su dependencia del petróleo. Carlos Andrés Pérez, quien sucedió a Lusinchi como presidente en 1989, intentó resolver la crisis financiera y la depresión económica del país suspendiendo los pagos debidos sobre el déficit de 26 mil millones de dólares. A la vez, impuso un cargo adicional de derechos *ad valorem* sobre las importaciones. Quería desarrollar la economía nacional mediante la fusión de empresas y una reducción de los gastos gubernamentales, pero estas medidas no se realizaron sin la oposición de los grupos afectados. Además, mientras Pérez negociaba con el Fondo Monetario Internacional (FMI), el Banco Mundial y el Banco Interamericano de Desarrollo (BID) para conseguir nuevos fondos, hubo manifestaciones violentas contra sus programas de austeridad. Esta situación económica precaria perjudicó sus relaciones económicas con los demás países del Pacto Andino y de la región, y contribuyó a sus dificultades financieras. El coronel Hugo Chávez, el futuro presidente, y sus partidarios, fomentaron en 1992 dos golpes de estado fallidos.

En 1993, el presidente Pérez fue suspendido de su cargo y la Corte Suprema lo enjuició por corrupción. Ramón J. Velázquez lo reemplazó y completó el período constitucional de la presidencia. Velázquez perdió las elecciones de 1993 ante Rafael Caldera, quien fue presidente hasta 1998.

Hoy en día el sector petrolero sigue siendo la fuerza dominante de la economía; genera un 80% del producto nacional bruto y más de la mitad del capital circulante del país. Como resultado, la rápida baja de los precios de petróleo internacionales en 2002 dañó severamente la economía. Las reducciones fiscales causadas por la pérdida de renta, las altas tasas de interés y la disminución de exportaciones causaron una recesión en 1998. Hugo Chávez ganó la presidencia ese año con el apoyo de los pobres que buscaban mejorar su nivel de vida. Sin embargo, su política económica no ha atraído muchas inversiones internacionales. Otro factor paralizante para la economía bajo Chávez ha sido la aprobación en 1998 de la nueva constitución propuesta por él. Ésta le otorgó poderes casi ilimitados y dividió al país, puesto que la clase baja aprobó la constitución y las clases media y alta la rechazaron.

Las políticas de Chávez, líder popular entre los pobres, han causado grandes y violentas huelgas de protesta por parte de sus opositores. Además, su apoyo de los gobiernos cubano y libio ha preocupado al gobierno de EUA. En 2002 el valor del bolívar cayó un 25% contra el dólar y el presidente tuvo que renunciar a la presidencia por dos días, después de los cuales el gobierno interino fracasó, permitiendo que Chávez recuperara la presidencia. La situación sigue inestable por (1) la división política nacional, (2) la división del ejército, (3) los conflictos en la frontera con Colombia por las drogas, (4) el aumento en el abuso de drogas a nivel nacional, (5) demasiada dependencia de la industria petrolera, (6) la continuación de las protestas, manifestaciones y huelgas y (7) las operaciones mineras irresponsables que ponen en peligro la selva tropical y el medio ambiente de los indígenas. De momento, Venezuela, un país de grandes recursos naturales y humanos, se enfrenta con una serie de crisis que frenan su desarrollo socioeconómico y liderazgo regional.

7-6 Actividades

¿Qué sabe Ud. de Venezuela?

1. A usted lo/la han contratado/a como asesor/a transcultural de negocios internacionales. Como tal, necesita informar a sus clientes sobre Venezuela y recomendar un plan de viaje de negocios al país. Investigue sobre los datos pertinentes para desarrollar los temas a continuación.

   a. Describa la geografía de Venezuela, refiriéndose a temas como los siguientes: ubicación y tamaño del país, capital y otras ciudades y puertos importantes, división administrativa y clima. Compare el tamaño de Venezuela con el de EUA. Compárelo con el tamaño del estado donde Ud. vive.

   b. ¿Cuáles son las principales características demográficas y políticas de Venezuela? ¿Quién es el jefe de estado?

   c. ¿Cuándo se celebra la fiesta nacional de Venezuela? ¿Qué otras fiestas públicas podrían afectar el éxito de un viaje de negocios? (Véase la Tabla 10-1, página 303.)

   d. Describa la economía venezolana. Incluya datos sobre la moneda nacional, la tasa de inflación, el PIB y el PIB per cápita, el número de trabajadores (la mano de obra), la tasa de desempleo, los recursos naturales, las industrias nacionales, los productos de exportación e importación, los países destinos (mercados) y proveedores (fuentes) de estas transacciones internacionales y la balanza de comercio (compare la del libro con la balanza comercial actual). ¿A cuánto se cotiza la moneda nacional venezolana respecto del dólar EUA?

   e. ¿Qué producto o servicio recomendaría usted vender en Venezuela? ¿Por qué?

   f. Describa la infraestructura de transportes y de comunicaciones venezolana. ¿De qué ventajas económicas ha gozado Venezuela debido a su geografía (puertos, proximidad a mercados como EUA, etc.)?

g. ¿Cómo han cambiado algunos de los datos presentados en las secciones de *Vista panorámica* y *Actualidad económica* de este texto? Póngalos al día.

h. Comente sobre la actualidad socioeconómica y política venezolana. ¿Cuáles son los resultados de las manifestaciones contra el presidente Chávez?

 2. Ud. tiene que hacer un viaje de negocios a Venezuela con su jefe/a para renegociar los términos de un acuerdo sobre los usos de sus refinerías de petróleo crudo. Usando el internet u otras fuentes informativas, prepare un plan (con presupuesto e itinerario) para este viaje de negocios. Averigüe las posibilidades en internet, por medio de una llamada telefónica, en una agencia de viajes o en el aeropuerto mismo. Comuníquese en español, si es posible. Comente los siguientes temas con un/a compañero/a.

a. Fechas de ida y vuelta (el viaje durará cinco días)

b. Vuelos: aeropuertos de despegue y aterrizaje, líneas aéreas, horario; costos

c. Transporte interno que se piensa usar: taxi, autobús, carro de alquiler, metro, tren, otro; costos

d. Alojamiento y viáticos; costos

e. La comida típica que van a pedir para la cena la primera noche

f. Las formas de cortesía y los gestos que deben recordar, usar o evitar

g. El precio actual del barril de petróleo y su impacto en el acuerdo

h. Los posibles efectos sobre la economía de EUA a largo plazo y cómo van a contribuir al cierre del contrato

LECTURA CULTURAL

Actitudes ante el trabajo

Desde la época colonial, debido a la influencia de la ética protestante en su modo de vida, la mayoría de los estadounidenses le ha dado mucha importancia y valor al trabajo. Creen que la persona trabajadora y diligente no es sólo productiva sino que también merece cierta consideración y respeto y que está haciendo algo valioso por lo cual recibirá cierto reconocimiento monetario y social. Además, esta idea de ser reconocido o, mejor dicho, de tener éxito en algo, también es muy importante para los estadounidenses. Anima a que una persona aspire a seguir trabajando para recibir aún más reconocimiento por su éxito. El resultado es que en muchos países y culturas se opina que los estadounidenses están obsesionados por trabajar constantemente, que son «trabajoadictos» y que el trabajo es un fin en sí mismo. Aun el sistema educativo refleja esta supuesta obsesión laboral al existir muchas escuelas técnicas, vocacionales y académicas que preparan a los estadounidenses para el éxito en el mundo del trabajo. Por otra parte, aunque muchos estadounidenses eligen carreras profesionales por su categoría social y remunerativa, también se respetan los oficios y trabajos mecánicos, en gran parte por el afán por lo práctico y los resultados «concretos» del trabajo.

Hasta cierto punto, los hispanos han tenido otro concepto del trabajo. Como descendientes de una sociedad inicialmente aristocrática cuyos valores inculcaron desde el principio cierto desprecio por el trabajo, en especial por el comercio, las artes mecánicas y el trabajo manual, los hispanos no tienen una larga tradición de valoración del trabajo manual. Desde la época colonial, oficios como el de carpintero o contable se consideraban poco respetables y sin importancia. Este estigma prevaleció por siglos e infundió entre los mismos empleados y obreros cierto desdén por el trabajo. Los nobles adoptaron y diseminaron esta actitud antilaboral ante las nuevas formas de vida capitalista y burguesa con su énfasis en el desarrollo de las artes mecánicas y las profesiones porque temían perder su riqueza y poder.

Sólo con la industrialización de los países hispánicos ha empezado a cambiar esta actitud. Este cambio ha sido parcial y lento, pero continuo. Todavía persisten rasgos de los antiguos valores aristocráticos, como lo demuestran los bajos sueldos obreros y la falta de empleados bien capacitados para los distintos puestos técnicos, profesionales y administrativos. Esta situación antilaboral también se debe en parte al sistema educativo de estos países, pues no ha proporcionado una preparación técnica ni profesional adecuada para la nueva realidad socioeconómica y política hispánica. Tampoco ha cambiado la pedagogía basada en la teoría y la memorización por una fundada en la creatividad, la aplicación y la práctica, es decir, la solución de problemas específicos. Algunos gobiernos han establecido programas para mejorar las condiciones instructivas y laborales, sobre todo en los países menos industrializados, pero hasta ahora no han dado los resultados esperados. Los obreros y empleados han trabajado duro pero no han empezado a recibir, hasta muy recientemente, mucho reconocimiento monetario o social, y muchas veces sólo lo han recibido mediante los movimientos sindicalistas y las huelgas, a menudo violentas.

La verdad es que ha habido mucha explotación del trabajador en Latinoamérica y discriminación contra la mujer, los indígenas y los afrolatinos. Según informa el Grupo del Banco Mundial, «de los 520 millones de personas que viven en América Latina y el Caribe, más de 150 millones son descendientes de africanos. En toda la región, los «afrolatinos», como se les conoce, padecen desproporcionadamente de pobreza y exclusión social» (www.worldbank.org; 7/7/04). Otra área de preocupación es el trabajo infantil en Latinoamérica, a pesar de los esfuerzos de grupos como la Unidad para la Erradicación de las Peores Formas de Trabajo Infantil (de la *Human Rights Watch*, HRW). La HRW informa que

> Hasta un tercio de los trabajadores de las plantaciones de azúcar de El Salvador son menores de 18 años, muchos de los cuales empezaron a trabajar en los campos cuando tenían entre 8 y 13 años. La Organización Internacional del Trabajo estima que al menos 5,000 y hasta 30,000 menores de 18 años trabajan en las plantaciones de azúcar salvadoreñas. El Salvador establece una edad mínima de 18 años para el empleo en tareas peligrosas y de 14 años para la mayoría de las demás formas de trabajo (www.hrw.org; 10/6/04).

La realidad laboral venezolana ejemplifica las condiciones de trabajo en Hispanoamérica. El movimiento sindical siempre ha sido fuerte en Venezuela. En el sector industrial, el porcentaje de los afiliados con gremios es mucho más alto que en otros sectores. Durante la última década ha habido progreso para algunos grupos previamente marginados por la ley. Por ejemplo, en 1994 el Congreso estableció un régimen jurídico aplicable a las personas incapacitadas. El objetivo de esta ley es el desenvolvimiento normal en la sociedad y la realización personal de estos individuos. Los beneficios ahora incluyen la constitución de un Consejo Nacional para la integración social y profesional de estas personas, la eliminación de la discriminación en cuanto a su admisión a instituciones de educación o centros de capacitación, el derecho al trabajo sin limitaciones, el acceso al transporte y las comunicaciones, y a los servicios e instalaciones públicas.

Además, las investigaciones publicadas en la *Revista sobre Relaciones Industriales* por la Universidad Católica Andrés Bello tratan una serie de temas que muestran preocupación y progreso en este campo. Entre ellos están:

- la síntesis de la evolución del derecho social venezolano
- la participación de la mujer en la fuerza de trabajo: el caso de Venezuela
- hacia un nuevo modelo de contratación colectiva en Venezuela
- seguridad social de los trabajadores migrantes en el área del Pacto Andino
- la mujer en el sindicalismo venezolano
- discurso sobre el cincuenta aniversario de la Confederación de Trabajadores Venezolanos (CTV)
- preocupación de Fedecámaras y la CTV por los valores éticos
- caracterización de las dirigentes sindicales femeninas en las centrales sindicales (CTV, CUTV y CODESA)

A través de los años, los trabajadores han logrado muchos beneficios adicionales como los siguientes:

- vacaciones y días feriados que incluyen los domingos y nueve días legales de fiestas nacionales
- participación en los beneficios (como el 10% de las ganancias anuales, las cuales se distribuyen en forma de gratificación navideña)
- un impuesto para la formación técnica en el que se paga el 2% de la nómina anual para su financiación
- un seguro social y beneficios de jubilación
- alojamiento gratuito o a precios reducidos para los trabajadores
- transporte a un precio mensual razonable para los que ganan un salario mensual mínimo
- una cafetería que ofrece almuerzos subvencionados si hay más de diez trabajadores
- textos y becas escolares, servicios de medicina, seguro colectivo, programas deportivos o de recreo

También es posible que haya formas de indemnización por despido por edad (las personas mayores) y en forma de auxilio de cesantía.

Los extranjeros que trabajan en Venezuela necesitan una visa y tarjeta de identidad emitidas por una oficina consular venezolana. Cada empresa tiene que mantener un mínimo de un 75% de ciudadanos venezolanos como empleados.

7-7 Actividades

1. **¿Qué sabe Ud. de la cultura?** Demuéstrelo contestando las preguntas a continuación.

   a. ¿Qué opina Ud. de la actitud estadounidense hacia el trabajo?

   b. Describa la influencia que tuvo la época colonial en la actitud de los hispanoamericanos hacia el trabajo.

   c. ¿Qué impacto tienen los sistemas de enseñanza en el trabajo en los Estados Unidos e Hispanoamérica? Dé ejemplos.

   d. ¿Cómo ha sido la situación socioeconómica de los afrolatinos y los niños en América Latina y el Caribe?

   e. ¿Cómo es la semana laboral en Venezuela? ¿Es igual en EUA? Busque la respuesta en un libro de consulta o en internet.

   f. ¿Qué beneficios adicionales se ofrecen a los trabajadores venezolanos?

   g. ¿Qué efecto tendrá la ley del 75% de empleados de nacionalidad venezolana en la contratación de gerentes para cualquier multinacional ubicada en Caracas?

2. **Asimilador cultural.** Lea lo siguiente y después haga los ejercicios que aparecen a continuación.

   Frederick M. Lehmann, vicepresidente del Departamento de Recursos Humanos de una empresa estadounidense, ha estado tratando de aumentar la producción de su fábrica en Valencia, Venezuela, durante el último año sin éxito. Ha recomendado que los obreros trabajen horas extras o los domingos, además de la semana laboral que va de lunes a viernes. La Confederación de Trabajadores ha rechazado esta oferta varias veces. Por fin, Lehmann ha invitado a Carlos Rómulo Gómez, un consultor venezolano para que le aconseje sobre la situación. Rómulo Gómez escucha las quejas del vicepresidente y luego le explica cómo influye el concepto de la familia en las decisiones de los trabajadores y por qué los incentivos económicos no funcionan muy bien en el ambiente venezolano. Le dice a Lehmann que la calidad de vida en Venezuela también se relaciona con la posibilidad de estar con la familia lo más posible.

   Lehmann escucha al consultor y le agradece los consejos. Esa misma tarde, el vicepresidente se reúne con el jefe del sindicato local, Juan Vicente Lecuna, y le presenta otro plan:

   —Yo sé que los obreros quieren pasar más tiempo con su familia y que no quieren trabajar horas extras. Así que les ofrezco el siguiente compromiso: Si Uds. aceptan la idea de trabajar a destajo durante la semana, yo les pago un poco más a quienes produzcan más. Además, si el 20% de los trabajadores acepta una semana laboral de cuatro días durante la semana y el domingo como el quinto día laboral, yo les subo el pago un 10% a todos....

   Vicente Lecuna hace una pausa antes de contestarle y le hace un gesto de «basta» con la mano....

   a. Explique el conflicto cultural entre Lehmann y los obreros venezolanos.

   b. ¿Qué quiere decir el sindicalista con el gesto? ¿Va a aceptar la propuesta del vicepresidente? ¿Por qué?

   c. ¿Ha entendido bien Lehmann los consejos del consultor? ¿Qué habría hecho Ud. si fuera el vicepresidente?

SÍNTESIS COMERCIAL Y CULTURAL

7-8 **A**ctividades comunicativas

1. **Situaciones para dramatizar.** Lea las siguientes situaciones y después haga el papel en español con otro/s estudiante/s, usando las opciones siguientes como punto de partida. Cada persona deberá participar activamente en la dramatización. No olviden el protocolo ni las cortesías.

   a. *You are the payroll supervisor* (supervisor/a de compensaciones) *and you need to obtain information concerning an employee who is moving to a new position in the plant. Ask the personnel office for the following information regarding the employee:*
      • *seniority: based on years of service*
      • *merit: determined by quality of work on the job*
      • *guaranteed increase: wage position relative to the average salary in that range*
      • *benefits and rights for women and employees with disabilities*

   b. *You are the development manager for executive training* (gerente de desarrollo y entrenamiento de ejecutivos) *for a multinational firm. You have identified the need for training and discuss with your boss specific advantages or disadvantages of the following:*
      • *options in order to meet the needs of the company*
      • *techniques for the presentation of information (lectures, films, programmed instruction, etc.)*
      • *techniques for information processing (large group vs. small group discussions)*
      • *simulation techniques (role-playing, dramatization, situations, case studies)*

2. **Comprensión y comunicación.** Para este ejercicio basado en el vídeo de *Éxito comercial,* favor de pasar al encarte central del texto, VídeoTexto 8.

3. **Actividad laboral.** Ud. y un/a socio/a trabajan para una empresa multinacional que en el pasado ha tenido muchas ventas en Venezuela y en los otros países del Pacto Andino. Uds. necesitan investigar la historia reciente y lo que ha pasado con este convenio para averiguar su posible efecto en la contratación de personal para una nueva sucursal en Valencia, Venezuela, u otras ciudades de los países andinos. Es importante investigar y luego comparar los siguientes factores:

   a. los costos de contratar secretarias bilingües para las oficinas en Guayaquil (Ecuador), Barranquilla (Colombia) y el Callao (Perú)

   b. la disponibilidad y el costo de vuelos internacionales entre estas ciudades y entre ellas y Miami

   c. el número de gerentes bilingües con amplia experiencia en empresas internacionales en Venezuela, Colombia, Ecuador y Perú

   d. la estabilidad política de estos cuatro países durante los últimos cinco años

   Después de hacer las investigaciones, recopilen todos los datos en un informe escrito que incluya en listas o tablas la información indispensable para analizar brevemente el caso. Luego, presenten el informe oralmente sin leerlo.

4. **Caso práctico.** Lea el caso y después haga los ejercicios a continuación.

Alicia Embarcador, directora de una nueva agencia internacional de empleo, se reúne con Tom Cash, su nuevo socio, antiguo jefe de personal de una agencia estadounidense. Ambos se especializan en colocar ejecutivos estadounidenses en Venezuela, y altos gerentes venezolanos en los Estados Unidos. Los dos creen que al unirse pueden determinar más fácilmente las necesidades de las empresas de ambos países. Están en Caracas para concluir su plan sobre el mejor modo de proceder.

En cuanto al proceso de reclutamiento de personas y empresas interesadas en este servicio, deciden hacer una encuesta para determinar los puestos vacantes. Luego analizarán los resultados para identificar las necesidades de las empresas en ambos países. Alicia sugiere que cada uno haga una encuesta a personas en su propio país y que después intercambien los datos. Tom, en cambio, insiste en una encuesta común, para luego poder comparar los mismos datos en ambos países. Los dos están de acuerdo respecto a los métodos de reclutamiento: pedir solicitudes directamente por correo; anunciar en periódicos, revistas y radio; conseguir referencias de los actuales empleadores y empresas; y visitar las universidades. Sin embargo, no pueden ponerse de acuerdo sobre el formulario para la encuesta. ¿Debería escribirse sólo en español o debería haber dos impresos de la misma solicitud, uno en inglés y el otro en español? Tampoco están de acuerdo sobre dónde deberían buscar solicitantes en EUA. ¿Deberían limitar sus actividades a las áreas de habla española o deberían incluir todas las regiones?

  a. ¿Cuál es el propósito de la nueva agencia que dirige Alicia Embarcador?

  b. ¿Cuáles son las ideas básicas de Embarcador y Cash sobre el modo de reclutar?

  c. ¿Cuáles son las posibilidades para un acuerdo sobre dónde reclutar para esta agencia de colocación?

  d. Comente con sus compañeros de clase las consecuencias de tomar ciertas decisiones en la agencia:

- Embarcador y Cash deciden que cada uno se encargará de su propia encuesta en sus respectivos países, haciendo una en español para Venezuela y la otra en inglés para los Estados Unidos.
- Deciden que los dos socios se encargarán de planear un solo formulario en una sola lengua para distribuir en los dos países.
- Deciden que ambos se encargarán de planear un solo formulario bilingüe.
- Deciden limitar la distribución a los Estados Unidos y solamente a las áreas de habla española.

7-9 Análisis y comparación

Estudie la siguiente tabla comparativa y haga los ejercicios a continuación. Use también sus conocimientos y, cuando haga falta, otras fuentes informativas como el internet o libros de consulta. Los ejercicios se pueden hacer individualmente, en parejas o en pequeños grupos para discutir en clase.

Tabla 7-1

Gestos (y algunos sonidos) típicos de los países hispanoparlantes

Gesto	Descripción
Saludo. **¡Hola!**	En la mayoría de los países, los hombres se dan la mano con un apretón firme. En algunos países (Colombia, Guatemala, Honduras, El Salvador) el apretón de manos es bastante más flojo. El hombre saluda a la mujer con un ligero apretón de manos cuando ésta le ofrece la suya. A veces, si se tiene la mano sucia, la persona ofrece la muñeca, el antebrazo o el codo en lugar de la mano. Los buenos amigos a menudo se saludan con un abrazo y una palmadita en el hombro o en la espalda. Las amigas se saludan con un beso en la mejilla (no un verdadero beso sino un besito al aire y un pequeño abrazo). El hombre también puede saludar a una amiga con un besito en la mejilla y un pequeño abrazo. Al llegar a una reunión o comida, se saluda a cada individuo. Para saludar desde más lejos, se mueve la mano varias veces, extendida y en posición vertical, de izquierda a derecha.
Acérquese. **¡Ven acá!**	Se extiende la mano con la palma boca arriba y se abren y cierran rápidamente los dedos con la excepción del pulgar. En algunos países se hace el mismo gesto pero con la palma boca abajo. También en algunos países (México, España, Guatemala) se hace un sonido de «psst-psst», «tsst-tsst» o «ch-ch» (en Uruguay) para llamar la atención de alguien, como la de un camarero en un restaurante. En Uruguay también chasquean o chascan los dedos.
¡Váyase! **¡Vete!**	Con la palma de la mano hacia el suelo, se hace un rápido movimiento de los dedos hacia afuera.
Está allí/allá.	Se extienden el brazo y el dedo índice para señalar algo. En El Salvador, no se señala a una persona con el dedo sino con la mano entera. En algunos países se fruncen los labios en la dirección de algo para señalarlo o se indica una dirección alzando un poco la barbilla (*it's up the road*) o bajándola (*down the road*).
Aprobación	En muchos países se hace el gesto de «*thumbs-up*» (hacer un puño con el dedo pulgar levantado hacia arriba). Cuidado, porque a veces puede tener una connotación política, como en el País Vasco. Una palmadita en el hombro o en la espalda de otro también significa aprobación. En Honduras se unen las manos.
¡Todo va bien!	Se apiñan los dedos y se llevan a los labios, donde se besan las yemas. En algunos países, como Uruguay, se hace el gesto de «bigote para arriba», es decir, se hace una letra V con el dedo índice y el pulgar y se pone esta V sobre el labio superior de la boca.
Desaprobación	Se chasca la lengua o se frunce la boca y se ponen los ojos en blanco.
Estoy pensando.	Se toca la sien con el dedo índice.
¡Qué tonto/loco!	Se toca la sien con el dedo índice, a veces dándose unos golpecitos o haciendo un pequeño movimiento giratorio con el dedo.
Te llamo/Llámame por teléfono.	Se coloca la mano cerca de la oreja y, con los dedos pulgar y meñique extendidos, se reproducen el auricular y el acto de hablar por teléfono.

Vuelvo enseguida.	Con la mano delante del pecho u hombro, se dibujan dos o tres círculos rápidos en el aire con el dedo índice.
¿Qué pasa?/ No entiendo.	Se encogen los hombros con las manos medio extendidas y las palmas boca arriba. En algunos países (Puerto Rico y la República Dominicana) se frunce la nariz.
Estoy así, así. Más o menos.	Con la mano extendida y abierta, la palma hacia abajo, se hace un movimiento oscilante de lado a lado.
Contar (cero, uno, dos, tres, cuatro, cinco)	Para cero, se forma un círculo con el pulgar y el índice (es el gesto norteamericano de «*A Okay*»). Para el número uno se levanta el índice; para indicar dos, se levantan y separan el dedo índice y el medio; para tres, el índice, medio y anular; cuatro, todos los dedos menos el pulgar; cinco, todos los dedos. A veces se empieza a contar el número uno con el dedo pulgar, seguido por el pulgar y el índice para indicar dos; el pulgar, el índice y el medio para tres; etc.
Es así de alto/bajo.	Se levanta el brazo con la mano en una posición horizontal para indicar alguien o algo alto; para indicar alguien o algo de poca altura, se usa el mismo gesto pero con el brazo hacia el suelo. En México se usa el dedo índice para una persona, la mano entera para un animal u objeto. En Colombia se pone la mano en posición vertical (de costado) cuando se trata del tamaño de una persona.
Así es la vida.	Se encoge uno de hombros con los brazos medio extendidos y la manos boca arriba. En Guinea Ecuatorial se juntan las manos como para rezar.
No. ¡No!	Con la palma de la mano hacia afuera (hacia la otra persona), se oscila de lado a lado. Para mayor énfasis, usar el dedo índice.
Se me olvidó.	Se lleva la palma de la mano a la frente, dándose un golpecito con ella a la vez que abre la boca. También se puede echar la cabeza hacia atrás rápidamente con un chasquido de lengua.
¡Qué sorpresa! (shock)	En algunos países (Guatemala, Honduras, Costa Rica) se agita la mano vigorosamente para hacer un chasquido con los dedos extendidos.
Cuesta mucho. Tiene mucho dinero./ ¿Cuánto cuesta?	Se rozan el dedo índice y el pulgar uno contra el otro sin separarlos.
Tengo sed.	Con la mano se hace un gesto de coger un vaso y beber algo. También, en España se puede llevar la mano a la boca entreabierta, con el dedo pulgar y el meñique extendidos en forma de porrón.
No lo sé.	Con la palma de la mano hacia el cuerpo, se roza uno la barbilla con las uñas. Otro gesto sería el darse un toquecito en la barbilla con la punta del dedo índice. Otro sería negar con el movimiento de la cabeza de lado a lado al hacer una mueca y encogerse de hombros, mostrando las palmas de las manos en posición vertical y próximas al cuerpo (el gesto norteamericano «*Not me!*»).
No me importa.	Con la palma de la mano hacia el cuerpo, se roza uno la barbilla con las uñas.

No oigo lo que dice.	Se pone la mano detrás de la oreja como si fuera un pabellón auditivo.
¡Qué tacaño/a es!	Con la palma boca arriba, se pone la mano debajo del otro codo y se dan algunos golpecitos.
¡Ojo! **¡Ten cuidado!**	Se toca uno bajo el ojo con el dedo índice.
Sospecha. **¡Me huele mal!**	Se apoya el dedo índice en un lado de la nariz y se dan unos golpecitos suaves con el dedo.
Está borracho/a.	Con los dedos pulgar y meñique extendidos, se pasa el pulgar varias veces por la punta de la nariz.
Págueme/Págame.	Se hace un movimiento hacia el cuerpo con el antebrazo y la palma de la mano de costado.
Insinuación sexual	Hacerle un guiño a alguien se puede interpretar como una insinuación.
Quiero hablar con usted. **Habla mucho.**	Se juntan las yemas de los dedos y se abren y cierran como el pico de una gallina. Para indicar que alguien ha hablado demasiado, se mantienen los labios cerrados y se forma con el dedo índice una espiral que parece salir como humo de la boca.
No hable. **¡Silencio!**	Se juntan los dedos índice y pulgar, y se pasan a lo largo de los labios en imitación de cerrar una cremallera.
Hay mucha gente aquí. **El lugar está lleno, de bote/en bote, a tope.**	Se apiñan y separan los dedos de una mano o de las dos.
Está lleno el taxi. **Ya no queda más de algo.**	Se extiende la mano, con la palma hacia afuera, y se mueve de lado a lado. Se parece al gesto del saludo a distancia y al gesto de «No».
Hay que caminar/ir a pie.	Con el dedo índice y el dedo corazón (o dedo medio), se imita en el aire o sobre una superficie el movimiento de las piernas al andar.
Un poco. **Queda poco.**	Se ponen el dedo índice y el pulgar en posición horizontal y paralelos.
Hay visitante en la casa.	A veces, como en el Paraguay, el visitante da palmadas para anunciar su llegada o presencia.
La cuenta, por favor.	Con el brazo levantado en el aire para que lo vea el camarero, se reproduce el gesto de firmar algo (como la cuenta).
¡Tiene/s mucha cara!	Se dan unas palmaditas en la mejilla o con el dorso de la mano se dan unos golpecitos en la mejilla.
Plantar cara. **Se busca camorra.**	Se pone de pie con los brazos en jarras (*hands on the hips*) para indicar *bring it on!* También se puede hacer el gesto norteamericano de «Ven acá» (la palma de la mano boca arriba y los dedos que se abren y cierran hacia el cuerpo de uno).

¡Vete al infierno! y otros gestos obscenos afines	Hacer el gesto del higo, un puño con el dedo pulgar extendido entre el dedo índice y el dedo corazón. (Nota: ¡En Brasil este mismo gesto indica buena suerte!) Hacer el gesto norteamericano de «A-Okay» (formar un círculo con el dedo índice y el pulgar), aunque en España es una expresión positiva que comunica que «Me salió muy bien» o «Lo conseguí». En algunos países, se hace un puño y se golpea la palma de la otra mano con la culata del puño. En México, un gesto obsceno es el de formar una letra V con el dedo índice y el dedo medio, y luego colocar la V sobre la punta de la nariz con la palma abierta hacia la cara de uno mismo. Otro gesto obsceno, bastante universal, es el puño con el dedo corazón (o dedo medio) extendido (*to give the finger*).
Ya es hora de terminar esto.	Un bostezo puede señalar que ha llegado o pasado la hora para terminar una reunión o una actividad. En Panamá, se frunce la boca para comunicar lo mismo.
¡Deja de hablar ya! ¡Corta el rollo!	Con los dedos índice y medio extendidos, se imita la acción de cortar algo con tijeras, abriendo y cerrando estos dos dedos.
¡Qué tozudo (terco, tenaz, obstinado) es/eres!	Con un puño, se golpea sobre una superficie (como la de una mesa), o bien puede ser sobre nuestra propia cabeza o sobre la de la persona a la cual se refiere (suavemente).
Se corta esta relación entre nosotros.	En algunos países (Argentina, Bolivia, México), regalarle a alguien un cuchillo se puede interpretar como un corte de relaciones con esa persona.
Despedida. ¡Adiós!	Lo mismo que para el saludo. En la mayoría de los países, al despedirse los hombres se dan un apretón de mano firme. En algunos países (Colombia, Guatemala, Honduras, El Salvador) el apretón de manos es bastante más flojo. El hombre se despide de la mujer con un ligero apretón de manos cuando ésta le ofrece la suya. Los buenos amigos a menudo se despiden con un abrazo y una palmadita en el hombro o en la espalda. Las amigas se despiden con un besito en la mejilla y un pequeño abrazo. El hombre también puede despedirse de una amiga con un besito en la mejilla y un pequeño abrazo. Al marcharse de una reunión o comida, uno se despide de cada individuo. Para despedirse desde más lejos, se mueve la mano varias veces, extendida y en posición vertical, de izquierda a derecha.

FUENTES: *Culturgram 2004*; *Gestures: The Do's and Taboos of Body Language Around the World*; *Kiss, Bow, or Shake Hands*; y *Diccionario de gestos con sus giros más usuales*

1. Usted ha sido contratado/a como especialista transcultural para preparar a un/a gerente (un/a compañero/a de clase) para un viaje de negocios que éste/a hará a Hispanoamérica en tres días. Explíquele cómo funciona el saludo y la despedida en los países hispanos y ensaye con esta persona las diferentes formas de saludo y despedida.

2. Haga los gestos para comunicarle a alguien que se acerque y luego que se vaya.

3. ¿Qué quiere decir el gesto de «bigote para arriba»? Hágalo.

4. Un/a compañero/a de clase le pregunta dónde están ciertas cosas (un bolígrafo, un libro, una persona, etc.) y usted le contesta con diferentes gestos para indicar «allí» o «allá».

5. Con un/a compañero/a de clase, túrnense para practicar los gestos que correspondan a las siguientes situaciones:

   a. Que usted quiere que él/ella lo/la llame por teléfono.

   b. Que él/ella le está pidiendo demasiado dinero para comprar la computadora usada que le quiere vender.

   c. Que él/ella es tacaño/a porque no quiere ayudar a pagar la cuenta del almuerzo.

   d. Que usted no puede oír lo que le quiere decir su compañero/a de clase.

   e. Que usted volverá en seguida para continuar la conversación con él/ella.

   f. Que a usted se le ha olvidado la cita que tenían después de la clase.

   g. Que tenga cuidado su compañero/a de clase con «esa persona».

   h. Que hay que guardar silencio porque está hablando el/la profesor/a.

   i. Que hay que caminar para llegar a la biblioteca.

   j. Que usted tiene mucha sed.

   k. Que usted quiere un solo lápiz, dos hojas de papel y tres minutos para hacer su trabajo.

   l. Que usted quiere pagarle al camarero la cuenta del café que ustedes acaban de tomar.

6. ¿Qué quieren decir las frases «tiene mucha cara» y «plantar cara»? Haga los gestos que comunican estos dos mensajes.

7. ¿Qué gestos hay que evitar?

8. ¿Cuáles son algunos de los gestos típicos de EUA? ¿Qué gestos usa Ud. al hablar? ¿Piensa que hay muchas diferencias entre las distintas culturas con respecto al uso de los gestos? Comente. ¿Conoce usted otros gestos que no se han incluido en la tabla o gestos que se usan en otras culturas, por ejemplo, en Alemania, Francia, Italia, Japón, etc.?

Posibilidades profesionales

En cuanto al campo de recursos humanos y las relaciones laborales, hay toda una serie de trabajos empresariales y sindicales tales como los de gerente de producción o de compraventa, director/a de control de calidad, negociante de convenios colectivos, etc. Para más información al respecto y para una actividad que le ayude a saber más sobre el tema, véase Capítulo 7 de *Posibilidades profesionales* que se encuentra en http://exito.heinle.com.

VOCABULARIO

Aquí se presentan los principales términos relacionados con este capítulo. Al final del libro hay un glosario más completo.

adiestramiento • *training*

altiplanicie (*f*) • *high plain or plateau*

anticipo • *advance*

apiñarse • *to crowd together*

ascenso • *promotion*

aumento • *pay raise*

auxilio de cesantía • *severance pay*

beneficio • *benefit*

bonificación • *bonus*

capacitación • *training*

carga social • *social contribution, benefit*

cierre patronal (*m*) • *company shutdown*

colocación • *placement*

comisionista (*m/f*) • *commission merchant, agent*

convenio • *agreement*

costado • *side*

cuenta de anticipos • *advance account*

currículum vitae (c.v.) (*m*) • *résumé, resumé*

decisión obligatoria • *binding decision*

demora • *delay*

derecho *ad valorem* sobre importaciones • *value-added tax on imports*

despedir (i) • *to fire, dismiss*

empresa de colocación o de empleo • *placement agency*

encuesta • *survey*

entrevista • *interview*

estado civil • *marital status*

expatriado • *expatriate*

expediente personal (*m*) • *résumé, resumé*

formulario • *printed form*

giro • *phrasing, way in which language is used; turn*

guiño • *wink (of an eye)*

horas extras o adicionales • *overtime*

hortaliza • *vegetable*

huelga patronal • *lockout*

idóneo • *suitable, competent*

incapacitado • *handicapped*

inculcar • *to instill*

indemnización • *indemnity, pay, compensation*

  por antigüedad • *indemnity for years of service*

  por despido • *severance pay*

jornal • *day's wages*

jubilación • *retirement*

juicio por faltas • *grievance*

laudo • *decision, finding*

local (*m/f*) • *local, national employee, locale*

mandato judicial • *injunction*

mediador/a • *mediator*

nacional de terceros países (*m/f*) • *third-country national*

nivel de vida (*m*) • *standard of living*

obligatorio • *binding*

paro laboral • *strike*

partidario • *supporter*

personal (*m*) • *personnel*

piquete laboral (*m*) • *picket*

porrón • *wine bottle with long spout*

prima • *bonus, premium*

  por trabajo fuera de turno • *shift premium*

reclutar • *to recruit*

recurrir • *to resort to, have recourse to*

remuneración • *remuneration, payment*

repantigado • *sprawled out, lounging*

representante sindical (*m*) • *union representative*

revisar • *to review*

rozarse• *to touch, brush against; wear out*

sabotaje (*m*) • *sabotage*

salario • *wage (hourly), salary*

seguro • *insurance*

   contra accidente • *accident insurance*

   de salud • *health insurance*

   de vida • *life insurance*

sien (*f*) • *temple (head)*

sobresueldo • *bonus*

solicitante (*m/f*) • *applicant*

solicitar • *to apply for*

solicitud (*f*) • *application*

sueldo • *salary (weekly or monthly)*

supervisor de compensaciones • *payroll supervisor*

taller (*m*) • *shop, workshop*

técnica de caso • *case study*

   de discusión en grupos • *group discussion*

   de incidente • *situation technique*

   de simulación • *simulation technique*

tenaz • *tenacious, stubborn*

trabajo a destajo • *piecework, production by units*

turno • *shift*

   de día • *day shift*

   de noche • *night shift*

   diurno • *day shift*

   nocturno • *night shift, graveyard shift*

valoración • *assessment*

vanguardia de la tecnología • *cutting edge of technology*

yema • *fingertip; egg yolk*

8 Bienes y servicios

Good merchandise, even hidden, soon finds buyers.
Titus Maccius Plautus

Long-range planning does not deal with future decisions, but with the future of present decisions.
Peter F. Drucker

El que siembra vientos, recoge tempestades.
Proverbio

Una agencia de viajes, México. ¿Qué servicios le ofrece al consumidor esta agencia?

8-1 Preguntas de orientación

Al hacer la *Lectura comercial*, piense en las respuestas a las siguientes preguntas.

1. ¿Cuáles son algunas preguntas básicas que los gerentes de una firma tienen que contestar sobre la producción o la oferta de servicios?
2. ¿En qué factores se basan sus decisiones?
3. ¿Qué es un servicio y cómo se clasifican los servicios?
4. ¿Cómo decide una empresa los servicios que va a ofrecer?
5. ¿Qué es un producto y cómo se clasifican los productos?
6. ¿En qué consiste la gestión manufacturera?
7. ¿Qué pasos toman los gerentes para determinar y crear los productos que van a fabricar?
8. ¿Cuáles son las distintas políticas de compra?
9. ¿En qué consiste la administración de materiales?
10. ¿Cuáles son las distintas etapas de elaboración y control de productos?
11. ¿Qué actividades deben emprender los jefes de producción para mantener y mejorar la calidad de los bienes elaborados?

LECTURA COMERCIAL

Productos y servicios

Además de los asuntos referentes a recursos humanos, tratados en el capítulo anterior, el alto mando de una firma tiene otras responsabilidades administrativas para mejor lograr sus fines de lucro. Entre éstas están la producción de bienes y la oferta de servicios. Al iniciar estas actividades, los directores tienen que contestar algunas preguntas básicas tales como: ¿Qué bienes van a producir y qué servicios van a ofrecer? ¿Cuántos? ¿Cómo van a producirlos y cómo van a ofrecerlos? ¿A quién? ¿Cuándo? ¿Dónde? ¿Cómo van a controlar el proceso manufacturero y la calidad del producto o servicio?

Con respecto a la primera pregunta, los gerentes procuran producir u ofrecer todo lo que le haga falta al ser humano, o sea, todo lo que se necesite para sobrevivir y progresar. En otras palabras, producen bienes y servicios que necesitan o desean los consumidores.

Servicios

Los bienes y servicios se asemejan en ciertos aspectos y se diferencian en otros. Ambos resultan del trabajo y satisfacen ciertas necesidades o deseos de los consumidores. También tienen valor económico, social y político, y comprenden toda la actividad productora y la riqueza de un país. Se distinguen en que la producción de bienes materiales resulta en algo tangible, mientras que la prestación de servicios es intangible. Por ejemplo, la instalación de un pozo de petróleo o una lavadora es un servicio, mientras que el pozo, el petróleo y la lavadora son productos.

BREVE VOCABULARIO ÚTIL

análisis de costo-beneficio (*m*) • *cost-benefit analysis*

bien (*n*) • *good*

acabado • *finished good*

duradero • *durable good*

compra • *buying*

futura • *forward buying*

inmediata • *hand-to-hand buying*

control (*m*) • *control*

de calidad • *quality control*

de fabricación • *production control*

de flujo • *flow control*

de orden • *order control*

elaboración • *manufacturing, processing*

horario • *schedule*

A menudo los bienes y los servicios se combinan, como en una compañía que fabrica y repara aparatos electrodomésticos.

En todos los países se ofrecen o se venden diariamente miles de servicios diferentes. Éstos pueden ser profesionales (financieros, técnicos, legales, médicos), semiprofesionales (reparaciones de automóviles o aparatos electrodomésticos), laborales (construcción, limpieza, jardinería), especiales (servicios de hostelería, viajes, recreo) o pueden ser de oficina (secretaría) o públicos (servicios de gobierno, seguridad, transporte). Se clasifican según los usos y modos de realización. Los usos pueden ser industriales o de consumo. Son industriales cuando se relacionan con la producción (el mantenimiento y reparación de las máquinas de una fábrica) y son de consumo cuando satisfacen alguna necesidad personal (la redacción de un testamento o la venta de alimentos, ropa, computadoras, automóviles, etc.).

En cuanto a su modo de realización, los servicios pueden ser humanos o mecánicos, o una combinación de los dos. Son humanos cuando los emprende una persona, como el contable que prepara las declaraciones de impuestos. Son mecánicos cuando los hace una máquina o aparato, por ejemplo, una lavadora o escalera automática. Frecuentemente el servicio es una combinación de los dos modos de ejecución: el contador que usa una computadora para preparar documentos contables. La calidad y la eficacia de cada servicio dependerán de la habilidad de la persona o de la fiabilidad de la máquina que lo ejecuta.

Por supuesto, decidir qué servicios se van a proporcionar requiere un análisis de costos y beneficios, así como un estudio de mercado. Los análisis de costos y beneficios indican el punto donde los ingresos empiezan a superar los costos y gastos. Este análisis no sólo ayuda a precisar la rentabilidad de la empresa, sino que aporta información para mejorar la efectividad y la eficiencia de sus operaciones. Los estudios de mercado hacen lo mismo al proveer datos acerca de la conducta de los consumidores o usuarios en cuanto a la compra. Describen las actitudes, necesidades, motivos e idiosincrasias de cierto grupo de consumidores, y procuran explicar por qué se valen de unos servicios y no de otros. También analizan las condiciones económicas, sociopolíticas y tecnológicas en las cuales la empresa lleva a cabo sus actividades e informan acerca del tipo, calidad, precio, presentación y distribución de los servicios que se ofrecen, analizando el posible éxito en los mercados señalados.

En la mayoría de los países hispanohablantes predominan los servicios. Esto lo muestra el porcentaje del PIB y el número de personas empleadas en este sector. Ambas cifras suelen ser, por lo general, más de la mitad del total y continúan subiendo.

Entre las áreas de servicios más importantes están: hostelería y turismo, carreras profesionales, administración de empresas, administración pública (gobierno) y construcción. A menudo, éstas son las que rinden más posibilidades de trabajo así como mejores pagos. También indican la nueva orientación económica del país.

Bienes

Los productos son bienes tangibles de dos tipos: de consumo e industriales. Bienes de consumo son aquéllos que se venden al público general. Pueden ser artículos de

Figura 8-1 **Sector servicios (incluye gobierno) como % de PIB nacional.** (*Gráfico de M.S. Doyle*)

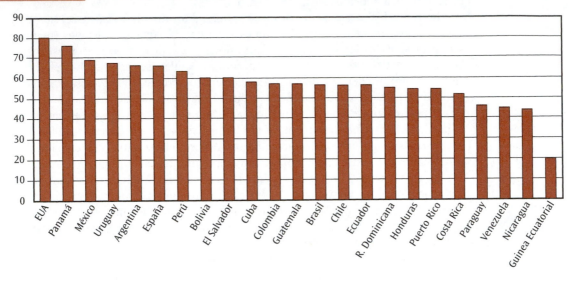

Figura 8-2 **Sector servicios (incluye gobierno) como % de PIB y de trabajadores nacionales en 2003.** (*Gráfico de M.S. Doyle*)

NOTA: Datos sobre trabajadores no disponibles para Argentina, Perú y Guinea Ecuatorial en 2003.

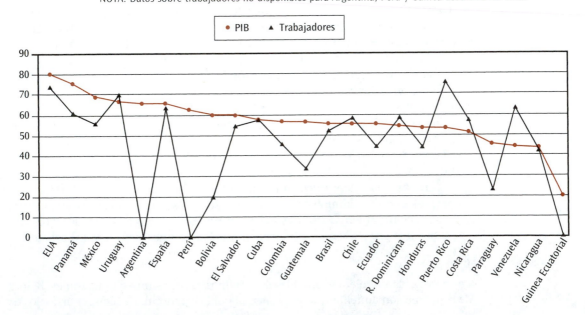

primera necesidad (comida, bebida, ropa), bienes secundarios (aparatos electrodomésticos, muebles) o bienes especiales o de lujo (joyería fina, automóviles de lujo). Los bienes industriales, en cambio, son aquéllos que se usan para elaborar productos. Pueden ser materias primas (hierro, cobre, plomo), bienes semiacabados (las piezas de una máquina o de un auto), bienes acabados (tornillos, martillos), bienes duraderos o de capital o de equipo (fábricas, computadoras) o bienes de abastecimiento (aceite para máquinas, papel para periódicos). Ambos tipos de productos se elaboran bajo la dirección de los gerentes de manufactura.

Las empresas hispanoamericanas no suelen establecer maquiladoras u otras fábricas de producción de costos reducidos fuera de sus fronteras debido a la disponibilidad de mano de obra barata dentro de sus países. En México, por ejemplo, se ensamblan en las maquiladoras tantos bienes que no sólo se exportan al exterior sino que se están creando nuevos centros industriales para el consumo nacional. Todas estas operaciones están produciendo cierta prosperidad económica, pero también representan problemas para la industria nacional tradicional: 1) la falta de tecnología y de peritos; 2) la escasez de capital y de modos de producción modernos; y 3) la aparición de la competencia encarnizada. También producen una serie de dificultades socioeconómicas tales como la falta de seguros médicos y sociales, salarios y sueldos muy bajos, migración del campo a las ciudades y a los centros de maquila, altas tasas de desempleo, etc. Algunos gobiernos y empresas, tanto hispanos como extranjeros, mediante subsidios o préstamos, han procurado cambiar esta realidad negativa, al menos en el sector industrial. Han instalado nueva maquinaria, han proporcionado capacitación, han privatizado empresas que pudieran competir en el mercado internacional y han concedido beneficios laborales adicionales.

Ahora, para determinar qué bienes y servicios se ofrecerán, hay que tener en cuenta los siguientes factores:

- estudio de mercado
- estado financiero empresarial
- gestión productora

Estudio de mercado. El estudio de mercado precisa detalles acerca de los bienes y servicios que se venden y los datos acerca de los compradores y su conducta mercantil. Se basa en la información que proporcionan los gerentes de contabilidad y de marketing, analiza el estado de ganancias y pérdidas, e informa sobre la segmentación, encuestas y sondeos de mercado. Todas estas actividades se describirán más detalladamente en el Capítulo 9. Después de examinar esta información, el alto mando o la gerencia general tiene una idea preliminar de qué bienes o servicios van a elaborar o prestar. Les queda averiguar el estado financiero de la empresa así como el costo-beneficio de la producción.

Estado financiero empresarial. Antes de iniciar la producción u oferta de bienes y servicios, los gerentes tienen que decidir si cierta actividad es factible y rentable. Tienen que averiguar si hay suficiente capital, personal y medios productivos disponibles para realizar la producción o la prestación de servicios, y tienen que analizar el costo-beneficio de lo que se piensa producir u ofrecer como servicio. En otras palabras, tienen que estudiar la información que proporcionan los contadores: balance general, estado de ganancias y pérdidas y el estado de flujo efectivo. Si determinan que hay suficientes fondos y que es o va a ser rentable cierta producción o actividad, entonces pueden tomar la decisión preliminar de emprenderla.

Gestión productora. En cuanto se reciban del alto mando las recomendaciones necesarias, los gerentes de producción las estudian y analizan para mejor realizar la producción. Es una labor compleja e intensa que requiere la atención, pericia y cooperación de todos los directores. Consta de las siguientes tareas:

1. determinar, en base a la información proporcionada por la gerencia general o alta gerencia, si se puede producir o no los bienes y servicios recomendados dentro de los medios y fondos disponibles y asignados
2. si se producen, seleccionar y administrar los modos y medios de producción
3. elaborar y controlar los bienes y servicios producidos
   - especificar los productos de fabricación
   - seleccionar y administrar los materiales de producción
   - elaborar y controlar los bienes producidos

Especificación de los productos de fabricación. Una de las primeras tareas de los gerentes manufactureros es decidir qué productos se van a elaborar. Basados en los estudios de mercados y análisis de costos y beneficios, procuran justificar la producción de ciertos bienes y tratan de hallar maneras de mejorarlos y distinguirlos de los de la competencia. Una parte importante de este proceso son los proyectos de investigación y desarrollo, los cuales constan de las siguientes fases:

1. conceptualización del producto por parte de los directores de tecnología o de ingeniería
2. evaluación y selección de las ideas concebidas por parte de los ingenieros o técnicos, conforme a los criterios de manufactura y comercialización
3. presentación a la alta gerencia de las ideas elegidas
4. aprobación por ésta de los productos ideados
5. elaboración de los productos

Si la información obtenida por medio de este proceso apoya los productos existentes o propuestos, y si demuestra que el costo, el beneficio y la venta son favorables, los gerentes recomiendan su fabricación.

Selección y administración de los materiales de producción. La elaboración de productos consiste en la selección, compra y administración de materiales, máquinas y herramientas que necesita la fábrica para sus operaciones. Primero, los gerentes hacen periódicamente un inventario de la empresa. Revisan todos los materiales en existencia e inspeccionan los bienes muebles e inmuebles y el equipo. Si la empresa carece de materiales, los gerentes de compras precisan la descripción, cantidad y fecha de entrega de cada artículo, y procuran conseguir de sus abastecedores los mejores materiales al mejor precio. Según sus necesidades y estado financiero, se valen de una o más de las siguientes políticas:

1. **compras inmediatas.** Son las que se realizan con frecuencia y en pequeñas cantidades, especialmente al fluctuar los precios. Sirven para evitar la acumulación de existencias a precios altos.

2. **compras futuras.** Son las compras a un precio especificado, con la entrega y el pago en una fecha futura ya acordada.

3. **compras especulativas.** Son las compras realizadas con el propósito de obtener una ganancia rápida a raíz de un cambio (subida) de precio.

4. **compras por contrato.** Son las que se hacen con un solo proveedor para conseguir un trato favorable respecto a precios y fechas de entrega.

5. **compras por cotización sellada.** Son compras hechas por medio de la entrega de propuestas (ofertas de compra) selladas, las cuales son estimaciones de precio que se le presentan a un cliente potencial. Las propuestas selladas se mantienen secretas, y no se comunican a otros competidores. La propuesta sellada no se revela hasta un momento señalado para garantizar la independencia de los ofertantes (postores, licitadores o licitantes).

6. **compras recíprocas.** Son las que le hace una firma al cliente y viceversa. Tienden a reducir el número de proveedores, a la vez que suben los precios de los bienes y servicios vendidos. Pueden representar una práctica abusiva y antieconómica, que se usa para mantener una clientela permanente.

Después de elegir la política deseada, los gerentes de compras, mediante cartas de cotización y otros documentos comerciales afines, hacen los pedidos. Precisan todos los datos necesarios —marca, clase, tamaño, estilo, color, número, precio por unidad y precio total— e indican las condiciones de pago, embalaje y transporte. Cuando llegan los materiales o bienes de equipo, los gerentes necesitan administrarlos. Los inspeccionan de acuerdo con los datos especificados en los pedidos y notifican a los proveedores de cualquier avería, defecto o discrepancia. Luego, asientan las compras de los materiales en los libros de contabilidad y anotan su localización desde su recepción hasta su transformación en productos acabados, en un proceso conocido como control de materiales. Después, emprenden el control de inventario, precisando el número de mercancías almacenadas, el nivel óptimo de materiales requeridos para la producción y los costos de inventario.

Una vez hecho el inventario, los gerentes de almacenaje y de tráfico guardan y transportan los bienes materiales, tanto dentro como fuera de la fábrica. Averiguan el espacio disponible para las existencias, así como su costo y localización, y ayudan a despachar los pedidos.

Elaboración y control de los bienes producidos. Después de hacer las compras requeridas y el inventario, los gerentes de producción elaboran y administran los productos. La elaboración de bienes materiales consiste en los procesos de fabricación y de control. La manufactura moderna depende más que nunca de la tecnología y la máquina herramienta, la cual «ha jugado un papel fundamental en el desarrollo tecnológico del mundo hasta el punto que no es una exageración decir que la tasa del desarrollo de máquinas herramientas gobierna directamente la tasa del desarrollo industrial» (Ing. Iván Escalona, «Diseño y manufactura asistidos por computadora», www.monografias.com). Al principio, «el factor predominante que condicionó todo automatismo fue el aumento de productividad. Posteriormente, debido á las nuevas necesidades de la industria aparecieron otros factores no menos importantes como la precisión, la rapidez y la flexibilidad» (Escalona). Actualmente, los programas CAD (*Computer Aided Design*), CAM (*Computer Aided Manufacturing*) y CIM (*Computer Integrated Manufacturing*) se usan con el control numérico y los robots.

PARA PENSAR

CAD/CAM [son el] proceso en el cual se utilizan los ordenadores o computadoras para mejorar la fabricación, desarrollo y diseño de los productos. Éstos pueden fabricarse más rápido, con mayor precisión o a menor precio, con la aplicación adecuada de tecnología informática.

Los sistemas de Diseño Asistido por Ordenador [. . .] pueden utilizarse para generar modelos con muchas, si no todas, de las características de un determinado producto. Estas características podrían ser el tamaño, el contorno y la forma de cada componente, almacenados como dibujos bi y tridimensionales. Una vez que estos datos dimensionales han sido introducidos y almacenados en el sistema informático, el diseñador puede manipularlos o modificar las ideas del diseño con mayor facilidad para avanzar en el desarrollo del producto. Además, pueden compartirse e integrarse las ideas combinadas de varios diseñadores, ya que es posible mover los datos dentro de redes informáticas, con lo que los diseñadores e ingenieros situados en lugares distantes entre sí pueden trabajar como un equipo. Los sistemas CAD también permiten simular el funcionamiento de un producto. Hacen posible verificar si un circuito electrónico propuesto funcionará tal y como está previsto, si un puente será capaz de soportar las cargas pronosticadas sin peligro e incluso si una salsa de tomate fluirá adecuadamente desde un envase de nuevo diseño. Cuando los sistemas CAD se conectan a equipos de fabricación también controlados por ordenador, conforman un sistema integrado CAD/CAM.

(Iván Escalona, «Diseño y manufactura asistidos por computadora», www.monografias.com)

1. ¿Qué son el CAD y la CAM, y qué ventajas ofrecen en la fabricación de productos?
2. ¿De qué pueden generar modelos y en qué formas pueden almacenarlos?
3. ¿Cómo facilitan CAD/CAM el trabajo en equipo de los diseñadores e ingenieros?
4. ¿Qué es la simulación del funcionamiento de un producto? ¿Cuáles son los ejemplos de simulación que se dan en esta breve lectura? ¿Conoce otros?
5. ¿Le parece que los CAD/CAM son necesarios para la manufactura de bienes? ¿Qué efectos tienen sobre el empleo/desempleo y la capacitación de empleados y trabajadores?

El proceso de fabricación se clasifica según su naturaleza, duración o carácter. El proceso, por naturaleza, puede ser:

1. **extractivo,** la extracción de minerales y otras sustancias del agua o de la tierra

2. **analítico,** la descomposición o conversión de materiales básicos en otros finales, como el petróleo bruto en gasolina o la tela en ropa
3. **sintético,** una combinación de elementos químicos o físicos para elaborar productos como rayón o automóviles

Cuando se utiliza la línea de montaje en relación con la producción en masa, se llama **proceso de ensamble** o **de ensamblaje.**

La **producción por duración,** en cambio, tiene dos formas: continua o intermitente. En la primera, la producción es constante, mientras que en la segunda, la elaboración se realiza en diversos períodos de corta duración. La **producción por carácter** también es de dos clases: estándar u ordenada. En la primera se elaboran de modo continuo toda clase de bienes para el público. En la segunda, sólo se producen ciertos tipos de bienes, en lotes pequeños, para clientes particulares. Las firmas hispánicas han tendido a valerse más de la producción intermitente y ordenada, y en los EE.UU. se ha utilizado más la producción continua y estándar.

Mientras los gerentes de producción eligen el sistema de elaboración más adecuado, los de inspección inician el control de fabricación. Coordinan y supervisan la mano de obra, el equipo y los materiales, y vigilan los distintos procesos de producción. Se sirven de dos formas para lograr sus fines: el control de órdenes y el control de flujo. Se utiliza el control de órdenes para pedidos individuales, y el de flujo para la producción continua y la venta futura.

En cualquier sistema, los gerentes generalmente adoptan los siguientes pasos de operación:

1. **planificación.** Analizar los pedidos y la disponibilidad de materiales y equipo, y precisar los procesos y el tiempo para llevarlos a cabo.
2. **ruta.** Determinar la vía y la secuencia de fabricación.
3. **programación.** Fijar los horarios de producción.
4. **ejecución del trabajo.** Comprobar la realización de cada etapa anterior, lo más eficazmente posible.

Al mismo tiempo que realizan la producción, los gerentes manufactureros también emprenden las siguientes actividades administrativas:

1. **mezcla de productos.** Determinar los diversos productos que se van a elaborar y los recursos y procedimientos que se utilizarán.
2. **mantenimiento del equipo.** Decidir los métodos preventivos o reparativos para conservar el buen estado del equipo.
3. **control de calidad e inspección.** Establecer las normas de producción. Si éstas no se siguen, o si se vende un producto defectuoso que causa daños o perjuicios, se corre el riesgo costoso de tener que indemnizar (responsabilidad del productor) a la persona o entidad perjudicada.
4. **mejoramiento de trabajo.** Realizar mejoras físicas y tecnológicas para facilitar los procesos de fabricación, el ambiente laboral y el control de producción.

8-2 Actividades

1. **¿Qué sabe Ud. de negocios?** Vuelva a las *Preguntas de orientación* y a la pregunta que acompaña la foto al principio del capítulo, y contéstelas en oraciones completas en español.

2. **¿Qué recuerda Ud.?** Indique si las siguientes oraciones son *verdaderas* o *falsas* y explique por qué.

   a. La preparación de un informe es un producto.

   b. Los análisis de costos y beneficios y los estudios de mercado sólo sirven para tomar decisiones respecto a la elaboración de productos.

   c. Para determinar el precio de los productos, se hace el inventario de una empresa.

   d. La costumbre de cierta farmacia de comprar cinco cajas de aspirinas por semana es un ejemplo de compras futuras.

   e. En el proceso extractivo, los materiales son ensamblados frecuentemente a gran escala, como sucede con la fabricación de automóviles.

   f. La mezcla de productos y el control de calidad no son actividades administrativas tan importantes como la fabricación misma.

   g. El control de cantidad es la revisión detenida de productos, según ciertas normas de calidad y producción.

3. **Exploración.** Haga los siguientes ejercicios, usando sus propios conocimientos y opiniones personales.

   a. Algunos países hispánicos se están convirtiendo en economías de servicios. ¿Qué servicio le proporcionaría Ud. al mundo hispánico, si pudiera establecer su propia empresa? ¿Por qué?

   b. ¿Piensa Ud. que es esencial hacer un análisis de costos y beneficios de un producto o servicio antes de fabricarlo o ponerlo en venta? Explique.

   c. ¿Cuál política de compras le parece mejor para una pequeña empresa? ¿Mediana? ¿Grande?

   d. Si Ud. tuviera que elaborar un producto, ¿qué pasos administrativos seguiría?

   e. ¿Por qué es necesario controlar el proceso manufacturero?

   f. ¿Es más fácil dirigir una empresa de servicios o una de producción? Explique.

   g. ¿Cómo se relacionan los dichos que aparecen al principio del capítulo con los temas tratados?

8-3 Al teléfono

TRACKS 15 y 16

1. Lea las siguientes preguntas. Después escuche atentamente la conversación telefónica del Capítulo 8 en el CD y conteste las preguntas. Puesto que la comprensión auditiva es una destreza comunicativa sumamente importante, se recomienda escuchar el CD varias veces.

   a. ¿Por qué llama Goods a Colombia?

   b. ¿De qué problemas quiere tratar Goods específicamente?

   c. ¿Qué responde el gerente de producción colombiano?

   d. ¿Qué diferencias culturales parecen dificultar un mayor entendimiento entre los dos hombres?

2. Basando sus comentarios en la conversación telefónica del ejercicio anterior, haga la siguiente llamada telefónica a otro/a estudiante de la clase. Cada persona deberá participar activamente en la conversación. Si necesita ayuda con esta actividad, véase el Apéndice 1, *Protocolo telefónico*, página 455.

   Usted es el Sr. Barry Goods, vicepresidente de la empresa Ecuacol Tejidos en Atlanta, Georgia. Para responder a las preocupaciones del Sr. Platero Herrero, el gerente de su planta en Barranquilla, Colombia, llame usted al/a la presidente/a de Ecuacol y explique por qué se necesita enviar a Colombia a un/a técnico/a de habla española que sepa utilizar las nuevas máquinas computerizadas para enseñarle al personal en las fábricas a usarlas. Luego, ustedes comentan las desventajas culturales de los horarios que se consideran excesivos e injustos y que insisten en una jornada variable que a veces abarca siete días.

3. Haga la siguiente llamada telefónica a otro/a estudiante de la clase. Cada persona deberá participar activamente en la conversación. Si necesita ayuda con esta actividad, véase el Apéndice 1, *Protocolo telefónico*, página 455.

   Ud. es jefe/a de control de producción de una compañía estadounidense de ropa que tiene una fábrica de tejidos en Quito. Se acaba de informar de una huelga que han declarado las obreras de esta plaza. Ellas se quejan no sólo de los bajos salarios sino también de los modos de producción obsoletos y peligrosos. Especialmente se quejan del uso de las antiguas máquinas de coser averiadas que han ocasionado lesiones a varias mujeres. Llame al/a la supervisor/a de la fábrica ecuatoriana y comente con él/ella cómo se pueden solucionar estos problemas, para poner fin a la huelga.

8-4 Navegando el internet

Para hacer este ejercicio del presente capítulo, visite la página web del libro http://exito.heinle.com.

8-5 Ejercicios de vocabulario

Si le es necesario, consulte la *Lectura comercial* o la lista de vocabulario al final del capítulo para completar estos ejercicios.

1. **¡A ver si me acuerdo!** Usted está preparándose para entrevistar en español al gerente de compras de Inducom, S.A., una compañía industrial hispana recién instalada en su país. Sin embargo, se le olvidan a Ud. los siguientes términos en español. Un/a compañero/a lo/la ayuda a recordarlos al pedirle a usted que se los traduzca.

   a. *supplies*
   b. *routing*
   c. *quality control*
   d. *scheduling*
   e. *cost-benefit analysis*
   f. *mass production*
   g. *extractive process*
   h. *storage*
   i. *assembly line*
   j. *goods*

2. **¿Qué significan?** Usted es gerente de compras para la compañía multinacional Ecuacaf, S.C., que produce café y otros alimentos y bebidas en Colombia y Ecuador para la exportación. Se le ha asignado a Ud. un/a nuevo/a ayudante a quien Ud. tiene que adiestrar en la operación de su departamento. Lo primero que quiere determinar es si su colega conoce las distintas políticas de compras y frases afines. Pídale a un/a compañero/a de clase que le explique los siguientes términos y que le dé algunos sinónimos si puede.

a. compras inmediatas

b. compras por contrato

c. compras futuras

d. compras por cotización sellada

e. compras especulativas

f. compras recíprocas

g. proveedor

h. cantidad

i. control de calidad

j. elaboración

k. bienes acabados

l. bienes duraderos

3. **Entrevista profesional.** Ud. se presenta para una entrevista de trabajo con el/la gerente de producción de una compañía industrial quien le hace las siguientes preguntas para averiguar sus conocimientos del ámbito. Haga la entrevista con otro/a compañero/a de clase. No se olviden del protocolo ni de las cortesías.

a. ¿En qué categorías se dividen los bienes y servicios?

b. ¿Cómo se sabe si un producto es rentable?

c. ¿Cuáles son las etapas de gestión productora?

d. ¿Cuáles son las etapas del control de producción?

e. ¿Qué necesitan hacer los gerentes de producción para evitar problemas de responsabilidad del productor?

4. **Traducciones.** Usted quiere repasar los elementos y las etapas de la producción como parte de un plan de fundación de su propia fábrica. También quiere mejorar su expresión escrita en español. Opta por traducir las siguientes oraciones porque le ayudan a lograr ambos objetivos.

a. *Product management includes determining the goods to be made, selecting and managing the materials to be used, and manufacturing the products to be sold.*

b. *Cost-benefit analysis helps to decide which products should be made based on production costs, volume, and anticipated profit.*

c. *Several types of materials can be used in the manufacturing process: raw materials, unfinished goods, finished goods, and capital goods and supplies.*

d. *Besides the various types of purchasing policies, managers must also take care of inventory and transportation.*

e. *Production itself is governed by planning, routing, scheduling, and performance control as well as by the specific processes of quality control and equipment maintenance.*

Una vista panorámica de Colombia

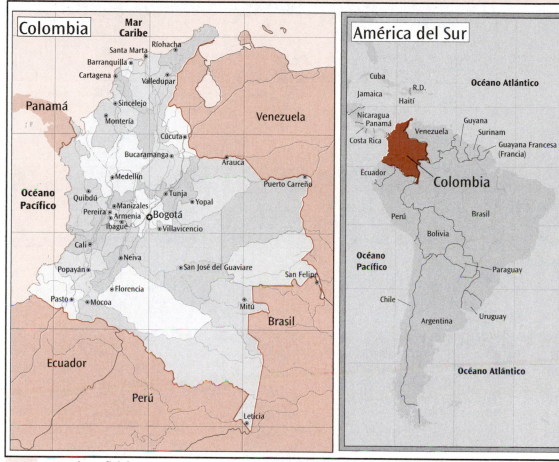

Nombre oficial:	República de Colombia
Gentilicio:	colombiano/a
Capital y población:	Bogotá: 6,837,800
Sistema de gobierno:	República
Jefe de Estado/Jefe de Gobierno:	Presidente Alvaro Uribe Vélez
Fiesta nacional:	20 de julio, Día de la Independencia (1810: de España)

Colombia

Geografía y clima

Área nacional en millas²/ kilómetros²	Tamaño (comparado con EUA)	División administrativa	Otras ciudades principales	Puertos principales	Clima	Tierra cultivable
440,000 m²/ 1,200,000 km²	Casi tres veces el tamaño de Montana	Un distrito capital y 32 departamentos	Medellín, Cali, Barranquilla, Cartagena	Barranquilla, Cartagena, Buenaventura	Tropical en la costa y las llanuras del este, más templado en la altiplanicie	1.9%

Demografía

Año y población en millones			% urbana	Distribución etaria		% de analfabetismo	Grupos étnicos
2005	2015	2025		<15 años	65+		
43	49	55	71%	31.3%	4.9%	8%	58% mestizo, 20% blanco europeo, 14% mulato, 4% africano, 3% zambo, 1% amerindio

Economía y comercio

Moneda nacional	Tasa de inflación 2002	Nº de trabajadores (en millones) y tasa de desempleo	PIB 2002 en millones $EUA	PIB per cápita $EUA	Distribución de PIB y de trabajadores por sector*			2001 Exportaciones en millones $EUA	2001 Importaciones en millones $EUA
					A	I	S		
El peso	6.2%	18.3/17%	$268,000	$6,500	13% 30%	30% 24%	57% 46%	$12,300	$12,700

*Para distribución del PIB y de los trabajadores (mano de obra): A = agricultura, I = industria, S = servicios (y gobierno).

Recursos naturales: Carbón, petróleo, gas natural, hierro, níquel, oro, plata, cobre, platino, esmeraldas.

Industrias: Textiles, procesamiento de alimentos, petróleo, confección (ropa) y calzado, bebida, productos químicos, cemento, oro, carbón, esmeraldas.

Comercio

Productos de exportación: Derivados de petróleo, café, carbón, oro, bananos, flores recortadas, productos químicos y farmacéuticos, textiles y confecciones, oro, azúcar, contenedores de papel de cartón, cemento, plásticos de resina y manufacturados, alimentos, tabaco.

Mercados: 35% EUA, 16% UE, 15% Comunidad Andina (Chile, Perú, Ecuador, Bolivia, Venezuela), 5% Japón, 29% otros países.

Productos de importación: Equipo de transporte, maquinaria, alimentos, metales, productos químicos, combustibles, productos de papel y de metal, aviones.

Proveedores: 43% EUA, 22% Comunidad Andina, 14% UE, 21% otros países.

Horario general de comercio: De lunes a viernes, desde las ocho de la mañana hasta las seis de la tarde. Se almuerza normalmente entre el mediodía y las dos de la tarde.

Horario normal del almuerzo y de la cena: Mediodía para el almuerzo; entre las siete y las ocho para la cena.

Transporte y comunicaciones					
Kilómetros de carreteras y % pavimentadas	*Kilómetros de vías férreas*	*Nº de aeropuertos con pista de aterrizaje pavimentada*	*N° de líneas telefónicas*	*Radios por mil personas*	*Televisores por mil personas*
110,000/24%	3,304	96	7,766,000	539	279

Idioma y cultura		
Idiomas	*Religión*	*Comidas y bebidas típicas/Modales*
Español (oficial), y más de 60 lenguas indígenas (chibcha, guajiro, etc.)	90% católico; 10% otros	Arroz con pollo, frijoles con chicharrón, piquete, cuchuco, peto, arepa, sancocho, tamales, empanadas, changua, buñuelos, arroz de coco, café, aguardiente. No comer demasiado, pues da la impresión de que los anfitriones no le han dado suficiente de comer.

Gestos: Mantener el buen contacto visual al hablar con otra persona. Se considera maleducado interrumpir a otra persona cuando habla y dar un paso atrás para distanciarse de alguien al hablar. Bostezar en público indica aburrimiento o que uno tiene hambre. Para señalar la altura de un animal, se usa la mano con la palma hacia el suelo; pero para señalar la altura de una persona, se cambia la mano a una posición vertical o de costado. La mano, con la palma abierta, bajo el otro codo indica tacañería.

Cortesía: Durante el saludo, darse la mano sin apretar mucho. Cuando se visita para comer o cenar, los anfitriones no esperan ningún regalito, aunque se aprecian las flores, los chocolates y los pastelitos como señal de aprecio y de agradecimiento. No comer nada en público sin primero invitar a los presentes a probar un poco de su comida también. No hacer un regalo de azucenas o caléndulas porque se usan en los funerales.

LA ACTUALIDAD ECONÓMICA COLOMBIANA

Colombia es el único país del continente sudamericano que tiene fronteras con dos océanos: el Atlántico y el Pacífico. Tiene tres zonas geográficas fértiles: la costa al este, la sierra en el centro y una llanura selvática en el este. También tiene climas diferentes: tropical en las costas y la llanura (Cartagena y Barranquilla), primaveral y lluvioso en las montañas (Cali y Medellín) y más templado en la altiplanicie (Bogotá). Por estar en el ecuador, la temperatura y los productos agrícolas cambian según la altitud. Se cosecha una gran variedad de cultivos, pero se destaca entre todos el famoso café colombiano, hasta hace poco la principal exportación del país. Es el líder mundial en la producción y comercio de coca ilegal, aunque su producción bajó un 15% de 2001 a 2002. Sin embargo, provee un 90% de la cocaína que se consume en los EUA, la cual ha reemplazado al café como la principal fuente de ingresos nacionales y de lucro. Colombia es un país rico en recursos naturales como el petróleo, el carbón, el gas natural y otros minerales; y produce el 90% de las esmeraldas del mundo, el 4% del níquel y el 15% del ferroníquel. El sector extractivo está creciendo más rápidamente que cualquier otro sector económico.

Las guerras civiles, luchas básicamente entre conservadores y liberales, como la del período entre 1946 y 1956, llamada La Violencia, han causado la muerte de cientos de miles de personas y la interrupción frecuente de la producción y distribución de bienes y servicios. El narcotráfico también ha dado lugar a muchas muertes y al soborno y la corrupción de oficiales y funcionarios estatales. En los años setenta y ochenta del siglo pasado, varios presidentes colombianos lucharon contra varios grupos revolucionarios de izquierda: el M-19 (Movimiento 19 de Abril, formado en 1970), las FARC (Fuerzas Armadas Revolucionarias de Colombia, formadas en 1966) y el ELN (Ejército de Liberación Nacional, formado en 1965). Esta situación aumentó la inestabilidad y la violencia, lo que les permitió a los carteles del narcotráfico controlar sectores del país.

En la década de los noventa, se crearon varias organizaciones paramilitares derechistas como reacción a los traficantes. Los presidentes colombianos más recientes han tratado de controlar la situación, pero sin mucho éxito, en parte porque en países como EUA hay una gran demanda de drogas ilegales como la cocaína. César Gaviria Trujillo (1990–1994) ofreció leves castigos a los narcotraficantes que se entregaran a la policía, pero esta política tampoco tuvo mucho éxito. Ernesto Samper (1994–1998) fue acusado de haber usado dinero conseguido del tráfico de drogas, pero fue declarado inocente. Andrés Pastrana Arango (1998–2002) prometió la eliminación de corrupción gubernamental. Su Plan Colombia, un esfuerzo serio contra la producción de drogas, recibió un apoyo de 1.3 mil millones de dólares estadounidenses. El ejército recibió más libertades en su trato de los grupos rebeldes, pero han aumentado los casos de violación de los derechos humanos por parte de los militares. Todo esto dio por resultado un aumento en los índices de secuestros y en los asesinatos cometidos por las guerrillas revolucionarias, las organizaciones paramilitares, los traficantes de drogas y los criminales. También causó la emigración de dos millones de refugiados a diversos países.

En 2002, el liberal Alvaro Uribe Vélez llegó a la presidencia pero su inauguración fue marcada por ataques violentos, una reacción contra sus anticipadas políticas duras contra la guerrilla y las fuerzas paramilitares. Actualmente, este país en estado de guerra enfrenta una serie de crisis económicas y políticas. Hasta que se resuelva esta situación, Colombia tiene un futuro incierto e inseguro. No obstante su situación, Colombia ha sido históricamente una de las naciones hispanoamericanas más democráticas y progresistas, y ha intentado mantener buenas relaciones políticas y económicas con EUA y otros países.

Una vista panorámica de Ecuador

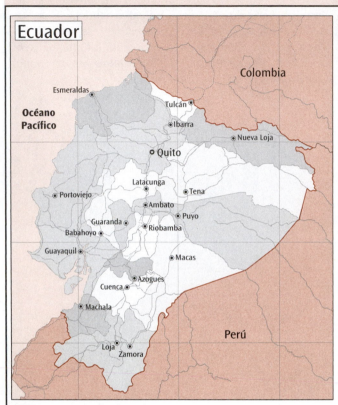

Nombre oficial:	República del Ecuador
Gentilicio:	ecuatoriano/a
Capital y población:	Quito: 1,780,000 (metro); 1,443,000 (ciudad)
Sistema de gobierno:	República
Jefe de Estado/Jefe de Gobierno:	Lucio Gutiérrez Borbúa
Fiesta nacional:	10 de agosto, Día de la Independencia de Quito (de España en 1809; Ecuador logra su independencia de España en 1822)

Ecuador

Geografía y clima

Área nacional en millas²/ kilómetros²	Tamaño (comparado con EUA)	División administrativa	Otras ciudades principales	Puertos principales	Clima	Tierra cultivable
109,483 m²/ 283,560 km² (se incluyen las Islas Galápagos)	El tamaño de Colorado	22 provincias	Guayaquil, Cuenca, Machala, Portoviejo, Manta	Guayaquil, Manta, Esmeraldas, La Libertad, Puerto Bolívar	Tropical en la costa y en la selva amazónica, templado en los valles de las montañas	5.7 %

Demografía

Año y población en millones			% urbana	Distribución etaria		% de analfabetismo	Grupos étnicos
2005	2015	2025		<15 años	65+		
14	17	19	61%	34.9%	4.5%	9.9%	65% mestizo, 25% amerindio, 7% español, 3% africano

Economía y comercio

Moneda nacional	Tasa de inflación 2002	N° de trabajadores (en millones) y tasa de desempleo	PIB 2002 en millones $EUA	PIB per cápita $EUA	Distribución de PIB y de trabajadores por sector*			2002 Exportaciones en millones $EUA	2002 Importaciones en millones $EUA
					A	I	S		
El dólar EUA	12.5%	3.7/14%	$49,000	$6,000	11% 30%	33% 25%	56% 45%	$4,800	$4,800

*Para distribución del PIB y de los trabajadores (mano de obra): A = agricultura, I = industria, S = servicios (y gobierno).

Recursos naturales: Petróleo, pesca y marisco (camarón), madera, oro, piedra caliza, energía hidroeléctrica.

Industrias: Petróleo, procesamiento de alimentos, textiles, pesca, productos de madera, de papel y de metal, productos químicos y farmacéuticos, plásticos, pesca.

Comercio

Productos de exportación: Petróleo, maquinaria y equipo de transporte, químicos, bananos, camarones, flores recortadas, pescado, café, cacao, animales vivos.

Mercados: 39% EUA, 6% Perú, 5.6% Colombia, 5.1 % Corea del Sur, 5% Alemania, 4.4% Italia, 34.9% otros países.

Productos de importación: Equipo de transporte, bienes de consumo, vehículos de motor, maquinaria, productos químicos, productos de petróleo, materias primas.

  Proveedores: 25% EUA, 13% Colombia, 8% Japón, 8% Venezuela, 4% Brasil, 42% otros países.

Horario general de comercio: De lunes a viernes, desde las ocho de la mañana hasta las seis de la tarde. El almuerzo se come normalmente entre el mediodía y las dos o dos y media de la tarde. Los sábados, desde las ocho de la mañana hasta las doce y media de la tarde.

Transporte y comunicaciones

Kilómetros de carreteras y % pavimentadas	Kilómetros de vías férreas	Nº de aeropuertos con pista de aterrizaje pavimentada	Nº de líneas telefónicas	Radios por mil personas	Televisores por mil personas
43,197/18.9%	966	61	1,115,272	406	213

Idioma y cultura

Idiomas	Religión	Comidas y bebidas típicas/Modales
Español (oficial), unos 15 idiomas indígenas, especialmente el quechua	95% católico; 5% otras	Arroz con pollo, locro, llapingachos, fritada, ceviche, empanadas, arroz con menestra, caldo de bola y cuy. Practicar el arte de la buena conversación durante la comida. Se come toda la comida servida, no se dejan restos en el plato.

Horario normal del almuerzo y de la cena: Sobre la una de la tarde para el almuerzo; entre las siete y las ocho para la cena.

Gestos: Se frunce la boca en una dirección para señalar algo allá. Se indica una dirección al mover la barbilla hacia arriba (*up the road*) o hacia abajo (*down the road*). Para indicar que se vuelve pronto, con el dedo índice dibujar en el aire cerca de la cabeza uno o dos círculos. La mano extendida delante del cuerpo y movida de lado a lado indica que ya no queda más de algo (pescado, papas, tomates, etc.) o que el autobús o el taxi están llenos y que no hay cabida. No bostezar, gritar, chiflar o silbar en público. No señalarle a alguien con el dedo índice para llamar su atención.

Cortesía: Saludar a cada individuo al llegar a una reunión o comida y despedirse individualmente al marcharse para no menospreciar a nadie ni quedar mal. Cuando se come o cena en casa de alguien, llevarles a los anfitriones un detalle como flores, chocolates o pastelitos. Se aceptan las visitas no anunciadas de antemano. Si visita una casa durante el almuerzo o la cena se le ofrecerá algo de comer y es descortés negarse a probar un poco de lo ofrecido.

LA ACTUALIDAD ECONÓMICA ECUATORIANA

Si bien Ecuador tiene mucho en común con Colombia, se diferencia de aquel en varios aspectos. Ambos se dividen en tres regiones y zonas climáticas casi idénticas y producen cultivos y minerales suficientes para satisfacer las necesidades de su población. Más indígena que la colombiana, la economía ecuatoriana es principalmente agrícola. Sin embargo, desde los años sesenta, debido a un progresivo proceso de empobrecimiento, los campesinos han emigrado a las grandes ciudades en busca de una vida mejor. El resultado ha sido muchas veces la dura realidad del desempleo y la pobreza urbana.

Por otra parte, Ecuador fue uno de los países hispanoamericanos que trató de solventar su deuda internacional de más de diez millones de dólares. Lo intentó mediante los ingresos de productos agrícolas y pesqueros y de petróleo y los bonos Brady (por medio de estos se vende la deuda de un país como si fueran bonos y se les da a los inversionistas cierto rédito de interés). El petróleo ha llegado a ser la exportación más importante del país, por lo cual se dieron muchas fluctuaciones en la economía nacional durante la década de los noventa. En 1998, por ejemplo, Ecuador sufrió una crisis financiera debido a una repentina caída del precio internacional. Además, la crisis económica asiática causó dificultades en la economía ecuatoriana. Luego, los daños causados por las variaciones climáticas relacionadas con el Niño, sumados a una deuda presupuestaria y una deuda externa enorme ($16.400 millones EUA), la crisis de la industria bancaria, que produjo la dolarización y el uso del dólar EUA como moneda nacional, provocaron manifestaciones callejeras. Estas condiciones ocasionaron una serie de cambios presidenciales a finales del siglo XX: Abdalá Bucaram («El Loco»), presidente en 1996; Fabián Alarcón en 1997; Jamil Mahuad en 1998; y Gustavo Novoa Bejarano, vicepresidente bajo Mahuad, quien, con el apoyo del militar Lucio Gutiérrez Borbúa, dio un golpe de estado y se hizo presidente en 2000. Gutiérrez Borbúa ganó las elecciones presidenciales en 2003 con el apoyo de la históricamente marginada población indígena. Durante su breve presidencia, Mahuad concluyó en 1998 la guerra con Perú, la cual se había reanudado en 1995. Esta historia reciente de muchos cambios presidenciales no es nada nuevo en el Ecuador, pues entre 1830 y 1948 el país tuvo 62 presidentes y dictadores. En 2000, Novoa Bejarano adoptó el dólar EUA como la moneda nacional en un intento de reducir la inflación y estabilizar la economía.

Antes de la dolarización, el país había sufrido una caída en todos los sectores productores. Tanto los bancos como las empresas y otras entidades privadas y públicas, incluso el gobierno, por falta de capital, habían tenido dificultades en realizar sus operaciones y lograr sus metas. Por otra parte, las tasas de inflación y el desempleo habían subido, mientras que los precios de las principales fuentes de ingresos —el petróleo, los bananos, el café y el cacao— se habían estancado, impidiendo regenerar la prosperidad de los años anteriores. El gobierno procuró firmar acuerdos con varias instituciones financieras, notablemente con el Fondo Monetario Internacional (FMI), y trató de poner en vigor reformas estructurales y fiscales para solventar la crisis y cambiar la coyuntura negativa del país. Hasta el cambio del sucre al dólar, todo había sido en balde, provocando manifestaciones populares. Las preocupaciones iniciales de EUA sobre la elección de Gutiérrez, debido a su apoyo de los sindicatos, un partido marxista y los grupos indígenas radicales, se vieron calmadas por sus iniciales decisiones más centristas, sus visitas a posibles inversionistas de Nueva York y una actitud más positiva hacia el uso de EUA de la base aérea en Manta.

8-6 Actividades

¿Qué sabe Ud. de Colombia y Ecuador?

1. A Ud. lo/la han contratado/a como asesor/a transcultural de negocios internacionales. Como tal, necesita informar a sus clientes sobre Colombia y Ecuador, y recomendar un plan de viaje de negocios a cada país. Investigue datos necesarios para poder desarrollar los temas a continuación.

   a. Describa la geografía de Colombia y Ecuador, refiriéndose a los siguientes temas: ubicación y tamaño de ambos países, capital y otras ciudades y puertos principales, división administrativa y clima. Compare el tamaño de Colombia con el de EUA. Compárelo con el tamaño del estado donde Ud. vive. Compare el tamaño de Ecuador con el de EUA y con el del estado donde Ud. vive.

   b. ¿Cuáles son las principales características demográficas y políticas de Colombia y Ecuador? ¿Quién es el jefe de estado de cada país?

   c. ¿Cuándo se celebra la fiesta nacional de cada país? ¿Qué otras fiestas públicas podrían afectar el éxito de un viaje de negocios? (Véase la Tabla 10-1, página 303.)

   d. Describa la economía de cada país. Incluya datos sobre la moneda nacional, la tasa de inflación, el PIB y el PIB per cápita, el número de trabajadores (la mano de obra), la tasa de desempleo, los recursos naturales, las industrias nacionales, los productos de exportación e importación, los países destinos (mercados) y proveedores (fuentes) de estas transacciones internacionales, y la balanza de comercio. ¿A cuánto se cotiza cada moneda nacional respecto del dólar EUA?

   e. ¿Qué producto o servicio recomendaría Ud. vender en Colombia y Ecuador? ¿Por qué?

   f. Compare la infraestructura de transportes y de comunicaciones de cada país.

   g. ¿Cómo han cambiado los datos presentados en las secciones de *Vista panorámica* y *Actualidad económica* de este texto? Póngalos al día para cada país.

   h. Basándose en la *Actualidad económica* de cada país, ¿qué realidades, oportunidades y problemas destacaría y qué recomendaciones le daría al/a la cliente/a?

2. Usando el internet u otras fuentes informativas, prepare un plan (con presupuesto e itinerario) para sus clientes, quienes harán un viaje de negocios a

Bogotá, Medellín, Quito y Cuenca. Busque las opciones en internet, por telefóno, en una agencia de viajes o en el aeropuerto mismo. Comuníquese en español, siempre que sea posible.

a. Fechas de ida y vuelta

b. Vuelos: aeropuertos de despegue y aterrizaje, líneas aéreas, horario; costos

c. Transporte interno que se piensa usar en cada país: taxi, autobús, carro de alquiler, metro, tren, otro; costos

d. Alojamiento y viáticos; costos

e. La comida típica que van a pedir para la cena la primera noche en cada país

f. Las formas de cortesía y los gestos que deben recordar, usar o evitar

LECTURA CULTURAL

Actitudes hacia el tiempo y la tecnología

Hace algunos años un gerente de producción estadounidense, que hablaba poco español, visitó un país sudamericano para negociar un tratado comercial de transmisión de tecnología petrolera. Concertó la cita para las diez de la mañana con el jefe de ingeniería de la empresa sudamericana y llegó a la oficina puntualmente. Esperó impacientemente más de una hora hasta que llegó el ingeniero, quien no pudo acudir a tiempo a causa del tráfico. Éste hizo caso omiso de la inquietud del estadounidense y empezó a preguntarle amablemente sobre varias cosas, en especial sobre su viaje al país. El estadounidense se impacientó aún más, y finalmente insistió en que trataran el propósito comercial de la reunión.

Después de un rato, sin embargo, ambos hombres se dieron cuenta de que no se comprendían muy bien. El gerente estadounidense usaba en inglés términos comerciales y argot (*bottom line, home run, dog and pony show*, etc.) que el ingeniero desconocía. Éste, aunque hablaba algo de inglés, no sabía precisar muy bien su falta de comprensión. De todos modos, el ingeniero quería continuar la discusión e invitó al estadounidense a quedarse a comer. El estadounidense miró su reloj y le contestó que no podía porque tenía otra cita. Los dos se despidieron sin llegar a un acuerdo.

En EUA, debido al alto nivel de desarrollo industrial y el énfasis en la planificación organizada y consecutiva, a los estadounidenses les obsesiona el tiempo (*time is money, the early bird catches the worm, time lost is never regained, a stitch in time saves nine*) y la tecnología. Tienen fama de adherirse a todos los horarios, sean de trabajo o de diversión, y se esfuerzan por ser puntuales para demostrar responsabilidad y eficiencia. También se afanan por respetar los plazos fijados para cumplir con las obligaciones y se empeñan en prepararse para poder controlar situaciones imprevistas. Su orientación temporal es hacia el presente y el futuro; creen que con el tiempo y mediante sus propios esfuerzos, pueden controlar los sucesos de su vida. Esta actitud cultural también se ve en su interés por las estadísticas y la tecnología. Los estadounidenses confían en que podrán alcanzar todas sus metas futuras si dedican el tiempo, la energía y los recursos a la investigación y desarrollo científicos y tecnológicos. Como señala la historia, estas características han permitido muchos avances tecnológicos en los Estados Unidos, y su uso y compra no sólo por especialistas, sino por el consumidor general.

Históricamente, en muchas partes del mundo hispano, la gente ha tenido hasta hace poco actitudes y conceptos distintos de los estadounidenses. Con respecto al tiempo, no se ha dado tanta importancia ni a la puntualidad ni al futuro, ni se ha dado tanta importancia a los horarios. Criados tradicionalmente en sociedades principalmente agrícolas en las cuales han predominado los ritmos lentos y cíclicos de la siembra y cosecha, los trabajadores agrícolas labraban día tras día y de sol a sol, y si no acababan cierta faena, la dejaban para el día siguiente. No se preocupaban por el tiempo ni vivían según el reloj. Así que, aún hoy día si hay cosas que tienen que hacer o asuntos que despachar, a menos que sean urgentes o personales, muchas personas no se apresurarán ni a empezarlos ni a concluirlos. Los acabarán otro día o en otro momento, cuando puedan o cuando deseen. También, la iglesia católica tradicional en Hispanoamérica en gran parte había comunicado un mensaje de fatalismo y resignación, de que «se hará si Dios quiere».

En cuanto a la tecnología, a través de los años muchos países hispanoamericanos no se han preocupado lo suficiente por emprender ni muchos proyectos científicos ni investigaciones. Esto se debe, en parte, al hecho de que muchas empresas de países más desarrollados no han querido proveer capacitación tecnológica a los países en desarrollo, por proteger su ventaja competitiva. Quizás por estos motivos, los países hispanoamericanos han carecido de suficientes científicos y técnicos, aunque hay ejemplos sobresalientes de ellos en Argentina: en 1947 Bernard Houssay recibió el premio Nobel de Fisiología y Medicina; en 1970 el Dr. Luis Leloir recibió el Premio Nobel de Química; en 1972 un equipo de cirujanos transplantó con éxito un ovario a una mujer que no podía tener hijos; en 1974 la Central Atómica empezó sus operaciones como la primera de su tipo en Iberoamérica; y en 1984 César Milstein compartió el Premio Nobel de Fisiología y Medicina. En realidad, la falta de peritos ha sido una de las razones por las cuales los países hispanoamericanos no se han industrializado tanto como las otras naciones occidentales y han tenido que recurrir a técnicos extranjeros y tecnología importada.

En las últimas décadas, muchos jóvenes hispanoamericanos han emigrado de sus países para estudiar en programas más orientados hacia las ciencias, la administración de empresas y la tecnología de punta en las mejores universidades de los países más desarrollados en Norteamérica o Europa. Después, muchos han regresado a sus países de origen para tomar puestos de máxima responsabilidad e importancia en el sector privado o público. Por eso, especialmente en los países hispanos más industrializados, se están adoptando nuevas actitudes y costumbres, y están tomando nuevas medidas en cuanto a los horarios y la tecnología. (Pero también muchos de los jóvenes profesionales y líderes que se titulan en universidades norteamericanas no vuelven después a sus países con sus especializaciones, sino que se quedan en EUA para vivir y trabajar, lo que representa una **fuga de cerebros.**) Argentina, Colombia, Chile, España y México, especialmente, están imitando los países más desarrollados. Con respecto a la hora, se han impuesto nuevas prácticas en el horario laboral, la siesta y la puntualidad. Por ejemplo, en 1999 se aprobó en México una ley que elimina la hora de la siesta para los empleados gubernamentales, les permite sólo una hora para el almuerzo y no les autoriza trabajar después de las seis de la tarde. También se ha incrementado el número de horas y días que permanecen abiertas las tiendas, las agencias comerciales y gubernamentales, y las oficinas empresariales y de servicios (bancos, teléfonos, restaurantes, etc.). Como ha sucedido en muchas ciudades progresistas desde hace treinta años, los directores están enfatizando la puntualidad y luchando contra el ausentismo.

Con respecto a la notoria impuntualidad latinoamericana, la reciente «Campaña Nacional por la Puntualidad», lanzada en Ecuador el 1° de octubre de 2003, representa un interesante caso de esfuerzo cívico por crear una nueva cultura nacional que se caracterizará por «empezar a tiempo y terminar a tiempo» (www.participacionciudadana.org, 15/11/04). Aquel día los ecuatorianos hicieron el acto simbólico de igualar sus relojes para iniciar una nueva época en la que llegar a tiempo es un acto de respeto a los demás. El portavoz de la campaña ha sido Jefferson Pérez, campeón mundial de marcha y medallista de oro en los Juegos Olímpicos de 1996 en Atlanta. Y es que la impuntualidad tenía un precio nacional enorme, equivalente a unos 2,500 millones de dólares anuales, or sea, casi un 10% del PIB. Marcelo Fernández, director de la Universidad Internacional de Ecuador, había calculado que con el dinero perdido anualmente por los atrasos, el país podría pagar la deuda externa de cinco años o construir 95,000 aulas escolares (www.elrondador.com/noticias, 1° octubre 2003). Entre los principales infractores contra la puntualidad, figuran los que trabajan para el gobierno, los militares, los hombres de negocios (quienes se atrasan en un 11,6% de sus compromisos) y los estudiantes (un 22% de sus compromisos) ("Don't Be Late in Ecuador," http://travel.discovery.com, 01/10/03). Pero no será nada fácil cambiar este aspecto de la cultura ecuatoriana, en la cual la costumbre de llegar tarde se considera una «defensa de aquellos impuntuales», puesto que el atraso es perfectamente lógico si uno piensa que todos los demás van a llegar tarde también, es decir, ¿por qué adelantarse? Sin embargo, la «Campaña Nacional por la Puntualidad» representa un intento digno de admiración de formar parte de las «naciones puntuales», o sea, de la economía mundial moderna regida por el «tiempo del reloj» (en que los horarios se imponen sobre los sucesos) y no por el «tiempo de los sucesos» (en que los acontecimientos humanos se imponen sobre los horarios). (James Surowiescki, "Punctuality Pays," www.newyorker.com, 29/03/04)

Lo mejor para un extranjero que visita un país hispano en plan de negocios, es siempre acudir puntualmente a las citas comerciales esperando que las reuniones empezarán a la hora indicada. No obstante, en las regiones menos industrializadas, especialmente en el campo y en los pequeños pueblos, todavía se conservan los antiguos conceptos y costumbres, de modo que quien visite estos lugares tiene que ser flexible, observante y atento, y sobre todo cortés, respetuoso y sincero con sus clientes, sus empleados y otros contactos.

Comparación general de conceptos del tiempo

EUA	Mundo hispano
Imperativo categórico	Concepto más relativo y fluido
Considerado como objeto de gran valor	La persona vale más que el horario.
Fecha límite/plazo de entrega absoluto	Fecha límite/plazo de entrega generalmente más flexible
«Ahora» significa en este mismo momento	«Ahora» o «ahorita» puede significar que se hará en un momento o cuando se pueda (en un rato o ratito)
Cultura de reuniones muy ajustadas	Programación de menos reuniones al día
Puntualidad significa «a la hora en punto»	«Mañana» puede significar sencillamente que «no en este momento»
La cena de las 8:00 empieza a las 8:00	La cena de las 8:00 empieza después de las 8:00

En Hispanoamérica, la importancia de conocer bien y de establecer un alto nivel de confianza entre los negociantes sigue siendo un elemento cultural muy importante. El fiarse de alguien es un proceso lento que requiere tiempo y buena voluntad, pero es la clave para no crear barreras ni dificultar las relaciones comerciales. Un/a representante de una empresa que intente ir directamente al grano en las negociaciones comerciales encontrará más dificultades para triunfar en el mundo hispano que la persona que logre establecer fuertes enlaces personales a través del tiempo.

8-7 Actividades

1. **¿Qué sabe Ud. de la cultura?** Demuéstrelo contestando las preguntas a continuación.
   a. Compare las actitudes tradicionales estadounidenses e hispanas con respecto al tiempo y la tecnología, refiriéndose en especial a los distintos orígenes y sus características más notables. ¿Es verdad que existen notables diferencias? ¿Existen también semejanzas? Explique con ejemplos. Comente sobre la Figura 8-3.
   b. ¿Qué factores impiden un mayor desarrollo económico en los países hispanos?
   c. En muchas ciudades o regiones urbanas hispanoamericanas ahora se le da más importancia a la puntualidad («hora americana») y la tecnología. ¿Qué factores influyen en estas actitudes?

   d. ¿Por qué se lanzó en Ecuador la «Campaña Nacional por la Puntualidad»? ¿Ha tenido éxito esta campaña? Busque más información en internet.
   e. Utilizando la información cultural de esta sección, ¿cómo resolvería Ud. el conflicto de la narración entre el hispano y el estadounidense al principio de la lectura?

Figura 8-3 **Actitudes hacia el tiempo**

2. **Minidrama cultural.** Dramaticen lo siguiente y contesten las preguntas.

La Srta. Paula Taylor, gerente de producción de una compañía de ropa estadounidense, acaba de llegar a Guayaquil. Está allí para visitar la fábrica de tejidos que pertenece a su firma, para evaluar el proceso de fabricación y descubrir por qué el proceso no rinde ni la calidad ni la cantidad previstas por la casa matriz. Taylor tiene una cita a las once de la mañana con el gerente ecuatoriano de la fábrica y acude puntualmente. Su anfitrión, el licenciado Osvaldo Lara, no llega hasta las once y cuarto, y no explica su demora. Además, Lara le hace un gesto dibujando rápidamente dos círculos en el aire con el dedo índice y desaparece por otros cinco minutos. Taylor se siente ofendida por esta falta de puntualidad. Cuando por fin se presenta el Lic. Lara, Taylor quiere ir al grano del asunto, pero el Lic. Lara prefiere dedicar un ratito a las cortesías sociales para romper el hielo. Al tratar finalmente el asunto que les interesa, el Lic. Lara sugiere que hagan una visita a la fábrica. A Taylor la escandaliza lo que ve: obreras que, al parecer, no hacen nada, salvo servirse de modos productivos obsoletos....

Srta. Taylor   Me parece que la productividad de las obreras deja mucho por desear.

Lic. Lara   Perdone, señorita Taylor, pero me parece que Ud. se equivoca. Hemos alcanzado todas las cuotas mensuales y con productos de alta calidad. También, las obreras sólo están descansando un rato.

Srta. Taylor   No sé... parece que no están haciendo nada. Además, las pocas que están trabajando todavía se sirven de métodos obsoletos y prácticas anticuadas. ¿Qué les pasa? ¿No les gusta cumplir con las indicaciones y directrices de la casa matriz? (Con una sonrisa de superioridad.)

Lic. Lara   No, señorita. Son muy diligentes y capaces. Bueno... es que todavía no conocen muy bien los nuevos métodos y las máquinas, y creen que los antiguos medios son iguales si no superiores a los modernos y....

Srta. Taylor   ¡No lo son! Además, la compañía ha invertido mucho dinero tanto en los nuevos medios de producción para mejorar e incrementar lo producido, como en capacitar a las obreras. ¡Ellas tienen que usarlos!

Lic. Lara   Bueno, señorita, es que ninguna entendió porque las instrucciones orales y las escritas se dieron en inglés. Es gente humilde y buena y....

Srta. Taylor   Esto no tiene nada que ver. Lo que nos interesa es que trabajen y que produzcan y que se sirvan de los nuevos medios de producción. ¿Entendido?

Lic. Lara   (Algo molesto) Claro que sí, Srta. Taylor. Estamos aquí para servirle.

a. ¿Qué es lo que todavía tiene que aprender la Srta. Taylor? Defienda su selección.
   - A los hispanoamericanos les importa el resultado final y no los medios para alcanzarlo, y no aprecian lo nuevo.
   - Los hispanoamericanos tienen una actitud más templada respecto al trabajo y su realización.
   - Los hispanoamericanos son perezosos y torpes y nunca ven la importancia de ser puntuales ni cumplidores en sus deberes.

b. ¿Qué significa el gesto que hace el Lic. Lara al llegar?

SÍNTESIS COMERCIAL Y CULTURAL

8-8 Actividades comunicativas

1. **Situaciones para dramatizar.** Lea las siguientes situaciones y después haga el papel en español con otro/s estudiante/s, usando las siguientes opciones como punto de partida. Cada persona deberá participar activamente en la dramatización. No olviden el protocolo ni las cortesías.

   a. *You are a purchasing manager for a new, small U.S. gasoline chain and are thinking of doing business with the* Corporación Estatal Petrolera Ecuatoriana (CEPE), *a consortium that produces most of the crude oil for Ecuador. Your current needs for oil are modest but may increase in the future. You need to decide on a purchasing policy and meet with the Ecuadorean representative of CEPE with whom you have been in contact and who is visiting the U.S. You discuss the following.*
      * *the most appropriate purchasing policy*
      * *the number and price of the barrels to be purchased*
      * *the anticipated delivery date*

   b. *You are a production manager of a U.S.-based clothing chain that has a plant in Barranquilla. Your firm asks you to discuss with Colombian plant officials who are in your country the following problems, which have resulted in decreased output and sales.*
      * *seemingly poor worker attitudes: little dedication, constant lateness, absenteeism, and disregard for production schedules*
      * *a lack of quality control, and a policy and mechanism to carry it out*
      * *suggestions for improving each of the above problem areas using both tact and knowledge of cross-cultural differences*

2. **Comprensión y comunicación.** Para este ejercicio basado en el vídeo de *Éxito comercial,* favor de pasar al encarte central del texto, VídeoTexto 9.

3. **Actividad empresarial.** Usted y un/a amigo/a trabajan para una compañía que investiga los mercados hispanoamericanos nacionales e internacionales. Unos nuevos empresarios se han puesto en contacto con su firma para enterarse de los bienes y servicios o productos más rentables. Como expertos en estos asuntos, se les ha encargado emprender algunas averiguaciones. Uds. deciden realizarlas según la siguiente división temática:

   a. los bienes y servicios que necesitan los hispanohablantes que viven dentro del país donde se ubica la compañía de Uds. (seleccionen un país)
   b. los productos que requieren los mexicanos, centroamericanos y caribeños
   c. los bienes y servicios que se necesitan en Sudamérica (o de los países andinos o del Cono Sur)

   Después de hacer las investigaciones, recopilen todos los datos en un informe escrito que explica por qué los bienes y servicios elegidos son los más rentables; preséntenselo oralmente, sin leerlo, a la clase.

4. **Caso práctico.** Lea el caso y conteste las preguntas a continuación.

Desde hace varios años, Ecuamec, una compañía ecuatoriana de tamaño mediano, ubicada en Cuenca, ha fabricado con cierto éxito piezas de repuesto para maquinaria textil. Ultimamente, sin embargo, la alta gerencia de Ecuamec se ha visto obligada a encontrar otras fuentes de ingresos a consecuencia de la intensa competencia de otras compañías del mismo sector. Decide entrar en el lucrativo negocio de producir piezas de repuesto para lavadoras y secadoras. Piensa que no será muy difícil añadir tal división a su firma, ya que antes fabricaba otros aparatos electrodomésticos parecidos.

Al lanzarse a la producción de las nuevas piezas de repuesto, la empresa empieza a tener problemas. Entre otras cosas, los gerentes de producción y de ventas descubren que necesitan materiales especiales —herramientas, máquinas, etc.— para manufacturar las nuevas piezas. Además, tienen que importarlos del extranjero. Esto significa un aumento de los costos de fabricación. También reconocen que, con una mayor demanda, ya no pueden depender de la política de compras inmediatas seguida hasta ahora. Tendrán que cambiarla por una de compras futuras o por contrato. Este cambio de política, a su vez, plantea problemas de inventario y almacenaje que los jefes de la empresa no habían previsto.

Por otra parte, debido a la gran demanda de piezas de repuesto para aparatos electrodomésticos, los gerentes añaden al sistema de fabricación uno de producción masiva, pero no sin complicaciones. Parece que las máquinas importadas no se prestan muy bien al tipo de elaboración deseada por los jefes de producción. Los obreros, por otra parte, tienen mucha dificultad con los nuevos aparatos ya que los manuales de instrucción están escritos en inglés, francés, alemán y japonés, pero no en español.

Lo más difícil para los supervisores de la planta, sin embargo, han sido los problemas de transporte y de mano de obra. Con respecto al primero, quieren transportar los bienes acabados en tren, pero éste no llega a todos los destinos deseados, mientras que el flete de camión resulta demasiado caro y lento por las malas carreteras. En cuanto a la cuestión laboral, los obreros no se acostumbran al nuevo sistema de producción. Antes, se les asignaba la fabricación de cierto número de piezas y se les indicaba el tiempo, la calidad y la forma de producirlas. Después de recibir sus instrucciones, los obreros podían disponer de su tiempo con tal que respetaran los plazos fijados para la entrega final. Con el nuevo sistema de producción, tienen que trabajar más constantemente y con menos tiempo libre. Además, los supervisores han impuesto un nuevo método de control de calidad que mide electrónicamente, no sólo la productividad de cada obrero y de cada máquina, sino la duración y la calidad de los resultados de producción. Los obreros no están contentos con su nueva situación laboral y piensan declararse en huelga.

a. ¿Qué tipo de empresa es Ecuamec? ¿Qué producía al principio y por qué se lanzó a producir piezas de repuesto para aparatos electrodomésticos?

b. ¿Cómo podían haber previsto y, quizás, evitado los gerentes de Ecuamec el problema de los altos costos de producción? ¿Qué tipo de análisis deberían haber hecho? ¿Por qué?

c. ¿Qué opina Ud. del cambio de política de compras que realizó Ecuamec? ¿Qué les recomendaría Ud. a los gerentes con respecto a un sistema de inventario y almacenamiento?

d. ¿Qué es lo que deberían haber hecho los jefes de la empresa antes de comprar las nuevas máquinas de fabricación? ¿Cómo pueden resolver el problema de no tener maquinaria usable?

e. ¿Qué les sugeriría Ud. a los jefes con respecto al medio o medios de transporte que deben o pueden usar?

8-9 Análisis y comparación

Estudie la siguiente tabla comparativa y haga los ejercicios que aparecen a continuación. Use también sus conocimientos y, cuando haga falta, otras fuentes informativas como un diccionario, el internet, etc. Los ejercicios se pueden hacer individualmente, en parejas o en pequeños grupos para discutir en clase.

Tabla 8-1

Recursos naturales y principales industrias de los países hispánicos, Brasil y EUA

País	Recursos naturales	Principales industrias nacionales
Argentina	Las pampas (llanuras fértiles), plomo, cinc, estaño, cobre, hierro, manganeso, petróleo, uranio	Procesamiento de alimentos, automóviles, textiles, refinación de petróleo, maquinaria y equipo, hierro, productos químicos y petroquímicos
Bolivia	Gas natural, petróleo, cinc, tungsteno, antimonio, plata, plomo, oro, hierro, estaño, madera	Minería, fundición, petróleo, procesamiento de alimentos y de bebidas, tabaco, artesanía, textiles y ropa
Chile	Cobre, madera, hierro, nitrato, metales y piedras preciosas, molibdeno	Minería de cobre y de otros minerales, fabricación de metales, procesamiento de alimentos y de pescado
Colombia	Carbón, petróleo, gas natural, hierro, níquel, oro, plata, cobre, platino, esmeraldas	Textiles, procesamiento de alimentos, petróleo, confección (ropa), calzado, bebida, productos químicos, cemento, oro, carbón, esmeraldas
Costa Rica	Energía hidroeléctrica	Procesamiento de alimentos, textiles y ropa, materiales para construcción, abono, productos de plástico, turismo y ecoturismo
Cuba	Níquel, cobalto, hierro, cobre, manganeso, sal, madera, sílice, petróleo	Azúcar, procesamiento de alimentos, refinación de petróleo, tabaco, textiles, productos químicos, productos de madera y de papel, metales (esp. el níquel), abono, maquinaria, bienes de consumo
Ecuador	Petróleo, pesca y marisco (esp. el camarón), madera, oro, piedra caliza	Petróleo, procesamiento de alimentos, textiles, pesca, productos de madera, de papel y de metal, productos químicos y farmacéuticos, plásticos

El Salvador	Energía hidroeléctrica y geotermal, petróleo	Procesamiento de alimentos y de bebidas, ropa y calzado, textiles, petróleo, productos químicos, abono, muebles, metales
España	Carbón, lignito, hierro, uranio, mercurio, pirita de cobre y de hierro, espato fluor, yeso, cinc, plomo, tungsteno, caolín, potasa, energía hidroeléctrica	Textiles, ropa, calzado, procesamiento de alimentos y de bebidas, metales y manufacturas de metal, productos químicos y petroquímicos, construcción de barcos, automóviles, herramientas mecánicas, bienes de consumo, productos electrónicos, turismo
Guatemala	Petróleo, níquel, maderas poco comunes, pesca, chicle	Azúcar, textiles y ropa, muebles, productos químicos, petróleo, metales, caucho (goma), turismo
Guinea Ecuatorial	Petróleo, madera, manganeso, uranio, pequeños depósitos de oro inexplorados	Petróleo, pesca, aserraderos, gas natural
Honduras	Madera, oro, plata, cobre, plomo, cinc, hierro, antimonio, carbón, pesca	Azúcar, café, textiles y ropa, productos de madera, cemento, cigarros, productos alimenticios
México	Petróleo, plata, cobre, oro, cinc, plomo, gas natural, madera	Petróleo, alimentos y bebidas, tabaco, productos químicos, minería, hierro, acero, textiles y ropa, vehículos de motor, bienes durables de consumo, turismo
Nicaragua	Oro, plata, cobre, tungsteno, plomo, cinc, madera, pesca	Procesamiento de alimentos y de bebidas, productos químicos y de metal, textiles y ropa, refinación de petróleo, calzado
Panamá	Cobre, caoba y bosques, camarones	Construcción, refinación y productos de petróleo, cemento, azúcar, procesamiento de alimentos y de bebidas, metalistería (trabajo en metales), productos químicos, papel y productos de papel, imprenta, minería, ropa, muebles
Paraguay	Energía hidroeléctrica, madera, hierro, manganeso, piedra caliza	Elaboración y empaque de carne, machaqueo y procesamiento de semillas oleaginosas, molienda y aserrado, cervecería, textiles, azúcar, cemento, construcción, productos de madera
Perú	Cobre, plata, oro, petróleo, madera, pesca, hierro, carbón, fosfatos, potasa	Minería y fabricación de metales, petróleo, pesca, textiles y ropa, procesamiento de alimentos y de bebidas (en particular los refrescos o las bebidas gaseosas), cemento, ensamble de automóviles, acero, construcción de barcos, plásticos, papel, barnices y lacas
Puerto Rico	Cobre, níquel, potencial de petróleo	Productos farmacéuticos y electrónicos, ropa, alimentos, maquinaria (eléctrica y no eléctrica), turismo
República Dominicana	Níquel, bauxita, oro, plata	Turismo, azúcar, minería de ferroníquel y de oro, textiles (maquila), cemento, tabaco, productos farmacéuticos

Uruguay	Tierra fértil, energía hidroeléctrica, minerales, pesca, granito, mármol	Procesamiento de carne, lana, pieles, azúcar, textiles, calzado, artículos de cuero, llantas y neumáticos, cemento, refinación de petróleo, vino, procesamiento de alimentos y de bebidas
Venezuela	Petróleo, gas natural, carbón, hierro, oro, bauxita, otros minerales, energía hidroeléctrica, diamantes	Petróleo, minería de hierro, materiales para construcción, procesamiento de alimentos, textiles, acero, aluminio, vehículos de motor
Brasil	Petróleo, hierro, oro, bauxita, magnesio, níquel, fosfatos, platino, uranio, árboles maderables, estaño	Textiles, zapatos, químicas, cemento, hierro, siderurgia, aviones, vehículos de motor y piezas de repuesto
EUA	Carbón, cobre, plomo, molibdeno, fosfatos, uranio, bauxita, oro, hierro, níquel, potasa, plata, mercurio, tungsteno, cinc, petróleo, gas natural, bosques y madera, pesca	Petróleo, acero, plásticos, producción y ensamble de vehículos de motor, industria aeroespacial, telecomunicaciones, productos químicos, electrónica, procesamiento de alimentos y de bebidas, bienes de consumo, madera, minería, cemento, construcción de aviones y de barcos, pesca, papel, turismo

FUENTES: *U.S. Department of State Background Notes, CIA World Factbook 2004* y *The World Almanac and Book of Facts 2004*

1. ¿Qué es un recurso natural? ¿Cómo se relacionan las industrias de un país con sus recursos naturales?

2. ¿Cuáles son los recursos naturales de México? ¿Qué importante recurso natural tiene en común con Venezuela?

3. ¿Qué importante recurso natural tienen en común Argentina y Uruguay?

4. ¿En qué país hispano son las esmeraldas un recurso natural importante? ¿Los diamantes?

5. ¿Cuáles son los recursos naturales de España? ¿Para qué se usan el lignito, el uranio y el caolín? Busque la respuesta en un libro de consulta (una enciclopedia, un diccionario) o en internet.

6. ¿Qué es el procesamiento de alimentos? ¿La refinación de petróleo? ¿El ensamble de vehículos de motor? ¿La confección? ¿La metalistería? ¿El empaque de carne? ¿El abono? ¿El calzado? ¿La maquila?

7. ¿Qué son los bienes de consumo? Dé algunos ejemplos.

8. ¿Qué es el turismo? ¿En qué países hispanos es el turismo una importante industria nacional? ¿Qué es el ecoturismo? ¿Ha visitado usted algún país hispano en plan de turista? Comente su experiencia. ¿Qué elementos (recursos naturales y de servicio humano) se requieren para fomentar una industria turística exitosa?

9. ¿Qué países hispanos consideran la energía hidroeléctrica un importante recurso natural? ¿Qué países cuentan con energía geotermal? ¿Qué son la energía hidroeléctrica y la energía geotermal?

10. Divídase la clase en cuatro grupos de estudiantes para que cada uno haga un breve resumen de los recursos naturales del Caribe hispanoparlante, América Central, los países andinos y los países del Cono Sur.

Posibilidades profesionales

El campo de bienes y servicios, o sea, de producción comprende muchos cargos tales como los de gerente de producción o de compraventa, director/a de control de calidad, abastecedor/a, capataz, etc. Para más información y para una actividad que le ayude a saber más sobre el tema, véase Capítulo 8 de *Posibilidades profesionales*, que se encuentra en http://exito.heinle.com.

VOCABULARIO

Aquí se presentan los principales términos relacionados con este capítulo. Al final del libro hay un glosario más completo.

abastecedor/a • *supplier*

abono • *fertilizer*

adiestrado • *skilled*

almacenaje (*m*) • *storage*

almacenamiento • *storage*

anfitrión/a • *host/hostess*

aparato electrodoméstico • *electrical household appliance*

aserradero • *sawmill*

ausentismo • *absenteeism*

avería • *damage, breakdown*

averiado • *damaged, broken down*

barniz (*m*) • *varnish*

bienes (*m/pl.*) • *goods*

  de abastecimiento • *supplies*

  de capital o de equipo • *capital goods*

  de consumo • *consumer goods*

  de lujo • *luxury goods*

  especiales • *specialty goods*

  industriales • *industrial goods*

  semiacabados • *unfinished goods*

camarón (*m*) • *shrimp*

caoba • *mahogany*

carbón (*m*) • *coal*

carta de cotización • *quotation letter*

cobre (*m*) • *copper*

competencia encarnizada • *cut-throat competition*

competir (i) • *to compete*

compra • *buying*

  especulativa • *speculative buying*

  por contrato • *contract buying*

  por cotización sellada • *auction (sealed bid) buying*

  recíproca • *reciprocal buying*

conducta en la compra • *buying behavior*

confección • *tailoring, dressmaking, clothing/ garment industry*

control • *control*

de equipo (*m*) • *equipment control*

de fabricación • *production control*

de inventario • *inventory control*

de materiales • *materials control*

costo-beneficio • *cost-benefit*

cuota • *quota, capacity*

despachar • *to send*

elaborar • *to make, manufacture*

embalaje (*m*) • *packing, packaging*

embarcar • *to ship, send*

empaque de carne • *meat packing*

emprender • *to undertake, begin*

en existencia • *in stock*

ensamblaje (*m*) • *assembly*

ensamble (*m*) • *assembly*

envase • *bottle, can, box, carton*

envío • *shipment*

estaño • *tin*

existencia • *stock*

fabricación • *manufacturing*

fabricar • *to manufacture*

fecha de entrega • *delivery date*

flete (*m*) • *freightage, transportation charge*

fomentar • *to develop, promote*

fundición • *smelting*

gastos de tramitación • *handling charges*

género • *good, merchandise*

gestión • *management*

herramienta • *tool*

hierro • *iron*

licitante (*m/f*) • *bidder*

línea de montaje • *assembly line*

madera • *wood, timber*

mantenimiento de equipo • *equipment maintenance*

máquina de coser • *sewing machine*

marca • *brand*

marisco • *shellfish*

medioambiental • *environmental*

mezcla de productos • *product mix*

molienda • *milling*

ofertante (*m/f*) • *bidder*

oferta sellada • *sealed bid*

oro • *gold*

pedido • *order, purchase order*

período de entrega • *delivery time or schedule*

perjudicado • *injured, damaged, jeopardized*

piedra caliza • *limestone*

pieza de repuesto • *spare part*

planificación • *planning*

plata • *silver*

plaza • *locale, location*

plomo • *lead*

política de compras • *purchasing policy*

proceso • *process*

analítico • *analytic process*

de ensamble • *assembly process*

de fabricación • *manufacturing process*

extractivo • *extraction process*

sintético • *synthetic process*

producción • *production*

continua • *continuous production*

estándar • *standard production*

intermitente • *intermittent production*

masiva, en masa o en serie • *mass production*

ordenada o en pequeños lotes • *small-batch production*

por carácter • *character of production*

por duración • *time of production*

por naturaleza • *nature of production*

programación • *scheduling*

proveedor/a • *supplier*

proveer • *to provide, supply*

puntual • *punctual*

puntualidad • *punctuality*

recuento • *count, recount*

reparación • *repair*

repuesto • *spare part*

responsabilidad del productor • *product liability*

ruta • *routing*

solvencia • *solvency*

transmisión de tecnología • *technology transfer*

usuario • *user*

Marketing I: Mercados y publicidad

People will buy
anything that's one to
a customer.
Sinclair Lewis

A hamburger by any
other name costs twice
as much.
Evan Esar

Quien miente,
ofende a la
buena gente.
Proverbio

El nacionalismo en la publicidad, Lima, Perú. ¿Qué piensa Ud. del nacionalismo en los anuncios, por ejemplo, cuando se dice «Buy American»?

9-1 Preguntas de orientación

Al hacer la *Lectura comercial*, piense en las respuestas a las siguientes preguntas.

1. ¿Qué es el marketing?
2. ¿Son sinónimos el marketing y la publicidad? Explique.
3. ¿Cuáles son los cuatro elementos fundamentales del marketing?
4. ¿Qué son las cuatro «Pes» del marketing?
5. ¿Qué es el concepto de utilidad de un producto y cuáles son las cuatro utilidades?
6. ¿Cuáles son las funciones universales del marketing? ¿Cuáles de ellas se pueden excluir y por qué?
7. ¿En qué se diferencian los métodos primarios de los secundarios en la recopilación de datos sobre un mercado?
8. ¿Qué tipos de estudios y evaluaciones realiza típicamente una empresa de investigación de mercados?
9. ¿Qué consideraciones entran en la segmentación de un mercado?
10. ¿Qué tipo de protección ofrece la marca registrada? ¿Qué ocurrió en el caso de «coke»?
11. ¿Cuáles son las tres categorías principales del fomento de ventas? Dé ejemplos.
12. ¿En qué se diferencian las técnicas de la venta dura y la venta blanda? ¿Qué opina usted de la venta dura? ¿Ha sido alguna vez víctima de esta estrategia de ventas?
13. ¿Qué medios publicitarios se emplean en la venta masiva? ¿Qué es la publicidad en la internet? ¿Cómo funciona? ¿Cuáles son algunas ventajas de este medio publicitario?
14. ¿Qué factores especiales son importantes en el marketing internacional?

LECTURA COMERCIAL

Segmentación del mercado y publicidad

Una vez que la empresa tenga disponibles los bienes o servicios que desea venderle al público, hace falta entrar más plenamente en el aspecto comercial llamado marketing (o mercadeo, mercadotecnia, mercadología). El marketing se define como el «conjunto de principios y prácticas que buscan el aumento del comercio, especialmente de la demanda» y como el «estudio de los procedimientos y recursos tendentes a este fin» (*Diccionario de la lengua española*, 23ª ed.). Bernard y Colli lo definen más específicamente como el «estudio del mercado orientado a describir las posibles salidas de la producción en un futuro inmediato o lejano, teniendo en cuenta las necesidades actuales o futuras, y las perspectivas de investigación y de adaptación de la empresa» (*Diccionario económico y financiero*). En otras palabras, se trata de cómo hacer llegar el producto o servicio a manos del consumidor en el

---

BREVE VOCABULARIO ÚTIL

anuncio • *ad, advertisement*

ensayo • *test, trial*

fomento de ventas • *sales promotion*

lema (*m*) • *slogan, motto*

marca • *brand, trademark*

mercadeo • *marketing*

promover • *to promote*

publicidad • *publicity, advertising*

sondeo • *opinion poll*

lugar y momento en que éste los desee, a un precio razonable para el cliente y lucrativo para la empresa. Es un proceso continuo que abarca todos los pasos entre la fabricación de una mercancía (o la oferta de un servicio) y su compra y posesión por parte de los consumidores. Por eso, esencialmente toda decisión empresarial tiene en cuenta el marketing. Es mucho más que la mera publicidad, aunque a menudo se consideran erróneamente estos dos términos, marketing y publicidad, como sinónimos. De hecho, de cada dólar gastado por el consumidor estadounidense, aproximadamente 50 centavos cubren los costos de producción. Los otros 50 centavos son para los costos de marketing: aproximadamente 45 centavos de estos se destinan al transporte y almacenaje, mientras que unos cinco centavos se gastan en la publicidad.

En general, en el marketing intervienen cuatro elementos fundamentales: el producto (o servicio), el precio, el lugar de disponibilidad y el fomento de ventas. En inglés, frecuentemente se refiere a estos cuatro elementos básicos del marketing como «**las cuatro Pes**» (*product*, *price*, *place*, *promotion*). Existe un equivalente en español: (1) **producto**, (2) **precio**, (3) **plaza** (mercado) y (4) **publicidad.** Respecto al precio, es importante recordar que el precio mínimo (*floor price*) siempre cubrirá los costos de producción y comercialización para que la empresa no pierda dinero; el precio máximo o tope (*ceiling price*) será el que tolera el mercado, es decir, lo que el consumidor esté dispuesto a pagar por una mercancía o por un servicio. Todo esto responde al concepto de utilidad de una mercancía. Para que exista esta utilidad, es necesario que un producto o servicio tenga: (1) la **forma** deseada por el comprador (por ejemplo, el resultado de una producción, de una cosecha o de una investigación realizada por un asesor); (2) en un **lugar** apropiado (donde lo necesite y lo pueda adquirir el consumidor o usuario); (3) en el **tiempo** o momento deseado (para la fecha cuando lo necesite el comprador) para que luego se facilite; (4) la **posesión** por parte del comprador. Veamos el ejemplo de una taza de café que el consumidor desea comprar al despertarse por la mañana: si sólo se le ofrecen los granos sin moler y sin agua, carece de la forma deseada; si se le dice al consumidor que tiene que ir a otro sitio que queda a dos kilómetros de distancia, falta la función de lugar, pues quiere tomarse el café aquí mismo en lugar de tener que ir hasta allá; si se le comunica que tendrá que volver en dos horas, no hay utilidad de tiempo o momento, pues desea tomar ese café ahora mismo y no más tarde; y si el consumidor no tiene suficiente dinero para pagar por el café que quiere tomar, faltará la utilidad de posesión. Al fin y al cabo, la mejor prueba de utilidad es la realización de la transacción comercial, es decir, la compra de esa buena taza de café aquí y ahora.

También hay que tener en cuenta una serie de funciones universales del marketing: financiamiento, compra, venta, transporte, almacenaje, estandarización y clasificación (control de cantidad y calidad), riesgo e información. El financiamiento es el dinero necesario para producir, transportar, almacenar, vender y comprar mercancías, mientras que el riesgo es el hecho de que una empresa nunca está segura de que los consumidores compren sus mercaderías, las cuales, además, pueden sufrir daños, pérdidas, hurtos o hacerse obsoletas y pasar de moda. Todas estas funciones ayudan a realizar las utilidades de forma, lugar, tiempo y posesión. Aunque el número de intermediarios que se necesita para desempeñar estas funciones puede variar (muchas veces una sola persona o empresa [por ejemplo, las PYMEs] realiza varias, sin tener que contratar a otros intermediarios para hacerlo), no se pueden eliminar las funciones mismas, pues siempre están presentes de alguna manera en el marketing.

Hoy en día se acepta la teoría de que es el consumidor quien, interesado en sus propios deseos y necesidades, determina lo que se vende y se compra, en contraste con la antigua noción de que este proceso lo controlaban las necesidades o deseos del fabricante o vendedor. Para alcanzar al consumidor presunto, el director de marketing necesita investigar el mercado mediante observaciones directas y pruebas y ensayos del producto o servicio para ver cómo reaccionan los compradores potenciales. También se usan el muestreo estadístico, los grupos de enfoque, los sondeos y las encuestas (en persona, por correo, por teléfono, por vía electrónica, por medio de las televentas o del telemarketing) para saber mejor quién es el cliente y qué es lo que quiere. Éstos son los métodos primarios de recopilación de datos.

Entre los métodos secundarios, más económicos para la compañía, están el repaso de los datos ya existentes dentro de la empresa o la investigación de datos disponibles en fuentes fuera de la empresa. Por ejemplo, si uno quiere saber el número de residentes hispanos en cada región de los Estados Unidos, sería mucho más económico y rápido buscar esta información en una base de datos o en internet (www.census.gov), que empezar a contar cabezas. Una empresa de investigación de mercados típicamente realiza sondeos y evaluaciones cualitativos y cuantitativos, por ejemplo, de mercados (existentes y nuevos), de motivaciones de consumo, de perfiles de clientes, de opinión y actitud, de imagen y posicionamiento, de precios, de imagen corporativa y de impacto publicitario.

Los dos métodos, el primario y el secundario, aportan información que ayuda en el lanzamiento de un producto o servicio, el cual se distingue de otros productos y servicios porque ahora se dirige a un cliente en particular. En otras palabras, el mercado se divide en segmentos que agrupan a individuos con necesidades y deseos semejantes, para así convertir un mercado impreciso y genérico en uno específico. Al determinar un mercado particular, es útil considerar factores como la edad, el salario, el lugar geográfico, etc. En Hispanoamérica, por ejemplo, se identificaron en 1985 cinco mercados tradicionales, basándose tanto en una segmentación demográfica, social y cultural como geográfica y regional: México, Brasil, el Caribe, la Hispanoamérica europea y la Hispanoamérica indígena (Marlene Rossman, *Marketing News*, Vol. 19, No. 21, 11, octubre 1985: 10). Otra posible segmentación sería la que se basa en distintos acuerdos como el Pacto Andino, el MCCA y MERCOSUR. Todo esto contribuye a la identificación **demográfica** (¿cuántos? y ¿dónde?) y la **psicográfica** (¿quiénes? y ¿cómo son?). De este modo se le presta tanta atención al individuo y su composición psicológica como al grupo (los elementos socioantropológicos) y a las maneras en que se interrelacionan los individuos y los grupos sociales (las consideraciones sociopsicológicas). Esto ayuda a entender cómo una misma conducta puede ser el resultado de diferentes motivaciones, deseos o necesidades, por ejemplo, que no todo el mundo ve una misma película por las mismas razones. Cabe añadir que también existen los mercados ilegales, es decir, el estraperlo o el mercado negro para muchos artículos (tabaco, repuestos para autos, etc.) y para el dinero mismo (cambio negro o de contrabando).

Una vez que se precisa el mercado de un producto, se puede crear una marca distintiva para ayudar al consumidor a reconocer la mercancía que la empresa ha puesto en venta. La marca es una palabra o frase, un símbolo o un diseño (o una combinación de los tres elementos) que identifica el producto o servicio del vendedor y lo distingue de otros productos o servicios. Se debe convertir en algo familiar, conocido y seguro, que muchas veces se asocia con la calidad o las características particulares que se buscan en un producto: el sabor refrescante de una Pepsi o Coca-Cola, la seguridad del funcionamiento de una máquina IBM o Sony, el lujo de un Mercedes-Benz o BMW, etc. Para que la marca sea una marca comercial o de fábrica en EUA, hace falta registrarla con el gobierno federal. La marca registrada protege la identificación de un producto en todo el país o en el extranjero. Esta protección se basa en el territorio (lugar indicado) y la prioridad (quién registró primero su marca). Pero esta protección se puede poner en peligro si su propietario no defiende el uso exclusivo que estipula el nombre o símbolo seleccionado. Esto explica por qué la Coca-Cola Enterprises Inc. quiso asegurarse que pedir una «Coke» (marca registrada en 1945) en los bares y restaurantes no resultara indistintamente en la venta de una Pepsi o Seven-Up en lugar de una Coca-Cola. De no ejercer este control, «Coke» podría llegar a representar cualquier refresco gaseoso y perdería el vigor de ser una marca registrada, tal como ocurrió con los productos *aspirin* y *kleenex*. Pero la realidad es que hoy, en el sur de EUA, la gente se refiere generalmente a un refresco gaseoso como «*coke*», como «*pop*» en el noroeste y en el centro, y como «*soda*» en el noreste y California. La Xerox Corporation, por otra parte, sí ha logrado que su marca registrada, Xerox, no se use como un sinónimo de «fotocopiar».

Como se indicó antes, el fomento de ventas representa sólo un aspecto del mercadeo. Pero es una parte clave, pues llama la atención de los consumidores sobre los productos y servicios. No basta con sólo producir y distribuir un producto o servicio. Es necesario promoverlo. Es decir, informar a los presuntos consumidores y usuarios que existe; explicar su uso, sus ventajas y cómo se diferencia de otros productos que ya existen en el mercado; indicar el lugar, momento y precio de venta; y animar al consumidor a que lo compre.

Hay tres categorías de fomento de ventas: la venta personal, la promoción y la venta masiva. La venta personal, cuya estrategia puede variar entre dura (la técnica de ejercer muchísima presión sobre el comprador para intimidarlo y dominarlo hasta la sumisión) y blanda, ocurre cuando un vendedor le explica directamente a un cliente los beneficios de su producto. La promoción es una oferta al consumidor: «Si compra Ud. cinco cajas, le daremos la sexta gratis». La venta masiva incluye los anuncios, la publicidad gratuita y las relaciones públicas.

Los anuncios o avisos informan sobre los productos y servicios; el fabricante o comerciante paga por ellos y su objetivo es influir al consumidor. Un producto o servicio se puede anunciar a nivel local, regional, nacional o internacional. Los anuncios en general brindan una descripción del producto, sus beneficios y, a veces, un lema llamativo. Algunos de los productos más anunciados, por orden decreciente, son: alimentos y bebidas, ropa, artículos para el hogar, automóviles, tabacos y refrescos. En un solo día, el ciudadano estadounidense típico percibe miles de anuncios publicitarios por diferentes medios de difusión: televisión, radio, prensa, letreros, carteleras, catálogos, guías telefónicas, folletos, boletines e internet. La publicidad en internet está ganando más adeptos cada año en la nueva «e-conomía», caracterizada por «e-clientes» y «netprendedores». Esta «netpublicidad» usa banners, Pop Ups, botones, rascacielos, hipervínculos, robapáginas, pantallas en miniatura, buscadores, comunidades virtuales, grupos de noticias, boletines informativos, salas de conversación y anuncios por correo electrónico para publicitar los productos y servicios de forma continua las 24 horas del día. Como medio publicitario es relativamente barato, de fácil acceso y edición, permite el acceso a más clientes, y ofrece un alcance nacional y global. En este nuevo mundo de compraventa online, la «netpublicidad», que ya compite con y complementa los medios electrónicos tradicionales de televisión y radio, empieza a hacerse un elemento necesario de la communicación publicitaria con las sociedades modernas en continuo movimiento.

PARA PENSAR

Comercial de *Got Milk?* premiado por sorprendente creatividad hispana. «La Llorona» gana la distinción de plata en los Premios Anuales de Publicidad Hispana de la Revista *Ad Age*.

El comercial se basa en la leyenda hispana de «La Llorona» y representa una importante expresión de la estrategia de la Junta de Procesadores de Leche de California para dirigirse a los jóvenes hispanos biculturales y bilingües. El comercial en español fue desarrollado por estudiantes hispanos de Los Angeles y se transmitió en las redes televisivas de habla inglesa y española de California [...] En la película es plena noche y la Llorona se desplaza a través de una casa de familia buscando, por supuesto, un poco de leche. Al abrir la nevera, la Llorona se sorprende y dice «Leche», deja de llorar (por primera vez en siglos) y levanta el cartón de leche con alegría. Pero resulta que el cartón está vacío y en un dramático impulso de desesperación, cierra la puerta de un golpe y vuelve a llorar y a lamentarse. El comercial termina con su ahora famosa pregunta... *GOT MILK?*

(*Hispanic PR Wire*, 4/10/02. Reprinted with permission.)

1. ¿Por qué se premió al comercial de *Got Milk?* ¿Quién otorgó el premio?
2. ¿Quién desarrolló el comercial en español y dónde?
3. ¿En qué se basa el comercial en español y a qué segmento del mercado se dirige? ¿Qué opina Ud. de esta segmentación? Comente.
4. ¿De qué se trata la leyenda de la Llorona? ¿Qué ocurre durante el anuncio mismo?
5. ¿Qué otras leyendas hispanas se podrían adaptar para la creación de comerciales en español? ¿Qué personajes históricos o famosos se podrían adaptar de manera parecida? ¿Por qué piensa Ud. que es efectivo este tipo de estrategia cultural en los anuncios?

La **publicidad gratuita** ocurre cuando la empresa no paga los medios difusivos utilizados, sino sólo el tiempo (sueldos y salarios) de su propio personal. Esto ocurre a veces cuando el nombre de un producto aparece en una foto o se menciona en una noticia periodística o en una entrevista televisada. Las **relaciones públicas,** por otra parte, se distinguen de los anuncios y la publicidad gratuita en que se limitan a «crear o desarrollar un ambiente de simpatía e interés alrededor de una empresa» (Bernard y Colli, página 1,165). Representan un deseo de mejorar la imagen de la compañía en la comunidad, en la que la empresa, por ejemplo, patrocina un equipo de béisbol o fútbol, cuyos jugadores se ponen camisetas que tienen el nombre de la compañía. A veces se combinan elementos de relaciones públicas con la publicidad gratuita y/o los anuncios.

Es de suma importancia enfatizar que el marketing internacional requiere ciertas consideraciones especiales. Hay que examinar la estructura sociocultural de un país y sus factores dinámicos: composición étnica, idioma, religión, principios y actitudes, educación, clases sociales, tecnología, instituciones, etc. El ambiente político y legal cobra una importancia crítica. Es necesario comprenderlo y prever los cambios que pueda haber. También pueden existir diferencias respecto a la estética y el simbolismo aceptables en otra cultura, lo mismo que tabúes que pueden resultar en la censura de ciertos objetos o imágenes. Una empresa que siempre tenga en cuenta estos factores se dirige hacia el éxito en su fomento de ventas internacionales.

9-2 Actividades

1. **¿Qué sabe Ud. de negocios?** Vuelva a las *Preguntas de orientación* al principio del capítulo y a la pregunta que acompaña la foto y contéstelas en oraciones completas en español.

2. **¿Qué recuerda Ud.?** Indique si las siguientes oraciones son *verdaderas* o *falsas,* y explique por qué.
   a. El marketing es una parte de los anuncios publicitarios.
   b. La mayor parte de los gastos de marketing se dedican a los anuncios.
   c. La utilidad de tiempo es igual a la de forma.
   d. Las empresas comerciales siempre corren algún riesgo en el marketing de sus productos.
   e. La sociología y la psicología son útiles para segmentar en grupos el mercado de un producto o servicio.
   f. Una marca registrada nunca puede perder su valor protector.
   g. El marketing internacional se caracteriza por una serie de factores no dinámicos.

3. **Exploración.** Haga los siguientes ejercicios, usando sus conocimientos y opiniones personales.
   a. ¿Por qué cree Ud. que hoy en día es el consumidor quien determina lo que se vende, en lugar del productor o vendedor? ¿Qué papel tiene el gobierno en esta determinación?
   b. ¿Qué otros factores consideraría Ud., además de los que se mencionan en la lectura (edad, salario, etc.) para segmentar un mercado?
   c. ¿Qué opina Ud. de la segmentación que hizo Rossman del mercado hispanoamericano en 1985? ¿Cómo lo segmentaría ahora? ¿Sería diferente? Explique.

d. Dé ejemplos de marcas comerciales bien conocidas en EUA y en diferentes países hispanos, y comente sobre lo que asocia con estas marcas.

e. ¿Qué anuncio publicitario en español le ha parecido a Ud. muy eficaz en los últimos años? ¿Por qué? Si usted puede, tráigalo a clase para analizarlo.

f. Dé algunos ejemplos de la publicidad gratuita y las relaciones públicas. Haga comentarios sobre su efectividad.

g. Al comparar diferentes medios difusivos, ¿cuáles son algunas ventajas y desventajas de usar uno en lugar de otro?

h. ¿Cómo se relacionan los dichos que aparecen al principio del capítulo con los temas tratados?

9-3 Al teléfono

TRACKS 17 y 18

1. Lea las siguientes preguntas. Después escuche atentamente la conversación telefónica del Capítulo 9 en el CD y conteste las preguntas. Puesto que la comprensión auditiva es una destreza comunicativa sumamente importante, se recomienda escuchar el CD varias veces.

a. ¿Cuál es el propósito de la llamada de la Sra. de García a la agencia publicitaria?

b. ¿Por qué han bajado las ventas de cuero en los Estados Unidos?

c. ¿Qué recomendaciones hace la Sra. de García para mejorar la imagen de la Casa de Cuero en los Estados Unidos?

d. ¿Qué plan de acción va a seguir el Sr. Gonzalo?

2. Basando sus comentarios en la conversación telefónica del ejercicio anterior, haga la siguiente llamada telefónica a otro/a estudiante de la clase. Cada persona deberá participar activamente en la conversación. Si necesita ayuda para esta actividad, véase el Apéndice 1, *Protocolo telefónico*, página 455.

Usted es la Sra. Graciela Paz de García, la nueva directora de marketing de Casa de Cuero en Argentina. Llame al/a la gerente general de su empresa para informarle que la empresa necesita esforzarse más en asuntos del medio ambiente en Argentina y de aumentar sus inversiones en los centros benévolos dedicados a las especies de animales en peligro de extinción en el país. Comenten Uds. la importancia del mercado estadounidense en el mercado de cuero.

3. Haga la siguiente llamada telefónica a otro/a estudiante de la clase. Cada persona deberá participar activamente en la conversación. Si necesita ayuda con esta actividad, véase el Apéndice 1, *Protocolo telefónico*, página 455.

Ud. es director/a de la agencia publicitaria Palavisión. Acaba de recibir una llamada de uno/a de sus clientes más importantes. Éste/a le pide explicaciones de por qué, después de tres semanas, el anuncio que Ud. diseñó y colocó no ha producido más ventas de su nuevo producto, como Ud. le había prometido. También se queja del juego de colores usado en el anuncio, porque es diferente de lo que él/ella esperaba. Ud. intenta calmarlo/la aduciendo diversas razones.

9-4 Navegando el internet

Para hacer este ejercicio del presente capítulo, visite la página web del libro en http://exito.heinle.com.

9-5 Ejercicios de vocabulario

Si le es necesario, consulte la *Lectura comercial* o la lista de vocabulario al final del capítulo para completar estos ejercicios.

1. **¡A ver si me acuerdo!** Pensando en la posibilidad de establecer una relación comercial, Ud. va a conversar con una persona de negocios de un país hispano. Sin embargo, se le olvidan a usted los siguientes términos en español. Un/a compañero/a lo/la ayuda a recordarlos al pedirle a Ud. que se los traduzca.

   a. *marketing*
   b. *opinion poll*
   c. *advertisement*
   d. *slogan*
   e. *sign*

   f. *advertising agency*
   g. *registered trademark*
   h. *taboo*
   i. *middleman*
   j. *to sponsor*

2. **¿Qué significan?** A Ud. le interesa la posibilidad de trabajar en una agencia de publicidad en un país hispanoparlante. Sin embargo, no sabe lo que significan ciertos términos que se usan frecuentemente en el mercadeo. Ud. decide consultarlos con un/a amigo/a. Pídale a un/a compañero/a de clase que le explique los siguientes términos y que le dé algunos sinónimos si puede.

   a. patrocinar
   b. venta masiva
   c. marca de fábrica
   d. promoción
   e. televentas

   f. prensa
   g. pasarse de moda
   h. utilidad
   i. encuesta
   j. lema

3. **Entrevista profesional.** Ud. ha solicitado un puesto de director de publicidad en una empresa multinacional que requiere ciertos conocimientos de la terminología de este campo. Entre las preguntas que le hace el/la director/a de personal, figuran las siguientes. Con un compañero/a, realicen la entrevista. No olvide el protocolo ni las cortesías.

   a. ¿Qué porcentaje de un dólar gastado por el consumidor en los Estados Unidos en la compra de un producto se atribuye a la publicidad? Comente.
   b. ¿Cuáles son los cuatro elementos que caracterizan la utilidad de una mercancía?
   c. ¿Que necesita hacer el director de marketing para identificar al consumidor presunto?
   d. ¿Cuáles son algunos ejemplos de elementos socioantropológicos?
   e. ¿Para qué sirve una marca registrada?

4. **Traducciones.** Un/a amigo/a suyo/a que está inscrito/a en un programa de maestría en publicidad acaba de empezar a estudiar español. Él/Ella conoce poco vocabulario necesario para funcionar eficazmente en ese contexto. Usted lo/la ayuda al pedirle que él/ella traduzca las siguientes oraciones sobre el tema.

   a. *Marketing is concerned with getting the right product to the right consumer at the right time and price.*

   b. *Although marketing and advertising are often referred to as the same thing, advertising is, in fact, a small but extremely important part of marketing.*

   c. *The universal functions of marketing—finance, buying, selling, transportation, storage, grading and classification, risk, and information—are always present in one form or another.*

   d. *An important consideration in marketing is market segmentation, which groups consumers according to age, sex, education, profession, income, social class, geographic location, ethnic composition, and other factors.*

   e. *In international marketing it is important to bear in mind that things aren't always what they seem. One must learn to listen for the hidden voice of another culture, a voice which often subtly distinguishes that culture from one's own.*

Índice

VídeoTexto

Este encarte central se basa en el vídeo de *Éxito comercial*, lo cual fue filmado con actores hispanos profesionales. Incluye los siguientes ejercicios para los capítulos 3–13:

1. **Antes de ver.** Este ejercicio de calentamiento, acompañado de fotogramas del vídeo, prefigura en términos muy generales el tema comercial tratado en el vídeo.
2. **Al ver.** Aquí las preguntas prefiguran el contenido específico del vídeo. Se leen antes de ver el vídeo, luego se ve el vídeo, y después se vuelve a las preguntas para contestarlas.
3. **Ud. es el/la intérprete.** En esta actividad comunicativa, los estudiantes siguen un guión, basado en el vídeo, para practicar la interpretación (traducción oral). Traducen del inglés al español y del español al inglés, sin mirar el texto, el diálogo que leen otros dos estudiantes en voz alta.

Después de usar el guión escrito para hacer el trabajo de intérprete, se invita al/a la estudiante a volver al vídeo para practicar la interpretación sin guión. Primero, se trata de la intepretación consecutiva, usando la pausa del vídeo cuando haga falta. Después se puede experimentar con una interpretación simultánea, sin pausas, lo cual representa un reto más difícil.

Además de estos ejercicios y actividades comunicativas, a continuación se recomiendan otras posibilidades basadas en el VídeoTexto:

- Antes de ver el vídeo, *escúchelo* una vez *sin mirarlo* para concentrarse en la comprensión aural. Discuta brevemente lo escuchado. Después, vea el vídeo y luego haga los ejercicios. ¿Comprendió más la primera vez sin las imágenes, o más la segunda vez con los actores?
- Tome notas sobre diversos aspectos del vídeo —e.g., la manera (semiótica) de vestirse de los protagonistas, la sicología que usan, su paralenguaje (gestos y tono de voz)— y luego discútalas en clase. ¿Cómo se relaciona el paralenguaje con las palabras que dicen los protagonistas? ¿Respaldan o contradicen el mensaje comunicado por las palabras?
- Resuma objetivamente para un/una compañero/a de clase lo que ha ocurrido en el vídeo o haga un resumen con cambios o falsedades para ver si su compañero/a capta la información errónea y se la corrige.
- Después de ver el vídeo, imagine lo que occurirá después si no termina en ese momento. ¿Cómo se desarrollará más el tema entre los actores y qué dirán? O imagine otro fin para comentarlo o actuarlo.

Comprensión y comunicación

Antes de ver

Conteste las siguientes preguntas antes de ver el vídeo.

1. ¿Qué estilo administrativo prefiere usted en los negocios?
2. Describa la postura física y las actitudes (están contentos, enfadados, etc.) de los dos hombres en las fotos. ¿Qué tema estarán discutiendo?

Al ver

En el vídeo, Thomas Davidson y Raúl García son dos gerentes que conversan sobre cómo organizar la estructura administrativa de una nueva sucursal estadounidense en Tijuana. Lea las siguientes preguntas y después vea el vídeo. Luego vuelva a las preguntas para contestarlas.

1. Además de los señores Davidson y García, ¿quién participa en esta conversación? ¿Cuál es su función?
2. ¿Qué tipo de estilo gerencial recomienda Davidson? Comente.
3. Según Davidson, ¿qué ayuda a levantar la moral de los empleados? ¿Está usted de acuerdo? Comente.
4. ¿Le parece a usted que el Sr. García está totalmente de acuerdo con lo que dice el Sr. Davidson? ¿Cree que seguirá las recomendaciones de Davidson después de la reunión? Explique.

Ud. es el/la intérprete

Siga el guión y haga el papel de intérprete entre Thomas Davidson y Raúl García, los protagonistas del vídeo. Traduzca del inglés al español y del español al inglés, sin mirar el texto, el diálogo que leerán otros dos estudiantes en voz alta. Ellos harán una pausa después de cada raya para permitir su traducción. Acuérdense todos de usar un tono de diálogo natural.

Sr. Davidson: *Our upper level management / believes in a democratic management style. / We like all our employees to feel free to provide input / on issues that affect them.*

Intérprete: _____

Sr. Garcia: Sí, comprendo, pero mis colegas no se sienten cómodos / cuando participa todo el mundo en lo que ellos consideran como su responsabilidad.

Intérprete: _____

Sr. Davidson: *Yes, I don't mean that every employee / will be knocking on upper management's door / or that each employee / will have an equal say with management when decisions are made. / We have found, though, / that employees often provide valuable information / that has been overlooked by management. / All we're interested in / is that employees feel free to express their opinions. / This could be achieved / through employee representatives / or through an open line of communication with supervisors. / We think it helps morale.*

Intérprete: _____

Sr. Garcia: Sí, creo que se puede crear este tipo de ambiente de trabajo. / Comprendo que es necesario que los empleados se sientan como una parte importante de la empresa. / Siempre ponen más interés en lo que hacen / si piensan que esto representa una participación de tipo personal. / Pero hay que tener en cuenta / que una empresa y sus proyectos necesitan dirección, / y que esa dirección debe provenir de la gerencia. / El éxito depende de los empleados, / pero a ellos les hace falta nuestro liderazgo.

Intérprete: _____

Ahora vuelva al vídeo y haga una interpretación consecutiva, usando la pausa del vídeo cuando le haga falta. Después intente hacer una interpretación simultánea, sin pausas.

Comprensión y comunicación

Antes de ver

Conteste las siguientes preguntas antes de ver el vídeo.

1. ¿Cómo es su banco? ¿Qué servicios bancarios ofrece?
2. ¿Qué se imagina que le está entregando la banquera al cliente en la foto?

Al ver

En el vídeo, Manuel Ubico Barrios entra a un banco para abrir una cuenta corriente. Lo atiende la Srta. Margarita López Peters. Lea las siguientes preguntas y después vea el vídeo. Luego vuelva a las preguntas para contestarlas.

1. ¿Quiénes son las dos personas que hablan?
2. ¿Cuál es el propósito de la visita del Sr. Ubico?
3. ¿Por qué prefiere el Sr. Ubico una cuenta conjunta?
4. ¿Cuánto es el balance mínimo que se requiere para la cuenta corriente y cuál es la consecuencia de no cumplir con este requisito?
5. ¿Cree usted que el cliente volverá para abrir una cuenta en este banco? Comente.
6. ¿Qué otros servicios bancarios pudo haber ofrecido la Srta. Peters?

Ud. es el/la intérprete

Siga el guión a continuación y haga el papel de intérprete entre Manuel Ubico Barrios y la Srta. Margaret López, los protagonistas del vídeo. Traduzca del inglés al español y del español al inglés, sin mirar el texto, el diálogo que leerán otros dos estudiantes en voz alta. Ellos harán una pausa después de cada raya para permitir su traducción. Acuérdense todos de usar un tono de diálogo natural.

Srta. López: *Please have a seat. / My name is Margaret López / and this is _____, who will serve as our interpreter. / How may we help you?*
Intérprete: _____
Sr. Ubico: Buenos días. Gracias. Me llamo Manuel Ubico Barrios y quisiera abrir una cuenta corriente.
Intérprete: _____
Srta. López: *Would you like an individual or a joint account?*
Intérprete: _____
Sr. Ubico: Una cuenta conjunta, por favor, para mi esposa y para mí.
Intérprete: _____
Srta. López: *Fine. You will have to fill out this form / and you and your wife will need to sign this card. / Then you must return everything to me. / How much do you wish to deposit?*
Intérprete: _____
Sr. Ubico: Dos mil dólares. ¿Cobra el banco por los cheques?
Intérprete: _____
Srta. López: *Yes and no. You pay ten cents for each check / unless you keep a minimum balance of $250 in your account. / In that case, you pay nothing. / You will also receive 4% interest on your account.*
Intérprete: _____
Sr. Ubico: ¿Puedo obtener cheques personalizados?
Intérprete: _____
Srta. López: *Yes. You can select one of these colors and designs. / By the way, we should also inform you that the bank offers a wide range of services, / from savings accounts and time deposits / to various types of investments.*
Intérprete: _____
Sr. Ubico: No tengo mucho dinero ni tampoco soy buen inversionista. / Con tal que mi esposa y yo tengamos lo suficiente para vivir cómodamente, / no nos preocupa demasiado el dinero.
Intérprete: _____
Srta. López: *Very well. If we can be of further help, please let us know.*
Intérprete: _____

Ahora vuelva al vídeo y haga una interpretación consecutiva, usando la pausa del vídeo cuando le intente hacer falta. Después intente hacer una interpretación simultánea, sin pausas.

el diálogo que leerán otros dos estudiantes en voz alta. Ellos harán una pausa después de cada raya para permitir su traducción. Acuérdense todos de usar un tono de diálogo natural.

Sra. Fromberg: *I want to go over the rent conditions one more time. / When can we move our staff into the building? / How much is the advance deposit, / and what will the monthly rent be?*

Comprensión y comunicación

Antes de ver

Conteste las siguientes preguntas antes de ver el vídeo.

1. ¿Ha alquilado usted alguna vez un apartamento, una casa o una oficina de negocios? ¿Qué factores deben considerarse en el contrato de alquiler, de parte del arrendador y el arrendatario?
2. ¿Qué se imagina que le estará explicando la señora al hombre?

Al ver

En el vídeo, la Sra. Marta Fromberg discute con el Sr. Joaquín Villanueva las condiciones de arrendamiento de un local de negocios. Lea las siguientes preguntas y después vea el vídeo. Luego vuelva a las preguntas para contestarlas.

1. ¿Cuál es el tema principal de este encuentro entre la Sra. Fromberg y el Sr. Villanueva?
2. ¿Cuándo se tienen que pagar las mensualidades?
3. ¿Cuáles son los servicios que se incluyen en el alquiler?
4. ¿Puede hacer la Sra. Fromberg cualquier arreglo que quiera en la sala de recepción? Explique.

Ud. es el/la intérprete

Siga el guión a continuación y haga el papel de intérprete entre la Sra. Martha Fromberg y el Sr. Joaquín Villanueva, los protagonistas del vídeo. Traduzca del inglés al español y del español al inglés, sin mirar el texto,

Intérprete: _____

Sr. Villanueva: Muy bien. / El contrato lleva fecha vigente del 5 de marzo de este año. / El pago inicial será de $3,000 EUA / y la mensualidad será $1,500 EUA / pagaderos del primero al 5 de cada mes.

Intérprete: _____

Sra. Fromberg: *The initial rent period is for one year. / Will it automatically renew itself for the following year? / Also, do I understand correctly that the utilities are included in the rent?*

Intérprete: _____

Sr. Villanueva: El contrato se vence anualmente. / Para continuar con el arrendamiento, / habrá que firmar otro contrato en el último mes vigente del presente contrato, / y así sucesivamente. / Respecto a los servicios de agua, luz y gas, / no se incluyen en el alquiler.

Intérprete: _____

Sra. Fromberg: *Oh, I see. I misunderstood about the utilities, but that's no problem. / Also, I'd like to do some minor repairs in the reception area.*

Intérprete: _____

Sr. Villanueva: De acuerdo. Eso está bien mientras se me avise de antemano / y mientras no afecte la estructura del local / y se obtengan previamente los correspondientes permisos oficiales.

Intérprete: _____

Ahora vuelva al vídeo y haga una interpretación consecutiva, usando la pausa del vídeo cuando le haga falta. Después intente hacer una interpretación simultánea, sin pausas.

cudero, los protagonistas del vídeo. Traduzca del inglés al español y del español al inglés, sin mirar el texto, el diálogo que leerán otros dos estudiantes en voz alta. Ellos harán una pausa después de cada raya para permitir su traducción. Acuérdense todos de usar un tono de diálogo natural.

Comprensión y comunicación

Antes de ver

Conteste las siguientes preguntas antes de ver el vídeo.

1. ¿Cómo diseñaría Ud. su propia oficina de negocios? ¿Cómo serían los muebles y qué máquinas y equipo tendría?
2. ¿De qué aspecto de la oficina moderna hablan en la foto y qué significa el gesto que le hace la mujer al hombre?

Al ver

En el vídeo, la Sra. Amy Cortés de Rivas, natural de Luisiana y esposa de un gerente panameño, hace una visita a la oficina de su marido. Al entrar al edificio, intenta hablar con el conserje, Juan Cruz Escudero, sobre los cambios que se han hecho en la oficina de su esposo durante los últimos seis meses en Panamá. Lea las siguientes preguntas y después vea el vídeo. Luego vuelva a las preguntas para contestarlas.

1. ¿Qué es lo que se ha hecho en la oficina del marido de la Sra. Cortés de Rivas?
2. ¿Cuáles han sido algunos de los beneficios de la nueva iluminación?
3. ¿Cómo se relacionan los contratos y otros documentos con la frase «ojos de águila»?
4. ¿Cuál es la relación entre la Sra. Cortés de Rivas y el Sr. Cruz? ¿Cómo se explica que ella lo llame Juan pero que luego lo trate también de «usted»?

Ud. es el/la intérprete

Siga el guión a continuación y haga el papel de intérprete entre la Sra. Amy Cortés de Rivas y Juan Cruz Es-

Sra. Cortés: *My husband tells me that morale has really improved in the office / since the changes were made last March.*

Intérprete: _____

Sr. Cruz: Sí, señora, me parece que así es. / Todos parecen estar de mejor humor cuando llegan al trabajo. / Ya era hora de que se renovara un poco la oficina.

Intérprete: _____

Sra. Cortés: *Well, Juan, it certainly looks a lot nicer. / My husband's really pleased with the new lighting. / He says it helps the secretaries when they type or work with the adding machines. / I think it also helps him to read the contracts and balance sheets. / You know, his eyes aren't what they used to be.*

Intérprete: _____

Sr. Cruz: Sí, y el nuevo aire acondicionado les encantó a todos el verano pasado / cuando hizo tanto calor. / También dicen que las nuevas computadoras / han reducido mucho el papeleo que había antes. / ¡Si viera Ud. lo rápido que son esas máquinas!

Intérprete: _____

Sra. Cortés: *I know, I've heard all about it. / It seems like the office staff is happier, too, / because of the new paint job / and the addition of a salad bar in the cafeteria. / That was my idea. / Have you eaten there yet?*

Intérprete: _____

Sr. Cruz: No, todavía no, señora, pero ya lo haré. / Dicen que las ensaladas son muy buenas. / Bueno, señora, que pase Ud. un buen día. Adiós.

Intérprete: _____

Ahora vuelva al vídeo y haga una interpretación consecutiva, usando la pausa del vídeo cuando le haga falta. Después intente hacer una interpretación simultánea, sin pausas.

CAPÍTULO 7

Los recursos humanos y las relaciones laborales

Comprensión y comunicación

Antes de ver

Conteste las siguientes preguntas antes de ver el vídeo.

1. ¿Qué temas discute el liderazgo sindical con la gerencia? ¿Qué puede ocurrir cuando marchan mal las negociaciones laborales?
2. En la foto, ¿está de acuerdo el representante sindical con lo que está escuchando? Comente.

Al ver

En el vídeo, la Srta. Ana María Salas, nueva directora de recursos humanos de una empresa estadounidense situada en Maracaibo, habla con el Sr. Ricardo Martínez, jefe del sindicato que representa los obreros de la firma. Discuten la semana laboral de los trabajadores. Lea las siguientes preguntas y después vea el vídeo. Luego vuelva a las preguntas para contestarlas.

1. ¿Quiénes tienen que trabajar normalmente 44 horas semanalmente y quiénes 40 horas?
2. ¿Cuál es el premio por el trabajo de sobretiempo?
3. ¿Cuáles son las dos metas de la gerencia de la empresa?
4. ¿Cuáles son algunas de las tácticas empleadas por la compañía para evitar las huelgas entre los trabajadores?

Ud. es el/la intérprete

Siga el guión a continuación y haga el papel de intérprete entre la Srta. Ana María Salas y el Sr. Ricardo Martínez, los protagonistas del vídeo. Traduzca del inglés al español y del español al inglés, sin mirar el texto, el diálogo que leerán otros dos estudiantes en voz alta. Ellos harán una pausa después de cada raya para permitir su traducción. Acuérdense todos de usar un tono de diálogo natural.

Srta. Salas: *As you know, the maximum work week for salaried employees is 44 hours, / or 40 hours at night. / For manual laborers it is 40 hours, / or 36 hours at night, / all with a minimum 25% premium for overtime.*
Intérprete: _____
Sr. Martínez: Sí, señorita, bien sabemos lo que la ley permite. / Pero nos gustaría negociar un contrato con una prima más grande / para los pocos trabajadores que trabajarán las horas extras.
Intérprete: _____
Srta. Salas: *I don't know if that can be done. / We're trying to find ways to keep costs down / while, at the same time, increasing production. / I'll take it to management to see if it's negotiable.*
Intérprete: _____
Sr. Martínez: Bueno, nos damos cuenta de las dificultades que hemos encontrado en el pasado / con la aprobación de nuestras propuestas. / Además, sabemos que Uds. han empleado ciertos métodos para rechazarlas / como el cierre patronal del agosto pasado / y el uso de esquiroles para forzarnos a volver a trabajar. / También nos hemos enterado de una lista negra / que se utilizó contra los trabajadores / que buscaron empleo en otros lugares.
Intérprete: _____
Srta. Salas: *Well, Sr. Martínez, as you well know, those activities are illegal here / and we deny the use of such tactics. / Your strike activities are also illegal. / Perhaps we should look for some satisfactory form of conciliation. / If that isn't possible, we will certainly submit to the decision of an arbiter / after the process of arbitration is complete. / In the end, it's only a question of what's best / in order to increase the productivity of our workers.*
Intérprete: _____
Sr. Martínez: Bueno, nosotros también nos preocupamos por el bienestar de nuestros socios.
Intérprete: _____

Ahora vuelva al vídeo y haga una interpretación consecutiva, usando la pausa del vídeo cuando le haga falta. Después intente hacer una interpretación simultánea, sin pausas.

CAPÍTULO 8 Bienes y servicios

Comprensión y comunicación

Antes de ver

Conteste las siguientes preguntas antes de ver el vídeo.

1. ¿Dónde ocurre la reunión entre los dos hombres de la foto? ¿Qué requisitos hay para organizar y controlar la capacidad productiva de una fábrica?

2. En la foto, ¿qué estará apuntando el gerente en su cuaderno con respecta a la eficiencia de la fábrica?

Al ver

En el vídeo, el Sr. Dennis James es el jefe de producción de una compañía estadounidense que vende papel. Está en Cali para ayudar al supervisor, el Ingeniero Pedro Rojas Restrepo, a organizar la nueva fábrica que acaba de mandar construir la empresa estadounidense. Lea las siguientes preguntas y después vea el vídeo. Luego vuelva a las preguntas para contestarlas.

1. ¿Qué le ofrece el Sr. Rojas al Sr. James al principio y al final de su encuentro?

2. ¿Quién es el dueño de Leñera, S. de R. L. y cuáles son algunas ventajas de esta situación?

3. ¿Quién es el Lic. Jíménez de Quesada y de qué se va a ocupar la semana entrante?

4. ¿Qué opina usted de la conducta del Sr. James durante su reunión con el Sr. Rojas?

Ud. es el/la intérprete

Siga el guión a continuación y haga el papel de intérprete entre el Sr. Dennis James y el Ingeniero Pedro Rojas Restrepo, los protagonistas del vídeo. Traduzca del inglés al español y del español al inglés, sin mirar el texto, el diálogo que leerán otros dos estudiantes en voz alta. Ellos harán una pausa después de cada raya para permitir su traducción. Acuérdense todos de usar un tono de diálogo natural.

Ing. Rojas: Buenos días, Sr. James. / Espero no haber tardado mucho en llegar.

Intérprete: _____

Sr. James: *Well, I thought you had forgotten about our meeting. / Let's get down to business.*

Intérprete: _____

Ing. Rojas: ¿No quiere Ud. tomar un café? Es el mejor del mundo. / Por favor, tome una tacita.

Intérprete: _____

Sr. James: *No, thank you. I have several urgent things I need to discuss with you. / What are your current purchasing policies?*

Intérprete: _____

Ing. Rojas: Bueno, ya tenemos un contrato con Leñera, S. de R. L., / compañía de mi cuñado, / para comprar toda la madera que necesitemos. / No sólo la compramos a un buen precio / sino con buenas condiciones de pago.

Intérprete: _____

Sr. James: *That's great! Where are the purchase orders / and who is taking care of the books?*

Intérprete: _____

Ing. Rojas: No se preocupe, Sr. James. / El Lic. Laureano Jiménez de Quesada, nuestro contable, se encarga de todo.

Intérprete: _____

Sr. James: *That may well be, but I need to examine the books and report to the main office.*

Intérprete: _____

Ing. Rojas: Muy bien, Sr. James, pero el Lic. Jiménez no estará hasta la semana que viene.

Intérprete: _____

Sr. James: *Okay, but make sure I get the books. / With regard to production, we recommend that you use flow control. / Also, please monitor each phase of production. / We want high quality as well as high production.*

Intérprete: _____

Ing. Rojas: Nosotros también, pero tenemos que discutir lo del control de flujo. / Pero, antes, tomémonos aquella tacita de café.

Intérprete: _____

Ahora vuelva al vídeo y haga una interpretación consecutiva, usando la pausa del vídeo cuando le haga falta. Después intente hacer una interpretación simultánea, sin pausas.

CAPÍTULO 9

Marketing I: Mercados y publicidad

Comprensión y comunicación

Antes de ver

Conteste las siguientes preguntas antes de ver el vídeo.

1. ¿Cómo segmentaría el mercado estadounidense para un nuevo champú? ¿Dónde trataría de vender el producto?
2. Las personas de las fotos discuten el mercado estadounidense. ¿Son compañeros de trabajo o tienen otra relación profesional? Explique.

Al ver

En el vídeo, el Sr. Jaime Vilá Chávarri, presidente de Lujo, una firma peruana que produce jabones de categoría, está en San Francisco para hablar con la Sra. Elaine Brownstein, directora de publicidad para la agencia Intermark. Vilá quiere saber cómo segmentará ella el mercado para sus jabones en los Estados Unidos y qué medios publicitarios piensa usar. Lea las siguientes preguntas y después vea el vídeo. Luego vuelva a las preguntas para contestarlas.

1. ¿Por qué está el Sr. Vilá de visita en San Francisco?
2. ¿Cómo piensa Brownstein identificar a los consumidores potenciales?
3. Al tratar el tema de precio, ¿cuáles son las consideraciones expresadas por Vilá y Brownstein?
4. ¿Dónde piensa Brownstein anunciar el producto peruano? ¿Cuáles serían otras posibilidades que recomendaría usted?

Ud. es el/la intérprete

Siga el guión a continuación y haga el papel de intérprete entre el Sr. Jaime Vilá Chávarri y la Sra. Elaine Brownstein, los protagonistas del vídeo. Traduzca del inglés al español y del español al inglés, sin mirar el texto, el diálogo que leerán otros dos estudiantes en voz alta. Ellos harán una pausa después de cada raya para permitir su traducción. Acuérdense todos de usar un tono de diálogo natural.

Sr. Vilá: Los Estados Unidos representan un mercado importantísimo pero difícil para nuestro jabón. / El problema que veo es cómo dividir un mercado tan grande en segmentos adecuados / para aprovechar al máximo nuestra penetración en el mercado estadounidense.

Intérprete: _____

Sra. Brownstein: *Well, we'll begin by trying to identify potential customers according to sex, age, / education, occupation, and geographic region. / We'll also look at data regarding small towns versus large cities. / We plan to test the product in places like Boston, Chicago, St. Louis, Denver, and San Francisco.*

Intérprete: _____

Sr. Vilá: Me parece muy bien. No sé si la cuestión de la clase social será importante o no, / pues en el Perú y en otros mercados hispanoamericanos nuestro jabón, por ser algo más caro, / se vende más entre clientes de la clase alta.

Intérprete: _____

Sra. Brownstein: *The cost shouldn't be prohibitive for anybody in the United States. / I'm not sure that it's as much of a question of social class here. / Rather it's an appeal to taste, / to those willing to spend a few extra cents to bathe with a fine, perfumed soap.*

Intérprete: _____

Sr. Vilá: ¿Qué medios publicitarios cree Ud. que serían los mejores para anunciar el jabón?

Intérprete: _____

Sra. Brownstein: *I would suggest a series of popular magazines, such as* Fine Living *and* Woman Athlete. / *Also flight magazines and catalogs from the companies that will carry the soap.* / *I'm thinking of a couple of TV ads*

as well, / *so that people can see the soap in color and being used by real people.*

Intérprete: _____

Ahora vuelva al vídeo y haga una interpretación consecutiva, usando la pausa del vídeo cuando le haga falta. Después intente hacer una interpretación simultánea, sin pausas.

CAPÍTULO **10** # Marketing II: Compraventa, transporte y almacenaje

Ud. es el/la intérprete

Siga el guión a continuación y haga el papel de intérprete entre el Sr. Mistral y la Srta. Chambers, los protagonistas del vídeo. Traduzca del inglés al español y del español al inglés, sin mirar el texto, el diálogo que leerán otros dos estudiantes en voz alta. Ellos harán una pausa después de cada raya para permitir su traducción. Acuérdense todos de usar un tono de diálogo natural.

Comprensión y comunicación

Antes de ver

Conteste las siguientes preguntas antes de ver el vídeo.

1. ¿Cree Ud. que una práctica profesional ayuda para conseguir un buen trabajo? Explique.
2. Al tratar el tema transportista, ¿qué detalles discuten en las fotos?

Al ver

En el vídeo, el Sr. Mistral, nuevo director de mercadeo de Minasal, una empresa minera en Antofagasta, habla con la Srta. Chambers, su asistente de práctica, sobre las posibilidades de transportar sus productos al sur de Chile. Lea las siguientes preguntas y después vea el vídeo. Luego vuelva a las preguntas para contestarlas.

1. ¿Qué es el cabotaje?
2. ¿Para qué tipo de mercancías se usan los buques?
3. ¿Qué efectos desea analizar la Srta. Chambers y por qué?
4. Según Chambers, ¿qué tipo de transporte probablemente ofrezca la mejor combinación de ventajas?

Sr. Mistral: Según lo que tengo entendido, / esta empresa transporta sus productos al sur de Chile por ferrocarril.

Intérprete: _____

Srta. Chambers: *But the train isn't the most economical way to transport anything.* / *It would seem better to me* / *to deliver the bulk materials* / *through the port here in Antofagasta* / *by coastal shipping* / *and to send the rest of the materials by truck,* / *particularly if the amount is less than a full train carload.*

Intérprete: _____

Sr. Mistral: Ud. lleva poco tiempo en Chile / y no se ha dado cuenta de la mala calidad de algunas de nuestras carreteras. / En el caso de mercancías de gran volumen, / no tenemos suficientas embarques para utilizar buques de transporte.

Intérprete: _____

Srta. Chambers: *Before we make a final decision,* / *I would like to study the effects of* / *cost, speed, and bulk delivery* / *on the setting of prices to our consumers.*

Intérprete: _____

Sr. Mistral: Bien. No se olvide de averiguar el costo de los seguros. / Las inseguridades del mercado y el transporte también son factores de costo importantes.

Intérprete: _____

Srta. Chambers: _We will probably have to move to a combination of means of transportation / in order to meet the needs of our various products. / On the other hand, / train delivery may offer the best combination. / By the way, do you use common carriers or contract carriers?_

Intérprete: _____

Sr. Mistral: Por lo general, utilizamos nuestros propios transportistas privados.

Intérprete: _____

Ahora vuelva al vídeo y haga una interpretación consecutiva, usando la pausa del vídeo cuando le haga falta. Después intente hacer una interpretación simultánea, sin pausas.

tas en esa parte de Hispanoamérica, especialmente con países vecinos como Brasil, Argentina y Bolivia. Vargas acaba de llegar de Raleigh y se sorprende al enterarse de que existen grandes diferencias en la gerencia de ventas en países con problemas inflacionarios. Lea las siguientes preguntas y después vea el vídeo. Luego vuelva a las preguntas para contestarlas.

1. ¿Qué es lo que presupone la Srta. Vargas con respecto al crédito comercial?
2. ¿Por qué dice el Sr. Morales que «siempre se intenta cobrar en dinero efectivo»?
3. Según Morales, ¿cómo se pueden proteger los vendedores del riesgo de la hiperinflación?
4. Explique la broma del Sr. Morales sobre el taxi y el autobús.

Ud. es el/la intérprete

Siga el guión a continuación y haga el papel de intérprete entre Janet Vargas y el Sr. Rafael Morales Oviedo, los protagonistas del vídeo. Traduzca del inglés al español y del español al inglés, sin mirar el texto, el diálogo que leerán otros dos estudiantes en voz alta. Ellos harán una pausa después de cada raya para permitir su traducción. Acuérdense todos de usar un tono de diálogo natural.

Comprensión y comunicación

Antes de ver
Conteste las siguientes preguntas antes de ver el vídeo.

1. ¿Qué es la hiperinflación y cómo afecta el comercio internacional?
2. Al hablar del transporte internacional de mercadería, ¿qué documentos transportistas menciona la Directora de Ventas en la foto?

Al ver
En el vídeo, Janet Vargas, natural de Carolina del Norte y nueva Directora de Ventas para la sucursal de una empresa estadounidense en Asunción, habla con su agente de ventas de más experiencia, el Sr. Rafael Morales Oviedo, sobre la administración de ven-

Srta. Vargas: *I see here that we've had some large orders placed / by some long-standing customers in Brazil, Argentina, and Bolivia. / They're all asking for commercial credit, / which I suppose will be something along the lines of 2/10, net 30.*

Intérprete: _____

Sr. Morales: No señorita, lo siento, pero no se puede proceder de ese modo aquí. / Es demasiado arriesgado ofrecer un plazo de tiempo en un crédito comercial / a causa de la alta inflación. / Siempre se intenta cobrar en dinero efectivo antes de enviar las mercancías porque, / incluso antes de que se seque la tinta sobre un cheque de pago, / el dinero ya ha empezado a perder su valor.

Intérprete: _____

Srta. Vargas: *Really? Back home the normal terms of sale / usually include a discount for payment made in ten days, / or the full amount is payable in thirty, / especially in dealing with known customers.*

Intérprete: _____

Sr. Morales: Sí, pero aquí se vive en una situación constante de hiperinflación / y así se podría perder dinero en lugar de ganarlo. / Por eso, siempre se pide un pago inmediato en líquido o un pago en dólares.

Intérprete: _____

Srta. Vargas: *I knew inflation was a real problem / and that several governments had gotten into trouble by printing too much money / in order to pay for wage hikes, etc., / but I never imagined . . .*

Intérprete: _____

Sr. Morales: Es penoso, pero cierto. / Incluso, aquí se dice que es más barato tomar un taxi que un autobús / porque el taxi no se paga hasta el final del viaje. / Para entonces, la tarifa ya cuesta menos.

Intérprete: _____

Ahora vuelva al vídeo y haga una interpretación consecutiva, usando la pausa del vídeo cuando le haga falta. Después intente hacer una interpretación simultánea, sin pausas.

CAPÍTULO 12

La entrada en el mercado internacional: Los países hispanoparlantes

Comprensión y comunicación

Antes de ver

Conteste las siguientes preguntas antes de ver el vídeo.

1. En el comercio internacional, ¿por qué es necesario viajar? ¿Qué elementos son necesarios en la preparación de un presupuesto de viaje de negocios?
2. En la foto, ¿qué tipo de información busca la directora en su agenda con respecto a un viaje de negocios que necesita programar?

Al ver

En el vídeo, Teresa Sánchez, una gerente de ventas, tiene que hacer un viaje de negocios a México. Discute con su asistente, Roberto Toledo, algunos detalles del itinerario y del presupuesto para el viaje. Lea las siguientes preguntas y después vea el vídeo. Luego vuelva a las preguntas para contestarlas.

1. ¿En qué fecha tiene que estar Teresa Sánchez en Puebla? ¿Y en Veracruz?
2. ¿Cómo piensa viajar Sánchez a Veracruz?
3. ¿Cuánto piensa Roberto Toledo que costará el viaje entero? ¿Y por partes detalladas?
4. ¿De qué se trata el memorándum del vice presidente y qué efecto tendrá sobre el presupuesto del viaje de Teresa Sánchez?

Ud. es el/la intérprete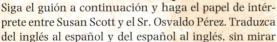

Siga el guión a continuación y haga el papel de intérprete entre Susan Scott y el Sr. Osvaldo Pérez. Traduzca del inglés al español y del español al inglés, sin mirar

el texto, el diálogo que leerán otros dos estudiantes en voz alta. Ellos harán una pausa después de cada raya para permitir su traducción. Acuérdense todos de usar un tono de diálogo natural.

Sr. Pérez: Buenos días, Srta. Scott. / Mucho gusto en conocerla y bienvenida a Buenos Aires.

Intérprete: _____

Srta. Scott: _Hello, Mr. Pérez. I'm pleased to meet you. / Thanks for your kind greetings._

Intérprete: _____

Sr. Pérez: ¿Puedo ofrecerle algo, un vino, una taza de café? / Los vinos argentinos son muy buenos y el café no está nada mal. Es del Brasil.

Intérprete: _____

Srta. Scott: _A cup of coffee would be nice. / I know that Argentine wines are good, / but I prefer to try them another time._

Intérprete: _____

Sr. Pérez: Muy bien. Aquí tiene su café.

Intérprete: _____

Srta. Scott: _Ummm, the coffee is very good. / I wanted to ask if you received the information / that you requested from us about the licensing agreement?_

Intérprete: _____

Sr. Pérez: Sí. La recibí la semana pasada, pero quisiera aclarar algunos detalles. / En las discusiones iniciales le habíamos dicho a su firma / que nos interesaba conseguir los derechos de patente / para poder elaborar sus productos aquí en la Argentina. / A cambio de este arreglo, / le daríamos cierto porcentaje de la venta total. / En su última correspondencia, sin embargo, / nos han concedido sólo los derechos de marca registrada. / ¿Por qué han cambiado Uds. de opinión?

Intérprete: _____

Srta. Scott: _Well, the production and marketing program that ENTEL has proposed seems very ambitious to us. / If you want to proceed with this program, / it seems better to us to produce the machines in our country. / If supply exceeds demand, we will make another agreement, / perhaps one for a joint venture._

Intérprete: _____

Sr. Pérez: Ah, ya veo. Bueno, esto lo tendré que pensar y consultar con mis colegas.

Intérprete: _____

Ahora vuelva al vídeo y haga una interpretación consecutiva, usando la pausa del vídeo cuando le haga falta. Después intente hacer una interpretación simultánea, sin pausas.

CAPÍTULO 13

La importación y la exportación

1. ¿De qué tema trataban las conversaciones telefónicas entre Martínez y Nadal?
2. ¿Cómo se pagará por el azúcar dominicano?
3. ¿Qué ha hecho Washington con respecto al azúcar importado de la República Dominicana?
4. ¿Qué remedio se plantea Martínez ante la política de Washington? ¿Quiénes pueden ayudarlo?

Comprensión y comunicación

Antes de ver

Conteste las siguientes preguntas antes de ver el vídeo.

1. ¿Qué son la importación y la exportación? ¿Qué formas de pago existen en el comercio internacional?
2. Al hablar de flete, ¿cuáles son algunos INCOTERMS que menciona la agente compradora de la foto?

Al ver

En el vídeo, el Sr. Víctor Martínez, dominicano cuya empresa exporta azúcar a los EE.UU., está en Nueva Orleáns para finalizar con la Srta. Vicky Nadal, agente compradora de una compañía estadounidense, los términos de venta de treinta toneladas de azúcar crudo. Lea las siguientes preguntas y después vea el vídeo. Luego vuelva a las preguntas para contestarlas.

Ud. es el/la intérprete

Siga el guión a continuación y haga el papel de intérprete entre el Sr. Víctor Martínez y la Srta. Vicky Nadal, los protagonistas del vídeo. Traduzca del inglés al español y del español al inglés, sin mirar el texto, el diálogo que leerán otros dos estudiantes en voz alta. Ellos harán una pausa después de cada raya para permitir su traducción. Acuérdense todos de usar un tono de diálogo natural.

Sr. Martínez: De acuerdo con nuestras conversaciones telefónicas, / le enviaremos las treinta toneladas de azúcar crudo / por vía marítima a principios del mes entrante. / Uds. deberán recibir el azúcar para el día ocho.

Intérprete: _____

Srta. Nadal: *Good. Our bank will issue a letter of credit / which should reach you by your return to the Dominican Republic next week. / As we've agreed, delivery will be made CIF, FOB delivered.*

Intérprete: _____

Sr. Martinez: Bien. El precio de venta incluirá el flete y los seguros hasta el puerto de Nueva Orleáns. / Uds. saben que también les podemos ofrecer más azúcar, en caso de que tuvieran interés...

Intérprete: _____

Srta. Nadal: *Believe me, we'd like to buy more sugar from you, / but Washington has recently imposed a quota on sugar from the Dominican Republic. / The 300 or so tons allowed last year have been reduced to about 150 this year.*

Intérprete: _____

Sr. Martinez: Sí, ya lo sé. Es una mala noticia para nosotros, / ya que vendíamos una gran cantidad de azúcar a los Estados Unidos. / Bueno, supongo que el único remedio será empezar a buscar nuevos clientes en otros países / para negociar la buena cosecha que hemos tenido este año.

Intérprete: _____

Ahora vuelva al vídeo y haga una interpretación consecutiva, usando la pausa del vídeo cuando le haga falta. Después intente hacer una interpretación simultánea, sin pausas.

Una vista panorámica del Perú

Nombre oficial:	República del Perú
Gentilicio:	peruano/a
Capital y población:	Lima: 8,113,000
Sistema de gobierno:	República constitucional
Jefe de Estado/Jefe de Gobierno:	Presidente Alejandro Toledo Manrique
Fiesta nacional:	28 de julio, Día de la Independencia (1821: de España)

Perú

Geografía y clima

Área nacional en millas²/ kilómetros²	Tamaño (comparado con EUA)	División administrativa	Otras ciudades principales	Puertos principales	Clima	Tierra cultivable
496,223 m²/ 1,285,220 km²	Tres veces el tamaño de California	12 regiones, 24 departamentos y una Provincia Constitucional	Arequipa, Chi-clayo, Cuzco, Huancayo, Trujillo, Ayacuho, Piura, Iquitos	Callao, Chim-bote, Ilo, Matarani, Salaverry	Árido y tem-plado en la costa, de tem-plado a frío en los Andes, cálido y húmedo en las tierras bajas orientales	2.9%

Demografía

Año y población en millones				Distribución etaria		% de analfa-betismo	
2005	2015	2025	% urbana	<15 años	65+		Grupos étnicos
29	34	37	72%	34%	5%	9.1%	45% amerindio, 37% mestizo, 15% blanco europeo, 3% africano, japonés, chino y otro

Economía y comercio

Moneda nacional	Tasa de inflación 2002	N° de trabajadores (en millones) y tasa de desempleo	PIB 2002 en millones $EUA	PIB per cápita $EUA	Distribución de PIB y de trabajadores por sector*			2002 Exporta-ciones en millones $EUA	2002 Importa-ciones en millones $EUA
					A	I	S		
El nuevo sol	2.3%	7.5/9%	$56, 900	$2,126	10% 8.4%	27% 12.6%	63% 79%	$7,600	$7,500

*Para distribución del PIB y de los trabajadores (mano de obra): A = agricultura, I = industria, S = servicios (y gobierno).

Recursos naturales: Cobre, plata, oro, petróleo, madera, pesca, hierro, carbón, fosfatos, potasa, gas natural, hidroelectricidad.

Industrias: Minería y fabricación de metales, petróleo, pesca, textiles y ropa, procesamiento de alimentos y de bebidas (en particular los refrescos o las bebidas gaseosas), cemento, ensamble de automóviles, acero, construcción de barcos, plásticos, papel, barnices y lacas.

Comercio

Productos de exportación: Cobre, cinc, harina de pescado, petróleo crudo y productos de petróleo, plomo, plata refinada, textiles, ropa y accesorios, café, algodón, azúcar.

Mercados: 27.1% EUA, 12.4% Reino Unido, 7.7% China, 7.6% Suiza, 4.7% Chile, 4.4% Japón, 35.9% otros países.

Productos de importación: Maquinaria, equipo de transporte, productos alimenticios, petróleo, hierro, acero, productos químicos y farmacéuticos, cereales, automóviles.

Proveedores: 28.6% EUA, 10% España, 7.5% Chile, 5.1% Brasil, 4.5% Colombia, 44.3% otros países.

Horario general de comercio: De lunes a sábado, desde las ocho de la mañana hasta las cinco de la tarde. Muchas tiendas pequeñas se cierran entre la una y las tres de la tarde. La semana laboral del Perú, 48 horas, es una de las más largas del mundo.

Transporte y comunicaciones

Kilómetros de carreteras y % pavimentadas	Kilómetros de vías férreas	Nº de aeropuertos con pista de aterrizaje pavimentada	Nº de líneas telefónicas	Radios por mil personas	Televisores por mil personas
72,900/12.7%	1,829	49	2,022,300	273	147

Idioma y cultura

Idiomas	Religión	Comidas y bebidas típicas/Modales
Español (oficial), quechua (oficial), aimara y otras lenguas indígenas	90% católico, 10% otro	Ceviche, anticucho, corvina, ocopa, ají de gallina, papa a la huancaina, mazamorra morada, pisco. Mantener las manos, no los codos, encima de la mesa al comer. Comer toda la comida servida. No hablarle a una sola persona en la mesa, sino incluir a los demás en la conversación.

Horario normal del almuerzo y de la cena: Sobre la una de la tarde para el almuerzo; entre las seis y las ocho de la noche para la cena.

Gestos: Para que se acerque alguien, mover los dedos (arañar) con la palma de la mano hacia el suelo. Tocarse bajo el ojo con el dedo índice es señal de ¡ojo!, tener cuidado. Cruzar las piernas con el tobillo de un pie sobre la rodilla de la otra pierna es aceptable para los hombres pero no para las mujeres. Cruzar las piernas, una rodilla sobre la otra, es aceptable para las mujeres pero no para los hombres. Tocarse la cabeza varias veces con el dedo índice puede significar que «Estoy pensando» o que «Es tonta esa persona». La mano extendida delante del cuerpo con la palma hacia el suelo y un movimiento de los dedos hacia afuera significa «Vete». Mover la mano y el antebrazo hacia el cuerpo significa «Quiero que me pague». Poner una mano con la palma abierta hacia arriba y bajo el codo del otro brazo, significa tacañería. Se frunce la boca en una dirección para señalar algo allí.

Cortesía: Saludar individualmente a cada persona al llegar a una reunión o comida y despedirse de cada una al marcharse para no menospreciar a nadie y quedar mal. Se aceptan las visitas no anunciadas de antemano. No se espera que el invitado le lleve un regalito a los anfitriones al ir a su casa a cenar o a una fiesta, aunque se aprecian los chocolates, un buen vino o una buena marca de whisky. Después de la invitación, se pueden mandar rosas a los anfitriones, pero no rosas de color rojo porque tienen una connotación romántica, y tampoco 13 rosas porque éste es el número de la mala suerte. Ojo con regalarle a alguien un cuchillo porque se podría interpretar como un corte o una ruptura de relaciones. Cuidado con admirar demasiado un artículo porque el peruano puede sentirse obligado a regalarle ese artículo que *tanto* admira usted.

LA ACTUALIDAD ECONÓMICA PERUANA

Perú tiene potencial para ser un país muy rico debido tanto a sus recursos naturales —pesca, hidrocarburos y minerales— como a su variada historia cultural. La arquitectura de su capital colonial en Cuzco y la ciudad perdida de la civilización incaica, Machu Picchu, son importantes atracciones turísticas. Debido a sus puertos en el océano Pacífico, Perú representa un enlace comercial importante entre la región (incluyendo Brasil), EUA y Asia. El lago Titicaca, compartido con Bolivia, es el lago navegable de mayor altitud del mundo. Desafortunadamente, Perú ha sufrido de corrupción gubernamental y no ha podido resolver los problemas asociados con la desigualdad social y económica.

Recientemente, los gobiernos peruanos han oscilado entre democracias y dictaduras. A pesar de sus riquezas abundantes, Perú sufrió muchos altibajos en las tres décadas anteriores a 1990. Durante ese período, hubo muchos programas dirigidos hacia las reformas sociales, pero éstos solamente empeoraron la situación y aumentaron la pobreza. Se creó una falta de confianza en las instituciones gubernamentales y en la economía en términos generales. Además, la hiperinflación desbordada había alcanzado una tasa de 1.720% en 1988. El valor adquisitivo del inti, la moneda de esa época, se devaluó en más del 50% en muy poco tiempo. El alto índice de desempleo y la escasez de artículos de primera necesidad agravaron la situación. En 1989 cayó el gobierno cuando redujo los gastos públicos y los servicios, causando menos productividad. La crisis empeoró aún más y se convirtió en un ambiente anárquico debido a las acciones terroristas de grupos como el Sendero Luminoso, un grupo maoísta, y Túpac Amaru. Como consecuencia, en 1990 el PIB per cápita era menos que el de 1966. A causa de la violencia política, murieron miles de personas, mayormente indígenas, entre 1980 y 1990. Durante la misma época, la economía informal, o sea, los trabajadores que funcionan fuera del sistema económico oficial sin pagar impuestos, había llegado a niveles extraordinarios, una realidad cuyo impacto negativo ha sido investigado por el autor peruano Hernando de Soto en su libro *El otro sendero*.

En 1990 Alberto Fujimori, hijo de inmigrantes japoneses, ganó las elecciones presidenciales con sus promesas de reforma gubernamental y económica y de poner fin al terrorismo. En 1992 la Corte Suprema declaró al ex-presidente Alan García (1985–90) culpable de corrupción. En los años noventa, el Perú se dedicó más al mercado libre con muchas privatizaciones en la minería, la electricidad y las telecomunicaciones. Después de su primer triunfo electoral, Fujimori impuso un programa de austeridad que resultó en una reducción de las actividades económicas a corto plazo. Esa baja terminó a finales de 1990 con un aumento de la producción en un 2.4%. Debido a los acuerdos unilaterales de Fujimori con el Fondo Monetario Internacional (FMI) y el Banco Mundial, el Perú saldó sus enormes deudas externas. En 1992 el PIB bajó otra vez, en parte debido a los efectos negativos de El Niño en la industria pesquera. Ese mismo año, Fujimori finalmente capturó al jefe de Sendero Luminoso, Abimael Guzmán.

De 1993 a 1997 el PIB subió constantemente: un 7% en 1993, 13% en 1994 y 6.8% en 1995. Fujimori fue elegido presidente otra vez en 1995. Al año siguiente, miembros del grupo revolucionario terrorista Túpac Amaru capturaron a centenares de personas, entre ellas a varios diplomáticos, como rehenes en una recepción en la embajada japonesa. Afortunadamente, casi todos fueron liberados por fuerzas anti-terroristas, pero el suceso debilitó de nuevo la confianza nacional. En 1997 hubo una profunda reducción en la inflación, y los insumos de capital aumentaron a niveles sin precedente. Desgraciadamente, la combinación del impacto agrícola y pesquero de El Niño, la crisis financiera de Asia en 1998 y la inestabilidad de los mercados brasileños interrumpió el desarrollo. En 1999 la banca peruana experimentó un deterioro de su cartera morosa y tuvo que implementar un proceso de reacomodaciones debido a la ola de fusiones en el país. En septiembre de 2000, el presidente Fujimori renunció debido a escándalos relacionados con su Director de Seguridad, Vladimiro Montesinos, y fue reemplazado por el presidente del Congreso, Valentín Paniagua.

En las elecciones de junio de 2001, Alejandro Toledo fue elegido presidente, siendo el primer presidente de Perú de origen indígena. Montesinos, acusado de abuso de derechos humanos en Perú, fue detenido en Venezuela y luego fue encarcelado en Perú. Fujimori quedó exiliado en el Japón, país que se niega a extraditarlo, pero continuaron las investigaciones peruanas de las atrocidades cometidas durante las guerras civiles de los ochenta y los noventa. En 2002 Toledo trató de privatizar las empresas de energía, gestión que tuvo que cancelar debido a violentas manifestaciones contra dicha política. En 2004, el Presidente enfrentó numerosas dificultades al tratar de poner en práctica iniciativas para reducir la pobreza. Sus esfuerzos por aumentar la inversión en programas sociales resultaron en escándalos y la caída en su popularidad nacional. El país sigue enfrentándose con muchos desafíos socioeconómicos.

Una vista panorámica de Bolivia

Nombre oficial:	República de Bolivia
Gentilicio:	boliviano/a
Capital y población:	La Paz (administración gubernamental): 1,576,000 (metro); 830,000 (ciudad). Sucre (constitucional y judicial): 183,000.
Sistema de gobierno:	República
Jefe de Estado/Jefe de Gobierno:	Presidente Carlos Diego Mesa Gisbert
Fiesta nacional:	6 de agosto, Día de la Independencia (1825: de España)

Bolivia

Geografía y clima

Área nacional en millas²/ kilómetros²	Tamaño (comparado con EUA)	División administrativa	Otras ciudades principales	Puertos principales	Clima	Tierra cultivable
424,164 m²/ 1,098,580 km²	El tamaño de Tejas y California juntos	9 departamentos	Santa Cruz Cochabamba, Oruro, El Alto	Ninguno, pero el país tiene derecho de uso libre en los puertos de Argentina, Brasil, Chile y Paraguay	Varía según la altitud, desde tropical y húmedo a semiárido y frío	1.7%

Demografía

Año y población en millones			% urbana	Distribución etaria		% de analfabetismo	Grupos étnicos
2005	2015	2025		<15 años	65+		
9	10	11.4	63%	39%	5%	12.8%	55% amerindio (30% quechua, 25% aimara), 30% mestizo, 15% blanco europeo

Economía y comercio

Moneda nacional	Tasa de inflación 2001	N° de trabajadores (en millones) y tasa de desempleo	PIB 2002 en millones $EUA	PIB per cápita $EUA	Distribución de PIB y de trabajadores por sector*			2001 Exportaciones en millones $EUA	2001 Importaciones en millones $EUA
					A	I	S		
El boliviano	2%	3.6/7.6%	$21,150	$2,500	20% 57%	20% 13%	60% 20%	$1,200	$1,500

*Para distribución del PIB y de los trabajadores (mano de obra): A = agricultura, I = industria, S = servicios (y gobierno).

Recursos naturales: Gas natural, petróleo, cinc, tungsteno, antimonio, plata, plomo, oro, hierro, estaño, madera, hidroelectricidad.

Industrias: Minería, fundición, petróleo, procesamiento de alimentos y de bebidas, tabaco, artesanía, textiles y ropa.

Comercio

Productos de exportación: Metales, gas natural, café, plata, madera, joyería, soja en grano, estaño, petróleo, azúcar.

   Mercados: 32% EUA, 18% Colombia, 15% Reino Unido, 15% Brasil, 6% Perú, 14% otros países.

Productos de importación: Bienes de capital (equipo industrial y medios de producción), productos químicos, petróleo, alimentos.

   Proveedores: 24% EUA, 17% Argentina, 15% Brasil, 9% Chile, 5% Perú, 30% otros países.

Horario general de comercio: De lunes a viernes, desde las nueve de la mañana hasta el mediodía y desde las dos hasta las seis de la tarde.

Transporte y comunicaciones

Kilómetros de carreteras y % pavimentadas	Kilómetros de vías férreas	Nº de aeropuertos con pista de aterrizaje pavimentada	Nº de líneas telefónicas	Radios por mil personas	Televisores por mil personas
53,790/6%	3,519	12	563,900	675	118

Idioma y cultura

Idiomas	Religión	Comidas y bebidas típicas/Modales
Español (oficial), quechua (oficial), aimara (oficial), guaraní	95% católico, 5% protestante evangélico	Salteñas, trucha, picante de pollo, plato paceño, chicha. Bolivia tiene muchas variedades de papa que se sirven de muchas maneras, muchas veces con una salsa picante llamada llajua. Se espera que el invitado pruebe toda la comida servida. Al terminar de comer, desearles «Buen provecho» a los presentes.

Horario normal del almuerzo y de la cena: Mediodía o la una de la tarde para el almuerzo; sobre las nueve de la noche para la cena.

Gestos: Espacio físico reducido entre las personas que conversan; a veces se toca el hombro o el antebrazo de la otra persona al hablar. Muchas veces los amigos y conocidos se dan un abrazo al saludarse o para las mujeres, un beso en la mejilla. Para que se acerque un niño, la mano con la palma hacia abajo, cerrar y arañar con los dedos juntos. Para decir «no» a algo, se levanta la mano con la palma hacia afuera y se la mueve de lado a lado (parecido al gesto de «so-so» en EUA). Usar el dedo índice en este gesto significa un «no» muy fuerte. Una palmadita en la espalda o en el hombro de alguien indica amistad y aprobación. Un puño con el dedo pulgar colocado entre el dedo índice y el dedo corazón (the «fig» gesture) equivale al gesto «to give the finger» en EUA.

Cortesía: Para saludar, darse la mano con un apretón firme, pero no excesivamente fuerte. A veces, si se tiene la mano sucia, se puede ofrecer el antebrazo o el codo en lugar de la mano. Cuando se llega a una reunión o a una fiesta, se saluda a cada persona presente y también se despide uno de cada individuo al marcharse. Mantener el contacto visual con la persona con quien se habla (mirarla a los ojos), lo que indica interés y sinceridad; no hacerlo puede interpretarse como recelo o desconfianza. Cuando se come o cena en casa de alguien, llevarles a los anfitriones un detalle como flores, chocolates o una buena marca de whisky. Si los anfitriones le dan algún regalito al invitado, no abrirlo delante de ellos sino después. Ojo con regalarle a alguien un cuchillo; pues puede interpretarse como ruptura de las buenas relaciones con esta persona.

LA ACTUALIDAD ECONÓMICA BOLIVIANA

Bolivia es un país rodeado de tierra (Brasil, Paraguay, Argentina, Chile y Perú) sin salida directa al océano, lo cual sube los costos de transporte comercial. Los siguientes hechos históricos han causado pérdidas significativas de parte de su territorio: la devastadora Guerra del Pacífico (1879–84) con Chile que resultó en la pérdida de la región costera de Atacama, rica en nitrato y minerales, y su salida al mar; la cesión a Brasil en 1903 de la Provincia de Acre, donde se producía caucho; violentas manifestaciones en 1920 y 1923 fomentadas por los mineros indígenas históricamente marginados; la Guerra del Chaco (1932–35) por la cual Bolivia entregó mil millas cuadradas del Gran Chaco a Paraguay; y varios golpes de estado iniciados por los grupos indígenas contra juntas militares tal como el que permitió que Víctor Paz Estenssoro regresara del exilio en 1952 para asumir la presidencia y el que luego derrumbó al mismo Paz Estenssoro en 1964 después de 12 años de inestabilidad política. El ejército periódicamente ha tomado control del gobierno, causando continua agitación política desde los años cincuenta hasta finales de los setenta.

Bolivia, con un PIB per cápita de $2,500 EUA (2002), sigue siendo uno de los países más pobres de Hispanoamérica. La década de los ochenta se marcó con un gravísimo problema inflacionario. Entre 1981 y 1992, por ejemplo, la tasa media de inflación anual se presentó oficialmente en un 220%. En 1985 Bolivia alcanzó una tasa de hiperinflación anual de 25,000%, considerada la más alta del mundo para una economía en tiempo de paz.

Para hacerle frente a la hiperinflación, en 1987 el gobierno adoptó una nueva moneda nacional, el boliviano, el cual representaba un corte de los seis ceros finales del antiguo peso (un boliviano equivaldría a un millón de pesos). Bolivia, por ser un país dedicado a la minería, también ha sufrido de la militancia de los sindicatos. En 1988, el papa Juan Pablo II visitó el país y abogó por una mayor justicia para los indígenas de Sudamérica y los mineros bolivianos.

A pesar de su larga historia de golpes de estado, altibajos económicos y controles locales semifeudales, Bolivia es un país cuya estabilidad política y social se consolidó en los últimos quince años del siglo XX. El presidente Víctor Paz

Estenssoro (1985–89) inició nuevas políticas económicas dirigidas hacia el mercado libre, las cuales redujeron la hiperinflación a una inflación de sólo un 20% en 1988. En 1989 el Congreso Boliviano eligió presidente a Jaime Paz Zamora (1989–93). Durante su presidencia, EUA perdonó $341 millones (EUA) de la deuda externa boliviana. El gobierno privatizó 66 empresas para mejorar la economía del país y para atraer inversiones privadas. Bolivia y el Perú firmaron un tratado que eliminó las tarifas arancelarias sobre 6,000 productos.

El siguiente presidente, Gonzalo Sánchez de Lozada (1993–97), antiguo Ministro de Planificación bajo Paz Estenssoro, puso en práctica muchas reformas económicas, como un acuerdo de libre comercio con México y otro con MERCO-SUR. Además, privatizó la línea aérea, la compañía telefónica, el ferrocarril, la compañía eléctrica y la empresa petrolera nacionales. No fue siempre fácil, porque en 1995 el gobierno declaró un estado de sitio por 90 días después del fracaso de las negociaciones con sindicatos tradicionalmente fuertes.

El próximo presidente, el general Hugo Bánzer Suárez (1997–2001), trató de mantener un ambiente positivo para atraer más inversiones por medio de la iniciación de un programa contra la corrupción. La privatización de la empresa estatal YPFB (Yacimientos Petrolíferos Fiscales Bolivianos) del sector hidrocarburífero permitió la construcción del gasoducto de Bolivia a Brasil y fue uno de los avances en la infraestructura energética más importantes en la historia de Latinoamérica. La inauguración del gasoducto a comienzos de 2000 inició el transporte de gas natural de Bolivia a Brasil bajo las estipulaciones del Contrato de Compra–Venta entre Petrobras y YPFB, con una vigencia de 1999–2019. Bolivia tiene planes para convertirse en el centro de la industria energética de la región y en un líder en el uso de combustibles menos contaminantes. Sin embargo, tendrá que superar muchas dificultades históricas para triunfar, puesto que existe mucha oposición entre la población indígena, marginada tradicionalmente, contra la continua explotación desventajosa de sus intereses por extranjeros.

En 2002, Gonzalo Sánchez de Lozada ganó la presidencia de nuevo al prometer la continuación de las políticas de reforma. En 2003, hubo manifestaciones populares contra su decisión de establecer un nuevo impuesto sobre la renta y de anunciar planes de exportar gas natural a EUA, políticas completamente inaceptables para los pueblos indígenas. En 2003, el vicepresidente Carlos Diego Mesa Gisbert, periodista e historiador, asumió la presidencia después de las manifestaciones violentas que llevaron a la dimisión de Sánchez de Losada, prometiendo un plebiscito sobre la exportación del gas natural y mayores consideraciones de los problemas de los grupos indígenas.

9-6 **A**ctividades

¿Qué sabe Ud. de Perú y Bolivia?

1. A Ud. lo/la han contratado/a como asesor/a transcultural de negocios internacionales. Como tal, necesita informar a sus clientes sobre Perú y Bolivia, y recomendar un plan de viaje de negocios a cada país. Investigue los datos pertinentes para poder desarrollar los temas a continuación.

a. Describa la geografía de Perú y Bolivia, refiriéndose a los temas siguientes: ubicación y tamaño de ambos países, capital y otras ciudades y puertos principales, división administrativa y clima. Compare el tamaño de Perú con el de EUA. Compárelo con el tamaño del estado donde Ud. vive. Compare el tamaño de Bolivia con el de EUA y con el del estado donde Ud. vive

b. ¿Cuáles son las principales características demográficas y políticas de Perú y Bolivia? ¿Quién es el jefe de estado de cada país?

c. ¿Cuándo se celebra la fiesta nacional de cada país? ¿Qué otras fiestas públicas podrían afectar el éxito de un viaje de negocios? (Véase la Tabla 10-1, página 303.)

d. Describa la economía de cada país. Incluya datos sobre la moneda nacional, la tasa de inflación (¿cuál fue la tasa de inflación de Bolivia en 1985?), el PIB y el PIB per cápita, el número de trabajadores (la mano de obra), la tasa de desempleo, los recursos naturales, las industrias nacionales, los productos que se exportan e importan, los países destinos (mercados) y proveedores (fuentes) de estas transacciones internacionales, y la balanza de comercio. ¿A cuánto se cotiza cada moneda nacional respecto del dólar EUA? ¿Cuál fue la balanza comercial de cada país según la información en este libro? ¿En la actualidad?

e. ¿Qué producto o servicio recomendaría usted vender en Perú y Bolivia? ¿Por qué?

f. Compare la infraestructura de transportes y de comunicaciones de cada país. ¿Qué obstáculos geográficos han tenido que superar históricamente Perú y Bolivia para mejorar su economía?

g. ¿Cómo han cambiado algunos de los datos presentados en las secciones de *Vista panorámica* y *Actualidad económica* de este texto? Póngalos al día para cada país.

h. ¿Qué es el fenómeno climatológico llamado El Niño? ¿Qué efectos económicos tiene en los países del Pacífico, como Perú?

i. ¿Dónde se halla el lago Titicaca y qué distinción tiene?

j. ¿Qué son Sendero Luminoso y el Movimiento Túpac Amaru? ¿Qué efecto han tenido sobre la economía peruana?

k. Basándose en la *Actualidad económica* de cada país, ¿qué realidades, oportunidades y problemas destacaría y qué recomendaciones le daría al/a la cliente/a?

2. Usando el internet u otras fuentes informativas, prepare un plan (con presupuesto e itinerario) para sus clientes, quienes harán un viaje de negocios a Lima y La Paz. Busque las opciones en internet, por teléfono, en una agencia de viajes o en el aeropuerto mismo. Comuníquese en español, cuando sea posible.

a. Fechas de ida y vuelta

b. Vuelos: aeropuertos de despegue y aterrizaje, líneas aéreas, horario; costos

c. Transporte interno que se piensa usar en cada país: taxi, autobús, carro de alquiler, metro, tren, otro; costos

d. Alojamiento y viáticos; costos

e. La comida típica que van a pedir para la cena la primera noche en cada país

f. Las formas de cortesía y los gestos que deben recordar, usar o evitar

LECTURA CULTURAL

Lengua, lenguaje y anuncios

En el mundo actual, hay entre 6,700 y 10,000 lenguas distintas, pero sólo unas cien lenguas oficiales se usan entre las 227 naciones del mundo. (Véase la página 9 del Capítulo 1 para más detalles sobre las lenguas del mundo.) Esto sugiere que hay, por lo tanto, un mínimo de 6,700 culturas distintas. Ésta es una consideración clave para la traducción y adaptación requeridas de los anuncios publicitarios interculturales.

Oscar Wilde observó agudamente que los Estados Unidos e Inglaterra son dos naciones separadas por una lengua común. Algunos ejemplos de lo acertado de esta penetrante observación son los equivalentes léxicos de *elevator* y *lift* o *subway* y *tube*. También existe el ejemplo de un anuncio en Inglaterra que fomentaba la venta de una aspiradora de marca Electrolux, con el lema *Nothing sucks like an Electrolux*, admisible en ese país pero inaceptable y risible en el inglés de los Estados Unidos.

La advertencia de Wilde también sirve, hasta cierto punto, para el español como lengua nacional de veinte países más Puerto Rico y EUA. Por ejemplo: «autobús» en España es «camión» en México y «guagua» en Puerto Rico, mientras que «guagua» se refiere a «bebé» en los países andinos. Para algunos, «camión» se traduce al inglés como *truck*, para otros como *bus*, dos vehículos totalmente diferentes. Además de emplear a veces diferentes vocablos para referirse a una misma cosa o un solo vocablo para referirse a cosas distintas, también hay países hispanos donde se habla más de una lengua oficial, como sucede con el uso del español y el quechua en el Perú; el español, el quechua y el aimara en Bolivia; y el español y el guaraní en Paraguay. Esto indica que a veces será aconsejable poner un anuncio oral en más de una sola lengua para alcanzar distintos sectores del mismo país.

Ha habido numerosos errores en la promoción internacional de productos. Un ejemplo es la «leyenda urbana» del auto de marca «Nova» que quiso vender General Motors en los setenta en los países hispanohablantes, sin considerar la fácil interpretación que se podría asociar con el producto de que «no va», es decir, que no funciona (véase www.snopes.com/business/misxlate/nova.asp). Ford anunció su camión ligero como la «Fiera» (*wild beast* o *dragon lady*) y tuvo otra mala aventura cuando anunció en México su nuevo carro «Comet» con el nombre «Caliente» (*hot* como en *horny*). La American Motors Corp. no se dio cuenta de que, al anunciar su carro en Puerto Rico (donde no se lidian toros), «Matador» significaba *killer*, y Mitsubishi anunció un nuevo vehículo todoterreno como el «Pajero» (en argot en español: persona que practica el onanismo), lo cual tuvo que cambiar rápidamente a «Montero». El anuncio de Parker Pen en Hispanoamérica prometía que su nueva tinta evitaría los «embarazos» (*pregnancies*) no deseados. En Bélgica y Francia, «*Body by Fisher*» (para los carros,) se tradujo al flamenco como «cadáver (*corpse*) por Fisher» y «*Bran Buds*» de Kellogg se tradujo al sueco como «granjero quemado» (*burnt farmer*). En China el anuncio de Pepsi-Cola, «*Come alive with Pepsi*», se convirtió en «Salga Ud. de la tumba y beba Pepsi» mientras que Coca-Cola ya había experimentado con una traducción fonética de su marca en el mismo país, lo cual dio por resultado «Muerda el renacuajo de cera» (*Bite the wax tadpole*). Otro caso en China es el de Kentucky Fried Chicken cuyo lema «*finger-lickin' good*» se tradujo como «Cómase los dedos». Olympia intentó anunciar su nueva fotocopiadora en Chile bajo el nombre de «ROTO» (*something broken o low-class Chilean man*), y Braniff Airlines invitó a sus pasajeros a volar «en cueros», lo cual se presta fácilmente a una intepretación de «*fly naked*». Fueron errores cómicos, a primera vista, y luego grotescos; pero fueron errores que, además de prestarse a burla, costaron tiempo y dinero.

El lenguaje de la publicidad —el modo de expresarse, el vocabulario (connotaciones y subtextos) y el tono empleados, prestando atención a sus diferentes asociaciones culturales— tiene que ser preciso en su creación, traducción y adaptación, a fin de evitar faltas garrafales de traducción, la cual es el arte de usar otras palabras para expresar el mismo mensaje (concepto) con el propósito de producir el mismo efecto que la versión original. Los anuncios, además de caracterizarse por palabras claves que identifican y describen el producto, con un juego de diseño y colores atractivos, casi siempre tienen un lema que la compañía crea como punto de referencia y asociación para el consumidor. El teléfono Nokia 6230, con cámara de video, le promete al usuario «Tu vida con repetición instantánea, para compartirla al momento». Para la comida, Goya nos tranquiliza con el lema de que «¡Si es GOYA...tiene que ser bueno!» Para las mujeres, la revista *Vanidades* llama la atención de sus presuntas lectoras con el lema «No hay mujer sin vanidades»; L'Oreal se ha presentado como «Tu maquillaje secreto»; y Anímale (de Suzanne de Lyon) ha puesto solamente «Libérala», invitación que parecía referirse tanto a la nueva fragancia anunciada como a la seductora joven mujer semidesnuda pintada como una tigresa. Para los hombres, Sybaris (Eau de toilette de Puig) ha representado «La cultura del placer». UPS (United Parcel Service) tiene «Paquetes que se comunican» y ha sido «Tan seguro como si lo llevara Ud. mismo». En cuanto a las tarjetas de crédito, Visa siempre «Está donde quieres llegar» y Diners Club International nos dice que «El mundo está abierto a posibilidades infinitas. Esta tarjeta es la llave». En el mundo de los automóviles, el nuevo Ford Five Hundred 2005 nos anuncia que «Querrás que todos sepan que es tuyo»; el Nissan Altima V6 2005 nos atrae con la frase «Para ver y ser visto», que se dirige al deseo humano de tener una buena presencia; el Renault 19 ha sido la «Fuerza emergente»; el Ibiza II de Seat fue «Hecho para su gente»; Mercedes-Benz nos anuncia que «Manejar se volvió más emocionante»; BMW «es la prueba que las cosas clásicas nunca salen de moda»; y el Alfa Romeo se asocia con «La pasión de conducir». Nescafé ha sido «Para amantes del café solo. Los que realmente aman el buen café». El cigarrillo Marlboro, con su foto típica de un masculinísimo «cowboy» estadounidense, le invitaba al consumidor a que «Venga adonde está el sabor», mientras que la marca Camel le proporcionaba «El sabor de la aventura» con su famoso camello. Y, como último ejemplo, tenemos el Nike ubicuo con su mundialmente conocido lema «Sólo hazlo», apelando a nuestros sentimientos de ser hombres y mujeres de acción.

La precisión de la palabra, el tono y el registro de expresión, junto con la imagen y la fuerza de asociación despertada en el consumidor, son algunos de los elementos clave para el éxito de las campañas publicitarias interculturales. Un producto o servicio no se vende sólo lingüística, sino también culturalmente. Para realizar una campaña exitosa, hay que acudir a agencias publicitarias y a traductores profesionales que conozcan a fondo los diferentes contextos culturales, pues en muy pocas ocasiones se logrará éxito con una traducción literal, hecha por una persona inexperta en este campo. ¡Ojo! La traducción es también adaptación o «transculturación», lo cual requiere conocimientos de localización, es decir, el saber cómo hacer que un anuncio parezca haber sido creada en la lengua nativa del consumidor. Ser bilingüe no es sinónimo de ser bicultural, y el ser bilingüe y bicultural no significa que se tenga la capacidad de hacer buenas traducciones; pues se trata; mejor de ser alfabetizado y poder escribir bien. ¡Y cuidado con el uso ingenuo de la traducción automática o por computadora! Para este tipo de traducción hará falta un buen trabajo de comprobación y posredacción. (Para experimentar con esto, haga algunas traducciones con un traductor automático como www.freetranslation.com, www.free-translator.com o www.world.altavista.com.)

9-7 Actividades

1. **¿Qué sabe Ud. de la cultura?** Demuéstrelo contestando las preguntas a continuación.

   a. ¿Qué opina de la idea de que aprender una lengua también significa aprender una cultura?

   b. Dé ejemplos de diferentes palabras en español empleadas en diferentes países hispanohablantes para referirse a una misma cosa. Dé ejemplos de una misma palabra que se refiere a distintas cosas, según el país hispano.

   c. Además del español, ¿qué otras lenguas oficiales hay en las llamadas naciones hispanoparlantes? ¿Hay otras lenguas no oficiales que se usan también? Dé ejemplos. (Véase la página 179.)

   d. Comente sobre algunos de los ejemplos presentados del fracaso publicitario internacional. Intente averiguar en internet si el caso del carro «Nova» es meramente una leyenda urbana. ¿Conoce otros casos malogrados? Comente.

   e. ¿Qué es un lema? ¿Cuáles son algunos ejemplos de lemas en inglés que le han parecido buenos? ¿Cómo los traduciría al español? ¿Y de lemas en español y su traducción al inglés?

   f. ¿Piensa Ud. que a veces las compañías usan imágenes indebidas para vender sus productos? Explique.

2. **Asimilador cultural.** Lea lo siguiente y haga los ejercicios a continuación.

   Michael Dover, un joven californiano recientemente contratado por la Agencia Publicitaria Martí y Martí, S. L., de Miami, entra a la oficina de la directora, Lucinda Miller Díaz, para entregarle su traducción de un anuncio que un negociante regional quiere usar en español. El texto en inglés dice: «*Embarrassed by your old set of wheels? Got you singing the blues? Then switch your tune with a new pickup from McEwan's, the good truck dealer*». Después de buscar las palabras en un diccionario (comete el gran error de considerar sólo la primera definición presentada para cada palabra), su traducción dice «¿Embarazado por su conjunto de ruedas? ¿Le tiene cantando los azules? Entonces cambie su aire con una nueva troca de reparto de McEwan's, el buen traficante de trocas». Al repasarlo, Miller Díaz sonríe y luego pone los ojos en blanco, chascando la lengua.

a. ¿Por qué reacciona de esta manera la Sra. Miller Díaz?

b. ¿Qué problemas hay en la traducción?

c. Traduzca al inglés el sentido literal de la traducción que ha hecho Michael Dover al español. ¿Qué valor tiene este ejercicio de control llamado «retro-traducción», en el cual se vuelve a traducir lo traducido a la lengua original?

d. ¿Cómo traduciría Ud. al español el anuncio de McEwan's?

SÍNTESIS COMERCIAL Y CULTURAL

9-8 Actividades comunicativas

1. **Situaciones para dramatizar.** Lea las siguientes situaciones y después haga el papel en español con otro/s estudiante/s, usando las siguientes opciones como punto de partida. Cada persona deberá participar activamente en la dramatización. No olviden el protocolo ni las cortesías.

   a. *You are responsible for selling directly to a single Spanish-speaking customer, to a small group, or to a larger group (represented by the class) any one product or service of your own choosing. Be as convincing as possible since the individual(s) may not always agree with your sales pitch. Sell the product or service, convince your potential customer to part with his/her money! (Afterward, discuss with your classmates the psychology you used and different sales styles—the hard sell, soft sell, etc.)*

   b. *You and your partner, co-owners of a successful electronics company in San Antonio, are meeting to discuss your mutual desire to enhance the image of your business in the community. You discuss various options, among them:*
      - *Sponsoring a basketball league*
      - *Sponsoring a soccer team*
      - *Sponsoring a youth center for boys and girls*
      - *Creating tuition scholarships for the city high school to send one graduate a year to the state university*

   c. *You have been sent by your boss in Lima to spend the day in the food section of a large department store handing out samples of a new American product—a yogurt for snacks, diet meals, or desserts—to shoppers. A teenager and an elderly person have stopped to listen to your explanation that the yogurt is the result of NASA's space technology; it comes in different flavors; and is vitamin-fortified, low-calorie, and all-natural. A special feature is that it stays frozen without refrigeration, and has a little plastic spoon inside for immediate consumption, and the spoon itself is consumable at the end of the delicious mini-meal. As the two people taste your samples and make comments, you promote the product further by telling them that if they buy a six-pack, they will also receive a free minipack of two extra yogurts.*

2. **Comprensión y comunicación.** Para este ejercicio basado en el vídeo de *Éxito comercial*, favor de pasar al encarte central del texto, VídeoTexto 10.

3. **Actividad empresarial.** Ud. y un/a compañero de clase trabajan para una empresa de consultoría y han sido contratados/as para reunirse con un grupo de enfoque (cinco o seis compañeros de clase) con el propósito de aprender y evaluar su opinión sobre un nuevo producto que piensa lanzar al mercado su cliente. Piensen ustedes dos en algún producto apropiado y formulen un cuestionario para la reunión. Después, reúnanse con el grupo de enfoque y hagan el estudio de opinión.

4. **Caso práctico.** Lea el caso y haga los ejercicios a continuación.

Ellison Computers ha contratado la agencia publicitaria Worldmark, ubicada en Dallas, para lanzar al mercado hispanoamericano su nueva computadora personal, la EC VII. La nueva computadora ofrece múltiples ventajas, demostradas por sondeos y encuestas hechos en los Estados Unidos, donde ya ocupa el tercer lugar en el mercado. Es portátil y pesa medio kilo (la puede llevar hasta un niño de escuela primaria); su monitor representa en colores exactamente lo que aparece en una página de texto, y permite el uso de un micrófono para dictar un texto en cinco lenguas (inglés, español, francés, alemán y japonés), el cual se transforma instantáneamente en un texto escrito y corregido gramaticalmente. Tiene un precio de venta muy competitivo: $1,450 por unidad. El lema en inglés es: «*Finally, from the spoken to the written, with the ease of an EC VII*». Suzanne Carter, la persona encargada de desarrollar este proyecto para Worldmark, ha decidido subcontratarlo/la a Ud., un/a especialista en marketing internacional, perito/a en Hispanoamérica.

a. Segmente el mercado hispanoamericano, según consideraciones demográficas, socioantropológicas y sociopsicológicas.

b. Prepare un anuncio publicitario en español con una breve descripción del producto y traduzca o cree un nuevo lema. Incluya imágenes, símbolos y colores apropiados.

c. Haga recomendaciones sobre los medios difusivos que se emplearán para atraer la atención de los presuntos consumidores hispanoamericanos.

d. Compare sus recomendaciones y resultados con los del resto de la clase, y haga una presentación de ventas al grupo.

9-9 Análisis y comparación

Estudie la siguiente tabla comparativa y haga los ejercicios que aparecen a continuación. Use también sus conocimientos y, cuando haga falta, otras fuentes informativas como un diccionario, un *Almanaque Mundial*, el internet, etc. Los ejercicios se pueden hacer individualmente, en parejas o en pequeños grupos para conversar en clase.

Tabla 9-1

Los países hispanoparlantes, Brasil y EUA: Carreteras, vías férreas y número de aeropuertos con pista de aterrizaje pavimentada

País	Carreteras		Vías ferreas (kilómetros)	Número de aeropuertos con pista de aterrizaje pavimentada
	Kilómetros	% Pavimentadas		
Argentina	215,471	29%	34,463	145
Bolivia	53,790	6%	3,519	12
Chile	79,814	19%	6,585	71
Colombia	110,000	24%	3,304	96
Costa Rica	35,892	22%	950	30
Cuba	60,858	9%	3,442	70
Ecuador	43,197	19%	966	61
El Salvador	10,029	20%	283	4
España	663,795	99%	14,189	93
Guatemala	14,118	35%	886	11
Guinea Ecuatorial	2,880	0%	0	2
Honduras	13,603	20%	370	12
México	329,532	33%	19,510	231
Nicaragua	19,032	11%	6*	11
Panamá	11,400	35%	355	41
Paraguay	29,500	50%	441	11
Perú	72,900	13%	1,829	49
Puerto Rico	14,400	100%	96	19
Rep. Dominicana	12,600	49%	1,503	13
Uruguay	8,893	91%	2,073	15
Venezuela	96,155	34%	682	127
Brasil	1,724,929	5.5%	31,543	665
Estados Unidos	6,334,859	59%	194,731	5,131

*La línea nacional ferroviaria de Nicaragua está inoperante.

FUENTES: *U.S. Department of State Background Notes, CIA World Factbook 2004, The World Almanac and Book of Facts 2004* y *Almanaque Mundial 2004*

1. ¿Por qué es importante la infraestuctura de transportes para el comercio de un país?

2. ¿Cuáles son algunas de las ventajas y desventajas del transporte por carretera, ferrocarril y avión? Piense en los tipos de mercancías que se pueden distribuir, la cantidad o el volumen, los costos comparativos de transporte, la rapidez, la flexibilidad, etc.

3. ¿Cuántos kilómetros de carreteras hay en cada uno de los siguientes países: Chile, Guatemala, Guinea Ecuatorial, Venezuela, Bolivia y EUA? ¿Cuántos kilómetros de carreteras hay en total entre todos los países hispanos? Compare este número total con el número de kilómetros de carreteras en EUA.

4. Entre los países hispanos, ¿cuáles son los tres que tienen el mayor porcentaje de carreteras pavimentadas? ¿Cuáles son los tres países con el menor porcentaje de carreteras pavimentadas? Haga una gráfica visual que presenta esta información comparativa en orden decreciente de porcentajes.

5. ¿Cuántos kilómetros de vías férreas hay en cada uno de los siguientes países: México, Argentina, Cuba, Perú y EUA? ¿Cuántos kilómetros de vías férreas hay en total para los países andinos? ¿Y en los del Cono Sur? ¿Cuántos kilómetros de vías férreas hay en total para los países hispanos? Compare este número con el total de kilómetros de vías férreas en EUA.

6. ¿Cuáles son los cuatro países hispanos con el mayor número de aeropuertos con pista de aterrizaje pavimentada? ¿Y los cuatro países hispanos con el menor número? Usando los datos de la tabla, compare el número total de aeropuertos de los países hispanos con el número total de EUA.

7. Usted y dos o tres compañeros de clase han sido contratados/as como consultores/as de logística de transportes para una empresa que importa los siguientes productos: vino de España y de Chile, esmeraldas y café de Colombia, y cerveza de México. El vino español sale por buque de Valencia y llega al puerto de Nueva York; el vino chileno sale por barco de Valparaíso y llega al puerto de Los Ángeles; las esmeraldas colombianas salen por avión de Bogotá; el café colombiano sale por barco de Barranquilla y llega al puerto de Nueva Orleáns; la cerveza mexicana, la cual sale de Veracruz, puede empezar su ruta a EUA por barco, tren o camión. Conversen y preparen un plan de transporte para cada uno de estos productos, de modo que lleguen finalmente a las tiendas de Denver, Chicago y Miami y/o a las de las ciudades donde ustedes viven. Usen un mapa de EUA para indicar las carreteras, las líneas férreas y los aeropuertos (por ejemplo, para las conexiones aéreas) que ustedes recomendarían.

⊕ GeoReconocimiento

Mire los mapas del Capítulo 9 en la página web del libro (http://exito.heinle.com) y haga los ejercicios.

Posibilidades profesionales

Las carreras de marketing internacional son múltiples y abarcan todos los quehaceres de este campo, particularmente las de identificación de mercados; perfiles de presuntos consumidores o usuarios; publicidad y creación de anuncios (lo cual conlleva la traducción y la localización); estudios de imagen y posicionamiento, de precios, de impacto publicitario; diversos muestros estadísticos, etc. Aunque muchos trabajos son de tipo gerencial, hay otros de especialistas, consultores y coordinadores. Para más información al respecto y para una actividad que le ayude a saber más sobre el tema, véase Capítulo 9 de *Posibilidades profesionales* que se encuentra en http://exito.heinle.com.

VOCABULARIO

Aquí se presentan los principales términos relacionados con este capítulo. Al final del libro hay un glosario más completo.

acertado • *right, correct*

aducir • *to adduce, provide, furnish, put forward*

agencia • *agency*

  de publicidad • *advertising agency*

  publicitaria • *advertising agency*

alcance (*m*) • *reach*

almacenaje (*m*) • *storage*

anticuado • *obsolete*

beca de matrícula • *tuition scholarship*

boletín informativo • *newsletter*

buscador • *search engine*

cambio • *exchange, change*

  de contrabando • *black market exchange*

  negro • *black market exchange*

cartelera • *billboard*

cartera morosa • *default*

cera • *wax*

chascarse la lengua • *to click one's tongue*

circular (*f*) • *form, letter*

compra • *buying, purchasing*

consumidor/a • *consumer*

  presunto • *potential consumer*

de entrada • *from the outset, from the beginning*

desplazar • *displace, supersede, supplant; scroll up and down (on computer screen)*

diseño • *design*

embarazo • *pregnancy*

estado de sitio • *state of siege*

estar de moda • *to be in fashion*

estraperlo • *black market*

fabricante (*m/f*) • *manufacturer*

falta garrafal • *blunder, howler, horrendous mistake*

fiable • *reliable*

folleto • *pamphlet*

granjero • *farmer*

gratuito • *free (of cost)*

hacer gestiones • *to take steps or measures*

hipervínculo • *hyperlink*

hurto • *pilferage*

indebido • *improper, unjustified*

insumos • *supplies*

intermediario • *intermediary, middleman*

juego de colores • *color combination*

lanzamiento • *launching (of campaign)*

lenguaje (*m*) • *language style or jargon*

letrero • *sign*

  luminoso • *lighted, neon sign*

malogrado • *ill-fated, failed*

marca • *mark*

  comercial • *trademark*

  de fábrica • *trademark*

  registrada • *registered trademark*

medio • *means, medium*

  de difusión (difusivo) • *advertising medium*

  publicitario • *advertising medium*

mercado negro • *black market*

mercantil (*adj*) • *related to marketing*

morosidad • *lateness, slowness*

muestreo • *sampling*

nevera • *refrigerator, icebox*

pantalla • *TV or movie screen*

pasar de moda • *to go out of style or fashion*

patrocinar • *to sponsor*

poner a prueba • *to test*

precio • *price*

  máximo • *ceiling price*

  mínimo • *floor price*

prensa • *the press*

presunto • *presumed, anticipated, expected, potential*

promoción de ventas • *sales promotion*

prueba • *proof, test, trial*

rascacielos (*s/pl*) • *skyscraper*

recopilación de datos • *compilation of data, data summary*

refresco • *soft drink, soda*

rehusar • *to refuse*

relaciones públicas • *public relations*

renacuajo • *tadpole*

robapáginas (*m/s/pl*) • *page or screen filler (a type and size of ad used in Spain and Latin America)*

sala de conversación • *chat room*

suelo • *rock-bottom (price)*

superar • *to overcome*

surtido • *line of products*

techo • *ceiling (price)*

telemárketing (*m*) • *telemarketing, telesales*

televentas • *telesales*

utilidad • *utility*

valla • *billboard*

venta • *sale*

  agresiva • *hard sell*

  blanda • *soft sell*

  en masa • *mass selling*

  personal • *personal selling*

yacimiento • *deposit (oil or gas)*

10

Marketing II: Compraventa, transporte y almacenaje

A salesman is one who sells goods that won't come back to customers who will.

Anónimo

Vende caro y compra barato y no te faltará perdiz en el plato.

Proverbio

Mercadeo: conjunto de operaciones por que ha de pasar una mercancía desde el productor al consumidor.

Diccionario de la lengua española

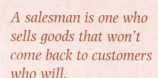

Supermercado, Bogotá, Colombia. Describa todo lo que ve en la foto. ¿Qué tipo de venta se hace aquí, al por mayor o al por menor?

10-1 Preguntas de orientación

Al hacer la *Lectura comercial*, piense en las respuestas a las siguientes preguntas.

1. ¿Cuáles son las funciones del marketing?
2. En términos generales, ¿cuáles son las diferencias entre el mayorista y el detallista?
3. ¿Qué alternativas tiene el fabricante para comercializar sus productos?
4. ¿Cuáles son las tres formas generales de fletar mercancías? Dé ejemplos de cada una. ¿Qué ventajas y desventajas tiene cada una?
5. ¿Qué factores se consideran para escoger el medio de transporte?
6. ¿Cuáles son los tipos de almacén que se utilizan para la venta al detalle?
7. ¿Cuál es el método más común que utilizan las empresas para enfrentarse al riesgo? ¿En qué consiste?
8. ¿Qué factores tiene que considerar el gerente al determinar los precios para el consumidor?
9. ¿Qué tipos de descuento hay para los clientes? ¿Cuál es el más común y en qué consiste?

LECTURA COMERCIAL

La compraventa y otras funciones del marketing

Después de fabricar un producto y planear la entrada al mercado, la gerencia necesita realizar una serie de funciones continuas para poner el producto en manos del cliente. Entre éstas están:

1. la venta del producto y su distribución al cliente, ya sea éste el mayorista, el agente, el detallista, el gobierno o el consumidor mismo
2. el transporte del producto para facilitar la entrega por medio de los diversos canales de distribución
3. el almacenaje de los productos no utilizados inmediatamente
4. el control de riesgo
5. la estructuración de precios para competir en el mercado

La venta del producto y sus canales de distribución

Los fabricantes de un producto a menudo tienen que utilizar otros individuos o empresas que les sirvan de intermediarios para hacer llegar el producto al consumidor. Cada vez que se incluye un intermediario, aumenta el costo del producto o del servicio. Los objetivos de los intermediarios y del proceso de distribución son: (1) la entrada al mercado y (2) la facilidad de adquisición de los productos o servicios por parte de un comprador.

El mayorista. En general, hay dos tipos de mayoristas: los **comerciantes mayoristas** compran sus mercancías para revenderlas al por mayor (*wholesale*)

BREVE VOCABULARIO ÚTIL

almacén (*m*) • *store, warehouse*

almacenaje (*m*) • *storage*

autopista de peaje • *toll road, tollway*

cabotaje (*m*) • *coastal traffic, cabotage*

detallista (*m/f*) • *retailer*

estructuración de precios • *price setting*

fletador/a • *shipper, sender*

fletante (*m/f*) • *charterer, owner of a transport*

prima • *premium*

transbordador • *ferry*

a los detallistas o minoristas o, a veces, directamente a los consumidores. Compran en grandes cantidades, toman posesión física y son los dueños de los bienes comprados. Su función varía de industria a industria y según su especialización. Hay mayoristas, como los ferreteros, que se dedican a la venta de toda gama de productos dentro de cierta clase de mercancías, mientras hay otros que se especializan en una clase o marca específica de productos, por ejemplo, los vendedores de repuestos de automóviles o de herramientas de carpintero. También existen los siguientes especialistas:

1. **el mayorista de estanterías:** tiene sus propios estantes y los abastece con productos como los que se usan para la belleza o la salud
2. **el proveedor directo:** vende bienes de los cuales tiene el título, pero trata de evitar su posesión física cuando sea posible; entrega las mercancías directamente al comprador, según un convenio acordado de antemano
3. **el mayorista sin almacén:** entrega mercancías para las cuales la rapidez es sumamente importante, como en el caso de víveres y combustibles

La segunda clase de mayorista es el **agente.** Éste no es dueño de la mercadería que vende. Su única función es la venta de las mercancías de un productor. Además es comisionista, es decir, recibe su remuneración por comisión, un porcentaje del precio de la venta.

El minorista o detallista. Este vendedor compra sus mercancías de los fabricantes o de diversos mayoristas para luego vendérselas, al detalle (o al por menor) al consumidor individual. Se caracteriza por su especialización. Es fácil hacerse detallista, pero también es común fracasar, debido a la competencia entre los muchos detallistas y al riesgo involucrado.

Canales de distribución. El fabricante puede escoger entre varios canales de distribución para sus productos. Puede venderle directamente al consumidor, por medio del mayorista o detallista, o puede distribuir sus productos por medio de un agente. En esta selección, siempre es importante considerar las siguientes condiciones del intermediario: su situación económica; su reputación y relaciones con los clientes; sus edificios, almacenes y medios de transporte; y las posibilidades de venta debido a las ventajas de distribución. El fabricante tiene que reconocer que un control exclusivo del mayorista en las ventas puede reducir su propia influencia en la determinación del precio de venta y reventa. (Véase la Figura 10-1.)

El transporte y el almacenaje

El desarrollo económico de los EUA se atribuye en gran parte a la existencia de sistemas de transporte modernos. Sin ellos se hace difícil la distribución de los productos y se limita el desarrollo económico de cualquier país. La importancia del transporte y del almacenaje se refleja en los costos. La combinación de estas dos funciones representa casi un 50% de los costos totales del mercadeo. Entre los diferentes tipos de flete hallamos:

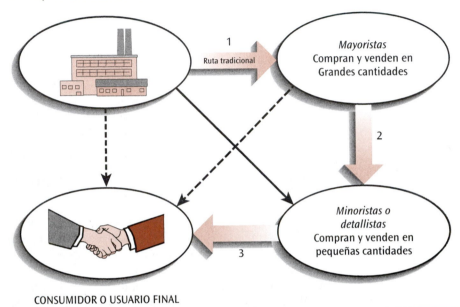

Figura 10-1 **Flujos de bienes producidos. La ruta tradicional y otras posibilidades para el fabricante.**

LA FÁBRICA

Produce para vender en GRANDES cantidades

Ruta tradicional 1

Mayoristas
Compran y venden en
Grandes cantidades

2

Minoristas o detallistas
Compran y venden en
pequeñas cantidades

3

CONSUMIDOR O USUARIO FINAL

1. **flete terrestre:** camión, ferrocarril y oleoducto (tubería provista de bombas para conducir el petróleo a larga distancia) o gasoducto (tubería de grueso calibre para conducir a distancia gas combustible, procedente por lo general de emanaciones naturales)
2. **flete marítimo o fluvial:** cabotaje (navegación o tráfico de buques entre los puertos de su nación sin perder de vista la costa), cabotaje de petroleros, líneas exteriores de pasaje y carga en forma de buque o transbordador, y barcaza (lanchón para transportar carga de los buques a tierra, o viceversa), gabarra (barco pequeño y chato destinado a la carga y descarga en los puertos) o chalana (embarcación menor, de fondo plano, que sirve para transportes en aguas de poco fondo y que se acopla a otras para ser remolcada en la navegación fluvial)
3. **flete aéreo:** avión

En el contrato transportista o **conocimiento de embarque,** el **flete** es el precio o porte del alquiler de un medio de transporte (camión, barco, avión u otro vehículo o parte del mismo) estipulado en el **fletamento** (el contrato mercantil en que se indica el flete). Flete también se refiere a la carga que se transporta por mar o por tierra, o al vehículo o transporte mismo. El **fletante** es el naviero (dueño o compañía propietaria) o quien lo represente. Y el **fletador** es el encargado de entregar la carga que ha de transportarse, es decir, la persona que envía la mercancía.

Hay tres tipos de empresa de transporte: (1) el transportista **público,** quien sirve a todo el mundo; (2) el transportista **por contrato,** quien no ofrece un servicio público, sino que comercia exclusivamente con clientes especiales y para una industria en particular; y (3) el transportista **privado,** quien trabaja para una empresa particular.

El medio de transporte tiene que corresponder a las necesidades de la empresa. Hay varios factores que influyen en la decisión de usar un solo o una combinación de medios transportistas. Estos factores son el costo, la rapidez, la flexibilidad respecto a la extensión geográfica y la entrega de mercancías de gran volumen. El medio más económico es la vía navegable; el más rápido para largas distancias es el aéreo; el más flexible geográficamente es el camión; el que puede transportar mayor volumen

PARA PENSAR

Decreto N° 298 reglamenta transporte de cargas peligrosas por calles y caminos (Chile).

Artículo 1°.- El presente reglamento establece las condiciones, normas y procedimientos aplicables al transporte de carga, por calles y caminos, de sustancias o productos que por sus características, sean peligrosas o representen riesgos para la salud de las personas, para la seguridad pública o el medio ambiente [...] El transporte de productos explosivos y materiales radioactivos debe efectuarse conforme a las normas específicas dictadas por el Ministerio de Defensa Nacional y el Ministerio de Minería, respectivamente [...]

Artículo 9°.- Queda prohibido el transporte de sustancias peligrosas conjuntamente con:
a) animales; b) alimentos o medicamentos destinados al consumo humano o animal, o con embalajes de productos destinados a estos fines; c) otro tipo de carga, salvo de existir compatibilidad entre los distintos productos transportados.

Se entenderá por compatibilidad entre dos o más sustancias, la ausencia de riesgo potencial de que ocurra una explosión, desprendimiento de calor o llamas, formación de gases, vapores, compuestos o mezclas peligrosas, así como de una alteración de las características físicas o químicas originales de cualquiera de los productos transportados, puestos en contacto entre sí, por vaciamiento, ruptura del embalaje o cualquier otra causa.

(www.colegioabogados.org/normas/reglamentos/decreto298-sustancias_peligrosas.htm, 20/7/04)

1. ¿De qué tema trata este decreto chileno?
2. Según el Artículo 1°, ¿qué tipo de transporte necesita conformarse a las normas del Ministerio de Defensa Nacional y del Ministerio de Minería? ¿Por qué piensa Ud. que es así?
3. El Artículo 9° prohíbe el transporte conjunto de varios tipos de productos. ¿Cuáles son?
4. ¿A qué se refiere la «compatibilidad» señalada en el Artículo 9°? ¿Cuáles consecuencias podría tener la incompatibilidad en este contexto?
5. ¿Cuáles serían algunos ejemplos de cargas peligrosas? ¿Qué opina Ud. del transporte internacional de cargas peligrosas? ¿Representa un verdadero riesgo? Explique.

es el buque. Aunque el ferrocarril no es el mejor transporte en ninguna de las categorías mencionadas, en muchos casos ofrece la mejor combinación de ventajas en cuanto a volumen (el uso de *containers* o contenedores), cierta rapidez y precio.

El transporte por oleoducto o gasoducto es rápido y económico cuando se trata de transportar fluidos, semifluidos y gases. El camión generalmente se emplea en los trayectos cortos a lugares donde no llega el ferrocarril. La tarifa no es tan alta como la de un vagón completo de ferrocarril. Las autopistas de buena calidad que permiten la entrega rápida de mercancías aumentan la rapidez y la flexibilidad y reducen el costo de la entrega. Algunos países cobran impuestos o construyen autopistas de peaje o de cuota para mantener en buen estado las carreteras.

El almacenaje de mercancías siempre ha sido una función vital del marketing. Hay varios tipos de almacén que se adaptan a las necesidades de la empresa. Los más importantes son los siguientes:

1. **el almacén general:** ha existido desde tiempos antiguos para el abastecimiento y la venta de herramientas agrícolas, lencerías y víveres. Con la invención del camión y el mejoramiento de las carreteras, el almacén general va desapareciendo.
2. **el almacén:** ofrece una variedad de artículos de calidad, por ejemplo, equipo para deportistas.
3. **el gran almacén:** es el almacén general moderno con distintos departamentos, cada uno con su propio gerente o comprador especializado. Frecuentemente se encuentra en los centros comerciales o en las afueras de las ciudades.
4. **el supermercado y el mercado de descuentos:** compran un gran volumen de mercancías y por eso pueden reducir el precio para el consumidor.
5. **el detallista sin almacén:** comercia con ventas a domicilio, por correo, por teléfono, por medio de un distribuidor automático (o máquina expendedora), por medio de vendedores ambulantes o por computadora.
6. **la concesión (o franquicia):** licencia o derecho otorgado a una persona para vender los productos o servicios de una empresa en una zona particular. Este tipo de negocio ha alcanzado mucha fama en la industria de «la comida rápida» y hay gasolineras y concesionarios de automóviles que también funcionan así.
7. **el centro comercial:** es un tipo de almacenaje al detalle más reciente en el que varios detallistas se reúnen en un edificio grande, accesible por automóvil, en las afueras de una ciudad. Ofrece un gran surtido de artículos de calidad en sus propios almacenes o tiendas. A veces hay un supermercado, un banco y un cine. Además, hay estacionamiento alrededor de las tiendas y un gran almacén o una gran tienda de descuentos para atraer a los consumidores.

El control de riesgos

En la distribución y el transporte de mercancías o servicios, cada operación corre el peligro de sufrir de un siniestro. Esta incertidumbre de que algo malo o inesperado suceda se llama **riesgo.** Los fabricantes y los intermediarios suelen protegerse contra el riesgo con un **seguro,** un contrato por el cual el riesgo lo asume la compañía de seguros con el pago de una **prima.** Entre los tipos de seguros más importantes para el comerciante figuran el seguro contra incendios, el de automóviles, el de vida, el de accidente, el de salud, el de responsabilidad civil o contra terceros, el de falta de cumplimiento, el de transporte y el seguro contra todo riesgo.

La estructuración de precios

Al estructurar los precios, el gerente debe considerar bien varios factores:

1. el estado actual y el futuro de la economía
2. la oferta y la demanda
3. la flexibilidad de la demanda o de la oferta; es decir, el impacto del precio sobre la cantidad que se puede vender (la elasticidad del precio)
4. la competencia y su impacto en los precios
5. el costo de producción
6. los objetivos de la gerencia, los cuales determinan la importancia del volumen de ventas, la participación en el mercado o la tasa de rendimiento
7. la situación financiera y comercial de la empresa, la cual espera alguna señal del líder de precios de la industria (generalmente la compañía más grande) de que éste va a subir o bajar los precios
8. los distribuidores, para que todos reciban un margen de beneficios adecuado
9. los reglamentos y las leyes estatales que rigen los mercados

Una subasta es el método más eficaz de poner a la venta el ganado. ¿Cómo se determinan los precios en una subasta? ¿Qué otros bienes o productos se venden de esta manera?

El precio que se les cotiza a los clientes es el precio **de catálogo.** La cantidad que paga el consumidor, es decir, el precio **de venta** o **de mercado,** puede igualar al precio de catálogo, aunque frecuentemente varía según la oferta y la demanda y los descuentos ofrecidos. El **descuento por pronto pago** es el más común. Especifica el número de días que se tiene para pagar hasta el vencimiento de la factura (por ejemplo, 30 días) y el porcentaje del descuento (por ejemplo, 2%) si se paga la factura antes de cierto número de días (por ejemplo, diez). Se expresa de la siguiente manera: 2/10, neto 30. Con esto se indica que hay un descuento del 2% si se paga la factura dentro de diez días o se hace el pago total dentro de 30 días. Si se tarda más de 30 días tendrá que pagar también el interés sobre el importe total debido. Hay otros descuentos como la rebaja al revendedor, el descuento por cantidad, el descuento comercial, el descuento por promoción y la rebaja al comprador.

En fin, desde la producción misma, hasta la distribución y la última venta del producto al consumidor o usuario final, hay una serie de procesos importantes que necesitan investigación y análisis, planificación y ejecución y, sobre todo, coordinación e integración. La venta es una operación bastante difícil y compleja, especialmente en el campo internacional, pero de ella depende todo el éxito comercial en el mundo actual de los negocios.

10-2 **A**ctividades

1. **¿Qué sabe Ud. de negocios?** Vuelva a las *Preguntas de orientación* que se hicieron al principio del capítulo y a las preguntas que acompañan las fotos y contéstelas en oraciones completas en español.

2. **¿Qué recuerda Ud.?** Indique si las siguientes oraciones son *verdaderas* o *falsas* y explique por qué.
   a. El detallista vende en grandes cantidades.
   b. Los agentes suelen ser dueños de la mercadería que venden.
   c. El comisionista es un agente que toma posesión física de la propiedad que vende y recibe un sueldo fijo como pago.
   d. Es fácil tener éxito como detallista o minorista.
   e. La mayor parte de los costos de distribución es de almacenaje.
   f. El precio de catálogo es el precio que generalmente paga el comprador.

3. **Exploración.** Haga los siguientes ejercicios, usando sus conocimientos y opiniones personales.
   a. Explique cómo llegan los siguientes productos al mercado donde usted vive: el jabón a la farmacia; el café al supermercado; los carros a los concesionarios de automóviles.
   b. ¿Qué efecto tienen las siguientes características de un intermediario: reputación, situación económica, edificios, almacenes y medios de transporte?
   c. ¿Cuáles son las ventajas y las desventajas de diversos medios de transporte para la distribución de mercancías? Describa las diferentes embarcaciones que se usan en el transporte marítimo y fluvial.
   d. Compare el cabotaje de petróleo y el oleoducto como medios de distribución.

e. ¿Qué tipo de seguro piensa Ud. que sería el más importante para una empresa? ¿Por qué? ¿Es necesario tener cobertura en varias áreas? Explique.

f. Describa la comercialización de algún producto que Ud. prefiere comprar al detalle. Comience después de su producción y analice su distribución, transporte, almacenaje, seguro y precio final.

g. ¿Cómo se relacionan los dichos que aparecen al principio del capítulo con los temas tratados?

10-3 Al teléfono

TRACKS 19 y 20

1. Lea las siguientes preguntas. Después escuche atentamente la conversación telefónica del Capítulo 10 en el CD y conteste las preguntas. Puesto que la comprensión auditiva es una destreza comunicativa sumamente importante, se recomienda escuchar el CD varias veces.

a. ¿Por qué llama Miranda Olivares, del Supermercado Este, a Óscar Lagos?

b. ¿A qué se deben las subidas en el costo del pan, según Óscar Lagos?

c. Según Miranda Olivares, ¿cómo son los precios del pan de Óscar Lagos?

d. ¿Qué sugiere Lagos para compensar el alto costo inicial de Pan Celestial?

e. ¿Cómo sabemos que Miranda Olivares no está convencida del uso de los cupones?

2. Basando sus comentarios en la conversación telefónica del ejercicio anterior, haga la siguiente llamada telefónica a otro/a estudiante de la clase. Cada persona deberá participar activamente en la conversación. Para ayuda con esta actividad, véase el Apéndice 1, *Protocolo telefónico* página 455.

Usted es Miranda Olivares, gerenta del Supermercado Este en Valparaíso, Chile. Llame a Óscar Lagos y Zurrieta, quien entrega Pan Celestial a su mercado, para explicar que la campaña publicitaria especial usando cupones no ha aumentado la venta de su pan y que usted tendrá que cancelar los pedidos. Óscar pide una prórroga del plazo para investigar más el efecto de los cupones.

3. Haga la siguiente llamada telefónica a otro/a estudiante de la clase. Cada persona deberá participar activamente en la conversación. Si necesita ayuda para esta actividad, véase el Apéndice 1, *Protocolo telefónico*, página 455.

Usted es un/a mayorista de estanterías que quiere colocar bien su champú en los estantes de una farmacia en Concepción. El/La farmacéutico/a le comunica que a él/ella le parece que no hay suficiente espacio en los pasillos para sus mercancías en este momento. Trate de convencerlo/a de que debería aceptar sus productos y descríbale cómo Ud. va a estructurar los precios y cuántas visitas por semana hará a la farmacia con sus mercaderías. Describa con más detalles su plan de colocación.

10-4 Navegando el internet

Para hacer este ejercicio del presente capítulo, visite la página web del libro en http://exito.heinle.com.

10-5 Ejercicios de vocabulario

Si le es necesario, consulte la *Lectura comercial* o la lista de vocabulario al final del capítulo para completar estos ejercicios.

1. **¡A ver si me acuerdo!** Pensando en la posibilidad de establecer una relación comercial, Ud. va a conversar con una persona de negocios de un país hispano. Sin embargo, se le olvidan a usted los siguientes términos en español. Un/a compañero/a lo/la ayuda a recordarlos al pedir que usted se los traduzca.

   a. *shipper*
   b. *pipeline*
   c. *barge*
   d. *vending machine*
   e. *franchise*
   f. *coastal shipping*
   g. *market entry*
   h. *wholesaler*
   i. *intermediary*
   j. *ship owner*

2. **¿Qué significan?** A Ud. le interesa la posibilidad de trabajar en una oficina de mercadeo en un país hispanoparlante. Sin embargo, no sabe lo que significan ciertos términos que se usan frecuentemente en el comercio. Ud. decide consultarlos con un/a amigo/a. Pídale a un/a compañero/a de clase que le explique los siguientes términos y que le dé algunos sinónimos si puede.

   a. siniestro
   b. entrega
   c. almacenaje
   d. autopista de peaje
   e. descuento
   f. intermediario
   g. precio de catálogo
   h. flete

3. **Entrevista profesional.** Ud. se ha presentado como candidato para un puesto de director de marketing en una empresa multinacional que requiere ciertos conocimientos de la terminología de ese campo. Entre las preguntas que le hace el/la director/a de personal, figuran las siguientes. Con un compañero/a, realicen la entrevista. No olviden el protocolo ni las cortesías.

   a. ¿A qué se refiere el concepto de responsabilidad civil?
   b. ¿Cómo explica Ud. el descuento de 3/15, neto 30?
   c. ¿Cuáles son los fletadores más importantes en el comercio internacional y cómo se diferencian en el costo de transporte?
   d. ¿Cuáles son los beneficios de un hipermercado en comparación con otros tipos de almacenes?
   e. ¿Qué medio de transporte usaría Ud. para transportar líquidos? ¿Gases? ¿Ganado? ¿Botellas de vino? ¿Joyas? ¿Por qué?

4. **Traducciones.** Un/a amigo/a suyo/a que está inscrito/a en un programa de maestría en marketing acaba de empezar a estudiar español. Él/Ella sabe poco del vocabulario necesario para funcionar eficazmente en este contexto. Usted lo/la ayuda al pedirle que él/ella traduzca las siguientes oraciones que informan sobre el tema.

   a. *In order to increase the volume of sales, a marketing manager has to do extensive study.*

   b. *Merchant wholesalers usually assume physical possession and ownership of the goods they sell.*

   c. *Agents and brokers avoid physical possession and storage of merchandise, as does the drop shipper (desk jobber).*

   d. *Common carriers, contract carriers, and private carriers offer delivery services to different types of clients.*

   e. *Successful marketing is a difficult operation requiring coordination and integration between different individuals and their activities.*

Una vista panorámica de Chile

Nombre oficial:	República de Chile
Gentilicio:	chileno/a
Capital y población:	Santiago: 5,333,100 (metro); 4,372,800 (ciudad)
Sistema de gobierno:	República
Jefe de Estado/Jefe de Gobierno:	Presidente Ricardo Lagos Escobar
Fiesta nacional:	18 de septiembre, Día de la Independencia (1818: de España)

Chile

Geografía y clima

Área nacional en millas²/ kilómetros²	Tamaño (comparado con EUA)	División administrativa	Otras ciudades principales	Puertos principales	Clima	Tierra cultivable
292,260 m²/ 756,950 km²	Un poco más grande que Tejas	13 regiones (incluye la Región Metropolitana de Santiago) y 51 provincias	Concepción, Viña del Mar, Temuco, Talcahuano, Valparaíso, Antofagasta	Valparaíso, Arica, Antofagasta	Árido desértico en el norte; mediterráneo fresco y húmedo en el sur	2.7%

Demografía

Año y población en millones			% urbana	Distribución etaria		% de analfa-betismo	Grupos étnicos
2005	2015	2025		<15 años	65+		
16	17	18.5	87%	26%	7%	4%	95% blanco europeo y mestizo, 3% amerindio, 2% otro

Economía y comercio

Moneda nacional	Tasa de inflación 2002	N° de trabajadores (en millones) y tasa de desempleo	PIB 2002 en millones $EUA	PIB per cápita $EUA	Distribución de PIB y de trabajadores por sector*			2001 Exporta-ciones en millones $EUA	2001 Importa-ciones en millones $EUA
					A	I	S		
El peso	2.5%	5.9/9.4%	$186,600	$10,100	11% 14%	34% 27%	56% 59%	$18,500	$18,000

*Para distribución del PIB y de los trabajadores (mano de obra): A = agricultura, I = industria, S = servicios (y gobierno).

Recursos naturales: Cobre, hidroelectricidad, madera, hierro, nitrato, metales y piedras preciosos, molibdeno.

Industrias: Minería de cobre y otros minerales, fabricación de metales, procesamiento de alimentos y de pescado (especialmente trucha y salmón), harina de pescado, hierro y acero, madera y productos de madera, equipo de transporte, cemento, textiles.

Comercio

Productos de exportación: Bienes de consumo, cobre y otros minerales y metales, harina de pescado, productos de madera, papel, productos químicos y de petróleo, fruta y vegetales, pescado, vino.

Mercados: 24% UE, 20.7% EUA, 11% Japón, 6% Reino Unido, 5% Brasil, 3.5% Argentina, 29.8% otros países.

Productos de importación: Petróleo, bienes de capital (equipo industrial y medios de producción), vehículos de motor, equipo electrónico, bienes durables de consumo, maquinaria.

Proveedores: 19.1% UE, 19% Argentina, 16% EUA, 8.6% Brasil, 3.4%, Japón, 33.9% otros países.

Horario general de comercio: De lunes a viernes (o sábado), desde las nueve de la mañana hasta las seis de la tarde. En algunos lugares se practica la hora de la siesta y se cierran las tiendas entre la una y las tres o cuatro de la tarde.

Transporte y comunicaciones

Kilómetros carreteras y % pavimentadas	Kilómetros de vías férreas	Nº de aeropuertos con pista de aterrizaje pavimentada	Nº de líneas telefónicas	Radios por mil personas	Televisores por mil personas
79,814/19%	6,585	71	3,467,200	354	240

Idioma y cultura

Idiomas	Religión	Comidas y bebidas típicas/Modales
Español (oficial), mapuche, quechua, aimara	90% católico romano, 10% protestante	Empanadas de horno, pastel de choclo, cazuela de ave, churrasco, mariscos, caldillo de congrio, sopaipillas, manjar. No repetir (comer una segunda vez); no marcharse inmediatamente después de comer.

Horario normal del almuerzo y de la cena: Sobre la una y media de la tarde para el almuerzo; sobre las ocho para la cena.

Gestos: Se evita hacer muchos gestos con las manos; no se hacen tanto como en otros países hispanos. Es esencial mantener un buen contacto visual al hablar con otra persona. Las cosas como el dinero se entregan con la mano directamente a otra persona, no se tiran o dejan sobre un mostrador o una mesa para que las recoja el otro. Poner una mano, con la palma abierta, bajo el otro codo indica que alguien es tacaño. El gesto norteamericano de «ven acá» (el antebrazo extendido con la mano palma hacia arriba y los dedos que se abren y cierran alternativamente) significa que uno busca camorra (*to pick a fight*). Hacer un puño y golpearlo contra la palma de la otra mano es un gesto obsceno que equivale al gesto «*to give the finger*» en EUA.

Cortesía: Durante el saludo, darse la mano con un apretón firme. Los hombres se ponen de pie cuando entra una mujer al cuarto y le dan la mano si ésta primero les ofrece la suya en forma de saludo. Cuando se visita la casa de alguien para comer o cenar, traer para los anfitriones un regalito como flores, pan o una buena botella de vino. Intentar probar un poco de toda la comida servida.

LA ACTUALIDAD ECONÓMICA CHILENA

A lo largo de su historia, Chile ha mantenido uno de los sistemas políticos más democráticos de Hispanoamérica y una economía modelo de libre comercio. En cuanto al transporte terrestre, siempre ha tenido dificultades debido a la topografía de los Andes y el desierto, pero ha desarrollado uno de los mejores sistemas ferroviarios de Hispanoamérica. Hay tres regiones distintas: un desierto en el norte, un fértil valle central y la región de clima frío cerca de la zona antártica, con la cual Chile comercia mucho. El transporte aéreo es importante por razones geográficas; la LAN (Línea Aérea Nacional) fue privatizada en 1990. Es la mayor aerolínea del país y mantiene operaciones en Perú, Ecuador y República Dominicana.

Durante el siglo XIX, Chile desarrolló una dependencia casi total de la industria de nitratos, la cual constituía el 50% de la renta nacional. En las dos primeras décadas del siglo XX, la industria de nitratos decayó, pero la producción de cobre en los años treinta ayudó a sostener la economía chilena a pesar de las pérdidas económicas de los nitratos. Inmediatamente antes y después de la Segunda Guerra Mundial hubo problemas causados por los conflictos entre los intereses de los funcionarios e industriales chilenos para establecer industrias nacionales, como la de cobre, y los intereses de las empresas internacionales norteamericanas. Este contexto, más un fuerte terremoto, alentó al gobierno a crear en 1939, la Corporación de Fomento de la Producción (CORFO), organismo encargado de fomentar y coordinar el desarrollo económico del país.

En los años noventa, después del régimen de Pinochet y de las elecciones populares de dos presidentes del Partido Demócrata Cristiano, Patricio Aylwin (1990–94) y Eduardo Frei (1994–2000), Chile mantuvo su fuerte desarrollo económico de los años ochenta y logró mejorar su posición internacional debido al progreso en la situación de los derechos humanos.

Muchos países hispanoamericanos ofrecen ejemplos históricos de caudillismo, un tipo de gobierno dictatorial en el que domina la imposición de un control tiránico por parte de un líder fuerte. A éste se le llama cacique o caudillo. Chile no ha sufrido tanto este flagelo gracias a su larga historia de democracia. Sin embargo, el general Augusto Pinochet Ugarte se hizo presidente en 1973 cuando el ejército derrocó a Salvador Allende, un presidente socialista elegido democráticamente en 1970.

Después de la muerte de Allende en 1973 y durante la dictadura de Augusto Pinochet (1973–90), hubo muchas preocupaciones por la falta de derechos humanos y la tortura y el asesinato de muchas personas. Aún después de renunciar el control del gobierno en 1990, Pinochet no se retiró de la vida pública y mantuvo un papel clave en limitar el castigo judicial a los militares acusados de cargos criminales.

Chile ha establecido uno de los sistemas económicos de Hispanoamérica más orientados hacia el mercado libre. Los gobiernos civiles que sucedieron a la dictadura de Pinochet desde marzo de 1990 han podido reducir aún más el papel del gobierno en la economía y a la vez han dirigido los gastos públicos hacia beneficios sociales. Se eliminó la deuda externa por medio de la capitalización de deudas.

En 1995 Chile fue considerado el mejor modelo económico de Latinoamérica. Su lema, «el desarrollo con equidad para todos», se reflejaba en sus prácticas económicas, políticas y sociales. Entre los mecanismos utilizados para conseguir estos logros están: (1) mercados financieros sin regulación; (2) cuentas personales de jubilación obligatorias que han reemplazado el sistema de seguro social nacional; (3) aranceles reducidos para abrir la economía a los mercados y a la competencia internacional; (4) eliminación de subvenciones y subsidios costosos; (5) cambios realistas de divisas; (6) tasas de interés determinadas por el mercado; (7) sueldos basados en la mano de obra disponible (oferta y demanda); (8) diversificación de los productos; (9) mejor distribución de la renta nacional; (10) y la entrada de los partidos políticos, sindicatos, fuerzas armadas e iglesias en el sector empresarial con un mayor interés socioeconómico y humano en las necesidades de los que carecen de recursos y oportunidades. Aunque se ha mencionado la posibilidad de privatizar completamente la Corporación Nacional del Cobre de Chile (Codelco Chile), ésta todavía mantiene el marco legal de una empresa estatal autónoma y se relaciona con el gobierno por medio del Ministerio de Minería. Codelco es el primer productor de cobre del mundo y controla alrededor del 20% de las reservas mundiales de este metal.

Chile mantuvo un promedio de un 7% crecimiento anual del PNB durante los años 1991–97. La crisis mundial de 1998 afectó negativamente su economía y causó una reducción seria en el crecimiento mantenido durante el lustro anterior. Las reservas en moneda corriente y divisas siguen fuertes, así como los ingresos de capital extranjero provenientes de inversiones directas de otros países. Por eso, Chile ha podido compensar los déficit actuales en sus cuentas nacionales y la recompra de las deudas públicas. Las administraciones de Aylwin y Frei ofrecieron a los ciudadanos una época de centrismo desconocido anteriormente en la política nacional, la cual solía dividir el voto en tres partes iguales: la derecha, la izquierda y el centro. Estas políticas moderadas facilitaron la apertura de sus mercados y las privatizaciones de muchas empresas estatales, y permitieron la entrada de Chile como miembro asociado de MERCOSUR (Brasil, Paraguay, Uruguay y Argentina) y la creación de un acuerdo comercial con Canadá. Sin embargo, sus intentos por firmar convenios comerciales con NAFTA o con los EUA fueron más difíciles de negociar por la falta de armonía entre la Casa Blanca y el Congreso estadounidenses pero, en fin, los acuerdos comenzaron en enero de 2004. También han sido difíciles las negociaciones sobre el Área de Libre Comercio de las Américas (ALCA). Una reunión convocada por EUA en Buenos Aires y otra en Puebla, México en 2004, con la intención de mejorar las negociaciones, terminaron rápidamente sin ningún acuerdo entre los gobiernos participantes, ni siquiera sobre los puntos de desacuerdo. Esto es solamente otro ejemplo de la oposición a la política exterior de EUA y ALCA en América Latina. El punto más criticado por los legisladores fue la exportación de empleos que estos acuerdos conllevan, debido a que las corporaciones y multinacionales aprovechan estos tratados para trasladar sus plantas y fábricas a países en vías de desarrollo donde la mano de obra es más barata.

Chile pasó por un tiempo difícil cuando Augusto Pinochet fue encarcelado en Inglaterra en 1998, a petición de España, durante un viaje que hizo para recibir tratamiento médico. España presentó cargos de abusos contra españoles y trató de extraditarlo, pero sin éxito, por razones de salud. Esto resucitó la angustia de un país que quería acabar con estos asuntos y en 2000, a su vuelta a Chile, Pinochet fue acusado en su país por los secuestros, torturas y asesinatos de miles de chilenos. Con la instalación en 2000 del presidente Ricardo Lagos Escobar, miembro del Partido Socialista, el país pudo interrumpir la recesión moderada que ocurrió en 1999 debido a la baja económica mundial. La cifras económicas indicaron un aumento de 5.4% en 2000, 3% en 2001, 1.9% en 2002 y 3.3% en 2003. Es decir, que hubo un crecimiento en el período 1998–2003 de sólo 2.5% de promedio. Ese resultado fue muy moderado en relación a la década antes de la crisis en Asia. Por eso, desapareció la expectativa de que pudiera volver rápidamente a las altas tasas de 7%. Además, el desempleo subió a casi un 10% en ese período. No obstante, las éxitos económicos de Chile representan para América Latina un modelo de desarrollo y participación en la economía global.

10-6 Actividades

1. **¿Qué sabe Ud. de Chile?** A usted lo/la han contratado/a como asesor/a transcultural de negocios internacionales. Como tal, necesita informar a sus clientes sobre Chile y recomendar un plan de viaje de negocios al país. Averigüe los datos pertinentes para poder abarcar los temas a continuación.

    a. Describa la geografía de Chile, refiriéndose a los siguientes temas: ubicación y tamaño del país, capital y otras ciudades y puertos importantes, división administrativa y clima. Compare el tamaño de Chile con el de EUA. Compárelo con el tamaño del estado donde Ud. vive.

    b. ¿Cuáles son las principales características demográficas y políticas de Chile? ¿Quién es el presidente actual?

    c. ¿Quién fue Salvador Allende? ¿Cuáles han sido los resultados de la dictadura de Augusto Pinochet a largo plazo?

    d. ¿Cuándo se celebra la fiesta nacional de Chile? ¿En qué otras fechas hay fiestas públicas que podrían afectar el éxito de un viaje de negocios? (Véase la Tabla 10-1, página 303.)

    e. Describa la economía chilena. Incluya datos sobre la moneda nacional, la tasa de inflación, el PIB y el PIB per cápita, el número de trabajadores (la mano de obra), la tasa de desempleo, los recursos naturales, las industrias nacionales, los productos que se exportan e importan, los países destinos (mercados) y proveedores (fuentes) de estas transacciones internacionales, y la balanza de comercio (la que se publica en este libro vs. la actual). ¿A cuánto se cotiza la moneda chilena respecto del dólar EUA?

    f. Compare el PIB y el PIB per cápita de Chile con los de los países miembros de MERCOSUR. ¿Qué ventajas geográficas aporta Chile a este acuerdo? ¿Cuáles son los aspectos del convenio que benefician a Chile?

    g. ¿Qué producto o servicio recomendaría Ud. vender en Chile? ¿Por qué?

h. Describa la infraestructura de transportes y de comunicaciones de Chile. ¿Qué desventajas geográficas ha sufrido la economía chilena históricamente? ¿Qué cambios tecnológicos han convertido esas desventajas en ventajas en la actualidad?

i. ¿Cómo han cambiado algunos de los datos presentados en las secciones de *Vista panorámica* y *Actualidad económica* de este texto? Póngalos al día.

j. Basándose en la lectura de la *Actualidad económica* chilena, ¿qué realidades, oportunidades y problemas destacaría y qué recomendaciones le daría al/a la cliente/a?

2. Usando el internet u otras fuentes informativas, prepare un plan (con presupuesto e itinerario) para sus clientes, quienes harán un viaje de negocios a Santiago y Antofagasta:

a. Fechas de ida y vuelta (el viaje durará cinco días)

b. Vuelos: aeropuertos de despegue y aterrizaje, líneas aéreas, horario; costos

c. Transporte interno que se piensa usar en cada país: taxi, autobús, carro de alquiler, metro, tren, otro; costos

d. Alojamiento y viáticos; costos

e. La comida típica que van a pedir para la cena la primera noche

f. Las formas de cortesía y los gestos que deben recordar, usar o evitar

LECTURA CULTURAL

Imperialismo español, religión y comercio

El imperio español influyó tanto en la operación de la economía hispanoamericana colonial que ésta parecía más un sistema feudal que una economía capitalista del siglo XIX. La actual República de Chile antes se consideraba un área pobre y lejana del Imperio Español. Las leyes obligaban a las colonias a importar bienes de España en barcos españoles. Así, el contrabando llegó a tener una importancia exagerada desde el principio. Chile podía comerciar con España solamente por medio de la flota española que llegaba a Panamá una vez al año. Los mercaderes que navegaban a Panamá por el antiguo Perú cruzaban el istmo de Panamá con mulas para obtener mercaderías en las ferias donde los españoles controlaban los precios. Las dificultades de transporte y de capital les prohibían a muchos intermediarios chilenos comerciar tan económicamente como los peruanos.

La política económica española no permitía la competencia comercial. España autorizó el monopolio y creó haciendas públicas para proveer comida, ropa y otros materiales de primera necesidad en Chile. La mano de obra estaba formada por esclavos, indios y arrendatarios. Por esto, no hubo trabajo remunerado hasta el siglo XVIII. Tampoco existía un mercado abierto. La monarquía española mantuvo control del sector industrial hasta la guerra de independencia en el siglo XIX (1810–18).

La estructuración de los precios determinaban unos cuantos comerciantes que querían establecer un monopolio. Uno de ellos, Antonio Núñez, llegó a Chile en el siglo XVI y construyó almacenes en Valparaíso. Comerció entre Santiago y Valparaíso con sus yernos, que eran capitanes de barcos. Formó una empresa pesquera en Santiago. Ofreció llevar pescado al cabildo de Santiago si éste estructuraba precios razonables durante un período de tres años. El cabildo consintió, pero antes de traer el primer pescado, Núñez subió el precio debido a los costos de los barcos y las redes de distribución. Núñez quería un monopolio con precios fijos, trabajo barato y mercados cautivos y protegidos por el gobierno.

Aparte de los impuestos sobre los indios, los esclavos y los pobres por parte del gobierno, la Iglesia católica quiso mantener el statu quo. Prometía una vida después de la muerte y defendía los intereses de los hacendados y los mercaderes ricos. A pesar de los esfuerzos de individuos dentro de la Iglesia que lucharon por defender los derechos de los pobres, ésta comunicaba un mensaje de resignación o fatalismo hacia la vida. El gobierno controlaba la Iglesia y la usaba para promover los intereses del estado. La Inquisición sirvió para limitar las tendencias revolucionarias del pueblo.

Entre los varios grupos religiosos del Chile colonial, se destacaban los jesuitas. Tenían fama de ser los más disciplinados, los más trabajadores y los de más carácter moral y financiero. Los hacendados ricos, las autoridades gubernamentales, los comerciantes y otros grupos religiosos se opusieron a los jesuitas y los expulsaron de Hispanoamérica en 1767.

En muchas de las otras órdenes religiosas eran comunes el soborno y la corrupción. Hasta la Guerra de Independencia, la Iglesia católica fue el banquero, la sociedad de contratación y quizás el hipotecario más grande de Hispanoamérica. En 1970, la Iglesia finalmente se deshizo de sus bienes raíces y valores negociables. En

El general chileno Augusto Pinochet recibe la Santa Comunión. ¿Cómo se relacionan la política y la religión en Hispanoamérica?

las últimas décadas ha sido una voz más fuerte contra la opresión, aunque las iglesias protestantes evangélicas y la Iglesia de Jesucristo de los Santos de los Útimos Días siguen creciendo rápidamente en toda Latinoamérica, alcanzando más de cincuenta millones de feligreses hoy en día.

Según los autores Harris y Moran, algunos demógrafos calculan que en Latinoamérica hay una conversión al evangelismo de 400 personas por hora, producida en parte por el "televangelismo", que se está popularizando mucho. Este movimiento de «cristianos convertidos» (*born-again Christians*) corresponde a la creciente urbanización e industrialización de Latinoamérica. Refleja un cambio de actitud hacia la vida en el cual la resignación o el fatalismo ante los hechos y el destino («el hombre propone y Dios dispone») cede plazo a un espíritu más emprendedor y de mayor responsabilidad y capacidad de mejorar la condición individual y colectiva. Además de esta evolución socioreligiosa, existe también la religión popular: la santería, el espiritismo, el vudú y la superstición, que juegan un papel bastante importante en la vida diaria de muchos hispanos. Sin embargo, como afirman Harris y Moran, el gerente con operaciones en Latinoamérica necesita tener en cuenta que la Iglesia católica sigue siendo una importante fuerza cultural (*Managing Cultural Differences*, página 380).

En todos los países del mundo hispano hay días de fiestas nacionales. En Chile son el Año Nuevo, el primero de enero; la Batalla de Iquique, el 21 de mayo; el Día

En 1998 el Papa Juan Pablo II, recién fallecido, visitó Cuba, donde ofició misas públicas concurridas por miles de personas. Busque más información sobre esta visita histórica (en un almanaque o en internet) y comente con sus compañeros de clase algunos de los temas políticos tratados por el Papa.

de la Independencia, el 18 de septiembre; y el Día de la Raza, el 12 de octubre. Además, a causa de la gran influencia de la Iglesia católica en la historia y en la vida económica del país y de Hispanoamérica en general, hay en Chile una gran cantidad de fiestas religiosas: la Semana Santa con el Viernes Santo; la Inmaculada Concepción, el 8 de diciembre; las Pascuas; la Asunción, el 15 de agosto; el día de Todos los Santos, el primero de noviembre; y la Navidad, el 25 de diciembre. Sin embargo, no se celebran los días de los santos patrones como en la mayoría de los países hispanos.

Durante los días de fiesta, florecían los mercados al aire libre en los cuales se practicaba el regateo, un proceso de negociación de precio entre el vendedor y el comprador. Existe todavía en muchos mercados y pequeñas tiendas en Hispanoamérica (en las que no se indican los precios fijos de los artículos) y refleja la importancia del trato directo y personal en los negocios en esta cultura. Otra manifestación de la importancia del trato personal es el uso menos frecuente del teléfono para cerrar convenios en el mundo hispánico. Este aparato se usa mucho más a menudo en los Estados Unidos para concluir un acuerdo comercial. Es decir, el proceso de negociación cara a cara sigue siendo más común a todos los niveles de comercio con clientes hispanos.

10-7 Actividades

1. **¿Qué sabe Ud. de la cultura?** Demuéstrelo contestando las siguientes preguntas.
    a. ¿Qué efecto tuvo el imperio español en la economía hispanoamericana colonial?
    b. ¿Cómo controlaba España el comercio con sus colonias?
    c. ¿Cómo se satisfacían las necesidades básicas en las colonias hispanoamericanas?
    d. ¿Cómo describiría Ud. el control que ejerció Antonio Núñez en el comercio colonial de Chile?
    e. ¿Qué es el fatalismo? ¿Cómo ha influido en el pensamiento hispánico?
    f. ¿Qué influencia tuvo la Iglesia católica en la economía de Chile? ¿Y los jesuitas? Y más recientemente, ¿qué influencia han tenido otras religiones?
    g. ¿Qué son la religión popular, la santería, el espiritismo, el vudú y la superstición? Busque información sobre estas prácticas en Latinoamérica en internet y otras fuentes informativas. ¿Es Ud. superticioso/a? Comente.
    h. ¿Qué es el regateo? Si Ud. ha regateado en un mercado, describa su experiencia. ¿Existe el regateo en los EUA? Explique.

2. **Asimilador cultural.** Lea lo siguiente y conteste las preguntas a continuación.

Nuel South, un estudiante graduado de Administración de Empresas Internacionales, tiene su práctica profesional con una firma llamada Laboratorios Fármaco en Valparaíso. Su departamento de producción ha elaborado una nueva cápsula para aspirinas que protege contra las inyecciones de veneno que han amenazado la industria en los últimos años. South habla muy bien el español.

Su supervisora de práctica, la directora de marketing de Fármaco, Julia Montt de Balmaceda, se encarga de la estandarización y estructuración de precios. La nueva cápsula es un poco más grande que la común y contiene un 10% más de medicamento. Montt quiere saber si los médicos y los farmacéuticos creen que sus pacientes van a comprar el nuevo producto a un precio más alto. Ella quiere que South visite personalmente a algunos profesionales en las tres distintas regiones de Chile. South ha seguido cursos de mercadeo en una universidad prestigiosa de los Estados Unidos. Montt lo selecciona por su habilidad lingüística y su don de gentes.

—Nuel, quiero que pases una semana en las provincias del norte, cerca de Antofagasta, una semana en la provincia de Magallanes, en el sur, y luego una semana aquí en los alrededores de Santiago, investigando las opiniones de los médicos y los farmacéuticos sobre nuestra cápsula. Debes entrevistar personalmente a varios individuos en cada región. Te daré la lista de nombres. Durante la última semana, puedes completar un informe con los resultados de tu investigación. Es importante saber lo que opinan los que tratan directamente con nuestros clientes.

—Pues, de acuerdo, señora. Es muy buena idea saber exactamente lo que opinan los distribuidores de nuestros productos. ¿Qué le parece esta idea? Si preparo una encuesta con la información necesaria durante la tercera semana de diciembre, podríamos mandársela directamente a estos individuos en cada región con algunas muestras para sus clientes. Después de dos semanas, puedo llamarlos por teléfono o enviarles un «email» y pedirles fácilmente su opinión sobre las muestras. Así podemos evitar que yo pase dos semanas fuera de la oficina. Hay otros proyectos que requieren mi atención inmediata. Gracias al buen sistema de correo de Chile, las muestras llegarán rápidamente y así sabremos si las características de la nueva cápsula son adecuadas.

Julia Montt de Balmaceda reflexiona un momento antes de responder a los comentarios de su asistente estadounidense...

a. ¿En qué mes del año piensa South enviar sus muestras? ¿Cómo van a influir las fiestas navideñas en su proyecto?

b. ¿Qué diferencias culturales van a influir en la interacción entre Nuel South y su supervisora?

c. ¿Qué le va a decir la directora de marketing a su subordinado acerca de las comunicaciones impersonales?

d. ¿Por qué sugiere South su propio plan de investigación? ¿Qué efecto tendrá su plan en las personas con las cuales piensa comunicarse? ¿En su supervisora?

SÍNTESIS COMERCIAL Y CULTURAL

10-8 Actividades comunicativas

1. **Situaciones para dramatizar.** Lea las siguientes situaciones y después haga el papel en español con otro/s estudiante/s, usando las siguientes opciones como punto de partida. Cada persona deberá participar activamente en la dramatización. No olviden el protocolo ni las cortesías.

   a. *You are a food distributor in Santiago planning the calendar for the entire fiscal year. You realize that you will need more help right before the holiday seasons. Discuss the needs you anticipate with one of your managers.*

   b. *You work with a manager for a Chilean trucking firm that has been unable to deliver a large load of perishable fruit at the docks because of the ban on its latest export to the United States. Although your immediate supervisor is a bit pessimistic about what could be done, you don't want the fruit to go to waste. You are talking with a local priest/minister about how the food can be made available at a considerable discount to the people in his parish. The priest/minister discusses the options with you. (To address a priest in Spanish-speaking countries, it is common to use the word "Padre" followed by his first name, e.g., Padre José.)*

   Después de dramatizar las situaciones, comente con sus compañeros de clase cómo ha influido en sus decisiones la información cultural de este capítulo.

2. **Comprensión y comunicación.** Para este ejercicio basado en el vídeo de *Éxito comercial*, favor de pasar al encarte central del texto, VídeoTexto 11.

3. **Actividad empresarial.** Uds. trabajan para una empresa multinacional que tiene muchas ventas en Chile y los países miembros de MERCOSUR (Argentina, Brasil, Uruguay y Paraguay). El/La presidente/a de la empresa ha decidido instalar una fábrica para el ensamble de automóviles en una de las ciudades en uno de los países de esta región. La preocupación principal es la estabilidad del gobierno y la estabilidad de la moneda de estos países. Es muy posible que otros factores históricamente problemáticos también puedan causar dificultades. Les pide sugerencias sobre la decisión que él/ella tendrá que tomar. Es importante investigar y luego comparar Chile y dos países que son miembros de MERCOSUR, enfocándose en los siguientes factores:

   a. la estabilidad gubernamental durante los últimos veinte años

   b. el valor de la moneda nacional durante el mismo período y el valor actual

   c. el número de posibles consumidores en estos países hoy en día

   d. las dificultades que puedan causar el uso de las lenguas indígenas que hablan los trabajadores en su trato con los capataces, quienes hablan sólo español

   Después de completar su investigación, recopilen los datos en un informe escrito con listas o tablas que contengan la información indispensable para hacer un breve análisis del caso. Luego presenten el informe oralmente sin leerlo.

4. **Caso práctico.** Lea el caso y haga los ejercicios a continuación.

En el proceso del marketing, cada etapa añade más valor al costo del producto al consumidor. En la exportación de uvas chilenas a EUA, cada una de las siguientes etapas aumenta el precio: el transporte en camión de la viña al tren; el transporte en tren hasta el puerto en Chile; el transporte en el barco *Almería Estrella* hasta EUA; los costos en el puerto de Filadelfia, Pensilvania; los servicios y cobros del distribuidor regional; los costos de diversos intermediarios; los costos de su llegada a la cadena del supermercado; y los costos en las tiendas o supermercados individuales hasta la llegada a las manos del consumidor en Harrisburg, la capital de Pensilvania.

Jaime Valdez, un productor de uvas del valle central de Chile, recibe 5 centavos por libra de sus uvas que se venden a $1.75 la libra al consumidor en Harrisburg. Un terrorista chileno llama a los funcionarios chilenos para comunicarles que ha inyectado cianuro en las uvas que se van a exportar. Cuando los inspectores de la Estación Terminal Marítima Tioga en Filadelfia descubren que hay dos uvas contaminadas entre las millones importadas, se produce una reacción enorme por todas partes en EUA y Chile. Un portavoz de la Asociación Nacional de Vinicultores Chilenos trata de evitar la prohibición que quiere imponer el gobierno estadounidense contra la importación de uvas chilenas. También trata de evitar una reacción exagerada entre los consumidores estadounidenses.

a. ¿Cuál va a ser el impacto de la situación sobre Jaime Valdez y su familia en Chile?

b. ¿Qué otros mercados pueden utilizar los gerentes de los supermercados estadounidenses si no consiguen las uvas chilenas?

c. ¿Cómo va a comportarse una actriz de Hollywood promotora de la prohibición de manzanas norteamericanas tratadas con una sustancia química dañina cuando se entere del problema con la fruta chilena?

d. ¿Qué le van a decir los funcionarios gubernamentales chilenos al Secretario de Estado de los Estados Unidos para proteger esta importante industria chilena?

e. Si Ud. fuera el presidente/a de Chile y decidiera comer uvas delante de todos en la televisión, ¿qué efecto produciría este acto en los chilenos?

f. Conversen sobre este problema, como si Ud. y su compañero/a fueran las siguientes personas:
   - Jaime Valdez y su esposa u otro miembro de su familia
   - el/la gerente de un supermercado y un/a consumidor/a preocupado/a porque había comprado uvas antes del anuncio
   - el Ministro de Relaciones Exteriores de Chile y el Secretario de Estado de los EUA
   - el presidente de Chile y un/a asistente gubernamental

10-9 Análisis y comparación

Estudie la siguiente tabla comparativa y haga los ejercicios que aparecen a continuación. Use también sus conocimientos y, cuando haga falta, otras fuentes informativas como el *Almanaque Mundial*, el internet, etc. Los ejercicios se pueden hacer individualmente, en parejas o en pequeños grupos para discutir en clase.

Tabla 10-1

Fiesta nacional y otras fiestas públicas de los países hispanoparlantes, Brasil y EUA

País	Fiesta nacional	Otras fiestas públicas
Argentina	9 julio: Proclamación de la Independencia (1810: de España)	6 ene. (Epifanía); 23–24 feb. (Carnavales); 9–10 abr. (Jueves Santo y Viernes Santo); 25 mayo (Fiesta Cívica); 10 jun. (Día de la Soberanía Nacional); 11 jun. (Corpus Cristi); 20 jun. (Día de la Bandera); 15 ago. (Asunción); 17 ago. (Muerte del General José de San Martín); 12 oct. (Día de la Raza); 1 nov. (Todos los Santos); 8 dic. (La Inmaculada Concepción)
Bolivia	18 septiembre: Día de la Independencia (1818: de España)	10 abr. (Viernes Santo); 11 jun. (Corpus Christi); 1 nov. (Día de Todos los Santos)
Brasil	7 de septiembre, Independencia (1822: de Portugal)	Para el año 2006: 1º ene. (Confraternização Universal); 28 feb (Carnaval 2006); 14 abr. (Sexta-Feira da Paixão); 16 abr. (Páscoa = Pascua); 21 abr. (Tiradentes); 1 mayo (Dia do Trabalho); Festas Juninas (coinciden con las fiestas de San Juan y San Pedro); 15 jun. (Corpus Christi); 12 oct. (Nossa Senhora Aparecida); 2 nov. (Finados = Día de los Difuntos); 15 nov. (Proclamação da República); 25 dic. (Natal = Navidad)
Chile	12 febrero: Día de la Independencia (1818: de España)	5–6 abr. (Viernes Santo y Sábado Santo); 21 mayo (Día de las Glorias Navales); 15 ago. (Día de la Asunción); 11 sep. (Día de la Liberación Nacional); 19 sep. (Día de las Glorias del Ejército); 12 oct. (Descubrimiento de América); 1 nov. (Día de Todos los Santos); 8 dic. (Día de la Inmaculada Concepción)
Colombia	20 julio: Día de la Independencia (1810: de España)	6 ene. (Santos Reyes); 19 mar. (San José); 9–10 abr. (Jueves Santo y Viernes Santo); 21 mayo (Ascensión); 11 jun. (Corpus Christi); 29 jun. (San Pedro y San Pablo); 7 ago. (Batalla de Boyacá); 12 oct. (Descubrimiento de América); 1 nov. (Todos los Santos); 11 nov. (Independencia de Cartagena); 8 dic. (La Inmaculada Concepción)
Costa Rica	15 septiembre: Día de la Independencia (1821: de España)	19 mar. (San José); 9–10 abr. (Jueves Santo y Viernes Santo); 11 abr. (Día de Juan Santamaría); 6 jun. (Corpus Christi); 29 jun. (San Pedro y San Pablo); 25 jul. (Anexión del Partido de Nicoya); 2 ago. (Nuestra Señora de los Angeles); 15 ago. (Día de la Madre); 12 oct. (Descubrimiento de América); 8 dic. (La Inmaculada Concepción de María)

Cuba	26 julio: Día del Asalto al Cuartel Moncada (1953)	1 ene. (Día de la Liberación); 10 oct. (Día de las Guerras de Independencia)
Ecuador	10 agosto: Día de la Independencia de Quito (1809)	23–24 feb. (Carnavales); 9–10 abr. (Jueves Santo y Viernes Santo); 24 mayo (Batalla de Pichincha); 24 jul. (Natalicio de Bolívar); 9 oct. (Independencia de Guayaquil); 12 oct. (Descubrimiento de América); 2 nov. (Día de los Fieles Difuntos); 3 nov. (Independencia de Cuenca)
El Salvador	15 septiembre: Día de la Independencia (1821: de España)	8–11 abr. (Miércoles Santo, Jueves Santo, Viernes Santo y Sábado Santo); 11 jun. (Corpus Christi); 3 ago. (Día del Empleado); 5–6 ago. (El Salvador del Mundo); 12 oct. (Descubrimiento de América); 2 nov. (Día de los Fieles Difuntos)
España	12 octubre: Día de la Hispanidad y Nuestra Señora del Pilar	6 ene. (Epifanía del Señor); 19 mar. (San José); 9–10 abr. (Jueves Santo y Viernes Santo); 11 jun. (Corpus Christi); 25 jul. (Santiago Apóstol); 15 ago. (Asunción de la Virgen); 6 dic. (Día de la Constitución Española); 8 dic. (La Inmaculada Concepción)
Guatemala	15 septiembre: Día de la Independencia (1821: de España)	6 ene. (Epifanía); 8–11 abr. (Miércoles Santo, Jueves Santo, Viernes Santo y Sábado Santo); 30 jun. (Día del Ejército); 15 ago. (Día de la Asunción); 12 oct. (Día de la Raza); 20 oct. (Conmemoración de la Revolución de 1944); 1 nov. (Día de Todos los Santos); 8 dic. (La Virgen de Concepción); 24 dic. (Nochebuena); 31 dic. (Fin de Año)
Guinea Ecuatorial	12 octubre: Día de la Independencia (1968: de España)	10–11 abr. (Viernes Santo y Sábado Santo); 5 jun. (Corpus Christi); 5 jun. (Natalicio del Presidente); 3 ago. (Día de las Fuerzas Armadas); 15 ago. (Día de la Constitución); 8 dic. (La Inmaculada Concepción)
Honduras	5 septiembre: Día de la Independencia (1821: de España)	9–11 abr. (Jueves Santo, Viernes Santo y Sábado Santo); 14 abr. (Día de las Américas); 3 oct. (Nacimiento de Morazán); 12 oct. (Descubrimiento de América); 21 oct. (Día de las Fuerzas Armadas)
México	16 septiembre: Día de la Independencia (1810: de España)	5 feb. (Día de la Constitución); 24 feb. (Día de la Bandera); 21 mar. (Aniversario del Nacimiento de Benito Juárez); 9–11 de abril (Jueves Santo, Viernes Santo y Sábado Santo); 5 mayo (Batalla de Puebla); 1 sep. (Apertura del Congreso de la Unión); 12 oct. (Descubrimiento de América o Día de la Raza); 2 nov. (Día de los Fieles Difuntos); 20 nov. (Día de la Revolución); 12 dic. (Nuestra Señora de Guadalupe)
Nicaragua	15 septiembre: Día de la Independencia (1821: de España)	9–10 abr. (Jueves Santo y Viernes Santo); 19 jul. (Día de la Liberación); 14 sep. (Batalla de San Jacinto); 2 nov. (Día de los Fieles Difuntos)
Panamá	3 noviembre: Día de la Independencia (1903: la Separación de Panamá de Colombia)	9 ene. (Día de los Mártires); 24 feb. (Martes de Carnaval); 10 abr. (Viernes Santo); 15 ago. (Fundación de la Ciudad de Panamá; se celebra sólo en la ciudad de Panamá); 2 nov. (Día de los Difuntos); 5 nov. (Día de Independencia; se celebra sólo en la ciudad de Colón); 10 nov. (Primer Grito de la Independencia); 28 nov. (Independencia Panameña de España [1821]); 8 dic. (Día de la Madre; La Inmaculada Concepción)

Paraguay	14 mayo: Día de la Independencia (1811: de España)	1 mar. (Día de los Héroes); 9–10 abr. (Jueves Santo y Viernes Santo); 12 jun. (Día de la Paz del Chaco); 15 ago. (Fundación de Asunción); 29 sep. (Día de la Victoria de Boquerón); 12 oct. (Descubrimiento de América o Día de la Raza); 1 nov. (Todos los Santos); 8 dic. (Nuestra Sra. de los Milagros de Caacupé)
Perú	28 julio: Día de la Independencia (1821: de España)	24 jun. (Día del Campesino); 29 jun. (San Pedro y San Pablo); 1 nov. (Todos los Santos); 8 dic. (La Inmaculada Concepción)
Puerto Rico	4 julio: Día de la Independencia de EUA; 25 julio: Día de la Constitución	6 ene. (Reyes Magos); 10 ene. (Aniversario de Eugenio María de Hostos); 19 ene. (Día de Martin Luther King); 22 feb. (Día de Washington); 22 mar. (Día de la Emancipación); 10 abr. (Viernes Santo); 18 abr. (Aniversario de José de Diego); 27 mayo (Día de la Conmemoración); 18 jul. (Aniversario de Muñoz Rivera); 25 jul. (Día de la Constitución); 27 jul. (Natalicio de José C. Barbosa); 7 sep. (Día del Trabajo); 12 oct. (Día de la Raza); 12 nov. (Día del Veterano); 19 nov. (Descubrimiento de Puerto Rico); 28 nov. (Día de Acción de Gracias)
República Dominicana	27 febrero: Día de la Independencia (1844: de Haití)	6 ene. (Santos Reyes); 21 ene. (Nuestra Señora de Altagracia); 26 ene. (Día de Duarte); 10 abr. (Viernes Santo); 14 abr. (Día Panamericano); 11 jun. (Corpus Christi); 16 jul. (Fundación de la Sociedad La Trinitaria); 16 ago. (Día de la Restauración); 16 sep. (Nuestra Señora de las Mercedes); 12 oct. (Descubrimiento de América); 24 oct. (Día de las Naciones Unidas); 1 nov. (Día de Todos los Santos)
Uruguay	25 agosto: Día de la Independencia (1825: de Brasil)	6 ene. (Epifanía, Día de los Niños); 23–24 feb. (Carnaval); 10–11 abr. (Pascua de Resurreción); 19 abr. (Aniversario de los Treinta y Tres); 19 jun. (Aniversario de Artigas); 18 jul. (Día de la Constitución); 12 oct. (Descubrimiento de América); 2 nov. (Día de los Fieles Difuntos); 8 dic. (Día de las Playas); 25 dic. (Navidad, Día de la Familia)
Venezuela	5 julio: Firma del Acta de la Independencia (1811: de España)	23–24 feb. (Carnaval); 9–10 abr. (Jueves Santo y Viernes Santo); 24 jun. (Batalla de Carabobo); 24 jul. (Natalicio de Bolívar); 12 oct. (Descubrimiento de América); 17 dic. (Aniversario de la Muerte del Libertador); 31 dic. (Fin de Año)
EUA	4 julio: Día de la Independencia (1776: de Inglaterra)	19 ene. (Día de Martin Luther King); 22 feb. (Día de los Presidentes); 25 mayo (Día de Recordación); 7 sep. (Día del Trabajo); 12 oct. (Día de Colón); 11 nov. (Día de los Veteranos); 26 nov. (Día de Acción de Gracias)

NOTA: Las fechas exactas de las fiestas religiosas varían de año en año. El año nuevo se celebra en todos estos países.

FUENTES: *Almanaque Mundial 2004* y *Culturgram 2004*

1. ¿Qué es la fiesta nacional de un país? ¿Qué tipo de evento se conmemora con la fiesta nacional? ¿Qué son las fiestas públicas?

2. ¿Cuándo se celebran las fiestas nacionales de México, España, Argentina, Colombia, Ecuador y EUA?

3. ¿Qué países hispanos lograron su independencia de España en 1810? ¿Cuáles lo lograron en 1821?

4. ¿Cuáles son los países hispanos que no lograron su independencia de España sino de otro país? Explique.

5. ¿Qué países de la tabla comparativa no celebran el Día del Trabajo o no lo celebran el 1° de mayo?

6. ¿Qué tipo de fiesta pública (política, religiosa, etc.) predomina en los países hispanos? ¿Por qué piensa usted que es así?

7. ¿Cuándo celebran muchos países hispanoamericanos la fiesta pública del Descubrimiento de América? ¿Cuáles son otros nombres que recibe esta fiesta pública?

8. En algunos países hispanos se celebra el aniversario (del nacimiento o de la muerte) de alguna figura nacional importante: Benito Juárez (México), José de San Martín (Argentina), Simón Bolívar (Venezuela y Ecuador), José Gervasio Artigas (Uruguay), Francisco Morazán (Honduras) y José Barbosa (Puerto Rico). ¿Quiénes fueron estas figuras históricas?

9. También se celebran los aniversarios de batallas o treguas. ¿Qué fue la Batalla de Puebla en México? ¿La Batalla de Carabobo en Venezuela? ¿La Batalla de Pichincha en Ecuador? ¿La Paz del Chaco y la Victoria del Boquerón en Paraguay? ¿El asalto al Cuartel Moncada en Cuba?

10. ¿Por qué es importante tener en cuenta el calendario y las fiestas nacionales y públicas de un país con el cual se comercia?

11. Usted ha sido contratado/a como consultor/a por una empresa cuyo/a director/a de ventas desea hacer el siguiente viaje de negocios para visitar a posibles clientes nuevos:

    - 14–16 de agosto en España
    - 14 y 15 de septiembre en Guatemala
    - 16 y 17 de septiembre en México

    ¿Qué problemas hay con este itinerario? ¿Qué cambios le recomendaría usted para su visita a estos tres países?

www Posibilidades profesionales

Si abundan las carreras de marketing internacional con respecto a la publicidad y los productos que se venden y promocionan, también las hay en los campos de la distribución, transporte y almacenaje. Los puestos más comunes y corrientes son los de director/a de compraventa o de distribución, agentes de transporte y supervisores de almacén. Para más información al respecto y para una actividad que le ayude a aprender más sobre el tema, véase Capítulo 10 de *Posibilidades profesionales* en http://exito.heinle.com.

VOCABULARIO

Aquí se presentan los principales términos relacionados con este capítulo. Al final del libro hay un glosario más completo.

acoplar • *to connect, couple*

agente (*m/f*) • *agent*

  de subasta • *auction agent*

  de ventas • *sales agent*

a granel • *in large quantity or volume, bulk*

almacén (*m*) • *store*

  de artículos de calidad • *specialty shop*

  general • *general store*

al por mayor • *wholesale*

arancel (*m*) • *tariff*

asistente de práctica (*m/f*) • *student intern*

autopista de peaje (de cuota) • *toll road, tollway*

barcaza • *barge*

bomba • *pump (e.g., for pumping oil through a pipeline)*

cabildo • *town council*

cabotaje (*m*) • *coastal traffic, cabotage*

camorra • *fight*

capitalización de deuda • *debt-equity swap*

cazuela de ave • *soup made with chicken and vegetables*

centro comercial • *shopping center, mall*

chalana • *barge, lighter*

cianuro • *cyanide*

comerciante (*m/f*) • *merchant*

  al por mayor • *merchant wholesaler*

comisionista (*m/f*) • *commision merchant or agent*

concesión • *franchise*

concesionario • *dealer (e.g., car dealer)*

conocimiento de embarque • *bill of lading*

contenedor • *container (e.g., large metallic containers for bulk shipping of goods)*

control de riesgo (*m*) • *risk management*

convenio • *agreement, pact*

conversión de deuda • *debt-equity swap*

corredor/a • *broker*

costo • *cost*

  fijo • *fixed cost*

  variable • *variable cost*

cristiano convertido • *born-again Christian*

de gran volumen • *bulky, bulk*

demógrafo • *demographer*

descarga • *unloading (e.g., of merchandise)*

descuento • *discount*

  por promoción • *promotion allowance*

  por pronto pago • *discount for quick payment*

  sobre cantidad • *volume discount*

desregulación • *deregulation*

detallista (*m/f*) • *retailer*

  sin almacén • *non-store retailer*

distribuidor automático • *vending machine*

don de gentes (*m*) • *ability to get along with people*

emanación • *emanation, source, point of origin*

  natural • *natural source or point of origin (e.g., of oil, natural gas)*

embarcación • *vessel, craft, boat*

empanadas de horno • *meat turnovers with beef, hard-boiled eggs, onions, olives, and raisins*

entrega • *delivery*

estante (*m*) • *shelf*

estructuración de precios • *pricing, setting of prices*

excedente (*m*) • *surplus*

falta de cumplimiento • *failure to comply, non-compliance*

feligrés/a • *parishioner, member of a congregation*

ferretero • *hardware dealer*

fletador/a • *shipper*

   aéreo/a • *air shipper*

   fluvial • *inland water shipper (river-related)*

   marítimo/a • *ocean/sea-going shipper*

fletamento • *contract for chartering or rental of means of transportation; transportation, carriage*

fletante (*m/f*) • *charterer, owner of a means of transport*

flete (*m*) • *freight (cargo, price or means of shipment)*

franquicia • *franchise*

gabarra • *barge*

gama • *range (of products, etc.)*

gran almacén (*m*) • *department store*

hacendado • *landowner*

incendio • *fire*

inquilino • *tenant*

intermediario • *intermediary, middleman*

lanchón • *barge*

lencerías • *linens*

lustro • *period of five years (*lustrum *was the Roman census)*

manjar (*m*) • *can of sweetened condensed milk boiled for several hours and used as a bread spread*

máquina expendedora • *vending machine*

margen de beneficio (*m*) • *profit margin*

más porciones de comida • *second helpings*

mayorista (*m/f*) • *wholesaler*

   de estanterías • *rack jobber*

   sin almacén • *truck wholesaler*

mercadería • *product*

mercado • *market*

   al contado • *cash market*

   de descuentos • *discount store*

mercancías de gran volumen • *bulk material*

Ministro de Relaciones Exteriores • *Secretary of State*

minorista • *retailer*

naviero • *ship owner*

oleoducto • *pipeline*

pastel de choclo (*m*) • *baked meal of beef, chicken, onion, corn, eggs, and spices*

portavoz (*m/f*) • *spokesperson*

porte • *price (freight, carriage price)*

práctica • *internship*

precio • *price*

   de catálogo • *list price*

   de mercado • *market price*

prima • *premium*

promover (ue) • *to promote*

proveedor directo • *drop shipper (desk jobber)*

rebaja • *rebate*

   al comprador • *customer rebate*

   al revendedor • *trade discount*

regateo • *haggling, bargaining*

remolcador • *tug, tugboat, towboat; tow truck*

remolcar • *to tug, tow*

representante de fábrica (*m/f*) • *manufacturer's agent*

revendedor/a • *retailer*

riesgo • *risk*

salmón (*m*) • *salmon*

seguro • *insurance*

   contra incendios • *fire insurance*

   contra terceros • *liability insurance*

contra todo riesgo • *comprehensive insurance*

de automóviles • *car insurance*

de falta de cumplimiento • *non-compliance* (*surety*)

de responsabilidad civil • *liability insurance*

señalar • *to indicate, point out, target*

siniestro • *damage*

soborno • *bribe, bribery*

sopaipillas • *pumpkin fritters* (*deep-fried pumpkin dough sprinkled with sugar*)

sostener • *to sustain*

subasta • *auction*

surtido • *assortment, selection*

tarifa por menos de un vagón completo • *less than carload on train* (*l.c.l.*)

tasa de rendimiento • *rate of return* (*on investment*)

transporte (*m*) • *transportation*

transportista (*m/f*) • *carrier, means of transportation and delivery*

por contrato • *contract carrier*

privado • *private carrier*

público • *common carrier*

trayecto • *haul or run* (*delivery of goods*)

corto • *short haul*

largo • *long haul*

trucha • *trout*

tubería • *pipe, piping* (*e.g., for oil pipeline*)

venta • *sale*

al por mayor • *wholesaling*

al por menor (al detalle) • *retailing*

domiciliaria (a domicilio) • *door-to-door sales*

por correo • *mail-order sales*

vinicultor/a (*m*) • *wine grower, producer*

viña • *vineyard*

víveres (*m*) • *foodstuffs, provisions*

yerno • *son-in-law*

Las finanzas

If you're not happy with the price of a particular stock, just wait a minute.

Anónimo

Lo que prestas a hombre de mala paga, escríbelo en el agua.

Proverbio

To win you have to risk loss.

Jean-Claude Killy

La bolsa de valores, Santiago, Chile. ¿Qué es lo que se vende en la bolsa? ¿Por qué? ¿Qué tipo de remuneración reciben los corredores?

11-1 **P**reguntas de orientación

Al hacer la *Lectura comercial*, piense en las respuestas a las siguientes preguntas.

1. ¿Qué significa la palabra «finanzas»? ¿Qué origen etimológico tiene?
2. Al referirse a fuentes financieras, ¿en qué se distingue la autofinanciación del financiamiento externo?
3. ¿Qué es el financiamiento a corto plazo? ¿De qué diferentes fuentes puede proceder este tipo de financiación?
4. ¿Cómo se consiguen los fondos de financiamiento externo a largo plazo?
5. ¿Qué es la financiación por medio de obligaciones o bonos?
6. ¿Qué es una acción?
7. ¿Qué tipos de acciones hay y en qué se diferencian?
8. ¿Qué es un dividendo?
9. ¿Qué es un dividendo diferido?
10. ¿Qué es la bolsa de valores? ¿Y un/a bolsista?
11. ¿En qué se diferencia el riesgo sistemático del no sistemático en el mundo de las finanzas?
12. ¿Cómo funciona una cartera de acciones bien diversificada para reducir el riesgo del inversionista?
13. ¿Qué otros tipos de riesgo se presentan en el mundo financiero internacional?
14. ¿Cuáles son algunas de las bolsas principales del mundo hispano? ¿En qué año se fundó la Bolsa Mexicana de Valores? ¿Y la Bolsa de Comercio de Buenos Aires, la Bolsa de Valores de Caracas y la Bolsa de Comercio de Santiago? Use el internet para buscar esta información.

BREVE VOCABULARIO ÚTIL

acción • *stock*
　ordinaria • *common stock*
　preferente • *preferred stock*
bolsa de valores • *stock market*
bolsista (*m/f*) • *stock-broker*
caja fuerte • *safe*
cartera de acciones • *stock portfolio*
fuente (*f*) • *source*
hucha • *piggy bank, money box*
inversionista (*m/f*) • *investor*
préstamo • *loan*
vencimiento • *maturity*

LECTURA COMERCIAL

El financiamiento, los inversionistas y la bolsa

Consideremos por un momento la siguiente situación: un individuo tiene dinero y lo guarda en casa en un chanchito, una hucha (alcancía) o caja fuerte. Ese dinero carece de utilidad porque no se usa para producir o adquirir nada. Tampoco crece, porque no devenga ningún interés. Al contrario, con el tiempo usualmente pierde valor, a causa de la inflación. Al mismo tiempo, hay una empresa que quiere atraer a más inversionistas. Es decir, desea aumentar los fondos que necesita para extender y mejorar sus operaciones. Tanto aquel individuo como la compañía se podrían ayudar mutuamente. El individuo podría invertir parte de sus ahorros en las actividades de la empresa y ésta, a su vez, podría usar este financiamiento para pagar sus proyectos. El beneficio para el individuo sería el aumento del valor potencial de su dinero por medio de intereses o una participación en las ganancias de la empresa. Con esta relación mutuamente beneficiosa, uno entra en el campo de las finanzas.

El vocablo **finanzas** viene etimológicamente del latín *finis* (frontera, extremo, fin), y se refiere a la idea del buen fin de una actividad comercial. Financiar, según Bernard y Colli, es «poner los medios para que al final de la operación las necesidades en recursos de dinero, medios de pago o valores estén cubiertos». Es importante el tiempo, pues, como explican Bernard y Colli, «el buen fin de un proyecto o una operación puede concentrarse al final de un largo período» (*Diccionario económico y financiero*, página 685).

El dinero para los proyectos comerciales de una sociedad puede provenir de la autofinanciación o de la financiación externa. Si la fuente es autofinanciera, los fondos proceden de las reservas o de los beneficios de la empresa misma, es decir, de su propio capital o patrimonio. La financiación externa la constituyen otras personas o instituciones, generalmente en forma de préstamos a corto o a largo plazo, de obligaciones o bonos corporativos, o de aumentos de capital social, los cuales resultan de las aportaciones de los socios y de los inversionistas que compran participación o acciones en la compañía. En general, las sociedades requieren de una combinación de ambas fuentes de financiamiento, la interna y la externa, para satisfacer su demanda de fondos adicionales.

El financiamiento externo a corto plazo de una empresa lo constituyen los fondos requeridos para financiar las operaciones cotidianas, como el renuevo del inventario. En general, procede del crédito comercial, de los préstamos garantizados y de los préstamos no garantizados. **El crédito comercial** se recibe de empresas abastecedoras o suministradoras con las cuales se mantiene el trato comercial. Es una forma de «préstamo» concedido por los vendedores. Según este arreglo, el abastecedor manda la mercancía pedida, acompañada de una factura que indica los artículos enviados, su precio por unidad, su precio total y las condiciones del crédito, y luego espera —se fía de— que el comprador pague la cantidad debida en el plazo concertado. Los **préstamos garantizados** o **prendarios** son empréstitos bancarios respaldados por una garantía subsidiaria. En caso de impago por parte del prestatario, el prestamista o acreedor adquiere el derecho a propiedades o prendas de aquél por el valor del préstamo. Los **préstamos no garantizados** (préstamos sin caución o a la firma o a sola firma), en cambio, son empréstitos cuya probabilidad de reintegro se basa únicamente en la buena reputación y la firma del prestatario.

La financiación a corto plazo normalmente dura menos de un año, mientras que la de largo plazo dura generalmente cinco, diez o más años. Los fondos de financiamiento externo a largo plazo generalmente se consiguen por medio de obligaciones o bonos de sociedad anónima o por la emisión y venta de acciones.

Una sociedad anónima que emite bonos solicita financiación por medio de obligaciones. Los **bonos corporativos** y las **obligaciones** son conceptos sinónimos que se refieren a un título de deuda comúnmente amortizable (recuperable): el primero se usa en los Estados Unidos y en muchos países hispanoamericanos, el segundo es derivado del uso francés y se emplea más en España. Servirse de bonos corporativos para el financiamiento comercial quiere decir que una sociedad utiliza dinero «prestado» que eventualmente tendrá que devolverle al inversionista (prestamista) con un interés devengado, el cual representa el precio del préstamo. En general, la fecha de vencimiento de un bono corporativo es de diez a treinta años. Al vencerse, la corporación se hace responsable de reembolsar el préstamo por su valor nominal (el principal o capital original invertido/prestado) más cualquier interés devengado. Los bonos u obligaciones de una sociedad pueden emitirse como bonos nominativos (a nombre del prestamista) o como bonos al portador (donde no figura el nombre del prestamista). En España, por ejemplo, se emiten al portador, mientras que en los Estados Unidos son nominativos. Otras clases de bonos que funcionan de manera semejante son los bonos de ahorro, los del Estado o municipio, y los del Tesoro.

La financiación externa a largo plazo de una sociedad anónima también se puede lograr con la emisión y venta de acciones. Con este tipo de financiamiento la empresa no se hace responsable del pago de un interés acumulado sobre un capital que tendrá que reembolsar, sino que la acción vendida representa la venta de una fracción del capital de la sociedad. En otras palabras, el inversionista que compra acciones se hace propietario parcial o fraccionario de la corporación. Las acciones, al igual que los bonos, pueden ser nominativas o al portador. Las nominativas suelen llevar el nombre, domicilio y profesión del propietario y sólo se pueden transferir a otra persona por cesión registrada en los libros de la sociedad. Si se emiten al portador, se pueden traspasar a otra persona por simple entrega.

Las acciones de una sociedad anónima pueden ser **ordinarias** (comunes) o **preferentes** (preferidas, prioritarias, privilegiadas). Las ordinarias dan el derecho a recibir un dividendo variable declarado (una porción de los beneficios anunciados periódicamente por la Junta General de la sociedad) y el derecho a votar (de tener una voz en la dirección de la sociedad) en la Junta General de Accionistas. El beneficio que recibe la empresa es la aportación de nuevo capital, pero el aumento del número de acciones ordinarias (del número de propietarios y sus votos) diluye el control corporativo de los organizadores originales. Las acciones preferentes, en cambio, generalmente carecen de derecho a voto, pero tienen el derecho a recibir un dividendo, limitado a una cantidad fija, y si es posible para la compañía (pues su buena fama depende de ello), regular y continua. El inversionista se arriesga más al invertir en las acciones ordinarias que en las preferentes, porque los beneficios que se reciben en forma de dividendo dependen más exclusivamente de las ganancias de la sociedad. Si la empresa experimenta problemas, es posible que se corten los dividendos por un período de tiempo. Pero si todo va bien, los que poseen acciones ordinarias pueden recibir aún mayores beneficios en forma de dividendos o alzas en el valor de las acciones. En el caso de un dividendo diferido, cuando se ha postergado para una fecha futura la distribución de beneficios a los accionistas, las acciones preferentes recuperan sus dividendos antes que las ordinarias. Otra diferencia entre los dos tipos de acciones es que la preferente, en caso de liquidación de la sociedad, tiene derecho prioritario a recuperar el dinero invertido. Sin embargo, los bonos corporativos (y otros acreedores) tienen la primera prioridad en el orden de compensación, antes que cualquier accionista. La Tabla 11-1 resume, desde el punto de vista del inversor individual, las diferencias fundamentales entre las tres clases de inversión.

El intercambio y la compraventa de acciones, desde las de primera clase o más alta categoría hasta las que se cotizan a menos de un dólar, se gestionan en un mer-

Tabla 11-1

Comparación entre bonos, acciones ordinarias y acciones preferidas, desde el punto de vista del inversionista

Tema	Bonos/ Obligaciones	Acción ordinaria	Acción preferente
Representación	Prestamista de fondos	Propietario de capital social	Propietario de capital social
Derecho de voto	Normalmente no	Normalmente sí	Normalmente no
Tipo de beneficio posible	Interés (hasta la fecha de vencimiento) y alza en el valor (precio) del bono	Dividendo (varía según las declaraciones de ganancias) y alza	Dividendo (en cantidad uniforme) y alza
Beneficio garantizado	Sí, normalmente	No	No (pero recibe su dividendo antes que los tenedores de acciones ordinarias)
Orden de derecho a recompensa en caso de liquidación de la sociedad	Prioritario (junto con otros acreedores)	Tercero	Segundo
Riesgo	Menor	Más alto	Menor que para la acción ordinaria, pero más alto que para los bonos

cado especial llamado **bolsa de valores.** La bolsa de valores, llamada *organized exchange* en los Estados Unidos, es un lugar fijo y comercialmente centralizado, como el *New York Stock Exchange* (*NYSE*). También existe en este país un mercado no organizado (*over-the-counter market*, o *OTC*), llamado así porque las acciones no se intercambian en la bolsa, sino que su transacción se lleva a cabo por medio de corredores y agentes que no trabajan directamente en ninguna bolsa. Es un mercado en el cual la compraventa se efectúa electrónicamente y por teléfono.

Las bolsas de valores son importantes porque facilitan la participación de instituciones e individuos en las grandes sociedades anónimas. **Bolsa** o **mercado alcista** (*bull market*) es un período del mercado en que se produce un aumento general de los precios cotizados. Es decir, que los inversionistas piensan que pagarán menos por sus acciones si las compran ahora en lugar de más tarde. El propósito es comprar la acción a un precio bajo para poder venderla luego a un precio más alto. **Bolsa** o **mercado bajista** (*bear market*) es el inverso, un período de reducción general de los precios cotizados. En esta situación, el vendedor de acciones piensa que ganará más dinero si las vende en ese momento porque prevé que van a bajar aún más sus precios en el futuro.

La consideración clave a tener en cuenta al invertir o especular en la bolsa de valores, especialmente en las acciones ordinarias, es que cualquier inversión siempre representa un riesgo para el inversionista. La cantidad y calidad del riesgo depende de si se considera la acción individualmente o como parte de una cartera de acciones diversificada. El riesgo percibido se clasifica de dos maneras: (1) **riesgo sistemático,** el cual se refiere a factores que afectan a toda sociedad comercial, como la política económica de un país, la inflación y las reformas impositivas, y (2) **riesgo no sistemático,** el cual afecta solamente a una compañía en particular, como la corrupción (e.g., el desfalco) y el encarcelamiento del presidente de esa empresa o la declaración de huelga de sus trabajadores. Por lo tanto, desde el punto de vista de los inversionistas, el mundo de las finanzas trata de la administración del riesgo financiero y de cómo reducir al mínimo los riesgos personales. Para reducir el riesgo, se recurre a una cartera de acciones cuyo propósito es eliminar el

---

PARA PENSAR

Algunas de las recomendaciones que la Comisión Nacional del Mercado de Valores ofrece al inversor:

- Tome sus decisiones de inversión siempre basándose en los hechos y no en rumores o confidencias. Recuerde que es ilegal comprar o vender valores con información privilegiada que no está al alcance de otros inversores.
- Posponga la decisión de invertir en valores ofertados por internet, por teléfono o en una «visita inesperada» hasta que disponga de toda la información por escrito y se haya asegurado de que quien se los ofrece representa a una entidad debidamente registrada.
- Tenga en cuenta que en las inversiones usted compromete su ahorro. Tome precauciones ante los vendedores que intentan presionarle para actuar inmediatamente o le prometan rápidos beneficios.
- Recuerde que éxitos anteriores no son garantía de futuros éxitos en una inversión.
- Asegúrese de conocer los riesgos de pérdidas en sus operaciones con valores, sin olvidar que a mayores expectativas de grandes y rápidas ganancias suelen corresponder mayores riesgos.
- Recuerde que la especulación es una apuesta que sólo es adecuada para aquéllos que entienden y pueden controlar los riesgos que implica.

(Del *Decálogo del inversor* www.bolsamadrid.es, 05/08/04)

1. ¿Cuándo es ilegal la compraventa de valores?
2. ¿Qué elemento compromete el inversor al invertir? ¿Por qué?
3. ¿Qué tipo de garantía representan los éxitos anteriores en la inversión? Comente.
4. ¿Qué les corresponde a los inversores con mayores expectativas de grandes y rápidas ganancias?
 5. ¿Cuáles son otras recomendaciones del *Decálogo del inversor*? Búsquelas en el sitio internet indicado arriba. ¿Qué otras recomendaciones añadiría usted?

riesgo no sistemático por medio de la diversificación de tipos de acciones tenidas. Esta cartera sirve de contrapeso a la conducta de cualquiera de las empresas individuales. Los investigadores han determinado que una cartera de acciones bien diversificada se logra con acciones de al menos unas doce a quince sociedades diferentes. Para asegurar una buena diversificación y una administración profesional, muchas personas invierten su dinero en un tipo de compañía inversionista que ofrece fondos mutualistas o fondos de inversión mobiliaria.

Al hablar de las finanzas internacionales, el **riesgo** presenta otros factores que necesita considerar el acreedor o inversionista. Existe el riesgo comercial de la posibilidad de insolvencia o incapacidad de pagar por parte de un comprador extranjero. Existe el riesgo político en forma de guerras, revoluciones, terrorismo, sabotaje y nacionalización o expropiación. También se enfrenta uno al riesgo de la fluctuación en el cambio de divisas, que mide el valor de una moneda nacional en términos de otra moneda nacional. Y, por último, siempre existe el riesgo de la inflación (la pérdida de valor) de una moneda nacional extranjera, problema que se ha presentado en la forma de hiperinflación (una inflación de más de 25% al año) en algunos países hispanoamericanos en las últimas décadas. Bolivia ha sido un ejemplo de una nación azotada por la hiperinflación en la década de los ochenta. Para 1985 su tasa de inflación anual había subido a un 25,000% y para 1987 los mismos artículos que habían costado 100 pesos en 1980 ya costaban más de ocho millones. Otro ejemplo se ha dado en Nicaragua, donde en 1991 la inflación había subido a una tasa anual de 13,500%. En una situación de hiperinflación, es difícil extender cualquier crédito comercial o tolerar demoras en el recibo de un pago, porque antes de que se seque la tinta en la factura, la cantidad ofrecida como pago ya ha empezado a perder su valor original. Una espera de varias semanas en el pago de mercancías puede resultar en la completa anulación de ingresos reales por esos artículos. Incluso, irónicamente, se puede perder dinero en la venta. La hiperinflación requiere transacciones comerciales con pago inmediato en dinero efectivo. Esto permite depositar inmediatamente ese dinero en cuentas que devenguen un alto interés, o cambiarlo por una moneda más estable, o se puede efectuar las transacciones en $EUA, euros u otras monedas nacionales más estables, o se puede recurrir al trueque de bienes y recursos, en lugar de usar dinero.

Entre las bolsas del mundo hispano se hallan las siguientes: en España, la Bolsa de Madrid, la Bolsa de Barcelona, la Bolsa de Valencia y la Bolsa de Bilbao; en México, la Bolsa Mexicana de Valores; en Argentina, la Bolsa de Comercio de Buenos Aires, la Bolsa de Córdoba y la Bolsa de Rosario; en Chile, la Bolsa de Comercio de Santiago; en Colombia, la Bolsa de Bogotá y la Bolsa de Medellín, S.A.; en Venezuela, la Bolsa de Valores de Caracas; en Honduras, la Bolsa Centroamericana de Valores, S.A.; en Perú, la Bolsa de Valores de Lima; y en Ecuador, la Bolsa de Valores de Guayaquil. También existen la Bolsa Boliviana de Valores, S.A., la Bolsa Nacional de Valores de Costa Rica, la Bolsa de Valores de El Salvador y la Bolsa de Valores de Nicaragua. De gran importancia para Latinoamérica también son las diferentes bolsas de Brasil, como la Bolsa de Valores de São Paulo, la Bolsa de Valores do Rio de Janeiro, la Bolsa de Mercadoria de Brasilia y la Bolsa de Valores do Paraná.

11-2 Actividades

1. **¿Qué sabe Ud. de negocios?** Vuelva a las *Preguntas de orientación* que se hicieron al principio del capítulo y a las preguntas que acompañan la foto y contéstelas en oraciones completas en español.

2. **¿Qué recuerda Ud.?** Indique si las siguientes oraciones son *verdaderas* o *falsas* y explique por qué.
   a. El dinero que no se invierte generalmente pierde valor.
   b. La autofinanciación se basa en fuentes internas y externas para satisfacer su demanda de fondos adicionales.
   c. Un préstamo sin caución sólo requiere la buena fama y la firma del prestamista.
   d. Los bonos corporativos indican que el/la inversionista es propietario/a fraccional de una sociedad anónima.
   e. Las acciones ordinarias son menos arriesgadas que las preferentes y sus dividendos normalmente son más limitados.
   f. Los tenedores de acciones preferentes reciben primero una recompensa en caso de liquidación de una compañía.
   g. Para reducir el riesgo bursátil, se recomienda crear una cartera de acciones bien diversificada, con un mínimo de dos tipos de acciones.
   h. El riesgo político no es un factor muy importante en las finanzas internacionales, en comparación con la hiperinflación.

3. **Exploración.** Haga los siguientes ejercicios, usando sus conocimientos y opiniones personales.
   a. ¿Es necesario el crédito comercial para el financiamiento a corto plazo? Explique.
   b. ¿Qué opina Ud. de los préstamos no garantizados? ¿Ha hecho Ud. alguna vez este tipo de préstamo? ¿A algún pariente o amigo? ¿Qué pasó?
   c. Entre los bonos, las acciones ordinarias y las acciones preferentes, ¿cuál tipo de inversión prefiere Ud.? ¿Por qué?
   d. ¿Ha especulado Ud. alguna vez, o conoce a alguien que lo haya hecho, con inversiones en la bolsa de valores? ¿Cómo le resultó?
   e. ¿Qué piensa Ud. de la lógica de reducir el riesgo del inversionista con una cartera de acciones bien diversificada? ¿Qué acciones incluiría Ud. en la creación de su propia cartera?
   f. ¿Cuáles son las divisas más fuertes en este momento en el mundo? ¿En qué países está fuerte el dólar? ¿Dónde está débil?
   g. ¿Cómo se relacionan los dichos al principio del capítulo con los temas tratados?

11-3 Al teléfono

TRACKS 21 y 22

1. Lea las siguientes preguntas. Después escuche atentamente la conversación telefónica del Capítulo 11 en el CD y conteste las preguntas. Puesto que la comprensión auditiva es una destreza comunicativa sumamente importante, se recomienda escuchar el CD varias veces.
   a. ¿Por qué llama la Sra. Bono a Bull Securities?
   b. ¿De qué dependen las recomendaciones de la Srta. Stock?
   c. ¿Por qué quiere invertir cien mil dólares la Sra. Bono?
   d. ¿Qué quiere la Srta. Stock que haga la Sra. Bono antes de venir a la oficina?

2. Basando sus comentarios en la conversación telefónica del ejercicio anterior, haga la siguiente llamada telefónica a otro/a estudiante de la clase. Cada persona deberá participar activamente en la conversación. Si necesita ayuda con esta actividad, véase el Apéndice 1, *Protocolo telefónico*, página 455.

   Usted es la Sra. Solitario Bono, una viuda de 60 años cuyo esposo ha fallecido recientemente. Llame a Brenda Bear, la secretaria de la asesora financiera Penny Stock, para concertar una cita. Resuma otra vez la suma de capital, el propósito de las inversiones y el riesgo que quiere correr. Además, usted tiene algunas preguntas sobre algunos términos financieros en el formulario que se tiene que llenar antes de la entrevista (e.g., a corto plazo, a largo plazo, acciones y dividendos) que la secretaria le explica.

3. Haga la siguiente llamada telefónica a otro/a estudiante de la clase. Cada persona deberá participar activamente en la conversación. Si necesita ayuda para esta actividad, véase el Apéndice 1, *Protocolo telefónico*, página 455.

   Ud. es un/a proveedor/a que habla con un/a antiguo/a cliente suyo/a que le pide el envío inmediato de veinte cajas de mercancía bajo el crédito comercial de costumbre. Ud. le informa que el envío no se puede hacer hasta mañana y que no hay ningún problema con enviarle una factura con términos comerciales de 3/10, neto 30. Antes de colgar, le aclara el resto de la factura (descripción de lo pedido, precio por unidad y precio total).

11-4 Navegando el internet

Para hacer este ejercicio del presente capítulo, visite la página web del libro en http://exito.heinle.com.

11-5 Ejercicios de vocabulario

Si le es necesario, consulte la *Lectura comercial* o la lista de vocabulario que aparece al final del capítulo para completar estos ejercicios.

1. **¡A ver si me acuerdo!** Pensando en la posibilidad de establecer una relación comercial, usted va a conversar con una persona de negocios de un país hispano. Sin embargo, se le olvidan a usted los siguientes términos en español. Un/a compañero/a lo/la ayuda a recordarlos al pedir que usted se los traduzca.

   a. *finance*
   b. *bull market*
   c. *loan*
   d. *lender*
   e. *supplier*
   f. *stock portfolio*
   g. *long-term*
   h. *corporate bond*
   i. *stock*
   j. *dividend*

2. **¿Qué significan?** A usted le interesa la posibilidad de hacer unos préstamos e inversiones en Paraguay. Sin embargo, no sabe cómo explicar en español lo que significan ciertos términos que se usan frecuentemente al hablar de inversiones y préstamos. Ud. decide consultarlos con un/a amigo/a. Pídale a un/a compañero/a de clase que le explique los siguientes términos y que le dé algunos sinónimos si puede.

   a. capital
   b. bolsa
   c. financiación
   d. acreedor
   e. préstamo no garantizado
   f. préstamo garantizado
   g. bono
   h. empréstito
   i. acción común
   j. acción preferente

3. **Entrevista profesional.** Usted quiere aclarar algunos detalles sobre las finanzas porque ha podido conseguir una entrevista para un puesto financiero en Uruguay. Por lo tanto, usted desea ensayar la entrevista en español y le pide a un/a compañero de clase, experto/a en este campo, que le haga las siguientes preguntas. En el caso de que usted no pueda contestar alguna pregunta, su compañero/a lo/la ayudará.

   a. En una sociedad anónima, ¿cómo se consigue generalmente la financiación externa?
   b. ¿Qué beneficios generan los bonos y las acciones?
   c. ¿De qué sirve una cartera de acciones bien diversificada?
   d. ¿Qué es un prestamista? ¿Un préstamo sin caución?
   e. ¿Cuáles son algunos de los riesgos del financiamiento internacional?

4. **Traducciones.** Un/a amigo/a suyo/a tiene que hacer una presentación general sobre finanzas. Acaba de empezar a estudiar el tema y, por lo tanto, sabe poco del vocabulario financiero. Usted lo/la ayuda al pedirle que él/ella traduzca al español las siguientes oraciones que informan sobre ciertos aspectos del tema.

   a. *To finance a company is to provide new or additional funds for its growth.*
   b. *Short-term external financing can be in the form of commercial credit, secured loans, and unsecured loans.*
   c. *Long-term external corporate financing is acquired through the issue of corporate bonds and stocks.*
   d. *The holders of corporate bonds earn interest while stockholders earn dividends.*
   e. *Risk for stockholders can be minimized by establishing a well-diversified portfolio.*

Una vista panorámica de Paraguay

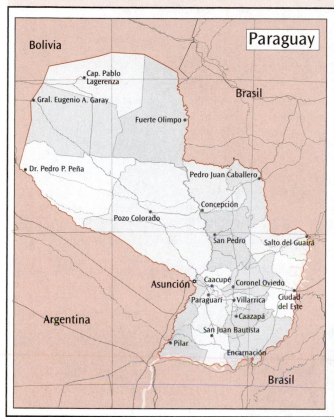

Nombre oficial:	República del Paraguay (en guaraní: Tetä Paraguáype)
Gentilicio:	paraguayo/a
Capital y población:	Asunción: 1,482,000 (metro); 525,100 (ciudad)
Sistema de gobierno:	República constitucional
Jefe de Estado/Jefe de Gobierno:	Presidente Nicanor Duarte Frutos
Fiesta nacional:	14 de mayo, Día de la Independencia (1811: de España)

Paraguay

Geografía y clima

Área nacional en millas²/ kilómetros²	Tamaño (comparado con EUA)	División administrativa	Otras ciudades principales	Puertos principales	Clima	Tierra cultivable
157,047 m²/ 406,750 km²	Casi tan grande como California	El Distrito Capital y otros 17 departamentos	San Lorenzo, Encarnación, Ciudad del Este	Asunción, Villeta, San Antonio, Encarnación (todos puertos de río; no hay puertos marítimos)	Subtropical, templado al este del Río Paraguay, semiárido al oeste	5.5%

Demografía

Año y población en millones				Distribución etaria		% de analfabetismo	Grupos étnicos
2005	2015	2025	% urbana	<15 años	65+		
6.3	8	10	57%	39%	5%	6%	95% mestizo, 5% otro

Economía y comercio

Moneda nacional	Tasa de inflación 2002	N° de trabajadores (en millones) y tasa de desempleo	PIB 2002 en millones $EUA	PIB per cápita $EUA	Distribución de PIB y de trabajadores por sector*			2002 Exportaciones en millones $EUA	2002 Importaciones en millones $EUA
					A	I	S		
El guaraní (pl. guaraníes)	17.8%	2.0/18.2%	$25,200	$4,300	27% 45%	27% 31%	46% 24%	$2,200	$2,700

*Para distribución del PIB y de los trabajadores (mano de obra): A = agricultura, I = industria, S = servicios (y gobierno).

Recursos naturales: Energía hidroeléctrica, madera, hierro, manganeso, piedra caliza.

Industrias: Elaboración y empacadora de carne, machaqueo de semillas oleaginosas, molienda y aserrado, cervecería, textiles, azúcar, cemento, construcción, productos de madera.

Comercio

Productos de exportación: Electricidad, carne, algodón, soja, madera, aceite vegetal, carne procesada, cueros y pieles, yerba mate, café, madera para construcción, pienso.

Mercados: 39% Brasil, 14% Uruguay, 11% Argentina, 2% Chile, 34% otros países.

Productos de importación: Maquinaria, combustibles, lubricantes, productos electrónicos, bienes de consumo y de capital (equipo industrial), productos alimenticios, materia prima, tabaco, equipo de transporte, químicos.

Proveedores: 25.4% Argentina, 24.5% Brasil, 3.8% Uruguay, 46.3% otros países.

Horario general de comercio: De lunes a viernes, desde las siete de la mañana hasta las doce del mediodía y desde las tres de la tarde hasta las seis.

Transporte y comunicaciones					
Kilómetros de carreteras y % pavimentadas	Kilómetros de vías férreas	Nº de aeropuertos con pista de aterrizaje pavimentada	Nº de líneas telefónicas	Radios por mil personas	Televisores por mil personas
29,500/50.1%	441	11	273,200	182	205

Idioma y cultura		
Idiomas	Religión	Comidas y bebidas típicas/Modales
Español y guaraní (ambos oficiales)	90% católico, 10% protestante (menonita y otros protestantes)	Arroz, frijoles, maíz, plátanos, pollo, carne, pescado, sancocho, bollo, guacho, verduras y frutas, chicha. Halagar a los anfitriones por la buena comida servida.

Horario normal del almuerzo y de la cena: Sobre la una de la tarde para el almuerzo; entre las seis y las siete para la cena.

Gestos: Para anunciar o avisar la llegada a la casa de alguien, a veces se baten las manos antes de pasar al patio o al jardín. El gesto de «*thumbs-up*» (un puño con el dedo pulgar apuntado hacia arriba) significa aprobación. El gesto de «*A-OK*» (un círculo formado por el dedo pulgar y el dedo índice) es obsceno y equivale al gesto «*to give the finger*». Hacerle un guiño a alguien se puede interpretar como una insinuación sexual. Darse un toque a la barbilla con la punta del dedo índice significa que uno no sabe la respuesta. Levantar o inclinar la cabeza rápidamente hacia atrás significa que «Se me olvidó».

Cortesía: Saludar individualmente a cada persona al llegar a una reunión o comida y despedirse de cada una al marcharse para no menospreciar a nadie y quedar mal. Mantener buen contacto visual con la otra persona durante una conversación. Se aceptan las visitas no anunciadas de antemano. Ojo con regalarle a alguien un cuchillo porque se podría interpretar como un corte o una ruptura de relaciones.

LA ACTUALIDAD ECONÓMICA PARAGUAYA

Paraguay, como Bolivia, es una nación cercada de tierra, sin litoral o salida directa al mar, lo cual da por resultado costos de transporte más altos. Tampoco cuenta con importantes recursos minerales ni petróleo. El país experimentó tres dictaduras durante los sesenta años después de su independencia de España en 1811. La tercera, la de Francisco Solano López, resultó en una guerra catastrófica contra la Triple Alianza de Uruguay, Brasil y Argentina (1864–70) en la cual murió la mitad de la población del país y se perdió el acceso directo al mar. Un siglo más tarde, un golpe de estado en 1989 puso fin a la dictadura militar de 35 años del Presidente Alfredo Stroessner (1954–89), época caracterizada por un exceso de controles nacionales, barreras y tarifas comerciales que ahuyentaron a los inversionistas extranjeros. Hacía falta fomentar la rápida industrialización del país. Clave en todo esto fue aprovechar la energía hidroeléctrica abundante y barata, como la facilitada por la presa Itaipú, un proyecto comercial conjunto con el Brasil, terminado en 1981.

En 1986, una sequía dañó gravemente la producción agrícola de algodón y de soja, que constituían el 70% de las exportaciones paraguayas. La producción agrícola cayó un 10% y, por ende, la producción industrial, íntimamente ligada al procesamiento de materia prima agrícola, cayó un 9%. Como resultado, las exportaciones también se redujeron en un 10%, mientras que las importaciones subieron un 12%, agravando la balanza comercial desfavorable. Todo esto resultó en la continuación de la recesión económica que había empezado en 1981.

Al tomar posesión del cargo en 1989, el general Andrés Rodríguez, nuevo presidente del país, prometió elecciones presidenciales para el año 1993. Como hombre de negocios, deseaba seguir una política económica de libre mercado y eliminar muchos de los controles nacionales. Además, Rodríguez planeaba lograr una industrialización rápida. En 1990 fue aprobado un nuevo código electoral que prohibía la afiliación de los miembros de las fuerzas armadas y la policía con los partidos políticos. En 1991, los presidentes y los ministros de Asuntos Exteriores de Argentina, Brasil, Uruguay y Paraguay se reunieron en la capital paraguaya para firmar el Tratado de Asunción, el cual creó un nuevo Mercado Común del Sur, conocido por MERCOSUR. Bolivia y Chile luego han participado también como países observadores. En 1993 Juan Carlos Wasmosy, del Partido Colorado, ganó la presidencia, siendo así el primer presidente paraguayo libremente elegido en los 182 años de independencia del país.

En 1996 se puso a prueba la joven democracia paraguaya cuando el general Lino César Oviedo, ex-comandante del Ejército, encabezó una rebelión militar. En 1997 un tribunal de Asunción buscó la detención del ex-presidente Stroessner, quien había vivido exiliado en Brasil desde el golpe de estado de 1989, por abusos de los derechos humanos durante su dictadura. En 1998 ganó la elección presidencial Raúl Cubas, amigo de Oviedo quien, desde la prisión, también se había postulado como candidato a las elecciones. Poco después de ser elegido, Cubas liberó a Oviedo e ignoró un fallo de la Corte Suprema que había ordenado la reencarcelación de Oviedo. Con esta crisis gubernamental, Cubas abandonó la presidencia y huyó del país. Poco después, Luis González Macchi prestó juramento como el tercer presidente en cinco años. A finales de 2002, Macchi fue condenado como responsable de la recesión y por su mala administración de 16 millones de dólares de fondos estatales. La corrupta administración de 55 años del Partido Colorado terminó en abril de 2003 con la elección presidencial de Nicanor Duarte Frutos, quien ha prometido eliminar los altos índices de corrupción y la insolvencia de la economía nacional.

La economía de Paraguay sigue dependiendo mucho del sector informal. Éste consiste en la reexportación de bienes de consumo importados (mobiliario y máquinas de oficina, cigarrillos, whisky, aparatos electrónicos, música, etc.) a los países vecinos, y en las actividades comerciales de miles de microempresas y vendedores ambulantes. En Ciudad del Este, ubicada en la frontera con Brasil y Argentina, se ven el funcionamiento de la economía informal y el contrabando. La riqueza nacional queda en manos de una pequeña élite. Continúan los problemas de inflación, la deuda nacional, la falta de infraestructura adecuada y de trabajadores calificados, el alto nivel de desempleo, la deforestación nacional, la reforma agraria y la diversificación económica. Como se ve, hay muchos desafíos para el desarrollo económico de Paraguay.

Una vista panorámica de Uruguay

Uruguay

Bella Unión · Artigas
Rivera
Salto
Tacuarembó · Corrales
Paysandú
Young · Paso de los Toros
Fray Bentos
Mercedes
Trinidad ·
Dolores
Cardona
Carmelo
Florida
Colonia del Sacramento
Santa Lucía
Las Piedras
Montevideo
Argentina

Brasil
Melo
Río Branco
Santa Clara
Cebollatí
Durazno
La Paloma
Punta del Este
Océano Atlántico

América del Sur

Océano Atlántico

Nicaragua
Panamá
Costa Rica
Venezuela
Colombia
Ecuador
Perú
Océano Pacífico
Guyana
Surinam
Guayana Francesa (Francia)
Brasil
Bolivia
Paraguay
Chile
Argentina
Uruguay
Océano Atlántico

Nombre oficial:	República Oriental del Uruguay
Gentilicio:	uruguayo/a
Capital y población:	Montevideo: 1,745,100 (metro); 1,347,600 (ciudad)
Sistema de gobierno:	República
Jefe de Estado/Jefe de Gobierno:	Presidente Tabaré Ramón Vázquez Rosas
Fiesta nacional:	25 de agosto, Día de la Independencia (1828: de Brasil)

Uruguay

Geografía y clima

Área nacional en millas²/ kilómetros²	Tamaño (comparado con EUA)	División administrativa	Otras ciudades principales	Puertos principales	Clima	Tierra cultivable
68,039 m²/ 176,220 km²	Casi tan grande como Oklahoma	19 departamentos	Salto, Paysandú, Las Piedras, Melo, Rivera, Minas, Tacuarembó	Montevideo, Punta del Este, Paysandú, Colonia, Nueva Palmira	Templado, caluroso	7.2%

Demografía

Año y población en millones			% urbana	Distribución etaria		% de analfabetismo	Grupos étnicos
2005	2015	2025		<15 años	65+		
3.5	3.7	4	87%	24%	13%	2%	88% blanco europeo, 8% mestizo, 4% africano

Economía y comercio

Moneda nacional	Tasa de inflación 2001	N° de trabajadores (en millones) y tasa de desempleo	PIB 2002 en millones $EUA	PIB per cápita $EUA	Distribución de PIB y de trabajadores por sector*			2001 Exportaciones en millones $EUA	2001 Importaciones en millones $EUA
					A	I	S		
El peso	3.6%	1.2/15.2%	$26,800	$7,800	6% 14%	27% 16%	67% 70%	$2,240	$2,900

*Para distribución del PIB y de los trabajadores (mano de obra): A = agricultura, I = industria, S = servicios (y gobierno).

Recursos naturales: Tierra fértil, energía hidroeléctrica, minerales, pesca, granito, mármol.

Industrias: Procesamiento de carne, lana, pieles, azúcar, textiles, calzado, artículos de cuero, llantas y neumáticos, cemento, refinación de petróleo, vino, procesamiento de alimentos y de bebidas, químicos, equipo de transporte.

Comercio

Productos de exportación: Carne, lana, pieles, productos de cuero y lana, pescado y marisco, arroz, verduras, productos lácteos, textiles, productos químicos.

Mercados: 40% MERCOSUR, 20% UE, 8% EUA, 32% otros países.

Productos de importación: Maquinaria y equipo, vehículos de motor, productos químicos, minerales, plásticos, petróleo y combustibles, alimentos procesados, productos metálicos.

   Proveedores: 44% MERCOSUR, 18% UE, 9% EUA, 29% otros países.

Horario general de comercio: De lunes a viernes, desde las nueve de la mañana hasta las siete de la noche.

Transporte y comunicaciones					
Kilómetros de carreteras y % pavimentadas	*Kilómetros de vías férreas*	*Nº de aeropuertos con pista de aterrizaje pavimentada*	*Nº de líneas telefónicas*	*Radios por mil personas*	*Televisores por mil personas*
8,893/90.8%	2,073	15	946,500	603	531
Idioma y cultura					
Idiomas	*Religión*	*Comidas y bebidas típicas/Modales*			
Español (oficial), portuñol o brasilero (mezcla de portugués y español en la frontera con Brasil)	66% católico, 2% protestante, 1% judío, 31% no practicante u otro	Carne, empanada, carbonada, estofado o guiso. Es común usar el pan para limpiar el plato al final de la comida.			

Horario normal del almuerzo y de la cena: Sobre la una de la tarde para el almuerzo; entre las seis y las ocho para la cena.

Gestos: Para llamar la atención de alguien, es común hacer un chasquido con los dedos o hacer un sonido de «ch-ch». El gesto de «*thumbs-up*» significa aprobación. El gesto de «*A-OK*» equivale al gesto «*to give the finger*». Poner una mano con la palma abierta hacia arriba y bajo el codo del otro brazo, significa que alguien es tacaño. Rozarse la barbilla hacia afuera con las uñas y con la palma hacia el cuerpo significa que uno no sabe la respuesta o que no le importa algo. Encogerse rápidamente de hombros quiere decir «¿Qué pasa aquí?». Un bostezo indica aburrimiento y que ya es hora de terminar una reunión.

Cortesía: No poner los pies sobre la mesa u otro mueble. Las personas no se sientan sobre la mesa. No se espera que el invitado traiga un regalito para los anfitriones al ir a la casa de alguien para cenar o para una fiesta, aunque se aprecian las flores, especialmente las rosas, o un buen vino o una buena marca de whisky. Se considera descortés hacer una visita no anunciada a la casa de alguien durante las horas del almuerzo y de la cena.

LA ACTUALIDAD ECONÓMICA URUGUAYA

La importancia de la industria ganadera del Uruguay tiene su base histórica en la presidencia de José Batlle y Ordóñez (1903–29), quien fundó un gobierno socialista apoyado por la industria de la carne y la lana. Actualmente esta importancia se manifiesta en que Montevideo tiene uno de los frigoríficos más grandes del mundo. Las principales exportaciones nacionales son carne de res, pieles, cueros y, por supuesto, lana. Sin embargo, el gobierno desea diversificar los artículos de exportación. El sector de manufacturas (textiles, carros, productos químicos y alimentos) es muy prometedor, como lo es también el desarrollo turístico en Punta del Este, la muy famosa zona atlántica.

En 1973 hubo un golpe de estado que impuso una dictadura militar que duró hasta la restauración democrática iniciada en 1985, cuando Julio Sanguinetti llegó a ser presidente. A partir de esa fecha, el tema de la amnistía por los abusos de derechos humanos por parte de los militares (torturas, asesinatos y desaparecidos) devino una de las cuestiones nacionales más debatidas. En 1992 Luis Alberto Lacalle, del Partido Nacional, fue elegido presidente. Lacalle creó un gobierno de coalición, pero ese mismo año el electorado votó contra su plan de privatización. En 1994, Uruguay consiguió acuerdos económicos muy importantes con sus vecinos, Brasil, Paraguay y Argentina, que condujeron a la creación de MERCOSUR. Uruguay tiene un mercado nacional muy limitado, pero se considera como muy buen punto de entrada a los grandes mercados de Argentina y Brasil (este último, por su gran tamaño, es conocido como el Coloso del Sur). También es de suma importancia para el Uruguay el comercio internacional con los grandes mercados de EUA y la UE.

En marzo de 1994, Julio Sanguinetti fue reelegido presidente y volvió al poder en marzo de 1995, el mismo año en que Uruguay se hizo miembro de MERCOSUR. El Grupo Andino y MERCOSUR, reunidos en Montevideo, resolvieron flexibilizar y expandir aún más la propuesta original para crear la Zona de Libre Comercio. En junio de 1995, Uruguay entró en un consorcio de inversionistas argentinos y uruguayos para transformar la aerolínea PLUNA en una sociedad mixta, operada por la aerolínea Varig de Brasil. También se han privatizado ciertos servicios del aeropuerto internacional Carrasco en Montevideo, la construcción de carreteras, la operación del sistema telefónico móvil y los seguros automovilísticos.

Uruguay logró reducir la inflación monetaria de 129% en 1990 a 8.6% en 1998. Las mujeres uruguayas ganaron el 34% de los ingresos nacionales, el porcentaje más alto de todos los países latinoamericanos. Uruguay también ha participado en un plan de integración económica con Brasil, Argentina, Paraguay y Bolivia, cuyo propósito principal es el desarrollo de la zona del Río de la Plata como centro transportista y comercial. El país tiene menos pobreza que cualquier otro país hispanoamericano, una población mayormente urbana y bien educada, y la distribución de los ingresos nacionales se parece a la de los países más industrializados del mundo. Se prevé para el futuro una lenta modernización con una economía nacional muy ligada a las condiciones económicas de Argentina y Brasil.

Esto puede crear problemas, como la recesión que experimentó Uruguay en 1999 a raíz de la crisis económica de Brasil. Otro problema que ha enfrentado el país es el del seguro social nacional que carece de suficientes contribuciones impositivas para que sea asequible a una población que envejece.

En 1999, Jorge Batlle, del Partido Colorado, fue elegido presidente. En 2000 se iniciaron las investigaciones de los casos de 169 personas desaparecidas durante los doce años de dictadura militar (1973–85). También, se firmó un acuerdo con el Fondo Monetario Internacional (FMI) para redefinir el marco fiscal y financiero del sistema bancario nacional para privatizar la industria petrolera nacional. Debido a la excelente base del sistema de educación, el futuro económico de Uruguay es muy prometedor.

11-6   Actividades

¿Qué sabe Ud. de Paraguay y Uruguay?

1. A Ud. lo/la han contratado/a como asesor/a transcultural de negocios internacionales. Como tal, necesita informar a sus clientes sobre Paraguay y Uruguay, y recomendar un plan de viaje de negocios a cada país. Averigüe los datos pertinentes para poder abarcar los temas a continuación.

   a. Describa la geografía de Paraguay y Uruguay, refiriéndose a los siguientes temas: ubicación y tamaño de ambos países, capital y otras ciudades y puertos principales, división administrativa y clima. Compare el tamaño de Paraguay con el de EUA. Compárelo con el tamaño del estado donde Ud. vive. Compare el tamaño de Uruguay con el de EUA y con el del estado donde Ud. vive.

   b. ¿Cuáles son las principales características demográficas y políticas de Paraguay y Uruguay? ¿Quién es el jefe de estado de cada país?

   c. ¿Cuándo se celebra la fiesta nacional de cada país? ¿Qué otras fiestas públicas podrían afectar el éxito de un viaje de negocios? (Véase la Tabla 10-1, página 303.)

   d. Describa la economía de cada país. Incluya datos sobre la moneda nacional, la tasa de inflación, el PIB y el PIB per cápita, el número de trabajadores (la mano de obra), la tasa de desempleo, los recursos naturales, las industrias nacionales, los productos que se exportan e importan, los países destinos (mercados) y proveedores (fuentes) de estas transacciones internacionales, y la balanza de comercio. ¿A cuánto se cotiza cada moneda nacional respecto del dólar EUA? ¿Cuál fue la balanza comercial de cada país según la información en este libro? ¿En la actualidad?

   e. Describa la economía informal de Paraguay.

   f. Compare el PIB y el PIB per cápita de Paraguay con los de Uruguay. Compare el PIB y PIB per cápita de ambos países con los de Argentina y Brasil.

   g. ¿Qué producto o servicio recomendaría vender en Paraguay y en Uruguay? ¿Por qué?

   h. Compare la infraestructura de transportes y de comunicaciones de cada país.

  i. ¿Cómo han cambiado algunos de los datos presentados en las secciones de *Vista panorámica* y *Actualidad económica* de este texto? Póngalos al día para cada país.

  j. ¿Qué problema tiene que resolver Uruguay con respecto a su seguro social?

  k. Basándose en la *Actualidad económica* de cada país, ¿qué realidades, oportunidades y problemas destacaría y qué recomendaciones le daría al/a la cliente/a?

2. Usando el internet u otras fuentes informativas, prepare un plan (con presupuesto e itinerario) para sus clientes, quienes harán un viaje de negocios a Montevideo y Asunción. Saldrán del aeropuerto de la ciudad donde usted vive en este momento y estarán tres días en cada capital. Busque las verdaderas posibilidades en internet, por teléfono, en una agencia de viajes o en el aeropuerto mismo. Comuníquese en español, si es posible.

  a. Fechas de ida y vuelta

  b. Vuelos: aeropuertos de despegue y aterrizaje, líneas aéreas, horario; costos

  c. Transporte interno que se piensa usar en cada país: taxi, autobús, carro de alquiler, metro, tren, otro; costos

  d. Alojamiento y viáticos; costos

  e. La comida típica que van a pedir para la cena la primera noche en cada país

  f. Las formas de cortesía y los gestos que deben recordar, usar o evitar

LECTURA CULTURAL

Dinero, riqueza y estatus social

El dinero y la riqueza tienen una gran importancia cultural en los Estados Unidos. Desde sus orígenes, la actitud protestante estadounidense interpretó la producción y la acumulación de riquezas como señal de la bendición de Dios, una recompensa por haber sido diligente y laborioso. Hoy en día, se percibe a EUA —tanto desde afuera como desde adentro— como el país materialista y consumidor por excelencia. Hay críticos que dicen que el dólar ya no sirve sólo para satisfacer las necesidades y los deseos de supervivencia y de consumo, sino que se ha convertido en un fin en sí mismo, un anhelado símbolo social de prestigio y éxito, un trofeo para exhibirse. Es decir, que el mérito del individuo estadounidense y su posición social se miden por la cantidad de dinero alcanzado, ahorrado, invertido y gastado. En una fiesta o reunión social en EUA, muchas veces la primera pregunta que se hacen los desconocidos es: «*What do you do?*». La interpretación literal es: «¿Qué hace usted?» o «¿A qué se dedica usted?» Pero lo que oculta esa pregunta rompehielos es: «¿Cuánto dinero gana usted?» Es decir, al norteamericano le interesa saber la profesión o carrera de la otra persona, porque esta información le sirve como medida económica del otro (es banquero, tendrá un sueldo anual de X dólares, merece o no merece la pena hablar con él). Así que el saludo típico en estas situaciones a veces tiene como verdadero propósito cultural el definir a la otra persona por el dinero que gana.

España e Hispanoamérica están de acuerdo con los Estados Unidos en que todo el mundo quiere vivir mejor; todos quieren tener más dinero para satisfacer sus necesidades y deseos. Pero en las culturas hispanas, el dinero y la riqueza no han llegado a ocupar un lugar tan exaltado como en EUA. Hay muchos más pobres —muchas más limitaciones reales sobre los apetitos de consumo— en Hispanoamérica, especialmente en los sectores indígena y afrolatino. Aunque existe un gran deseo y una indudable necesidad en los países hispanos de atraer más dinero en forma de inversión extranjera, también existe el deseo de mantener la autonomía económica nacional. No se quiere que el dinero extranjero y la prosperidad tengan como precio la independencia nacional. Esto se demuestra históricamente en las restricciones impuestas a los inversionistas extranjeros y en las nacionalizaciones industriales. Los países en desarrollo quieren protegerse de la influencia y el control ejercidos por las naciones industriales y postindustriales como EUA y los países de la UE. Modernizarse, industrializarse y desarrollarse son procesos que muchas veces entran en conflicto con las ideas sobre la estabilidad, la tradición y el conservadurismo que existen en muchas partes de Hispanoamérica. Además, a nivel individual pueden prevalecer otras consideraciones, como la familia y las amistades, el título de trabajo que se tiene o el puesto que se ocupa, mucho más que en EUA. En fin, el dinero sí es necesario e importante, pero no lo es todo.

El célebre filósofo inglés Francis Bacon (1561–1626) dijo que: «El genio, la agudeza y el espíritu de una nación se revelan en sus proverbios». Los siguientes proverbios iluminan un poco más las actitudes culturales de España e Hispanoamérica hacia el dinero y la riqueza. Por una parte, se dice que «Pobreza no es vileza» y que «No hay mayor riqueza que el contentamiento». Pero por otra parte, se afirma la importancia del dinero: «Poderoso caballero es don Dinero», «Quien tiene din, tiene don», «Tanto tienes, tanto vales», «Las palabras del pobre nunca son escuchadas», «Hombre sin dinero, pozo sin agua» y «Con mucho dinero, todo es hacedero». Sobre los ahorros, se sostiene que «El que guarda, halla». De contraer deudas, se declara que «Quien presta a un amigo, compra un enemigo». Respecto a la avaricia, se manifiesta que «Al avaro siempre le falta» y que «El que más tiene, más quiere». Y por último, hay tres refranes que se hallan también en muchas otras culturas: «El tiempo es oro», «El dinero es la raíz de todos los males» y «No es oro todo lo que reluce». Otros dichos y proverbios sobre el tema son:

- El dinero llama al dinero.
  (Dinero llama dinero.)
- De pico, todos somos ricos.
- Al que tiene lleno el bolsillo, no le faltan amigos.
- El dinero mueve montañas.
- Contra la fortuna no vale arte.
- Dinero, matagalán.
- Por dinero, baila el perro.
- Quien paga, manda.
- Cuando el dinero habla, la verdad calla.
- El dinero hace malo lo bueno.
- Mejor es paz con pobreza que turbación y riqueza.
- Cuando la pobreza entra por la puerta, el amor sale por la ventana.

- Justo es que temas al que teme a la pobreza.
- La pobreza nunca alza cabeza.
- Gran maestra es la pobreza.

- Más riqueza, menos salud.
- No olvide su cuna quien haga fortuna.

11-7 Actividades

1. **¿Qué sabe Ud. de la cultura?** Demuéstrelo contestando las preguntas a continuación.

   a. ¿Qué percepción tienen los estadounidenses del dinero y la riqueza? ¿Está Ud. de acuerdo con esta percepción? ¿Que opina Ud. del dinero y la riqueza como símbolos sociales?

   b. Resuma el conflicto de actitudes en Hispanoamérica con respecto a la necesidad de atraer capital extranjero.

   c. ¿Qué consideraciones pueden prevalecer más que el dinero a nivel individual en la cultura hispana? ¿Ocurre esto en EUA también? Comente.

   d. ¿Qué quieren decir los siguientes proverbios? «De pico, todos somos ricos»; «Contra la fortuna no vale arte»; «Por dinero, baila el perro»; «Justo es que temas al que teme a la pobreza»; «No olvide su cuna quien haga fortuna».

   e. Seleccione otros cinco dichos y proverbios sobre el dinero, la riqueza y la pobreza presentados en la lectura. ¿Está Ud. de acuerdo con el mensaje o el «consejo» que comunican? Explique.

   f. ¿Conoce Ud. otros proverbios en español e inglés (o de otras culturas) que se relacionen con el dinero? Dé dos o tres ejemplos.

2. **Asimilador cultural.** Lea lo siguiente y haga los ejercicios a continuación.

   Patti Jameson es una joven estadounidense que lleva seis semanas trabajando en una compañía multinacional en Montevideo. Es muy dedicada, como lo demuestra el hecho de que durante todo su tiempo en la capital ha trabajado unas doce horas diarias, seis días por semana. El fruto de su labor ha sido la compra de un nuevo televisor con pantalla grande y un tocador de disco compacto (*CD player*) con unos altavoces impresionantes. Esta tarde la han vuelto a invitar por segunda vez tres de sus compañeros de trabajo a salir con ellos para tomar un aperitivo y relajarse un poco. Ella les contesta:

   —Gracias, pero hoy no puedo. Me faltan unas horas más de trabajo. Es que quiero comprarme un carro nuevo. Ya saben, «el tiempo es dinero». Pero, de todos modos, gracias, eh.

   Sus compañeros se sonríen y se despiden, sacudiéndose la cabeza:

   —Bien, bien. Sentimos mucho que no vengas esta tarde con nosotros, pero la próxima vez no te escapas. A ver si te animas... Bueno, hasta luego.

   a. ¿Qué actitud refleja Patti Jameson hacia el dinero?

   b. ¿Qué pensarán sus compañeros de trabajo de ella?

c. Cite Ud. algunos proverbios que reflejen las actitudes de Patti y de sus compañeros.

d. Basado en sus conocimientos interculturales, ¿qué le habría recomendado Ud. a Patti Jameson cuando la invitaron a salir? En las mismas circunstancias, ¿qué habría hecho Ud.? ¿Cómo puede la actitud de Jameson hacia el trabajo y el dinero afectar su relación con sus compañeros de trabajo?

SÍNTESIS COMERCIAL Y CULTURAL

11-8 **A**ctividades comunicativas

1. **Situaciones para dramatizar.** Lea las siguientes situaciones y después haga el papel en español con otro/s estudiante/s, usando las siguientes opciones como punto de partida. Cada persona deberá tomar un papel activo en la dramatización. No olviden el protocolo ni las cortesías.

   a. *You are making your first visit to a stockbroker to inquire about investing some of your savings. You and the broker begin to discuss your interest in stocks and bonds, and the broker explains that speculating on the market always entails some risk for the investor. As you ask questions, the broker proceeds to explain that the risk is divided into systematic and unsystematic risk, and that your goal as an investor is to minimize the latter through a well-managed, diversified portfolio.*

   b. *On a visit to your stockbroker, you ask him/her to clarify the major differences between investing in corporate bonds, common stock, and preferred stock. When the topic of stock dividends comes up, you ask for further clarification regarding common and preferred stock.*

2. **Comprensión y comunicación.** Para este ejercicio basado en el vídeo de *Éxito comercial*, favor de pasar al encarte central del texto, VídeoTexto 12.

3. **Actividad inversionista.** Usted ha oído que hay buenas oportunidades inversionistas en Hispanoamérica. Para informarse más, decide comunicarse (en español, de ser posible) con una empresa o un banco que presta servicios y asesoramiento financieros. Llame por teléfono (o comuníquese por internet o haga una visita personal) para buscar la siguiente información:

   a. recomendaciones de un/a perito/a sobre buenas inversiones en Hispanoamérica

   b. observaciones o recomendaciones de un/a perito/a sobre las posibilidades de invertir en Paraguay y Uruguay

   Luego, comente con otros/as compañeros/as de clase las recomendaciones que han recibido y las fuentes de dicha información.

4. **Caso práctico.** Lea el caso y haga los ejercicios a continuación.

La compañía multinacional estadounidense Landev, Inc., produce y vende maquinaria agrícola. Sus oficinas centrales están en Atlanta y sus principales fábricas en Georgia y Kansas. Landev tiene interés en establecer una fábrica y centro de distribución en el Cono Sur de Hispanoamérica, dado que muchos de sus mejores clientes suramericanos operan en esa región: Argentina, Chile, Uruguay, Paraguay y Brasil.

Aunque la baja del dólar ha ayudado con la exportación de su maquinaria desde los Estados Unidos a la región del Cono Sur, recientemente han subido los costos de salarios y sueldos y los de transporte, especialmente para la maquinaria pesada que exporta Landev. La empresa considera que una buena opción sería montar parte de sus operaciones en Uruguay o Paraguay, dado el propicio momento político y económico que parece presentarse en esos dos países. Además, piensan que cualquiera de los dos países ofrecería un punto de entrada más directo a los grandes mercados de Argentina y Brasil.

Se ha formado un equipo de gerentes para hacer un estudio preliminar de las dos opciones. Entre los resultados de investigación preparatoria, se ha encontrado que en Paraguay la obligación tributaria para fabricantes extranjeros es del 32%, con un descuento del 50% durante un período inicial de cinco años. Uruguay, en cambio, mantiene una obligación impositiva del 59% para fabricantes extranjeros, pero hay un plazo libre de impuestos durante los diez primeros años de operación.

Haga el siguiente ejercicio. Ud. es parte del equipo de investigadores de Landev. Al buscar más datos preliminares sobre los riesgos involucrados en la reubicación de Landev en Paraguay o Uruguay, haga un resumen general, comparando las ventajas y desventajas que representa cada país en función de:

- riesgo político anticipado
- riesgo de inflación
- medios de transporte (tanto nacionales como a los países vecinos, especialmente a Argentina y Brasil)

Después de considerar estos factores, haga su recomendación sobre cuál país le parece mejor para los planes de Landev.

11-9 Análisis y comparación

Estudie la siguiente tabla comparativa y haga los ejercicios a continuación. Use también sus conocimientos y, cuando haga falta, otras fuentes informativas como el internet, el *Almanaque Mundial*, etc. Los ejercicios se pueden hacer individualmente, en parejas o en pequeños grupos para discutir en clase.

Tabla 11-2

Los países hispanoparlantes, Brasil y EUA: PIB, PIB per cápita, distribución de PIB, distribución de trabajadores por sector y tasa media de inflación

País	PIB en millones de $EUA (2002)	PIB per cápita en $EUA (2002)	Distribución de PIB en 2002* A	I	S	Distribución de trabajadores por sector (2002)* A	I	S	Tasa media de inflación 2001–2002
Argentina	$391,000	$7,460	6%	28%	66%	19%	**	**	1%
Bolivia	$21,150	$2,500	20%	20%	60%	57%	13%	20%	2%
Chile	$186,600	$10,100	11%	34%	56%	14%	27%	59%	2.5%
Colombia	$268,000	$6,500	13%	30%	57%	30%	24%	46%	6.2%
Costa Rica	$32,300	$8,500	11%	32%	52%	20%	22%	58%	11%
Cuba	$25,900	$2,300	7.6%	35%	58%	20%	22%	58%	7.1%
Ecuador	$49,000	$6,000	11%	33%	56%	30%	25%	45%	12.5%
El Salvador	$29,400	$4,600	10%	30%	60%	30%	15%	55%	3.8%
España	$850,700	$21,200	3.6%	30%	66%	7%	29%	64%	3%
Guatemala	$48,300	$3,700	23%	20%	57%	50%	15%	34%	7.6%
Guinea Ecuatorial	$1,270	$2,700	16%	75%	5.4%	**	**	**	6%
Honduras	$14,400	$2,600	14%	32%	54%	34%	21%	45%	9.7%
México	$924,400	$8,900	5%	26%	69%	20%	24%	56%	6.4%
Nicaragua	$12,800	$2,500	30%	26%	44%	42%	15%	43%	7.4%
Panamá	$18,060	$6,200	7%	17%	76%	21%	18%	61%	1.8%
Paraguay	$25,200	$4,300	27%	27%	46%	45%	31%	24%	17.8%
Perú	$56,900	$2,126	10%	27%	63%	8%	13%	79%	0.2%
Puerto Rico	$43,010	$11,100	10%	45%	54%	3%	20%	77%	5%
República Dominicana	$53,000	$6,100	11%	34%	55%	17%	24%	59%	5.3%
Uruguay	$26,800	$7,800	6%	27%	67%	14%	16%	70%	3.6%
Venezuela	$132,800	$3,800	5%	50%	45%	13%	23%	64%	12.3%
Brasil	$1,340,000	$7,600	8%	36%	56%	23%	24%	53%	7.7%
EUA	$10,450,000	$37,600	2%	18%	80%	2%	24%	74%	2.8%

*A = agricultura, I = industria, S = servicios (y gobierno)
**Datos no disponibles

FUENTES: *U.S. Department of State Background Notes, CIA World Factbook 2004, The World Almanac and Book of Facts 2004* y *Almanaque Mundial 2004.*

1. ¿Qué es el PIB de un país? ¿En qué se diferencia el PIB del PNB, o el Producto Nacional Bruto? Al hablar de PIB en millones de $EUA, ¿cuál es el valor real del PIB de Argentina, Nicaragua, Guinea Ecuatorial, España y EUA? Ejemplo: El valor real del PIB de Colombia en millones de $EUA sería $268,000,000,000; o sea, doscientos sesenta y ocho mil millones de dólares (= $268 *billion*).

2. Según la tabla, ¿cuáles son los cuatro países hispanos de mayor PIB y los cuatro de menor PIB? Haga un gráfico visual (lineal o circular) del PIB de estos ocho países. Ponga en orden decreciente el PIB de todos los países: (1) EUA, $10,450,000,000,000; (2) México, $924,400,000,000; hasta terminar con (23) Guinea Ecuatorial, $1,270,000,000. ¿Cuál es la clasificación (*ranking*) de Puerto Rico? (Si tiene Ud. el tiempo y la energía, haga un gráfico lineal del PIB de todos los países en la tabla.)

3. ¿A cuánto asciende el PIB total de todos los países hispanos? ¿El PIB total de los países hispanos del Caribe? ¿El PIB total de los países hispanos de América Central? ¿El PIB total de los países andinos? ¿El PIB total de los países del Cono Sur? Compare los PIB en estas cinco categorías de análisis con el PIB de EUA. (Ejemplo: El PIB de los países andinos llega a $X EUA y representa X% del PIB de EUA.) ¿Y con el PIB de Brasil?

4. ¿Qué es el PIB per cápita y cómo se calcula? ¿Qué revela sobre la economía de un país al compararse éste con el PIB per cápita de otros países? ¿Cuál es el PIB per cápita de EUA? ¿Cuáles son los tres países hispanos de PIB per cápita más alto? ¿Los tres países hispanos de PIB per cápita más pequeño? Calcule el promedio del PIB per cápita de los países hispanos del Caribe; el promedio para los países hispanos de Centroamérica; el promedio para los países andinos; y el promedio para los países del Cono Sur. ¿Qué región tiene el PIB per cápita más alto? ¿Y en segundo, tercer y cuarto lugar?

5. ¿Cuáles son los tres países cuyo PIB depende más del sector agrícola y cuáles son los tres de menor dependencia? Haga la misma clasificación para los sectores de industria y de servicios.

6. Si se comparan la distribución de PIB por sector y la distribución de trabajadores por sector, ¿qué diferencias se observan en el caso de Bolivia? ¿de Guatemala? ¿de México? ¿y de Venezuela? ¿Cómo se pueden interpretar estas diferencias? ¿Qué información aportan sobre un país?

7. ¿Qué países dedican más del 40% de su mano de obra al sector agrícola? ¿Cuáles dedican más del 50% a los servicios?

8. ¿Qué es la inflación? ¿Qué efectos tiene la inflación sobre una economía nacional y sobre los consumidores? ¿Cuáles de los países hispanos experimentaron en 2001–02 una tasa de inflación de más de 10%? ¿Cuáles tuvieron una tasa de inflación de menos de 2%? ¿Cuál fue la tasa de inflación de EUA en 2001–02? ¿Qué países hispanos experimentaron la hiperinflación en 2001–02, es decir, una tasa anual superior al 25%?

Posibilidades profesionales

Las carreras financieras, lo mismo que los otros campos de negocios internacionales, atraen a personas de experiencia y calificaciones variadas, quienes, además, deben ser bilingües y biculturales si no multilingües y multiculturales. Por lo general, entre ellas hay abogados y analistas especializados en inversiones, corredores de bolsas tanto de valores como de artículos de consumo, y asesores financieros, etc. Para más información al respecto y para una actividad que le ayude a aprender más sobre el tema, véase el Capítulo 11 de *Posibilidades profesionales* que se encuentra en http://exito.heinle.com.

VOCABULARIO

Aquí se presentan los principales términos relacionados con este capítulo. Al final del libro hay un glosario más completo.

acción • *stock*

  común (ordinaria) • *common stock*

  cotizada en menos de un dólar • *penny stock*

  preferida (prioritaria/privilegiada) • *preferred stock*

adjudicación de beneficios • *awarding of percentage of investment earnings*

administración del riesgo • *risk management*

aguantar • *to bear, tolerate*

al portador • *to the bearer*

altavoz (*m*)• *loudspeaker*

aportar • *to contribute, furnish*

  fondos • *to finance*

autofinanciación • *self-financing*

azotado • *lashed, whipped*

bolsa • *stock market*

  alcista • *bull market, rising market*

  bajista • *bear market, falling market*

  de comercio • *stock exchange, stock market*

  de valores • *stock exchange, stock market*

bolsista (*m/f*) • *stockbroker*

bono • *bond*

  de ahorro • *savings bond*

  del estado • *government bond, treasury bond*

  del Tesoro • *treasury bond*

  de sociedad anónima (de corporación) • *corporate bond*

bursátil (*adj*) • *relating to stock exchange or securities market*

cambio de divisas • *exchange rate*

carne de res (*m*)• *beef*

cesión registrada • *recorded transfer of securities*

corredor/a (de acciones o de bolsa) • *stockbroker*

crédito comercial • *commercial credit*

cuna • *cradle*

debidamente • *duly, properly*

desfalco • *embezzlement*

devenir • *to become*

dividendo • *dividend*

  diferido • *deferred dividend*

emisión de acciones • *issue of a security, stock*

empréstito • *loan*

envejecer • *to age, grow older*

financiación (financiamiento) • *financing*

  externa • *external financing*

  por medio de obligaciones • *debt financing*

financiar • *to finance*

frigorífico • *meat-packing plant*

garantía subsidiaria (de colateral) • *collateral guaranty or security*

impago • *nonpayment*

impositivo • *tax-related*

intereses periódicos acumulados • *periodic accrued interest*

inversor/a • *investor*

liquidar • *to settle, liquidate*

matagalán • *lady-killer*

mobiliario • *furniture, furnishings*

nominativo • *bearing a person's name, registered* (*bond*)

obligación • *bond*

  contributaria • *tax liability*

  corporativa • *corporate bond, debt or bond; equity financing*

pico • *mouth*

postergar • *to postpone*

prenda • *security, pledge, guarantee*

prendario • *guaranteed, secured*

presa • *dam*

prestador/a • *lender*

prestamista (*m/f*)• *lender*

préstamo • *loan*

  a sola firma • *unsecured loan, signature loan*

  garantizado • *secured loan*

  no garantizado • *unsecured loan*

  prendario • *secured loan*

  sin caución • *unsecured loan*

prestar juramento • *to be sworn in* (*as president*)

prestatario • *borrower*

principal (*m*) • *principal, capital*

reembolso • *reimbursement, repayment*

reintegro • *reimbursement, repayment*

reubicación • *relocation*

rompehielos (*m/s/pl*) • *icebreaker*

saldo desfavorable • *trade deficit, unfavorable balance of trade*

título • *bond, security*

valores (*m*) • *securities, bonds, assets, valuables*

  de primera clase (de más alta categoría) • *blue-chip stock*

  no vendidos (cotizados) en la bolsa • *over-the-counter market* (*OTC*) *securities*

valor nominal (*m*) • *face or nominal value*

vencimiento • *maturity*

12

La entrada en el mercado internacional: Los países hispanoparlantes

He that travels much knows much.
Thomas Fuller

Quien a lejanas tierras va, si antes no mentía, mentirá.
Proverbio

The greatest enemy of intercultural understanding is its own illusion.
V. Lynn Taylor (adaptado de un dicho de los Cuerpos de Paz)

Los pasajeros desembarcan del avión en un aeropuerto de Panamá. ¿Por qué viajan los hombres y las mujeres de negocios?

12-1 Preguntas de orientación

Al hacer la *Lectura comercial*, piense en las respuestas a las siguientes preguntas.

1. ¿Por qué entran y fracasan muchas empresas en el mundo internacional de los negocios?
2. ¿Cómo se pueden evitar tales fracasos?
3. ¿Cuáles son los tres pasos principales de una estrategia de comercialización internacional?
4. ¿En qué consisten el estudio y el análisis económicos del mercado internacional?
5. ¿De qué elementos consta una investigación cultural del mercado internacional?
6. ¿Cómo influye el aspecto económico-cultural en el mundo hispánico de los negocios? Dé ejemplos.
7. ¿Cuáles son los tres métodos para entrar en el mundo comercial de un país extranjero?
8. ¿Qué elementos comprende un plan modelo de comercialización?
9. ¿Cuáles son los distintos pasos que hay que dar para realizarlo?
10. ¿Qué son el AGAAC y el OMC? ¿Cuándo y por qué se crearon?
11. ¿Qué es la ALADI y cuál es su acrónimo en inglés? ¿Qué es el MCCA y cuáles son los países miembros? ¿Qué es MERCOSUR y cuáles son sus miembros? ¿El Pacto Andino? ¿TLCAN?

BREVE VOCABULARIO ÚTIL

arancelario (*adj*) • *related to tariffs*

cámara de comercio • *chamber of commerce*

comercialización • *marketing, selling*

en ultramar • *overseas*

licencia • *license, licensing*

negociante (*m/f*) • *business person*

pormenor (*m*) • *detail*

tarifa • *tariff rate, fare*

tipo de cambio • *exchange rate*

traductor/a • *translator*

LECTURA COMERCIAL

Al encuentro de mercados internacionales

En el libro *International Business Blunders*, los autores Ricks, Fu y Arpan describen una firma estadounidense que emprendió un negocio en participación en Sudamérica con un pequeño grupo de capitalistas de esa región. Los estadounidenses no conocían la situación política del país sudamericano, ni se dieron cuenta de que sus socios hispanoamericanos iban a perder sus puestos de poder e influencia. Cinco años después de la constitución de la empresa, comenzaron a tener dificultades en conseguir los permisos para extraer y vender materias primas. Tenían frecuentes problemas administrativos con el nuevo gobierno. Cuando los socios hispanoamericanos cayeron en desgracia con el nuevo régimen, la compañía empezó a perder ganancias, capital y horas de mano de obra.

Abundan casos semejantes de gerentes de empresas estadounidenses que no tuvieron éxito en los negocios en el extranjero. ¿A qué se deben estos fracasos? Pues a varios factores, pero principalmente al desconocimiento de los pormenores del comercio y de la industria internacionales, y a la falta de sensibilidad hacia culturas diferentes.

Muchos gerentes de empresas estadounidenses, especialmente los administradores de marketing y ventas, entran al mundo internacional de los negocios, tanto para ganar dinero como para extender sus operaciones. También se internacionalizan porque sus compañías quieren o se ven obligadas a ser más competitivas, o porque necesitan reducir los gastos de comercialización o de producción. Lo que no saben ni comprenden muchas veces estos gerentes es cómo dirigir los negocios en el extranjero y cómo resolver los problemas que puedan surgir. Les hace falta un plan de acción y necesitan una estrategia para comercializar y producir en ultramar. Este plan y estrategia incluyen una investigación económica y cultural, y un estudio y análisis del mejor modo de segmentar la región mercantil o el sector industrial internacional señalado. Esta investigación y estudio constan de tres pasos principales.

PASO 1: Investigación de la región mercantil o del sector industrial internacional. La investigación de la región mercantil o del sector industrial internacional indicado consiste en dos tipos de estudio, uno económico y otro cultural, los cuales se complementan. El análisis económico abarca varios temas, pero especialmente los siguientes: la demografía, las estadísticas y la actividad económica; la tecnología disponible; los sistemas de distribución; la conducta en la compra y los medios de publicidad; la estructuración de precios, salarios y sueldos; las leyes mercantiles y los aranceles aduaneros. La Tabla 12-1 (página 344) hace un resumen de los aspectos más importantes de cada tema y de algunas características correspondientes al mundo económico hispánico aunque, por supuesto, éstas pueden variar bastante de país a país. Esta información, así como los datos proporcionados en cada capítulo de este libro, proporcionan una imagen general de la realidad económica española e hispanoamericana.

Como se ve, mediante el análisis económico resumido en la Tabla 12-1, los gerentes no sólo pueden acumular datos e información acerca del mundo económico hispánico, sino que pueden llegar a conocer las oportunidades de comercialización y de producción que existen allí, así como los problemas con los que tienen que enfrentarse al emprenderlas.

En el estudio y análisis culturales, los gerentes vuelven a considerar el país o la región internacional señalada. Procuran determinar hasta qué punto influyen la geografía, la historia, las instituciones sociales, las creencias, los conceptos, los valores, la estética, las condiciones de vida y el idioma de un país o región en los negocios, y qué medidas se deben tomar para adaptarse a esa realidad cultural en sus planes. El análisis de la Tabla 12-2 (página 345) resume algunos factores culturales generales del mundo hispánico que deben considerar los jefes de empresa.

La investigación cultural complementa el análisis económico de la situación actual de la región o del sector señalado. Describe la estructura, la organización y las características físicas, sociales, políticas y lingüísticas de dicha división, y proporciona datos sobre su historia, sistema legal, arte e ideas. También indica directa o indirectamente las oportunidades comerciales e industriales que existen, y los problemas que podrían surgir al intentar realizarlas.

En el caso del mundo hispánico, la investigación cultural destaca la variedad geográfica, social, política y lingüística de la región, así como la importancia de

Tabla 12-1

Análisis económico del mundo hispano

Demografía	Población joven; alto índice de natalidad; más mujeres que hombres; más rural en Centroamérica, el Caribe y al interior de Sudamérica; clase media en los países más urbanizados, pequeña clase alta; clase baja muy grande; mucha pobreza
Estadísticas y realidad económica	PIB y renta por habitante comparativamente bajos, pero en aumento; sistemas arancelarios e impositivos a menudo rígidos; concentración de riqueza en pocas manos; economías desarrolladas o en vías de desarrollo; dependencia de recursos naturales, extracción de minerales y el sector agrícola; necesidad de reforma agraria; grandes deudas internacionales; inestabilidad de divisas; altas tasas de inflación, desempleo y subempleo; algunas tentativas hacia la liberalización y privatización; pobreza persistente, especialmente en los grupos indígenas y afrolatinos y las mujeres
Tecnología y sistema de pesos y medidas	Falta de técnicos y de tecnología avanzados; uso general en Hispanoamérica del sistema métrico y la escala centígrada (véase el Apéndice 3, página 461)
Sistema de distribución	Modos tradicionales de distribución (mayoristas, detallistas, agentes); mercados ambulantes en zonas rurales; cantidad y calidad desigual de modos de transporte; problemas de desarrollo de infraestructura transportista; escasez de carreteras pavimentadas
Conducta en la compra	Varía de clase a clase, con mayores compras diarias de primera necesidad; más compradoras (mujeres); uso del regateo (negociación de precio) en muchos lugares; tendencia de lealtad hacia marcas ya conocidas
Medios publicitarios	Periódicos, revistas, impresos, radio, televisión e internet en zonas urbanas y países desarrollados; varían según el nivel de enseñanza (analfabetismo) de la población
Estructuración de precios y de salarios y sueldos	Varían de país a país de acuerdo al costo de vida o de subsistencia en cada país; mano de obra comparativamente mal pagada en muchos países; problemas persistentes de alta inflación e hiperinflación
Leyes mercantiles, tratados, aranceles aduaneros y otros impuestos	Varían de país a país y según los diversos tratados económicos vigentes (TLCAN, Pacto Andino, MCCA, MERCOSUR); datos disponibles en las embajadas, los consulados y las cámaras de comercio, así como en los códigos nacionales de cada país (véase la Tabla 3-1, página 82)

conceptos como la familia, el honor, la posición socioeconómica y los papeles tradicionales del hombre y de la mujer. Al mismo tiempo, la investigación cultural muestra que la abundancia de materias primas favorece la actividad agrícola y los proyectos extractivos, mientras que la falta de oportunidades educacionales y el alto índice de analfabetismo impiden un mayor desarrollo industrial, tecnológico y técnico. Además, este análisis cultural, junto con la investigación económica (cuyas fuentes pueden ser bancos, cámaras de comercio, misiones comerciales, embajadas y consulados, agentes, libros de consulta, revistas, el internet, etc.), ofrece una vista panorámica, no sólo del sector o de la región señalados, sino que trata de la cuestión de riesgo, preocupación

Tabla 12-2

Análisis cultural del mundo hispano

Medio ambiente	Gran variedad topográfica y climática, abundancia de materias primas y vías navegables; falta de infraestructura de transportes y buenos sistemas de carreteras pavimentadas
Historia	Mezcla de civilizaciones (romana, árabe, mediterráneas, europeas, indígenas, africanas); conquista, independencia; guerras de independencia y guerras civiles; caciquismo y gobiernos militares; lento desarrollo industrial y socioeconómico; poscolonialismo
Elementos sociales	Heredados de los iberos, árabes, europeos, indígenas y africanos; mezcla de razas (mestizo, mulato, zambo) y grupos étnicos; importancia e intimidad de la familia nuclear y de la extensa; compadrazgo; nepotismo y «palanca»; papeles sexuales tradicionales (machismo); regionalismo (patria chica)
Organización social	Gente sociable y simpática; grandes diferencias de clase social; importancia del estatus social, el honor y el buen nombre de familia, el respeto hacia el individuo y su dignidad como ser humano
Enseñanza	Importancia de la enseñanza; buenos sistemas escolares y universitarios; educación universitaria no asequible a todos; alto índice de analfabetismo, especialmente en la clase baja y entre los indígenas
Sistema político y legal	En su mayoría, repúblicas con dictaduras intermitentes; variedad de partidos; falta de estabilidad política; leyes y acuerdos comerciales a menudo rígidos y complejos; conflicto entre el caudillismo militar y la democracia, y entre el capitalismo y el socialismo marxista
Creencias y filosofía	Mezcla y variedad de creencias (españolas, europeas, indígenas, africanas); conceptos tradicionales del honor y el tiempo; individualismo, trato personal y deseo de crear y mantener lazos sociales; predominio del catolicismo, aunque con influencias indígenas y africanas; aumento del evangelismo protestante; santería y vudú (en algunas partes), importancia de la superstición para muchos
Estética	Gran propensión a lo artístico: literatura, música, baile y folklore basados en tradiciones españolas, criollas, indígenas y africanas
Condiciones de vida	Gran variedad de dietas alimenticias, vivienda y diversiones, según grupos socioeconómicos y étnicos
Idioma	Predomina el español como lengua oficial, con cierta tendencia regionalista en el uso (gran variedad de acentos y dejes); gran variedad de lenguas indígenas (a veces sirven de lengua oficial también) y de otros idiomas europeos

de todo gerente. El mundo hispánico, con su larga historia de agitación política que influye en todos los aspectos económicos, pero especialmente en la estabilidad de las divisas nacionales y en su tipo de cambio respecto a otras monedas nacionales, puede crear un riesgo para cualquier empresa o proyecto comercial e industrial. ¿Cómo pueden evitar los directores de una firma tal situación perjudicial? Pueden elaborar un plan de acción.

PARA PENSAR

La entrada en los mercados hispanos presupone que el hombre o la mujer de negocios viajará a los países con los cuales desea establecer o mantener relaciones comerciales. Al llegar a un país hispano, es muy posible que en algún momento decida alquilar un carro o coche, con lo cual se entra también en el aspecto cultural de la señalización vial, un encuentro con la semiótica de las señales de tráfico o tránsito de otra cultura. Conducir en otro país puede ser una experiencia estresante. El/La estadounidense hallará, por ejemplo, que la práctica de mantenerse estrictamente en los carriles, no cortar el paso a otros conductores sin indicarlo y la proxémica (distancia entre los vehículos) es muy diferente en las carreteras y las calles de España e Hispanoamérica, donde los carros casi se tocan al seguir otro ritmo de conducción y otras «reglas» del baile vial.

También, como se ve en los siguientes ejemplos, algunos de los carteles o señales pueden ser bastante diferentes de los que se encuentran en EUA. (Los ejemplos son de España, México, Argentina, Uruguay y del *U.S. Department of Transportation*.)

FUENTES: www.dot.gov; www.seguridadvial.org.ar/senales.htm; www.pallotti.edu.uy/transito/senales_de_transito.htm; www.montevideo.gub.uy/transito/reglamentaria.htm; www.sitographics.com/enciclog/trafico/entrada.html; www.autosdecalle.com.ar/senales.htm; http://www.jfaltasescobar.gov.ar/senales.htm.

1. Parar o detenerse (el cartel o la señal que se usa en España es «Stop», igual que en EUA), pare. 2. Stop, pare. 3. Ceder el paso si se aproxima otro vehículo. 4. Contramano. 5. Prohibido seguir de frente o adelante. 6. Se permite estacionar. 7. Prohibido estacionar. 8. Termina zona de prohibido estacionar (se puede estacionar desde este punto en adelante). 9. Prohibido estacionar y detenerse (para subir o bajar carga o personas). 10. Velocidad máxima permitida. 11. Velocidad máxima de 60 kilómetros por hora. 12. Velocidad mínima de 30 kilómetros por hora. 13. Fin de restricción de 50 kilómetros por hora. 14. Conserve su derecha, circule por la derecha. 15. Prohibido rebasar o adelantar a otro vehículo. 16. Fin de restricción de rebasar o adelantar a otro vehículo. 17. Prohibido tocar la bocina o el claxon. 18. Desviación, prohibido proseguir por esta calle o carretera. 19. Tope (México), guardia tumbado (España), policía acostado (Colombia), lomo de burro (Río de la Plata) o muerto (Costa Rica). 20. Cruce de ferrocarril.

1. ¿Qué significan los carteles 1 (Argentina, Uruguay, etc.), 2 (México) y 3 (universal)?
2. ¿Qué quieren decir las señales 4 y 5?
3. ¿Qué indican las señales 6–9 respecto del estacionamiento o detenimiento de un vehículo?
4. ¿Cómo debemos interpretar los carteles 10–13, referente a las velocidades máximas y mínimas? Convierta los kilómetros en millas por hora.
5. ¿Qué prohíben y permiten los carteles 14–16 en cuanto a los carriles (o las calzadas) y el rebasar o no rebasar (adelantar o no adelantar)?
6. ¿Qué prohíbe la señal 17? ¿Cómo se traduce la 18 al inglés? ¿Y qué indican las señales 19 y 20 en México?
7. ¿Qué otros carteles o señales de tránsito existen en España e Hispanoamérica? Busque cinco más en internet.
8. ¿Qué detalles incluiría Ud. en el contrato al alquilar un carro en un país extranjero? ¿Cuánto costaría el alquiler de un carro por cinco días en México? ¿En España? ¿En Argentina? Busque la información en internet, e incluya el precio del seguro, la gasolina y el peaje para un recorrido de 300 kilómetros en autopistas.

PASO 2: Elaboración de un plan de acción. Un buen plan de acción les proporciona a los gerentes las estrategias que necesitan para entrar con éxito en los mercados internacionales. Para formularlo, los directores de la empresa, especialmente los jefes de marketing, fijan objetivos. Los basan tanto en la meta principal de la empresa (la oferta de bienes y servicios para satisfacer las necesidades o los deseos de sus clientes con fines de lucro) como en los resultados de las investigaciones económicas y culturales. La entrada al mercado internacional generalmente tiene tres formas: la exportación indirecta, la exportación directa y la producción y venta en el extranjero.

1. **Exportación indirecta.** Los productos o servicios de una empresa se venden en el exterior pero por medio de otros, por ejemplo, las compañías mercantiles o de exportación u otras firmas de producción o servicios. A menudo una empresa se sirve de los servicios de los agentes o expedidores de fletes, los cuales se pueden contactar en ferias mercantiles o por medio de las cámaras de comercio, los consulados o las embajadas.
2. **Exportación directa.** La empresa misma se empeña en la comercialización exterior. Ésta emprende la investigación económico-cultural, la distribución y la estructuración de precios. A la vez se pone en contacto con representantes extranjeros, los cuales pueden ser agentes, distribuidores independientes o vendedores de la empresa ubicados en el exterior.
3. **Producción y venta en el extranjero.** A diferencia de los métodos anteriores, que se basan en bienes y servicios producidos en el país de origen, este tipo de exportación se basa en la venta de productos hechos en el extranjero. Por motivo de los altos costos de la producción nacional, del transporte, o debido a una política económica y a leyes arancelarias desfavorables del país

importador, muchas empresas manufacturan en el exterior para poder vender allí. Logran esto por los siguientes medios:

- plantas de ensamblaje (maquiladoras)
- contratos de fabricación según los cuales otra compañía realiza la producción de los bienes
- licencias que les permiten a las empresas extranjeras elaborar y vender los bienes fabricados
- negocios en participación, es decir, entre una empresa del país de origen y otra extranjera
- fusión con una empresa extranjera
- establecimiento de una fábrica, la cual es propiedad exclusiva de la empresa matriz extranjera

Cada uno de estos modos de exportación tiene sus ventajas, especialmente con respecto a la comercialización y la venta. En los países hispánicos son muy comunes las licencias para producir y vender, aunque el método que adopta una empresa depende tanto de su situación interna como de la del país extranjero.

Una vez fijados los objetivos de comercialización y adoptado un método de exportación, los gerentes elaboran un plan de acción (Tabla 12-3). Como indica el plan, la comercialización internacional es un proceso complejo debido a los distintos factores que tienen que estudiarse. Se complica aún más al tener en cuenta el factor manufacturero, el cual incluye toda una serie de consideraciones técnicas y laborales. Una vez trazado el plan de acción, los jefes de marketing y de ventas pueden implementarlo.

PASO 3: Ejecución del plan de acción. La ejecución del plan de acción se realiza cuando los jefes de marketing y de ventas cumplen con los siguientes requisitos:

1. estudiar y analizar los resultados de la investigación económico-cultural; poder comunicarse en la lengua oficial del país donde se piensa comerciar e informarse sobre sus características culturales
2. preparar y enviar todos los papeles y documentos necesarios para realizar las metas de comercialización
3. comunicarse con los distribuidores, agentes, funcionarios y otros intermediarios que puedan ayudar a lograr los objetivos
4. hacer los preparativos para viajar o vivir en el país
    - conseguir los documentos requeridos para la estancia o residencia
    - conseguir las guías e informarse sobre las costumbres y la vida diaria en el país
5. emprender negociaciones para realizar las metas de comercialización
    - adoptar una actitud siempre cortés y honrada
    - comprender y respetar las diferencias culturales
    - estar bien preparados para las citas y las reuniones: tener los datos y los consejeros y, si es preciso, usar un intérprete o traductor profesional de confianza
    - intentar controlar la discusión y persuadir con diplomacia; hacer concesiones
    - firmar los contratos; ser flexibles si hay cambios posteriores; consultar con abogados y otros especialistas

Tabla 12-3

Plan modelo de comercialización

I. Justificar la comercialización internacional
II. Examinar la situación general de la compañía
III. Identificar los mercados
IV. Hacer la investigación económico-cultural de los mercados
   • Estudiar los aranceles aduaneros, los acuerdos comerciales y políticos, el sistema legal, el tipo de cambio y el sistema de medidas
V. Volver a examinar los objetivos empresariales
VI. Elegir el modo de entrar en los mercados
   • Costos y otras consideraciones de fabricación (personal, cuestiones legales y laborales, etc.) si se opta por producir en el país extranjero
VII. Analizar los productos y los mercados
   A. Evaluar los productos según la perspectiva extranjera
      • Identificar problemas y adaptación de productos
   B. Examinar los mercados
      • Analizar los mercados para los productos
         a. Investigar las características culturales y los motivos de compra de los usuarios
         b. Planear la distribución, los precios y la publicidad
      • Evaluar a los competidores
      • Calcular el tamaño de los mercados y el volumen de ventas
VIII. Especificar la estrategia de comercialización
   A. Determinar los objetivos de comercialización
   B. Describir los productos o servicios que se venden
   C. Establecer los precios de los productos y servicios
   D. Precisar el tipo y los medios de promoción
   E. Indicar los medios de transporte, distribución y pago
IX. Preparar el presupuesto de comercialización
X. Hacer recomendaciones y expedir la documentación y correspondencia necesarias

6. mantener buenas relaciones con la casa matriz, así como con los habitantes, homólogos, colegas y trabajadores del país anfitrión

Se han expuesto en este capítulo los pasos fundamentales que necesita realizar la empresa para entrar en el mercado internacional. Como es sabido, muchas compañías, tanto las PYMEs como las grandes corporaciones, ya se han internacionalizado de una de las maneras descritas anteriormente. Lo que no se ha dicho, sin embargo, es que muchos países, tanto los más desarrollados como los que están en vías de desarrollo, han firmado pactos o acuerdos comerciales entre sí. El más conocido e importante durante una época fue el AGAAC (Acuerdo General sobre Aranceles y Comercio) o *GATT* (*General Agreement on Tariffs and Trade*), creado en 1948, que fijaba las reglas para el comercio internacional. Hoy el organismo más importante es la Organización Mundial del Comercio (OMC), creada por La

Tabla 12-4

Algunos pactos y acuerdos económicos del mundo hispano

Tratado	Acrónimo o sigla en español (inglés)	Países
Asociación Latinoamericana de Integración (*Latin American Integration Association*)	ALADI (*LAIA*)	Argentina, Bolivia, Brasil, Chile, Colombia, Ecuador, México, Paraguay, Perú, Uruguay, Venezuela
Mercado Común Centroamericano (*Central American Common Market*)	MCCA (*CACM*)	Costa Rica, El Salvador, Guatemala, Honduras, Nicaragua
Mercado Común del Sur (*Common Market of the Southern Cone*)	MERCOSUR (*CMSC*)	Argentina, Brasil, Paraguay, Uruguay (Chile y Bolivia son observadores)
Pacto Andino (*Andean Pact*)	PA (*AP*)	Bolivia, Colombia, Ecuador, Perú, Venezuela
Tratado de Libre Comercio de América del Norte (*North American Free Trade Agreement*)	TLCAN (*NAFTA*)	Canadá, Estados Unidos, México

NOTA: Véase la Tabla 3-1 de la página 82 para más detalles.

Ronda Uruguaya el 1° de enero de 1995, como «la única organización internacional que se ocupa de las normas que rigen el comercio entre los países» y cuyo objetivo «es ayudar a los productores de bienes y servicios, los exportadores y los importadores a llevar adelante sus actividades» (www.wto.org). También, cada región geográfica del mundo tiene sus propios tratados mercantiles. En el mundo hispano figuran los de la Tabla 12-4 entre los más importantes.

Para completar este cuadro mercantil sólo falta señalar de nuevo los países que forman el mundo económico hispanoparlante, como se hace a continuación. Precisa decir que, aunque EUA es un país cuya lengua oficial es el inglés, se incluye aquí por tener la cuarta población hispanoparlante más grande del mundo y por tener bajo su dominio político a Puerto Rico, Estado Libre Asociado de más de 3.7 millones de habitantes cuya lengua materna y oficial es el español.

Región geográfico-económica	Países hispanoparlantes
Europa	España
América del Norte (Norteamérica)	Estados Unidos, México
Caribe	Cuba, Puerto Rico, República Dominicana

América Central (Centroamérica)	Costa Rica, El Salvador, Guatemala, Honduras, Nicaragua, Panamá
América del Sur (Suramérica, Sudamérica)	Argentina, Bolivia, Chile, Colombia, Ecuador, Paraguay, Perú, Uruguay, Venezuela
África	Guinea Ecuatorial

12-2 Actividades

1. **¿Qué sabe Ud. de negocios?** Vuelva a las *Preguntas de orientación* que se hicieron al principio del capítulo y a la pregunta que acompaña la foto y contéstelas en oraciones completas en español.

2. **¿Qué recuerda Ud.?** Indique si las siguientes oraciones son *verdaderas* o *falsas* y explique por qué.

   a. Los errores transculturales no son muy frecuentes en el comercio internacional.

   b. Muchas compañías entran al mercado internacional para mejorar su capacidad de competir con otras empresas de la misma clase.

   c. En el mundo hispano generalmente se usa el mismo sistema de medidas que en EUA.

   d. Lo que caracteriza a los países hispanos es su homogeneidad geográfica, racial, social y artística, así como una tendencia a personalizar las relaciones sociales.

   e. Las investigaciones económico-culturales indican tanto las posibilidades como las dificultades de comercialización.

   f. La exportación directa es el único método disponible para entrar a un mercado internacional.

   g. El aspecto menos importante de un plan modelo de acción es el estudio de la situación arancelaria y monetaria del país.

   h. Si uno ya habla español, no es necesario tener un intermediario extranjero para facilitar los trámites de comercialización.

3. **Exploración.** Haga los siguientes ejercicios, usando sus conocimientos y opiniones personales.

   a. ¿Qué evitaría hacer Ud. si quisiera comercializar con éxito en el extranjero?

   b. ¿Qué elementos serían importantes para Ud. al buscar un puesto en una empresa internacional?

   c. ¿Cómo estructuraría Ud. un estudio económico-cultural de un país hispánico?

   d. ¿Qué método recomendaría Ud. para entrar a un mercado extranjero? ¿Por qué?

   e. ¿Por qué cree Ud. que es necesario tener un plan de comercialización? Elija un país hispano y describa lo que tendría que hacer para llevar a cabo tal plan.

   f. ¿Cómo se relacionan los dichos al principio del capítulo con los temas tratados? Tradúzcalos del inglés al español y viceversa.

12-3 **A**l teléfono

1. Lea las siguientes preguntas. Después escuche atentamente la conversación telefónica del Capítulo 12 en el CD que acompaña el texto de *Éxito comercial* y conteste las preguntas. Puesto que la comprensión auditiva es una destreza comunicativa sumamente importante, se recomienda escuchar el CD varias veces.

   a. ¿Cómo se conocen los Sres. Patterson y Campagna?
   b. ¿Qué le envió Patterson a Campagna?
   c. ¿Qué le parece a Campagna la propuesta de Patterson de ser el representante exclusivo?
   d. ¿Viaja sólo el Sr. Patterson y qué dice el Sr. Campagna al respecto?
   e. ¿Qué preparativos de viaje le recomendaría al Sr. Patterson?

2. Basando sus comentarios en la conversación telefónica del ejercicio anterior, haga la siguiente llamada telefónica a otro/a estudiante de la clase. Cada persona deberá participar activamente en la conversación. Si necesita ayuda con esta actividad, véase el Apéndice 1, *Protocolo telefónico*, página 455.

   Usted es el Sr. Gonzalo Campagna, de Argentina, y ha recibido una recomendación de Wright Patterson, el representante de Computrade, de EUA, sobre las fechas para su visita de una semana a Argentina en julio. Llame al Sr. Patterson con las ideas que Ud. ha planeado para la estancia de Patterson en Buenos Aires, Córdoba y Mendoza (hoteles, importantes ciudades/mercados, lugares interesantes para visitar en su país, etc.). Trate de convencer a Patterson que traiga también a su familia.

3. Haga la siguiente llamada telefónica a otro/a estudiante de la clase. Cada persona deberá participar activamente en la conversación. Si necesita ayuda para esta actividad, véase el Apéndice 1, *Protocolo telefónico*, página 455.

   Ud. recibe una llamada telefónica del/de la agente comprador/a de una empresa brasileña que vive en Córdoba, Argentina, a consecuencia de la exposición de productos de software que la compañía de Ud. ha hecho en una feria comercial que tuvo lugar en São Paulo. El/La agente, quien habla portugués y español, le pide su catálogo y la lista de precios, y quiere concertar una cita para hablar de sus productos.

12-4 **N**avegando el internet

Para hacer este ejercicio del presente capítulo, visite la página web del libro http://exito.heinle.com.

12-5 Ejercicios de vocabulario

Si le es necesario, consulte la *Lectura comercial* o la lista de vocabulario al final del capítulo para completar estos ejercicios.

1. **¡A ver si me acuerdo!** Microsoft lo/la envía a usted a Argentina para establecer una relación comercial con el mayor distribuidor de computadoras de Córdoba. Usted quiere impresionar a los directores de la empresa argentina, sobre todo hablando español. Sin embargo, se le olvidan a usted los siguientes términos en español. Un/a compañero/a lo/la ayuda a recordarlos al pedirle a usted que se los traduzca.

   a. *competitiveness*
   b. *cross-cultural*
   c. *environment*
   d. *consulate*
   e. *details*

   f. *license*
   g. *chamber of commerce*
   h. *trade fair*
   i. *tariff*
   j. *exchange rate*

2. **¿Qué significan?** Usted ha aprendido algunas nuevas palabras para los negocios internacionales. Sin embargo, no sabe exactamente lo que significan ciertos términos que se usan frecuentemente en el comercio internacional. Decide consultarlos con un/a colega. Pídale a un/a compañero/a de clase que le explique los siguientes términos y que le dé algunos sinónimos si puede.

   a. libre comercio
   b. traba
   c. arancel aduanero
   d. embajada
   e. consulado

   f. oferta
   g. demanda
   h. capitalización
   i. hiperinflación
   j. traductor

3. **Entrevista profesional.** Usted quiere aclarar algunos detalles sobre la entrada en los mercados internacionales porque ha podido conseguir una entrevista para un puesto de ventas internacionales. Usted desea ensayar la entrevista en español y le pide a un/a compañero/a de clase que le haga las siguientes preguntas. En el caso de que no pueda contestar alguna pregunta, su compañero/a lo/la ayudará. No olviden el protocolo ni las cortesías.

   a. ¿Cuáles son las diferencias entre la exportación directa y la indirecta?
   b. ¿Cuáles son algunos de los pasos estratégicos para la comercialización internacional?
   c. ¿Por qué se hace un presupuesto de comercialización?
   d. ¿Qué le aconsejaría a una empresa que piensa entrar por primera vez en el mercado hispanoamericano?
   e. ¿Qué tipo de ayuda pueden ofrecer las cámaras de comercio a alguien que desea vender sus productos en un país hispanoparlante?

4. **Traducciones.** A continuación leerá algunos consejos acerca de cómo prepararse para hacer los negocios en el extranjero. Tradúzcalos al español para una presentación que tiene que hacer en español.

   a. *International managers who want to do business with a Spanish-speaking country must know something about its history and culture.*

   b. *They can inform themselves by: (1) reading guides and other books; (2) surfing the internet; (3) talking to people who have been there; or (4) contacting the country's embassy, consulate, or chambers of commerce located in the foreign country.*

   c. *They also need to plan and execute strategies that will enable their companies to penetrate foreign markets.*

   d. *There are many ways to market abroad—through various types of media and publicity, trade fairs, etc.—and the preparations for such activities are extremely important.*

   e. *If business people would follow these suggestions, they would contribute much to cross-cultural understanding as well as profit by it.*

Una vista panorámica de Argentina

Nombre oficial:	República Argentina
Gentilicio:	argentino/a
Capital y población:	Buenos Aires: 12,000,000 (metro); 3,000,000 (ciudad)
Sistema de gobierno:	República
Jefe de Estado/Jefe de Gobierno:	Presidente Néstor Kirchner
Fiesta nacional:	9 de julio, Proclamación de la Independencia (1816: de España)

Argentina

Geografía y clima

Área nacional en millas²/ kilómetros²	Tamaño (comparado con EUA)	División administrativa	Otras ciudades principales	Puertos principales	Clima	Tierra cultivable
1,068,286 m²/ 2,766,890 km²	El tamaño de la zona de EUA al este del Río Misisipí	Un distrito federal y 23 provincias	Córdoba, Rosario, Mar del Plata, Mendoza	Buenos Aires, Bahía Blanca, La Plata	Mayormente templado, sub-tropical en el norte, árido en el sureste, sub-antártico en el suroeste	9%

Demografía

Año y población en millones			% urbana	Distribución etaria		% de analfa-betismo	Grupos étnicos
2005	2015	2025		<15 años	65+		
39.5	43	46	89%	31%	9%	2.9%	97% blanco europeo, 3% mestizo, amerindio y otro

Economía y comercio

Moneda nacional	Tasa de inflación 2001	N° de trabajadores (en millones) y tasa de desempleo	PIB 2002 en millones $EUA	PIB per cápita $EUA	Distribución de PIB y de trabajadores por sector*			2001 Exporta-ciones en millones $EUA	2001 Importa-ciones en millones $EUA
					A	I	S		
El peso	1%	14/12%	$391,000	$7,460	5% 7%	28% 13%	66% 80%	$26,700	$20,300

*Para distribución del PIB y de los trabajadores (mano de obra): A = agricultura, I = industria, S = servicios (y gobierno).

Recursos naturales: Las pampas (llanuras fértiles), plomo, cinc, estaño, cobre, hierro, manganeso, petróleo, uranio.

Industrias: Procesamiento de alimentos, automóviles, textiles, refinación de petróleo, maquinaria y equipo, hierro, productos químicos y petroquímicos.

Comercio

Productos de exportación: Cereales, pienso, vehículos de motor, petróleo crudo, hierro manufacturado.

Mercados: 26.5% Brasil, 11.8% EUA, 10.6% Chile, 3.5% España, 47.6% otros países.

Productos de importación: Vehículos de motor y piezas, productos químicos orgánicos, equipo de teleco-municaciones, plásticos.

Proveedores: 25.1% Brasil, 18.7% EUA, 5% Alemania, 4.6% China, 46.6% otros países.

Horario general de comercio: De lunes a viernes, desde las ocho o nueve de la mañana hasta las ocho de la noche. A veces se cierran las tiendas desde el mediodía hasta las tres o las cuatro de la tarde.

Transporte y comunicaciones

Kilómetros de carreteras y % pavimentadas	Kilómetros de vías férreas	Nº de aeropuertos con pista de aterrizaje pavimentada	N° de líneas telefónicas	Radios por mil personas	Televisores por mil personas
215,471/29.3%	34,463	145	8,009,400	681	293

Idioma y cultura

Idiomas	Religión	Comidas y bebidas típicas/Modales
Español (oficial), inglés, italiano, alemán, francés	90% católico (nominal-mente), 2% protestante, 2% judío, 6% otro	¡Carne de res, carne de res y más carne de res! En Argentina se come más carne por persona que en cualquier otro país del mundo: asado, bife de chorizo, bife de lomo, parrillada mixta, empanadas, etc. También se consume locro, dulce de leche, vino, hierba mate. Se come usando el estilo europeo, con el tenedor en la mano izquierda y el cuchillo en la derecha. Mantener las manos, no los codos, sobre la mesa al comer. No usar mondadientes de manera obvia, no sonarse la nariz ni aclararse la garganta durante la comida.

Horario normal del almuerzo y de la cena: Mediodía o la una de la tarde para el almuerzo; sobre las nueve para la cena.

Gestos: Espacio físico reducido entre las personas que conversan; a veces se toca el hombro o el antebrazo de la otra persona al hablar. Muchas veces los conocidos se dan un abrazo al saludarse o para las mujeres, un beso en la mejilla. Pararse con los brazos en jarras puede interpretarse como enfado o como un desafío directo. Rozarse la barbilla o el mentón con las uñas y la mano con la palma hacia el cuerpo significa que uno no sabe la respuesta, que no sabe o que no le importa algo. El gesto de «*hook'em horns*» (un puño con el dedo índice y el meñique extendidos con la palma hacia afuera) es el gesto del cornudo, significa que «su esposo o esposa lo/la está engañando». La mano extendida con la palma hacia abajo y movida de lado a lado indica «así así». Se considera maleducado pasar entre dos personas que conversan y, si es necesario hacerlo, uno se disculpa diciendo «con permiso».

Cortesía: En un primer encuentro o en una reunión formal, es común dirigirse a la otra persona usando su título profesional (doctor, profesor, ingeniero, etc.). Durante el saludo, darse la mano con un apretón firme (pero no excesivamente fuerte como el de John Wayne en las películas). Cuando se llega a una reunión o a una fiesta, se saluda a cada persona presente y también se despide uno de cada individuo al marcharse. Mantener el contacto visual con la persona a la cual se habla (mirar a los ojos), pues indica interés y sinceridad. Quitarse el sombrero o la gorra dentro de un edificio. Cuando se visita la casa de alguien para comer o cenar, traer para los anfitriones un regalito como flores, chocolates o una buena marca de whisky. Ojo con regalarle a alguien un cuchillo; pues puede interpretarse como ruptura de las buenas relaciones con esa persona.

LA ACTUALIDAD ECONÓMICA ARGENTINA

La población de Argentina es mayormente europea y urbana, con unos doce millones de habitantes residentes en el área metropolitana de Buenos Aires. El hecho de que la Argentina tenga una de las clases medias más grandes de toda Hispanoamérica, se debe a varios factores, pero en especial a las inmigraciones de profesionales, comerciantes y artesanos de Europa, así como a las inversiones de capital extranjero. En su manera de vivir y pensar se nota la fuerte influencia cultural, y hasta cierto punto, aristocrática, de Francia, España e Italia: cierto formalismo y preocupación por el estatus social y una inclinación al arte, la música, la literatura, el buen vestir, los deportes y la buena vida. Este aburguesamiento ocurrió a mediados del siglo XIX y sustituyó a lo que tipificaba el país hasta entonces, es decir, la tradición gauchesca: la vida, costumbres e ideología de los hombres que criaban el ganado mayor en la Pampa. El gaucho se parece al «*cowboy*» de los EUA.

Hasta 1940, Argentina era uno de los países hispanos más prósperos del mundo. Gozaba de uno de los PIB y renta por habitante más altos de Hispanoamérica, y su sector agrícola era uno de los más productivos y rentables de todo el hemisferio occidental. Además, su alto nivel de vida era la envidia de muchos países del mundo. A partir de la Segunda Guerra Mundial, sin embargo, esta situación empezó a cambiar.

En primer lugar, durante la presidencia de Juan Perón (1946–55), quien les había prometido salarios más altos y seguro social a los obreros y había puesto a su esposa Eva en el cargo de directora de relaciones laborales, hubo mucha persecución de la prensa y de las clases medias y altas. En 1955 un golpe de estado iniciado por todas las divisiones de las fuerzas armadas forzó al General Perón a huir del país e inició un persistente control de juntas militares en Argentina. El partido peronista ganó las elecciones en 1973 y Perón volvió a ser Presidente en 1974. Después de su muerte en 1975, la inflación en Argentina llegó a un 300%, dando paso a otra junta militar bajo el general Jorge Videla, e iniciando una violenta época llamada la Guerra Sucia (1976–82). Durante ese periodo desaparecieron miles de ciudadanos. En 1982 Argentina le declaró la guerra a Inglaterra sobre las Islas Malvinas (*Falkland Islands*), y después de su catastrófica derrota, el país regresó a un gobiero civil debido a la indignación causada por la guerra.

En segundo lugar, varios factores habían dañado la economía argentina: la mala administración de las empresas nacionales o estatales, que controlaban gran parte del sector industrial; la creciente deuda internacional, la inflación continua, la devaluación de la divisa, el cambio del peso al austral (en 1992 la divisa del país volvió a ser el peso); la huida de capital y una política nacional que oscilaba entre la reforma y la represión. La economía argentina experimentó bajas severas de producción, rentas y empleo en todos los sectores. La situación se empeoró tanto que en 1989 las clases baja y media se rebelaron y saquearon y robaron tiendas en busca de artículos de primera necesidad.

En 1989 el gobierno del presidente Carlos Menem intentó y, hasta cierto punto logró, cambiar la realidad económica del país. Por medio de una serie de leyes y medidas, se emprendieron reformas que han mejorado, por lo general, la situación material del país. En el sector empresarial, se han privatizado más de 200 compañías nacionales, en especial las de energía, y se ha impulsado a los empresarios privados a ser más agresivos en cuanto a la capitalización de sus empresas. También se empezó a modernizar la infraestructura nacional al proporcionar fondos para la construcción de nuevas autopistas de peaje y se concedió incentivos económicos a compañías de flete para extender sus operaciones nacionales.

Con respecto a los sectores productores y de finanzas, en los años noventa el gobierno se afanó particularmente en poner en vigor leyes y firmar acuerdos que fomentaron y aumentaron la productividad y rentabilidad de muchas industrias e instituciones bancarias y bursátiles. Por otra parte, el gobierno firmó un pacto comercial, MERCOSUR, con otros países del Cono Sur (Brasil, Paraguay y Uruguay) para eliminar las trabas al libre comercio regional, y comenzó a participar activamente en la Organización de Estados Americanos (OEA), especialmente en cuestiones económicas. Debido a estos esfuerzos, el producto nacional bruto argentino se incrementó a un ritmo del 7% anualmente en los noventa, la inversión directa extranjera superó los cuatro mil millones de dólares en 1994 y las exportaciones, así como las industrias automotriz y de hostelería, crecieron. Este éxito se debió en gran parte a la medida iniciada por el gobierno argentino de vincular (*to peg*) el valor del peso al dólar, lo cual no sólo redujo la tasa de inflación de más de 2,000% antes de 1989 a 5% en 1995, sino que creó una trayectoria inversionista y económica favorable.

A partir de 1997, Argentina, lo mismo que los demás países de Latinoamérica, empezó a experimentar de nuevo una pequeña recesión en los sectores económicos. Esto se debió a la crisis financiera mundial que cambió el parecer de los inversionistas y los convenció de no invertir más capital en los países en vías de desarrollo hasta que éstos reformaran su infraestructura y estabilizaran su economía, especialmente respecto de la política crediticia de los bancos. (En Argentina los bancos tendían a prestar dinero al gobierno y a las grandes empresas en vez de a las PYMEs que contratan a la mayoría de los trabajadores.) Descendieron tanto la productividad y el desarrollo del país que el gobierno argentino, desesperado frente a la recesión que afectaba al país, procuró adoptar una política proteccionista. Ésta fue rechazada por los otros miembros de MERCOSUR y Argentina tuvo que abandonarla. Sin nuevas inversiones, para hacer frente a la crisis se tomaron otras medidas como el recorte de los programas estatales de los cuales dependían muchos ciudadanos. Como se puede imaginar, se opusieron a estas reformas muchos argentinos, quienes en las elecciones presidenciales de 1999 votaron en contra del partido en el poder y eligieron a Fernando de la Rúa, quien heredó una economía con más de mil millones de dólares de deuda pública. Al año siguiente hubo huelgas y manifestaciones debido a nuevos impuestos y a una baja en el precio de las exportaciones de carne. A pesar de una subvención de 40 mil millones de dólares del FMI, tres Ministros de Finanzas consecutivos renunciaron. Los peronistas ganaron las elecciones congresistas ese año y el presidente de la Rúa renunció en diciembre de 2001. Adolfo Rodríguez Saa fue nombrado presidente interino, pero renunció la semana siguiente. El Congreso eligió a Eduardo Duhalde, quien devaluó el peso, pero luego Argentina no pudo cumplir con un reembolso de 800 millones de dólares de deuda al Banco Mundial en 2002. Duhalde señaló elecciones para marzo de 2003 y Néstor Kirchner fue declarado presidente cuando Menem, también bajo una nube de corrupción, decidió no participar en una segunda ronda de la elección presidencial. Bajo el veterano peronista Kirchner, se inició una recuperación económica y ese mismo año el FMI anunció nuevos préstamos para Argentina, pero la pobreza continúa y no ha habido muchos beneficios para el pueblo.

Una vista panorámica de Brasil

Nombre oficial:	República Federativa do Brasil
Gentilicio:	brasileño/a
Capital y población:	Brasilia: 2,160,100
Sistema de gobierno:	República federal
Jefe de Estado/Jefe de Gobierno:	Presidente Luis Inacio «Lula» da Silva
Fiesta nacional:	7 de septiembre, Independencia (1822: de Portugal)

Brasil

Geografía y clima

Área nacional en millas²/kilómetros²	Tamaño (comparado con EUA)	División administrativa	Otras ciudades principales	Puertos principales	Clima	Tierra cultivable
3,286,486 m²/ 8,511,965 km²	Un poco más grande que EUA continental (sin Alaska y Hawai); el país más grande de América del Sur	1 distrito federal (Brasilia) y 26 estados	São Paulo, Río de Janeiro, Belo Horizonte, Salvador, Recife, Porto Álegre	Santos (São Paulo), Porto Alegre, Recife, Salvador, Belém	Tropical, cálido, húmedo en el norte en la cuenca del Río Amazonas; más templado en la altiplanicie del sur	6.3%

Demografía

Año y población en millones			% urbana	Distribución etaria		% de analfabetismo	Grupos étnicos
2005	2015	2025		<15 años	65+		
186	204	218	82%	30%	6%	16.7%	55% blanco europeo, 38% criollo, 6% africanos, 1% otros (japonés, árabe, amerindio)

Economía y comercio

Moneda nacional	Tasa de inflación 2001	N° de trabajadores (en millones) y tasa de desempleo	PIB 2002 en millones $EUA	PIB per cápita $EUA	Distribución de PIB y de trabajadores por sector*			2001 Exportaciones en millones $EUA	2001 Importaciones en millones $EUA
					A	I	S		
El real	7.7%	79/6.4%	$1,340,000	$7,600	8% 23%	36% 24%	56% 53%	$57,800	$57,700

*Para distribución del PIB y de los trabajadores (mano de obra): A = agricultura, I = industria, S = servicios (y gobierno).

Recursos naturales: Petróleo, hierro, oro, bauxita, magnesio, níquel, fosfatos, platino, uranio, árboles maderables, estaño.

Industrias: Textiles, zapatos, químicas, cemento, hierro, siderurgia, aviones, vehículos de motor y piezas.

Comercio

Productos de exportación: alimentos, automóviles, acero, productos químicos, soya, café.

Mercados: 24.4% EUA, 11.2% Argentina, 8.7% Alemania, 5.5% Japón, 5.1% Países Bajos, 3.9% Italia, 41.2% otros países.

Productos de importación: maquinaria, productos químicos, automóviles, combustible, electricidad.

Proveedores: 23.2% EUA, 11.2% Argentina, 8.7% Alemania, 5.5% Japón, 3.9% Italia, 47.5% otros países.

Horario general de comercio: De lunes a viernes, las tiendas suelen estar abiertas desde las ocho de la mañana hasta las seis de la tarde, y hasta el mediodía los sábados. Los supermercados abren todos los días. Algunos bancos y oficinas cierran desde el mediodía hasta las dos por el almuerzo. Las horas bancarias varían según la región. Se emplea un horario de 24 horas (13:00 = 1:00 P.M.).

Transporte y comunicaciones

Kilómetros de carreteras y % pavimentadas	Kilómetros de vías férreas	Nº de aeropuertos con pista de aterrizaje pavimentada	Nº de líneas telefónicas	Radios por mil personas	Televisores por mil personas
1,724,929/5.5%	31,543	665	38,810,000	434	333

Idioma y cultura

Idiomas	Religión	Comidas y bebidas típicas/Modales
Portugués (oficial), español, inglés, francés	80% católico, 20% otro (protestante, mezcla de creencias y prácticas africanas, indígenas y católicas)	Carne, pan, arroz, frijoles, queso y huevos. Los platos favoritos varían de región en región pero algunos incluyen feijoada (Río), acarajé, churrasco (Sur), moqueca, cachaça, bife a còvalo com fritas, dendê (Bahía), caipirinha, guaraná.

Horario normal del almuerzo y de la cena: El almuerzo se come normalmente al mediodía y la cena a las seis o a las siete. Una propina de un 10–15% es común.

Gestos: El uso de gestos expresivos es muy común. El gesto «OK» norteamericano se considera obsceno en Brasil. Espacio físico reducido entre las personas que conversan; a veces se toca el hombro o el antebrazo de la otra persona al hablar.

Cortesía: En situaciones formales se da la mano para saludar. Con la excepción de un hombre con otro, es común un abrazo y un beso en las dos mejillas una tras otra. Entre los jóvenes es común saludarse con solamente «Oi» (Hi). Se le dirige a un superior con los títulos formales de «Senhor» (Mr.) o «Senhora» (Mrs.), pronunciados como en español.

LA ACTUALIDAD ECONÓMICA BRASILEÑA

Brasil, un país de habla portuguesa con una población de 186 millones, es el país más poblado de América Latina y el quinto más poblado del mundo. La mayor concentración de población está en las ciudades industriales de São Paulo, Río de Janeiro y Belo Horizonte, y el crecimiento urbano ha sido enorme, ayudando al desarrollo económico pero a la vez complicando los problemas sociales, políticos y económicos en estos centros.

Hay seis grupos diferentes que se han combinado para formar una población muy diversa: (1) los portugueses que colonizaron la región en el siglo XVI y que luego trajeron a los (2) africanos como esclavos; otros grupos de inmigrantes (3) de Europa, (4) del Medio Oriente y (5) de Asia en el siglo XIX; y (6) los grupos indígenas, tupíes y guaraníes. En 1808, el Rey de Portugal, huyendo de la invasión de Napoleón y los franceses, estableció su gobierno en Brasil. Después de su regreso a Portugal en 1822, su hijo Pedro proclamó la independencia de Brasil y fue coronado emperador. El segundo emperador, Dom Pedro II, fue derrocado en 1889 y se estableció una nueva república, los Estados Unidos do Brasil. En 1967 se cambió el nombre a La República Federativa do Brasil.

Desde los primeros años de la república, la economía del país ha estado dominada por los intereses de los cafetaleros que en 1902 produjeron el 65% del café del mundo. El período democrático, que duró desde 1889 hasta 1930, terminó con el golpe militar iniciado por Getulio Vargas, cuya dictadura duró 15 años hasta su suicidio en 1945. En la segunda mitad del siglo XX, Brasil sobrevivió una serie de golpes militares que interrumpieron períodos de gobiernos democráticos. Mientras tanto, se trataba de aumentar los sectores industriales y agrícolas, desarrollar las regiones amazónicas del interior del país, y establecer y mantener la nueva capital de Brasilia, trasladada en 1964 de Río de Janeiro al interior del país. La historia económica refleja una serie de períodos de alzas y bajas y un desarrollo limitado por la hiperinflación y una alta deuda externa.

Fernando Collor de Mello fue elegido presidente en 1989 y durante la década de los noventa, la privatización y la apertura de los mercados fueron reformas radicales con las cuales el presidente intentó estabilizar las finanzas nacionales. Desgraciadamente, estas iniciativas fueron promesas incumplidas y la hiperinflación alcanzó un 1,500% en 1991, lo cual causó un escándalo sobre la corrupción que forzó al presidente a renunciar. El presidente interino, Itamar Franco, estabilizó la economía e introdujo el real como divisa nacional. En 1994 Fernando Henrique Cardoso fue elegido presidente y logró controlar la inflación. Sus intentos para combatir el latifundismo y para redistribuir la tierra entre los pobres causaron controversia. Durante su primera presidencia, Cardoso gobernó con una economía relativamente estable, atrayendo inversiones extranjeras y privatizando empresas estatales. A pesar de que el desempleo aumentó y de que la falta de distribución de la riqueza recibió críticas internacionales, el Congreso cambió la Constitución para permitir que el presidente pudiera tener un segundo mandato, el cual recibió Cardoso en las elecciones de 1998.

En el segundo mandato de Cardoso se devaluó el real, lo cual produjo una recesión muy grave. Esto, más un escándalo sobre proyectos de construcción, llevó a la elección en 2002 de Luis Ignacio Lula da Silva, minero y obrero metalúrgico y candidato del Partido de los Trabajadores. Oriundo de uno de los lugares más pobres del país, Lula creó cierta preocupación entre los críticos internacionales y los empresarios nacionales por sus tendencias izquierdistas y por su falta de preparación académica. Inicialmente, Lula pudo calmar las críticas al mantener una política fiscal tradicional y con el pago de las deudas externas e internas. El real se recuperó y el presidente subió el salario mínimo un 20%, enfatizando la necesidad de eliminar el hambre en Brasil, un país rico en recursos naturales, casi autosuficiente en su producción agrícola, con muchas industrias bien desarrolladas en comparación con otros países latinoamericanos, y un sector de servicios sofisticado y diversificado. Brasil enfrenta muchos desafíos en cuanto a la diversidad de su población y la falta de distribución de sus riquezas entre las regiones geográficas del país. Si puede controlar los intereses creados por estas diferencias, la nación tendrá un futuro económico muy prometedor y podrá ser uno de los líderes económicos de este hemisferio.

12-6 Actividades

¿Qué sabe Ud. de Argentina y Brasil?

1. A usted lo/la han contratado/a como asesor/a transcultural de negocios internacionales. Como tal, necesita informar a sus clientes sobre Argentina y Brasil, y recomendar un plan de viaje de negocios a cada país. Averigüe los datos pertinentes para poder abarcar los siguientes temas.

   a. Describa la geografía de Argentina y Brasil, incluyendo los siguientes temas: ubicación y tamaño de ambos países, capital y otras ciudades y puertos principales, división administrativa y clima. Compare el tamaño de Argentina con el de EUA. Compárelo con el tamaño del estado donde Ud. vive. Compárelo el tamaño de Brasil con el de EUA y con el del estado donde Ud. vive?

   b. ¿Cuáles son las principales características demográficas y políticas de Argentina y Brasil? ¿Quién es el jefe de estado de cada país?

   c. ¿Cuándo se celebra la fiesta nacional de cada país? ¿Qué otras fiestas públicas podrían afectar el éxito de un viaje de negocios? «(Véase Tabla 10-1, página 303.)»

   d. Describa la economía de cada país. Incluya datos sobre la moneda nacional, la tasa de inflación, el PIB y el PIB per cápita, el número de trabajadores (la mano de obra), la tasa de desempleo, los recursos naturales, las industrias nacionales, los productos que se exportan e importan, los países destinos (mercados) y proveedores (fuentes) de estas transacciones internacionales, y la balanza de comercio. ¿A cuánto está el cambio actual de cada moneda nacional con el dólar EUA? ¿Cuál fue la balanza comercial de cada país según la información en este libro? ¿En la actualidad?

   e. Compare el PIB y el PIB per cápita de Argentina y Brasil. ¿A qué factores se deben las diferencias?

f. ¿Qué producto o servicio recomendaría vender en Argentina y en Brasil? ¿Por qué?

g. Compare la infraestructura de transportes y de comunicaciones en cada país. ¿Qué ventajas o desventajas económicas presenta la geografía de Argentina y Brasil?

h. ¿Cómo han cambiado algunos de los datos presentados en las secciones de *Vista panorámica* y *Actualidad económica* de este texto? Póngalos al día para cada país.

i. Basándose en la *Actualidad económica* de cada país, ¿qué realidades, oportunidades y problemas destacaría y qué recomendaciones le daría al/a la cliente/a?

2. Usando el internet u otras fuentes informativas, prepare un plan (con presupuesto e itinerario) para usted y su jefe/a, quienes harán un viaje de negocios a Buenos Aires y a São Paulo para renegociar un acuerdo sobre las exportaciones de carne y café que reciben de Argentina y de Brasil. Saldrán del aeropuerto de la ciudad donde usted vive en este momento y estarán tres días en cada capital. Busque las verdaderas posibilidades en internet, por teléfono, en una agencia de viajes o en el aeropuerto mismo. Comuníquese en español, si es posible.

a. Fechas de ida y vuelta

b. Vuelos: aeropuertos de despegue y aterrizaje, líneas aéreas, horario; costos

c. Transporte interno que se piensa usar en cada país: taxi, autobús, carro de alquiler, metro, tren, otro; costos

d. Alojamiento y viáticos; costos

e. La comida típica que van a pedir para la cena la primera noche en cada país

f. Las formas de cortesía y los gestos que deben recordar, usar o evitar

Luego, discutan el precio actual de la carne argentina o del café brasileño por kilo y su impacto en el acuerdo que desean renegociar.

LECTURA CULTURAL

El viaje de negocios al extranjero

Después de decidir qué se quiere vender, comprar o producir en el extranjero, y después de firmar los contratos o acuerdos (tales como la representación exclusiva), la compañía manda a los gerentes apropiados, generalmente los de marketing, ventas o producción, a visitar el país señalado. Es necesario cumplir con varios trámites antes de realizar estos viajes. Primero, deben hacer los preparativos, como comprar y leer una de las numerosas guías o libros de viajes para personas de negocios y consultar con personas que han viajado, trabajado o vivido allí. Luego, deben comunicarse con la embajada, el consulado o la cámara de comercio de su propio país, o pedirle información a un agente de viajes sobre temas como el clima, la documentación, los certificados médicos, los derechos arancelarios, la moneda nacional, el cambio de divisas, la ropa y los efectos personales que se necesitarán para el viaje. También pueden solicitar información sobre hoteles, restaurantes, bancos, correos, medios de transporte, propinas, centros de compras, telecomunicaciones, servicios médicos y públicos, diversiones y sitios de recreo. La embajada, el consulado o la cámara de comercio de su propio país ubicada en el extranjero también puede proporcionar información importante para tener éxito en los negocios (descripciones de la geografía, la política, la economía y las instituciones sociales del país al que se viaja) así como indicaciones acerca de las horas laborales, los días de fiesta, las costumbres, los agentes e intermediarios que se especializan en ciertos ámbitos empresariales, las leyes mercantiles y aduaneras, y otros detalles con respecto a la vida cotidiana y el comercio en estos países. Estos datos son imprescindibles porque ayudan a emprender los trámites y negocios con esmero y éxito, y reducen el estrés de un viaje internacional.

En cuanto a las reuniones, negociaciones y otros trámites que se realizan en el país extranjero, en este caso, en los países hispanohablantes, los siguientes consejos, aunque de índole general, pueden ayudar a quienes viajan al exterior. (Algunas observaciones vienen de una entrevista en 1995 con Amy Pitts, Pearson Fellow del *U.S. Department of State*, quien ha vivido y trabajado como ejecutiva en varios países hispanoamericanos y quien sirvió de Directora del *Mayor's International Cabinet*, Charlotte, NC.)

1. Al hacer un viaje de negocios a España o a Latinoamérica, se debe tener en cuenta que los viajes son largos y que uno/a se cansa al viajar. Si hay una reunión de negocios para el miércoles, se recomienda llegar uno o dos días antes, digamos el lunes, para poder descansar y visitar los lugares de mayor interés turístico de la ciudad o región. Esta visita turística también le dará pie para demostrar su interés y conocimiento de la cultura de sus anfitriones u homólogos.

2. No olvidarse de concertar citas oficialmente antes de viajar y concertarlas sólo durante los días laborales. Esto quiere decir que hay que prever cuándo se celebran las fiestas nacionales y las vacaciones, y cuáles son las horas y días en que trabajan las personas a quienes se quieren ver. Se recomienda confirmar por teléfono la fecha y hora antes de presentarse. (Siempre ir al baño antes de presentarse a una cita puesto que a menudo hay demoras, casi siempre se sirve café o té, y las citas suelen durar más de lo que un/a norteamericano/a típicamente esperaría.)

3. Con respecto al atuendo o a la indumentaria, los hombres de negocios deben vestirse con traje de color oscuro (o conservador: gris, negro, azul) y las mujeres con un vestido de un color y corte discretos. Si usted es norteamericano/a, no pretenda vestirse como un nativo del país que visita (como un/a colombiano/a, argentino/a, etc.), sino vístase tal como lo haría para el trabajo profesional en EUA o en su propio país.

4. Recordar que hay una gran variedad de climas en Hispanoamérica y que las estaciones del año en el hemisferio sur son opuestas a las estaciones en el hemisferio norte (diciembre = invierno en Chicago, pero diciembre = verano en Buenos Aires). También hay una gran variedad topográfica y un visitante puede sufrir de puna o soroche, el mal de montaña, al visitar por primera vez La Paz o las alturas de los Andes.

5. Usar siempre el título de alguien al dirigirse a esa persona por primera vez en un contexto profesional: Señor/a, señorita, licenciado/a, doctor/a, ingeniero/a, profesor/a, etc. Saludar a cada individuo al llegar a una reunión y despedirse individualmente al marcharse, para no quedar mal con nadie.

6. Saludar siempre a un cliente, negociante u oficial hispano con un firme apretón de manos. (Esto es especialmente importante para la mujer de negocios, pues le ayuda a establecer desde el principio un tono y una distancia profesionales.)

7. Saber deletrear su nombre y apellido(s) en español: A de Argentina, B de Bolivia, C de Colombia, D de Dinamarca, E de Ecuador, F de Francia, G de Guatemala, etc.

8. No presuponer que estará bien preparado/a el/la negociante o la persona con la cual se tiene la cita o la reunión. Se recomienda traer copias de la información que usted ya envió de antemano.

9. La persona que invita, paga. Es decir, si usted invita a otra/s persona/s a una comida de negocios o de trabajo, se espera que usted pague la cuenta.

10. Aceptar con gusto la invitación a tomar un café (¡aunque no le guste el café!). Es una bebida que se toma mucho en Latinoamérica y vale la pena aprender su vocabulario:

> • café solo, puro o tinto = *black coffee*
> • café americano = *large cup of black coffee*
> • café exprés, expreso o negro = *espresso coffee*
> • café a la turca = *espresso coffee*
> • café con leche = *coffee with cream* (*milk*)
> • café cortado = *coffee with a dash of cream or milk*
> • café instantáneo o soluble = *instant coffee*
> • café descafeinado = *decaffeinated coffee*
>
> NOTA: «Dar un café» es coloquial para hacerle una reprimenda áspera a alguien en Argentina, Bolivia, Chile, Perú y Uruguay.

11. Contactar (o contratar) a un/a abogado/a, notario o contable que habla español y el idioma del personal visitante por si hay que despachar algún trámite legal o contable. A menudo un bufete o una firma contable internacional del país del visitante puede recomendar a personas capacitadas y fiables. Si se contrata a alguien dentro del país hispanohablante, asegurarse que éste ya tiene experiencia en el trabajo para el cual se lo/la contrata y que es una persona responsable. Aquí también importan las recomendaciones de personas conocidas y confiables. Por otra parte, si la persona es notario/a, es casi como abogado/a, ya que su preparación y certificación profesionales se dan en el campo de las leyes.

12. No olvidarse de que tanto en España como en Hispanoamérica se usa el sistema métrico y que muchas veces los horarios escritos se basan en el sistema militar. Así que, las dos de la tarde son las 14:00 (las catorce horas), las ocho y media de la noche las 20:30, etc.

13. Procurar reunirse siempre con el alto mando de la empresa por ser éste el nivel que toma las decisiones finales.

14. Si es la primera visita y entrevista en un país hispanohablante, no olvidar las cortesías ni el protocolo. Asumir que no se va a tratar, ni mucho menos despachar, un asunto de negocios rápidamente. Lo personal y la manera en que el visitante extranjero se presente y trate a su anfitrión/a hispano/a van a influir mucho en esta persona. Así que, si su anfitrión/a empieza a hablar de temas extra mercantiles, sea atento/a y cordial. Estas charlas a menudo tratan de la vida personal y profesional tanto de los visitantes como de los anfitriones mismos, y de los gustos, la cultura, la historia y las noticias del día. Se recomienda que los visitantes eviten hablar de religión y de política, puesto que pueden ser temas delicados y nunca se sabe cuando el/la anfitrión/a es una persona susceptible.

15. Durante las discusiones de temas mercantiles o industriales, la mejor táctica es observar y escuchar antes de hablar, y proporcionar suficiente información (pero no excesiva) al contestar preguntas. Si resulta que se trata de una presentación que tiene que hacer el/la visitante, que la haga siempre de una manera detallada y con muchos ejemplos y gráficos, y en español cuando sea posible. A veces en las negociaciones, el personal extranjero tiene que ser firme, pero siempre diplomático, paciente, flexible y cortés. No se puede sobrevalorar el demostrar ser una persona sincera, confiable y responsable. Como afirma Felipe Avila Marcué, autor de *Tácticas para la negociación internacional: las diferencias culturales*, «una persona cortés y respetuosa será siempre muy respetada en el ámbito de los negocios latinoamericanos» (página 61).

El libro *The Traveler's Guide to Latin America: Customs and Manners* de Elizabeth Devine y Nancy L. Brigante, que se incluye entre otros en la sección *Geografía, economía, política y cultura* de la bibliografía en la página web de este libro, ofrece mucha información para las personas que viajan por negocios a Latinoamérica.

12-7 Actividades

1. **¿Qué sabe Ud. de la cultura?** Demuéstrelo contestando las preguntas a continuación.

   a. ¿Por qué piensa Ud. que es importante que los gerentes y negociadores viajen al país con el cual quieren emprender negocios?

   b. ¿Cómo pueden prepararse los gerentes y representantes de empresa para viajar al extranjero?

   c. Supongamos que Ud. no toma café porque no le gusta el efecto de la cafeína. ¿Qué dirá y hará si se le ofrece un café durante una reunión de negocios, en la cual nota que todos los demás aceptan el café gustosamente?

   d. ¿Por qué tienen que considerar los gerentes el factor de riesgo antes de comerciar con un país extranjero? ¿Dónde pueden conseguir datos sobre el riesgo político de un país?

   e. ¿Qué cinco consejos fundamentales les daría Ud. a los jefes de empresa presentes y futuros que piensan entablar relaciones comerciales con un país hispano? Haga una breve presentación oral de sus cinco recomendaciones culturales, como si fuera usted un asesor transcultural.

2. **Minidrama cultural.** Lea lo siguiente y haga el ejercicio a continuación.

La alta gerencia de Tecno, una compañía estadounidense mediana que se especializa en la elaboración e instalación de sistemas informáticos para usos industriales y comerciales, quiere extender la base de sus operaciones y comerciar directamente en el extranjero. Se informa mediante un estudio preliminar hecho por su división de marketing de que, a pesar del desarrollo económico desigual de la Argentina, este país ofrece buenas posibilidades de comercialización, en especial en el campo de la exportación. También se entera por uno de sus clientes actuales que tiene negocios en Buenos Aires, que una firma mercantil privada de esa ciudad desea comerciar con una compañía como Tecno. Al considerar este «enchufe» como el mejor medio para entrar al mercado argentino, Tecno, ubicado en Houston, le escribe a la firma bonaerense una carta de presentación en inglés. Adjunta un catálogo de sus productos y sugiere que los representantes de ambas compañías se reúnan para discutir una posible colaboración.

Pasan algunos meses y varias telecomunicaciones y representantes de ambas empresas deciden reunirse. Tecno manda a su jefa de marketing, Michelle Jones, una mujer talentosa y entusiasta que habla español y que ha hecho varios viajes turísticos a Acapulco y a Cancún, en México, y a San Juan, en Puerto Rico. Tecno se ocupa de los trámites del viaje y la estancia. Jones lleva consigo el último modelo de computadora que vende Tecno, los informes estadísticos del mercado industrial y comercial de Buenos Aires, los contratos y las licencias: todo lo que estima necesario para realizar las negociaciones y firmar un acuerdo rápido. Al día siguiente de llegar a la capital argentina, Jones acude a la cita con el Licenciado Rafael Tanucci, el gerente de compras de la empresa bonaerense.

Lic. Tanucci	Buenos días, Srta. Jones. Bienvenida a Buenos Aires. ¿Qué tal el viaje y el Hotel Sheraton? Éste es uno de los más lujosos de toda la ciudad y....
Srta. Jones	Bien, gracias. Ha sido un vuelo muy largo pero el hotel es muy agradable.
Lic. Tanucci	Bueno, nos alegramos de que haya venido para hablar con nosotros. Nos gustaría llevarla a ver....
Srta. Jones	Sólo estaré aquí hoy para concluir nuestro negocio y después me voy. Hablando de negocios, ¿recibió Ud. nuestro catálogo con las descripciones de nuestros productos y la lista de precios?
Lic. Tanucci	Sí, pero hay algunos problemas con las medidas. Sabe Ud. que usamos el sistema métrico y que....
Srta. Jones	Sí, sí, sí, lo sé, pero le voy a enseñar nuestro último modelo de computadora. Ya verá que es una de las mejores que se vende últimamente y que satisface todas sus necesidades comerciales. Las medidas son lo de menos. Siempre podemos adaptarlas a sus especificaciones. ¡No se puede imaginar cuántos problemas he

tenido para hacer pasar esta computadora por la aduana! Parece que no se confía en nadie en este país. (Al decir esto saca un paquete de su maletín y se lo tira al Lic. Tanucci.) Aquí le traigo un regalo, un bonito cuchillo tejano, que le envía nuestra empresa.

Lic. Tanucci   (Al ver el regalo, el Lic. Tanucci frunce el ceño.) Si nos hubiera avisado que iba a traer consigo una nueva computadora, le habríamos podido ayudar con los trámites de la aduana. Bueno, aunque me gustaría ver sus computadoras, hoy no puedo. Lo siento. Se me había olvidado que tenía otra cita urgente. Quizá pueda volver otro día para que charlemos más del tema. Mucho gusto en conocerla, Srta. Jones. Hasta muy pronto.

¿Por cuál de las siguientes razones fracasó la Srta. Jones al tratar de entablar relaciones comerciales con el Lic. Tanucci? Explique.

a. La Srta. Jones se comportó de manera arrogante.

b. La Srta. Jones no conocía muy a fondo las necesidades de la empresa del Lic. Tanucci, incluso el sistema de medidas que se usa en Argentina.

¿Por qué frunce el ceño el Licenciado Tanucci al ver el regalo que le hace la Srta. Jones?

SÍNTESIS COMERCIAL Y CULTURAL

 12-8 **A**ctividades comunicativas

1. **Situaciones para dramatizar.** Lea las siguientes situaciones y después haga el papel en español con otro/s estudiante/s, usando las siguientes opciones como punto de partida. Cada persona deberá participar activamente en la dramatización. No olviden el protocolo ni las cortesías.

   a. *You represent an import–export firm that trades on behalf of various industrial companies. You meet with a distributor from a certain Spanish-speaking country (select one) to discuss the following:*
      - *the imports currently in demand in that country*
      - *the current exchange rate and its forecast*
      - *the risk factors (any anticipated political developments) that might affect business*

   b. *You represent a consumer goods firm interested in licensing some of its products in a certain Spanish-speaking country (select one and refer to the import section of Tabla 13-2, p. 409 for possible products) and are scheduled to talk with the representative of a firm in that country about the following:*
      - *the products to be made or sold*
      - *the areas where these products will be marketed, the volume to be produced and/or sold, and the price*
      - *the percentage or commission to be given to the licensing company as part of total sales*

2. **Comprensión y comunicación.** Para este ejercicio basado en el vídeo de *Éxito comercial*, favor de pasar al encarte central del texto, VídeoTexto 14.

3. **Actividad empresarial.** Usted y un/a amigo/a quieren explorar las posibilidades de vender bienes de capital (máquinas, equipo industrial, aparatos y utensilios para realizar la actividad productora, etc.) en Argentina. Deciden comunicarse electrónicamente con la embajada argentina (o el consulado) en el país donde ustedes viven y con la cámara de comercio norteamericana en Argentina, para enterarse de las opciones más rentables en este importante mercado del Cono Sur. Divídanse la tarea.

   Después de comunicarse con las entidades arriba mencionadas, redacten un breve resumen de la información que hayan podido conseguir. Luego, comenten las posibilidades con sus compañeros/as de clase.

4. **Caso práctico.** Lea el caso y haga los ejercicios a continuación.

   Amerimec, Inc. es una compañía estadounidense que elabora máquinas agrícolas y de transporte para el mercado internacional. Hace dos años que comercia exitosamente con Hispanoamérica, especialmente con Argentina, mediante una casa de exportación estadounidense. En realidad, hasta muy recientemente, ha logrado vender en este país más máquinas que en cualquier otro lugar. Además, a pesar de la crisis económica argentina, el futuro del sector agrícola parece muy favorable.

   En vista de esta situación positiva, los gerentes de Amerimec desean cambiar su estrategia de comercialización. En vez de exportar a Argentina, quieren producir y vender directamente allí. Este cambio de táctica se debe a los altos aranceles y costos de exportación, los cuales han influido negativamente en las economías de escala (la disminución de los costos unitarios al aumentar el número de unidades producidas) y en la estructuración de precios, y han reducido su capacidad de competir en el mercado de maquinaria agrícola. Por otra parte, al tener su propia fábrica y división de ventas, Amerimec no sólo podrá incorporar la tecnología más reciente, sino que también todas las ganancias de venta serán suyas.

   La alta gerencia de Amerimec emprende los trámites para montar su propia fábrica, pero tiene problemas inicialmente. El gobierno se opone al plan de la firma estadounidense y le pone trabas que le impiden conseguir los permisos y materiales necesarios para construir la fábrica. El hecho es que el gobierno se ve presionado por los partidos izquierdistas, los cuales constituyen una fuerza potente en la política argentina, a adoptar una política más fuerte frente al llamado imperialismo estadounidense. La firma estadounidense también tiene problemas para conseguir el personal y los obreros argentinos necesarios para poner en marcha el negocio. Así que, en vez de proceder con los trámites de instalar su propia fábrica, los gerentes deciden comprar una compañía argentina de transporte y máquinas agrícolas que ha tenido problemas gerenciales y de comercialización y que necesita capital. Al principio, esta estrategia les parece muy lógica a los gerentes de Amerimec. Les solucionaría los problemas de tener que construir una fábrica y contratar a nuevos oficinistas y trabajadores.

También anularía la oposición nacional, a la vez que aumentaría el control de Amerimec del mercado.

En cuanto abren las puertas de la sucursal argentina, sin embargo, los gerentes de Amerimec empiezan a tener problemas. En primer lugar, se enfrentan con los obreros, quienes se oponen a la política laboral de la compañía. Los obreros dicen que la compañía sigue demasiado la política de la casa matriz en los EE.UU., especialmente con respecto al control de calidad, y que la política empresarial es demasiado rígida y «norteamericana». Como la compañía no cambia las reglas de las cuales se quejan los obreros (y que, en algunos casos, violan la ley nacional de trabajo), éstos se declaran en huelga y cierran la fábrica por varios meses. Luego, cuando se traen a Buenos Aires algunos técnicos estadounidenses para enseñarles a los trabajadores a manejar las máquinas de producción, se descubre que ninguno de los técnicos habla español. También se sienten frustrados por la lentitud con que se despachan ciertos trámites, especialmente los que requieren la aprobación del gobierno. Si no fuera por los beneficios que esperan sacar del negocio, Amerimec liquidaría su empresa en Argentina.

Ud. es un/a consultor/a gerencial de una compañía estadounidense que se especializa en la gestión internacional, particularmente en Hispanoamérica. Discuta con sus colegas lo siguiente:

a. las razones por las dificultades que tiene Amerimec en la Argentina
b. algunas recomendaciones para mejorar la situación general de la empresa
c. algunos consejos para los gerentes de Amerimec en el futuro, con respecto a Hispanoamérica

12-9 Análisis y comparación

Estudie la siguiente tabla comparativa y haga los ejercicios que aparecen a continuación. Use también sus conocimientos y, de ser necesario, otras fuentes informativas como el internet, el *Almanaque Mundial*, etc. Los ejercicios se pueden hacer individualmente, en parejas o en pequeños grupos para discutir en clase.

Tabla 12-5

Comparación entre los países hispanoparlantes, Brasil y EUA: Exportaciones en millones de $EUA, principales productos de exportación y principales mercados

País	Exportación en millones $EUA (año)	Principales productos de exportación	Principales mercados
Argentina	$26,700 (2001)	Cereales, pienso, vehículos de motor, petróleo crudo, hierro manufacturado	27% Brasil, 12% EUA, 11% Chile, 4% España
Bolivia	$1,200 (2001)	Metales, gas natural, café, plata, madera, joyería, soja en grano, estaño, petróleo, azúcar	32% EUA, 18% Colombia, 15% Reino Unido, 15% Brasil, 6% Perú
Chile	$18,500 (2001)	Bienes de consumo, cobre y otros minerales y metales, harina de pescado, productos de madera, papel, productos químicos y de petróleo, fruta y vegetales, pescado, vino	24% UE, 21% EUA, 11% Japón, 6% Reino Unido, 5% Brasil, 4% Argentina
Colombia	$12,300 (2001)	Derivados de petróleo, café, carbón, oro, bananos, flores recortadas, productos químicos y farmacéuticos, textiles y confecciones, oro, azúcar, contenedores de papel de cartón, cemento, plásticos de resina y manufacturados, alimentos, tabaco	35% EUA, 16% UE, 15% Comunidad Andina (Chile, Perú, Ecuador, Bolivia, Venezuela), 5% Japón
Costa Rica	$5,100 (2002)	Productos manufacturados, café, bananos, tobaco, camarón, pescado, textiles, azúcar, carne, piña, flores recortadas y plantas de ornato, componentes electrónicos, equipo médico	52% EUA, 20% UE, 10.6% Centroamérica, 3% Puerto Rico, 2% México
Cuba	$1,400 (2002)	Azúcar, níquel, tabaco, maquinaria de transporte, pescado y marisco, frutas cítricas, café, ron, productos químicos y médicos	22% Países Bajos, 13% Rusia, 13% Canadá, 7% España, 6% China
Ecuador	$4,800 (2002)	Petróleo, maquinaria y equipo de transporte, productos químicos, bananos, camarones, flores recortadas, pescado, café, cacao, animales vivos	39% EUA, 6% Perú, 6% Colombia, 5% Corea del Sur, 5% Alemania, 4% Italia
El Salvador	$2,900 (2002)	Maquila, café, azúcar, camarones, textiles, papel y derivados, electricidad	63% EUA, 12% Guatemala, 7% México, 7% Honduras, 5% Nicaragua, 5% UE

País		Exportaciones	Destinos
España	$122,200 (2002)	Camiones y automóviles, maquinaria, fruta, minerales, metales, textiles, ropa, calzado, alimentos	71% UE (20% Francia, 12% Alemania, 10% Portugal, 9% Italia, 9% Reino Unido), 4% EUA
Guatemala	$2,900 (2001)	Café, azúcar, carne, bananos y frutas, cardamomo, vegetales, petróleo	57% EUA, 8.7% El Salvador, 3.7% Costa Rica, 2.8% Nicaragua, 2.6% Alemania
Guinea Ecuatorial	$2,500 (2002)	Cacao, café, animales vivos, petróleo y lubricantes, madera, bienes manufacturados	28% EUA, 25% España, 17% China, 11% Canadá, 5% Francia
Honduras	$2,000 (2001)	Café, bananos y cítricos, camarón y langosta, minerales, textiles, carne, madera, azúcar, plomo, cinc	40% EUA, 9% El Salvador, 8% Alemania, 6% Bélgica
México	$158,400 (2002)	Petróleo crudo y productos de petróleo, café, plata, máquinas (motor), vehículos de motor, algodón, electrónica de consumo, productos agrícolas	83% EUA, 5% Canadá, 1% Japón, 0.6% España, 0.6% Chile, 0.5% Brasil
Nicaragua	$1,600 (2001)	Café, marisco, carne, azúcar, bananos, ajonjolí (sésamo), algodón, tabaco, carne, azúcar	60% EUA, 5% Alemania, 4% Canadá, 3% Costa Rica, 3% Honduras, 2% México
Panamá	$5,900 (2001)	Bananos, camarones y productos de pescado, azúcar, ropa, café	46% EUA; 8% Suecia; 5% Benelux; 5% Costa Rica
Paraguay	$2,200 (2001)	Electricidad, carne, algodón, soja, madera, aceite vegetal, carne procesada, cueros y pieles, yerba mate, café, madera para construcción, pienso	39% Brasil, 14% Uruguay, 11% Argentina, 2% Chile
Perú	$7,600 (2002)	Cobre, cinc, harina de pescado, petróleo crudo y productos de petróleo, plomo, plata refinada, textiles, ropa y accesorios, café, algodón, azúcar	26% EUA, 12% Reino Unido, 8% China, 7% Suiza, 5% Japón, 3% Alemania, 3% Chile, 3% España
Puerto Rico	$38,500 (2000)	Productos farmacéuticos y electrónicos, ropa, atún enlatado, ron, concentrados de bebida, equipo médico	88% EUA, 12% otros
República Dominicana	$5,300 (2002)	Ferroníquel, azúcar, oro, café, cacao, plata, carne, tabaco	87% EUA, 1% Países Bajos, 0.7% Francia, 0.7% Canadá
Uruguay	$2,240 (2001)	Carne, lana, pieles, productos de cuero y lana, pescado y marisco, arroz, verduras, productos lácteos, textiles, productos químicos	40% MERCOSUR, 20% UE, 8% EUA
Venezuela	$29,500 (2001)	Petróleo, hierro, café, bauxita, aluminio, acero, productos químicos, productos agrícolas, cacao	60% EUA, 30% Colombia, 5% Brasil, 4% Italia

Brasil	$57,800 (2001)	Alimentos, automóviles, acero, productos químicos, soya, café	24% EUA, 11% Argentina, 9% Alemania, 6% Japón, 5% Países Bajos, 4% Italia
Estados Unidos	$723,000 (2001)	Bienes de capital (equipo y maquinaria industrial), automóviles, suministros industriales, materia prima, bienes de consumo, productos químicos y agrícolas (alimentos y animales vivos), maquinaria eléctrica y de motor, equipos científicos y de precisión	23% Canadá, 14% México, 7% Japón, 5% Reino Unido

NOTA: Los números están redondeados.   FUENTES: *U.S. Department of State Background Notes, CIA World Factbook 2004, The World Almanac and Book of Facts 2004* y *Almanaque Mundial 2004*

1. ¿Qué es una exportación? ¿Qué países hispanos exportaron más de $100,000,000,000 (ciento mil millones en $EUA = *one hundred billion dollars*) en 2001 y 2002? ¿Cuáles exportaron menos de $10,000,000,000?

2. ¿Cuáles son las principales exportaciones de México, España, Colombia, la República Dominicana, Honduras y Argentina?

3. ¿Qué es el pienso? ¿El petróleo crudo? ¿La joyería? ¿Una planta de ornato vs. las flores recortadas? ¿El marisco? ¿El atún enlatado? ¿El equipo científico y de precisión? ¿La confección? ¿El calzado? ¿Las verduras? ¿Qué son los bienes de capital? ¿El cuero y las pieles?

4. ¿Qué significan UE y MCCA? ¿Qué es el Reino Unido y qué países lo constituyen? ¿Qué son los Países Bajos? ¿Benelux?

5. ¿Para cuáles países hispanos es EUA el principal mercado de exportaciones? ¿Para cuáles lo es Brasil y por qué piensa Ud. que es así? ¿Para cuál lo es la UE y por qué piensa que así es? ¿Cómo se explica el hecho de que casi 90% de las exportaciones mexicanas vayan a EUA? ¿Exporta México solamente materia prima y productos a EUA, o exporta también recursos humanos (mano de obra)? Comente.

6. ¿Por qué exporta Cuba tanto a los Países Bajos, Rusia y Canadá, y no a EUA, estando Cuba a sólo 90 millas de Cayo Hueso, Florida? Comente el tema con sus compañeros de clase. ¿Piensan ustedes que pronto cambiará esta situación?

7. Hay exportaciones legales que se reportan oficialmente y otras ilegales que no se reportan. Además de los bienes y productos reportados en la Tabla 12-5, ¿hay otras exportaciones de los países hispanos a EUA? ¿Qué son y por qué ocurre esto? Comente.

8. Divídase la clase en cuatro grupos para que cada grupo prepare un breve resumen de lo siguiente:
   a. las principales exportaciones y mercados del Caribe hispanoparlante
   b. las principales exportaciones y mercados de América Central
   c. las principales exportaciones y mercados de los países andinos
   d. las principales exportaciones y mercados de los países hispanoamericanos del Cono Sur

GeoReconocimiento

Mire los mapas del Capítulo 12 en la página web del libro (http://exito.heinle.com) y haga los ejercicios.

Posibilidades profesionales

Son muchos los que entran en el mundo internacional de los negocios, particularmente en las ferias comerciales e industriales internacionales celebradas anualmente. Son asesores o consultores de comercio, analistas especializados en administración y tecnología, representantes de ventas, agentes e intermediarios, etc. Para más información al respecto y para una actividad que le ayude a saber más sobre el tema, véase Capítulo 12 de *Posibilidades profesionales* que se encuentra en http://exito.heinle.com.

VOCABULARIO

Aquí se presentan los principales términos relacionados con este capítulo. Al final del libro hay un glosario más completo.

aburguesamiento • *adoption of a bourgeois way of life*

adelantar(se) • *to pass (a car on a road or highway)*

aeródromo • *airfield*

agitación política • *political unrest*

ambiente (*m*) • *environment*

arancel aduanero (*m*) • *custom duty*

atuendo • *attire, clothing*

bache (*m*) • *hole, pothole (in road)*

bocina • *horn*

bonaerense (*adj*) • *pertaining to Buenos Aires*

bufete (*m*) • *law office*

caciquismo • *political bossism*

calzada • *road*

calzado • *footwear, the shoe industry*

campaña • *campaign*

capacidad para competir • *competitiveness*

cárnico (*adj*) • *related to meat*

carretera • *highway*

carril (*m*) • *lane (of traffic)*

cartel (*m*) • *traffic or road sign*

claxon (*m*) • *horn*

competidor/a • *competitor*

conducción • *driving*

confección • *garment, clothing industry*
    de trajes • *tailoring*
    de vestidos • *dressmaking*

Cono Sur • *Southern Cone (region which comprises roughly Chile, Argentina, Uruguay, Paraguay, and southern part of Brazil)*

consulado • *consulate*

consultor/a • *consultant*

contramano • *wrong way, wrong direction (against incoming traffic)*

creciente • *growing, increasing*

crecimiento • *growth, increase*

cruce de ferrocarril • *railroad crossing*

deletrear • *to spell*

derechista (*m/f*) • *rightist*

derecho (*m*) • *right, duty*

   arancelario • *customs duty*

   de patente • *patent royalty*

descenso • *decline*

desocupación • *unemployment*

desviación • *detour*

detenimiento • *stopping (of a car in motion)*

documentación • *documentation, papers*

economías de escala • *economies of scale*

embajada • *embassy*

estacionar • *to park*

estancia • *stay, sojourn (during a visit)*

expedidor (*adj*) • *issuing*

exposición • *exhibit*

feria comercial • *trade fair*

funcionario • *government official*

gauchesco • *pertaining to the Argentine gauchos (cowboys)*

gerente de compras (*m/f*)• *purchasing manager or director*

guardia tumbado • *speed bump (Spain)*

hiperinflación • *hyperinflation*

homólogo • *counterpart (e.g., business counterpart)*

hostelería • *hotel management industry*

indicación • *note, instruction*

índice de natalidad (*m*) • *birthrate*

izquierdista (*m/f*) • *leftist*

licenciar • *to license*

lomo de burro • *speed bump (River Plate region)*

maquila • *assembly*

marisco • *seafood, shellfish*

medida • *measurement*

medio • *means, medium*

   ambiente • *environment*

   de distribución • *means of distribution*

mercado ambulante • *traveling market*

muerto • *speed bump (Costa Rica)*

muestra (*f*) • *sample*

país huésped • *host country*

perjudicial • *prejudicial, harmful, detrimental*

pienso • *fodder, feed*

policía acostado • *speed bump (Colombia)*

poner • *to put, place*

   en peligro • *to put at risk*

   en vigor • *to put into effect*

   trabas • *to set up or encounter obstacles*

preparativo • *preparation, plan*

propina • *tip, gratuity*

proseguir (i) • *to continue*

proxémica • *proxemics, spacing between people or things*

puna • *altitude sickness*

quiebra • *failure, bankruptcy*

rebasar • *to pass (a car on a road or highway)*

semiótica • *semiotic (referring to signs as communication systems)*

señal (*f*) • *traffic or road sign*

señalización • *signposting*

   vial • *roadsigns*

soroche (*m*) • *altitude sickness*

telecomunicativo (*adj*) • *telecommunication*

tope (*m*) • *speed bump (large metal speed bump in Mexico)*

traba • *hindrance, obstacle*

trámite (*m*) • *step, procedure*

transcultural • *cross-cultural*

trayectoria • *trajectory, direction, development*

verdura • *vegetable*

vial (*adj*) • *road*

vincular a • *to tie to*

vinicultura • *winegrowing, wine production*

13

La importación
y la exportación

The merchant has no
country.
Thomas Jefferson

*There exists limitless
opportunity in every
industry. Where there is
an open mind, there will
always be a frontier.*
Charles F. Kettering

*No serás amado
si de ti sólo tienes
cuidado.*
Proverbio

Un buque transportando mercancías. Canal de Panamá. ¿Para qué tipo de mercaderías es preferible este medio de transporte?

13-1 Preguntas de orientación

Al hacer la *Lectura comercial*, piense en las respuestas a las siguientes preguntas.

1. ¿Qué son la exportación y la importación? Dé ejemplos.
2. ¿Por qué se considera la exportación como una actividad económica positiva y la importación como algo negativo para el bienestar nacional?
3. ¿Qué es el proteccionismo y cómo se practica?
4. ¿Qué documentos utilizan los individuos, las instituciones y los gobiernos en el comercio internacional?
5. ¿Cómo representaría Ud. gráficamente los pasos básicos de la importación y exportación?
6. ¿Qué es el flete y cómo intervienen el fletante y el fletador en el fletamento (contrato)? Busque en internet un ejemplo de contrato de fletamento.
7. Según la lectura, ¿qué quieren decir los Incoterms EXW, CFR, CIF, FAS y FOB? ¿Qué otros Incoterms se usan en el comercio internacional? Busque la respuesta en internet.
8. ¿Qué es un giro bancario y cómo funciona?
9. ¿Qué es una carta de crédito y cómo funciona? Busque en internet un ejemplo de carta de crédito.
10. ¿Por qué es preferible una carta de crédito irrevocable y confirmada?

LECTURA COMERCIAL

Prácticas e intermediarios del comercio internacional

El mundo actual es un gran mercado internacional en el cual las distintas naciones son innegable y económicamente interdependientes. La autosuficiencia económica de cualquier país es hoy en día una mera ilusión y el aislamiento comercial perjudicará gravemente las posibilidades de su desarrollo. Los diferentes países se necesitan porque cada uno es deficiente en ciertos recursos naturales o en alguna capacidad productora o de servicios. La desigualdad de recursos y de capacidad productora entre las distintas naciones da por resultado el deseo y la necesidad de comerciar internacionalmente. Por ejemplo, los países que producen grandes cantidades de alimentos, minerales o petróleo exportan estos bienes a otros países. Muchas veces con la materia prima importada por un país se elaboran diversos productos (comidas enlatadas, componentes de acero industrial, gasolina) los cuales, a su vez, se vuelven a exportar de nuevo al país de origen. De este modo se va estableciendo, modificando y confirmando la red de interdependencia económica que caracteriza al mundo actual. Aislarse del gran mercado mundial resulta en que una nación no puede ofrecer a sus ciudadanos la variedad de productos y servicios que existen en otros países. Hoy en día, por ejemplo, en EUA el ciudadano típico no podría ver películas en su propia casa si no fuera por los vídeos hechos en Japón.

BREVE VOCABULARIO ÚTIL

autosuficiencia • *self-sufficiency*

balanza comercial • *balance of trade*

banco • *bank*

   avisador • *advising or notifying bank*

   emisor • *bank of issue, issuing bank*

carta de crédito • *letter of credit*

CFR • *cost and freight* (costo y flete)

chantaje (*m*) • *blackmail*

CIF • *cost, insurance, and freight* (costo, seguro y flete)

giro • *bank draft*

manejo • *handling*

valor añadido (*m*) • *value added*

El comercio internacional se caracteriza por el doble movimiento de la importación y exportación. Bernard y Colli definen la importación como la «compra de productos originarios del extranjero a agentes situados fuera del territorio nacional». La exportación es el fenómeno inverso, la «venta de productos originarios del territorio nacional a agentes situados fuera de dicho territorio» (*Diccionario económico y financiero*, páginas 650 y 768). Estas actividades comerciales internacionales no sólo abarcan materias primas y los productos agrícolas e industriales, sino que incluyen también servicios y mano de obra, como la que importa EUA de México y de América Central anualmente, para ayudar en diversos sectores económicos como el agrícola, el electrónico, el textil o el de construcción.

Tradicionalmente las naciones han considerado la exportación como una actividad económica positiva. Exportar indica que sobran materias primas, productos y servicios, o que se han creado ciertos productos que se pueden vender fuera del territorio nacional con el fin de conseguir capital de nuevos mercados. Por eso, muchos países fomentan la exportación con incentivos especiales. En Hispanoamérica, por ejemplo, México, Argentina y Chile han ofrecido exenciones de ciertos impuestos a sus exportadores, mientras que en Uruguay el gobierno no cobra impuestos por el valor añadido a los productos de exportación.

Hay dos principios importantes al considerar la exportación realizada por los distintos países: la **ventaja absoluta** y **la ventaja comparativa.** La ventaja absoluta significa que un país posee ciertos recursos no disponibles en suficiente cantidad en otros lugares, es decir, que faltan competidores. Tal país está en una excelente posición para abastecer a otras naciones, como ocurre con los países que exportan petróleo. También se refiere a la capacidad de un productor para producir algún bien o producto con menos gastos que sus competidores. La ventaja comparativa, en cambio, significa que varios países tienen la capacidad de producir los mismos géneros, lo cual da por resultado que cada nación intentará crear una ventaja competitiva para sí misma al concentrarse en la producción de aquellos artículos que aporten mayor rentabilidad. Por ejemplo, un país o una empresa capaz de producir artículos de piel, café, fruta y pescado enfocaría sus actividades en el más competitivo y rentable de los cuatro productos.

En contraste con la exportación, la importación se ha interpretado tradicionalmente como una actividad económica negativa para una nación. Una de las explicaciones que ofrecen Bernard y Colli es que la importación puede perjudicar la producción nacional y, por lo tanto, la inversión en las empresas nacionales. Para protegerse y fomentar la capacidad productora nacional, los diferentes países adoptan medidas proteccionistas contra la competencia extranjera. Éstas suelen tomarse en forma de aranceles aduaneros altos o restricciones cuantitativas sobre las importaciones, llamadas **cuotas** o **contingentes de importación.** En Argentina, por ejemplo, ciertos productos importados han tenido un arancel equivalente al 100% de su valor. En Colombia ha habido un arancel del 80% sobre los textiles importados, y en Venezuela los aranceles han oscilado entre el 60 y el 80% para los productos terminados. En EUA de vez en cuando se ha debatido si restringir o no el número de autos japoneses y la cantidad de hierro y zapatos importados. Lo irónico es que el proteccionismo muchas veces resulta en una reducida competencia nacional

PARA PENSAR

CRISIS EN BOLIVIA: Estallido social detonado por el gas.

Un proyecto para exportar gas natural a Estados Unidos y México ha sido el detonante de la crisis que afecta a Bolivia. La negativa a que las compañías multinacionales se beneficien del recurso nacional y la histórica rivalidad con Chile, país que colaboraría en el proyecto, explican el estallido social en el que también se recuerdan otras reivindicaciones pendientes. Bolivia posee reservas por 1.55 billones de metros cúbicos de gas natural, las segundas más importantes de Sudamérica, sólo superadas por las de Venezuela. Sin embargo, su consumo anual no supera los 1.135 millones de metros cúbicos, por lo que, si mantuviera ese nivel de consumo, agotaría sus actuales reservas en 1.400 años [...]

El programa busca exportar gas desde los yacimientos de Margarita, en el sur de Bolivia, hacia Estados Unidos y México, por medio de un gasoducto que llegue a algún puerto del Pacífico, donde además se instalará una estación de licuefacción del producto. Las autoridades de Bolivia calculaban que en 20 años podrían percibir entre 5,000 y 9,000 millones de dólares en ingresos fiscales gracias a las exportaciones de gas.

Además, el programa prevé la creación de unos 10,000 empleos directos y 30,000 indirectos [...]

La oposición contra el proyecto surgió cuando el gobierno tuvo que decidirse por un puerto chileno o peruano para exportar el gas e instalar la planta de licuefacción. Aunque la posibilidad del puerto chileno es más rentable, Bolivia y Chile mantienen rotas sus relaciones diplomáticas por la guerra que los enfrentó en 1879. Ese conflicto bélico representó para Bolivia la pérdida de su acceso al mar, en favor de Chile, y, a pesar de que ambos países mantienen una fluida relación comercial, cualquier vínculo adicional tiene que superar muchas sensibilidades. Los mayores críticos del proyecto de exportación de gas están no sólo en contra de que se elija un puerto chileno para vender ese producto energético, sino que propugnan también que se mantenga en Bolivia y no beneficie a compañías multinacionales (www.elmundo.es, EFE, 14/10/03).

[Y de *Opinión*, otra fuente sobre el tema] El Gobierno boliviano ha dicho que no considerará exportar gas por un puerto de Chile, mientras este país no atienda la demanda boliviana de una salida soberana al mar (www.opinion. com.bo, Cochabamba, 8/12/04).

1. ¿A qué se debe el estallido social boliviano detonado por el gas natural?
2. ¿Cuántas reservas de gas natural tiene Bolivia y qué efecto tiene su consumo anual sobre estas reservas? ¿Qué país tiene las mayores reservas de gas de América del Sur? ¿Qué tipo de ventaja tienen estos dos países respecto al gas natural?
3. ¿Qué necesita Bolivia para exportar gas desde los yacimientos de Margarita?
4. En un plazo de 20 años, ¿qué se prevé en cuanto a ingresos fiscales y la creación de empleos?
5. ¿Qué problema tiene Chile para participar en este proyecto lucrativo? ¿Cómo influye la historia de otro siglo (la Guerra del Pacífico [1879–84]) en las relaciones comerciales actuales entre los dos países? ¿Qué papel tuvo Perú en esa guerra? Busque más información en internet o en otras fuentes informativas.
6. ¿Cuál es la situación actual de este proyecto de exportación de gas natural boliviano? Busque información en internet o en otras fuentes informativas.

ante la productividad extranjera, pues sin una competencia directa con las empresas extranjeras falta la presión necesaria para la innovación y el desarrollo de la industria nacional. El proteccionismo puede sofocar la creatividad y la eficiencia productora nacional y reducir la variedad de productos que se le ofrecen al consumidor. Éste, además, generalmente tiene que pagar un precio más alto por los productos nacionales, puesto que ya no compiten con otros precios de mercado mundial.

Otro aspecto negativo de la importación se relaciona con los artículos de primera necesidad. A menudo éstos no se pueden encontrar o producir en suficiente cantidad dentro del territorio nacional para la supervivencia de la población o el funcionamiento de la economía. Tienen que importarse del extranjero, como ocurre con la comida que necesitan ciertos países africanos, o con el petróleo o la alta tecnología que requieren los países industriales. Esta dependencia económica puede amenazar la seguridad nacional de un país importador porque perjudica su capacidad de autosuficiencia relativa. Una nación que depende demasiado de otra disminuye su propia independencia nacional y corre el riesgo de sufrir el chantaje económico y político. Por último, un país que importa más de lo que exporta tendrá una balanza comercial negativa, es decir, que los egresos (pagos) superarán los ingresos. La balanza comercial de una nación es un resumen anual de sus transacciones con otros países, y se refleja en la siguiente ecuación:

$$\text{exportaciones} - \text{importaciones} = \text{saldo positivo (favorable o superavitario)} = \text{excedente}$$
$$o$$
$$\text{saldo negativo (desfavorable o deficitario)} = \text{déficit}$$

Si existe un saldo negativo, puede ser que la nación tenga que pagar la deuda con parte de sus reservas nacionales de dinero. El resultado podría ser una depreciación de la moneda nacional, lo cual perjudicaría gravemente el sistema monetario y la estabilidad económica del país.

El proceso de importación y exportación es bastante sencillo. Un vendedor y un comprador de distintos países necesitan o desean hacer negocios. El vendedor tiene que hacer llegar su producto o servicio al cliente extranjero, asegurándose a la vez de que recibirá el pago convenido. Sin embargo, al ser un proceso que se realiza a nivel internacional, generalmente participan más intermediarios individuales, institucionales y gubernamentales que en el comercio nacional, y se requieren más documentos. Esto sucede especialmente con la importación, que muchos países intentan controlar. El vendedor (exportador) y el comprador (importador) inician un proceso de tres trámites o movimientos (Figura 13-1):

1. el movimiento físico de la mercancía del exportador al importador
2. los documentos requeridos (facturas, instrucciones de embarque, hojas de ruta, etc.) que acompañan la mercancía
3. los documentos financieros (la forma de pago) que recibe el vendedor cuando la mercancía le llega al comprador

Cada nación tiene sus propias leyes y reglamentos de importación y exportación. Por lo tanto, se recomiendan los servicios de especialistas en comercio

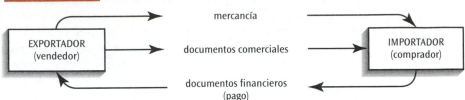

Figura 13-1 El proceso de la importación–exportación de mercancía.

internacional. Algunos de los documentos fundamentales que reflejan la participación de individuos, instituciones y gobiernos, desde el paso inicial hasta la conclusión de la transacción, son los siguientes:

1. **solicitud de cotización** de precios del comprador (importador) al vendedor (exportador)
2. **cotización de precios** (factura pro forma o simulada, o *pro forma invoice*) por el vendedor, documento que describe los artículos e indica los precios, la cantidad y otras características, como su peso o tamaño
3. **carta de pedido** o de orden del comprador
4. **factura comercial,** documento que les especifica al vendedor y al comprador la fecha y el modo de embarque, e incluye una descripción de las mercancías, la cantidad y su valor unitario y total
5. **licencia de importación,** un permiso requerido por el comprador en algunos países, y su aprobación o denegación por parte de su gobierno (algunos artículos, como armas, narcóticos, oro, diamantes, muchas veces requieren un permiso especial)
6. **licencia de exportación** para el vendedor (algunos artículos, como materiales nucleares, alta tecnología, grandes cantidades de dinero, requieren una autorización especial)
7. **documentos comerciales,** giros y cartas de crédito efectuados por el comprador en forma de pago
8. **seguros** para proteger el envío de la mercadería
9. **documentos de embarque** para los medios de transporte
   • conocimiento de embarque, el contrato para el transporte (generalmente marítimo) de la mercancía con los términos de entrega de la carga en su destino final
     a. Se usa la **carta de parte** para el transporte terrestre.
     b. Se usa la **guía aérea** para el transporte por avión.
   • **certificado de origen,** el cual comprueba que el producto exportado ha sido producido en país X
   • **declaración de aduana,** documento que determina el arancel que se debe por la mercancía importada
   • **factura consular,** documento que exige el consulado del país importador, como prueba de que el vendedor ha presentado sus facturas comerciales;

documento usado por la aduana del país importador para verificar el valor, la cantidad y el tipo de mercadería importada

- **declaración de exportación,** documento usado especialmente en los EUA para controlar la exportación de ciertas mercancías, como las de alta tecnología
- **certificado sanitario,** documento que da fe de la buena salud y la procedencia de plantas, animales vivos y comestibles

Se recomienda guardar siempre copias de todos los documentos, en caso de que se necesite aclarar o comprobar algún detalle de la transacción.

Respecto al transporte de materias primas o de mercancías, los medios pueden ser terrestres, marítimos, fluviales, aéreos o por tubería u oleoducto. El transporte internacional se caracteriza por las distancias más grandes, y por un mayor número de estaciones o puertos y transbordos de la mercancía. Con todo esto crece el número de controles, intermediarios y documentos. También hay mayor riesgo de daños, pérdidas o hurtos, por lo cual es sumamente importante proteger el envío con pólizas de seguro. Es común que el exportador se encargue del transporte de la mercancía hasta las aduanas extranjeras y que el importador se haga responsable del transporte de los artículos dentro de su propio país, pues conoce mucho mejor las opciones, normas y requisitos del transporte nacional.

Algunos términos importantes en el transporte internacional, un tema jurídico muy complejo, son los que se relacionan con el flete. El término **flete** se refiere tanto al (1) precio de alquiler de una nave u otro medio de transporte como a la (2) carga que se transporta, y en Argentina, Chile y Uruguay se puede referir al (3) vehículo de transporte o al (4) acto de transportar algo. **Fletar** es dar o tomar a flete (arrendar o contratar) un buque u otro medio de transporte. En el contrato de **fletamento** (también **fletamiento**), el **fletante** es el naviero o armador (el dueño de algún medio transportista o quien lo represente, e.g., «Transportistas, S.A.») que realiza el transporte. El **fletador** es el encargado de entregar la carga que ha de transportarse, es decir, la persona física o jurídica que contrata un buque para transportar mercancías (e.g., la empresa Hnos. Sánchez, S.A. que contrata a «Transportistas, S.A.» para transportar la mercancía).

De gran importancia para el comercio y el transporte internacional de mercaderías son los Incoterms (de *International Commercial Terms*), un reglamento de conceptos y siglas globalmente aceptados para los contratos de compraventa. Los Incoterms son reconocidos como estándares internacionales por las cortes y las autoridades aduaneras en todos los países del mundo («Entienda mejor los Incoterms»© 2000, www.iccmex.org.mx/incoterms.htm, 10/07/04). En 1936 la Cámara de Comercio Internacional (CCI) redactó los primeros Incoterms, los cuales se han actualizado seis veces desde aquel entonces. Las últimas dos revisiones de 1990 y 2000, adaptadas al proceso de globalización, forman la base del régimen actual. Aclaran las diversas formas de entrega y las obligaciones recíprocas de costos, riesgos y seguros entre el comprador (importador) y el vendedor (exportador), e indican el momento en que la mercancía cambia de posesión. Como aclara Angela Gainza, Secretaria General de la Cámara de Comercio Internacional, la edición del año 2000 «toma en cuenta el creciente uso del transporte multimodal que permite la entrega de las mercancías del vendedor al comprador en cualquier punto en la cadena de transporte, en lugar de concentrarse, como en el pasado, en el momento en que las mercancías pasan la borda del buque» (www.e-camara.net/revista/2284/cexterior.htm, 10/07/04). Hay 13 Incoterms. Algunos de los más usados son EXW, CFR, CIF, FAS y FOB, resumidos en la Tabla 13-1 abajo.

Una de las principales preocupaciones del exportador es cómo asegurarse de que el importador pagará el importe convenido en la transacción. A causa de este riesgo, existe cierta desconfianza hasta que se hacen numerosas transacciones a lo

Tabla 13-1

Incoterm (Sigla)	Explicación
EXW *Ex Works* (en fábrica)	El vendedor cumple con su obligación de transporte y entrega al hacer disponible la mercancía en su propia fábrica, almacén u otro lugar convenido. A partir de ese momento, el comprador se encarga de los riesgos (los seguros) y costos de entrega. Representa la menor obligación para el vendedor.
CFR *Cost and Freight* (costo y flete)	El vendedor cumple con su obligación de entrega cuando la mercancía sobrepasa la borda del buque en el puerto de embarque convenido. Indica que en la cotización de precios del vendedor se incluye el transporte de la mercancía hasta cualquier puerto nombrado por el comprador para descarga. El vendedor consigue la autorización aduanera para la exportación de los bienes y el comprador asume los riesgos (el pago de los seguros) y los costos cuando la mercadería se descarga en el puerto de destino. La sigla se usa para el transporte marítimo y las vías navegables interiores. La abreviatura va seguida del nombre del puerto de destino convenido, e.g., «CFR Santiago».
CIF *Cost, Insurance, and Freight* (costo, seguro y flete)	El vendedor tiene las mismas obligaciones que para CFR, más la obligación de conseguir los seguros marítimos mínimos para proteger las mercancías contra pérdidas y daños durante el transporte. La abreviatura va seguida del nombre del puerto de destino convenido, e.g., «CIF Buenos Aires».
FAS *Free Alongside Ship* (franco/libre al costado del buque)	El vendedor cumple con su obligación de entrega al colocar la mercancía al costado/lado de un buque o vapor en el muelle de un puerto estipulado. A partir de ese momento, el comprador asume todos los costos y riesgos de transporte. El vendedor se hace responsable de conseguir la autorización aduanera para la exportación de los bienes. La abreviatura va seguida del nombre del puerto de carga/embarque convenido, e.g., «FAS Barcelona».
FOB *Free on Board* (F.A.B., franco/libre a bordo)	El vendedor cumple con la obligación de transporte cuando la mercancía sobrepasa la borda de un buque o vapor en el puerto de embarque estipulado. A partir de ese momento y lugar, el comprador asume los riesgos y costos del transporte. El vendedor se encarga de conseguir la autorización aduanera para la exportación de bienes. La abreviatura va seguida del nombre del puerto de carga/embarque convenido, e.g., «FOB Caracas».

largo del tiempo. Para el vendedor siempre es preferible recibir el pago en efectivo y por adelantado, mientras que para el comprador es preferible demorar el pago lo más posible. La forma más común de resolver la cuestión de pago es acudir a intermediarios o instituciones financieras.

Las formas de pago más utilizadas son el giro bancario y la carta de crédito. El giro, un tipo especial de cheque, puede hacerse **a la vista** o **a plazo.** Si es a la vista, el girado o librado (el banco o una empresa) se compromete a pagar al tenedor o portador (el vendedor que ha recibido el cheque) la cantidad indicada por el girador o librador (el comprador que paga la mercancía). Este pago se efectúa en el momento en que el tenedor le presenta el giro al girado, por ejemplo, cuando el vendedor se presenta en el banco para cobrar o depositar el cheque. Un giro a plazo sólo se puede cobrar en una fecha futura señalada, por ejemplo, a los 30 días de firmar el giro, a los 60 días de recibir la mercancía o 90 días después de su embarque. Pero la forma más segura de efectuar un pago internacional es mediante la carta de crédito emitida por el banco del comprador.

La carta de crédito es un instrumento que indica que un banco garantiza el pago prometido por el importador. Es decir, el crédito del banco sustituye el del comprador y así reduce aún más el riesgo del vendedor. El propósito de la carta de crédito es crear confianza en las transacciones internacionales. Los pasos para efectuar esta forma de pago se resumen a continuación y en la Figura 13-2.

1. El importador (comprador) acuerda adquirir la mercancía del exportador, utilizando una carta de crédito como forma de pago.

Figura 13-2 **Uso de la carta de crédito.**

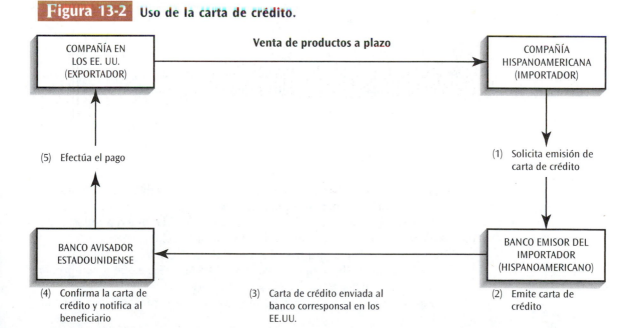

COMPAÑÍA EN LOS EE. UU. (EXPORTADOR)

Venta de productos a plazo

COMPAÑÍA HISPANOAMERICANA (IMPORTADOR)

(5) Efectúa el pago

(1) Solicita emisión de carta de crédito

BANCO AVISADOR ESTADOUNIDENSE

BANCO EMISOR DEL IMPORTADOR (HISPANOAMERICANO)

(4) Confirma la carta de crédito y notifica al beneficiario

(3) Carta de crédito enviada al banco corresponsal en los EE.UU.

(2) Emite carta de crédito

2. El importador solicita la carta de crédito de su banco (solicitud evaluada por el banco como si fuera la solicitud de un préstamo) y firma el acuerdo de la carta de crédito del banco; el banco emisor autoriza la solicitud y emite el documento.

3. El banco emisor (banco del importador) envía la carta de crédito al banco avisador (banco del exportador/vendedor/beneficiario).

4. El banco avisador le comunica al exportador que ha recibido la carta de crédito del banco emisor.

5. Al recibir la notificación de pago, el exportador embarca la mercancía.

6. El exportador prepara los documentos necesarios y los presenta en su banco, el cual los aprueba y le paga los fondos al exportador, según los términos de la carta de crédito.

7. El banco avisador envía los documentos al banco emisor; éste comprueba que todo está en orden y carga a la cuenta del importador, y le envía los documentos y la notificación de haber cargado a su cuenta.

8. El importador recibe los documentos y recoge la mercancía que le entrega el transportista.

Las cartas de crédito pueden ser revocables, irrevocables o irrevocables y confirmadas. Las revocables son de escasa utilidad y poco frecuentes, porque las puede modificar o anular el comprador o el banco emisor. La carta de crédito irrevocable no permite cambios en las condiciones estipuladas sin previo consentimiento del banco emisor, del banco avisador y del beneficiario (exportador/vendedor). Si, además de ser irrevocable, la carta de crédito es irrevocable y confirmada, tanto el banco emisor como el avisador, o incluso otro banco o institución financiera adicional, apoyan la promesa de pago inicial. El crédito irrevocable y confirmado se usa en particular para el comercio internacional en zonas de guerra o de inestabilidad social, política o financiera.

13-2 Actividades

1. **¿Qué sabe Ud. de negocios?** Vuelva a las *Preguntas de orientación* que se hicieron al principio del capítulo y a la pregunta que acompaña la foto y contéstelas en oraciones completas en español.

2. **¿Qué recuerda Ud.?** Indique si las siguientes oraciones son *verdaderas* o *falsas* y explique por qué.

   a. La ventaja absoluta de un país o de una empresa indica que hay un exceso de competidores.

   b. Una balanza comercial negativa da por resultado un saldo superavitario.

   c. La importación de géneros se interpreta como algo positivo para el consumidor, pero negativo para el bienestar económico del país exportador.

   d. Las cuotas de importación son un ejemplo de arancel aduanero.

   e. El conocimiento de embarque y la licencia de importación son sinónimos.

   f. Un giro a la vista se le paga al tenedor 60 días después de que el comprador recibe las mercancías enviadas por el vendedor.

   g. La carta de crédito revocable es la más usada en las transacciones internacionales.

3. **Exploración.** Haga los siguientes ejercicios, usando sus conocimientos y opiniones personales.

   a. ¿Qué opina Ud. del concepto del mundo actual como un gran mercado global?

   b. ¿Piensa Ud. que la autosuficiencia económica de una nación es posible hoy en día? ¿Puede ofrecer algún ejemplo de un país completamente autosuficiente? ¿Relativamente autosuficiente?

   c. ¿Qué opina Ud. de la práctica del proteccionismo? ¿Puede ofrecer algunos ejemplos del proteccionismo en EUA y en otros países?

   d. ¿Cree Ud. que una balanza comercial negativa es un problema que un país debe tratar urgentemente? Explique.

   e. ¿Piensa Ud. que es necesario controlar el intercambio de ciertos artículos en el mercado internacional? ¿Cuáles serían algunos ejemplos y por qué?

   f. Comente sobre las ventajas o desventajas de los diferentes medios de transporte para el comercio internacional.

   g. ¿Qué opina Ud. de la creación de mercados comunes para facilitar el comercio internacional? ¿Es válido considerar a los EUA como un ejemplo de mercado común? Explique.

   h. ¿Cómo se relacionan los dichos al principio del capítulo con los temas tratados? Tradúzcalos del inglés al español y viceversa.

13-3 Al teléfono

TRACKS 25 y 26

1. Lea las siguientes preguntas. Después escuche atentamente la conversación telefónica del Capítulo 13 en el CD que acompaña el texto y conteste las preguntas. Puesto que la comprensión auditiva es una destreza comunicativa sumamente importante, se recomienda escuchar el CD varias veces.

   a. ¿Para qué llama Joaquín Rojas al director de logística de Repuestos Confederados?

   b. ¿Qué ha ocurrido con el pago que mandó Agrodomínico?

   c. ¿Qué le pasó al envío de los repuestos de Carolina del Sur?

   d. ¿Por qué está preocupado Rojas por las demoras?

   e. ¿Qué opciones ofrece Hipólito Medina para resolver el problema?

2. Basando sus comentarios en la conversación telefónica del ejercicio anterior, haga la siguiente llamada telefónica a otro/a estudiante de la clase. Cada persona deberá participar activamente en la conversación. Si necesita ayuda para esta actividad, véase el Apéndice 1, *Protocolo telefónico*, página 455.

   Usted es Hipólito Medina, director de logística de Repuestos Confederados en Charleston, Carolina del Sur. Llame al/a la jefe/a de su departamento de entregas para regañarlo/la por el error en el envío de los repuestos a Joaquín Rojas Nina en Agrodomínico en Santo Domingo, y para pedirle que vuelva a llenar el mismo pedido y que lo mande urgentemente. También, pídale al jefe que complete el rastreo (*trace*) del envío inicial.

3. Haga la siguiente llamada telefónica a otro/a estudiante de la clase. Cada persona deberá participar activamente en la conversación. Si necesita ayuda para esta actividad, véase el Apéndice 1, *Protocolo telefónico*, página 455.

Ud. es un/a dominicano/a que exporta café a todas partes del mundo. Está al teléfono con un/a cliente/a paraguayo/a para aclarar si el embarque de un pedido se debe hacer CFR o CIF o si debe ser FAS o FOB. Cada uno trata de negociar los términos más ventajosos para su propia empresa.

13-4 Navegando el internet

Para hacer este ejercicio del presente capítulo, visite la página web del libro en http://exito.heinle.com.

13-5 Ejercicios de vocabulario

Si le es necesario, consulte la *Lectura comercial* o la lista de vocabulario que aparece al final del capítulo para completar estos ejercicios.

1. **¡A ver si me acuerdo!** Pensando en la posibilidad de establecer una relación comercial, usted va a conversar con una persona de negocios de un país hispano. Sin embargo, se le olvidan a usted los siguientes términos en español. Un/a compañero/a lo/la ayuda a recordarlos al pedir que usted se los traduzca.

   a. *self-sufficiency*   f. *quota*
   b. *flow*   g. *deficit*
   c. *handling*   h. *transfer*
   d. *absolute advantage*   i. *freight*
   e. *comparative advantage*   j. *to subsidize*

2. **¿Qué significan?** A usted le interesa la posibilidad de aceptar un puesto administrativo que le han ofrecido en un país hispanohablante. Sin embargo, no sabe cómo explicar en español lo que significan ciertos términos que se usan frecuentemente en importación y exportación. Ud. decide consultarlos con un/a amigo/a. Pídale a un/a compañero/a de clase que le explique los siguientes términos y que le dé algunos sinónimos si puede.

   a. exportador   f. arancel
   b. importador   g. embarque
   c. sigla   h. FOB (Tabla 13-1)
   d. EXW (Tabla 13-1)   i. carga
   e. cuota   j. CIF (Tabla 13-1)

3. **Entrevista profesional.** Ud. quiere aclarar algunos detalles sobre la importación y la exportación porque ha conseguido una entrevista para un puesto de gerencia internacional. Por lo tanto, Ud. desea ensayar la entrevista en español y le pide a un/a perito/a en este campo (un/a compañero/a de clase) que le haga las siguientes preguntas. En el caso de que no puede contestar alguna, su compañero/a lo/la ayudará. No olviden el protocolo ni las cortesías.

   a. ¿Qué indica una balanza comercial deficitaria?

   b. ¿Cuáles son las diferencias entre la carta de porte terrestre y el conocimiento de embarque?

   c. ¿Qué es y cuándo se requiere un certificado de sanidad?

   d. ¿Qué significa la estipulación transportista FAS?

   e. ¿Qué es un giro a plazo?

4. **Traducciones.** Un/a amigo/a suyo/a, director/a de ventas internacionales, necesita saber expresar mejor lo siguiente para una reunión que se celebrará en español. Él/Ella sabe muy poco español y por eso usted lo/la ayuda al traducir al español las siguientes oraciones que se relacionan con el tema de su presentación.

   a. *Today's world is best described as a global economy of interdependent nations.*

   b. *International trade is achieved through the processes of import and export.*

   c. *Although international trade involves more intermediaries and paperwork than domestic trade, the basic principle of commerce is still in effect: a seller and a buyer want to exchange goods and services for an agreeable price.*

   d. *A nation's balance of trade is measured primarily in terms of its import–export activity. If imports are greater than exports, a negative trade balance is recorded for that year.*

   e. *Exporters gain confidence over time in the ability of their clients to make full and timely payments for the goods and services sold and delivered.*

Una vista panorámica de la República Dominicana

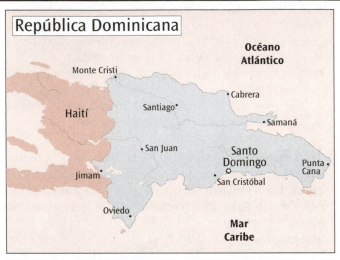

República Dominicana

Caribe

Nombre oficial:	República Dominicana
Gentilicio:	dominicano/a
Capital y población:	Santo Domingo: 2,851,300 (metro); 2,252,400 (ciudad)
Sistema de gobierno:	Democracia representativa
Jefe de Estado/Jefe de Gobierno:	Presidente Leonel Fernández Reyna
Fiesta nacional:	27 de febrero, Día de la Independencia (1844: de Haití)

República Dominicana

Geografía y clima

Área nacional en millas²/ kilómetros²	Tamaño (comparado con EUA)	División administrativa	Otras ciudades principales	Puertos principales	Clima	Tierra cultivable
18,815 m²/ 48,730 km²	Dos veces el tamaño de Nueva Hampshire	Un distrito nacional y otras 29 provincias	Santiago de los Caballeros, La Vega, San Pedro de Macorís	Santo Domingo, San Pedro de Macorís, Puerto Plata	Tropical marítimo con estación de lluvias mayo–octubre	21%

Demografía

Año y población en millones			% urbana	Distribución etaria		% de analfabetismo	Grupos étnicos
2005	2015	2025		<15 años	65+		
9	10.1	11.1	66%	35%	5%	15.3%	73% mulato, 16% blanco europeo, 11% africano

Economía y comercio

Moneda nacional	Tasa de inflación 2002	N° de trabajadores (en millones) y tasa de desempleo	PIB 2002 en millones $EUA	PIB per cápita $EUA	Distribución de PIB y de trabajadores por sector*			2002 Exportaciones en millones $EUA	2002 Importaciones en millones $EUA
					A	I	S		
El peso	5.3%	2.6/15%	$53,000	$6,100	11% 17%	34% 24%	55% 59%	$5,300	$8,700

*Para distribución del PIB y de los trabajadores (mano de obra): A = agricultura, I = industria, S = servicios (y gobierno).

Recursos naturales: Níquel, bauxita, oro, plata.

Industrias: Turismo, azúcar, minería de ferroníquel y oro, textiles (maquiladoras), cemento, tabaco, productos farmacéuticos.

Comercio

Productos de exportación: Ferroníquel, azúcar, oro, café, cacao, plata, carne, tabaco.

Mercados: 87.3% EUA, 1.1% Países Bajos, 0.7% Francia, 0.7% Canadá, 10.2% otros países.

Productos de importación: Alimentos, petróleo, algodón y tejidos, productos químicos y farmacéuticos, bienes de consumo.

Proveedores: 60.5% EUA, 10.4% Japón, 4.7% México, 3% Venezuela, 0.7% Francia, 20.7% otros países.

Horario general de comercio: De lunes a viernes, desde las nueve de la mañana hasta las cinco o seis de la tarde. El almuerzo se come normalmente entre el mediodía y las dos de la tarde.

Transporte y comunicaciones					
Kilómetros de carreteras y % pavimentadas	*Kilómetros de vías férreas*	*Nº de aeropuertos con pista de aterrizaje pavimentada*	*Nº de líneas telefónicas*	*Radios por mil personas*	*Televisores por mil personas*
12,600/49.4%	1,503	13	709,000	178	96
Idioma y cultura					
Idiomas	*Religión*	*Comidas y bebidas típicas/Modales*			
Español (oficial), inglés	95% católico, 5% protestante	Arroz con habichuelas, bacalao, sancocho, plátano, cerveza, ron, café. Es común servir primero a los invitados. Durante la comida se practica el arte de la conversación.			

Horario normal del almuerzo y de la cena: Sobre la una de la tarde para el almuerzo; entre las seis y las ocho para la cena.

Gestos: Espacio físico reducido entre las personas que conversan; a veces se toca el hombro o el antebrazo de la otra persona al hablar. Muchas veces los amigos y conocidos se dan un abrazo al saludarse o para las mujeres, un beso en la mejilla. Para señalar algo, se frunce la boca en esa dirección. Señalar algo con la boca fruncida y mirar con los ojos hacia arriba (una mirada de «¡Ay, Dios mío!») significa desaprobación. Se frunce la nariz para indicar que uno no entiende algo. Frotarse el dedo pulgar contra el dedo índice sirve para indicar dinero.

Cortesía: Para saludar, darse la mano con un apretón firme. A veces se ofrece el antebrazo o el codo si está sucia la mano. Saludar a cada individuo al llegar a una reunión o comida y despedirse individualmente al marcharse. Mantener contacto visual con la persona a la cual se habla (mirarle a los ojos) para indicar interés y sinceridad. Cuando se visita la casa de alguien para comer o cenar, traer para los anfitriones un detalle como flores o pan.

LA ACTUALIDAD ECONÓMICA DOMINICANA

La República Dominicana, el país democrático más grande del Caribe, ocupa las dos terceras partes orientales de la isla La Española. El otro tercio occidental de la isla, la segunda en tamaño de las Antillas, lo ocupa Haití, uno de los países más pobres del hemisferio. La República Dominicana es uno de los países caribeños de mayor densidad poblacional. Además, sigue existiendo una brecha económica enorme entre los adinerados, mayormente descendientes de los colonizadores españoles, y los pobres, principalmente de orígenes africanos. Los mulatos controlan la mayoría del comercio. En el año 2005 tenía una población de nueve millones de personas, con proyecciones de 11.1 millones en 2025 y de 13.5 millones en 2050. Ha sido un país esencialmente agrícola, pero el sector de servicios ha crecido rápidamente en los cinco últimos años, debido al turismo y al desarrollo de las zonas de libre comercio, dos sectores que son importantes fuentes de divisas internacionales y que han empleado a muchos trabajadores dominicanos.

La larga historia de dominación política y económica por fuerzas extranjeras comenzó en 1492 con la llegada de Cristóbal Colón, quien la bautizó con el nombre de Hispaniola. En 1697 el Tratado de Ryswick le dio a Francia la parte occidental de la isla (Haití) y a España la parte oriental (llamada Santo Domingo). En 1795 España cedió su porción de la isla a Francia, pero luego volvió a tomarla en 1808. En 1821 hubo un breve período de independencia dominicana de España, pero el año siguiente, el ejército haitiano, bajo su presidente Juan-Pierre Boyer, retomó Santo Domingo. Haití mantuvo control de toda la isla hasta 1844, cuando Santo Domingo declaró su independencia y se creó la República Dominicana. Durante los últimos 150 años, España (1861–64) y EUA (1916–24) han ocupado la República Dominicana. El general Rafael Leonidas Trujillo fue dictador entre 1930 y 1961; EUA invadió la isla en 1964; y hubo tres democracias débiles (Joaquín Belaguer en 1966, Silvestre Antonio Guzmán en 1978 y Jorge Blanco en 1982).

En 1986 Joaquín Balaguer asumió la presidencia del país por la quinta vez en su carrera política. El «nuevo» presidente tuvo que enfrentar una serie de problemas económicos, tales como la inflación, el déficit comercial, altos tipos de interés sobre los préstamos, y una crisis de energía provocada por los altos precios del petróleo importado. Todo esto contribuyó a la inestabilidad del peso dominicano. Poco después de instalarse como presidente, Balaguer suspendió el pago de la deuda externa, ya que los intereses sobre los préstamos consumían un 70% de los ingresos de la exportación nacional. A la vez, se redujo la extracción de oro, recurso importante para la economía dominicana. También continuó la emigración ilegal de haitianos a la República Dominicana, en busca de trabajo y de mejores oportunidades económicas.

El gobierno dominicano mantiene relaciones amistosas con EUA, país que provee casi toda la inversión privada extranjera en el país. Contribuye a esta relación cordial el hecho que más de un millón de dominicanos viven en EUA, principalmente en Nueva York. En 1990, después de un recuento de votos, Balaguer fue reelegido presidente por la sexta vez. Los sindicatos y los partidos de la oposición declararon una huelga general contra las medidas de austeridad impuestas por el presidente. En 1991 el ex-presidente Jorge Blanco fue condenado a 20 años de cárcel por corrupción durante su presidencia (1982–86). Al año siguiente, el gobierno dominicano retiró a sus diplomáticos de Puerto Príncipe, y colocó fuerzas militares en la frontera, debido a la inestabilidad política de Haití.

En junio de 1996 fue elegido presidente Leonel Fernández Reyna. En los últimos años la República Dominicana se ha concentrado en el desarrollo del sector turístico, especialmente en la costa suroeste, aprovechando la construcción del nuevo aeropuerto internacional de Barahona. Se calcula que el turismo aporta al país más de mil millones de dólares EUA anualmente. También, los dominicanos que viven y trabajan en EUA remiten más de mil millones de dólares anualmente. Se han creado más maquiladoras (como en México y Guatemala) y el país continúa desarrollando la industria de telecomunicaciones. No obstante, el azúcar seguirá siendo clave para la economía dominicana, con el inconveniente de que este producto siempre está a la merced de los precios fluctuantes del mercado mundial y de las catástrofes naturales como el huracán George en 1998, que provocó más de $1.3 mil millones de pérdidas en los sectores agrícolas y en la infraestructura nacional. Algunos de los principales retos actuales son los altos tipos de interés, la ineficaz recaudación de impuestos, la excesiva dependencia sobre los impuestos que provienen del comercio internacional, y la ineficiencia de muchas empresas nacionales después de décadas de tarifas proteccionistas.

En 2000 Hipólito Mejía fue elegido presidente, prometiendo la creación de un programa social financiado por impuestos y precios de combustibles más altos. Bajo su mando en 2003, la República Dominicana sufrió una crisis financiera con una baja en el valor del peso y una inflación de 24.4%, causando manifestaciones contra el gobierno de Mejía. En la elección de mayo de 2004, por primera vez los dominicanos residentes en el exterior pudieron votar. Leonel Fernández, quien ya había sido presidente (1996–2000), volvió a ser elegido y ahora tendrá que solucionar enormes problemas socioeconómicos y aumentar la capacidad energética (eléctrica) para alcanzar un crecimiento económico sostenible.

Una vista panorámica de Cuba

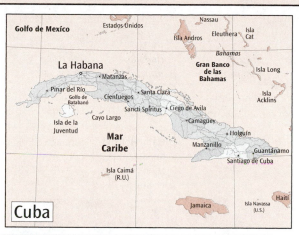

Nombre oficial:	República de Cuba
Gentilicio:	cubano/a
Capital y población:	La Habana: 2,686,000 (metro); 2,343,700 (ciudad)
Sistema de gobierno:	Estado comunista
Jefe de Estado/Jefe de Gobierno:	Presidente Fidel Castro Ruz
Fiesta nacional:	26 de julio, Día del Asalto al Cuartel Moncada (1953); se celebra también el 1° de enero, Día de la Liberación (1959); (Cuba logró su independencia de España el 10 de diciembre de 1898, pero no se celebra como fiesta nacional)

Cuba

Geografía y clima

Área nacional en millas²/ kilómetros²	Tamaño (comparado con EUA)	División administrativa	Otras ciudades principales	Puertos principales	Clima	Tierra cultivable
42,803 m²/ 110,860 km²	Casi tan grande como Pensilvania	14 provincias y un municipio especial	Santiago de Cuba, Cama-güey, Santa Clara, Holguín, Guantánamo, Matanzas, Cienfuegos	La Habana, Matanzas, Cienfuegos, Santiago de Cuba	Tropical con estación de lluvias mayo–octubre	33%

Demografía

Año y población en millones			% urbana	Distribución etaria		% de analfa-betismo	Grupos étnicos
2005	2015	2025		<15 años	65+		
11.3	12	11.7	75%	21%	10%	3%	51% mulato, 37% blanco europeo, 11% africano, 1% chino

Economía y comercio

Moneda nacional	Tasa de inflación 2002	N° de trabajadores (en millones) y tasa de desempleo	PIB 2002 en millones $EUA	PIB per cápita $EUA	Distribución de PIB y de trabajadores por sector*			2002 Exporta-ciones en millones $EUA	2002 Importa-ciones en millones $EUA
					A	I	S		
El peso	7.1%	4.3/5.2%	$25,900	$2,300	7.6% 20%	34.5% 22%	57.9% 58%	$1,400	$3,000

*Para distribución del PIB y de los trabajadores (mano de obra): A = agricultura, I = industria, S = servicios (y gobierno).

Recursos naturales: Níquel, cobalto, hierro, cobre, manganeso, sal, madera, sílice, petróleo.

Industrias: Azúcar, procesamiento de alimentos, refinación de petróleo, cemento, tabaco, textiles, productos químicos, productos de madera y de papel, metales (especialmente el níquel), abono, maquinaria, bienes de consumo.

Comercio

Productos de exportación: Azúcar, níquel, tabaco, maquinaria de transporte, pescado y marisco, frutas cítricas, café, ron, productos químicos y médicos.

Mercados: 19% Países Bajos, 18% Rusia, 14.3% Canadá, 9.5% España, 7% China, 32.2% otros países.

Productos de importación: Petróleo, alimentos, maquinaria, productos químicos.

Proveedores: 17.2% España, 12% China, 9% Italia, 7.6% Francia, 7.3% México, 6.2% Canadá, 5.6% EUA, 4.7% Brasil, 30.4% otros países.

Horario general de comercio: De lunes a viernes, desde las nueve de la mañana hasta las cinco o seis de la tarde. El almuerzo se come normalmente entre el mediodía y las dos de la tarde.

Transporte y comunicaciones

Kilómetros de carreteras y % pavimentadas	Kilómetros de vías férreas	Nº de aeropuertos con pista de aterrizaje pavimentada	N° de líneas telefónicas	Radios por mil personas	Televisores por mil personas
60,858/8.9%	3,442	70	574,400	352	248

Idioma y cultura

Idiomas	Religión	Comidas y bebidas típicas/Modales
Español	85% católico antes de Castro; también hay protestantes, judíos y practicantes de santería	Arroz y frijoles negros, arroz con pollo, picadillo, tasajo, ropa vieja, tamales, fufú de plátano, croquetas, yuca, boniato, arroz con leche, yemitas, tocino del cielo, daiquirí, cubalibre (llamada «mentirita» por los cubanos de Miami), café. Mantener las manos, no los codos, encima de la mesa al comer.

Horario normal del almuerzo y de la cena: Sobre la una de la tarde para el almuerzo; entre las seis y las ocho para la cena.

Gestos: Espacio físico reducido entre las personas que conversan; a veces se toca el hombro o el antebrazo de la otra persona al hablar. Muchas veces los amigos y conocidos se dan un abrazo al saludarse o para las mujeres, un beso en la mejilla. Para que se acerque un niño, la mano con la palma hacia abajo, cerrar y arañar con los dedos juntos. Una palmadita en la espalda o en el hombro indica amistad y aprobación.

Cortesía: Durante el saludo, darse la mano con un apretón firme. Mantener contacto visual con la persona con quien se habla (mirarle a los ojos) para indicar interés y sinceridad. Cuando se come en casa de alguien, llevar a los anfitriones un detalle como flores o pan.

LA ACTUALIDAD ECONÓMICA CUBANA

Cuba es la más grande de las Antillas y está situada a unos 145 kilómetros (90 millas) al sur de Cayo Hueso, Florida. Durante gran parte de su historia, Cuba fue uno de los países más prósperos de Hispanoamérica. Pero desde la revolución de 1959, cuando tomó el poder Fidel Castro y hubo un éxodo de muchos cubanos profesionales a EUA y a otros países, ha crecido muy poco su capacidad productora. Esto se debe principalmente a un exceso de control gubernamental, a la mala administración económica y a los altos gastos representados por las aventuras globales de las fuerzas armadas cubanas en los años setenta y ochenta (50,000 tropas en Angola, 24,000 en Etiopía y 1,500 en Nicaragua). A partir del régimen de Castro, la isla se convirtió en una economía centralizada, cerrada durante años a la participación en los grandes mercados del mundo, particularmente el de EUA, por el embargo económico que éste le impuso a la isla en 1962. En 1992 la Asamblea General de la ONU aprobó una resolución presentada por los cubanos, pidiendo sin ningún resultado la eliminación del embargo. Hoy día, bajo la consigna de «Socialismo o muerte», Cuba es uno de los últimos países comunistas del mundo, con una economía marxista-leninista que el resto del mundo ha abandonado a favor de sistemas económicos más abiertos o de libre comercio.

El azúcar ha sido tradicionalmente clave para la economía cubana. La producción de azúcar y sus derivados ha disminuido de 8.5 millones de toneladas en 1970 a unas 3 millones en 2004. A pesar de campañas gubernamentales para fomentar su productividad, y Cuba continúa siendo el mayor exportador mundial de azúcar. La antigua Unión Soviética subvencionó esta industria durante muchos años, pero la disolución de la URSS a principios de los años noventa eliminó gran parte de esta fuente de fondos y ayuda económica. El resultado fue que entre 1989 y 1993 el PIB cubano bajó un 35%. En 1990 Cuba dejó de publicar su informe económico anual.

Entre los principales problemas a los que se ha enfrentado Cuba, se destacan los siguientes:

1. la necesidad de modernizar y mecanizar la industria azucarera
2. la urgencia de aumentar la productividad de los trabajadores y de reducir el ausentismo
3. la necesidad de aumentar la disponibilidad de mano de obra (para lo cual se han ido incorporando más mujeres a la fuerza de trabajo)
4. la necesidad de producir más arroz y frijoles, dos cosechas de primera necesidad que no se han mantenido en proporción al crecimiento demográfico
5. la urgencia de diversificar la economía, fomentando el desarrollo de otros sectores económicos, además del azúcar

En 1980 los exiliados y los desterrados cubanos que vivían en EUA organizaron la llamada «flotilla de la libertad», la cual trasladó desde el puerto de Mariel a las costas de Florida a unos 130,000 refugiados autorizados por el régimen cubano. (Nota: El exilio cubano incluye tanto a personas expulsadas del país, los **desterrados,** también llamados exiliados o exilados, como a personas que han huido voluntariamente. La palabra «destierro» se refiere al exilio forzado.) En 1985 Radio Martí comenzó a transmitir hacia Cuba, lo cual provocó la suspensión del pacto de inmigración y emigración con EUA por parte del gobierno cubano. En 1989 Mikhail Gorbachev, el presidente de la URSS, visitó Cuba. El diario soviético *Izvestia* indicó que la deuda del gobierno cubano con la URSS ascendía a más de $24,000 millones EUA. En 1991 Gorbachev anunció que comenzaría las negociaciones con Castro sobre la retirada de las tropas soviéticas de la isla. Los problemas económicos y el descontento político siguieron aumentando en Cuba. En 1992 un piloto de la fuerza aérea cubana voló con su familia y varios amigos a Miami, Florida, y poco después hubo otro vuelo en el cual 47 personas también pidieron asilo político. En Cuba ha habido muchos rebeldes y disidentes cubanos condenados a cadena perpetua o fusilados.

La eficiencia de la producción azucarera siguió bajando y en 1993 el monopolio nacional tuvo que comprar miles de toneladas de azúcar de Tailandia para cumplir con sus contratos con China. Ese mismo año la Asamblea Nacional «eligió» a Castro presidente por cinco años más; no hubo otros candidatos. En una reunión internacional en Brasil, los países iberoamericanos, juntos con los representantes de España y Portugal, acordaron pedirle de nuevo a EUA que levantara el embargo económico contra la isla. Menem, el presidente de Argentina, votó a favor de la petición pero indicó que era probablemente inútil hasta que cambiara la dictadura cubana. En Puerto Rico en 1993, durante los XVII Juegos Centroamericanos y del Caribe, desertaron 45 atletas cubanos, agravando aún más la situación.

En 1994 los gobiernos de Cuba y EUA intentaron negociar en La Habana una solución a los problemas de la emigración. Ese mismo año la Comisión de Derechos Humanos de la ONU condenó al gobierno cubano por las continuas y numerosas violaciones de los derechos y libertades fundamentales de sus ciudadanos. En 1995 EUA anunció que ya no recibiría a más refugiados del mar (*boat refugees*) cubanos, después de tres décadas de trato preferencial a los cubanos que habían llegado en bote o en balsa a las costas estadounidenses. Al mismo tiempo, el gobierno de EUA anunció que aceptaría a los 21,000 balseros detenidos en Guantánamo.

Castro fue nuevamente «reelegido» presidente en 1997. Ese mismo año el gobierno cubano creó el Banco Central (véase www.bc.gov.cu/Espanol/default.asp) con el propósito de que funcionara como un banco central en una economía de mercado. Desde entonces, algunos bancos extranjeros han iniciado operaciones en Cuba. Un 70% de la fuerza laboral trabaja para el estado. El país ha empezado a experimentar con una política económica nacional más liberal. Por ejemplo, se les ha permitido a los agricultores y granjeros vender a precio de mercado los excedentes después de cumplir con las cuotas del estado. Otro ejemplo son los «paladares» o pequeños restaurantes operados en casas privadas para servir a los turistas y a otros visitantes extranjeros. Pero los altos impuestos luego han obligado a muchos cubanos a abandonar estos experimentos capitalistas. Actualmente el turismo ha reemplazado el azúcar como principal fuente de divisas. El gobierno ha promovido la fórmula de «sol y playa» y también el «sexoturismo», aunque recientemente ha intentado controlar más la explotación y prostitución de menores de edad, un grave problema turístico en muchas partes del mundo.

Finalmente, cabe señalar que desde 1993 Cuba ha permitido el uso del dólar EUA en su economía y que el dólar ha reemplazado el peso como la moneda más usada en el comercio nacional, hasta tal punto que en muchas de las tiendas ya no se acepta el peso. Los cubanos estadounidenses remiten anualmente regalos y dólares a familiares en Cuba, lo cual permite que muchos cubanos puedan comprar artículos que no les serían asequibles sin esta ayuda. El embargo económico norteamericano continúa, bajo las provisiones adicionales de la «Helms-Burton Act», aunque EUA también está planeando programas de asistencia socio-económica para una Cuba democrática después de Castro.

13-6 Actividades

¿Qué sabe Ud. de la República Dominicana y de Cuba?

1. A Ud. lo/la han contratado/a como asesor/a transcultural de negocios internacionales. Como tal, necesita informar a sus clientes sobre la República Dominicana y Cuba, y recomendar un plan de viaje de negocios a cada país. Averigüe los datos pertinentes para poder abarcar los temas a continuación.

   a. Describa la geografía de la República Dominicana y Cuba, incluyendo los siguientes temas: ubicación y tamaño de ambos países, capital y otras ciudades y puertos principales, división administrativa y clima. Compare el tamaño de la República Dominicana con el de EUA. Compárelo con el tamaño de su estado. Compare el tamaño de Cuba con el de EUA y con el de su estado.

   b. ¿Cuáles son las principales características demográficas y políticas de la República Dominicana y de Cuba? ¿Quién es el jefe de estado de cada país?

   c. ¿Cuándo se celebra la fiesta nacional de cada país? ¿Qué otras fiestas públicas podrían afectar el éxito de un viaje de negocios? (Véase la Tabla 10-1, página 303.)

   d. Describa la economía de cada país. Incluya datos sobre la moneda nacional, la tasa de inflación, el PIB y el PIB per cápita, el número de trabajadores (la mano de obra), la tasa de desempleo, los recursos naturales, las industrias nacionales, los productos que se exportan e importan, los países destinos (mercados) y proveedores (fuentes) de estas transacciones internacionales, y la balanza de comercio. ¿A cuánto se cotiza cada moneda nacional con el dólar EUA? ¿Cuál fue la balanza comercial de cada país según la información del libro? ¿En la actualidad?

   e. Compare el PIB y el PIB per cápita de la República Dominicana y Cuba. ¿A qué factores se deben las diferencias?

   f. ¿Qué producto o servicio recomendaría Ud. vender en la República Dominicana y Cuba? ¿Por qué?

   g. Compare la infraestructura de transportes y de comunicaciones de cada país. ¿Qué ventajas o desventajas económicas tienen la República Dominicana y Cuba debido a su geografía?

   h. ¿Cómo han cambiado algunos de los datos presentados en las secciones de *Vista panorámica* y *Actualidad económica* de este texto? Póngalos al día para cada país.

i. Describa la relación socioeconómica entre la República Dominicana y EUA, refiriéndose a la lectura *Actualidad económica*.

j. Describa la relación socioeconómica entre Cuba y EUA, refiriéndose a la lectura *Actualidad económica* y a otras fuentes, como el internet. ¿Por qué ha habido un embargo económico estadounidense contra Cuba? ¿Qué es la «Helms-Burton Act», qué otro nombre tiene y cuáles son algunas de sus estipulaciones? ¿Piensa usted que se debería levantar el embargo? Explique.

k. Basándose en la *Actualidad económica* de cada país, ¿qué realidades, oportunidades y problemas destacaría y qué recomendaciones le daría a un/a empresario/a interesado/a en hacer negocios allí?

2. Ud. tiene que hacer un viaje de negocios a la República Dominicana con un/a colega para hablar sobre la compra de un nuevo hotel en la zona turística de Barahona. Usando el internet u otras fuentes informativas, prepare un plan (con presupuesto e itinerario) para usted y su colega, saliendo del aeropuerto de la ciudad donde usted vive en este momento y pasando dos días en Santo Domingo y dos en Barahona. Busque las posibilidades en internet, por medio del teléfono, en una agencia de viajes o en el aeropuerto mismo. Comuníquese en español, si es posible.

a. Fechas de ida y vuelta

b. Vuelos: aeropuertos de despegue y aterrizaje, líneas aéreas, horario; costos

c. Transporte interno que piensa usar en cada país: taxi, autobús, carro de alquiler, metro, tren, otro; costos

d. Alojamiento y viáticos; costos

e. La comida típica que van a pedir para la cena la primera noche en cada país

f. Las formas de cortesía y los gestos que deben recordar, usar o evitar

Preparen también una lista de temas que piensan incluir en su discusión sobre la compra del nuevo hotel.

LECTURA CULTURAL

El ambiente legal de la importación y exportación

El ambiente legal del comercio internacional es bastante más complicado que el de los negocios nacionales. Esto se debe a que cada nación tiene sus propias leyes, y éstas casi nunca son compatibles entre distintos países. Lo importante para toda persona que participe en los negocios internacionales es conocer las leyes comerciales del país con el cual se están realizando las transacciones comerciales, o contratar los servicios de especialistas y/o de un buen abogado internacional.

Vern Terpstra (*The Cultural Environment of International Business*) indica que las leyes de un país se pueden interpretar como una dimensión de su cultura. Éstas reflejan las actitudes y normas culturales de una nación, y sirven como reglas de conducta impuestas por alguna autoridad (la legislatura nacional) o por las costumbres de los ciudadanos. En este sentido más amplio, no se trata sólo de las leyes estipuladas por algún código legal. Puede ser que las directivas gubernamentales, las prácticas y los tabúes sociales también alcancen fuerza de ley. La persona de negocios

Antes del 11 de septiembre. Las Torres Gemelas del World Trade Center, Nueva York antes del ataque.

internacionales tiene que estar atenta a todo factor que pueda constituir las «leyes» de una nación. Casi todas las leyes comerciales de los distintos países son diferentes en alguna medida y afectan de algún modo todos los temas tratados en este texto, desde la estructura y ubicación de una empresa hasta los recursos humanos, los bienes y servicios, los sistemas de distribución, la inversión, los impuestos, etc.

Existe la ley internacional y sus instituciones, como las Naciones Unidas y el Tribunal Internacional, pero estos organismos, aunque gozan de gran prestigio, carecen de la autoridad necesaria para hacer cumplir con las leyes internacionales. Una nación no puede hacer que otra nación cumpla con una ley internacional, a no ser por la fuerza. Esto explica, en parte, por qué los vendedores de bienes y servicios en el mercado internacional requieren un largo trato comercial con sus clientes antes de concederles la misma confianza mantenida con los mejores clientes nacionales. Si el comprador extranjero no cumple con un pago prometido, es muy

Después del 11 de septiembre. Las Torres Gemelas del World Trade Center de Nueva York ahora sobreviven en nuestra memoria colectiva, reflejadas por el plan de un nuevo monumento titulado «Reflejando la ausencia».

difícil demandarlo en su propio país, donde las leyes nacionales (domésticas) del vendedor no se reconocen. No obstante, el aumento del comercio internacional y del número de empresas multinacionales, transnacionales y supranacionales*, así como el crecimiento de fenómenos como la inversión internacional y los tiburones (o las pirañas) corporativos, apuntan hacia un papel más urgente de la ley internacional. Las diferentes naciones que participan en el comercio global tendrán que aceptar un código mutuamente aplicable; es decir, una serie de leyes internacionales que rijan por encima de las leyes nacionales. Hasta el momento, no existe ningún organismo internacional que corresponda en la práctica a las legislaturas de los distintos estados soberanos. El FMI, una agencia de las Naciones Unidas, el antiguo *GATT* (*General Agreement on Tariffs and Trade*) y la OMC (Organización Mundial del Comercio) han sido pasos positivos hacia un sistema de leyes internacionales para el comercio. Estos organismos han podido sancionar a los países miembros que no hayan cumplido con los acuerdos que han sido aceptados entre los miembros. Pero todavía hace falta una ley comercial auténticamente internacional.

13-7 Actividades

1. **¿Qué sabe Ud. de la cultura?** Demuéstrelo contestando las siguientes preguntas.
   a. Para tener fuerza de ley, ¿hace falta que una norma de conducta esté inscrita en algún código nacional?
   b. ¿Existe la ley internacional? Explique.
   c. ¿Cómo se distinguen las empresas multinacionales, transnacionales y supranacionales?
   d. ¿Qué son el FMI, el *GATT* y la Organización Mundial del Comercio? ¿Qué representan en el panorama de la ley internacional?

   e. Observe las fotos en páginas 404 y 405. ¿En qué año ocurrió este ataque terrorista? ¿Por qué ocurrió el ataque, en su opinión? ¿Qué efectos tuvo sobre la política y la economía mundial? Ahora se planea la construcción de una nueva serie de torres en ese mismo lugar, incluyendo el rascacielos más alto del mundo, que se llamará «La Torre de la Libertad» (*The Freedom Tower*). También se construirá un monumento en memoria del 9-11, bautizado «Reflejando la Ausencia» (*Reflecting Absence*). Busque en internet las respuestas a las preguntas y más información sobre estos nuevos proyectos.

2. **Asimilador cultural.** Lea lo siguiente y conteste las preguntas a continuación.
   Richard McCaffery, presidente de una PYME en Connecticut, que importa café y azúcar directamente de la República Dominicana, está preocupado porque no ha llegado su último pedido de varias toneladas de café y azúcar. Decide llamar por teléfono a su abastecedor dominicano, Aurelio Salazar Buendía, para pedirle una explicación. Al comunicarse, Salazar se disculpa y le dice a McCaffery

---

*La empresa multinacional es la que desarrolla sus actividades comerciales por medio de filiales en diferentes países. La transnacional se caracteriza por una administración compartida por representantes de varias nacionalidades. La supranacional es aquélla que verdaderamente ha superado toda vinculación nacional.

que también estaba a punto de llamarlo a Connecticut. Le explica que hace varios días se perdió toda la mercancía en una inundación que destruyó la carretera y arrastró el camión que llevaba el café y el azúcar. También le explica que le será imposible enviarle el pedido hasta el mes entrante, pues primero hay que reparar la carretera, la única que conecta sus operaciones con el puerto de embarque marítimo. A la vez, Salazar le agradece a McCaffery el pago recibido por el café y azúcar, el cual ha usado para solventar cuentas pendientes.

—No se preocupe, Sr. McCaffery, que dentro de un par de meses, cuando se arregle todo esto, Ud. tendrá su café y azúcar.

Después de oír esto, McCaffery se pone frenético y le grita por el auricular.

—¿Qué no me preocupe? ¡¿Qué no me preocupe?! ¡Tengo clientes que me amenazan con llevar su dinero a otro lugar si no les entrego a tiempo su café y azúcar! ¡¿Qué no me preocupe?! ¡No, Ud. es el que tiene que preocuparse porque lo voy a demandar aquí en una corte por el dinero y los clientes que voy a perder!

a. ¿Cree Ud. que McCaffery podrá llevar a cabo su amenaza de demandar a Salazar en una corte de Connecticut? Explique.

b. ¿Cómo solucionaría Ud. la situación?

SÍNTESIS COMERCIAL Y CULTURAL

13-8 Actividades comunicativas

1. **Situaciones para dramatizar.** Lea las siguientes situaciones y después haga el papel en español con otro/s estudiante/s, usando las siguientes opciones como punto de partida. Cada persona deberá participar activamente en la dramatización. No olviden el protocolo ni las cortesías.

a. *You are the vice-president of a midsized American firm that is interested in exporting its products to Latin America. Since you have no experience with foreign customers, you have arranged a meeting with an export specialist to ask what is involved.*

b. *You are a businessperson in Cuba and form part of an official committee created to study whether or not Cuba should seek to renew its trade with the United States. Your position is that it should. Other members of the committee, however, view this as a betrayal of what has been accomplished in Cuba since the revolution: some Cubans will again become wealthier than others, Cuba might become dependent on the U.S., etc. Persuade your colleagues to accept your reasons for wanting to resume trade.*

2. **Comprensión y comunicación.** Para este ejercicio basado en el vídeo de *Éxito comercial*, pase al encarte central del texto, VídeoTexto 15.

3. **Actividad de comercio internacional.** A Ud. le interesa importar artesanías u otros productos de Hispanoamérica para venderlas en la ciudad donde vive, pero necesita saber más sobre cómo proceder. Haga una de las siguientes actividades para empezar a enterarse.

a. Visite una tienda que vende artículos importados (artículos de Hispanoamérica, si es posible). Entreviste a uno/a de los/las gerentes o propietarios/as para que le explique los trámites de la importación.

b. Visite una tienda de comestibles que vende alimentos o bebidas importados de Hispanoamérica y/o de España. Entreviste a uno/a de los/las gerentes o propietarios/as para que él/ella le explique el sistema de distribución por el cual llegan esos productos (e.g., las salsas y cervezas mexicanas, los plátanos del Caribe, el vino español o chileno) a la tienda.

c. Visite una tienda de comidas y haga una lista de todos los productos importados de países hispanos que usted encuentre. Después, organice su lista: cuántos y qué tipos de productos, de qué países y a qué precios de venta.

Luego, comente con sus compañeros/as de clase la información que ha conseguido.

4. **Caso práctico.** Lea el caso y haga el ejercicio a continuación.

En los últimos años se ha agravado la crisis económica cubana. Esto se debe en parte a los siguientes factores.

a. la dependencia de un solo producto: el azúcar

b. los métodos de producción y la maquinaria industrial anticuados

c. la escasez de mano de obra, la baja productividad (debido en parte a la falta de incentivos) y el ausentismo

d. la baja en la cosecha de ciertos comestibles, arroz y frijoles, la cual ha requerido la importación de comida

e. los gastos militares que durante los sesenta, setenta y ochenta habían perjudicado el desarrollo de diversos sectores económicos

f. el embargo económico de EUA

El gobierno cubano ha formado una comisión nacional de sus mejores especialistas para buscar soluciones a las dificultades económicas de la isla. Ud. forma parte de esta comisión, compuesta de tres o cuatro compañeros/as de clase. Preparen una serie de recomendaciones de acciones que ayudarían a aliviar la crisis económica de Cuba, tanto en un futuro inmediato como a largo plazo.

13-9 Análisis y comparación

Estudie la siguiente tabla comparativa y haga los ejercicios que aparecen a continuación. Use también sus conocimientos y, si es necesario, otras fuentes informativas como el internet, el *Almanaque Mundial*, etc. Los ejercicios se pueden hacer individualmente, en parejas o en pequeños grupos para discutir en clase.

Tabla 13-2

Comparación entre los países hispanoparlantes, Brasil y EUA: Importaciones, balanza de comercio, principales productos de importación y principales proveedores

País	Importación en millones $EUA	Balanza de comercio en millones $EUA	Principales productos de importación	Principales proveedores
Argentina (2001)	$20,300	−$6,400	vehículos de motor y piezas, productos químicos orgánicos, equipo de telecomunicaciones, plásticos	25% Brasil, 19% EUA, 5% Alemania, 4.6% China
Bolivia (2001)	$1,500	−$300	bienes de capital (equipo industrial y medios de producción), productos químicos, petróleo, alimentos	24% EUA, 17% Argentina, 15% Brasil, 9% Chile, 5% Perú
Chile (2001)	$18,000	$500	petróleo, bienes de capital (equipo industrial y medios de producción), vehículos de motor, equipo electrónico, bienes durables de consumo, maquinaria	19% EU, 16% EUA, 19% Argentina, 9% Brasil, 3% Japón
Colombia (2001)	$12,700	−$400	equipo de transporte, maquinaria, alimentos, metales, productos químicos, combustible, productos de papel y de metal, aviones	43% EUA, 22% Comunidad Andina, 14% UE
Costa Rica (2002)	$6,400	−$600	maquinaria, vehículos de motor, bienes de consumo, productos químicos, petróleo y derivados, alimentos, abono	53% EUA, 10% UE, 6% México, 5.3% Venezuela, 4.9% Centroamérica
Cuba (2002)	$3,000	−$1,600	petróleo, alimentos, maquinaria, productos químicos	13% España, 7% Francia, 6% Canadá, 5.3% China, 5% Italia
Ecuador (2002)	$4,800	$0	equipo de transporte, bienes de consumo, vehículos de motor, maquinaria, productos químicos, productos de petróleo, materias primas	25% EUA, 13% Colombia, 8% Japón, 8% Venezuela, 4% Brasil

El Salvador (2002)	$4,900	–$2,000	materia prima, bienes de consumo, combustibles, alimentos, petróleo, electricidad	39% EUA, 25% MCCA, 10% Guatemala, 8% Honduras, 7% México, 4% Francia
España (2002)	$156,600	–$34,400	maquinaria, equipo de transporte, petróleo, productos químicos, aviones, granos, bienes semiacabados	64% UE (16.8% Francia, 15.5% Alemania, 9.1% Italia, 7% Reino Unido), 5% EUA, 4% América Latina
Guatemala (2001)	$4,900	–$2,000	combustibles, lubricantes, productos de petróleo, maquinaria industrial, vehículos de motor, hierro, acero, abono, electricidad	35% EUA, 13% México, 8% Corea del Sur, 6% El Salvador, 4% Venezuela
Guinea Ecuatorial (2002)	$736	$1,764	petróleo, alimentos, bebida, ropa, maquinaria	29% EUA, 16% España, 10% Francia, 7% Noruega, 5% Países Bajos, 4.7% Italia
Honduras (2001)	$2,700	–$700	petróleo y combustibles, maquinaria y equipo de transporte, bienes manufacturados, productos químicos, productos alimenticios	43% EUA, 5% Guatemala, 5% Japón, 4% Alemania, 3% México, 3% El Salvador
México (2002)	$168,400	$10,000	máquinas para trabajo con metales (metalurgia), productos siderúrgicos (de hierro), maquinaria agrícola, equipo electrónico, piezas para ensamble de automóviles, aviones y piezas para aviones	71% EUA, 3.5% Alemania, 2.7% Japón, 2% Canadá, 2% Corea del Sur, 1% Italia, 1% Francia
Nicaragua (2001)	$609	$990	productos de petróleo, bienes de consumo, maquinaria y equipo, materias primas	24% EUA, 10% Costa Rica, 10% Venezuela, 8% Guatemala, 7% México, 6% El Salvador, 5% Corea del Sur
Panamá (2001)	$6,700	–$800	equipo industrial, petróleo crudo, productos alimenticios, bienes de consumo, productos químicos	33% EUA, 7% Ecuador, 6.6% Venezuela, 5.5% Japón

Paraguay (2001)	$2,700	−$500	maquinaria, combustibles, lubricantes, productos electrónicos, bienes de consumo y de capital (equipo industrial), productos alimenticios, materia prima, tabaco, equipo de transporte, químicos	25.4 % Argentina, 24.5% Brasil, 4% Uruguay
Perú (2002)	$7,500	−$100	maquinaria, equipo de transporte, productos alimenticios, petróleo, hierro, acero, productos químicos y farmacéuticos, cereales, automóviles	19% EUA, 8% Argentina, 6.5% Brasil, 6.2% China, 6.1% Colombia, 6% España, 5.6% Chile, 4% Venezuela
Puerto Rico (2000)	$27,000	$11,500	productos químicos, maquinaria y equipo, ropa, alimentos, pescado, productos de petróleo	60% EUA, 40% otros
República Dominicana (2002)	$8,700	−$3,400	alimentos, petróleo, algodón y tejidos, productos químicos y farmacéuticos, bienes de consumo	61% EUA, 10% Japón, 5% México, 3% Venezuela, 0.7% Francia
Uruguay (2001)	$2,900	−$660	maquinaria y equipo, vehículos de motor, productos químicos, minerales, plásticos, petróleo y combustibles, alimentos procesados, productos metálicos	44% MERCOSUR, 18% UE, 9% EUA
Venezuela (2001)	$18,400	$11,100	materia prima, maquinaria, equipo de transporte, bienes manufacturados, materiales para construcción, productos químicos, productos alimenticios	36% EUA, 7% Colombia, 5% Brasil, 4% Alemania
Brasil (2001)	$57,700	$100	maquinaria, productos químicos, automóviles, combustible, electricidad	23% EUA, 11% Argentina, 9% Alemania, 6% Japón, 4% Italia
Estados Unidos (2001)	$1,148,000	−$425,000	petróleo crudo y productos de petróleo refinado, maquinaria, automóviles, bienes de consumo, materia prima industrial, alimentos y bebidas, productos electrónicos	18% Canadá, 11.3% México, 11.1% China, 10% Japón, 3.6% Reino Unido, 3.3% Taiwán

FUENTES: *U.S. Department of State Background Notes, CIA World Factbook 2004, The World Almanac and Book of Facts 2004* y *Almanaque Mundial 2004*

1. ¿Qué es una importación? ¿Qué tipos de productos se importan en EUA? ¿Ha comprado usted recientemente algún producto o artículo importado? Comente.

2. ¿Cuáles de los países de la tabla importaron más de $100,000,000,000 (ciento mil millones en $EUA = *one hundred billion dollars*) en 2001 ó 2002? ¿Cuáles importaron entre $10,000,000,000 y $57,700,000,000? ¿Y menos de $10,000,000,000?

3. ¿Cuáles son las principales importaciones de México, España, Cuba, Venezuela, Guatemala, Perú, Chile, Argentina y Brasil? ¿Qué tienen en común?

4. ¿Qué es el equipo de telecomunicaciones? ¿La maquinaria? ¿El equipo de transporte? ¿Un combustible? ¿Un avión? ¿El abono? ¿Un producto siderúrgico? ¿Una materia prima? ¿Un bien de consumo y un bien semiacabado?

5. ¿Para cuáles países hispanos es EUA el principal proveedor de importaciones? ¿Para cuáles lo es Brasil y la UE, y por qué piensa usted que es así? ¿Para cuál lo es España y para cuál lo es el Canadá? ¿Qué países hispanoamericanos reciben más de 40% de sus importaciones de EUA?

6. ¿Qué países tienen un saldo superavitario en su balanza comercial? Si la balanza de comercio en millones de $EUA ha sido –$6,400 para Argentina, ¿cuánto exportaron en millones de $EUA? Si ha sido $500 para Chile, ¿cuánto exportaron? Si ha sido $0 para el Ecuador, ¿cuánto exportaron?

7. Usted y tres compañeros/as de clase sirven de consultores para una empresa norteamericana que desea vender sus productos en Latinoamérica. La compañía les ha pedido que preparen un resumen informativo sobre las importaciones de las distintas regiones hispanoamericanas. Divídanse el trabajo para que cada persona le haga al grupo un breve resumen inicial de una de las principales importaciones de (del):
   a. Caribe hispanohablante
   b. Centroamérica
   c. los países andinos
   d. los países del Cono Sur
   e. Brasil

8. Si Ud. tuviera la oportunidad de importar dos productos de los países hispanos para venderlos en el lugar donde vive ahora, ¿cuáles serían? ¿Por qué piensa usted que tendrían buen mercado de consumidores o usuarios? ¿Cuánto dinero calcula que podría ganar Ud. en seis meses con la venta de estos dos artículos?

Posibilidades profesionales

La importación y la exportación son los campos por excelencia de los negocios internacionales. Proporcionan la mayoría de los trabajos a nivel global y figuran en su número los de comerciante internacional, representante de ventas, agente expedidor de mercancías, corredor/a, agente e inspector de aduanas, transportista, etc. Para más información al respecto y para una actividad que le ayude a saber más sobre el tema, véase el Capítulo 13 de *Posibilidades profesionales* que se encuentra en http://exito.heinle.com.

VOCABULARIO

Aquí se presentan los principales términos relacionados con este capítulo. Al final del libro hay un glosario más completo.

a bordo • *on board*

Acuerdo General sobre Aranceles y Comercio (AGAAC) • *General Agreement on Tariffs and Trade (GATT)*

amparar • *to protect, cover*

apoyar • *to support, guarantee, back up*

armador/a • *shipowner*

carga • *cargo*

cargador/a • *loader*

carta • *letter, card*

   de crédito irrevocable • *irrevocable letter of credit*

   de crédito irrevocable y confirmada • *confirmed irrevocable letter of credit*

   de crédito revocable • *revocable letter of credit*

   de pedido • *order*

   de porte terrestre • *bill of lading, railway bill, freight bill*

Cayo Hueso • *Key West (Florida)*

certificado • *certificate*

   de origen • *proof of origin*

   de sanidad • *sanitary certificate, health certificate*

CFR (costo y flete) • *cost and freight*

CIF (costo, seguro y flete) • *cost, insurance, and freight*

código • *code (i.e., of laws)*

comestible (*m*) • *food*

conocimiento de embarque • *bill of lading*

contingente (*m*) • *import quota*

declaración • *declaration*

   de aduana • *customs declaration*

   de exportación • *export declaration*

demandar • *to sue*

directiva • *guideline*

documento de embarque • *shipping document*

egreso • *expenditure, outlay, disbursement*

embarque (*m*) • *shipment*

emitir • *to issue*

estado soberano • *sovereign state*

exención • *exemption*

factura consular • *consular invoice*

FAS (libre o franco a costado del buque) • *free alongside ship*

filial (*adj*) • *subsidiary*

fletador/a • *freighter, charterer (hirer, renter), carrier*

fletamento (fletamiento) • *charter, freight contract; chartering (of some form of transportation); transport*

fletante (*m/f*) • *charterer (owner of means of transport), affreighter, shipowner*

fletar • *to charter, hire, rent (a means of transportation)*

flete • *charter, fee, carriage*

   pagado hasta el punto de destino • *FOB delivered*

flujo • *flow*

fluvial (*adj*) • *fluvial, river-related*

FOB (libre o franco a bordo) • *free on board*

giro • *draft*
  a la vista • *sight draft*
  a plazo • *time draft*
guía aérea • *air waybill*
hacer cumplir • *to enforce*
hoja de ruta • *route sheet, waybill*
hurto • *pilferage, theft*
inscrito • *inscribed, written*
licencia • *license*
  de exportación • *export permit*
  de importación • *import permit*
marítimo • *maritime, sea*
nave (*f*) • *ship*
naviero • *shipowner*
OPEP (Organización de Países Exportadores de Petróleo) • *Organization of Petroleum Exporting Countries (OPEC)*
Organización Mundial del Comercio • *World Trade Organization*
originario • *originating in, coming from*
permutar • *to exchange, barter, swap*
piraña (corporativa) • *corporate raider*
Producto Social Bruto (PSB) • *gross national product as measured in socialist countries (e.g., Cuba)*

punto • *point*
  de embarque • *loading point*
  de entrega • *delivery point*
puro • *cigar*
recaudación • *collection*
red (*f*) • *network*
reexportación • *re-export*
refinamiento de azúcar • *sugar refining*
rehén (*m*) • *hostage*
santería • *mix of Catholic and African religious practices; worship of the saints*
sigla • *abbreviation, acronym*
subvencionar • *to subsidize*
superavitario • *surplus*
tiburón (corporativo) • *corporate raider*
transbordo • *transfer*
trueque (*m*) • *barter, exchange*
ventaja • *advantage*
  absoluta • *absolute advantage*
  comparativa • *comparative advantage*
vídeo • *videocassette*
vinculación • *association, link*

CAPÍTULO

14 Las perspectivas para el futuro

You can never plan the future by the past.
George Santayana wait...

You can never plan the future by the past.
Edmund Burke

Those who cannot remember the past are condemned to repeat it.
George Santayana

Caminemos pisando la senda de nuestra inmensa felicidad.
Himno Nacional de la Guinea Ecuatorial

Se requerirá toda clase de personal para el comercio global del futuro. ¿Qué tipo de preparación necesitará el/la gerente del futuro para mejorar su capacidad de trabajar con personas de todas partes del mundo? Para los niños en la fotografía, ¿cómo será el mundo en el año 2020?

14-1 Preguntas de orientación

Al hacer la *Lectura comercial*, piense en las respuestas a las siguientes preguntas.

1. ¿Cuáles son los cuatro aspectos del nuevo mundo comercial que deberá tener en cuenta el gerente del futuro?
2. ¿Cuáles son las tres etapas económicas de los doscientos últimos años? ¿En qué época hemos entrado ahora? ¿Cuáles son algunos rasgos de la nueva época?
3. ¿Cuál es la importancia de internet y de las telecomunicaciones en el comercio?
4. ¿Qué impacto puede tener la infotecnología en una sociedad? ¿En la educación? ¿En los gobiernos? ¿En los negocios?
5. ¿Qué es la globalización? ¿Cuál es la reacción opuesta a la globalización?
6. ¿Cuáles fueron las dificultades económicas internacionales causadas por la crisis asiática a finales del siglo XX?
7. Describa el impacto de las decisiones de Bretton Woods en las economías desde la Segunda Guerra Mundial hasta 1995.
8. ¿Qué influencias han tenido el AGAAC, el FMI y el Banco Mundial?
9. ¿Qué es la OMC y cuáles son algunos problemas internacionales que ha tratado ya? ¿Cuáles han sido los logros y los fracasos de sus reuniones más recientes?
10. ¿Qué tipo de problema representa el subsidio agrícola gubernamental para el libre comercio mundial?
11. ¿Qué es la migración? ¿Qué importancia podrá tener en la demografía mundial del futuro?
12. ¿Será más o menos importante la ética moral en los negocios del futuro? ¿Por qué?
13. ¿Cuáles son los tres objetivos académicos que facilitarán la entrada del estudiante al mundo de los negocios?

LECTURA COMERCIAL

Preparación del gerente para el comercio internacional

Para tener éxito en el mundo de los negocios del futuro, el gerente tendrá que adaptarse a un ambiente caracterizado por cambios continuos. Este ambiente incluirá no solamente aspectos económicos sino demográficos, sociales y políticos mundiales. Algunos investigadores utilizan el PIB para indicar el desarrollo de un país, y otros, prefiriendo enfocarse más en la distribución de la riqueza y cómo usarla para mejorar las condiciones de los pobres, emplean el término Índice General de la Calidad de Vida (*Physical Quality of Life Index*, or PQLI). Este índice, desarrollado por Morris Davis Morris en 1979, incluye medidas de éxito de los hospitales y otros servicios educativos y sociales que demuestran el uso y la distribución del patrimonio nacional.

BREVE VOCABULARIO ÚTIL

aprendizaje de toda la vida (*m*) • *lifelong learning*

autómata (*m*) • *robot*

consejero • *adviser*

calentamiento global • *global warming*

despoblación forestal • *deforestation*

en vías de desarrollo • *developing*

Fed (*f*) (Reserva Federal) • *Federal Reserve Bank* (U.S.A.)

Índice General de la Calidad de Vida (*m*) • *Physical Quality of Life Index* (PQLI)

maduración constante • *constant growth*

náufrago • *castaway*

perspicacia • *vision, insight*

planificación estratégica • *strategic planning, contingency planning*

prójimo • *fellow human being, neighbor*

propiedad intelectual • *intellectual property*

El comercio internacional será aún más competitivo bajo un nuevo concepto global, y la formación de empresarios internacionales tendrá nuevas direcciones profesionales y nuevas dimensiones internacionales. Las distintas épocas históricas de los últimos siglos reflejan los cambios importantes de los diferentes sectores económicos. Primero, en el siglo XIX, el sector agrícola fue el más importante y contaba con el mayor número de empleados. Luego, a partir del siglo XX, el sector manufacturero dominó la economía, proporcionando una gran variedad de trabajos a los ciudadanos, a la vez que fomentaba la creación de sindicatos laborales. Ahora, los países desarrollados han entrado en un período postindustrial, la era de información. Hay más cambios y los cambios mismos son más rápidos que nunca.

En las décadas de los ochenta y los noventa del siglo pasado, se inició el uso de la computadora en las oficinas, las casas y las escuelas. Las computadoras se encargaron de muchas de las tareas mentales humanas, tal como habían hecho las máquinas desarrolladas durante la revolución industrial con la labor manual. Finalmente, había comenzado la tercera época, la revolución informática impulsada por una red mundial interactiva. El internet, inicialmente llamado la «*information highway*» en los EE.UU., es la red global de computadoras interconectadas. Por medio de esta red, todo el mundo puede comunicarse directa e inmediatamente y, alternativamente, se comunica con otras máquinas y aparatos electrodomésticos. Ésta ya es la máquina más grande que se haya construido en la historia del mundo. La infotecnología ha proliferado en los países industrializados y seguirá difundiéndose por todos los países del mundo porque los precios de la alta tecnología han bajado mucho. Se está combinando el televisor, el teléfono (celular y tradicional) y la computadora en una sola máquina informativa. Es posible que el avance de la «infomedia» pueda causar una falta de socialización entre las personas. La **enseñanza multimedia**, la **educación a distancia** y la **realidad virtual** extenderán las experiencias educativas y prometen cambiar radicalmente la enseñanza y el adiestramiento en las escuelas y en las empresas. El gobierno estatal o nacional que no apoye la educación de sus ciudadanos de cualquier edad correrá el riesgo de crear un pueblo de «náufragos» cuando lo que se necesita son personas que sepan «navegar» efectivamente por la red informativa.

Antes del final del siglo XX, se presenció la conclusión de la Guerra Fría y la división de la URSS en varios países de distintas dimensiones con diferencias étnicas, lingüísticas, religiosas y culturales. A la vez, el mundo entero entró en una época de globalización, un fuerte movimiento hacia la apertura y la integración de los mercados financieros, de las naciones y de las tecnologías. En otras palabras, las corrientes económicas actuales enfatizan la integración, la eliminación de barreras nacionales y la reducción de distancias geográficas, un proceso denominado «el Lexus» por Thomas Friedman, corresponsal internacional de *The New York Times* y autor de *The Lexus and the Olive Tree: Understanding Globalization*.

En este período, casi todos los países latinoamericanos se habían convertido de gobiernos autocráticos con barreras de proteccionismo económico en gobiernos orientados al libre comercio con bases más democráticas. Se enfrentaron las crisis de la deuda internacional y la hiperinflación con la ayuda y la implementación de los bonos «Brady», una técnica para la reestructuración de las deudas, para moderar las tasas de pago y para postergar los pagos a plazos de 30 años. También, comenzaron a privatizar muchas industrias nacionales ineficientes y alcanzaron metas razonables de desarrollo por medio de políticas de mayor austeridad. Como se ha visto anteriormente, establecieron zonas internacionales de libre comercio con sus vecinos. En muchos casos estas zonas, combinadas con la estabilidad política, atrajeron a más inversionistas y mercaderes internacionales con los fondos necesarios para apoyar el desarrollo necesario y competir en la economía global. Estos individuos u organizaciones, «la manada electrónica» según Friedman, navegan por todo el mundo bien armados de información y capital, buscando nuevos mercados emergentes. Lamentablemente para la globalización, los líderes de las antiguas repúblicas soviéticas tanto como los de los países hispanoamericanos siguen luchando por mantener los valores tradicionales de comunidad e identidad con los cuales han sobrevivido desde antaño, lo que Friedman llama «el olivo». En el año 2000, se destacaron los esfuerzos del general Hugo Chávez Frías en Venezuela y su nueva Constitución, que le otorgaba más poder como presidente del país, como muchos caudillos tradicionales. También, las manifestaciones de los indígenas en Ecuador antes de la dolarización de la moneda nacional reflejaron una tendencia de volver a lo tradicional. Estas tradiciones rechazan las nuevas reglas económicas y políticas, «la camisa de fuerza dorada» de Friedman, necesarias para integrarse al sistema global.

La amenaza más profunda que refleja la lucha continua entre el Lexus y el Olivo fue ilustrada por el ataque del 11 de septiembre de 2001 contra las Torres Gemelas del Centro Comercial Mundial en Nueva York y el Pentágono en Washington, D.C., iconos del poderío comercial y militar estadounidense. Este inicio de un terrorismo global ejemplifica el fanatismo del millonario Osama Bin Laden y de otros empeñados en la destrucción del capitalismo occidental y de la globalización económica. Luego, EUA inició ataques contra el régimen talibán en Afganistán, donde se entrenaban grupos terroristas, y contra Irak, donde eliminó el gobierno de Saddham Hussein y capturó al líder iraquí. La necesidad en EUA de invertir enormes fondos en la reconstrucción de estas sociedades, los gastos militares para las operaciones iniciales en Afganistán e Irak y para su ocupación después, los desembolsos adicionales para aumentar la seguridad interna, los impactos económicos negativos en la Bolsa y en los mercados norteamericanos debido a la inseguridad psicológica, y el alza en los precios del petróleo, han dañado tanto su economía como las otras economías de América. Además, han despertado reacciones contra la política mundial norteamericana tales como se vieron en las manifestaciones y escaramuzas en 2003 en la reunión de la Organización Mundial del Comercio (OMC) en Cancún, México, y en la del Área de Libre Comercio de las Américas (ALCA) en Miami. Existen fuertes desafíos al futuro de la globalización y rechazos de la imposición de condiciones comerciales a las naciones pequeñas por las más poderosas, como EUA y los miembros de la Unión Europea (UE).

Otro tipo de cambio económico al que habrá que enfrentarse es el impacto de nuevas crisis, como la asiática, causada en 1997 por la turbulencia de los mercados emergentes. La crisis que comenzó en Tailandia se extendió a los mercados de

Corea, Indonesia, Malasia, Singapur, Filipinas y Hong Kong al final de ese año. Al año siguiente, estas condiciones empeoraron la recesión en el Japón. A fines de 1998, los efectos de la devaluación del rublo ruso, complicado por la contracción del comercio en Asia, afectaron los mercados latinoamericanos, especialmente en Argentina y Brasil. La baja del precio de la gasolina, combinada con los acontecimientos en Asia, redujeron el valor del peso mexicano. Colombia y Brasil devaluaron el peso y el real, respectivamente. Y después, otras crisis económicas en Argentina y Brasil precedieron a los atentados del 11 septiembre en EUA. Al mismo tiempo, los escándalos de corrupción contable en algunas empresas norteamericanas han tenido un impacto negativo en los mercados financieros y en la confianza de los inversionistas, tan importante en el mundo de los negocios. La realidad es que el estado económico de todos los países del mundo, y sin duda de América Latina, depende en gran parte del éxito comercial estadounidense.

Además de los cambios económicos y políticos internacionales, el planeta tendrá que enfrentar el problema moral y social de la escasez de alimentos, energía y otros recursos naturales como el agua y los bosques, y el fenómeno del calentamiento global. Los esfuerzos cooperativos deberán hacer frente a las dificultades económicas, éticas y ecológicas, y deberán reemplazar el uso de la fuerza militar para lograr una solución razonable en el mundo político global.

En 1944 se reunieron cuarenta y cuatro países en Bretton Woods, Nueva Hampshire, para tratar el tema de las economías mundiales de la posguerra, y decidieron emplear tasas de cambio fijas. Crearon el Fondo Monetario Internacional (FMI) y el Banco Mundial, como medios para estabilizar los precios. El sistema funcionó bien hasta fines de la década de los sesenta, cuando los países en vías de desarrollo encontraron dificultades en conseguir suficiente financiamiento. En 1971 el mundo se dio cuenta de la sobrevaluación del dólar y el presidente Nixon decidió suspender la conversión del dólar al oro. Para 1973, los países del mundo acabaron con el uso de las tasas fijas y comenzaron a emplear un sistema de tasas flotantes, política que aumenta el riesgo, pero que reduce la posibilidad de aislacionismo internacional. El 1° de enero de 1995, la OMC fue establecida como el próximo paso del Acuerdo General sobre Aranceles y Comercio (AGAAC) o *General Agreement on Tariffs and Trade* (*GATT*), fundado en 1948 y que duró hasta las negociaciones de la Ronda Uruguaya del AGAAC (1986–1994). El Acta de Acuerdos de la Ronda Uruguaya (AARU) o *Uruguay Round Agreements Act* (*URAA*) fue aprobada por el Congreso estadounidense en diciembre de 1994. Este grupo exigió que el Presidente entregara una serie de informes anuales sobre los efectos de la OMC. El informe del presidente Clinton en 1999 resume los resultados del acuerdo durante el lustro, que representa la expansión económica continua más larga en la historia de EUA. La OMC abarca los siguientes sectores:

1. mayor acceso a los mercados internacionales para las grandes empresas multinacionales y para las PYME (véase páginas 30-31).
2. propiedad intelectual: derecho de autor y derechos conexos (es decir, los derechos de los artistas, intérpretes y ejecutantes, los productores de grabaciones de sonido y los organismos de radiodifusión); las marcas de fábrica o de

comercio, y las de servicios; las indicaciones geográficas, como las denominaciones de origen; los dibujos y modelos industriales; las patentes, incluida la protección de los productos vegetales; los esquemas de trazado de los circuitos integrados (*integrated circuit diagrams*); y la información no divulgada, como los secretos comerciales y los datos sobre las economías en transición

3. establecimiento de reglas y procedimientos para la solución de diferencias entre países (EUA había presentado más quejas que cualquier otro miembro)
4. foro para la liberalización del comercio por medio de una discusión dinámica
5. difusión de información sobre la alta tecnología y las telecomunicaciones
6. expansión de la membresía global de 119 miembros en 1995 a 135 en 1999, con 30 solicitudes adicionales

Las reuniones de la OMC en Seattle en 1999 fueron un fracaso. Más tarde, en 2001 en un foro de negociaciones en el marco de «Programa de Doha para el Desarrollo», celebrado en Doha, Qatar, la OMC ofreció expectativas positivas para los países más pobres. A pesar de la falta de progreso en las reuniones en Cancún, México en 2003, se lograron resultados positivos en Ginebra en julio de 2004 al eliminarse las subvenciones a la exportación de productos agrícolas. Para las sesiones de Hong Kong en diciembre de 2005, se espera la especificación de fechas para la eliminación de las subvenciones y más detalles sobre aranceles y cuotas. El problema de las subvenciones es que los países desarrollados como EUA, Japón y los de la UE, a pesar de predicar un comercio internacional libre de aranceles y cuotas, continúan con sus propios subsidios. El subsidio agrícola, por ejemplo, representa una ayuda financiera gubernamental que, en efecto, reduce los costos de producción, posibilita la competencia en el campo de la exportación y así constituye una especie de proteccionismo para el sector, todo lo cual perjudica la competitividad exportadora de países más pobres, como las de Latinoamérica (véase en internet el caso del azúcar dominicano, por ejemplo).

Además de la creación de la OMC, abundan los bloques comerciales regionales como la Unión Europea (EU), el Tratado de Libre Comercio de América del Norte (TLCAN o *NAFTA, North American Free Trade Agreement*), el Mercado del Cono Sur (MERCOSUR), el Mercado Común Centroamericano (MCC), el Grupo Andino (GA), la Asociación de Naciones del Sudeste Asiático (ANSEA), la Comunidad Económica de Los Estados de África Occidental (CEEAO), la Comunidad y Mercado Común Caribeños (CARICOM) y el Área de Libre Comercio de las Américas (ALCA). Estas organizaciones fomentan la comunicación entre los países regionales, aunque a veces representan polos opuestos e impedimentos al libre comercio global, al dedicarse al bienestar económico de sus miembros. Últimamente, un elemento desconocido e inseguro, pero clave para la economía global, es el futuro de China, el país más poblado del mundo. En 2004 el aumento en el volumen de las exportaciones y en los precios de los productos de China fue fenomenal. En el futuro, China tendrá una capacidad única para afectar el equilibrio de la economía global.

Los cambios políticos y económicos causan la migración, o sea, el traslado de gente de un lugar a otro, lo cual puede representar un cambio temporal o permanente de residencia. En algunos casos los movimientos migratorios son nacionales (dentro de un país) y en otros son emigraciones internacionales (de un país a otro); pueden ser voluntarios o forzados. Muchos trabajadores se trasladan del campo a la ciudad, o de un centro manufacturero en decadencia a otro de servicios con más posibilidades laborales, aunque muchas veces con salarios reducidos o con cambios de oficio. Estas migraciones, por ejemplo, empiezan a influir demográficamente en EUA, el cual ha experimentado en los últimos años un gran aumento en el número de hispanos y asiáticos que se han establecido en el país.

Una circunstancia nueva en el futuro serán los cambios de valores sociales, la tecnología, las aplicaciones económicas y la infraestructura sociopolítica y material de cada país o región. Como consecuencia de los nuevos valores que se están desarrollando en el mundo actual, ahora existe la necesidad de fijar límites a los abusos industriales y tecnológicos del medio ambiente. Muchos países empiezan a insistir en la importancia de controlar la contaminación del medio ambiente: el aire, el agua, la flora y la fauna. Algunas organizaciones como las Naciones Unidas (ONU), con sede en Nueva York, han procurado hacerle frente a este grave problema mundial. No cabe duda de que esta preocupación por salvar el planeta será aún más urgente en el futuro, tal como se refleja en los costosos controles impuestos a las empresas petroleras a causa de los derrames de petróleo en las aguas costeras de EUA.

En todo caso, las cuestiones de la ética en los negocios y en las estrategias empresariales tendrán más importancia que antes. Los gerentes o algún grupo oficial tendrán que establecer el procedimiento para asegurar estas decisiones morales. ¿Cuál será la ética para tomar decisiones? ¿Se basará esta nueva ética gerencial en valores personales y culturales? ¿En los de qué cultura? Cuando se toman decisiones, ¿se consideran también la lealtad, la justicia, las promesas y el no querer explotar o perjudicar a otros? ¿Qué obligaciones se considerarán más importantes? ¿Qué ideales morales de los empleados influirán en las decisiones gerenciales: la tolerancia, la compasión, la paz, el respeto hacia el prójimo? ¿Cuál es el ideal más elevado, del que resultará el mayor bien para el mayor número de personas? ¿Cuáles serán las consecuencias de las decisiones, y qué beneficios o daños pueden resultar de ellas? ¿Cuáles son las diferencias culturales que influyen en los valores? (Logan y Bell, 1988)

El último aspecto que el gerente del futuro tendrá que tomar en cuenta es la situación política de los países con los que comercia su empresa. A veces será necesario intervenir económicamente para proteger el medio ambiente de desechos tóxicos, de la deforestación o de otras formas de destrucción o contaminación. ¿Se tomarán decisiones pensando en el impacto a corto o a largo plazo? Las decisiones estratégicas a largo plazo serán más difíciles para el gerente internacional, debido a la influencia de los cambios políticos en los negocios. Los bienes y la tecnología estadounidenses tendrán un precio, tanto económico como político. Los políticos estadounidenses tendrán que darse cuenta de la importancia del comercio internacional para el futuro. En realidad, sería mejor que hubiera menos cambios para que el empresario pudiera hacer más planes a largo plazo. Pero el futuro se perfila aún más cambiante e innovador.

Estos cambios en la sociedad internacional requieren que los programas de enseñanza preparen al gerente del futuro y que implementen cambios necesarios en

¿Cuál es el precio del progreso? La contaminación del medio ambiente constituye un peligro bien documentado. ¿Cómo será el medio ambiente en el año 2025? ¿Más contaminado o más limpio que hoy? Explique. ¿A Ud. le preocupa personalmente este tema? Comente.

su formación profesional, para facilitar su funcionamiento eficaz en el nuevo mundo internacional de los negocios. Entre ellos deben incluirse:

1. **Perspicacia.** Los programas de estudio tendrán que adaptar sus métodos y contenidos a las circunstancias para que sus graduados puedan tomar decisiones estratégicas con una conciencia global, es decir, con una perspectiva más amplia, profunda y apropriada.

2. **Integración de las asignaturas académicas.** Los estudiantes de administración de negocios deberán saber combinar la contabilidad, el marketing, las finanzas, etc., con el estudio de diversas lenguas y culturas, pues, tal como afirmó el senador Paul Simon en su libro *The Tongue-Tied American*, la lengua más útil para el comercio internacional es siempre la del cliente.

3. **Habilidades interpersonales y comunicativas.** Los programas de estudios universitarios tendrán que enseñar a sus estudiantes a comprender las necesidades del consumidor, a ser suficientemente flexibles para satisfacer al cliente, a trabajar en equipo, a saber motivar o guiar a otros y a negociar con conciencia y aprecio de las diferencias culturales, con flexibilidad y de manera sincera y abierta.

En cuanto a las habilidades comunicativas propiamente dichas, será recomendable que el gerente del futuro sepa expresarse oralmente y por escrito, no sólo en su propio idioma, sino también en el de sus clientes o colegas. Pero la habilidad lingüística no es suficiente para comunicarse eficazmente con una persona de otra cultura. Hay que estudiar y comprender (1) su historia, literatura y ciencias; (2) su psicología colectiva e individual; (3) la sociología, antropología y geografía de la región considerada; y (4) la manifestación de estos aspectos culturales en las prácticas sociales y comerciales. Es decir, se necesita una plena conciencia transcultural.

Por otra parte, el programa o la enseñanza académica que instruya a los estudiantes futuros en los distintos aspectos del mundo internacional de los negocios deberá preparar a sus graduados para participar en diversas actividades profesionales. Jeffrey Arpan, en su texto *International Business Careers* (1995), menciona las siguientes posibilidades:

- la contabilidad financiera, de gestión o fiscal
- las finanzas bancarias, las acciones y los valores, los seguros, las iniciativas en la adquisición de capital, la reducción de riesgo o la planificación fiscal
- el marketing con el diseño del producto, la publicidad, la promoción, el embalaje, los canales de distribución, la estructuración de precios o la investigación y la planificación
- la compra de equipo y materiales
- la producción, en cargos de ingeniero, supervisor o gerente de producción, planificador de producción
- la logística de la coordinación del medio, del costo y de la documentación del flete
- los recursos humanos: su contratación, adiestramiento y evaluación, y las relaciones laborales como el pago, la motivación, el ascenso y la asignación departamental de los empleados
- la planificación estratégica: evaluación del riesgo y los beneficios de las decisiones internacionales que requieran una perspectiva verdaderamente global
- la administración gerencial que combina las habilidades técnicas y la perspectiva internacional de todas las áreas de operación de una empresa
- otros cargos de negocios internacionales tales como los de abogado internacional, consultor o consejero técnico

En todos los oficios y profesiones mencionados se requerirá buena preparación, basada en experiencias transculturales; formación general, universitaria (graduada y posgraduada); y formación práctica en un trabajo gerencial o pregerencial. Al mismo tiempo, en el plano personal será esencial ser autodidacto por medio de la lectura activa y constante, y el saber escuchar atentamente a otros. También será importante visitar otros países y mantenerse bien informado de eventos nacionales e internacionales. Los frutos del éxito del futuro internacional prometen ser tanto humanitarios como financieros.

14-2 Actividades

1. **¿Qué sabe Ud. de negocios?** Vuelva a las *Preguntas de orientación* que se hicieron al principio del capítulo y a las preguntas que acompañan las fotos en la lectura y contéstelas en oraciones completas en español.

2. **¿Qué recuerda Ud.?** Indique si las siguientes declaraciones son *verdaderas* o *falsas* y explique por qué.
   a. Los valores personales o culturales influyen muy poco en las organizaciones económicas.
   b. El concepto global requiere que el gerente de empresas mantenga las mismas perspectivas de siempre.
   c. Navegar en internet ofrece cada día menos oportunidades a las empresas.
   d. Los países deudores deben consumir más y exportar menos.
   e. La OMC ha contribuido a los pagos internacionales y el FMI a las políticas comerciales restrictivas internacionales.
   f. Asia y Latinoamérica serán regiones socioeconómicas menos importantes en el siglo XXI.
   g. El tráfico de esclavos de África a América fue un ejemplo de migración voluntaria.
   h. Entre las obligaciones morales están la tolerancia, la compasión y el respeto hacia el prójimo.
   i. En el marketing de servicios, más que en el sector manufacturero, el gerente empresarial tendrá que preocuparse más por el consumidor y por su satisfacción.

3. **Exploración.** Haga los siguientes ejercicios, usando sus conocimientos y opiniones personales.
   a. ¿Qué cambios ha habido en el enfoque de los sectores económicos desde el siglo XVIII hasta la actualidad?
   b. ¿Qué influencia podrá tener la infotecnología en la sociedad?
   c. ¿Cómo se podrá resolver la crisis de la deuda internacional? ¿Cuáles son algunas de las dificultades para su resolución?
   d. ¿Cuáles son y serán las principales carreras en los negocios internacionales? ¿Cuál/es le interesa/n más a Ud.? ¿Por qué?
   e. El Producto Nacional Bruto (PNB) mide el crecimiento económico de la producción de un país. Busque el significado del Índice General de la Calidad de Vida y sus características. ¿Qué factores determinan el PNB y el Índice General de la Calidad de Vida? ¿Son sinónimos los términos «crecimiento» y «desarrollo»?
   f. ¿Cómo se relacionan los dichos y la letra del Himno Nacional de la Guinea Ecuatorial, que aparecen al principio del capítulo, con los temas tratados?

14-3 **A**l teléfono

1. Lea las siguientes preguntas. Después escuche atentamente la conversación telefónica del capítulo 14 en el CD y conteste las preguntas. Puesto que la comprensión auditiva es una destreza comunicativa sumamente importante, se recomienda escuchar el CD varias veces.
   a. ¿Cuál es el propósito del viaje de negocios de Beatriz López?
   b. ¿Cuáles son los países que pertenecen a la Cuenca del Caribe según Beatriz?
   c. ¿Qué efecto tuvo el TLCAN (pronunciado **telecán**) en los negocios de Dicho y Hecho (*Said and Done*)?
   d. ¿Qué cambios recomienda Beatriz en las operaciones de la agencia de colocaciones?

2. Basando sus comentarios en la conversación telefónica del ejercicio anterior, haga la siguiente llamada telefónica a otro/a estudiante de la clase. Cada persona deberá participar activamente en la conversación. Si necesita ayuda con esta actividad, véase el Apéndice 1, *Protocolo telefónico*, página 455.

   Usted es Beatriz López, directora de recursos humanos de Dicho y Hecho, S.A., en Houston, Tejas, y recibe una llamada de Mbare Macías Ondo, director de una organización española que busca nuevas posibilidades profesionales para ayudar a afrohispanos de habla española de Guinea Ecuatorial a conseguir trabajo en otras regiones del mundo. Explique los beneficios que su empresa de colocación puede ofrecer, debido a la emergente diversidad en los EUA y el Caribe y al interés en asuntos afrohispanos. Macías le habla de las ventajas multiculturales y multilingües que aportan los guineoecuatorianos con formación universitaria europea.

3. Haga la siguiente llamada telefónica a otro/a estudiante de la clase. Cada persona deberá participar activamente en la conversación. Si necesita ayuda para esta actividad, véase el Apéndice 1, *Protocolo telefónico*, página 455.

   Ud. es el/la jefe/a de producción de una compañía que fabrica máquinas de transporte en Bayamón, Puerto Rico. Hable con el/la capataz acerca de la posible automatización del proceso manufacturero. Mencione la eficiencia y la reducción de costos que ofrecen los robots. El/La capataz, en cambio, defiende la importancia de proteger los trabajos de los obreros.

14-4 **N**avegando el internet

Para hacer este ejercicio del presente capítulo, visite la página web del libro en http://exito.heinle.com.

14-5 Ejercicios de vocabulario

Si le es necesario, consulte la *Lectura comercial* o la lista de vocabulario al final del capítulo para completar estos ejercicios.

1. **¡A ver si me acuerdo!** Pensando en la posibilidad de establecer una relación comercial, Ud. va a conversar con una persona de negocios de un país hispano. Sin embargo, se le olvidan los siguientes términos en español. Un/a compañero/a lo/la ayuda a recordarlos al pedir que usted se los traduzca.

   a. *internet*
   b. *migration*
   c. *purchasing power*
   d. *leisure class*
   e. *global warming*

   f. *market forces*
   g. *intellectual property*
   h. *strategic planning*
   i. *vision*
   j. *international lawyer*

2. **¿Qué significan?** A Ud. le interesa la posibilidad de trabajar en una oficina de mercadeo en un país hispanohablante. Sin embargo, no sabe lo que significan ciertos términos usados frecuentemente en el comercio. Ud. decide consultarlos con un/a amigo/a. Pídale a un/a compañero/a de clase que le explique los siguientes términos y que le dé algunos sinónimos si puede.

   a. habilidades interpersonales
   b. automatización
   c. austeridad
   d. divisa
   e. desecho tóxico

   f. realidad virtual
   g. lectura
   h. conducta
   i. consejero
   j. aprendizaje de toda la vida

3. **Entrevista profesional.** Ud. visita al/a la gerente general de una empresa multinacional que lo/la ha contratado como consejero/a. A él/ella le preocupa el impacto negativo de ciertos conceptos futuros en el estado económico de su compañía y se reúne con Ud. Entre las preguntas que le hace el/la gerente general, figuran las siguientes. Con un compañero/a, realicen la entrevista. No olviden el protocolo ni las cortesías.

   a. ¿Cómo pueden influir la emigración y la inmigración en la economía internacional?

   b. En el futuro, ¿será una buena práctica el proteccionismo? Explique.

   c. ¿Cuál ha sido el efecto de la UE como área comercial? ¿De MERCOSUR? ¿Del TLCAN? ¿Habrá otros acuerdos semejantes? Comente.

   d. ¿Qué efectos tendrán los aumentos de población previstos en las economías de los diferentes países y regiones?

   e. ¿Es más importante saber comunicarse eficazmente en su propio idioma o en el de sus clientes? ¿Cómo se relacionan los aspectos culturales con los dos idiomas?

4. **Traducciones.** Un/a amigo/a suyo/a que está inscrito/a en un programa de maestría en relaciones internacionales acaba de empezar a estudiar el español. Él/Ella sabe poco vocabulario necesario para funcionar eficazmente en ese contexto. Usted lo/la ayuda al pedir que él/ella traduzca las siguientes oraciones sobre el tema.

   a. *The preparation of tomorrow's international manager will need to be changed for successful operation in the global village.*

   b. *A service-based economy requires fewer employees than a manufacturing economy as well as fewer direct controls over their performance.*

   c. *The international movement of people for purposes of work, tourism, education, or business is on the increase, and migration from region to region is an important part of it.*

   d. *It is predicted that constant personal growth and fullfillment of potential will eventually replace money and social status as the keys to motivation.*

   e. *The failure of strategic planning to control the pollution of vital resources is a managerial as well as an ethical problem for business.*

Una vista panorámica de Puerto Rico

Nombre oficial:	Estado Libre Asociado de Puerto Rico
Gentilicio:	puertorriqueño/a
Capital y población:	San Juan: 433,412
Sistema de gobierno:	Estado libre asociado de EUA (república federal)
Jefe de Estado/Jefe de Gobierno:	George W. Bush; Aníbal Acevedo Vilá (Gobernador)
Fiesta nacional:	4 de julio, Día de la Independencia de EUA (1776: de Inglaterra)

Puerto Rico

Geografía y clima

Área nacional en millas²/ kilómetros²	Tamaño (comparado con EUA)	División administrativa	Otras ciudades principales	Puertos principales	Clima	Tierra cultivable
3,515 m²/ 9,104 km²	Casi tres veces el tamaño de Rhode Island	78 municipios	Bayamón, Ponce, Carolina, Caguas, Arecibo, Mayagüez	San Juan, Mayagüez, Ponce, Guánica, Guayanilla, Guayama	Tropical marítimo, templado	4%

Demografía

Año y población en millones			% urbana	Distribución etaria		% de analfa-betismo	Grupos étnicos
2005	2015	2025		<15 años	65+		
3.9	4.1	4.1	61%	23%	12%	6.2%	80.5% blanco europeo, 8% africano, 11.5% otros

Economía y comercio

Moneda nacional	Tasa de inflación 2000	N° de trabajadores (en millones) y tasa de desempleo	PIB 2002 en millones $EUA	PIB per cápita $EUA	Distribución de PIB y de trabajadores por sector*			2000 Exporta-ciones en millones $EUA	2000 Importa-ciones en millones $EUA
					A	I	S		
El dólar EUA	5%	1.3/11.6%	$43,010	$11,100	10% 3%	45% 20%	45% 77%	$38,500	$27,000

*Para distribución del PIB y de los trabajadores (mano de obra): A = agricultura, I = industria, S = servicios (y gobierno).

Recursos naturales: Cobre, níquel, potencial de petróleo.

Industrias: Productos farmacéuticos y electrónicos, ropa, alimentos, maquinaria (eléctrica y no eléctrica), turismo, químicos.

Comercio

Productos de exportación: Productos farmacéuticos y electrónicos, ropa, atún enlatado, ron, concentrados de bebida, equipo médico, fruta tropical.

Mercados: 88% EUA, 12% otros países.

Productos de importación: Productos químicos, maquinaria y equipo, ropa, alimentos, pescado, productos de petróleo.

Proveedores: 55% EUA, 23.7% Irlanda, 5.4% Japón, 15.9% otros países

Horario general de comercio: De lunes a viernes, desde las nueve de la mañana hasta las cinco de la tarde.

Transporte y comunicaciones

Kilómetros de carreteras y % pavimentadas	Kilómetros de vías férreas	Nº de aeropuertos con pista de aterrizaje pavimentada	Nº de líneas telefónicas	Radios por mil personas	Televisores por mil personas
14,400/100%	96	19	1,322,000	714	321

Idioma y cultura

Idiomas	Religión	Comidas y bebidas típicas/Modales
Español e inglés (ambos oficiales)	85% católicos, 15% protestantes y otros	Arroz con pollo, arroz con habichuelas, arroz con pernil, paella, tostones, flan, cerveza, ron, café. Mantener las manos, no los codos, sobre la mesa al comer. A menudo se usa el pan para empujar la comida sobre el tenedor y se remoja el pan con salsa.

Horario normal del almuerzo y de la cena: Sobre la una de la tarde para el almuerzo; entre las seis y las ocho para la cena.

Gestos: Se frunce la nariz para preguntar «¿Qué pasa aquí?» Se frunce la boca en la dirección de algo para indicarlo. Para que se acerque alguien, mover los dedos (arañar) con la palma hacia el suelo. Cuando se paga dinero o se entrega algo a alguien, se hace directamente a esa persona, no se tira o deja sobre el mostrador o la mesa. Para llamar la atención de un camarero en un restaurante, es común hacer un sonido de «pssst». Durante una conversación, los puertorriqueños se interrumpen frecuentemente, lo cual no se considera descortés sino como una muestra de interés y participación. Los hombres frecuentemente les sonríen a las mujeres y les clavan los ojos, pero no es aceptable que las mujeres hagan lo mismo con los hombres. La mano extendida delante del cuerpo con la palma hacia el suelo y un movimiento de los dedos hacia afuera significa «Vete». Poner una mano con la palma abierta hacia arriba y bajo el codo del otro brazo, significa que alguien es tacaño.

Cortesías: Saludar individualmente a cada persona al llegar a una reunión o comida y despedirse de cada una al marcharse para no menospreciar a nadie y quedar mal. Reconocer que una invitación a la casa de alguien, si esa persona no insiste con sinceridad, puede representar un formulismo social en lugar de una auténtica invitación (no aceptar a la primera). Si los anfitriones le hacen un regalo, abrirlo y admirarlo allí mismo delante de ellos. Se aprecia cuando el invitado trae un regalito (flores, chocolates, un buen vino o una buena marca de whisky) para los anfitriones al ir a la casa de alguien para cenar o para una fiesta. Ojo con admirar demasiado un artículo porque el puertorriqueño puede sentirse obligado a regalarle ese artículo *tan* admirado por usted.

LA ACTUALIDAD ECONÓMICA PUERTORRIQUEÑA

Puerto Rico, como Cuba y las Filipinas, fueron cedidos por España a EUA en 1898 como parte del Tratado de París que puso fin a la guerra entre ambas naciones. Económicamente, Puerto Rico se ha transformado de una sociedad agrícola en una más comercialmente diversificada. A partir de los años cuarenta empezó a industrializarse, gracias a la famosa «Operación Manos a la Obra» (*Operation Bootstrap*), emprendida por EUA entre 1947 y los años setenta. Durante esa época, Puerto Rico llegó a ser «La vitrina del Caribe». A pesar del enorme desarrollo económico hasta 1982, el progreso material no mejoró mucho el nivel de vida de la mayoría de la población. Tampoco redujo los niveles de desigualdad social o de ingresos personales entre Puerto Rico y Estados Unidos. La *Operation Bootstrap* creó un sector manufacturero orientado hacia la exportación, pero con dueños externos. En vez de producir para el mercado local, la industria puertorriqueña, tanto su mano de obra como su escaso capital, está al servicio de empresas extranjeras, sobre todo estadounidenses. Por eso hay una brecha cada vez más ancha entre el PNB y el PIB.

Además de estas contradicciones socioeconómicas, existe la cuestión de la relación política de Puerto Rico con EUA. Aunque los puertorriqueños tienen autonomía local, mucha ayuda económica federal de EUA y exención de los impuestos estadounidenses sobre la renta personal, tienen que obedecer las leyes promulgadas por el Congreso estadounidense en el cual su representante no tiene voto. Las opciones que se han considerado respecto al tema de su relación con EUA son tres: (1) incorporarse como un nuevo estado de EUA, en cuyo caso perdería su identidad nacional que combina lo africano, lo indio (taíno) y lo hispánico. Sería, además, el estado más pobre de EUA, con un promedio de ingreso familiar inferior a la tercera parte del estadounidense; (2) proponer su independencia, lo cual tiene un atractivo sentimental para muchos puertorriqueños a pesar de que sería económicamente difícil por su dependencia de la economía de EUA; (3) continuar con su condición de Estado Libre Asociado con la misma dependencia o posiblemente más autonomía. El futuro económico puertorriqueño dependerá de muchos factores pero, en todo caso, continuará existiendo siempre una relación muy fuerte con EUA. Hasta ahora la mayoría de los puertorriqueños ha votado —en 1967, 1993 y 1998— por mantener la condición de Estado Libre Asociado.

Puerto Rico ocupa un lugar estratégico para la defensa estadounidense en el Caribe y, por eso, las fuerzas navales norteamericanas durante mucho tiempo mantuvieron operaciones y prácticas de tiro en la isla puertorriqueña de Vieques. En febrero del 2000, miles de puertorriqueños marcharon por las calles de Hato Rey, el centro comercial de la capital, para exigir la salida de la marina norteamericana de la isla y para protestar el acuerdo propuesto por el presidente Clinton y el gobernador Roselló de reiniciar las maniobras militares. Hubo manifestaciones contra la presencia militar de EUA, con mucho apoyo público, y después de las elecciones nacionales en noviembre de 2000 (las elecciones puertorriqueñas coinciden con las estadounidenses) el presidente Bush y la gobernadora Sila Calderón llegaron a un acuerdo para terminar dichas actividades navales. En 2003 se organizó un comité para estudiar el futuro de la relación política entre Puerto Rico y EUA.

Puerto Rico mantiene una de las economías más dinámicas del Caribe. El sector industrial ha superado el sector agrícola como el área más rentable para las actividades económicas. Ayudada por la falta de aranceles y otros incentivos impositivos estadounidenses, la isla ha aprovechado muchas inversiones por parte de empresas norteamericanas desde la década de los cincuenta. Además, las leyes norteamericanas respecto al salario mínimo ayudan a los trabajadores. La producción de azúcar ha dejado de ser tan importante como las industrias agropecuarias, y el aumento del turismo, tradicionalmente importante para Puerto Rico, ha ofrecido más ganancias para la isla. El turismo —sol y playa, hoteles y casinos, el Bosque Nacional del Caribe (el lugar más visitado de Puerto Rico, mejor conocido como El Bosque Lluvioso de El Yunque, es la única selva tropical del Sistema Nacional Forestal de los Estados Unidos), los kioskos de la Playa de Luquillo, la Bahía Bioluminiscente (en La Parguera y en Vieques), las Cavernas de Camuy, los manglares de Piñones, etc., han permitido que se desarrolle el turismo. Por eso el turismo y la construcción han sido los sectores de mayor desarrollo económico para Puerto Rico, aunque el turismo ha sufrido recientemente debido a las amenazas del terrorismo mundial y a la baja de la economía estadounidense en 2001–2002. Después de su elección como gobernadora en 2000, Sila Calderón apoyó la continuación del Estado Libre Asociado, y el apoyo de esta condición del Estado Libre Asociado sigue con el nuevo gobernador, Aníbal Acevedo Vilá, elegido en 2004. A pesar de un crecimiento del 2.9% en la economía, según las estadísticas económicas desde julio de 2003 hasta marzo de 2004, sigue existiendo un alto índice de desempleo y continúa la enorme migración de trabajadores puertorriqueños hacia EUA, que se inició en la década de los sesenta.

Una vista panorámica de los Estados Unidos

Nombre oficial:	Estados Unidos de América (EUA, E.U.A., EEUU, EE.UU., EU, E.U.)
Gentilicio:	norteamericano/a, estadounidense
Capital y población:	Washington, D.C. (Distrito de Columbia): 570,898
Sistema de gobierno:	República federal (con una larga tradición democrática)
Jefe de Estado/Jefe de Gobierno:	Presidente George W. Bush
Fiesta nacional:	4 de julio, Día de la Independencia (1776: de Inglaterra)

Los Estados Unidos

Geografía y clima

Área nacional en millas²/ kilómetros²	Tamaño (comparado con otros países)	División administrativa	Otras ciudades principales	Puertos principales	Clima	Tierra cultivable
3,717,796 m²/ 9,629,091 km²	Tercer país más grande del mundo, después de Rusia y Canadá; la mitad del tamaño de Rusia; un poco más grande que Brasil	El Distrito de Columbia y 50 estados	Nueva York, Los Ángeles, Chicago, Houston, Filadelfia, San Diego, Fénix	Nueva York, Los Ángeles, Chicago, Filadelfía, San Francisco, Houston, Seattle, Boston, Nueva Orleáns, Baltimore, Honolulu	Mayormente templado; tropical en Florida y Hawai, ártico en Alaska, árido en el suroeste	19%

Demografía

Año y población en millones			% urbana	Distribución etaria		% de analfabetismo	Grupos étnicos
2005	2015	2025		<15 años	65+		
296	323	350	79%	21%	13%	3%	69% blanco europeo, 13% africano, 13% hispano (de varios grupos étnicos), 3% asiático, 2% otros

Economía y comercio

Moneda nacional	Tasa de inflación 2001	N° de trabajadores (en millones) y tasa de desempleo	PIB 2002 en millones $EUA	PIB per cápita $EUA	Distribución de PIB y de trabajadores por sector*			2001 Exportaciones en millones $EUA	2001 Importaciones en millones $EUA
					A	I	S		
El dólar	2.8%	144.9/5.8%	$10,450,000	$37,600	2% 2%	18% 24%	80% 74%	$723,000	$1,148,000

*Para distribución del PIB y de los trabajadores (mano de obra): A = agricultura, I = industria, S = servicios (y gobierno).

Recursos naturales: Carbón, cobre, plomo, molibdeno, fosfatos, uranio, bauxita, oro, hierro, níquel, potasa, plata, mercurio, tungsteno, cinc, petróleo, gas natural, bosques y madera, pesca.

Industrias: Es el país más industrializado del mundo, con una economía muy diversificada y tecnológicamente avanzada. Petróleo, acero, plásticos, producción y ensamble de vehículos de motor, industria aeroespacial, telecomunicaciones, productos químicos, electrónica, procesamiento de alimentos y de bebidas, bienes de consumo, madera, minería, cemento, construcción de barcos, pesca, papel, turismo.

Comercio

Productos de exportación: Bienes de capital (equipo y maquinaria industrial), automóviles, suministros industriales, materia prima, bienes de consumo, productos químicos y agrícolas (alimentos y animales vivos), maquinaria eléctrica y de motor, equipos científicos y de precisión.

Mercados: 23% Canadá, 14% México, 7% Japón, 5% Reino Unido, 51% otros países.

Productos de importación: Petróleo crudo y productos de petróleo refinado, maquinaria, automóviles, bienes de consumo, materia prima industrial, alimentos y bebidas, productos electrónicos.

Proveedores: 18% Canadá, 11.3% México, 11.1% China, 10% Japón, 3.6% Reino Unido, 3.3%, Taiwan, 42.7% otros países.

Horario general de comercio: De lunes a sábado, desde las ocho o nueve de la mañana hasta las cinco o seis de la tarde. Muchas tiendas, especialmente los grandes almacenes, permanecen abiertos hasta las nueve o diez de la noche o las 24 horas del día, siete días por semana.

Transporte y comunicaciones

Kilómetros de carreteras y % pavimentadas	Kilómetros de vías férreas	Nº de aeropuertos con pista de aterrizaje pavimentada	Nº de líneas telefónicas	Radios por mil personas	Televisores por mil personas
6,334,859/59%	194,731	5,131	194,000,000	2,116	884

Idioma y cultura

Idiomas	Religión	Comidas y bebidas típicas/Modales
Inglés (oficial), 12% español	56% protestante, 28% católico, 10% ateo, 4% otra religión, 2% judío	Hamburguesa, «perritos calientes» (salchicha), pizza, pollo frito, carne asada, ensaladas de lechuga, pavo, tacos. Hay una gran variedad de platos regionales y se sirve mucha comida rápida. También son muy populares diferentes comidas del mundo. A diferencia de los países hispanos, generalmente se guardan las manos debajo de la mesa cuando no se están usando para comer.

Horario normal del almuerzo y de la cena: Entre el mediodía y la una de la tarde para el almuerzo; entre las seis y las siete para la cena.

Gestos: A diferencia de los países hispanos, los norteamericanos no se paran muy juntos los unos a los otros cuando se hablan; les gusta mantener una distancia de casi un metro de la cara de la otra persona. Para señalar algo, apuntar con el dedo índice. Para que se acerque alguien, mover la mano hacia sí mismo con la palma hacia la cara. La pregunta «¿Cómo estás?» es un formulismo social que no requiere más respuesta que «Bien, gracias» (no se quiere una respuesta ni sincera ni detallada). Los gestos de «*thumbs-up*» y de «*A-OK*» significan aprobación por algo bien hecho o que uno está bien. Es obsceno el gesto «*to give the finger*» (un puño con la palma hacia el cuerpo y el dedo corazón extendido).

Cortesía: Dar la mano al saludar, con un firme apretón (más fuerte que en la mayoría de los países hispanos). Mantener buen contacto visual al hablar con alguien. La puntualidad es esencial: las citas, reuniones, comidas y recreo empiezan a la hora precisa indicada. En este sentido, el estadounidense es criatura de poca paciencia. No se espera que el invitado les lleve un regalito a los anfitriones al visitar su casa para comer, aunque se aprecian las flores, los chocolates o un buen vino.

LA ACTUALIDAD ECONÓMICA ESTADOUNIDENSE

Sin duda alguna, Estados Unidos ha sido el líder económico del mundo desde los comienzos del siglo XX y ha mantenido este nivel con poca competencia exterior, pese a experimentar un período de inflación entre 1970–1980. También, en la década de los ochenta el país tuvo que confrontar varias entidades nacionales e internacionales, como la UE, el Japón, Corea, Taiwán y otros países industrializados, con su nueva capacidad productora, que pusieron a prueba la dominación económica estadounidense. El debilitamiento del dominio económico del país se debió a varios factores, pero ante todo a: (1) la erosión de una base industrial productora nacional; (2) los altibajos radicales e inestables de los mercados financieros, específicamente el de la bolsa de Nueva York que sufrió en 1987 una baja peor que el colapso de la Gran Depresión de 1929, y otra en 2001; (3) la inseguridad debido a despidos laborales a todos los niveles y edades y una alta tasa de desempleo para el país; (4) una desmoralización general de la población causada tanto por la discriminación racial y sexual, la corrupción en los procedimientos contables de diversas empresas grandes y los abusos políticos y económicos, como por la creciente alza del costo de vida y la falta de ciertos tipos de trabajos necesarios (los de producción) bien remunerados. Todo esto, sumado a (5) la crisis causada por la falta de ética en la política nacional, los negocios y más recientemente, en el ejército, en el abuso de prisioneros durante la ocupación de Irak y de Afganistán; (6) la escasez de capital; (7) las amenazas ecológicas causadas por el sector industrial; (8) el crecimiento económico nacional lento; (9) las deudas gemelas nacionales, es decir, la deuda presupuestaria nacional que se equilibró durante la presidencia de Clinton (1992–2000) pero que otra vez parece ser imposible reducir, y el déficit comercial/la balanza de pagos; y (10) el hecho de que los dos partidos políticos tradicionales, los republicanos y los demócratas, llegaban más regularmente a un punto muerto o estancamiento, tuvo un efecto notable sobre la realidad y la actitud de los estadounidenses. Políticamente, entre 1980 y 1988, durante la presidencia de Ronald Reagan, la Guerra Fría entre la URSS y EUA fue causa de inquietud constante en todas partes del mundo. Esta preocupación y los enormes gastos asociados con dicha guerra fueron eliminados con la caída del Muro de Berlín en 1989, símbolo del comunismo para los países capitalistas occidentales.

Pero otro símbolo de amenaza reemplazó a aquél: los ataques del 11 de septiembre de 2001, planeados por Osama bin Laden y el grupo terrorista Al-Qaeda en EUA contra las Torres Gemelas del Centro Comercial Mundial en Nueva York, y contra el centro de planificación militar, el Pentágono en Washington, D.C. Miles de personas murieron en estos ataques, que reenfocaron al mundo hacia los peligros del terrorismo. Aunque hubo menos intervenciones militares de EUA durante la presidencia de Bill Clinton (Haití y Kosovo en Yugoslavia), el 11 de septiembre inició una serie de contraataques y ataques preventivos de las fuerzas militares de EUA contra el gobierno talibán de Afganistán y el de Saddam Hussein en Irak. Estos ataques los dirigió George W. Bush, elegido presidente de EUA a fines del 2000, con algunos países aliados —el Reino Unido, Italia, el Japón y España— pero sin el apoyo de otros aliados tradicionales como Francia y Alemania. Los campamentos de entrenamiento de los terroristas de Al-Qaeda en Afganistán fueron destruidos en octubre de 2001. En enero de 2002, Bush acusó a Saddam Hussein de esconder armamentos de destrucción masiva. Además, Bush afirmó que Irak, Corea del Norte e Irán constituían un «eje del mal» que amenazaba la paz mundial. EUA invadió Irak en marzo de 2003 y Bush declaró que la guerra se había terminado en mayo del mismo año.

Desgraciadamente, a pesar de la captura y la encarcelación de Saddam Hussein, la pacificación de Irak y su conversión a una democracia con un gobierno popular ha sido mucho más difícil que la destrucción del ejército iraquí. La invasión de Irak se justificó con la supuesta existencia de armamentos nucleares y biológicos amenazantes, los cuales no se han encontrado todavía, a pesar de las investigaciones intensas completadas por Hans Bliss y los científicos de la ONU. En mayo de 2004, la publicación de fotos que mostraban el maltrato de prisioneros iraquíes por oficiales militares norteamericanos fomentó un escándalo mundial y una ola de rechazo a la hipocresía de las fuerzas norteamericanas.

Todos estos episodios han nublado los avances establecidos después de la desintegración de la URSS, los cuales posibilitaron experimentos de mercado libre en antiguas economías centralizadas y cerradas. El TLCAN entre México, Canadá y EUA, iniciado por el presidente George Bush (1988–1992), padre del actual presidente George W. Bush, y completado durante la administración del presidente Bill Clinton en 1994, y las reuniones entre EUA y sus vecinos de Latinoamérica (la Cumbre de las Américas en 1994), abrieron buenas oportunidades para el futuro del hemisferio. Además, representaron un gran cambio económico y laboral contra el proteccionismo y el aislamiento tan común en la historia de EUA. Ahora, muchas de estas iniciativas y esperanzas positivas se han reducido, debido a la desviación del enfoque estadounidense a otras áreas del mundo y a su preocupación por el terrorismo.

A comienzos del siglo XXI este país se había afirmado de nuevo como la economía más potente y dominante del mundo con la tecnología más avanzada y de vanguardia. El PIB per cápita de EUA ($37,600) es el más alto de todos los grandes países industrializados. Las industrias y las empresas comerciales toman la mayoría de las decisiones económicas, y el gobierno es un gran consumidor de los bienes y productos del sector privado. Las compañías norteamericanas disfrutan de más flexibilidad que sus socios en empresas europeas o japonesas para poder despedir a empleados sobrantes, expandir su capital inmobiliario o desarrollar nuevos productos. Por otra parte, para los empresarios norteamericanos hay más barreras arancelarias para sus productos en mercados extranjeros de las que hay para las importaciones a los EUA de su competencia internacional. La tecnología que se produce en las industrias norteamericanas de la informática, la aeroespacial y la de investigación y desarrollo militar, es la más sofisticada del mundo, aunque la brecha entre sus competidores se está cerrando poco a poco.

El rápido desarrollo de las tecnologías de telecomunicación ha creado una disparidad enorme entre las habilidades y los conocimientos de los trabajadores capacitados y los no capacitados, lo cual resulta en grandes diferencias de sueldos, seguros médicos y otros beneficios, y la posibilidad de obtener aumentos de salario. En gran parte, muchas de las ganancias en la renta familiar han ayudado desproporcionalmente a los sectores más adinerados de la economía norteamericana, los que por otra parte pagan impuestos mucho más altos. Los aspectos positivos de la economía entre 1994 y 2000 fueron la baja tasa de desempleo, mayor producción y el reducido tipo de interés reflejado en la baja inflación del período. A largo plazo, entre las interrogantes más importantes están la inversión en la infraestructura económica del país, los costos de la canasta familiar (gastos fijos de familia como alimentos, vivienda, vestuario, salud, educación, transporte y comunicaciones), la falta de seguros médicos disponibles para las familias de las clases baja y media, y también para un sector creciente de personas mayores de edad. Además, hay preocupaciones por la solvencia futura del sistema de seguro social y la falta de suficientes trabajadores que generen fondos para apoyarlo. Los logros, que el presidente Clinton (1993–2001) había negociado con el Congreso y Senado para reducir la deuda presupuestaria nacional y abrir los mercados internacionales, se han detenido.

Al entrar en el nuevo milenio, el distinguido y respetado jefe de la Reserva Federal, Alan Greenspan, tuvo que elevar los tipos de interés bancarios para enfriar la tórrida economía reflejada en las bolsas del país. Después, en 2001 la bolsa sufrió una baja y, aunque ha habido mejoras, el futuro es menos prometedor que antes. Con la multitud de cambios y retos que enfrentan los Estados Unidos y los demás países del mundo, el futuro económico será difícil de prever.

14-6 Actividades

¿Qué sabe Ud. de Puerto Rico y de los Estados Unidos?

1. A Ud. lo/la han contratado/a como asesor/a transcultural de negocios internacionales. Como tal, necesita informar a sus clientes sobre Puerto Rico y los Estados Unidos, y recomendar un plan de viaje de negocios a cada país. Averigüe los datos pertinentes para poder desarrollar los temas a continuación.

   a. Describa la geografía de Puerto Rico y los Estados Unidos, refiriéndose a los siguientes temas: ubicación y tamaño de ambos países, capital y otras ciudades y puertos principales, división administrativa y clima. ¿Cuáles son los países vecinos de Puerto Rico? ¿De EUA? Compare el tamaño de Puerto Rico con el de EUA. Compárelo con el tamaño del estado donde Ud. vive.

   b. ¿Cuáles son las principales características demográficas y políticas de Puerto Rico y EUA? Compare la población de Puerto Rico con el número de puertorriqueños que viven en los Estados Unidos. (Busque los datos en la *Lectura cultural,* páginas 441-442.) ¿Quiénes son el gobernador de Puerto Rico y el presidente de EUA actuales?

   c. ¿Cuándo es la fiesta nacional de Puerto Rico? ¿La de EUA? ¿Qué otras fiestas públicas también podrían afectar el éxito de un viaje de negocios a EUA y a Puerto Rico? (Véase la Tabla 10-1, página 303.)

   d. Describa la economía de Puerto Rico y de EUA. Incluya datos sobre la moneda nacional, el PIB y el PIB per cápita, el número de trabajadores (la mano de obra), la tasa de desempleo, los recursos naturales, las industrias, los productos que se exportan e importan, los países destinos (mercados) y proveedores (fuentes) de estas transacciones internacionales, y la balanza de comercio. ¿Cuál fue la balanza comercial de Puerto Rico y de EUA según la información en este libro? ¿En la actualidad? Compare el PIB, el PIB per cápita y la distribución del PIB de Puerto Rico con los de los países miembros de CARICOM. Compárelos con los de Cuba. ¿A qué factores se deben las diferencias?

   e. Describa la infraestructura de transportes y de comunicaciones de Puerto Rico y EUA. ¿Qué ventajas o desventajas económicas tienen Puerto Rico y los Estados Unidos debido a su geografía?

   f. ¿Cómo han cambiado algunos de los datos presentados en las secciones de *Vista panorámica* y *Actualidad económica* de este texto? Póngalos al día para cada país.

   g. Describa la relación socioeconómica entre Puerto Rico y los Estados Unidos, refiriéndose a las lecturas de *Actualidad económica.*

   h. Basándose en la *Actualidad económica* de Puerto Rico y los Estados Unidos, ¿qué realidades, oportunidades y problemas destacaría y qué recomendaciones le daría a un/a empresario/a interesado/a en hacer negocios allí?

2. Ud. tiene que hacer un viaje de negocios a Puerto Rico durante cinco días para hacer observaciones directas de una empresa de turismo. Usando el internet u otras fuentes informativas, prepare un plan de viaje (con presupuesto e itinerario), partiendo del aeropuerto de su ciudad en este momento. Busque las posibilidades en internet, por teléfono, en una agencia de viajes o en el aeropuerto mismo. Comuníquese en español, si es posible.

    a. Fechas de ida y vuelta

    b. Vuelos: aeropuertos de despegue y aterrizaje, líneas aéreas, horario; costos

    c. Transporte interno que se piensa usar en Puerto Rico: taxi, autobús, carro de alquiler, metro, tren, otro; costos

    d. Alojamiento y viáticos; costos

    e. La comida típica que va a pedir para la cena la primera noche

    f. Las formas de cortesía y los gestos que debe recordar, usar o evitar

    g. Los lugares que tendrá que visitar para observar las diferentes excursiones que ofrece la empresa seleccionada

    h. Los servicios disponibles para las familias con niños pequeños y los minusválidos (sillas de rueda, etc.)

    i. Una comparación de precios en Puerto Rico con la República Dominicana, Jamaica, Haití y Cuba

LECTURA CULTURAL

La presencia hispana en los Estados Unidos de América

El *U.S. Census Bureau* nos informa que el primero de julio de 2003 la población de latinos en EUA (que incluye a las personas de cualquier raza) había alcanzado oficialmente los 39.9 millones de habitantes, superando ya sus propios cálculos anteriores de 37 millones para el año 2005. Esta cifra rebasa la población de todos los países hispanos excepto México (104 millones), Colombia (42 millones) y España (40.2 millones), haciendo de EUA el cuarto país hispanoparlante del mundo. A partir de 2003 los hispanos norteamericanos también representan el grupo minoritario estadounidense más numeroso, con una tasa de crecimiento (13%) casi cuatro veces mayor que la de la población en total.

    En el pasado, los españoles que vivían en Nuevo México adoptaron el término «hispano» para diferenciarse de los mexicanos. Éste es un término que rechaza gran parte de la población hispanoparlante de EUA. Los puertorriqueños que han vivido en Nueva York adoptaron el término «latino» para evitar el estereotipo negativo que se les aplicó porque hablaban español. Pero se convirtió en un concepto peyorativo estadounidense que se extendió para incluir a los mexicanos que vivían en el suroeste del país. Los cubanos han sufrido el mismo prejuicio, pero no se los ha estereotipado tanto como a los otros grupos porque muchos inmigrantes cubanos eran profesionales y técnicos. El uso de la palabra «*Hispanic*» es impreciso y es un término que algunos hispanos también consideran discriminatorio. Aunque el término «latino» se usa frecuentemente, muchos prefieren una terminología más precisa para reflejar sus distintos orígenes étnicos como, por ejemplo, «mexicano», «chicano» o «mexicano-americano». Además, la palabra «*Hispanic*» es un término

Figura 14-1 **Los ocho estados con mayor población hispana de EUA en 2002.** (*U.S. Census Bureau, 2002 [números redondeados]; mapa de M.S. Doyle*)

NOTA: Población nacional EUA: 288,368,698; hispanos norteamericanos: 38,761,301 (13.4%); T = población total del estado; H = población hispana y porcentaje del estado

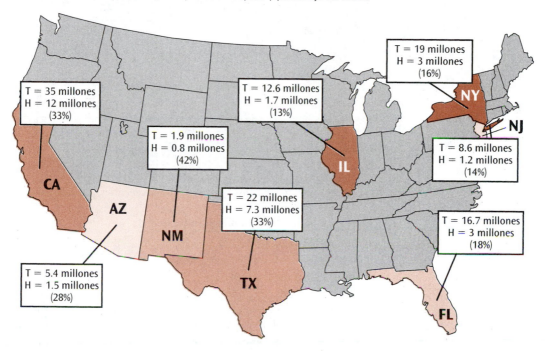

étnico, no racial. En cualquier caso, sería mejor que los gerentes estadounidenses se refirieran a los hispanos norteamericanos usando la terminología preferida por éstos en diferentes regiones del país.

Los mexicanos representan el grupo más grande de hispanos en EUA. Han vivido tradicional y principalmente en el suroeste del país y en Chicago. Hoy en día muchos obreros mexicanos cruzan legal e ilegalmente la frontera entre EUA y México en busca de trabajo y una vida mejor, no solamente en los lugares tradicionales sino también en otras regiones como el sureste y la parte central del país. La inmigración ilegal ha sido un tema de gran preocupación para el gobierno estadounidense, hasta tal punto que éste había discutido la posibilidad de construir una zanja entre los dos países (por ejemplo, en San Diego) para reducir la entrada de indocumentados.

El segundo grupo más grande de hispanos en EUA es el puertorriqueño, con 3.2 millones en 2002 (*U.S. Census Bureau*). Debido a su ciudadanía estadounidense desde 1917, los puertorriqueños pueden entrar y salir fácil y legalmente de los EUA sin visa. En el siglo XX se han hecho varios censos para conocer el número de puertorriqueños residentes: 12,000 en 1920; 53,000 en 1930; 90,000 en 1944; y

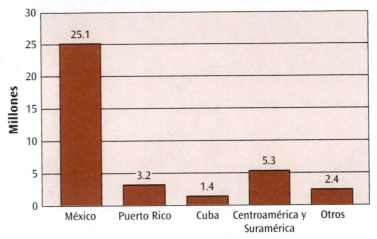

Figura 14-2 **Distribución de hispanos por origen en EUA, 2002.** (*U.S. Census Bureau; Gráfico de M.S. Doyle*)

250,000 en 1950, casi todos en la ciudad de Nueva York. Al llegar los años noventa, también había números importantes de puertorriqueños en Chicago, Los Ángeles, Hartford, Miami, Filadelfia, en las ciudades de Nueva Jersey y en otras ciudades industrializadas. Muchos se han casado con personas de otros grupos hispanos por todas partes del país, o se han integrado completamente en las sociedades étnicas estadounidenses más tradicionales. Recientemente el número de puertorriqueños en la ciudad de Nueva York se ha reducido debido al egreso a otras áreas y al regreso a Puerto Rico de muchos de ellos.

El tercer grupo más grande de hispanos en EUA son los cubanos. Aunque fue cedida a EUA en 1898 con Puerto Rico, las Filipinas y Guam, Cuba consiguió su independencia en 1902. Las primeras inmigraciones cubanas a EUA fueron lentas y por motivos económicos. La población cubana en EUA se traza de la siguiente manera: 19,000 en 1930; 79,000 en 1960; luego, debido a la Revolución cubana, 273,000 en 1973; y con más crecimiento de población, después de la primera, segunda y tercera oleadas de refugiados cubanos, entre ellos los «marielitos», unos 800,000 en 1980. Hoy hay 1.4 millones de cubanos en EUA. Miami ha sido adoptada como su «ciudad materna» e incluso tiene un barrio importante que se llama «la Pequeña Habana».

A continuación se ofrece un breve resumen de la presencia hispana en EUA. A pesar de la distribución demográfica de los hispanos norteamericanos en EUA, señalada en la Figura 14-3, no han sido tratados de modo igual por la sociedad estadounidense ya establecida. A los cubanos que emigraron antes de 1980, se les mostró más respeto por su condición socioeconómica y racial. Hacia los marielitos

Figura 14-3 **Distribución regional de hispanos en EUA, 2002.** (*U.S. Census Bureau; Gráfico de M.S. Doyle*)

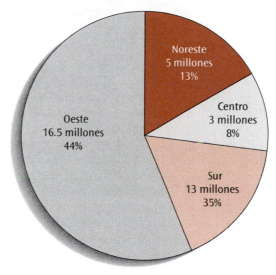

y otros grupos de hispanos, la sociedad estadounidense ha demostrado más recelo y a veces cierta actitud despectiva, como había ocurrido antes con otros recién llegados al país —los irlandeses, los italianos, los polacos, etc.

Este tratamiento desigual y discriminatorio contra los hispanos por parte de algunos sectores del país se basa tanto en la inseguridad política y económica como en cierto racismo, insensibilidad y desconocimiento del español (la falta de comunicación) y de las culturas hispánicas. Esta actitud antihispana periódicamente se ha intensificado hacia los recién llegados, por ejemplo, los centroamericanos en los ochenta que emigraron a causa de las guerras civiles, la política del bloqueo económico hacia Centroamérica y la depresión inevitable (causada en gran parte por los EUA) de las economías de esa región.

Las nuevas inmigraciones legales e ilegales a EUA traen nuevas oportunidades y nuevos problemas para los hispanos y los estadounidenses. No obstante esto, es obvio que la población hispana de EUA está creciendo más rápidamente que la de cualquier otro grupo étnico. Se prevé que para el año 2015 la población latina de EUA llegará a 49 millones de personas (16% de la población nacional); para 2025 alcanzará 61 millones (18%); y que para 2050, ascenderá a 98 millones (24%). Hay más oportunidad para que los inmigrantes de habla española mantengan su lengua y cultura y su contacto personal entre familiares y amigos, debido al transporte rápido y las telecomunicaciones modernas. Esas circunstancias producen las siguientes situaciones:

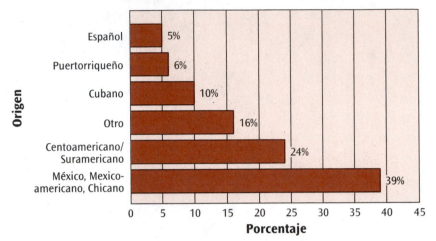

Figura 14-4 Distribución de compañías con propietario hispano por origen en EUA, 1997. (*U.S. Census Bureau; Gráfico de M.S. Doyle*)

1. Muchos hispanos quieren conservar con orgullo sus orígenes étnicos: lo puertorriqueño, lo cubano, lo mexicano, lo hondureño, lo panameño, etc. En este sentido, se han resistido a la idea del «crisol» estadounidense tradicional y son más partidarios del concepto de un «mosaico» o una «ensalada» nacional.

2. Muchos hispanos siguen comunicándose en español frecuentemente, lo cual implica que este idioma puede alcanzar una fuerza sociocultural, política y económica bastante fuerte en el futuro. Ya se ve la fuerte influencia hispana en la industria de música popular de EUA con Ricky Martin, Christina Aguilera, J Lo (Jennifer López), Carlos Santana, Shakira, Selena, Marc Anthony y otros.

3. La enseñanza bilingüe en las escuelas primarias combina el uso del español y del inglés, lo cual puede ser práctico y necesario, especialmente para los niños recién llegados al país que comienzan sus estudios por primera vez.

4. La creación de coaliciones de hispanoparlantes está produciendo una dinámica fuerza política y económica dentro de las fronteras de EUA en muchos estados y comunidades norteamericanos.

La meta para EUA podría ser el establecimiento de una nueva confluencia de culturas, especialmente con la hispana. Según Octavio Paz, el famoso filósofo y poeta mexicano (Premio Nobel de Literatura en 1990), el país tiene la oportunidad de ser la primera democracia auténticamente multirracial en la historia del mundo.

Figura 14-5 **Distribución de compañías con propietario hispano por sector en EUA, 1997.** (*U.S. Census Bureau; Gráfico de M.S. Doyle*)

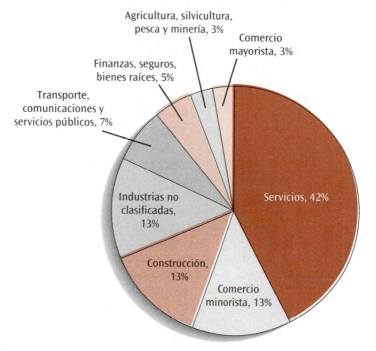

14-7 Actividades

1. **¿Qué sabe Ud. de la cultura?** Demuéstrelo contestando las preguntas a continuación.

   a. Según las Figuras 14-2 y 14-3, ¿cómo se distribuyen los hispanos norteamericanos por origen y por región? Ahora, use el internet para encontrar la siguiente información ¿Cuántos hispanos viven y trabajan en el estado donde vive usted? ¿Cómo es la distribución hispana por origen de su país?

   b. ¿Por qué es difícil precisar el número exacto de hispanos en EUA? ¿Todos los hispanos hablan español? ¿Tienen las mismas raíces culturales? Explique.

   c. Se dice que EUA es un país donde el español es el segundo idioma más importante. ¿Qué opina Ud.? Comente.

   d. Comente sobre las diferencias en las inmigraciones a EUA de los mexicanos, los puertorriqueños, los cubanos, los salvadoreños y de otros grupos hispanos.

   e. ¿A qué se debe la tendencia de los inmigrantes hispanos a seguir hablando español en EUA? ¿Qué ocurrió con las diferentes lenguas que hablaban los inmigrantes de Europa del siglo XIX y de la primera mitad del siglo XX?

   f. ¿Qué es la enseñanza bilingüe? ¿Cómo mediría Ud. los beneficios de esta enseñanza en la economía estadounidense?

   g. Según la Figura 14-4, ¿qué grupo hispano tiene más propietarios de compañías en EUA? ¿Cuál tiene menos? ¿Cómo es esta distribución en el estado y la ciudad donde usted vive?

h. Según los datos resumidos en la Figura 14-5, ¿cuál sector económico representa la mayoría de las compañías con propietarios hispanos o latinos? ¿En qué sectores hay un porcentaje de 13%? ¿Qué quiere decir esto?

i. Según Octavio Paz, ¿qué posibilidad única tiene EUA? ¿Qué opina Ud. de esta posibilidad?

2. **Asimilador cultural.** Lea lo siguiente y conteste las preguntas a continuación.

Frank Joiner, el director de personal de Monroe & Monroe, Inc., una compañía farmacéutica estadounidense, entrevista a una aspirante para un puesto de ventas para su mercado hispano en Nueva York. Joiner aprendió a hablar español con profesores puertorriqueños en la universidad e hizo una práctica profesional con Monroe & Monroe en San Juan, al final de su carrera universitaria. Luego, Monroe & Monroe le ofreció un puesto permanente en Nueva York, donde lleva quince años trabajando con la comunidad puertorriqueña.

La entrevistada se llama Anita Estévez, natural de Santa Fe, Nuevo México, y es de una vieja familia española de la clase alta. Acaba de recibir su título universitario en la Universidad of Nuevo México. Joiner, que no había estudiado con cuidado el currículum vitae de la candidata, la saluda y le pregunta:

—Pues, bien, Srta. Estévez, ¿de qué parte de Puerto Rico es Ud.?

Estévez vacila un momento antes de contestarle....

a. ¿Cuál es el problema del gerente, Frank Joiner? ¿Cómo han influido las experiencias del gerente en su conducta?

b. ¿Qué le va a contestar la Srta. Estévez a su pregunta? ¿Qué estará pensando ella en este primer momento de la entrevista?

c. ¿Qué conocimientos y experiencias transculturales le recomendaría Ud. a Frank Joiner?

d. ¿Qué conocimientos culturales va a necesitar Anita Estévez para tener éxito en Nueva York, si le ofrecen el puesto de vendedora y ella lo acepta?

SÍNTESIS COMERCIAL Y CULTURAL

14-8 Actividades comunicativas

1. **Situaciones para dramatizar.** Lea las siguientes situaciones y después haga el papel en español con otro/s estudiante/s, usando las siguientes opciones como punto de partida. Cada persona deberá participar activamente en la dramatización. No olviden el protocolo ni las cortesías.

a. *You are an American at a convention for managers in Miami. You and a Cuban-American colleague discuss the transition from an industrial society to one of services, each giving his/her point of view from a different cultural perspective. Include the following topics.*
   - *the need for fewer employees*
   - *a desire for more flexibility with working hours*
   - *the intimate nature of service companies devoted to working closely with customers*
   - *a reduction in bureaucracy*
   - *less hassle with unions*

b. *At a luncheon meeting for upper-level management personnel, you and several colleagues are discussing the difficulty involved with investments for Caribbean operations. Explain how, from your point of view, the threat of military intervention by the U.S. government endangers the development of the trust and cooperation you are seeking, and how you favor a gentler, kinder policy. Some of your colleagues agree with you, while others favor military intervention where necessary to protect American interests.*

2. **Ud. es el/la intérprete.** La Sra. Schultz, de Iowa, y el Sr. Echeverría, de Arecibo, son gerentes de dos diferentes empresas multinacionales en Illinois, pero con sucursales en varios países sudamericanos. Conversan sobre las dificultades de dirigir una empresa bajo las nuevas condiciones mundiales.

Haga el papel de intérprete entre estos dos individuos. Traduzca del inglés al español y del español al inglés, sin mirar el texto, el diálogo que leerán otros dos estudiantes en voz alta. Ellos harán una pausa después de cada raya para permitir su traducción. Acuérdense todos de usar un tono de diálogo natural.

Sra. Schultz	*It is becoming more and more difficult to manage a company / because of the changing global economy. / We've got to adjust to the economic realities / that are forcing us to become part of a transnational system.*
Intérprete	_____
Sr. Echeverría	Sí, y todo eso a pesar de que los países parecen hacerse cada día más nacionalistas y más proteccionistas.
Intérprete	_____
Sra. Schultz	*But there is no other choice. / We must be efficient and economical. / It's important to close the gap between an integrated world economy / and a confrontational world political scene.*
Intérprete	_____
Sr. Echeverría	Sí, para hacerlo bien nos hacen falta / la perspicacia para prever los resultados de nuestras decisiones, / la habilidad para integrar los conocimientos académicos y prácticos, / y la capacidad para guiar a otros / y comunicar eficazmente sus ideas a todo el mundo. / ¡Sufro de un estrés constante!
Intérprete	_____
Sra. Schultz	*That's for sure! / And don't forget the need to consider the ethical consequences and humanitarian considerations. / It's so fortunate that our company / has facilitated frequent interaction among those of us from different regions and cultural backgrounds. / It has allowed us to increase our mutual respect and deepen our cross-cultural understanding.*
Intérprete	_____

3. **Actividad empresarial.** Uds. trabajan para una empresa multinacional que tiene muchas ventas en Puerto Rico. El/La presidente/a de la empresa quiere instalar una fábrica de construcción en Bayamón, Puerto Rico. Es muy posible que haya factores que puedan causar dificultades. Les pide sugerencias sobre la decisión que él/ella tendrá que tomar. Es importante investigar los siguientes temas, comparando Puerto Rico con México y Canadá, los socios de NAFTA:

a. los acuerdos comerciales durante los últimos quince años y los posibles efectos en la importación de materiales necesarios para la construcción de la fábrica

b. el valor de las monedas nacionales durante el mismo período

c. el número de posibles clientes en estos países

d. los efectos de un voto a favor de la independencia de Puerto Rico o un cambio de su condición de Estado Libre Asociado con EUA a estado oficial (como Hawai y Alaska)

Después de completar su investigación, Uds. recopilan todos los datos en un informe escrito con listas o tablas que indican la información indispensable para hacer un breve análisis del caso. Luego, Uds. presentan el informe oralmente sin leerlo.

4. **Caso práctico.** Lea el caso y haga el ejercicio que aparece a continuación.

Ud. acaba de completar un curso de español comercial en el cual ha estudiado diversos temas fundamentales del mundo de los negocios, tanto nacionales como internacionales. También ha estudiado mucha terminología comercial en lengua española y diversos aspectos de los contextos culturales hispanos. Ud. está solicitando un puesto en una compañía que mantiene relaciones comerciales con muchos países hispanohablantes. El/La director/a de personal de esta empresa (el/la profesor/a de la clase), lo/la entrevistará a Ud. (y a cada estudiante de la clase) individualmente en español para determinar:

a. sus conocimientos comerciales

b. sus habilidades lingüísticas

c. su sensibilidad transcultural

Ud. y su director/a de personal deben ponerse de acuerdo de antemano acerca de las descripciones de los puestos de trabajo que se podrían incluir en la entrevista. (NOTA: Antes de hacer la entrevista, prepárese según la información presentada en el Apéndice 4, página 470.)

14-9 Análisis y comparación

Estudie la siguiente tabla comparativa y haga los ejercicios que aparecen a continuación. Use también sus conocimientos y, si es necesario, otras fuentes informativas como un diccionario, el *Almanaque Mundial*, el internet, etc. Los ejercicios se pueden hacer individualmente, en parejas o en pequeños grupos para discutir en clase.

Tabla 14-1

Comidas y bebidas típicas de los países hispanoparlantes, Brasil y EUA

País	Comidas y bebidas típicas
Argentina	Asado (*barbecue*); empanada (*meat or vegetable pie*); locro (*winter stew of meat, corn, and potatoes*); parrillada mixta (*mixed grill; steaks, spicy pork sausage* [chorizo], *blood sausage* [morcilla], *and sweetbreads* [mollejas]); bife de chorizo (*large strip sirloin*); bife de lomo (*filet*); picante (*a spicy sauce that can be added to beef*); chimichurri (*picante sauce with garlic, olive oil, vinegar, and coriander*); flan (*creme caramel*); dulce de leche (*milk boiled with sugar and drops of vanilla or chocolate*); vino; mate (*hot green tea*)
Bolivia	Salteñas (*meat or chicken pies with potatoes, olives, and raisins*); trucha (*pink salmon trout*); picante de pollo (*chicken in* ají, *a spicy pepper*); plato paceño (*corn, potatoes, beans, and cheese*); timpu (*lamb stew*); conecho cuis (*roast guinea pig*); asado de llama (*llama steak*); singani (*refined grape alcohol, the national drink*); chicha (*corn-grain alcohol*)
Chile	Empanadas de horno (*meat turnovers with beef, hard-boiled eggs, onions, olives, and raisins*); pastel de choclo (*cornmeal pastry with baked beef, chicken, onions, corn, eggs, and spices*); cazuela de ave (*chicken soup*); churrasco (*braised beef*); chupe de mariscos (*seafood stew*); porotos granados (*thick bean, corn, and squash soup*); arrollados (*stuffed pork roll encased in pork rind*); guatitas (*intestines*); caldillo de congrio (*conger eel soup*); lengua de erizo (*a delicacy paste made from sea urchin tongue*); sopaipillas (*deep-fried pumpkin dough w/sprinkled sugar*); manjar (*cans of sweetened condensed milk boiled for hours*); vino (¡Chile produce excelentes vinos!), café
Colombia	Arroz con pollo (*chicken with rice*); fríjoles con chicharrón (*pork with kidney beans*); piquete (*meat, potatoes, and vegetables in* ají, *a spicy pepper*); cuchuco (*thick barley and meat soup with peppercorns*); peto (*soup of white corn with milk*); arepa (*cornmeal pancake*); sancocho (*meat and vegetable stew*); sancocho de sábalo (*shad or other fresh fish prepared in coconut milk with strips of potato, plantain, and yucca*); tamales (*corn dough, meats, vegetables cooked and wrapped in plantain or banana leaves*); cazuela de mariscos (*seafood soup with chunks of cassava*); changua (*soup of potatoes and eggs*); empanadas (*meat turnovers*); buñuelos (*golden balls of corn flour and cheese*); arequipe (*caramel sauce*); arroz de coco (*rice pudding with coconut and rum*); oblea (*large wafers spread with sugar and milk paste*); café; aguardiente (*strong liquor made from sugarcane*)
Costa Rica	Olla de carne (*beef stew with potatoes, onions, and vegetables*); tamales (*meat, vegetables, and flour wrapped in plantain leaves and boiled*); lengua en salsa (*beef tongue in sauce*); mondongo (*tripe soup*); empanadas (*turnovers*); arroz con pollo; gallos (*tortillas with meat and vegetable fillings*); gallo pinto (*rice and black beans*); casado (*rice, beans, eggs, meat, and plantain*); café
Cuba	Arroz y frijoles negros (*rice and black beans*); arroz con pollo; picadillo (*well-seasoned ground beef with chopped peppers and onion or chopped bacon, vegetables, and egg*); tasajo (*cured or dried jerked beef*); ropa vieja (*stewed meat in tomato sauce*); tamales (*ground seasoned maize and sometimes meat or sweet filling wrapped in a plantain or maize leaf*); fufú de plátano (*boiled green plantain, flattened or crushed, seasoned with garlic, onion, and pork cracklings*); croquetas (*fish or meat croquettes*); yuca; boniatillo (*sweet potato*); arroz con leche (*rice pudding*); yemitas (*sweets made with egg yolk and sugar*); tocino del cielo (*sweet made with egg yolks and syrup*); gran variedad de frutas tropicales; bebidas de ron como el daiquiri y el cubalibre (*rum and coke; referred to as* «mentirita» *by the Cubans living in Miami and Florida*); café

Ecuador	Arroz con pollo (*fried chicken with rice*); locro (*soup of potatoes, cheese, meat, and avocados*); llapingachos (*cheese and potato cakes*); ceviche (*raw seafood marinated in lime and served with onions, chili peppers, cilantro, tomatoes, and spices*); empanadas (*beef turnovers*); arroz con menestra (*rice with spicy beans, barbecued beef, and refried plantains*); caldo de bola (*plantain-based soup*); fritada (*fried pork*); cuy (*roast guinea pig*); patacones (*fried green bananas, smashed, and refried*); humita (*sweet corn tamales*); seco de chivo (*goat stew*)
El Salvador	Frijoles, tortillas, pupusas (*thick tortillas filled with meat, beans, and/or cheese*); arroz, huevos, carne, frutas, café. La comida es menos picante que la de muchos otros países hispanos.
España	Tortilla española (*omelet with potatoes and onions*); gazpacho (*cold vegetable soup, often served with fresh, chopped vegetables to sprinkle on top*); paella (*rice with saffron and chicken, fish, shrimp, mussels, clams, sausage, and pork*); bocadillo (*sandwich on French-type loaf bread*); cocido (*Castillian soup*); jamón serrano (*salty cured ham*); chorizo; lenguado (*flounder*); merluza (*hake*); pulpo (*octopus*); calamares (*squid*); churros (*deep-fried batter of flour and butter, sprinkled with sugar and/or dipped in warm chocolate*); carne, pollo, y huevos; vino; sangría (*sweetened wine punch with fruit*); cerveza; champán (llamado «cava»); café. La comida española no es picante.
Guatemala	Tortillas de maíz, frijoles, arroz, tamales (*cornmeal or rice dough stuffed with meat or tomato sauce*); plátanos fritos (*fried plantains*); carne, pollo y cerdo; café
Guinea Ecuatorial	Carne, pollo, pescado, yuca, cacahuetes y salsa de cacahuetes, papaya, piña, bananos y plátanos; tope (*palm wine*); malamba (*sugarcane liquor*)
Honduras	Frijoles, tortillas, maíz y arroz; tapado (*stew with beef, vegetables, and coconut milk*); mondongo (*tripe and beef knuckles*); nacatamales (*pork tamales*); torrejas (*similar to French toast and served at Christmas*); topogios o charramuscas (*frozen fruit juice in a plastic bag*); bananos, piña, mango, coco, melón y otras frutas
México	Tortillas; chilaquiles (*breakfast of tortilla strips scrambled with chilies, tomatoes, onions, cream, and cheese*); frijoles refritos (*refried beans*); torta (*hollow roll stuffed with meat or cheese*); quesadilla (*tortilla baked with cheese*); tacos; tostada (*toasted tortillas covered with meat, lettuce, and a variety of ingredients*); mole; tamales (*cornmeal wrapped in banana leaves or corn husks*); chalupa (*tortilla with upturned edges, fried and topped with a variety of meat or chicken, beans, etc.*); flautas (*extra long, flute-shaped tacos*); enchilada (*tortilla with chicken or beef inside, covered with a hot sauce*); sopa azteca (*avocado and tortilla broth*); sopa de flor de calabaza (*squash-flower soup*); chile relleno (*stuffed chilies*); birria (*goat soup*); enfrijolada (*chicken-filled tortilla covered with bean sauce and cheese*); pozole (*hominy soup with pork*); chile poblano (*chili sauce with green tomatoes, chocolate, and peanuts*); chiles en nogada (*large poblano chili stuffed with beef or cheese, raisins, onion, olives, and almonds, topped with creamy walnut sauce and pomegranate seeds*); huachinango (*red snapper*); menudo (*spicy tripe soup*); ceviche (*raw fish and shellfish marinated in lime juice and topped with chile, onions, and cilantro*); atole (*sweet corn-based drink with consistency of hot chocolate*); licuado (*fresh fruit shake*); cerveza; vino; tequila; café
Nicaragua	Tortillas; enchiladas; nacatamales (*meat and vegetable tamales with spices*); mondongo (*tripe and beef knuckles*); baho (*meat, vegetables, and plantains*); plátano frito (*fried plantain*); vigorón (*vegetable dish*)
Panamá	Arroz con pollo, frijoles, maíz, plátanos, pollo, carne, pescado; sancocho (*chicken soup*); bollo (*corn mush boiled in the husk*); guacho (*rice soup*); verduras y frutas; chicha (*drink of fresh fruit, water, and sugar*)

Paraguay	Asado (*barbecue*); parrillada (*assortment of grilled steaks, sausages, and innards*); yuca; sopa paraguaya (*cornbread baked with cheese, onions, and sometimes meat*); chipá (*hard cheese bread*); tortillas; empanadas (*deep-fried meat or vegetable turnovers*); surubí (*a large catfish*); croquetas (*minced meat or poultry rolled into sausage shape, rolled in bread crumbs and deep fried*); mixto (*ham and cheese sandwich*); dorado (*salmon-like fish*); puchero (*meat, sausage, vegetable, and chick-pea soup*); palmitos (*palm hearts*); mate cocido (*a bitter tea*); caña (*Paraguayan moonshine*)
Perú	Ceviche (*raw fish marinated in lemon and vinegar*); anticucho (*marinated, grilled beef hearts, and livers*); corvina (*sea bass*); langostinos (*shrimp*); lenguado (*flounder*); pulpo (*octopus*); conchitas (*scallops*); calamares (*squid*); cuy (*guinea pig*); ocopa (*boiled potatoes or eggs in a spicy, condensed milk sauce*); ají de gallina (*shredded chicken in a chili and cheese sauce*); papas a la huancaina (*baked potatoes topped with sliced eggs and an often spicy chili sauce*); mazamorra morada (*pudding made of purple maize*); chirimoya (*apple custard*); pisco (*grape brandy*)
Puerto Rico	Arroz con pollo; arroz con habichuelas (*rice and beans*); arroz con gandules y pernil (*rice with pigeon peas and roasted pig*); paella (*a spicy stew of rice, chicken, seafood, and vegetables*); encebollado (*steak smothered in onions*); tostones (*deep-fried plantains*); frituras (*foods fried in oil*); alcapurria (*plantain croquettes stuffed with meat*); bacalao con viandas (*baked cod with cassava and potatoes*); morro (*black rice*); sofrito (*garlic, onion, sweet pepper, cilantro, oregano, and tomato paste*); pan sobao o pan de agua (*local bread made with water, shortening and flour*); flan; cerveza; ron; café
Uruguay	La comida se parece mucho a la de Argentina: carne; empanadas; carbonada (*dish of rice, raisins, pears, and peaches*); estofado/guiso (*stew*); chivito (*steak sandwich smothered in sauces and spices*); lenguado; merluza; cerveza, vino y café
Venezuela	Mondongo (*tripe with vegetables*); sancocho (*meat stew with squash, sweet potatoes, and plantain*); pabellón criollo (*shredded beef in spiced tomato sauce served with fried plantain, white rice, and black beans*); cazuela de mariscos (*seafood stew*); caraotas negras (*black beans*); hervido (*soup with chunks of chicken, beef, and vegetables*); arepa (*deep-fried thick pancake sometimes filled with butter, meat, and cheese*); hallaca (*similar to arepa but filled with stewed meat, potatoes, olives, raisins, and spices*); punta trasera (*tender steak*); parrillada; tostones (*fried plantains*); jugo natural (*fresh fruit juice*); batido (*a fruit shake*); lechoza (*papaya*); raspaito (*flavored shaved ice or sno-cone*); cerveza; ron; cafecito
Brasil	Carne, pan, arroz, frijoles, queso y huevos. Los platos favoritos varían de región a región pero algunos incluyen feijoada (Río: *black bean stew with beef, pork, sausage, may include pig's ears and feet*); acarajé (*deep-fried fritters of pureed black-eyed peas and shrimp*); churrasco (Sur: *barbecue with wide variety of meats and cuts*); pão de queijo (*cheese rolls*); moqueca (*grouper or shark with salt, white pepper, coriander, parsley and coconut milk*); cachaça (*strong liquor made from sugar cane*); bife a còvalo com fritas (*meat with egg and french fries*); dendê (*Bahía: palm oil used as spice*); bolinho de chuva (*Brazilian doughnuts*); creme de sagú com vinho (*sago pudding with red wine*); bolo de maracujá (*passionfruit cake*); pão de mel (*honey bread*); caipirinha (*lime with cachaça*); guaraná (*tropical plant with small red fruit with a high caffeine content, dissolved in water*); cafezinho (*expresso coffee*)
EUA	Hamburguesas; perritos calientes (*hot dogs*); pizza; pollo frito; carne asada; ensaladas de lechuga (*lettuce*); pescado; cerdo; pavo; tacos; gran variedad de platos étnicos y regionales; cerveza, vino, whisky, café

FUENTE: *Culturgram 2004, Fodor's South America, Fodor's Mexico 2000* y *Fodor's Carribbean 2000*

1. En los países hispanos la comida tiene un papel social muy importante, tanto en el contexto familiar como en el profesional. Típicamente, los hispanos pasan varias horas al día almorzando y cenando, en casa, restaurantes o cafeterías, con parientes, amigos o colegas de trabajo. En su opinión, ¿qué papel pueden jugar el almuerzo y la cena en el mundo de los negocios, al reunirse uno/a con colegas, gerentes y clientes? ¿Qué opina del desayuno de negocios? ¿Es mejor que la comida o la cena para tales propósitos?

2. ¿Cómo es la comida mexicana? ¿Cuáles son algunos de los platos típicos del país? ¿Algunas bebidas típicas? ¿Ha probado usted alguna vez la auténtica comida mexicana? ¿Le gustó? Comente. ¿En qué se diferencia de la comida Tex-Mex?

3. ¿Cómo es la comida española? ¿Se parece mucho a la comida mexicana? Comente. ¿En qué se diferencian la tortilla mexicana y la tortilla española?

4. ¿Cúales son algunas de las comidas y bebidas típicas que encontraría un hombre o una mujer de negocios al hacer un viaje a Puerto Rico y a la República Dominicana? ¿Cómo es la comida cubana? ¿Cuáles son algunas de las frutas que se comen en el Caribe hispanohablante?

5. En Argentina se come mucha carne de res. ¿Cuáles son algunos de los platos de carne típicos del país? Si fuera usted vegetariano/a, ¿qué haría durante un viaje de negocios a este país?

6. ¿Cuáles son algunos de los postres típicos de los países hispanos? ¿Qué bebida se suele tomar con el postre? Si usted no toma cafeína, ¿qué haría (o pediría) para no quedar mal con sus anfitriones hispanos?

7. ¿Qué es el pisco peruano? ¿La caña paraguaya? ¿La chicha boliviana? ¿El aguardiente colombiano? ¿La cava española? ¿El cubalibre? ¿La caipirinha de Brasil? ¿Y el tequila mexicano? ¿Qué tienen en común todas estas bebidas?

8. ¿Cómo le describiría usted a un/a visitante boliviano/a (un/a compañero/a de clase) la cocina típica norteamericana? Supongamos que esta persona lo/la está visitando para explorar la posibilidad de comprar varios de sus productos y que es su primera visita a EUA. Usted quiere invitarlo/a a cenar. ¿Adónde lo/la llevaría y qué le recomendaría cenar?

9. Ud. está visitando un país hispanoamericano para tratar asuntos comerciales con un/a nuevo/a cliente. Esta persona (un/a compañero/a de clase) lo/la ha invitado a cenar. En el restaurante le traen un plato que de veras no le apetece (supongamos que sea ceviche o un riquísimo mondongo o menudo, un caldillo de congrio, cuy, lengua de erizo, un anticucho peruano, calamares en su tinta, guatitas chilenas o un picantísimo plato mexicano). La persona que lo/la ha invitado a cenar está sentada delante de usted, con una sonrisa de satisfacción porque le han servido un exquisito plato típico. ¿Qué hace Ud. ahora? ¿Cómo se niega a comer este plato típico sin quedar mal con su cliente?

10. ¿Cuáles son algunas de las comidas más exóticas o extrañas que ha comido usted?

GeoReconocimiento

Mire los mapas del Capítulo 14 en la página web del libro (http://exito.heinle.com) y haga los ejercicios.

Posibilidades profesionales

Ud. ha emprendido los pasos para planear y determinar la/s carrera/s que mejor corresponda/n a sus habilidades y conocimientos profesionales, lingüísticos y transculturales. También ha explorado los distintos trabajos que pertenecen al mundo internacional de los negocios. Ahora le toca emprender la búsqueda seria de trabajo. Para más información al respecto y para una actividad que le ayude a profundizar sobre el tema, véase el Capítulo 14 de *Posibilidades profesionales* que se encuentra en http://exito.heinle.com.

VOCABULARIO

Aquí se presentan los principales términos relacionados con este capítulo. Al final del libro hay un glosario más completo.

aeroespacial • *aerospace*

agente expedidor (*m/f*) • *freight forwarder*

aislacionismo • *isolationism*

altibajos • *ups and downs of fortune*

automatización • *automation*

barrera • *barrier*

bonos «Brady» • *Brady bonds*

camisa de fuerza • *straight jacket*

censo • *census*

conciencia transcultural • *cross-cultural awareness*

contabilidad • *accounting*

  de gestión • *managerial accounting*

  financiera • *financial accounting*

  fiscal • *tax accounting*

crisol (*m*) • *melting pot*

Cuenca del Caribe • *Caribbean Basin*

cumplimiento del potencial • *fulfillment of potential*

derrame de aceite o de petróleo (*m*) • *oil spill*

desecho tóxico • *toxic waste*

desregulación • *deregulation*

deudas gemelas • *twin deficits*

deudor (*m/adj*) • *debtor*

enseñanza multimedia • *multimedia instruction*

escaparate (*m*) • *showcase*

escaramuza • *skirmish*

estado libre asociado • *commonwealth*

estética laboral • *work aesthetic, attractiveness of work environment*

ética laboral • *work ethic*

Fed (*f*) • *Federal Reserve Bank (central bank of U.S.)*

hacer el censo • *to take the census*

impuesto sobre la renta personal • *personal income tax*

Índice General de la Calidad de Vida (*m*) • *Physical Quality of Life Index (PQLI)*

indocumentado • *illegal alien*

infotecnología • *infotechnology*

internet (*m*) • *internet*

irlandés/a • *Irish man/woman*

lustro • *period of five years* (lustrum *was the Roman census*)

maduración constante (perpetua) • *constant growth*

manada • *herd*

manglar • *mangrove swamp*

navegar • *to "surf" or search the internet*

ocioso • *leisurely, idle*

oficinista (*m/f*) • *office worker*

pago de transferencia • *transfer payment*

país deudor (*m*) • *debtor nation*

polaco • *Pole* (person from Poland)

poner a prueba • *to put to the test*

radiodifusión • *broadcasting*

realidad virtual • *virtual reality*

sanidad pública • *public health*

sufrir de estrés • *to be under stress*

tipo • *type, rate*

   fijo de cambio • *fixed rate, pegged rate of exchange*

   flotante de cambio • *floating rate of exchange*

Torres Gemelas • *Twin Towers (World Trade Center in NYC)*

zanja • *ditch*

Protocolo telefónico

Se dice que en el mundo internacional de los negocios, la mayoría de las conversaciones mercantiles se realizan por teléfono por ser éste el medio comunicativo más eficaz y rápido, especialmente cuando se trata de llamadas de larga distancia. Como otros tipos de comunicación, la comunicación telefónica requiere un conocimiento tanto del sistema, al menos de su funcionamiento y usos prácticos, como de las cortesías y expresiones que se emplean comúnmente. Este conocimiento llega a ser importante cuando se trata de llamadas internacionales y aún más cuando éstas se realizan en un idioma extranjero, como sucede con las llamadas entre los Estados Unidos e Hispanoamérica o España. Durante estas llamadas, las conversaciones se realizan a menudo en español, lo cual implica la necesidad de hablarlo y *comprenderlo* bien. Para ayudar a los que tienen que hacer tales llamadas, pero que todavía no saben los términos ni las expresiones usados en español, se ofrece lo siguiente: (1) un vocabulario telefónico general y (2) algunas expresiones telefónicas útiles. Sin embargo, sobra decir que el vocabulario, las expresiones y los usos indicados pueden variar de país a país. Por lo tanto, vale la pena que las personas no hispanohablantes, especialmente las que viajan al exterior, escuchen y observen atentamente lo que dicen y hacen los hispanohablantes durante una llamada telefónica. Al hacerlo, aprenderán a conocer y a usar los sistemas telecomunicativos vigentes en los países hispanos de la manera más eficaz posible.

En España e Hispanoamérica los sistemas telefónicos han cambiado mucho en los últimos veinte años. Se ha invertido mucho dinero y recursos y se ha privatizado la mayoría de las compañías telefónicas estatales. Esto ha producido una red de telecomunicaciones que funciona mucho mejor que antes. No sólo hay más teléfonos públicos y privados, sino que hay más y mejores servicios disponibles. Además, en muchos países hispanos el teléfono celular es el medio de comunicación preferido, especialmente entre los profesionales y los jóvenes donde abundan estos teléfonos. En muchos países hispanohablantes se pueden hacer las mismas llamadas que en los países con una base tecnológica mucho más avanzada, aunque a menudo resultan más caras, en especial las que se hacen desde los hoteles o las que requieren alguna ayuda de operadores. Por otra parte, en muchos países de habla española se usan fichas especiales o monedas para hacer una llamada, mientras que en otros se pueden usar tarjetas de crédito. También, en algunos países, hay que seguir ciertas instrucciones para hacer una llamada mientras que en algunos pueblos más pequeños hay que concertar una cita o ir al centro de teléfonos. Dada esta situación, siempre vale la pena preguntar o pedirle ayuda a la persona nativa para saber cómo funciona el sistema telefónico del país que se visite.

Vocabulario telefónico	Telephone vocabulary
abonado	subscriber
arrendamiento con opción a compra	lease with an option to buy
auricular (m)	earphone, receiver
bíper (m)	beeper, pager
buscapersonas (m/sing)	beeper, pager
cablegrama (m)	cablegram
cargos (o cobros) revertidos	reverse charges
central telefónica (f)	telephone exchange station
código de área	area code
colgar (ue) (teléfono)	to hang up (the receiver)
conferencia en tres direcciones	three-way conference call
correo	mail
auditivo	voice mail
de mensajes hablados	voice mail
de voz	voice mail
vocal	voice mail
descolgar (ue) (teléfono)	to pick up (the receiver)
discado	dialing
acelerado	speed dialing
activado por voz	voice-activated dialing
directo	direct dialing
guía telefónica	telephone directory
identificación	I.D.
de abonado llamante	caller I.D.
de llamadas	caller I.D.
de origen	caller I.D.
llamada	(telephone) call
llamada en espera	call waiting
localizador	beeper, pager
marcar	to dial
mensaje (m)	message
pila	battery
recado	message
reenvío de llamadas	call forwarding
rellamada automática	redial, redialing
remarcación	redial, redialing
señalización de llamadas en espera	call waiting
servicio con tarjetas prepagadas	prepaid credit card telephone service
servicio de despertador	wake-up call
servicio de dos en línea	party line
tarifa	rate
telefonazo	telephone call
telefonear	to telephone
telefonema (m)	telephone message
telefonía	operation of telephones
teléfono móvil/celular	cellular telephone
timbrazo	ring
transferencia de llamadas	call forwarding
transmisión de datos	data transmission
transmisor (m) de facsímiles	fax transmitter
ubicador	beeper, pager

Frases telefónicas útiles	Useful telephone phrases

1. Saludos

—¿Aló?
—¿Bueno?
—¿Diga? / ¿Dígame?
—¿Hola?
—Buenos días.
—Buenas tardes.
—Buenas noches.

1. Greetings

"Hello?"
"Hello?"
"Hello?"
"Hello?"
"Good morning."
"Good afternoon."
"Good evening/night."

2. Llamadas a personas específicas

—Le habla (título y/o nombre completo del/de la interlocutor/a).

—¿Puedo hablar con (título y/o nombre completo de la persona llamada), por favor?

—¿Se encuentra (título y/o nombre completo de la persona que se está llamando)?

—¿Cuándo espera su regreso?

—Quisiera dejar un recado.

—¿Cuándo puedo telefonearlo/la?

2. Calls to specific people

"(Title and/or full name of caller), speaking"

"May I speak with (title and/or full name of the person called), please?"

"Is (title and/or full name of the person called) in?"

"When do you expect him/her back?"

"I would like to leave a message."

"When can I reach him/her?"

3. Solicitando información general

—¿Es ésta la compañía (nombre)?

—Estoy tratando de comunicarme con el departmento (la sección) de ventas (de compras, de contabilidad, etc.).

—¿Puedo hacer una cita con...?

—¿Cuáles son las horas laborales?

3. Requesting General Information

"Is this (company name)?"

"I'm trying to contact the sales (purchasing, accounting, etc.) department."

"May I make an appointment with...?"

"What are your business hours?"

4. Contestando llamadas telefónicas

—Sí, (título y/o nombre completo de la persona a quien se llama) está.

—No, (título y/o nombre completo de la persona a quien se llama) no está.

—¿Podría Ud. volver a llamarlo/la (hora, día, fecha)?

—Empresa (nombre) a la orden.

—¿De parte de quién?

—Un momento, por favor.

—No se me retire (enganche, cuelgue), por favor.

4. Answering telephone calls

"Yes, (title and/or full name of the person called) is in."

"No, (title and/or full name of person called) is not in."

"Can you call him/her back (time, day, date)?"

"(Name of company) at your service."

"Who is calling?"

"One moment, please."

"Don't hang up, please."

—Está comunicando./La línea está ocupada.

—Le paso a su línea ahora.

—¿Quisiera dejar un recado?

5. Despedidas

—Ha sido un placer.

—Gracias por su ayuda.

—Le agradezco su tiempo.

—Estaremos en contacto.

—Ud. ha sido muy amable.

—Gracias.

—No hay de qué.

—Aquí siempre estamos a la orden.

—Adiós. Hasta luego (mañana, pronto).

—Muchos saludos a (la familia, su señora, etc.).

"The line is busy."

"I'll transfer the call."

"Would you like to leave a message?"

5. *Farewells*

"It's been a pleasure."

"Thanks for your help."

"Thanks for your time."

"We'll be in touch."

"You've been very kind."

"Thanks."

"You're welcome."

"We're always at your service."

"Good-bye. See you later (tomorrow, soon)."

"Best regards to your (family, wife, etc.)."

Siglas y acrónimos
(Abbreviations and Acronyms)

A continuación se encuentran las siglas o acrónimos que aparecen en español en este libro. Se da su significado en español y, cuando sea posible, las traducciones correspondientes en inglés.

Sigla	Significado	Acronym	Meaning
AARU	Acta de Acuerdos de la Ronda Uruguaya	URAA	Uruguay Round Agreements Act
AGAAC	Acuerdo General Sobre Aranceles y Comercio	GATT	General Agreement on Tariffs and Trade
ALCA	Área de Libre Comercio de las Américas	FTAA	Free Trade Area of the Americas
ANSEA	Asociación de Naciones del Sureste Asiático	ANSEAN	Association of South East Asian Nations
APO	Administración por Objetivos	MBO	Management by Objectives
BID	Banco Interamericano de Desarrollo	IDB	Interamerican Development Bank
CAEM	Consejo de Asistencia Económica Mutua	COMECON	Council for Mutual Economic Assistance
CAFTA/TLC	Tratado de Libre Comercio de América Central	CAFTA	Central American Free Trade Agreement
CEEAO	Comunidad Económica de los Estados de África del Oeste	ECOWAS	Economic Community of West African States
CF	Costo y flete	CFR	Cost and Freight
CMC	Comunidad y Mercado del Caribe	CARICOM	Caribbean Common Market
CSF	Costo, seguro y flete	CIF	Cost, Insurance, and Freight
EE.UU., EEUU, EU, EUA	Estados Unidos, Estados Unidos de América	U.S., USA	United States, United States of America
ENTEL	Empresa Nacional de Telecomunicaciones (Argentina)		National Telecommunications Company (Argentina)
FAB	Franco a bordo	FOB	Free on Board
FAS	Franco (libre) a costado del buque	FAS	Free Alongside Ship
FMI	Fondo Monetario Internacional	IMF	International Monetary Fund

GA	Grupo Andino	**AG**	*Andean Group*
IVA	Impuesto sobre el Valor Añadido (o Agregado)	**VAT**	*Value-Added Tax*
	Índice General de la Calidad de Vida	**PQLI**	*Physical Quality of Life Index*
LAB	Libre a bordo	**FOB**	*Free on Board*
MCCA	Mercado Común Centroamericano	**CACM**	*Central American Common Market*
MCE	Mercado Común Europeo	**EEC**	*European Common Market*
MERCOSUR	Mercado Común del Cono Sur	**SCCM**	*Southern Cone Common Market*
OCED	Organización de Cooperación Económica para el Desarrollo	**OECD**	*Organization for Economic Cooperation and Development*
OEA	Organización de los Estados Americanos	**OAS**	*Organization of American States*
OMC	Organización Mundial del Comercio	**WTO**	*World Trade Organization*
ONU	Organización de las Naciones Unidas	**UN**	*United Nations*
OPEP	Organización de los Países Exportadores de Petróleo	**OPEC**	*Organization of the Petroleum Exporting Countries*
PIB	Producto Interno Bruto	**GDP**	*Gross Domestic Product*
PNB	Producto Nacional Bruto	**GNP**	*Gross National Product*
PSB	Producto Social Bruto	**GDP**	*Gross Domestic Product*
RENFE	Red Nacional de Ferrocarriles Españoles	**RENFE**	*Spain's national railway system*
S.A.	Sociedad Anónima	**Inc., Corp.**	*Incorporated*
S.C.	Sociedad Comanditaria o en Comandita		*Silent Partnership*
SEAT	Sociedad Española de Automóviles de Turismo	**SEAT**	*Spain's national car company*
SELA	Sistema Económico Latinoamericano	**LAES**	*Latin American Economic System*
S. en N.C.	Sociedad en Nombre Colectivo		*Partnership*
S.R.L.	Sociedad de Responsabilidad Limitada	**Ltd.**	*Limited Liability Company*
TLCAN, TLC	Tratado de Libre Comercio de América del Norte	**NAFTA**	*North American Free Trade Agreement*
U.E., UE	Unión Europea	**E.U.**	*European Union*
URSS	Unión de Repúblicas Socialistas Soviéticas	**USSR**	*Union of Soviet Socialist Republics*

Los números y sistemas de pesos, medidas y temperatura

En el mundo hispano, a veces se usan sistemas de números, pesos, medidas y temperatura diferentes a los de los Estados Unidos. En EUA se usa el sistema inglés (pulgadas, yardas, etc.), mientras que en los países hispanos se usa el sistema métrico decimal, en el que la unidad básica es el número diez y sus múltiplos o partitivos: 10, 100, 1,000 y 10,000, $\frac{1}{10}$ y $\frac{1}{100}$. Los países hispanos generalmente se sirven de la escala centígrada para medir las temperaturas. A continuación se ofrece un resumen informativo de los números y los sistemas de pesos, medidas y temperaturas, y de sus equivalentes y fórmulas de conversión estadounidenses.

Los números (numerales) en español

Número	Cardinal (números enteros)	Ordinal (orden o sucesión)	Multiplicativo (múltiplos)	Partitivo (división de un todo en partes)
1	uno (un), una	primero/a	simple	
2	dos	segundo/a	doble (duplo, dos veces mayor que...)	un/a medio/a, una mitad
3	tres	tercero/a	triple (triplo, tres veces mayor que...)	un tercio (una tercera parte de...) (2/3 = dos tercios)
4	cuatro	cuarto/a	cuádruple (cuádruplo, cuatro veces mayor que...)	un cuarto (una cuarta parte de...) (3/4 = tres cuartos)
5	cinco	quinto/a	quíntuplo	un quinto (una quinta parte de...)
6	seis	sexto/a	séxtuplo	un sexto
7	siete	séptimo/a	séptuplo	un séptimo
8	ocho	octavo/a	óctuple (óctuplo)	un octavo (5/8 = cinco octavos)
9	nueve	noveno/a	nónuplo	un noveno
10	diez	décimo	décuplo	un décimo
11	once	undécimo/a (décimoprimero/a)	undécuplo	un onceavo, onzavo

12	doce	duodécimo (décimosegundo/a)	duodécuplo	un doceavo, dozavo (5/12 = cinco doceavos)
13	trece	decimotercero/a (decimotercio/a, tredécimo/a)	trece veces mayor que...	un treceavo, trezavo
14	catorce	decimocuarto/a	catorce veces mayor que...	un catorceavo, catorzavo
15	quince	decimoquinto/a		un quinceavo, quinzavo
16	dieciséis (diez y seis)	decimosexto/a		un dieciseisavo (7/16 = siete dieciseisavos)
17	diecisiete (diez y siete)	decimoséptimo/a (decimosétimo/a)		un diecisieteavo
18	dieciocho (diez y ocho)	decimoctavo/a		un dieciochoavo
19	diecinueve (diez y nueve)	decimonoveno/a (decimonono/a)		un diecinueveavo
20	veinte	vigésimo/a		un veintavo, veinteavo
21	veintiuno	vigésimoprimero/a		un veintiunavo (uno sobre veintiuno)
22	veintidós	vigésimosegundo/a		un veintidosavo (uno sobre veintidós)
23	veintitrés	vigésimotercero/a		un veintitresavo
24	veinticuatro	vigésimocuarto/a		un veinticuatroavo
25	veinticinco	vigésimoquinto/a		un veinticincoavo
26	veintiséis	vigésimosexto/a		un veintiseisavo
27	veintisiete	vigésimoséptimo/a		un veitisieteavo
28	veintiocho	vigésimooctavo/a		un veintiochoavo
29	veintinueve	vigésimonoveno/a		un veintinueveavo
30	treinta	trigésimo/a		un treintavo

31	treinta y uno	trigésimoprimero/a		uno sobre treinta y uno
32	treinta y dos	trigésimosegundo/a		
33	treinta y tres	trigésimotercero/a		
40	cuarenta	cuadragésimo/a		un cuarentavo
50	cincuenta	quincuagésimo/a		un cincuentavo
58	cincuenta y ocho	quincuagésimo(o)ctavo/a		uno sobre cincuenta y ocho
60	sesenta	sexagésimo/a		un sesentavo
70	setenta	septuagésimo/a		un setentavo
80	ochenta	octogésimo/a		un ochentavo
90	noventa	nonagésimo/a		un noventavo
100	cien	centésimo/a	céntuplo	un centésimo
101	ciento uno	centésimo/a primero/a, centésimo/a primero/a		
145	ciento cuarenta y cinco			
199	ciento noventa y nueve			
200	doscientos/as	ducentésimo/a		un doscientosavo
300	trescientos/as	tricentésimo/a		un trescientosavo
400	cuatrocientos/as	cuadringentésimo/a		un cuatrocientosavo
500	quinientos/as	quingentésimo/a		un quinientosavo
527	quinientos/as veintisiete			
572	quinientos/as setenta y dos			
600	seiscientos/as	sexcentésimo/a		un seiscientosavo
700	setecientos/as	septingentésimo/a		un setecientosavo
800	ochocientos/as	octingentésimo/a		un ochocientosavo
900	novecientos/as	nonagentésimo/a, noningentésimo/a		un novecientosavo
1,000	mil	milésimo/a		un milésimo
1,001	mil uno	milésimo/a primero/a		

1,010	mil diez		
1,359	mil trescientos/as cincuenta y nueve		
2,000	dos mil	dos milésimo/a	
2,034	dos mil treinta y cuatro	dos milésimo/a trigésimo/a cuarto/a	
2,782	dos mil setecientos/as ochenta y dos		
4,316	cuatro mil trescientos/as dieciséis		
10,000	diez mil	diez milésimos	diezmilavo
20,000	veinte mil		
30,459	treinta mil cuatrocientos/as cincuenta y nueve		
100,000	cien mil	cien milésimos	cienmilavo
585,000	quinientos/as ochenta y cinco mil		
999,999	novecientos/as noventa y nueve mil novecientos/as noventa y nueve		
1,000,000	un millón	millonésimo/a	millonésimo
1,564,972	un millón quinientos/as sesenta y cuatro mil novecientos/as setenta y dos		
2,000,000	dos millones		
500,000,000	quinientos millones		
1,000,000,000	mil millones		
1,600,534,782	mil seiscientos millones quinientos/as treinta y cuatro mil setecientos/as ochenta y dos		

5,231,574,436	cinco mil doscientos treinta y un millones quinientos/as setenta y cuatro mil cuatrocientos/as treinta y seis		
1,000,000,000,000	un billón	billonésimo/a	billonésimo
1,300,000,000,000	un billón trescientos mil millones		

FUENTES: *Diccionario de la Real Academia Española*; *Gramática española* (Alcina Franch, Juan y José Manuel Blecua, Barcelona: Editorial Ariel, 1979); *The Oxford Spanish Dictionary: Spanish–English/English–Spanish*; *Larousse Gran Diccionario Español–Inglés* (México, D.F., 1983); «Nombres de los números en español» (www.es.wikipedia.org); y «*Numerals* (Numerales)» (www.orbilat.com/Languages/Spanish/Grammar/Spanish-Numerals).

Los números colectivos (agrupación por números)

Se usa el derivativo «-ena» para los números 20, 30, 40, 50, 60, 70, 80, 90; el uso colectivo de los números 3–6 es tomado de la música.

2 = par, dúo, ambos
3 = trío, terceto
4 = cuarteto
5 = quinteto
6 = sexteto
10 = decena
12 = docena

15 = quincena
20 = veintena
30 = treintena
40 = cuarentena
100 = centenar
1,000 = millar

Observaciones generales

- Los números de 16 a 19 y de 21 a 29 se suelen escribir con una sola palabra: dieciséis, dieciocho, veintidós, veintinueve.
- Los números de 31 a 99 se escriben y pronuncian con una «y» entre la decena y la unidad: treinta y cinco, ochenta y siete, noventa y nueve.
- No hay una «y» entre las centenas y las decenas: ciento cincuenta, ciento noventa y tres.
- La palabra «millón» (o «millardo», *million*) requiere la preposición «de»: cinco millones de habitantes; pero treinta habitantes o doscientos venticinco habitantes, cuatro mil unidades de producción
  ° El uso de la preposición «de» ocurre también en los siguientes ejemplos: un par de reuniones, una decena de facturas, una docena de participantes, una centena de personas (*about a hundred people*), un centenar de turistas (*about a hundred tourists*), un millar de huelguistas (*about a thousand strikers*).
- «Uno» se convierte en «un» o «una» según el sustantivo que modifica: veintiún pesos, treinta y un libros, veintiuna casas, cincuenta y una profesoras.
- Nótese el apócope con primero y tercero: el primer día, el tercer informe.
- Hay concordancia gramatical cuando se usa la forma abreviada de los números ordinales: el tercer piso = el piso 3°, la quinta persona = la 5ª persona.

- Cien/ciento/a/os/as: tiene cien dólares, hay cien mil personas, invirtió cien millones de quetzales; hay ciento cinco miembros, he recibido ciento cuarenta y cuatro emails; hay más de doscientas islas, vinieron quinientos invitados.
- Los ordinales mayores que 19 se emplean poco y normalmente se sustituye el número ordinal por el cardinal correspondiente: el cincuenta aniversario, la treinta y cuatro reunión; note Alfonso XIII (Alfonso trece), Juan XXIII (Juan veintitrés).
- A veces se usa el número partitivo («dieciseisava presentación») para expresar un número ordinal («decimosexta presentación»), lo cual es un uso técnicamente incorrecto.
- Para formar el número partitivo de los números más pequeños que un décimo, se añade el sufijo «-avo» al número cardinal: doce → un doceavo, veinte → un veintavo, sesenta → un sesentavo.
  ° Excepciones: un centésimo, un milésimo, un millonésimo, un billonésimo.
- Los partitivos menos comunes se expresan de la siguiente manera: 7/45 = siete sobre cuarenta y cinco, 3/16 = tres sobre dieciséis.
- Puesto que el sustantivo «millón» es masculino, los múltiplos de un millón también lo son: trescientos millones de personas vs. trescientos millones ochocientas mil personas.

Expresiones con la palabra «número»

Es el número uno del equipo.	He's/She's number one (the leader) on the team.
Es el número uno de su clase.	He's/She's at the top of his/her class.
Vimos un excelente número cómico.	We saw an excellent comedy act.
Montó un número cuando le dijeron que no podía ir a la fiesta.	He/She threw a fit when he/she was told he/she couldn't go to the party.
Me compré el número del mes de octubre.	I bought the October issue (edition of a magazine, journal, etc.).
Sacarán un número especial (extraordinario) de la revista.	They will publish a special issue (edition) of the magazine.
Nos gustaría conseguir algunos números atrasados del boletín.	We would like to obtain some back issues of the newsletter.
El proyecto está en números rojos.	The project is in the red.
Necesitamos hacer números.	We need to do the math (do the arithmetic).
¿Qué número calzas?	What size shoe do you wear?

Medidas métricas y sus equivalentes estadounidenses

Tipo de medida	Sigla	Nomenclatura estadounidense	Equivalente estadounidense
DE LONGITUD		LINEAR	
milímetro	mm	millimeter	1 mm = 0.03937 inch
centímetro	cm	centimeter	1 cm = 0.39370 inch
metro	m	meter	1 m = 39.37 inches
kilómetro	km	kilometer	1 km = 1,094 yards or 0.6214 mile
DE SUPERFICIE		AREA	
metro cuadrado	m^2	square meter	1 m^2 = 1.196 square yards
área	a	area	1 a = 119.6 square yards
hectárea	ha	hectare	1 ha = 2.471 acres
DE VOLUMEN		VOLUME	
metro cúbico	m^3	cubic meter	1 m^3 = 35.315 cubic feet
DE CAPACIDAD		CAPACITY	
mililitro	ml	milliliter	1 ml = 0.034 fluid ounce
litro	l	liter	1 l = 1.057 quarts
DE PESO		WEIGHT	
gramo	g	gram	1 g = 0.035 ounce
kilogramo	kg	kilogram	1 kg = 2.205 pounds
quintal	q	hundredweight	1 q = 101.4 pounds
tonelada métrica	t	metric ton	1 t = 2,204.560 pounds

Pesos y medidas estadounidenses y sus equivalentes métricos

U.S. Measurement	Abbreviation	Nomenclatura en español	Equivalente métrico
LINEAR		DE LONGITUD	
inch	in.	pulgada	1 in. = 2.540 cm
foot	ft.	pie	1 ft. = 30.480 cm
yard	yd.	yarda	1 yd. = 91.440 cm
mile	mi.	milla	1 mi. = 1,609 m
AREA		DE SUPERFICIE	
square inch	sq. in.	pulgada cuadrada	1 sq. in. = 6.451 cm^2
square foot	sq. ft.	pie cuadrado	1 sq. ft. = 929.000 cm^2
square yard	sq. yd.	yarda cuadrada	1 sq. yd. = 0.836 cm^2
square mile	sq. mi.	milla cuadrada	1 sq. mi. = 2.590 km^2
acre	a	acre	0.405 hectáreas
VOLUME		DE VOLUMEN	
cubic inch	cu. in.	pulgada cúbica	1 cu. in. = 16.387 cm^3
cubic foot	cu. ft.	pie cúbico	1 cu. ft. = 0.028 m^3
cubic yard	cu. yd.	yarda cúbica	1 cu. yd. = 0.765 m^3

CAPACITY		DE CAPACIDAD	
1. *Liquid*	*liq.*	Líquido	liq.
liquid gill	*gi.*	cuarto de pinta	1 *gi.* = 0.118 litro (1)
liquid pint	*pt.*	pinta líquida	0.473 l
liquid quart	*qt.*	cuarto	0.946 l
gallon	*gal.*	galón	3.785 l
2. *Dry*		Árido	
dry pint		pinta árida	0.550 l
dry quart		cuarto árido	1.101 l
peck			8.811 l
bushel		bushel, fanega	35.239 l

WEIGHT		DE PESO	
grain	gr.	grano	*1 gr.* = 0.0648 g
dram	dr.	dracma	*1 dr.* = 1.7718 g
ounce	oz.	onza	*1 oz.* = 28.3495 g
pound	lb.	libra	*1 lb.* = 453.6000 g
hundredweight	cwt.	quintal	*1 cwt.* = 50.8200 kg
long ton	l.t.	tonelada larga	*1 l.t.* = 1,016,0440 kg
short ton	s.t.	tonelada corta	*1 s.t.* = 907,1800 kg

LARGE NUMBERS (NOMENCLATURES AND NUMERIC EQUIVALENCES)

U.S.	*Number of zeros*	*Generally expressed in Spanish as*
million	6	(un) millón
billion	9	mil millones
trillion	12	(un) billón (o millón de millones)
quadrillion	15	mil billones
quintillion	18	(un) trillón

LAS COMAS Y LOS PUNTOS CON LOS NUMEROS: «1,000 = ¿UNO O MIL?»

En los Estados Unidos el número «mil» se escribe 1,000 con una coma y el número «uno» se escribe 1.000 con un punto. En el mundo hispano un número escrito como 1,000 (con coma) se puede interpretar o como el número mil o el número uno, y un número escrito como 1.000 (con punto) también se puede interpretar o como el número mil o el número uno (Ángel Rivera, *CATI Quarterly*, Spring 1995). La diferencia se debe a que el sistema decimal utiliza diferentes marcadores, o coma o punto, en diferentes países hispanohablantes. La siguiente tabla resume los países hispánicos que usan el punto para indicar mil (1.000) y los que usan la coma para indicar el mismo número.

Grupo I (punto): 1.000 = mil
Argentina
Bolivia
Brasil
Chile
Colombia
Costa Rica
Cuba
Ecuador
España
Guinea Ecuatorial
Paraguay
Uruguay
Venezuela

Grupo II (coma): 1,000 = mil
El Salvador
Estados Unidos
Guatemala
Honduras
México
Nicaragua
Panamá
Perú
Puerto Rico
República Dominicana

En general, en América del Norte, Centroamérica y el Caribe se usa la coma para indicar miles (Excepciones: Costa Rica en Centroamérica y Cuba en el Caribe) y se usa el punto para indicar decimales; en Europa y en América del Sur se usa el punto para indicar miles y se usa la coma para indicar decimales (Excepción: Perú).

Temperaturas y sus equivalentes

Temperatura	*Centígrados*	Fahrenheit
Punto de congelación	0°C	32°F
Punto de ebullición	100°C	212°F

Para convertir de *Fahrenheit* a centígrados se usa la siguiente fórmula:
(F° − 32°) × 5/9 = C° o (F − 32°) × 1.8 = C°

Para convertir de centígrados a *Fahrenheit* se usa la siguiente fórmula:
(C° × 9/5) + 32° = F° o (C° × 1.8) + 32° = F°

Temperaturas medias de algunas ciudades del mundo hispano

Ciudad	*Enero*	*Abril*	*Julio*	*Octubre*
Bogotá	15°C (60°F)	12°C (62°F)	15°C (60°F)	16°C (60°F)
Buenos Aires	24°C (75°F)	18°C (65°F)	10°C (50°F)	16°C (60°F)
Caracas	20°C (68°F)	22°C (72°F)	21°C (70°F)	23°C (73°F)
Madrid	6°C (42°F)	13°C (55°F)	27°C (80°F)	16°C (60°F)
México, D.F.	13°C (55°F)	21°C (70°F)	21°C (70°F)	18°C (65°F)
San Juan	24°C (75°F)	27°C (80°F)	29°C (84°F)	29°C (84°F)

La entrevista de trabajo

La solicitud de un puesto de trabajo generalmente consiste en tres elementos coordinados: 1) la carta de presentación y solicitud, 2) el currículum vitae que acompaña la carta y 3) la entrevista personal. La carta y el currículum vítae sirven para conseguir una entrevista. Es decir, su función es despertar el interés del posible empleador. Pero el elemento decisivo para el/la aspirante suele ser la entrevista personal.

Para tener éxito en la entrevista, hace falta que el candidato se prepare muy bien de antemano. Primero, necesita informarse sobre el puesto particular que solicita (las habilidades y responsabilidades que requiere) y sobre la empresa y la industria dentro de la cual opera. Si es posible, se recomienda que el aspirante también busque datos sobre el departamento donde trabajará y sobre la persona que dirige tal departamento. No conviene presentarse para un puesto si no se considera cualificado para el mismo. Segundo, es importante ensayar o dramatizar la entrevista con alguien, para practicar y pulir la presentación personal. Informándose y preparándose de este modo, el candidato se sentirá más seguro al contestar las posibles preguntas que se le hagan.

Es importante recordar lo siguiente. La entrevista es una calle de doble sentido. El entrevistado también es entrevistador que solicita información. No sólo contesta preguntas, sino que también las hace. Por una parte, la empresa busca la persona más apta para contribuir a los intereses y el éxito de la empresa; por otra parte, el/la entrevistado/a quiere determinar si de veras le conviene trabajar para esa empresa. Es esencial presentarse y portarse de modo profesional pero natural y participar activamente en la entrevista, manteniendo así el control de la situación. Aunque parezca un detalle, la manera de vestirse puede tener un impacto irrevocable en un primer encuentro, puesto que también le comunica información al entrevistador —sobre si el aspirante es profesional, formal, limpio y atento a los detalles, o no. El atuendo proyecta no sólo la imagen del individuo sino también de la compañía para la cual trabaja. Hay que ir bien vestido, sin llevar ropa llamativa y, para los hombres, estar bien afeitado. Es muy importante intentar establecer cuanto antes una simpatía con el entrevistador, iniciando el encuentro (si éste lo permite) con unos primeros minutos de conversación cortés. En algunas culturas, como la occidental, se recomienda mantener un buen contacto visual (pero natural) con el entrevistador para así demostrar atención e interés, sin exagerar o intimidar. El candidato desea proyectar su confianza y ambición sin llegar a la arrogancia. También quiere expresar sus ideas clara y concisamente en un lenguaje animado y correcto, haciendo resaltar así sus atributos personales y profesionales. Hace falta concentrarse y escuchar muy atentamente.

Es *importantísimo* llegar puntualmente a la hora convenida para la entrevista. Llegar tarde causa una malísima impresión porque indica descuido y falta de organización. Se recomienda saludar con una fórmula convencional (Buenos días, Sr. García), esperar hasta que extienda la mano el/la entrevistador/a y no sentarse hasta que lo/la inviten a hacerlo. Durante la entrevista siempre es aconsejable evitar las preguntas obvias, los chistes que puedan ofender, el argot y las palabrotas. Evite demostrar nerviosismo (morderse las uñas, juguetear con el anillo o la pluma, dar golpecitos nerviosos con los dedos o el pie) y no cruce los brazos, pues es un gesto clásico que indica que uno está a la defensiva. También es perjudicial usar un trato demasiado familiar («Pues, Marta... Pues, Tito») hasta que se aclare sin lugar a dudas que éste es el trato que prefiere el/la entrevistador/a. Aunque se ha preparado muy bien para la entrevista, el/la aspirante no quiere dar la impresión de haber memorizado sus respuestas a las preguntas, respondiendo de manera automática y mecánica. Tampoco hay que disculparse por la preparación profesional que se tiene si uno/a no tiene mucha experiencia (digamos porque ha seguido sus estudios en los años más recientes) y no es nada beneficioso criticar a empleadores o a jefes/as anteriores. Es recomendable que el candidato evite narrativas extensas (una «novela») sobre su vida pues, como en las fiestas, todo el mundo se aburre con la persona que siempre tiene la palabra. Hable de manera clara y concisa; no use palabras rebuscadas y diga la verdad. Por último, en un primer encuentro no hay que concentrarse demasiado sobre el sueldo y los beneficios, porque todo esto es prematuro hasta que se le ofrezca el puesto de trabajo. Lo que le interesa al entrevistador es lo que el o la aspirante pueda contribuir a la empresa, no lo que la empresa pueda hacer por él o ella.

Lo importante es dejar al/a la entrevistador/a con la clara impresión de que Ud. es la persona más apta para el puesto. Ud. lo/la quiere convencer de modo natural, lógico y articulado que será ventajoso para la empresa contratarlo/la a Ud. y no a otro/a. Aunque idealmente la entrevista debe desarrollarse como una especie de conversación —no una inquisición— tenga presente que en cualquier momento puede haber preguntas que le hagan sentirse incómodo/a. Ud. tendrá que contestarlas de algún modo, incluso si su respuesta es evitar contestarlas (con diplomacia). A continuación se dan ejemplos de los tipos de preguntas que suelen hacerse en una entrevista de trabajo. Después de repasarlas, y de pensar en buenas respuestas, añada otras preguntas que le han hecho durante alguna entrevista en el pasado o que se imagina que serían posibles.

Preguntas que frecuentemente hacen los entrevistadores

1. Hábleme de sí mismo.
2. ¿Qué preparación tiene Ud. para este trabajo?
   a. ¿Por qué/Cómo escogió la carrera universitaria que cursó?
   b. Las notas que recibió en la universidad, ¿son un buen indicio de sus logros y su capacidad?
   c. ¿Cuáles fueron sus éxitos universitarios más importantes?
3. ¿Por qué quiere trabajar para esta compañía?
   a. ¿Qué sabe Ud. de nuestra compañía?
   b. ¿Qué sabe del puesto que solicita con nosotros?
4. ¿Qué elementos lo distinguen de los otros aspirantes para este puesto?
   a. ¿Cuáles son sus atributos y sus puntos débiles?
   b. ¿Cómo lo describiría a Ud. un amigo o un jefe?
   c. ¿Le gusta trabajar con otros?
   d. ¿Se considera como un líder o un seguidor?
   e. ¿Acaba lo que empieza? Comente.
5. a. Describa al mejor/peor jefe que ha tenido.
   b. ¿Cómo describiría Ud. a su jefe ideal?

6. ¿Qué experiencia tiene?
   a. ¿Dónde ha trabajado anteriormente?
   b. ¿Cuáles fueron sus principales responsabilidades?
   c. ¿Qué ha aprendido de sus trabajos anteriores?
   d. ¿Cuál ha sido el mejor/peor trabajo que ha tenido? ¿Por qué?
7. a. ¿Cuál ha sido el mayor reto o problema al que Ud. se ha enfrentado en el trabajo? ¿Por qué? ¿Qué solución halló Ud. para el problema?
   b. ¿Qué ha aprendido de sus errores?
   c. ¿Cómo resolvería usted el siguiente problema (...) en el trabajo?
8. a. ¿Qué sueldo o salario pide Ud.?
   b. ¿Qué sueldo o salario le gustaría ganar en dos/cinco años?
9. ¿Qué puede aportar Ud. a nuestra empresa?
10. a. ¿Cuáles son sus metas profesionales? ¿Dónde se ve a sí mismo/a en tres (cinco, diez) años?
    b. ¿Cómo piensa realizarlas?
11. a. ¿Por qué deberíamos contratarlo/la a Ud.? ¿En qué otros lugares se está entrevistando?
    b. ¿Cuál es la última impresión que quiere dejar con nosotros?
    c. ¿Por qué piensa que va a tener éxito en este trabajo?
    d. ¿Cuándo podría incorporarse al trabajo?

Preguntas que frecuentemente hacen los entrevistados

1. ¿Qué tipo de persona buscan para este puesto?
2. ¿Me puede explicar algo sobre las responsabilidades de este puesto?
   a. ¿Cuáles serían las responsabilidades más importantes?
   b. ¿Cuál es la responsabilidad principal de este departamento?
3. ¿Hay un período o programa de adiestramiento para este puesto?
4. ¿Cuáles son las metas del departamento/división/empresa para el año entrante? ¿Para los tres próximos años?
   a. ¿Cuál es el objetivo principal del departamento en este momento?
   b. ¿Hay algún problema que intentan solucionar? ¿Qué papel tendría yo en la solución de este problema?
5. ¿Quién sería mi jefe?
6. ¿Con quiénes trabajaría yo en este puesto?
7. ¿Dónde trabajaría yo y con qué equipo y accesorios?
8. ¿Cómo es el horario de trabajo?
9. ¿Cómo se evaluará mi trabajo?
10. ¿Qué posibilidades de crecimiento y ascenso hay en este puesto?
11. ¿Se espera que uno sea miembro de alguna organización profesional?
12. ¿Cuándo se comunicarán Uds. conmigo sobre los resultados de mi solicitud?

Después de la entrevista, es recomendable siempre escribir una breve carta de agradecimiento por la entrevista. Ésta le da al aspirante una oportunidad más de fijar su personalidad y talentos en la mente del entrevistador, es decir, de promocionar su candidatura. Si le parece al aspirante que de veras no le conviene el puesto, es mejor ser honesto y admitirlo cortésmente, agradeciéndole al entrevistador su tiempo y atención.

Vocabulario

Este **Vocabulario: Español–Inglés** representa una lista bastante completa de palabras y frases cuya comprensión facilitará la lectura de *Éxito comercial* por parte del estudiante que puede tener el inglés como lengua materna. La segunda parte, **Vocabulario: Inglés–Español,** es más breve al limitarse estrictamente a las palabras y frases de índole comercial.

LEGEND: (*adj*) = adjetivo; (*f*) = femenino; (*i*) = "stem-change verb"; (*ie*) = "stem-change verb"; (*m*) = masculino; (*n*) = nombre, sustantivo; (*pl*) = plural; (*s*) = singular; (*ue*) = "stem-change verb"

A

abarcar   *to encompass, include*
a base de   *on the basis of*
abastecedor   *supplier*
abastecer   *to supply*
abogar (por)   *to defend*
abonar   *to pay*
abono   *fertilizer*
a bordo   *on board*
abrochador   *stapler*
aburguesamiento   *adoption of a bourgeois way of life*
aburguesar(se)   *to become bourgeois*
acción   *share, stock*
   común   *common stock*
   cotizada en menos de un dólar   *penny stock*
   ordinaria   *common stock*
   preferente   *preferred stock*
   preferida   *preferred stock*
   prioritaria   *preferred stock*
   privilegiada   *preferred stock*
accionista (*m/f*)   *shareholder, stockholder*
aceite (*m*)   *oil*
   crudo   *crude oil*
   de oliva   *olive oil*
   liviano   *light oil*
   pesado   *heavy oil*
aceituna   *olive*
acero   *steel*
acertado   *right, correct*

a ciencia cierta   *for sure*
aclararse la garganta   *to clear one's throat*
acomodar   *to accommodate*
aconsejar   *to advise*
acoplar   *to fit, couple, connect*
acordar (ue)   *to agree*
a corto (largo, medio) plazo   *in the short (long, medium) term or run*
acoso sexual   *sexual harassment*
acreedor   *creditor*
activo   *asset, assets*
   circulante   *current asset(s)*
actualidad   *present day*
acudir   *to go, arrive*
Acuerdo General sobre Aranceles y Comercio   *General Agreement on Tariffs and Trade*
adelantar   *to pass (another car)*
adelanto   *advance*
adepto   *follower, supporter*
adiestramiento   *training*
adiestrar   *to train*
adjudicación de beneficios   *awarding of percentage of investment earnings*
administración   *administration, management*
   del riesgo   *risk management*
   por objetivos   *Management by Objectives*
administrador/a   *manager*

aduana   *customs*
aduanero (*adj*)   *customs*
aducir   *to adduce, provide, furnish, put forward*
ad valorem   *value-added*
aéreo   *by air*
aeródromo   *airfield*
aeroespacio   *aerospace*
afán (*m*)   *toil*
afanar(se)   *to toil*
afín (*adj*)   *related*
agencia de publicidad (publicitaria)   *advertising agency*
agente (*m/f*)   *agent*
   de subasta   *auction agent*
   de ventas   *sales agent*
   expedidor   *freight forwarder*
agitación política   *political unrest*
agobiante (*adj*)   *overwhelming*
agotamiento   *depletion*
agotar   *to deplete*
a granel   *in large quantity or volume, bulk*
agravarse   *to become serious*
agrícola (*m/f*)   *agricultural*
agropecuario (*adj*)   *related to farming and livestock raising*
aguantar   *to bear, put up with*
aguinaldo   *Christmas bonus*
ahijado   *godchild*
ahorrar   *to save*
ahorro-depósito   *savings-deposit*
ahorros   *savings*
ahuyentar   *to chase away*

473

aislacionismo   *isolationism*
aislamiento   *isolation*
alabar   *to praise*
al azar   *random*
alcance (*m*)   *reach*
alcancía   *piggy bank*
al contado   *in cash*
aldea   *village*
al detalle   *retail*
algodón (*m*)   *cotton*
alimento   *food, foodstuff*
　enlatado   *canned food*
almacén (*m*)   *store, warehouse*
　de artículos de calidad
　　specialty shop
　general   *general store,*
　　department store
almacenaje (*m*)   *storage*
almacenamiento   *storage*
almacenar   *to store*
almacenes generales   *department*
　　store
al menudeo   *retail*
alojamiento   *lodging*
alojar   *to house, store*
al par de   *equal to*
al por mayor   *wholesale*
al por menor   *retail*
al portador   *to the bearer*
alquilar   *to rent*
alquiler (*m*)   *rent*
altavoz (*f*)   *loudspeaker*
altibajos   *ups and downs (of*
　　fortune)
altiplanicie (*f*)   *high plateau*
alto mando   *upper management*
altoparlante (*m*)   *loudspeaker*
alza (*f, but* «el alza»)   *increase, rise*
ambiente (*m*)   *environment*
　　(*surroundings*)
ámbito   *field, area*
amiguismo   *old boys club*
amortización   *amortization, paying*
　　off
amparar   *to protect, cover, shelter*
analfabetismo   *illiteracy*
análisis de costo-beneficio (*m*)
　　cost-benefit analysis
anfitrión   *host/hostess*

anticipado: por ___   *in advance*
anticipo   *advance*
anticuado   *obsolete*
antimonio   *antimony (a metalloid*
　　element)
anulación   *cancellation*
anuncio   *advertisement*
aparato electrodoméstico
　　household electrical
　　appliance
apiñarse   *to crowd together*
aplazar   *to postpone*
a plazo fijo   *fixed term*
aportación   *contribution*
aportar   *to contribute, furnish*
　fondos   *to finance*
apoyar   *to help, support*
aprendizaje de toda la vida (*m*)
　　life-long learning
apresurarse   *to hurry, hasten*
apretón (*m*)   *grasp, squeeze*
apunte (*m*)   *note*
apurado   *hard-pressed, difficult*
apuro   *difficulty*
arancel (*m*)   *tariff, duty*
　aduanero   *customs duty*
arancelario   *tariff-related*
árbitro   *arbiter, referee*
archivar   *to file*
archivo   *filing cabinet*
arcilla   *clay*
arena   *sand*
arreglo   *arrangement, agreement*
arrendador   *renter, lessor,*
　　landlord/lady
arrendamiento   *lease, rent*
arrendar   *to lease, rent*
arrendatario   *lessee, tenant*
arriendo   *lease*
arriesgar   *to risk*
artículos de primera necesidad
　　basic commodities or
　　necessities
ascender   *to promote*
ascenso   *promotion*
asegurar   *to insure*
asentar (ie)   *to note, enter*
asequible   *accesible*
aserradero   *sawmill*

asesor   *consultant, advisor*
　financiero   *financial planner*
asesoramiento   *advising*
asesorar   *to assess, advise*
asiento   *entry*
asignar   *to assign*
asignatura   *assignment, subject*
asistente de práctica (*m/f*)
　　student intern
asunto   *theme, subject*
atender (ie)   *to wait on, help*
atento   *kind*
aterrizaje   *landing (plane*)
atuendo   *attire, outfit, dress (style*)
auditoría   *auditing*
auge: estar en ___   *to be on the*
　　rise
aumentar   *to increase*
aumento   *salary raise*
auricular (*m*)   *telephone receiver*
ausentismo   *absenteeism*
autóctono   *native*
autofinanciación   *self-financing*
autómata (*m*)   *robot*
automatización   *automation*
automatizar   *to automate*
automotriz (*adj*)   *automobile*
autonomía   *autonomy*
autopista de peaje   *toll road,*
　　tollway
autoservicio   *self-service*
autosuficiencia   *self-sufficiency*
autosuficiente   *self-sufficient*
auxilio de cesantía   *severance,*
　　indemnity
avería   *damage, breakdown*
averiado   *damaged, broken down*
averiguación   *ascertainment,*
　　discovery
averiguar   *to ascertain*
aviso   *ad, advertisement; warning;*
　　announcement
ayudante (*m/f*)   *assistant*
ayuntamiento   *town council, town*
　　hall
azotado   *lashed, whipped, flogged*
azúcar (*m/f*)   *sugar*
　crudo/a   *raw sugar*
azufre (*m*)   *sulfur*

B

bache (*m*)   *hole, pothole*
bajo mando   *first-line management*
balance (*m*)   *balance*
   de comprobación   *trial balance*
   general   *balance sheet*
balanza   *balance*
   comercial   *balance of trade*
   de pagos   *balance of payments*
balsa   *raft*
balsero   *boat person (refugee)*
banca   *banking (the banking industry)*
bancario   *bank employee; (adj) banking*
banco   *bank*
   avisador   *advising or notifying bank*
   emisor   *issuing bank, bank of issue*
banquero   *banker*
barbarie (*f*)   *barbarism*
barcaza   *barge*
barniz (*m*)   *varnish*
barrera   *barrier*
barril (*m*)   *barrel*
batería   *battery*
   recargable   *rechargeable battery*
   removible   *removable battery*
bebida   *beverage*
beca de matrícula   *tuition scholarship*
beneficiario   *beneficiary*
beneficio (*adj*)   *profit, benefit*
benéfico   *charitable*
bienes (*m/pl*)   *goods*
   acabados   *finished goods*
   de abastecimiento   *supplies*
   de capital   *capital goods*
   de consumo   *consumer goods*
   de equipo   *capital goods*
   duraderos   *durable goods*
   especiales o de lujo   *specialty or luxury goods*
   industriales   *industrial goods*
   inmuebles   *real estate*
   muebles   *goods*
   raíces   *real estate*
   semiacabados   *unfinished goods*
bienestar (*m*)   *well-being*
billete de banco (*m*)   *bank note*
billón   *trillion*
bíper (*m*)   *beeper, pager*
bocina   *speaker (on a computer); horn*
boicot (*m*)   *boycott*
boleta   *slip*
   de depósito   *deposit slip*
   de retiro   *withdrawal slip*
boletín informativo   *newsletter*
bolsa   *exchange (stock, commodities, futures)*
   alcista   *bull market, rising market*
   bajista   *bear market, falling market*
   de comercio   *stock exchange, stock market*
   de empleo   *employment agency*
   de valores   *stock exchange, securities exchange*
bolsista (*m/f*)   *stockbroker*
bomba   *pump (e.g., for pumping oil through a pipeline)*
bombero   *firefighter*
bonaerense (*n, adj*)   *resident or native of Buenos Aires (m/f); (adj) pertaining to Buenos Aires*
bonificación   *bonus*
bono   *bond*
   Brady   *Brady bonds, pertains to restructuring Latin American debt*
   de ahorro   *savings bond*
   del estado   *government bond, treasury bond*
   del Tesoro   *treasury bond*
   de sociedad anónima (de corporación)   *corporate bond*
borda   *rail (of ship)*
bosque (*m*)   *forest*
bostezar   *to yawn*
brazos en jarras   *with arms akimbo*
brecha   *gap*
bregar   *to struggle*
brindar   *to offer (a toast, etc.)*
bromear   *to joke*
bruto   *gross*
buenos modales   *good manners, courtesy, politeness*
buey (*m*)   *ox*
bufé de ensaladas (*m*)   *salad bar*
bufete (*m*)   *lawyer's office, law firm*
buque de transporte (*m*)   *transport ship*
bursátil (*adj*)   *relating to stock exchange or securities market*
buscador   *search engine*
buscapersonas (*m/s/pl*)   *beeper, pager*
búsqueda   *search*
buzón de voz   *voice mailbox*

C

cabildero (*m*)   *lobbyist*
cabildo   *town council*
cabotaje (*m*)   *coastal traffic, cabotage*
   de petroleros   *oil cabotage*
cabra   *goat*
cacahuete (*m*)   *peanut*
cacao   *cocoa, chocolate*
caciquismo   *political bossism*
cadena   *chain*
cafetera   *coffee machine*
caja   *cash register, box*
   de ahorros   *savings bank, savings and loan*
   de seguridad   *safety deposit box*
   fuerte   *safe*
cajero   *cashier*
cajón (*m*)   *drawer*
calculadora   *calculator*
caléndula   *pot marigold*
calidad   *quality*
caliza   *limestone*
calzada   *road*
calzado   *footwear*
cámara de comercio   *chamber of commerce*

camarón (*m*)   *shrimp*

cambio   *exchange*

de divisas   *exchange rate*

negro   *black market exchange*

camión (*m*)   *truck, bus*

camioneta   *van, pickup truck*

camisa de fuerza   *straight jacket*

camorra   *fight*

campaña   *campaign*

cancelarse   *to pay, settle*

cantidad   *quantity*

caña de azúcar   *sugar cane*

caoba   *mahogany*

caolín (*m*)   *kaolin (a type of fine clay)*

capacidad para competir   *competitiveness*

capacitación   *training*

capacitar   *to train*

capataz (*m/f*)   *foreman*

capital (*m*)   *capital (finance)*; (*f*) *capital (city)*

pagado   *owner's equity*

social   *capital stock*

y reservas (o patrimonio)   *owner's equity*

capitalización   *capitalization*

de deuda   *debt-equity swap*

carbón (*m*)   *coal*

cardamomo   *cardamom plant*

carecer   *to lack*

carga   *cargo, load, tax*

social   *social burden*

cargador/a   *loader*

cargo   *job, post, position*

carne (*f*)   *meat*

de res   *beef*

cárnico   *related to meat*

carpeta   *folder*

carrera   *career*

carretera   *highway*

carretilla   *handcart (used by street vendors)*

carril (*m*)   *lane (traffic)*

carta   *letter*

carta de crédito   *letter of credit*

irrevocable   *irrevocable letter of credit*

irrevocable y confirmada

confirmed, irrevocable letter of credit

revocable   *revocable letter of credit*

carta de pedido   *order*

carta de porte (terrestre)   *freight bill, railway bill, bill of lading*

cartel (*m*)   *sign, traffic or road sign*

cartelera   *billboard*

cartera   *portfolio; wallet*

de acciones   *stock portfolio*

morosa   *default*

cartucho   *cartridge*

casa matriz   *home or main office*

casero (*adj*)   *home*

caso omiso: hacer ___   *to ignore*

catálogo   *catalog*

caucho   *rubber*

caudal (*m*)   *wealth*

caudillismo   *bossism*

caudillo   *absolute leader*

cava   *champagne*

Cayo Hueso   *Key West (Florida)*

cazacerebros (*m/f/s/pl*)   *headhunter*

cazador   *hunter*

de cabezas   *headhunter*

de cerebros   *headhunter*

de talentos   *headhunter*

cazatalentos (*m/f/s/pl*)   *headhunter*

cazuela de ave   *soup made with chicken and vegetables*

cebolla   *onion*

cemento   *cement*

censo   *census*

centavo   *cent*

centro comercial   *shopping center*

cera   *wax*

cerdo   *pig, pork*

certificado   *certificate*

de origen   *proof of origin*

de sanidad   *health certificate*

cesión registrada   *recorded transfer of securities*

CFR (costo y flete)   *CFR (cost and freight)*

chalana   *barge*

chanchito   *piggy bank*

chantaje (*m*)   *blackmail*

chaqueta vaquero   *cowboy jacket, denim jacket*

chascar la lengua   *to click one's tongue*

cheque (*m*)   *check*

al portador   *check to the bearer*

bancario   *bank check, cashier's check*

de administración   *cashier's check*

en descubierto (sin fondos)   *overdrawn check (NSF: insufficient funds)*

nominativo   *check made out to a designated payee*

chisme (*m*)   *gossip*

chismear   *to gossip*

chocar   *to crash, clash*

cianuro   *cyanide*

cibernauta (*m/f*)   *internet user (cyberspace, "cybernaut")*

cierre (*m*)   *shutdown*

de la casa   *closing on a house*

CIF (costo, seguro y flete)   *CIF (cost, insurance and freight)*

cifra   *number, figure, code*

cigarrillo   *cigarette*

cinc (*m*)   *zinc*

cinética   *kinesics, kinetics (body language)*

cinta   *ribbon (typewriter, printer)*

circulante (*adj*)   *current*

circular (*f*)   *form letter*

cita   *appointment*

ciudadano   *citizen*

clave (*f*)   *key, important element*

claxon (*m*)   *horn*

clic (*m*)   *click (computer mouse)*

cliquear   *to click (computer mouse)*

cobertura   *coverage*

cobranza   *collection*

cobrar   *to charge, collect, cash*

cobre (*m*)   *copper*

cobro   *collection of money*

revertido   *reverse charges*

código   *code (i.e., of laws)*

postal   *zip code*

colgar (ue)   *to hang up*

colocación   *placement*

comarca   *region, area*
comercialización   *marketing, selling*
comercializar   *to commercialize, market, sell*
comerciante (*m/f*)   *merchant*
   al por mayor   *wholesaler*
   al por menor   *retailer*
comerciar   *to trade*
comercio   *business, commerce, trade*
comestible (*m*)   *food*
comisaría   *territory governed by a commissioner*
comisión   *commission*
comisionista (*m/f*)   *commission merchant or agent*
compadrazgo   *relationship of being a godparent*
compañerismo   *companionship*
comparecer   *to appear, make an appearance (e.g., in court)*
competencia   *competition*
   encarnizada   *cut-throat competition*
competidor/a   *competitor*
competir (i)   *to compete*
compra   *buying, purchasing*
   de inventario   *purchase of inventory*
   especulativa   *speculative buying*
   futura   *forward buying*
   inmediata   *hand-to-hand buying*
   por contrato   *contract buying*
   por cotización sellada   *auction buying (sealed bid)*
   recíproca   *reciprocal buying*
comprador/a   *buyer*
compraventa   *buying and selling*
comprometerse   *to get involved, to be committed*
computador/a   *computer*
   de sobremesa   *desktop computer*
   portátil   *laptop computer*
comunicación sumergida   *gossip*
comunitario   *community, communal*
conceder   *to grant*
concertar (ie) una cita   *to make an appointment*

concesión   *franchise*
concesionario   *dealer*
conciencia transcultural   *cross-cultural awareness*
conciliador   *conciliator*
conciliar   *to reconcile*
conducción   *driving*
conducta en la compra   *buying behavior*
con esmero   *carefully*
confección   *garment industry, clothing industry*
   de trajes   *tailoring*
   de vestidos   *dressmaking*
conferencia   *lecture, conference*
confiable   *trustworthy*
confiar (en)   *to trust*
confluencia   *confluence, merging*
conjunto (*adj*)   *joint*
conllevar   *to entail, involve*
conocidos   *acquaintances*
conocimiento de embarque   *bill of lading*
Cono Sur   *Southern Cone (region that comprises Chile, Argentina, Uruguay, Paraguay, and the southern part of Brazil)*
con qué vivir   *wherewithal*
consejero   *adviser*
consentimiento   *consent*
conserje (*m*)   *janitor*
consigna   *order, instruction, watchword; slogan; luggage checkroom*
consorcio   *consortium*
constar de   *to be composed of, consist of*
consuelo   *consolation*
consulado   *consulate*
consultor   *consultant*
consumidor   *consumer*
   presunto/a   *potential customer*
consumo   *consumption*
contabilidad   *accounting*
   de costos   *cost accounting*
   de gestión   *managerial accounting*
   de impuestos   *tax accounting*

   de presupuestos   *budget accounting*
   de sistemas   *systems accounting*
   financiera   *financial accounting*
   fiscal   *tax accounting*
   general   *general accounting*
contable (*m/f*)   *accountant*
   fiscal   *tax accountant, government accountant*
   público titulado   *certified public accountant*
contador (*adj/n*)   *accountant*
contaduría (*s*)   *accounting*
contenedor (*m*)   *container (usually metallic)*
contestador automático   *answering machine*
contingente (*m*)   *import quota*
contraer   *to incur, enter into an obligation*
contralor   *comptroller*
contramano a/de   *wrong way (against oncoming traffic)*
contrapeso   *counterweight, counterbalance*
contraponerse   *to oppose, go against*
contraseña   *password*
contratación   *hiring*
contratante (*m/f*)   *party entering into a contract*
contratar   *to hire*
contratiempo   *setback, difficulty*
contrato   *contract*
control   *control*
   de calidad   *quality control*
   de equipo   *equipment control*
   de fabricación   *production control*
   de flujo   *flow control*
   de inventario   *inventory control*
   de materiales   *materials control*
   de orden   *order control*
   de riesgo   *risk management*
   remoto   *remote control*
controlar   *to monitor, control*
convenio   *agreement*
convenir (ie)   *to enter into an agreement; to suit*

conversión de deuda *debt-equity swap*

coque (*m*) *coke (a form of coal)*

corredor *broker*

  de acciones (de bolsa) *stockbroker*

  de bienes raíces *real-estate broker*

correo *mail*

  auditivo *voice mail*

  de mensajes hablados *voice mail*

  de voz *voice mail*

  electrónico *e-mail, email*

  vocal *voice mail*

corretaje (*m*) *broker's commission*

corsario corporativo *corporate raider*

cortafuegos (*m/s/pl*) *firewall*

corto plazo *short term*

cosechar *to harvest*

costo *cost*

  -beneficio *cost-benefit*

  de ventas *cost of goods sold*

  fijo *fixed cost*

  seguro y flete *cost, insurance, and freight (CIF)*

  variable *variable cost*

  y flete *cost and freight (CFR)*

cotidiano *daily*

cotización de precios *price quote*

cotizar *to quote (a price)*

coyuntura *path, trajectory, situation*

creciente *increasing, growing*

crecimiento *growth*

crediticio (*adj*) *credit*

crédito comercial *commercial credit*

criar *to raise (e.g., livestock)*

crisol (*m*) *melting pot*

cristiano convertido *born-again Christian*

cruce de ferrocarril (*m*) *railroad crossing*

Cuenca del Caribe *Caribbean Basin*

cuenta *account, bill*

  conjunta *joint account*

corriente *checking account*

de ahorros *savings account*

de anticipos *advance account*

de luz *electric bill*

de teléfono *telephone bill*

mancomunada *joint account*

por cobrar *account receivable*

por pagar *account payable*

cuentacorrentista (*m/f*) *current account holder*

cuentahabiente (*m/f*) *current account holder*

cuero *leather*

cultivable *cultivatable, arable*

cultivo *crop*

cumplidor/a *dependable, reliable*

cumplimiento *fulfillment*

  del potencial *fulfillment of potential*

cuna *cradle*

cuñado *brother-in-law*

cuota *quota, premium*

cupo *quota, capacity*

currículo *résumé*

currículum vitae (*m*) *résumé, CV*

custodia *safekeeping, preservation*

custodiar *to keep, take care of*

D

dañino *harmful*

daños *damages*

dato *fact, piece of information, datum*

de antemano *beforehand*

debe (*m*) *debt, debit, liability*

debidamente *duly, properly*

débito *debit*

de categoría (*adj*) *quality, luxury*

decenio *decade, ten-year period*

decisión obligatoria *binding decision*

declaración *declaration*

  de aduana *customs declaration*

  de exportación *export declaration*

  de importación *import declaration*

de impuestos *income tax return*

declararse en huelga *to (go on) strike*

de costado *on one's side, sideways*

de entrada *from the outset, from the beginning*

defectuoso *defective*

déficit (*m*) *deficit*

de gran volumen *bulky, bulk*

dejarse vencer *to give up*

dejo *accent (speaking)*

deletrear *to spell*

delito *crime*

demandar *to sue*

demodado *outdated*

demografía *demography, demographics*

demógrafo *demographer*

demora *delay*

denominación *guarantee of origin or quality of wine; denomination (money)*

depositante (*m/f*) *depositor*

depositar *to deposit*

depósito *deposit*

  a la demanda *demand deposit*

  a la vista *demand deposit, sight deposit*

  a plazo fijo *time deposit*

depreciación *depreciation*

  lineal *straight-line depreciation*

derechista (*m/f*) *rightist*

derecho *right, law*

  ad valorem sobre importaciones— *tax on value of imports*

  arancelario *customs duty*

  del autor *author royalties*

  de patente *patent royalty*

  mercantil *business law*

deregulación *deregulation*

derrame de aceite (de petróleo) (*m*) *oil spill*

derribar *overthrow*

derrocar *to overthrow*

derrumbar *to tear down, demolish*

desafío *challenge*

desamortización *disentailment*

desarrollado   *developed*

desarrollar   *to develop*

desarrollo   *development*

descarga   *unloading (e.g., of merchandise)*

descenso   *decline*

descuento   *discount*

  por promoción   *promotion allowance*

  por pronto pago (presto pago)   *discount for prompt payment*

  sobre cantidad   *volume discount*

desecho tóxico   *toxic waste*

desembolsar   *to disburse, expend*

desempeñar   *to perform, carry out*

desempeño   *performance, fulfillment, a carrying out of (duties)*

desempleo   *unemployment*

desequilibrio   *imbalance*

desfalcar   *to embezzle*

desfalco   *embezzlement*

desgastar(se)   *to wear out, deplete*

desgaste (*m*)   *deterioration, damage, depletion*

desigualdad   *inequity*

desocupación   *unemployment*

despachar   *to finish, send*

despedir (i)   *to fire, dismiss*

despegue (*m*)   *takeoff (plane)*

desperdicio   *waste*

despistado   *confused, disoriented, clueless*

desplazar   *displace, supersede, supplant; scroll up and down (on computer screen)*

despoblación forestal   *deforestation*

desregulación   *deregulation*

destacar   *to stand out, highlight, emphasize*

desterrar (ie)   *to exile, banish*

destreza   *skill*

desventaja   *disadvantage*

desviación   *detour*

desviar   *to divert*

detallista (*m/f*)   *retailer*

  sin almacén   *non-store retailer*

detenimiento   *stopping (e.g., of a car in motion)*

deuda   *debt*

deudas gemelas   *twin deficits*

deudor (*adj/n*)   *debit-related, debtor*

devaluación   *devaluation*

devengar   *to yield, earn (interest)*

devenir   *to become*

  «el devenir»   *the future*

devolución   *repayment, refund, allowance*

diamante (*m*)   *diamond*

diario   *book of original entry, general journal*

dicho   *saying, proverb, adage*

diferido   *deferred*

dinero   *money*

dirección   *management, board of directors, direction*

directiva   *guideline*

directivo (*n*)   *director, board member; (adj) managerial*

director de personal   *personnel director*

directriz (*f*)   *director, guideline, instruction, direction*

discado activado por voz   *voice-activated dialing*

disco   *disk*

  compacto   *compact disk*

  duro   *hard drive*

  zip   *zip drive*

diseño   *design*

disponible   *available*

disponibilidad   *availability*

dispositivo   *device, mechanism*

distribuidor   *distributor*

  automático   *vending machime*

dividendo   *dividend*

  diferido   *deferred dividend*

divisa   *foreign currency*

divulgar   *to spread, disseminate*

documentación   *documentation, papers*

documento   *document, note*

  de embarque   *shipping document*

  por pagar   *note payable*

dolarización   *adoption of the dollar as national currency*

donativo   *donation*

don (*m*) de gentes   *people skills*

dos tercios   *two-thirds*

dotes (*f/pl*)   *talents, qualities (e.g., leadership)*

drenaje (*m*)   *drainage*

dueño   *owner*

duplicado/a   *counterpart*

durazno   *peach*

E

economía   *economy, economics*

  informal   *underground economy*

  política   *political economy*

economías de escala   *economies of scale*

ecuación   *equation*

edificio   *building*

educación   *manners, upbringing, schooling, education (in Latin America)*

efectivo   *cash*

efecto   *document, note, paper*

efectos comerciales   *commercial papers, documents*

  a cobrar   *notes receivable*

  a pagar   *notes payable*

  de escritorio   *desk set, stationery*

efectuar   *to bring about*

eficacia   *effectiveness*

egreso   *expenditure, outlay, disbursement*

eje (*m*)   *axis*

ejecución del trabajo   *performance*

ejercer (una profesión)   *to practice (a profession)*

ejercicio   *accounting period*

elaboración   *manufacturing, processing*

elaborar   *to manufacture, process*

emanación   *source, point of origin*

  natural   *natural source or point of origin (e.g., of oil, of natural gas)*

embajada *embassy*
embalaje (*m*) *packing, packaging*
embarazo *pregnancy*
embarcación *boarding, embarkation; boat, craft*
embarcar *to ship*
embarque (*m*) *shipment*
emigración *emigration*
emisión de acciones (de valores) *issue of a security, stock, or bond; equity financing*
emisor *sender*
emitir *to issue*
empacador de carne *meat packer*
empanadas de horno *meat pies*
empeñarse en *to persist in*
empleado *worker, employee*
emplear *to hire, employ*
emprender *to undertake, begin, do*
empresa *business, company, firm, going concern*
　colectiva *partnership*
　conjunta *joint venture*
　de colocación (de empleo) *job placement agency*
　estatal *state-controlled company*
　individual *sole proprietorship*
　mediana *mid-size company*
　mercantil *commercial company*
　mixta *company controlled by government and private enterprise*
　naviera *shipping company*
　pequeña *small business*
　privada *private company*
　productora *manufacturer*
　pública *public company*
empresarial *managerial, business*
empresario *employer, manager*
empréstito *loan*
enajenador *alienating*
encaminar *to lead to*
encargarse de *to take charge of*
encargo *order (commercial)*
encarte (*m*) *insert, inset*
enchufe (*m*) *"pull," influence; plug, electrical outlet*
encoger *to shrink*

encogerse de hombros *to shrug one's shoulders*
encuesta *survey*
en descubierto *insufficient funds (checking account)*
endeudado *indebted*
endeudamiento *indebtedness*
endosante (*m/f*) *endorser*
endosar *to endorse*
endosatario *endorsee*
en efectivo *cash*
en existencia *in stock*
engrapador/a *stapler*
engrapamiento *stapling*
enjuiciar *to indict*
enlace (*m*) *connection, link*
　activo *hyperlink*
enlatado *canned*
en línea *online (computer, internet)*
en líquido *in cash*
ensamblaje (*m*) *assembly*
ensamblar *to assemble*
ensamble (*m*) *assembly*
ensayar *to rehearse, try out*
ensayo *test, trial*
enseñanza multimedia *multimedia instruction*
enseres (*m/pl*) *tools, equipment*
entablar *to establish, begin, strike up (a conversation)*
enterarse de *to find out about*
entidad *entity, company*
en torno a *around which, about which*
entrega *delivery*
　de bachillerato *high school graduation*
entrenar *to train*
entrevista *interview*
entrevistador *interviewer*
entrevistar *to interview*
en ultramar *abroad, overseas*
enumerar *to list*
envase (*m*) *container, bottle, can, box, carton*
envejecer *to age, grow old*
en vías de desarrollo *developing (nation)*

envío *shipment*
equilibrio *balance*
equipo *equipment, team*
　de almacén *equipment for the store*
equitativo *equitable*
escala *scale*
escalera automática *escalator*
escáner *scanner (documents)*
escaparate (*m*) *showcase*
escasez (*f*) *scarcity, shortage*
Escritura Pública *Public Record*
esmeralda *emerald*
espacial *spatial, space-related*
espato flúor (fluorita) *fluorite*
esquematización *diagram*
esquirol (*m*) *strikebreaker, scab*
estabilidad *stability*
estacionamiento *parking*
estacionar *to park*
estación de trabajo *work station*
estadística *statistic(s)*
estado *statement, status*
　civil *marital status*
　contable *accounting statement*
　de cuenta *statement of account*
　de flujo de caja *cash flow statement*
　de ganancias retenidas *statement of retained earnings*
　de pérdidas y ganancias *profit and loss statement*
　de posición (de condición) financiera *balance sheet*
　de sitio *state of siege*
　financiero *financial statement*
　libre asociado *commonwealth*
　soberano *sovereign state*
estadounidense *(adj) American, United States; (n) United States citizen, American*
estancarse *to become stagnant*
estancia *stay, sojourn*
estándar (*m*) *standard*
estante (*m*) *bookshelf, rack*
estaño *tin*

estar *to be*
  al tanto *to be up-to-date*
  de moda *to be in fashion*
estatal (*adj*) *government-run,
  state-owned*
estética laboral *work aesthetic,
  attractiveness of work
  environment*
estraperlo *black market*
estrategia *strategy*
estrecho *close, narrow*
estructuración de precios *pricing*
etapa *step, stage*
etario *age-related*
ética laboral *work ethic*
etiqueta *tag, label*
excedente (*m*) *surplus*
exención *exemption*
existencia *stock, inventory*
éxito *success*
expatriado *expatriate*
expectativa *expectation*
expedidor *issuing, expeditor*
expediente personal (*m*) *résumé*
expedir (i) *to send*
experimentar *to experience*
explorador *scanner*
exportación *export, exporting*
exportador *exporter*
exportar *to export*
exposición *exhibit*
extender (ie) *to expand*
extranjero/a (*adj*) *foreign;* (*n*)
  foreigner

F

fábrica *factory*
fabricación *manufacturing*
fabricante (*m/f*) *manufacturer*
fabricar *to make, manufacture,
  produce*
factible *feasible*
factura *invoice*
  consular *consular invoice*
  proforma *pro forma invoice*
facturación *billing*
faena *task, chore*
fallecer *to die*

falta *failure, error*
  garrafal *blunder, howler,
  horrendous mistake*
  de cumplimiento *failure to
  comply, noncompliance*
FAS (libre o franco a costado del
  buque) *free alongside ship*
fastidiarse *to become annoyed, get
  fed up*
fax (*m*) *fax, facsimile machine*
fecha *date*
  de entrega *delivery date*
  de vencimiento *due or
  maturity date*
Fed (*f*) *Federal Reserve Bank* (*U.S.*)
feligrés/a *parishioner, member of
  congregation*
feria comercial *trade fair*
ferretero *hardware dealer*
ferrocarril (*m*) *railroad*
ferroso *iron-related*
ferroviario *related to the railroad,*
fiabilidad *reliability*
fiable *reliable*
fianza *downpayment, deposit*
fiarse *to trust*
fibra óptica *fiber optics*
ficha *index card*
fidelidad *faithfulness, loyalty*
fijar *to fix, set*
fijo *fixed*
filial (*f*) *subsidiary, branch*
financiación *financing*
  externa *external financing*
  por medio de obligaciones
  debt financing
financiamiento *financing*
financiar *to finance*
financiero *financial*
finanzas *finance, finances*
firmar *to sign*
fletador *freighter, charterer,
  shipper, transporter*
  aéreo *air shipper*
  fluvial *inland water shipper*
  marítimo *maritime or sea
  shipper*
fletamento (fletamiento) *freight
  (cargo or price of shipment)*

fletante (*m/f*) *charterer,
  affreighter, owner of a
  transport*
fletar *to charter, hire*
flete (*m*) *freight, freightage,
  transportation charge, cargo
  (pagado hasta el) punto de
  destino FOB delivered*
flojo *weak*
flor (*f*) *flower*
florecer *to flourish, flower*
flujo *flow*
  de caja *cash flow*
  de efectivo *cash flow*
fluvial *fluvial, river-related*
FOB (libre o franco a borde) *free
  on board*
folleto *pamphlet*
fomentar *to foster, encourage,
  promote*
fomento *development, promotion*
  de ventas *sales promotion*
fondo *fund*
Fondo Monetario Internacional
  (FMI) *International
  Monetary Fund* (IMF)
formación *formation, education*
formulario *printed form, slip (of
  paper)*
formulismo *formulism, tokenism*
fotocopiadora *photocopier, copy
  machine*
fracaso *failure*
franco a bordo *free on board* (FOB)
franco al costado del buque *free
  alongside ship* (FAS)
franquicia *franchise*
frénetico *frantic, wild*
frigorífico *meat-packing plant*
frijol (*m*) *bean, kidney bean*
fruncir *to contort*
  el ceño *to frown*
fruta *fruit*
fuente (*f*) *source*
fuerza laboral *workforce*
funcionario *government official,
  staff member, employee,
  office worker, official*
fundar *to found*

fundición   *smelting*
fundir   *to melt, smelt*
fusión de empresas   *merger*
fusionar   *to merge*

G

gabarra   *barge*
gama   *spectrum, range*
ganadería   *cattle raising*
ganado   *cattle*
   mayor   *cattle, horses, mules*
      (*large-hoof animals*)
   menor   *sheep, goats, pigs*
      (*small-hoof animals*)
ganancias   *earnings, income, profit*
   retenidas   *retained earnings*
ganar   *to earn*
ganarse la vida   *to earn a living*
garantía subsidiaria (prendaria/de
      colateral)   *collateral
      guaranty or security*
gastar   *to spend*
gasto   *expense*
gastos   *expenses*
   de administración
      administrative expenses
   de operación   *operating expenses*
   de tramitación   *handling charges*
   pagados por anticipado
      prepaid expenses
   prepagados   *prepaid expenses*
gauchesco   *related to gauchos*
      (*Argentine cowboys*)
género   *good, merchandise*
gentilicio   *population, name of
      inhabitants of a country*
gerencia   *management*
gerencial   *managerial*
gerente (*m/f*)   *manager*
   de compras   *purchasing
      manager or director*
gestión   *step, measure, management*
   productora   *production
      management*
gesto   *gesture*
gestor   *manager, business
      representative*
girado   *drawee*

girador   *drawer of check or draft*
girar   *to draw or issue; turn (in car)*
giro   *draft (payment instrument);
      phrasing (language), turn of
      word*
   a la vista   *sight draft*
   a plazo   *time draft*
goma elástica   *rubber band*
gráfico (*n*)   *graphic*
gran almacén   *department store*
granel: a ___   *in large volume,
      quantity, bulk*
granjero   *farmer*
grano   *grain*
grapa   *staple*
grapador/a   *stapler*
gratuito   *free*
grava   *gravel*
grupo colectivo   *bargaining group*
guardia tumbado   *speed bump
      (Spain)*
guía (*m/f*)   *guide, guidebook*
   aérea   *air waybill*
guiar   *to guide*
guiñar   *to wink*
guiño   *wink*
guisante (*m*)   *pea*

H

haber (*m*)   *credit, assets*
habilidad   *skill, ability*
   interpersonal   *interpersonal
      skill, people skills*
hablante (*m/f*)   *speaker*
hacendado/a   *landowner*
hacer   *to make, do*
   clic (en)   *to click (on)*
   constar   *to point out, indicate*
   cumplir   *to enforce*
   frente a   *to face*
   gestiones   *to take steps or
      measures*
hacienda   *property, fortune,
      possessions*
halagar   *to praise*
harina   *flour*
   de pescado   *fishmeal*
herida   *wound*

herramienta   *tool*
hierro   *iron*
hilo   *gist, thread*
hiperinflación   *hyperinflation*
hipervínculo   *hyperlink*
hipotecario   *mortgage-related*
hispanohablante   *Spanish-speaking*
historial personal (*m*)   *résumé*
hogareño (*adj*)   *home*
hoja   *sheet (paper)*
   de cálculo   *spread sheet*
   de ruta   *route sheet, way bill*
   de vida   *résumé (Colombia)*
homólogo   *counterpart*
honorario   *fee*
honrado/a   *honest*
horario   *schedule*
horas extra(s) (adicionales)   *overtime*
hortaliza   *vegetable*
hostelería   *hotel business
      management*
hucha   *money box, piggy bank*
huelga   *strike*
   patronal   *lockout*
huelguista (*m/f*)   *striker*
huella digital   *fingerprint*
huída   *flight*
hundir   *to sink*
hurto   *theft, stolen goods, pilferage*

I

identificación   *identification*
   de abonado llamante   *caller
      I.D.*
   de llamadas   *caller I.D.*
   de origen   *caller I.D.*
idóneo   *suitable, competent*
igualar   *to equal*
ilimitado   *unlimited*
impacientarse   *to become impatient*
impago   *nonpayment*
impedir (i)   *to prevent, impede*
imponer   *to impose*
importación   *import, importing*
importador/a   *importer*
importar   *to import*
importe (*m*)   *amount, price, cost*
impositivo   *tax-related*
imprescindible   *indispensable*

impreso   *printed matter*
impresora   *printer*
   de inyectador (chorro de tinta)
     ink-jet printer
   de láser   *laser printer*
imprevisto   *unforeseen*
impuesto   *tax*
   sobre el valor añadido (IVA)
     value-added tax (VAT)
   sobre la renta personal
     personal income tax
impulsar   *to encourage*
inalámbrico   *wireless*
incambiable   *unchangeable*
incapacitado/a   *handicapped*
incendio   *fire*
incentivo   *incentive*
incrementar   *to increase*
inculcar   *to instill*
incumplimiento   *noncompliance,*
   failure to comply
indebido   *improper, illegal*
indemnización   *compensation, pay*
   por antigüedad   *indemnity for*
     years of service
   por despido   *severance pay*
indemnizar   *to compensate*
indicación   *note, instruction*
índice (*m*)   *rate*
   de crecimiento   *growth rate*
   de natalidad   *birthrate*
   de paro   *unemployment rate*
Índice de la Calidad de Vida
   Physical Quality of Life Index
   (PQLI)
indistinto   *immaterial (does not*
   matter)
indocumentado   *illegal alien*
índole (*f*)   *nature, character*
indumentaria   *clothing, dress*
industria   *industry*
   transformadora   *conversion*
     industry
inflación   *inflation*
informática   *computer science*
informático (*adj*)   *computer-related*
informe (*m*)   *report*
infotecnología   *infotechnology*
ingeniería   *engineering*

ingeniero   *engineer*
ingreso   *income, revenue*
   neto   *net income*
Iniciativa de la Cuenca del Caribe
   Caribbean Basin Initiative
inmobiliaria   *real estate agency or*
   agent; property developer
inmueble (*m*)   *real estate; a building*
inquilino   *tenant*
inscribirse en   *to register, to enroll*
   in
inscrito   *inscribed, written*
Instituto de Fomento Industrial
   Institute for Industrial
   Development
insumos   *supplies*
integrar   *to integrate*
intento   *attempt*
internet (*m*)   *internet, information*
   superhighway
intereses periódicos acumulados
   periodic accrued interest
intermediario   *intermediary,*
   middleman
internauta (*m/f*)   *internet user,*
   "internaut"
intérprete (*m/f*)   *interpreter*
interventor/a   *comptroller, auditor*
inventario   *inventory*
inversión   *investment*
inversionista (*m/f*)   *investor;* (*adj*)
   investment, investing
inversor/a   *investor*
invertir (ie)   *to invest*
investigación y desarrollo   *research*
   and development
ir al grano   *to get down to business*
irlandés/a (*adj/n*)   *Irish, Irish man*
   or woman
Islas Antillas   *West Indies, Antilles*
IVA (Impuesto sobre el Valor
   Añadido [o Agregado])
   Value Added Tax (VAT)
izquierdista (*m/f*)   *leftist (politics)*

J

jactarse   *to boast*
jefe/a de mercado   *market*
   manager

jerga   *jargon*
jornada   *day's work*
jornal (*m*)   *day's wages*
joyería   *jewelry store*
jubilación   *retirement*
jubilar   *to retire*
juego de colores   *color combination*
juicio por faltas   *grievance*
   procedure
junta directiva (de directores/de
   consejo directivo)   *board of*
   directors
jurídico   *juridical, legal*

L

laboral (*adj*)   *work-related*
labrador   *farm worker, farmer*
lana   *wool*
lanchón (*m*)   *barge, lighter*
lanzamiento   *launching*
lanzar   *to launch*
largo plazo   *long term*
lastimar   *to injure, hurt*
latifundio   *large landed estate*
laudo   *decision, finding*
lavado de dinero   *money*
   laundering
lavadora   *washing machine*
lazo   *tie*
lealtad   *loyalty*
legislatura   *legislature*
lejano   *far, faraway*
lema (*m*)   *slogan, motto*
lencerías   *linens*
lenguaje (*m*)   *language style or*
   jargon
lentitud (*f*)   *slowness*
leña   *wood*
letra   *bill, note*
   de cambio   *bill of exchange*
   por pagar   *note payable*
letrero   *sign*
   luminoso (de neón)   *neon*
     sign
levantar el censo   *to take the*
   census

Lexus *Japanese automobile firm, symbol for international free trade movement*

ley (*f*) *law*

   arancelaria *custom law*

   mercantil *business law*

librado *drawee*

librador *drawer*

librar *to draw or issue*

libre *free*

   a bordo *free on board (FOB)*

   al costado del buque *free alongside ship (FAS)*

   comercio *free trade*

libro mayor *ledger*

licencia *license, licensing*

   de exportación *export permit*

   de importación *import permit*

licenciado *licensed*

licenciar *to license*

licitante (*m/f*) *bidder*

líder (*m/f*) *leader*

liderar *to lead, head up*

liderato *leadership*

liderazgo *leadership*

lidiar *to fight*

liga *rubber band*

lignito *lignite*

limitado *limited*

línea *line*

   de crédito *line of credit*

   de ensamble *assembly line*

   de montaje *assembly line*

   fija telefónica *ground-line phone*

liquidación *liquidation, dissolution*

liquidar *to settle, liquidate*

lista negra *black list*

llamada *telephone call*

   en espera *call waiting*

llanta *tire*

llanura *plain*

llegada tardia *lateness*

llevar a cabo *to carry out, conclude*

local (*m*) *locale, establishment, location*

localizador *beeper, pager*

logística *logistics*

logro *achievement, accomplishment*

lucir *to look, shine*

lucrativo *profitable*

lucro *gain, profit*

lujo *luxury*

lustro *five years, lustrum*

M

machacar *to crush, pound*

machaqueo *pounding*

madera *wood, lumber*

madrina *godmother*

maduración constante (perpetua) *constant growth*

magnesio *magnesium*

malentendido *misunderstanding*

maletín (*m*) *briefcase*

malogrado *ill-fated, failed*

manada *herd*

mancomunado (*adj*) *joint*

mandato judicial *injunction*

mando *management*

   a distancia *remote control*

manejar *to manage; drive*

manejo *handling*

manganeso *manganese*

manglar (*m*) *mangrove swamp*

maní (*m*) *peanut*

manifestación *demonstration; appearance*

manjar (*m*) *delicacy*

mano (*f*) de obra *labor, workforce*

mantenimiento del equipo *equipment maintenance*

maquila *assembly*

maquiladora *assembly plant, in-bond plant*

máquina *machine*

   de coser *sewing machine*

   de escribir *typewriter*

   expendedora *vending machine*

maquinaria *machinery*

   liviana *light machinery*

   pesada *heavy machinery*

marca *brand*

   comercial *trademark*

   de fábrica *trademark*

   registrada *registered trademark*

margen de beneficio (*m*) *profit margin*

marisco *seafood, shellfish*

marítimo (*adj*) *maritime, sea*

mármol (*m*) *marble*

martillo *hammer*

más porciones de comida *second helpings*

matagalán (*m*) *lady-killer*

materia prima *raw material*

matricularse *to register, enroll*

mayorista (*m/f*) *wholesaler*

   de estanterías *rack jobber*

   sin almacén *truck wholesaler*

mediador/a *mediator*

medida *measurement*

medio *means, medium; half*

   ambiente *environment*

   de difusión (difusivo) *advertising medium*

   de distribución *means of distribution*

   de transporte *means of transportation*

   mando *middle management*

   productivo *means of production*

   publicitario *advertising means*

medioambiental *environmental*

medir (i) *to measure*

mejora *improvement*

mejorar *to improve*

melocotón (*m*) *peach*

membresía *membership*

memoria portátil *flash or thumb drive*

menospreciar *to slight, scorn*

mensaje (*m*) *message*

   instantáneo *instant message (messaging)*

mensual *monthly*

mensualidad (*f*) *monthly payment, rent*

mercadeo *marketing*

mercadería *merchandise, good, product*

mercado *market*

   al contado *cash market*

ambulante   *traveling market*
común   *common market*
de descuentos   *discount store*
negro (de contrabando)   *black market*
señalado   *target market*
mercadológico   *related to marketing*
mercancía   *article, good, merchandise*
mercancías de gran volumen   *bulk material*
mercantil (*adj*)   *commercial*
mercurio   *mercury*
meta   *goal, objective*
metalistería   *metal work*
método lineal   *straight-line method (depreciation)*
mezcla de productos   *product mix*
migración   *migration*
mineral de hierro (*m*)   *iron ore*
minería (*n*)   *mining*
minero (*adj*)   *mining*
ministro de relaciones exteriores   *Secretary of State*
minorista (*m/f*)   *retailer*
minuta   *summary, rough draft; menu*
miseria   *misery, dire poverty*
mobiliario   *furniture, furnishings*
y equipo   *furniture and fixtures*
moler (ue)   *to grind, crush, mash*
molibdeno   *molybdenum (a type of metal)*
molienda   *milling*
mondadiente (*m*)   *toothpick*
moneda   *coin, national currency*
montar   *to set up*
mora   *default on payments*
mordida   *bribe*
moroso (*adj*)   *late, delinquent*
móvilnauta (*m/f*)   *user of cell phone equipped with computer («mobilnaut» a step beyond simple internet users)*
mueble(s) (*m*)   *furniture*
muelle (*m*)   *dock, pier, wharf*
muerto   *dead man; speed bump (Costa Rica)*

muestra   *sample*
muestreo   *sampling*
multinacional (*adj*)   *multinational*

N

nacional de terceros países   *third-country national*
Naciones Unidas   *United Nations*
narcotráfico   *drug traffic, trade*
náufrago   *castaway, shipwrecked individual*
nave (*f*)   *ship*
espacial (la Tierra)   *spaceship (Earth)*
navegar   *to "surf" or search (the internet)*
naviero   *skip owner*
negociante (*m/f*)   *businessperson*
negociar   *to bargain, negotiate*
negocio   *business*
en participación   *joint venture*
por internet   *e-business*
nevera   *refrigerator*
níquel (*m*)   *nickel a type of (metal)*
nivel (*m*)   *level*
de vida   *standard of living*
nombramiento   *appointment (to a position)*
nómina   *payroll*
nominativo   *bearing a person's name, registered (bond)*

O

obligación   *liability, debt, bond*
contributaria   *tax liability*
corporativa   *corporate bond, debt financing*
obligatorio   *obligatory, binding*
obrero   *worker, blue collar worker, laborer*
obsoleto   *obsolete*
ocioso   *leisurely, idle*
oferta   *offer, supply*
sellada   *sealed bid*
y demanda   *supply and demand*

oficina   *office*
oficinista (*m/f*)   *office worker*
oleada   *wave*
oleoducto   *pipeline*
olivo   *olive tree, symbol for cultural tradition*
olor (*m*)   *smell, odor*
OPEC (*Organization of Petroleum Exporting Countries*)
OPEP (Organización de Países Exportadores de Petróleo)
oprimir   *to click, press (a button or key)*
orden (*m*)   *order, arrangement of things;* (*f*) *command, order for merchandise;* (*f*) de pago *order to pay*
ordenación   *ordering, arranging, collating*
ordenador (*m*)   *computer (Spain)*
organigrama (*m*)   *organizational chart*
Organización Mundial del Comercio (OMC)   *World Trade Organization*
originario   *originating in, coming from*
oro   *gold*
otorgar   *to give, grant*
oyente (*m/f*)   *listener*

P

padrino   *godfather*
pagadero   *payable*
pagar   *to pay*
pagaré (*m*)   *promissory note (IOU)*
página web   *web page*
pago   *pay, payment*
contra entrega   *cash on delivery (COD)*
de transferencia   *transfer payment*
inicial   *down payment, deposit*
por anticipado   *payment in advance, down payment, pre-payment*

país (*m*) *country*
  deudor *debtor nation, country with a balance of debt problem*
  en vías de desarrollo *developing country*
  hospedador *host country*
palanca *"pull," influence*
palillo *toothpick*
pantalla *TV or movie screen*
  de panel plano *flat screen*
pantalón vaquero *blue jeans*
papel de cartón (*m*) *cardboard*
papeleo *paperwork, red tape*
paralenguaje (*m*) *para-language (gestures, tone of voice, posture)*
parecer (*m*) *opinion*
pared (*f*) *wall*
  contra fuegos *firewall*
  cortafuegos *firewall*
parlante (*m/f*) *speaker*
paro *unemployment, work stoppage*
parte (*f*) *party (to a contract, etc.)*
participación *share, investment (e.g., by stockholder)*
particular (*adj*) *private, individual*
partida doble *double-sided entry (accounting)*
partidario *supporter*
pasarse de moda *to go out of style or fashion*
pase (*m*) *entry (ledger)*
pasivo *liability, liabilities*
  circulante *current liabilities*
  fijo *fixed liabilities*
paso *step*
pastel de choclo *baked meal of beef, chicken, corn, eggs, and spices*
patata *potato*
patria chica *one's hometown, county, or state*
patrimonio *wealth, estate, capital resources, net worth*
patrocinar *to sponsor*
patrón (*m*) *owner, boss, sponsor; pattern, guideline*

pauta *model, guideline*
pavimentado *paved*
pavo *turkey*
pedido *order, purchase order*
pedir (i) prestado *to borrow*
pena de muerte *death penalty*
penetración del mercado *market penetration*
percatarse *to notice, heed*
pérdida *loss*
pericia *expertise*
periferia *periphery*
período de entrega *delivery time*
perito (*n*) *expert*; (*adj*) *experienced*
perjudicado *injured, damaged, jeopardized*
perjudicar *to damage, injure, jeopardize*
perjudicial *prejudicial, harmful, detrimental*
permutar *to exchange, barter, swap*
personal (*m*) *personnel*
personalismo *personalism*
perspicacia *vision, insight, forward thinking*
pesca *fishing, fishery*
pesquero *related to fishing*
petróleo *petroleum*
petrolero *oil-related*
pico *mouth (beak)*
piedra caliza *limestone*
piel (*f*) *skin*
pienso *fodder, feed*
pieza de repuesto *spare part*
pila *battery*
piña *pineapple*
piquete laboral (*m*) *picket line*
piraña corporativa *corporate raider*
pirita *pyrite (a mineral)*
piropo *flirtatious remark*
pista *trail, track, way; court (e.g., tennis)*
planeación *planning*
planificación *planning*
  estratégica *strategic or contingency planning*
plano *city map*

planta *floor; plant; factory*
  baja *ground floor (at street level)*
  manufacturera *manufacturing plant*
plantear *to create, pose*
plata *silver*
plátano *plantain, large green banana*
plaza *locale, location, place, town, city, market*
plazo *time period, deadline*
  de devolución *repayment or refund period*
plomo *lead*
plusvalía *gain in value, appreciation*
población *population*
polaco (*n*) *Pole, person from Poland;* (*adj*) , *Polish*
polémico *controversial, polemical*
policía acostado *speed bump (Colombia)*
política de compras *purchasing policy*
poner *to put, place*
  a prueba *to test*
  a riesgo *to put at risk*
  en limpio *to type, to make a fair copy of a writing*
  en marcha *to begin*
  en peligro *to put at risk*
  en vigor *to put into effect*
  las manos en jarras *to put one's hands on one's hips (aggressive gesture)*
  trabas *to set up obstacles*
porcentaje (*m*) *percentage*
pormenor (*m*) *detail*
porrón *wine bottle with long spout (Spain)*
portador/a *bearer*
portátil (*adj*) *portable*
portavoz (*m/f*) *spokesperson*
porte (*m*) *price (freight, carriage price)*
postergar *to postpone*
postulante (*m/f*) *applicant, job candidate*

postura del cuerpo   *body posture*

potasa   *potash*

potente   *powerful, potent*

pozo (n)   *well*

práctica   *internship, business practice*

de tiro   *target practice*

precio   *price*

de catálogo   *list price*

de mercado   *market price*

de saldo   *rock-bottom price*

máximo   *ceiling price*

mínimo   *floor price*

precisar   *to specify*

premiar   *to award, reward*

prenda   *security, pledge*

prendario   *guaranteed*

prensa   *the press*

preparativo   *preparation, plan*

presa   *dam*

prescindible   *dispensable*

presilla   *paper clip*

prestación de servicios   *provision of services, services rendered*

prestador/a   *lender*

prestamista (m/f)   *lender*

préstamo   *loan*

a sola firma   *signature loan, unsecured loan*

garantizado   *secured loan*

hipotecario   *mortgage loan*

no garantizado   *unsecured loan*

prendario   *secured loan*

sin caución   *unsecured loan*

prestar   *to lend*

juramento   *to be sworn in (e.g., as president)*

servicios   *to service, serve*

prestatario   *borrower*

presunto   *presumed, anticipated, expected*

presupuestario (adj)   *budget, budgetary*

presupuesto   *budget*

prever   *to foresee*

preverse   *to anticipate*

previsto   *anticipated, planned*

prima   *bonus, premium*

por trabajo fuera de turno   *shift premium*

principal (m)   *principal, capital*

privatizar   *to privatize*

procedimiento para tomar decisiones morales   *moral decision-making*

procesador de textos (de palabras) (m)   *word processor*

procesamiento de datos   *data processing*

proceso analítico   *analytic process*

de ensamble (de ensamblaje)   *assembly process*

de fabricación   *manufacturing process*

extractivo   *extractive process*

sintético   *synthetic process*

procurar   *to try to*

producción   *production*

continua   *continuous production*

en masa (en serie)   *mass production*

estándar   *standard production*

intermitente   *intermittent production*

masiva   *mass production*

ordenada (en pequeños lotes)   *small-batch production*

por carácter   *character of production*

por duración   *time of production*

por naturaleza   *nature of production*

productividad   *productivity*

Producto Interno Bruto (PIB)   *Gross Domestic Product (GDP)*

Producto Nacional Bruto (PNB)   *Gross National Product (GNP)*

Producto Social Bruto (PSB)   *Gross National Product as measured in socialist countries (i.e., Cuba)*

programación   *scheduling*

progresismo   *political correctness*

prójimo   *fellow human being, neighbor*

promesa   *promise*

promoción de ventas   *sales promotion*

promover (ue)   *to promote (a product or service)*

pronosticar   *to forecast*

propiedad intelectual   *intellectual property*

propietario   *owner*

propina   *tip*

proporcionar   *to provide*

propósito   *purpose, objective, goal*

propuesta   *proposal*

prorrogar   *to delay, reschedule*

proseguir (i)   *to continue*

próspero   *prosperous*

proteccionismo   *protectionism*

proveedor/a   *financial backer, supplier*

directo   *drop shipper (desk jobber)*

proveer   *to provide, supply*

proxémica   *proxemics, spacing between people or things*

prueba   *proof, test, trial*

psicográfico   *psychographic (referring to individual characteristics)*

publicidad   *publicity, advertising*

pueblo global   *global village*

puerto   *port*

puesto   *job, position*

de trabajo   *workstation*

puna   *altitude sickness*

punto   *point*

de partida   *starting point*

de embarque   *loading point*

de entrega   *delivery point*

puntual   *punctual*

puro   *cigar*

Q

quehacer (m)   *task, duty*

quejarse   *to complain*

quemador de CD   *CD burner*

quiebra   *failure*

R

radiodifusión *broadcasting*

raíz (*f*) *root*

rama *branch*

rascacielos (*s/pl*) *skyscraper*

ratón (*m*) *mouse (computer mouse)*

raya *slash*

razón (*f*) *ratio, reason*

   social *company name*

realidad virtual *virtual reality*

realizar *to accomplish, carry out, perform*

reanudar *to renew, resume*

rebaja *discount*

   al comprador *rebate to consumer*

   al revendedor *trade discount*

rebajar *to lower, mark down*

rebasar *to pass (another car)*

recaudación *collection*

recepcionista (*m/f*) *receptionist*

receptor *receiver, telephone receiver*

recesión *recession*

rechazo *rejection*

recibo *receipt*

reclutamiento *recruitment*

reclutar *to recruit*

recolección *gathering, collection*

recompensa *compensation*

recompensar *to reward, compensate*

recopilación de datos *compilation of data, data summary*

recopilar *to compile*

recordatorio *reminder*

recortar *to cut*

recreo *recreation*

recuento *count*

recuperación *salvage (reference to salvage value)*

recurrir (a) *to resort to; to rely on, have recourse to*

recurso *resource*

   humano *human resource*

   natural *natural resource*

red (*f*) *network*

   de comunicación *communications network*

   virtual *virtual network*

redactar *to edit, write*

rédito *return, yield*

reembolso *reimbursement, repayment*

reenvío de llamadas *call forwarding (phone)*

reexportación *re-export*

refinamiento de azúcar *sugar refining*

   de petróleo *oil refining*

reforma agraria *land reform*

refresco *soft drink, soda*

regatear *to haggle, bargain, barter*

regateo *barter, bargaining*

regir (i) *to control, be in effect*

registrar *to record, search*

Registro Público de Comercio *Public Business Register*

reglamentar *to regulate*

reglamento *rule, regulation*

rehén (*m*) *hostage*

rehusar *to refuse*

reintegro *reimbursement, repayment*

relaciones públicas *public relations*

rellamada automática *redial, redialing*

rellenar *to fill out*

remarcación *redial, redialing*

remesa *remittance (of money); return (of goods or merchandise)*

remitir *to send, ship, consign*

remolacha *beet*

   azucarera *sugar beet*

remolcador *tug, towboat, tow truck*

remolcar *to tug, tow*

remontar *to date back to*

remuneración *remuneration, reimbursement, payment*

renacuajo *tadpole*

rendir *to render, yield*

renovar(se) (ue) *to renew*

renta *income, revenue, rent*

rentabilidad *profitability*

rentable *profitable*

renuevo *renewal*

repagar *to repay*

reparación *repair*

reparar *to repair*

reparativo *reparable, repair-related*

repartir *to divide, share, distribute*

reparto *delivery*

repatingado *sprawled out, lounging posture*

representante (*m/f*) *representative*

   de fábrica *manufacturer's agent*

   sindical *union representative*

reprografía *photocopying, reproduction of documents*

repuesto *spare part*

requisito *requirement*

resbalar *to slip*

Reserva Federal *Federal Reserve Bank (U.S.)*

respaldado *backed, supported, guaranteed*

respaldar *to support, guarantee, back up*

responsabilidad *responsibility; liability*

   del productor *product liability*

   social *company liability*

restringir *to restrict*

retirar *to withdraw*

reubicación *relocation*

reunión *meeting*

   en línea *online meeting*

revendedor *retailer; scalper*

reventa *resale*

revisar *to review, check*

revision *inspection, check*

riesgo *risk*

riquísimo *absolutely delicious*

robapáginas (*m/s/pl*) *page or screen filler (a type and dimension of ad used in Spain and Latin America)*

rompehielos (*m/s*) *icebreaker (to initiate communication)*

rompehuelgas (*m/f/s/pl*) *strike breaker*

rozarse *to touch, brush up against; wear out*

ruta *routing*

S

sabor (m)   taste
sabotaje (m)   sabotage
sala de conversación   chat room
salario   wage, salary
saldar   to settle, pay off the
    balance, liquidate
saldo   balance
    acreedor   credit balance
    desfavorable   trade deficit,
        unfavorable balance of trade
    deudor   debt balance
    de utilidad neta   net profit
    negativo   negative balance,
        deficit
sancionar   to sanction, punish
sangriento   bloody
sanidad pública   public health
santería   mix of Catholic, African
    and indigenous religious
    practices
secadora   dryer
secuestro   kidnapping
sede (f)   home office, headquarters
segmentar   to segment
seguidamente   uninterruptedly
seguimiento de llamadas   (call)
    tracking
seguridad   safety
seguro   insurance
    contra accidente   accident
        insurance
    contra incendio   fire insurance
    contra terceros   liability
        insurance
    contra todo riesgo
        comprehensive insurance
    de automóvil   car insurance
    de falta de cumplimiento
        noncompliance insurance
        (surety)
    de responsabilidad civil
        liability insurance
    de salud   health insurance
    de vida   life insurance
sellado   sealed; stamped
semáforo   stoplight
sembrar (ie)   to sow, plant

semejanza   similarity
semilla   seed
    oleaginosa   oilseed
semiótica   semiotics (ref. to signs
        as communication systems)
sensibilidad   sensitivity
señal (f)   traffic or road sign
señalar   to indicate, point out, target
señalización   sign posting
    vial   roadsigns
señas (f/pl)   address
separación   separating, sorting,
        collating
sequía   drought
servicio   service
    de despertador   wake-up call
    de electricidad, gas, agua
        utilities
servidor   server
siderurgia   siderurgy, iron and steel
        industry
sien (f),   temple (head)
sigla   abbreviation by initials,
        acronym
silla giratoria   swivel chair
sillería   chairs (types of chairs)
sillón (m)   armchair
sindical   union-related
sindicalismo   labor movement
sindicato   union
sin fisuras   seamless
siniestro   accident, catastrophe
sistema (m)   system
sitio   site, location; web site
soborno   bribe
sobre (m)   envelope
sobrepasar   to surpass, exceed
sobresueldo   bonus
socavar   to undermine
sociedad   business, company, firm
    anónima   corporation
    colectiva (en nombre colectivo)
        (joint) partnership
    comanditaria (en comandita)
        silent partnership
    de capital   capital company
    de responsabilidad limitada
        limited liability company
    mercantil   commercial or
        trading company

socio   partner
    activo (colectivo)   active partner
    comanditario   silent partner
soja   soybean
soler (ue)   to be used to doing, do
        frequently
solicitante (m/f)   applicant
solicitar   to apply for
solicitud (f)   application
solidario (adj)   joint
solvencia   solvency
solventar   to settle (e.g., a debt)
solvente   solvent
sonar la nariz   to blow one's nose
sondeo   opinion poll
sopaipillas   pumpkin fritters
so pena de   under penalty of
sorgo   sorghum (a type of grain)
sorna   sarcasm
soroche (m)   altitude sickness
soya   soybean
suavizar   to tone down
subasta   auction
subdesarrollado   underdeveloped
subempleo   underemployment
subsidio   subsidy
subvencionar   to subsidize
sucursal (f)   branch, subsidiary
    en ultramar   overseas branch
    fuera del país   foreign branch
    ultramarina   overseas branch
sueldo   salary (weekly or monthly)
suelo   floor, rock bottom (price)
sufrir del estrés   to be under stress,
        be stressed out
suma   sum, total
suministro   supply
superar   to surpass, exceed; to
        overcome
superávit (m)   surplus
superavitario/a   surplus
supervisor/a de compensaciones
        payroll supervisor
suprimir   to suppress
supuesto   hypothesis, hypothetical
        situation
surtido   assortment, selection
    de productos   product line
sustraer   to subtract

T

tablero de anuncios   *bulletin board*
tablón de anuncios (*m*)   *bulletin board*
tabú (*m*)   *taboo*
tacaño   *stingy*
taller (*m*)   *shop, workshop*
tardar en   *to be late in*
tarea   *task*
tarifa   *tariff, rate, fare*
   por menos de un vagón completo   *less than carload on train (l.c.l.)*
tarjeta   *slip, card*
   de negocios   *business card*
   de red   *network card*
   de sonido   *sound card*
   de TV   *TV card*
   de vídeo   *video card*
   madre   *mother board*
tasa   *rate*
   de cambio   *rate of exchange*
   de crecimiento   *rate of increase*
   de inflación   *rate of inflation*
   de interés   *rate of interest*
   de rendimiento   *rate of return (on investment)*
   media de inflación   *average rate of inflation*
techo   *ceiling (price)*
teclado   *keyboard*
teclear   *to type or key in*
técnica de caso   *case study technique*
   de discusión en grupos   *group discussion technique or method*
   de incidente   *situation technique*
   de simulación   *simulation technique*
tecnología   *technology*
   de información (TI)   *information technology (IT)*
   de punta   *cutting edge technology*
tejido   *textile*
telecomunicativo (*adj*)   *telecommunication*

teleconmutador/a   *telecommuter*
telefax (*m*)   *fax, facsimile machine*
telemarketing (*m*)   *telemarketing, telesales*
televentas   *telesales*
televisión por cable   *cable television*
tempestad   *storm*
tenaz (*adj*)   *stubborn, tenacious*
tenedor   *holder, bearer*
tentativa   *attempt*
terremoto   *earthquake*
terreno   *land, property*
tesorería   *treasury*
testamento   *will*
tiburón (corporativo)   *corporate raider*
tipo   *rate*
   de cambio   *exchange rate, rate of exchange*
   fijo de cambio   *fixed rate, pegged rate of exchange*
   flotante de cambio   *floating rate of exchange*
titularse   *to graduate with a degree, be called by a title*
título   *bond, security*
   de crédito   *negotiable security*
   de valores   *security*
toalla   *towel*
tomar   *to take*
   medidas   *to take steps*
   prestado   *to borrow*
tornillo   *screw*
torpe   *sluggish, clumsy*
Torres Gemelas   *Twin Towers (World Trade Center) in New York*
traba   *hindrance, obstacle, impediment*
trabajador/a   *worker*
   a distancia   *telecommuter*
trabajo   *work*
   a destajo   *piecework, units produced*
   manual   *manual labor*
traductor/a   *translator*
tramitar   *to negotiate, transact*

trámite (*m*)   *step, procedure*
transacción   *transaction*
transbordador (*m*)   *ferry*
transbordo   *transfer*
transcultural   *cross-cultural*
transferencia: pago de___   *transfer payment*
transferir (ie)   *to transfer*
transmisión de tecnología   *technology transfer*
transporte (*m*)   *transportation*
transportista (*m/f*)   *carrier*
   por contrato   *contract carrier*
   privado   *private carrier*
   público   *common carrier*
trasladarse   *to move, transfer*
traslado   *move (as in a job transfer)*
traspaso   *transfer (of title to property)*
tratado   *treaty*
Tratado de Libre Comercio de América del Norte (TLCAN)   *North American Free Trade Agreement (NAFTA)*
trato   *treatment, manner of dealing with*
trayecto corto   *short haul or run*
   largo   *long haul or run*
trayectoria   *development*
trazar   *outline*
tributario (*adj*)   *tax*
trigo   *wheat*
trucha   *trout*
trueque (*m*)   *exchange, barter*
tubería   *pipe, piping (e.g., for oil pipeline)*
tungsteno   *tungsten*
turismo   *tourism*
turno   *turn, shift (work)*
   de día   *day shift*
   de noche   *graveyard shift, night shift*
   diurno   *day shift*
   nocturno   *night shift*
tutearse   *to use the familiar form of address*
tuteo   *the familiar form of address, first name basis*

U

ubicación   *location*
ubicador   *beeper, pager*
ubicarse   *to be located*
últimamente   *recently, lately*
ultradelgado/a   *ultrathin*
ultraligero/s   *ultralight (weight)*
ultramar (*m*)   *overseas*
ultramarino (*adj*)   *overseas, offshore*
uranio   *uranium*
usuario   *user*
utilidad   *profit, utility*
   bruta   *gross profit*
   de operación   *operating profit*
   neta   *net profit*
uva   *grape*

V

vacaciones retribuidas   *paid vacation*
vacilar   *to waiver, hesitate*
vagón (*m*)   *wagon, passenger or freight car (on a train), coach, carriage*
valer la pena   *to be worthwhile*
valerse (de)   *to avail oneself of, take advantage of*
valor (*m*)   *value, worth*
   de rescate   *salvage value*
   nominal   *face or nominal value*
valoración   *assessment (valuation)*
valorem   *value added*
valores (*m*)   *securities, bonds, assets, valuables*
   de primera clase (de más alta categoría)   *blue-chip stocks*
   no vendidos en la bolsa   *over-the-counter market securities (OTC)*

valla anunciadora   *billboard*
valle (*m*)   *valley*
vanguardia (a la vanguardia)   *on the cutting edge*
vecino   *neighbor, resident*
vehículo todoterrestre   *all terrain vehicle (ATV)*
vencer   *to fall due, mature, be payable (on a certain date)*
vencimiento   *maturity, expiration*
vendedor   *salesperson*
vendible   *salable*
venta   *sale*
   al por mayor   *wholesaling*
   al por menor   *retailing*
   domiciliaria (a domicilio)   *door-to-door sales*
   en masa   *mass selling*
   masiva   *mass selling*
   personal   *person-to-person sales, personal selling*
   por correo   *mail order sales*
   por máquina   *machine vending*
ventaja   *advantage*
   absoluta   *absolute advantage*
   comparativa   *comparative advantage*
ventas de inventario   *inventory sales*
verdura   *vegetable*
vergüenza   *shame*
vía   *way, road*
vial   *road-related*
viáticos   *travel allowance, expenses*

vídeo/video   *VCR or videocassette, video*
vigente (*adj*)   *effective, in effect, in force*
vigilar   *to watch*
vinculación   *association, link*
vincular (a)   *to tie (to)*
vinícola (*m/f*)   *wine-related*
vinicultor   *wine-grower*
vinicultura   *winegrowing, wine production*
vislumbrar,   *to catch a glimpse of, to see a possibility*
víveres (*m/pl*)   *foodstuff, provisions*
vivienda   *housing*
voltaje (*m*)   *voltage*
voseo   *use of "vos" form of address (replaces "tú" form in some parts of Latin America, such as Costa Rica, Argentina, etc.)*

Y

yacimiento   *deposit (minerals)*
yema   *fingertip; egg yolk*
yerno   *son-in-law*
yeso   *gypsum*
yuca   *cassava root*

Z

zanja   *ditch*
zona de comercio libre   *free trade zone*

INGLÉS-ESPAÑOL

LEGEND: (*adj*) = adjective; (*f*) = feminine; (*m*) = masculine; (*n*) = noun; (*pl*) = plural; (*s*) = singular; (*v*) = verb

A

abbreviation *abreviatura, sigla*
abroad *en el extranjero, exterior*
absenteeism *ausentismo,*
   absentismo
accent *dejo (hablado)*
accident insurance *seguro contra*
   accidente
accomplish *realizar, lograr*
accomplishment *logro*
account *cuenta*
  payable *cuenta por pagar*
  receivable *cuenta por cobrar*
accountant *contable (m/f),*
   contador/a
accounting (*n*) *contabilidad,*
   contaduría; (adj) contable
  period *ejercicio*
  statement *estado contable*
achievement *logro*
active partner *socio activo*
   (colectivo)
ad (advertisement) *anuncio, aviso*
adding machine *sumadora*
address *dirigir*
administrative expenses *gastos de*
   administración
advance *avance (m), adelanto*
  account *cuenta de anticipos*
  in ___ *por adelantado*
advantage *ventaja*
advertisement *anuncio*
advertising *publicidad*
  agency *agencia de publicidad*
   (publicitaria)
  medium *medio de difusión*
   (difusivo, publicitario)
adviser *asesor, consejero*
advising *asesoramiento*
  or notifying bank *banco*
   avisador
agree *estar o ponerse de acuerdo*
   con

agreement *convenio, acuerdo*
agricultural *agrícola (m/f)*
airfield *aeródromo*
airport *aeropuerto*
air shipper *fletador aéreo*
  waybill *guía aérea*
altitude sickness *puna, soroche*
   (m)
amortize *amortizar*
amount *cantidad, importe (m)*
answering machine *contestador*
   automático
antimony *antimonio*
appeal *llamada*
applicant *solicitante (m/f),*
   postulante (m/f), candidato
application *solicitud (f)*
apply for *solicitar*
appointment *cita, nombramiento*
appropriate *adecuado*
arable *cultivable*
arbiter *árbitro*
assemble *ensamblar, montar,*
   armar
assembly *ensamblaje (m)*
   ensamble (m), montaje (m),
   maquila
  line *línea de ensamblaje (de*
   montaje)
  plant (in-bond plant)
   maquiladora
assess *asesorar*
assessment *asesoramiento*
asset, assets *valor (m), valores,*
   activo, haber (m)
assign *asignar*
assignment *tarea, asignatura*
associate *socio*
assortment *surtido*
attractiveness of work environment
   estética laboral
auction *subasta, remate (m)*
  buying (sealed bid purchase)
   compra por cotización sellada

audit, auditing *auditoría*
auditor *interventor/a, contralor/a,*
   revisor/a
automatic redial *rellamada*
   automática
availability *disponibilidad*
average rate of inflation *tasa*
   media de inflación
awarding of percentage of
   investment earnings
   adjudicación de beneficios

B

back (*v*) *respaldar, garantizar,*
   avalar, apoyar
backed *respaldado, garantizado,*
   avalado, apoyado, asegurado
bail out *sacar de apuros*
balance (bank, accounting)
   balance (m), balanza, saldo
  of payments *balanza de pagos*
  of trade *balanza comercial*
  sheet *hoja de balance*
ban *prohibición, prohibir*
bank (the building) *banco*
  check *cheque bancario*
  employee *bancario*
  note *billete de banco (m),*
   pagaré (m)
banker *banquero*
banking (industry) (*n*) *banca,*
   (adj) bancario
bargain (*n*) *ganga; (v) negociar,*
   regatear
bargaining group *grupo colectivo*
barge *barcaza, chalana, gabarra*
barrel *barril (m)*
barter (*n*) *trueque (m), permuta,*
   regateo; (v) trocar, cambiar,
   permutar, regatear
basic commodities (necessities)
   artículos de primera
   necesidad

battery   *pila, batería*

bear market   *bolsa bajista*

bearer   *portador/a, tenedor/a*

bearing a person's name, registered (bond)   *nominativo*

beeper   *bíper (m), ubicador, buscapersonas, localizador*

be in fashion   *estar de moda*

beneficiary   *beneficiario*

benefit   *beneficio*

beverage   *bebida*

bid   (*n*) *licitación;* (*v*) *licitar, pujar*

bill   *cuenta; billete, papel moneda*
   of exchange   *letra de cambio*
   of lading   *conocimiento de embarque*

billboard   *cartelera, valla (anunciadora)*

billing   *facturación*

binding decision   *decisión obligatoria*

birthrate   *índice (m) de natalidad*

blacklist   *lista negra*

black market   *estraperlo, mercado negro (de contrabando)*
   exchange   *cambio negro (de estraperlo)*

blue-chip stocks   *valores de primera clase (de más alta categoría)*

blue-collar worker   *obrero*

blunder   *falta garrafal*

board of directors   *dirección, junta directiva (de directores), consejo, directivo*

body language   *paralenguaje (m)*

bond   *bono, título, obligación*

bonus   *prima, gratificatión, beneficio, aguinaldo*

book of original entry   *diario*

bookshelf   *estante (m)*

borrow   *pedir (tomar) prestado*

borrower   *prestatario, mutuario, mutuatario*

boss   *jefe/a, empresario, patrón/a*

bottle   *botella, envase (m), frasco*

boycott   *boicot (m)*

Brady bonds   *bonos Brady (para la reestructuración de la deuda latinoamericana)*

branch   *rama, sucursal (f), filial (f)*

brand   *marca*

bribe   *soborno, mordida*

briefcase   *maletín (m), portafolio, cartapacio*

bring to a standstill   *paralizar*

broadcasting   *radiodifusión*

broker   *corredor/a*

budget   *presupuesto*

budgetary   *presupuestario*

building   *edificio*

bulk, bulky   *de gran volumen, a granel*

bulletin board   *tablón (m) (tablero) de anuncios*

bull market   *bolsa alcista*

bureaucracy   *burocracia*

burner (CD or DVD)   *quemador de CD o DVD*

business   *empresa, negocio, compañía, sociedad, comercio, firma*
   law   *ley (f) (derecho) mercantil*

businessman   *hombre de negocios;*
   person   *negociante (m/f), comerciante (m), empresario*

businesswoman   *mujer de negocios*

buyer   *comprador/a*

buying   *compra*
   and selling   *compraventa*
   behavior   *conducta en la compra*

by air   *aéreo, por avión*

C

cable television   *televisión por cable, cablevisión*

calculator   *calculadora*

caller I.D.   *identificación de llamadas, identificación de abonado llamante, identificación de origen*

call forwarding   *reenvío de llamadas (teléfono)*

campaign   *campaña*

canned   *enlatado*

capacity   *capacidad, cupo*

capital (city)   *capital (f)*

capital (financial)   *capital (m)*
   company   *sociedad de capital*
   goods   *bienes de capital (m/pl)*
   stock   *capital social (m)*

car (train)   *vagón (m)*

cardboard   *papel de cartón (m)*

cargo, load   *carga*

Caribbean Basin   *Cuenca del Caribe*
   Initiative   *Iniciativa de la Cuenca del Caribe*

car insurance   *seguro de automóvil*

carrier   *transportista (m)*

carry out   *realizar*

case study   *técnica de caso*

cash   (*n*) *dinero metálico, dinero en efectivo, cambio, contado;* (*v*) *cobrar, cambiar, hacer efectivo*
   flow   *flujo de caja (de efectivo)*
   market   *mercado al contado*
   on delivery (COD)   *pago contra entrega*
   register, box   *caja*

cashier's check   *cheque bancario (de administration)*

cassava root   *yuca*

catalog   *catálogo*

cattle (horses, mules)   *ganado, (reses, caballos, mulas)*
   raising   *ganadería*

ceiling price   *precio (límite) máximo*

cell phone   *teléfono celular*
   user   *móvilnauta (m/f)*

census   *censo*

cent   *centavo, céntimo*

certified public accountant   *contable público titulado*

chain   *cadena*

chamber of commerce   *cámara de comercio*

champagne   *champán (m), cava (m)*

changing   *cambiante*

charge   *cobrar, cargar en cuenta*
   of, in   *a cargo de*

charitable   *benéfico*

charter, hire, ship (*v*)   *fletar*

charterer, affreighter, owner of transport   *fletante (m/f)*

chat room   *sala de conversación*

check   *cheque (m)*
   made out to a designated payee *cheque nominativo*
   made out to the bearer *cheque al portador*

checking account   *cuenta corriente*

chemical   *(producto) químico*

chief (*adj*)   *principal*

cigar   *puro, cigarro*

clarify   *aclarar*

clay   *arcilla*

click   (*n*) *clic (m);* (*v*) *cliquear, hacer clic (computadora)*

client   *cliente (m/f)*

close-knit   *íntimo*

closing (on a house sale)   *cierre (m) de la casa*

coal   *carbón (m)*

coastal shipping, traffic, cabotage *cabotaje (m)*

cocoa   *cacao*

code (i.e., of laws)   *código*

coffee machine   *cafetera*

coin   *moneda, dinero metálico, numerario*

coke (form of coal)   *coque (m)*

collateral guaranty or security *garantía prendaria (subsidiaria, de colateral)*

collating   *ordenación*

collect   *cobrar*

collection (*tax*)   *recaudación*

color combination   *juego de colores*

commerce   *comercio*

commercial   (*n*) *anuncio, comercial;* (*adj*) *comercial*
   loan   *préstamo comercial*
   paper (document)   *efecto comercial*

commission   *comisión, corretaje (m)*
   merchant (agent)   *comisionista (m/f)*

common (*adj*)   *común*
   carrier   *transportista público*
   market   *mercado común*
   stock   *acción común (ordinaria)*

commonwealth   *estado libre asociado*

communications network   *red de comunicaciones (f)*

compact disk   *disco compacto*

company   *compañía, empresa, negocio, sociedad, corporación, firma*
   controlled by government and private enterprise   *empresa mixta*
   liability   *responsabilidad social*
   name   *razón social (f)*

compensate   *indemnizar, remunerar*

compensation   *indemnización, remuneración, recompensa*

competition   *competencia*

competitiveness   *capacidad para competir, competitividad*

competitor   *competidor/a, opositor/a*

compilation of data, data summary *recopilación de datos*

comptroller   *interventor/a, contrator (m)*

computer   (*n*) *computador/a, ordenador (m);* (*adj*) *informática*

concern   *preocupación*

confidence   *confianza*

confirmed irrevocable letter of credit   *carta de crédito irrevocable y confirmada*

connect   *acoplar*

consortium   *consorcio*

constant growth   *maduración constante (perpetua)*

consular invoice   *factura consular*

consulate   *consulado*

consultant   *consultor, asesor, consejero*

consumer   *consumidor/a*
   goods   *bienes de consumo (m)*

consumption   *consumo*

contract   *contrato*
   buying   *compra por contrato*
   carrier   *transportista por contrato (m)*

contribute   *contribuir, aportar*

contribution   *contribución, aportación*

co-owner   *consocio (m/f), copropietario*

copper   *cobre (m)*

copy machine   *fotocopiadora*

corporate   *corporativo*
   bond   *bono de sociedad anónima (de corporación), obligation*
   raider   *corsario (tiburón) corporativo, piraña corporativa*

corporation   *sociedad anónima, corporación*

cost   *costo, coste (m)*
   and freight (CFR)   *costo y flete*
   effective   *rentable*
   efficient   *costo eficiente, económico*
   insurance and freight (CIF) *costo, seguro y flete*

cost-benefit analysis   *análisis de costo-beneficio (m)*

cotton   *algodón (m)*

count   *recuento*

couple   *acoplar*

cover (protect)   *proteger, amparar, cubrir*

coverage   *seguro, cobertura*

credit   (*n*) *crédito, haber (m);* (*adj*) *crediticio*

creditor   *acreedor/a*

crop   *cosecha, cultivo*

cross-cultural   *transcultural*
   awareness   *conciencia transcultural*

crude oil   *aceite (m) (petróleo) crudo*

currency   *divisa, moneda*

current   *circulante, corriente; actual*
   account holder *cuentacorrentista, cuentahabiente (m/f)*

assets *activo circulante (corriente)*

liabilities *pasivo circulante (corriente)*

customer *cliente/a*

customs *aduana,* (habits) *costumbres (f/pl)*

duty *arancel aduanero, derecho arancelario*

law *ley arancelaria*

cutting edge technology *tecnología de punta, de vanguardia*

cyanide *cianuro*

D

dam *presa, represa*

damaged *averiado*

damages *daños*

data processing *procesamiento de datos*

day shift *turno diurno, de día*

day's work, labor *jornada*

wages *jornal (m)*

deadline *plazo final, fecha límite*

debit *débito, haber (m)*

debt *deuda*

equity swap *conversion (capitalización) de deuda*

financing *financiación por medio de obligaciones*

debtor (debit-related) *deudor*

debtor nation, country with a balance of debt problem *país deudor (m)*

decision (finding) *laudo*

decreased *reducido*

deepen *profundizar*

defective *defectuoso*

deferred dividend *dividendo diferido*

deficit *déficit (m)*

delay (n) *demora, retraso, tardanza;* (v) *demorar, retrasar, tardar*

deliver *entregar*

delivery *entrega, reparto*

date *fecha de entrega*

point *punto de entrega*

time *tiempo (período) de entrega*

demand deposit *depósito a la demanda (a la vista)*

demography, demographics *demografía*

demolish *derrumbar*

department store *gran almacén, (m) almacén general, hipermercado*

deplete *agotar, desgastar*

depletion *agotamiento, desgaste (m)*

deposit (n) *depósito, yacimiento* (minerals); (v) *depositar*

deregulation *desregulación*

design *diseño*

desk jobber *mayorista de estantes (m/f)*

desk set, stationery *efectos de escritorio*

desktop *computadora de sobremesa*

detail *detalle, pormenor (m)*

develop *desarrollar*

developed *desarrollado*

developing *en vías de desarrollo*

development *desarrollo; acontecimiento* (event)

device *dispositivo*

diagram *diagrama (m), gráfico, esquema (m)*

diamond *diamante (m)*

director, board member *directivo/a, vocal (m/f)*

disability *incapacidad, discapacidad, invalidez (f), minusvalía*

disabled (person) *incapacitado, discapacitado, inválido, minusválido*

disbursement *desembolso*

discount *descuento, rebaja*

store *mercado (tienda) de descuentos*

disk *disco*

dispense *repartir*

disregard *descuido*

distributor *distribuidor/a*

dock *muelle (m)*

domestic (e.g., trade) *nacional*

donation *donativo*

door-to-door sales *venta domiciliaria (a domicilio)*

dot matrix printer *impresora de matriz de puntos (matricial)*

double-sided entry (accounting) *partida doble*

down payment *pago inicial, depósito, fianza*

draft *giro*

drainage *drenaje (m)*

draw *girar, librar*

drawee *girado, librado*

drawer *cajón (m), gaveta*

of check or draft *girador/a, librador/a*

dress industry *confección de vestidos*

driving *conducción*

drop shipper (desk jobber) *proveedor directo*

drought *sequía*

due date *fecha de vencimiento*

duly *debidamente*

durable goods *bienes duraderos*

duty *derecho, arancel (m), obligación*

E

earn (interest) *devengar, ganar* (money) *ganar (dinero)*

earning *ganancia, ingreso, rendimiento, utilidad, beneficio*

earthquake *terremoto*

e-commerce *comercio electrónico*

economics *economía*

economies of scale *economías de escala*

edit *redactar*

education *formación o preparación académica, educación*

effective, in effect, in force *vigente*

efficient *eficiente*

electric bill *cuenta de luz*

electronic mail (e-mail) *correo electrónico*

embassy *embajada*

embezzle *desfalcar*

embezzlement *desfalco*

emerald *esmeralda*

employee *empleado* (company), *funcionario* (government)

employer *empleador/a, empresario, patrón/a*

employment *empleo*

agency *agencia de empleo, bolsa de empleo*

enable *capacitar, permitir*

endeavor (n) *esfuerzos, plan*

endorse *endosar*

endorsee *endosatario*

endorser *endosante (m/f)*

enforce *hacer cumplir*

engineer *ingeniero*

engineering *ingeniería*

enhance *realzar, elevar*

enter (into a ledger, etc.) *asentar (ie)*

enter into an agreement, suit *convenir (ie)*

entrust *confiar*

entry (accounting) *asiento, anotación*

envelope *sobre (m)*

environment *ambiente (m), medio ambiente*

equal *igual*

say *tener voz y voto*

equipment *equipo*

maintenance *mantenimiento del equipo*

equity (owner's) *capital y reservas, patrimonio*

exceed *superar*

exchange (n) *cambio, permuta, trueque (m); (v) cambiar, intercambiar, permutar, trocar*

rate *cambio de divisas, tasa (tipo) de cambio*

execute *realizar, ejecutar*

exemption *exención*

exhibit *exposición*

expand *extender, expandir*

expenditure *egreso, gasto*

expense *gasto*

expert *perito (m/f), experto*

expertise *pericia*

expiration *vencimiento*

export *exportación, exportar*

permit *licencia de exportación*

exporter *exportador/a*

external financing *financiación externa*

extractive process *proceso extractivo*

F

face or nominal value *valor nominal (m)*

fact, piece of information, datum *dato*

factor *factor (m)*

factory *fábrica, factoría*

failure *fracaso, falta*

to comply *falta de cumplimiento, incumplimiento*

faithfulness *fidelidad*

fall due, mature, be payable (on a certain date) *vencerse*

familiar form of address, first-name basis *tuteo, tutear(se), voseo*

fare *tarifa*

farm (n) *granja, finca; (v) labrar, cultivar*

farmer *granjero/a*

farming *agrícola (adj/invariable form), agropecuario (adj)*

farmworker *labrador, campesino*

fax, facsimile machine *fax, telefax (m)*

feasibility *viabilidad*

feed (n) *pienso*

ferry *transbordador (m)*

fiber optics *fibra óptica*

fight (n) *camorra, pelea*

file (n) *archivo; (v) archivar*

filing cabinet *archivo*

fill out *rellenar, completar, llenar*

finance (n) *finanzas; (v) financiar, aportar fondos*

financial *financiero*

accounting *contabilidad financiera*

statement *estado financiero*

financing *financiación, financiamiento*

fingerprint *huella digital*

finished goods *bienes acabados (m/pl)*

fire (n) *incendio;* (i) (to dismiss somebody) *(v) despedir*

insurance *seguro contra incendio*

firewall *pared cortafuegos, pared contra fuegos*

firm *firma, empresa, casa, razón social (f)*

first-line management *bajo mando*

fiscal year *año fiscal*

fishing, fishery *pesca, (adj) pesquero*

fishmeal *harina de pescado*

five-year period *lustro*

fixed (adj) *fijo*

cost *costo fijo*

liabilities *pasivo fijo*

rate, pegged rate of exchange *tipo fijo de cambio*

flat screen *pantalla de panel plano*

floating rate of exchange *tipo flotante de cambio*

floor price *precio mínimo*

flour *harina*

flow *flujo*

control *control de flujo (m)*

flower *flor (f)*

fluorite *espato flúor, fluorita*

fluvial (river-related) *fluvial*

fodder *pienso*

folder *carpeta, cartapacio*

follower *seguidor, adepto*

food *comida, comestible (m), alimento*

foodstuffs *provisiones, víveres (m/pl)*

footwear *calzado*

forecast (n) *pronóstico; (v) pronosticar*

foreign   *extranjero*
   currency   *divisa*
foreigner   *extranjero*
foreman   *capataz (m/f)*
forest   *bosque (m)*
form, slip (of paper)   *formulario, ficha*
   letter   *circular (f)*
forward buying   *compra futura*
foster (*v*)   *fomentar*
found   *fundar*
franchise   *concesión, franquicia, licencia*
free (*adj*)   *gratuito, gratis, libre*
   alongside ship (FAS)   *libre (franco) al costado del buque*
   delivered   *flete pagado hasta el punto de destino*
   on board (FOB)   *franco (libre) a bordo (FAB o LAB)*
   trade   *libre comercio*
   trade zone   *zona de libre comercio*
freight (cargo or price of shipment)   *flete (m), fletamento, fletamiento*
   bill, railway bill, bill of lading   *carta de porte (terrestre)*
   car   *vagón (m)*
   forwarder   *agente expedidor (m)*
freighter, charterer, shipper   *fletador/a, embarcador/a, transportista (m)*
fruit   *fruta*
fulfillment   *cumplimiento*
full   *completo, lleno*
fund (*n*)   *fondo*
furnish   *amueblar, aportar*
furniture   *mueble (m), mobiliario*
   and fixtures   *mobiliario y equipo*

G

gain (*n*)   *ganancia, beneficio, plusvalía, lucro; aumentar, incrementar*
gap   *brecha*
garment industry   *confección de trajes*

General Agreement on Tariffs and Trade (GATT)   *Acuerdo General sobre Aranceles y Comercio (AGAAC)*
general journal   *diario*
general store   *almacén general (m)*
get   *buscar, conseguir*
   down to business   *ir al grano*
   into trouble   *meterse en líos*
global village   *pueblo global*
go out of fashion or style   *pasarse de moda*
goal   *meta, objetivo, fin (m)*
goat   *cabra*
going concern   *empresa (firma, negocio) en funcionamiento*
gold   *oro*
goods   *géneros, mercancías, bienes (m)*
goodwill   *buena voluntad*
govern   *gobernar, regir (i)*
government bond   *bono del estado*
   official   *funcionario*
   run   *estatal*
grain   *grano*
grant   (*n*) *beca de estudios;* (*v*) *otorgar*
grape   *uva*
graphic   (*n/adj*) *gráfico*
gravel   *grava*
graveyard shift   *turno nocturno o de noche*
greeting   *saludo*
grievance procedure   *juicio por faltas*
gross   *bruto*
Gross Domestic Product (GDP)   *Producto Interno Bruto (PIB)*
Gross National Product (GNP)   *Producto Nacional Bruto (PNB), Producto Social Bruto (PSB) (en países socialistas)*
gross profit   *utilidad bruta*
ground floor (at street level)   *planta baja*
group discussion technique or method   *técnica de discusión en grupos*

growing   *creciente*
guaranteed   *garantizado, prendario*
guide   (*n*) *guía (m/f)* ; (*v*) *guiar*
guideline   *directiva, pauta, minuta*
gypsum   *yeso*

H

haggle   *regatear*
handling   *manejo*
   charges   *gastos de tramitación*
hand out (*v*)   *distribuir*
hand-to-hand buying   *compra inmediata*
hard   *duro*
   drive   *disco duro*
   sell   *venta dura, agresiva*
hardware dealer   *ferretero/a*
harvest   (*n*) *cosecha;* (*v*) *cosechar, recoger*
hassle   *lío*
headhunter (employment)   *cazador de cerebros (de cabezas, de talentos), cazacerebros (m/f/s/pl), cazatalentos (m/f/s/pl)*
health   *salud (f)*
   certificate   *certificado de sanidad*
   insurance   *seguro de salud*
heavy   *pesado*
   machinery   *maquinaria pesada*
   oil   *aceite pesado (denso, espeso)*
help: How may we ___ you?   *¿En qué podemos servirle?*
high   *alto*
   technology (high tech)   *alta tecnología*
highway   *carretera*
hindrance   *traba*
hire (*v*)   *contratar, emplear*
holder, bearer   *portador (m), tenedor/a*
holdings   *activos*
hole   *bache (en la carretera)*
home or main office   *casa matriz, sede (f)*

horn *bocina, claxon* (m)
host country *país hospedador* (m)
hotel business management *hostelería*
household electrical appliance *aparato electrodoméstico*
housing *vivienda*
hyperinflation *hiperinflación*
hyperlink *hipervínculo, enlace activo*

I

icebreaker *rompehielos* (m/s/pl)
illegal alien *indocumentado*
image *imagen* (f)
import (n) *importación*, (v) *importar*
  permit *licencia (permiso) de importación*
  quota *contingente* (m) *(cuota) de importación*
importer *importador/a*
improper *indebido*
improve *mejorar*
income *ingreso, renta, lucro, ganancia*
  tax return *declaración de impuestos*
increase (v) *aumentar, crecer*
incur, enter into (an obligation) *contraer*
indebted *endeudado*
indemnity for years of service *indemnización por antigüedad*
industrial goods *bienes industriales* (m/pl)
industry *industria*
inflation rate *tasa de inflación*
influence (n) *enchufe* (m), *palanca*
inform *informar*
information *información*
  processing *elaboración o procesamiento de información*
  technology (IT) *tecnología de información* (TI)
infotechnology *infotecnología*

injunction *mandato judicial*
injure *lastimar, prejudicar, hacer(se) daño*
injury *lesión, daño*
ink-jet printer *impresora de inyectador o chorro de tinta*
inland water shipper *fletador/a fluvial*
in large quantity *a granel*
input (ideas) *información, aportación*
inquiry *pregunta*
inscribed *inscrito*
instant message (messaging) *mensaje instantáneo*
insurance *seguro*
interest *interés* (m)
intermittent production *producción intermitente*
International Monetary Fund (IMF) *Fondo Monetario Internacional* (FMI)
internet *internet* (m)
  business *negocio por internet*
  user *internauta* (m/f), *cibernauta* (m/f)
internship *práctica, pasantía*
interview (n) *entrevista*; (v) *entrevistar*
inventory *inventario, existencia*
  control *control de inventario* (m)
invest *invertir* (ie)
investment *inversión*
investor *inversionista* (m/f), *inversor/a*
invoice *factura*
involvement *participación*
iron (n) *hierro*; (adj) *ferroso*
  ore *mineral de hierro* (m)
irrevocable letter of credit *carta de crédito irrevocable*
isolationism *aislacionismo*
issue (n) *emisión, asunto*; (v) *emitir of a security, stock, or bond*;
  equity financing *emisión de acciones*
issuing bank, bank of issue *banco emisor*

J

jargon *jerga*
jewelry store *joyería*
job *cargo, trabajo, empleo*
joint (adj) *conjunto, mancomunado, solidario*
  account *cuenta conjunta (mancomunada)*
  partnership *sociedad en nombre colectivo*
  venture *negocio en participación, empresa conjunta*
journal *diario*

K

keep *guardar, mantener*
  the books *llevar las cuentas*
key element *clave* (f)

L

labor force *mano* (f) *de obra, fuerza laboral, fuerza de trabajo*
lack *falta*
land *terreno*
  reform *reforma agraria*
landowner *hacendado, propietario*
lane (traffic) *carril* (m)
laptop *computadora portátil, laptop*
laser printer *impresora de láser*
late *moroso, tardío*
lateness *tardanza, llegada tardía*
launching *lanzamiento*
law *ley* (f), *derecho*
lead (n) *plomo*
leader (n) *líder* (m), *liderar* (v)
leadership *liderazgo, liderato*
lease (n) *arrendamiento*; (v) *arrendar* (ie)
leather *cuero*
ledger *libro mayor*
lend *prestar*
lender *prestador/a, prestamista* (m/f)

purchasing *compra*
  manager or director *gerente (m/f) de compras, jefe/a de compras*
  policy *política de compras*
purpose *propósito*
put at risk *poner a riesgo, poner en peligro*
pyrite *pirita*

Q

quality control *control de calidad (m)*
quota *cuota, cupo, contingente (m)*
quote (a price) *cotizar*

R

rack *estante (m)*
  jobber *mayorista de estanterías (m/f)*
ragged *harapiento, andrajoso*
railroad *(n) ferrocarril (m); (adj) ferroviario*
  crossing *cruce de ferrocarril (m)*
raise *(n) aumento*
random *al azar*
range *variedad, gama*
rate *tasa o tipo (de interés, de cambio de divisa), índice (m), tarifa*
  of exchange *tasa de cambio*
  of growth *índice de crecimiento*
  of increase *tasa de crecimiento*
  of interest *tasa de interés*
  of return (on investment) *tasa de rendimiento*
ratio *proporción, razón (f)*
raw material *materia prima*
real estate *bienes raíces (inmuebles)*
  broker *corredor/a de bienes raíces (inmuebles)*
rebate to consumer *rebaja al comprador*
receipt *recibo*
receiver, telephone receiver *receptor (m), auricular (m)*

receivership *ser declarado en suspensión o en cesación de pagos, entrar en liquidación*
receptionist *recepcionista (m/f)*
reciprocal buying *compra recíproca*
reconstitute *reconstituir*
record *(v) registrar*
recorded transfer of securities *cesión registrada*
recreation *recreo*
recruit *reclutar*
recruitment *reclutamiento*
redial *remarcación*
redialing *remarcación*
red tape *papeleo, balduque (m)*
re-export *reexportación*
refund *(n) devolución*
  period *plazo de devolución*
registered trademark *marca registrada*
regret *sentir (i), lamentar*
regulation *reglamento*
reimbursement *reembolso, reintegro, repago*
reliability *fiabilidad*
reliable *fiable, formal*
relocation *reubicación*
remittance (of money) *remesa*
remote control *control remoto*
renew *renovar(se) (ue)*
renewal *renuevo*
rent *(n) alquiler (m), arrendamiento; (v) alquilar, arrendar*
repair *(n) reparación; (v) reparar*
repayment *reembolso, liquidación, reintegro, pago*
report *(n) informe (m); (v) informar*
requirement *requisito*
resale *reventa*
reschedule *prorrogar, renegociar una deuda*
research and development *investigación y desarrollo*
resident *residente, vecino*
resource *recurso*

résumé *curriculum vitae (m), expediente personal (m), hoja de vida*
retail *al detalle, al por menor, al menudeo*
retailer *detallista (m/f), minorista (m/f), comerciante al por menor (m/f)*
retailing *venta al detalle (al por menor)*
retain *retener*
retirement *jubilación*
return (of goods or merchandise) *devolución*
revenue *ingreso, renta, ganancia*
review *(n) revisión; (v) revisar*
revocable letter of credit *carta de crédito revocable*
reward *(n) premio; (v) premiar, recompensar*
risk *riesgo*
  factor *factor riesgo*
  management *control (administración) de riesgo*
road *calle (en la ciudad), carretera (fuera de la ciudad), calzada, camino*
  related *vial*
  sign *cartel de carretera (m), señal de carretera (f), señalización vial*
robot *autómata (m)*
rock-bottom price *precio mínimo*
rough draft *borrador (m)*
route sheet (way bill) *hoja de ruta*
routing *ruta, recorrido*
rubber *caucho, goma*
  band *goma elástica, liga*
rule *regla*

S

sabotage *(n) sabotaje (m)*
safe *(n) caja fuerte; (adj) seguro*
safety deposit box *caja de seguridad*
salary (weekly, monthly, or annual) *sueldo*

lessee (tenant) *arrendatario*
less than carload on train (l.c.l.) *tarifa por menos de un vagón completo*
letter of credit *carta de crédito*
liabilities *pasivo, obligaciones*
liability *obligación, responsabilidad*
  insurance *seguro de responsabilidad civil*
license (licensing) *(n) licencia, permiso; (v) licenciar, permitir*
life insurance *seguro de vida*
life-long learning *aprendizaje de toda la vida (m)*
lighter (type of boat) *chalana (barco)*
lighting *alumbramiento*
light machinery *maquinaria liviana*
  oil *aceite liviano (ligero)*
limestone *caliza*
limited liability company *sociedad de responsabilidad limitada*
linens *lencerías*
line of products *surtido, línea*
link *enlace (m), vínculo–lazar, vincular*
liquidation, dissolution *liquidación, saldo, disolución*
list price *precio de catálogo*
loader *cargador, carguero*
loading point *punto de embarque*
loan *préstamo, empréstito*
lobbyist *cabildero (m)*
locale (establishment, location) *local (m), plaza*
locate *ubicar(se), situar(se)*
location *ubicación*
lockout *cierre patronal (m)*
long *largo*
  haul or run *trayecto largo*
  standing *viejo, antiguo*
  term *a largo plazo*
loss *pérdida*
loudspeaker *portavoz (m), altoparlante (m)*
lower management *bajo mando*
loyalty *lealtad*

lumber *madera*
luxury *lujo*
  goods *bienes de lujo (m/pl)*

M

machinery *maquinaria*
magnesium *magnesio*
mail order sales *venta por correo*
main office *casa matriz, sede (f)*
maintenance *mantenimiento*
manage *administrar, dirigir*
management *administración, gerencia, gestión, dirección, mando*
Management by Objectives (MBO) *Administración por Objetivos*
manager *administrador/a, gerente (m/f), gestor/a, director/a*
managerial *administrativo, gerencial, directivo, empresarial*
  accounting *contabilidad de gestión*
manners, upbringing; schooling, education (in Latin America) *educación*
  good ___ *buenos modales*
manual laborer *obrero*
manufacture *elaborar, fabricar*
manufacturer *fabricante, empresa productora*
manufacturer's agent *representante de fábrica (m/f)*
manufacturing *fabricación, manufactura, elaboración*
  plant *planta manufacturera*
marble *mármol (m)*
marital status *estado civil*
maritime, sea *marítimo*
  shipper *fletador marítimo*
mark down *(v) rebajar, reducir*
market *(n) mercado; (v) comercializar*
  entry *entrada al (en el) mercado*
  forces *fuerzas de mercado*
  manager *jefe/a de mercado*

penetration *penetración del mercado*
  price *precio de mercado*
  segmentation *segmentación del mercado*
marketing *marketing, mercadeo, mercadología, mercadotecnia, comercialización*
mass production *producción en masa (en serie), producción masiva*
  selling *venta en masa*
materials control *control de materiales (m)*
maturity *vencimiento*
  date *fecha de vencimiento*
means *medio*
  of distribution *medio de distribución*
  of transportation *medio de transporte*
measure *(n) medida, gestión; (v) medir (i)*
measurement *medida*
meat-packing plant *frigorífico*
mechanism *mecanismo*
media *medios de comunicación*
mediator *mediador/a*
meet *reunirse*
merchandise *(n) mercancía, mercadería, géneros, efectos; (v) comerciar*
merchant *mercader (m), comerciante (m/f), negociante (m/f)*
mercury *mercurio*
merger *fusión de empresas*
metallurgy *siderurgia*
middleman *intermediario, revendedor, comerciante (m/f)*
middle management *medio mando, mando intermedio*
midsize company *empresa mediana*
midterm *a medio plazo*
mining *(n) minería, (adj) minero*
minor *(adj) de poca importancia, menor*

misunderstanding *malentendido*

molybdenum (metal) *molibdeno*

money *dinero, plata*

laundering *lavado de dinero*

box, piggy bank *hucha, alcancía, chanchito*

monitor *controlar, observar*

monthly *mensual*

payment, rent *mensualidad*

mortgage (n) *hipoteca;* (v) *hipotecar, gravar;* (adj) *hipotecario*

loan *préstamo hipotecario*

motherboard *tarjeta madre*

motor vehicle *vehículo de motor, automóvil*

motto *lema* (m), *divisa*

mouse *ratón (de computadora)*

move (n) *mudanza, traslado;* (v) *mudar(se), trasladarse*

multimedia instruction *enseñanza multimedia*

N

national currency *moneda nacional, divisa*

natural resource *recurso natural*

natural source *emanación natural (de petróleo o de gas natural)*

negotiable securities *títulos de crédito*

negotiate *negociar, tramitar*

neon sign *letrero luminoso (de neón)*

net income *ingreso neto*

profit *utilidad neta*

network *red* (f)

newsletter *boletín informativo*

nickel (metal) *níquel* (m)

night shift *turno nocturno o de noche*

noncompliance insurance (surety) *seguro de falta de cumplimiento*

nonpayment *impago*

non-store retailer *detallista sin almacén*

note (n) *pagaré* (m); (v) *anotar, asentar* (ie)

payable *nota (documento) por pagar*

receivable *nota (documento) por cobrar*

number (figure, code) *cifra, clave* (f)

O

obsolete *anticuado, obsoleto*

office *oficina*

worker *oficinista* (m/f), *funcionario*

official *oficial* (m), *funcionario*

off-shore branch *sucursal fuera del país* (f), *sucursal ultramarina*

oil (n) *aceite* (m), *petróleo;* (adj) *petrolero*

refining *refinamiento de petróleo*

spill *derrame de aceite (de petróleo)* (m)

oilseed *semilla oleaginosa*

olive *aceituna*

oil *aceite de oliva* (m)

on behalf of *de parte de*

on board *a bordo*

online *en línea (computadoras o internet)*

meeting *reunión en línea*

operating cost *gasto de operación*

profit *utilidad de operación*

opinion poll *sondeo, encuesta*

option *opción*

order *orden* (m: arrangement; f: command, purchase order), *pedido, carta de pedido*

to pay *orden de pago* (f)

organizational chart *organigrama* (m)

originating in *originario de*

outlay (of cash) *egreso, gasto*

output *producción*

outright *totalmente, completamente; en dinero efectivo*

outskirts *afueras*

overdrawn check (NSF: insufficient funds) *cheque en descubierto (sin fondos)*

overseas *ultramarino*

branch *sucursal ultramarina, sucursal en ultramar*

over-the-counter market securities (OTC) *valores no vendidos en la bolsa, mercado fuera de la cotización oficial*

overtime *horas extra(s) (adicionales)*

owner *dueño, propietario, patrón/a*

owner's capital *capital y reservas*

equity *capital y reservas, patrimonio*

ox *buey* (m)

P

packing, packaging *embalaje* (m)

pager *bíper* (m), *ubicador, buscapersonas* (m/f/s/pl), *localizador*

paid vacation *vacaciones retribuidas*

pamphlet *folleto, panfleto, volante* (m)

paper clip *presilla, clip* (m)

paperwork *papeleo*

paralanguage *paralenguaje* (m)

parent bank *banco central (matriz)*

parish *parroquia*

parking *estacionamiento*

partial *parcial*

partner *socio*

partnership *sociedad colectiva (en nombre colectivo), empresa colectiva*

party entering into a contract *contratante* (m/f), *parte* (f)

pass (v) *rebasar, adelantar (otro carro en la carretera)*

password *contraseña*

patent royalty *derecho de patente*

pattern *patrón* (m), *pauta*

paved *pavimentado*

pay (n) *pago, pagamento;* (v) *pagar*

payable *pagadero*

payment in advance *pago por anticipado*

payroll *nómina*

pea *guisante* (m), *chícharo*

peach *melocotón* (m), *durazno*

peanut *cacahuete* (m), *maní* (m)

penny stock *acción cotizada en menos de un dólar*

percentage *porcentaje* (m)

perform (carry out) *desempeñar, ejecutar*

performance *desempeño, ejecución del trabajo*

control *control de ejecución* (m)

periodic accrued interest *intereses periódicos acumulados*

perishable *perecedero*

personal income tax *impuesto sobre la renta personal*

person in charge *encargado*

personnel *personal* (m)

person-to-person sales, personal selling *venta personal*

petroleum *petróleo*

photocopier *fotocopiadora*

picket line *piquete laboral* (m)

pickup truck *camioneta*

piecework *trabajo a destajo*

pig (pork) *cerdo*

pineapple *piña*

pipeline *oleoducto*

place *lugar, plaza, colocar*

an order *hacer un pedido, solicitar*

placement *colocación*

agency *agencia (empresa) de colocación (de empleo)*

plan (n) *plan* (m), *preparativo;* (v) *planificar, planear*

planning *planificación, planeación*

plantain *plátano*

pleased: to be ___ to *tener el gusto de*

pledge, security *prenda*

point of view *punto de vista, opinión*

policy *política, póliza (de seguro)*

political *político*

bossism *caciquismo*

correctness *progresismo*

unrest *agitación política*

poll (opinion) *sondeo, encuesta*

population *población*

port *puerto*

portable *portátil*

portfolio *carpeta*

post (position) *puesto, cargo*

postpone *aplazar, postergar*

potash *potasa*

potential customer *consumidor presunto*

pothole *bache (en la carretera)*

poverty *pobreza, miseria*

practice *costumbre* (f), *práctica*

predict *pronosticar, prever*

preferential *preferente*

preferred stock *acción preferida (preferente, prioritaria, privilegiada)*

premium *prima*

preparation *preparativo*

press *prensa*

presumed *presunto* (adj)

price *precio, importe* (m)

quote *cotización (de precios)*

pricing *estructuración de precios*

principal, capital *principal* (m)

print (n) *impresión;* (v) *imprimir, emitir (dinero)*

printed matter *impreso*

printer *impresora*

private *privado, particular*

carrier *transportista privado*

individual *particular* (m)

privatize *privatizar*

procedure *procedimiento*

processing *procesamiento, elaboración*

produce *producir*

product *producto*

control *control de fabricación* (m)

liability *responsabilidad del productor*

management *gestión manufacturera*

mix *mezcla de productos*

production manager *gerente de producción* (m/f)

productivity *productividad*

professional (n) *profesional* (m); (adj) *profesional*

profit (n) *beneficio, ganancia, utilidad, renta, lucro;* (v) *beneficiar*

and loss statement *estado de ganancias y pérdidas*

margin *margen de beneficio* (m)

motive *motivación con fines de lucro*

profitability *rentabilidad*

profitable *beneficioso, rentable, lucrativo*

promissory note (IOU) *pagaré* (m)

promote *promover* (ue), *patrocinar, fomentar, auspiciar, ascender* (ie)

promotion *promoción, fomento, ascenso (job)*

allowance *descuento por promoción*

proof of origin *certificado de origen*

property *propiedad, terreno, hacienda, patrimonio, caudal* (m)

propose *proponer*

prosperous *próspero*

protect *proteger, amparar*

provide *proveer, proporcionar*

proxemics *proxémica*

public (n) *público;* (adj) *público*

health *sanidad pública*

relations *relaciones públicas*

Public Business Register *Registro Público de Comercio*

publicity *publicidad*

pull (influence) *enchufe* (m), *palanca*

pump *bomba (para petróleo por un oleoducto)*

purchase (purchasing) *compra*

order *pedido, orden* (f)

lessee (tenant)   *arrendatario*

less than carload on train (l.c.l.)
   *tarifa por menos de un vagón
   completo*

letter of credit   *carta de crédito*

liabilities   *pasivo, obligaciones*

liability   *obligación,
   responsabilidad*

   insurance   *seguro de
   responsabilidad civil*

license (licensing)   (*n*) *licencia,
   permiso;* (*v*) *licenciar, permitir*

life insurance   *seguro de vida*

life-long learning   *aprendizaje de
   toda la vida* (*m*)

lighter (type of boat)   *chalana*
   (*barco*)

lighting   *alumbramiento*

light machinery   *maquinaria
   liviana*

   oil   *aceite liviano* (*ligero*)

limestone   *caliza*

limited liability company   *sociedad
   de responsabilidad limitada*

linens   *lencerías*

line of products   *surtido, línea*

link   *enlace* (*m*), *vínculo–lazar,
   vincular*

liquidation, dissolution
   liquidación, saldo, disolución

list price   *precio de catálogo*

loader   *cargador, carguero*

loading point   *punto de embarque*

loan   *préstamo, empréstito*

lobbyist   *cabildero* (*m*)

locale (establishment, location)
   local (*m*), *plaza*

locate   *ubicar(se), situar(se)*

location   *ubicación*

lockout   *cierre patronal* (*m*)

long   *largo*

   haul or run   *trayecto largo*

   standing   *viejo, antiguo*

   term   *a largo plazo*

loss   *pérdida*

loudspeaker   *portavoz* (*m*),
   altoparlante (*m*)

lower management   *bajo mando*

loyalty   *lealtad*

lumber   *madera*

luxury   *lujo*

   goods   *bienes de lujo* (*m/pl*)

M

machinery   *maquinaria*

magnesium   *magnesio*

mail order sales   *venta por correo*

main office   *casa matriz, sede* (*f*)

maintenance   *mantenimiento*

manage   *administrar, dirigir*

management   *administración,
   gerencia, gestión, dirección,
   mando*

Management by Objectives (MBO)
   Administración por Objetivos

manager   *administrador/a, gerente
   (m/f), gestor/a, director/a*

managerial   *administrativo,
   gerencial, directivo,
   empresarial*

   accounting   *contabilidad de
   gestión*

manners, upbringing; schooling,
   education (in Latin America)
   educación

   good ___ *buenos modales*

manual laborer   *obrero*

manufacture   *elaborar, fabricar*

manufacturer   *fabricante, empresa
   productora*

manufacturer's agent
   representante de fábrica (*m/f*)

manufacturing   *fabricación,
   manufactura, elaboración*

   plant   *planta manufacturera*

marble   *mármol* (*m*)

marital status   *estado civil*

maritime, sea   *marítimo*

   shipper   *fletador marítimo*

mark down (*v*)   *rebajar, reducir*

market   (*n*) *mercado;* (*v*)
   comercializar

   entry   *entrada al* (*en el*)
   mercado

   forces   *fuerzas de mercado*

   manager   *jefe/a de mercado*

penetration   *penetración del
   mercado*

   price   *precio de mercado*

   segmentation   *segmentación
   del mercado*

marketing   *marketing, mercadeo,
   mercadología, mercadotecnia,
   comercialización*

mass production   *producción en
   masa* (*en serie*), *producción
   masiva*

   selling   *venta en masa*

materials control   *control de
   materiales* (*m*)

maturity   *vencimiento*

   date   *fecha de vencimiento*

means   *medio*

   of distribution   *medio de
   distribución*

   of transportation   *medio de
   transporte*

measure   (*n*) *medida, gestión;* (*v*)
   medir (i)

measurement   *medida*

meat-packing plant   *frigorífico*

mechanism   *mecanismo*

media   *medios de comunicación*

mediator   *mediador/a*

meet   *reunirse*

merchandise   (*n*) *mercancía,
   mercadería, géneros, efectos;*
   (*v*) *comerciar*

merchant   *mercader* (*m*),
   comerciante (*m/f*),
   negociante (*m/f*)

mercury   *mercurio*

merger   *fusión de empresas*

metallurgy   *siderurgia*

middleman   *intermediario,
   revendedor, comerciante*
   (*m/f*)

middle management   *medio
   mando, mando intermedio*

midsize company   *empresa
   mediana*

midterm   *a medio plazo*

mining   (*n*) *minería,* (*adj*) *minero*

minor (*adj*)   *de poca importancia,
   menor*

misunderstanding   *malentendido*

molybdenum (metal)   *molibdeno*

money   *dinero, plata*

  laundering   *lavado de dinero*

  box, piggy bank   *hucha, alcancía, chanchito*

monitor   *controlar, observar*

monthly   *mensual*

  payment, rent   *mensualidad*

mortgage   (*n*) *hipoteca;* (*v*) *hipotecar, gravar;* (*adj*) *hipotecario*

  loan   *préstamo hipotecario*

motherboard   *tarjeta madre*

motor vehicle   *vehículo de motor, automóvil*

motto   *lema* (*m*), *divisa*

mouse   *ratón* (*de computadora*)

move   (*n*) *mudanza, traslado;* (*v*) *mudar(se), trasladarse*

multimedia instruction   *enseñanza multimedia*

N

national currency   *moneda nacional, divisa*

natural resource   *recurso natural*

natural source   *emanación natural* (*de petróleo o de gas natural*)

negotiable securities   *títulos de crédito*

negotiate   *negociar, tramitar*

neon sign   *letrero luminoso* (*de neón*)

net income   *ingreso neto*

  profit   *utilidad neta*

network   *red* (*f*)

newsletter   *boletín informativo*

nickel (metal)   *níquel* (*m*)

night shift   *turno nocturno o de noche*

noncompliance insurance (surety)   *seguro de falta de cumplimiento*

nonpayment   *impago*

non-store retailer   *detallista sin almacén*

note   (*n*) *pagaré* (*m*); (*v*) *anotar, asentar* (ie)

  payable   *nota* (*documento*) *por pagar*

  receivable   *nota* (*documento*) *por cobrar*

number (figure, code)   *cifra, clave* (*f*)

O

obsolete   *anticuado, obsoleto*

office   *oficina*

  worker   *oficinista* (*m/f*), *funcionario*

official   *oficial* (*m*), *funcionario*

off-shore branch   *sucursal fuera del país* (*f*), *sucursal ultramarina*

oil   (*n*) *aceite* (*m*), *petróleo;* (*adj*) *petrolero*

  refining   *refinamiento de petróleo*

  spill   *derrame de aceite* (*de petróleo*) (*m*)

oilseed   *semilla oleaginosa*

olive   *aceituna*

  oil   *aceite de oliva* (*m*)

on behalf of   *de parte de*

on board   *a bordo*

online   *en línea* (*computadoras o internet*)

  meeting   *reunión en línea*

operating cost   *gasto de operación*

  profit   *utilidad de operación*

opinion poll   *sondeo, encuesta*

option   *opción*

order   *orden* (*m*: arrangement; *f*: command, purchase order), *pedido, carta de pedido*

  to pay   *orden de pago* (*f*)

organizational chart   *organigrama* (*m*)

originating in   *originario de*

outlay (of cash)   *egreso, gasto*

output   *producción*

outright   *totalmente, completamente; en dinero efectivo*

outskirts   *afueras*

overdrawn check (NSF: insufficient funds)   *cheque en descubierto* (*sin fondos*)

overseas   *ultramarino*

  branch   *sucursal ultramarina, sucursal en ultramar*

over-the-counter market securities (OTC)   *valores no vendidos en la bolsa, mercado fuera de la cotización oficial*

overtime   *horas extra(s)* (*adicionales*)

owner   *dueño, propietario, patrón/a*

owner's capital   *capital y reservas*

  equity   *capital y reservas, patrimonio*

ox   *buey* (*m*)

P

packing, packaging   *embalaje* (*m*)

pager   *bíper* (*m*), *ubicador, buscapersonas* (*m/f/s/pl*), *localizador*

paid vacation   *vacaciones retribuidas*

pamphlet   *folleto, panfleto, volante* (*m*)

paper clip   *presilla, clip* (*m*)

paperwork   *papeleo*

paralanguage   *paralenguaje* (*m*)

parent bank   *banco central* (*matriz*)

parish   *parroquia*

parking   *estacionamiento*

partial   *parcial*

partner   *socio*

partnership   *sociedad colectiva* (*en nombre colectivo*), *empresa colectiva*

party entering into a contract   *contratante* (*m/f*), *parte* (*f*)

pass (*v*)   *rebasar, adelantar* (*otro carro en la carretera*)

password   *contraseña*

patent royalty   *derecho de patente*

pattern   *patrón* (*m*), *pauta*

paved *pavimentado*
pay (*n*) *pago, pagamento;* (*v*) *pagar*
payable *pagadero*
payment in advance *pago por anticipado*
payroll *nómina*
pea *guisante* (*m*)*, chícharo*
peach *melocotón* (*m*)*, durazno*
peanut *cacahuete* (*m*)*, maní* (*m*)
penny stock *acción cotizada en menos de un dólar*
percentage *porcentaje* (*m*)
perform (carry out) *desempeñar, ejecutar*
performance *desempeño, ejecución del trabajo*
  control *control de ejecución* (*m*)
periodic accrued interest *intereses periódicos acumulados*
perishable *perecedero*
personal income tax *impuesto sobre la renta personal*
person in charge *encargado*
personnel *personal* (*m*)
person-to-person sales, personal selling *venta personal*
petroleum *petróleo*
photocopier *fotocopiadora*
picket line *piquete laboral* (*m*)
pickup truck *camioneta*
piecework *trabajo a destajo*
pig (pork) *cerdo*
pineapple *piña*
pipeline *oleoducto*
place *lugar, plaza, colocar*
  an order *hacer un pedido, solicitar*
placement *colocación*
  agency *agencia* (*empresa*) *de colocación* (*de empleo*)
plan (*n*) *plan* (*m*)*, preparativo;* (*v*) *planificar, planear*
planning *planificación, planeación*
plantain *plátano*
pleased: to be ___ to *tener el gusto de*
pledge, security *prenda*
point of view *punto de vista, opinión*

policy *política, póliza* (*de seguro*)
political *político*
  bossism *caciquismo*
  correctness *progresismo*
  unrest *agitación política*
poll (opinion) *sondeo, encuesta*
population *población*
port *puerto*
portable *portátil*
portfolio *carpeta*
post (position) *puesto, cargo*
postpone *aplazar, postergar*
potash *potasa*
potential customer *consumidor presunto*
pothole *bache* (*en la carretera*)
poverty *pobreza, miseria*
practice *costumbre* (*f*)*, práctica*
predict *pronosticar, prever*
preferential *preferente*
preferred stock *acción preferida* (*preferente, prioritaria, privilegiada*)
premium *prima*
preparation *preparativo*
press *prensa*
presumed *presunto* (*adj*)
price *precio, importe* (*m*)
  quote *cotización* (*de precios*)
pricing *estructuración de precios*
principal, capital *principal* (*m*)
print (*n*) *impresión;* (*v*) *imprimir, emitir* (*dinero*)
printed matter *impreso*
printer *impresora*
private *privado, particular*
  carrier *transportista privado*
  individual *particular* (*m*)
privatize *privatizar*
procedure *procedimiento*
processing *procesamiento, elaboración*
produce *producir*
product *producto*
  control *control de fabricación* (*m*)
  liability *responsabilidad del productor*

management *gestión manufacturera*
  mix *mezcla de productos*
production manager *gerente de producción* (*m/f*)
productivity *productividad*
professional (*n*) *profesional* (*m*)*;* (*adj*) *profesional*
profit (*n*) *beneficio, ganancia, utilidad, renta, lucro;* (*v*) *beneficiar*
  and loss statement *estado de ganancias y pérdidas*
  margin *margen de beneficio* (*m*)
  motive *motivación con fines de lucro*
profitability *rentabilidad*
profitable *beneficioso, rentable, lucrativo*
promissory note (IOU) *pagaré* (*m*)
promote *promover* (ue)*, patrocinar, fomentar, auspiciar, ascender* (ie)
promotion *promoción, fomento, ascenso* (job)
  allowance *descuento por promoción*
proof of origin *certificado de origen*
property *propiedad, terreno, hacienda, patrimonio, caudal* (*m*)
propose *proponer*
prosperous *próspero*
protect *proteger, amparar*
provide *proveer, proporcionar*
proxemics *proxémica*
public (*n*) *público;* (*adj*) *público*
  health *sanidad pública*
  relations *relaciones públicas*
Public Business Register *Registro Público de Comercio*
publicity *publicidad*
pull (influence) *enchufe* (*m*)*, palanca*
pump *bomba* (*para petróleo por un oleoducto*)
purchase (purchasing) *compra*
  order *pedido, orden* (*f*)

purchasing *compra*
   manager or director *gerente (m/f) de compras, jefe/a de compras*
   policy *política de compras*
purpose *propósito*
put at risk *poner a riesgo, poner en peligro*
pyrite *pirita*

Q

quality control *control de calidad (m)*
quota *cuota, cupo, contingente (m)*
quote (a price) *cotizar*

R

rack *estante (m)*
   jobber *mayorista de estanterías (m/f)*
ragged *harapiento, andrajoso*
railroad *(n) ferrocarril (m); (adj) ferroviario*
   crossing *cruce de ferrocarril (m)*
raise *(n) aumento*
random *al azar*
range *variedad, gama*
rate *tasa o tipo (de interés, de cambio de divisa), índice (m), tarifa*
   of exchange *tasa de cambio*
   of growth *índice de crecimiento*
   of increase *tasa de crecimiento*
   of interest *tasa de interés*
   of return (on investment) *tasa de rendimiento*
ratio *proporción, razón (f)*
raw material *materia prima*
real estate *bienes raíces (inmuebles)*
   broker *corredor/a de bienes raíces (inmuebles)*
rebate to consumer *rebaja al comprador*
receipt *recibo*
receiver, telephone receiver *receptor (m), auricular (m)*

receivership *ser declarado en suspensión o en cesación de pagos, entrar en liquidación*
receptionist *recepcionista (m/f)*
reciprocal buying *compra recíproca*
reconstitute *reconstituir*
record *(v) registrar*
recorded transfer of securities *cesión registrada*
recreation *recreo*
recruit *reclutar*
recruitment *reclutamiento*
redial *remarcación*
redialing *remarcación*
red tape *papeleo, balduque (m)*
re-export *reexportación*
refund *(n) devolución*
   period *plazo de devolución*
registered trademark *marca registrada*
regret *sentir (i), lamentar*
regulation *reglamento*
reimbursement *reembolso, reintegro, repago*
reliability *fiabilidad*
reliable *fiable, formal*
relocation *reubicación*
remittance (of money) *remesa*
remote control *control remoto*
renew *renovar(se) (ue)*
renewal *renuevo*
rent *(n) alquiler (m), arrendamiento; (v) alquilar, arrendar*
repair *(n) reparación; (v) reparar*
repayment *reembolso, liquidación, reintegro, pago*
report *(n) informe (m); (v) informar*
requirement *requisito*
resale *reventa*
reschedule *prorrogar, renegociar una deuda*
research and development *investigación y desarrollo*
resident *residente, vecino*
resource *recurso*

résumé *curriculum vitae (m), expediente personal (m), hoja de vida*
retail *al detalle, al por menor, al menudeo*
retailer *detallista (m/f), minorista (m/f), comerciante al por menor (m/f)*
retailing *venta al detalle (al por menor)*
retain *retener*
retirement *jubilación*
return (of goods or merchandise) *devolución*
revenue *ingreso, renta, ganancia*
review *(n) revisión; (v) revisar*
revocable letter of credit *carta de crédito revocable*
reward *(n) premio; (v) premiar, recompensar*
risk *riesgo*
   factor *factor riesgo*
   management *control (administración) de riesgo*
road *calle (en la ciudad), carretera (fuera de la ciudad), calzada, camino*
   related *vial*
   sign *cartel de carretera (m), señal de carretera (f), señalización vial*
robot *autómata (m)*
rock-bottom price *precio mínimo*
rough draft *borrador (m)*
route sheet (way bill) *hoja de ruta*
routing *ruta, recorrido*
rubber *caucho, goma*
   band *goma elástica, liga*
rule *regla*

S

sabotage *(n) sabotaje (m)*
safe *(n) caja fuerte; (adj) seguro*
safety deposit box *caja de seguridad*
salary (weekly, monthly, or annual) *sueldo*

sale(s)   *venta(s)*
  agent   *agente de ventas (m/f)*
  pitch   *discursito del vendedor, tener buena labia para vender, saber convencer con argumentos, hacer un rollo publicitario*
  promotion   *fomento (promoción) de ventas*
salt   *sal (f)*
salvage   *recuperación (m)*
  value   *valor de recuperación (m)*
sample   *muestra*
sanction   *(n) sanción; (v) sancionar*
sand   *arena*
save   *ahorrar*
savings   *ahorros*
  account   *cuenta de ahorros*
  bank, savings and loan   *caja de ahorros*
  bond   *bono de ahorro*
sawmill   *aserradero*
scarcity (shortage)   *escasez (f)*
schedule   *(n) horario; (v) programar, fijar la hora de, estar citado*
scheduling   *programación*
screen (television, movie, computer) (n)   *pantalla*
scroll (v)   *desplazar arriba y abajo*
seafood, shellfish   *marisco*
seamless   *sin fisuras*
secured loan   *préstamo garantizado (prendario)*
securities   *valores (m/pl), títulos de valores*
  exchange   *bolsa de valores*
seed   *semilla*
selection   *surtido*
self-financing   *autofinanciación*
self-sufficiency   *autosuficiencia*
sell   *vender, comercializar*
seller   *vendedor/a*
selling   *venta, comercialización*
send   *mandar, enviar, remitir, despachar, expedir (i)*
sender   *remitente (m/f), emisor/a*
seniority   *antigüedad, años de servicio*

set   *fijar*
  forth   *exponer*
  up   *montar*
  up obstacles   *poner trabas*
settle (a debt or account)   *solventar, liquidar, saldar*
severance   *cesantía*
  indemnity   *auxilio de cesantía, indemnización por despido, sueldo de despedida*
sewing machine   *máquina de coser*
sexual harassment   *acoso sexual*
share   *acción, participación*
shareholder   *accionista (m/f)*
shelter   *(n) amparo; (v) amparar*
shift premium   *prima por trabajo fuera de turno*
ship (n)   *buque (m), barco, nave (f), vapor (m)*
shipment   *embarque (m), envío*
shipowner   *fletante (m/f)*
shipper   *fletador*
shipping company   *empresa naviera*
  document   *documento de embarque*
shop   *tienda, almacén (m), taller (m)*
shopping center   *centro comercial*
short   *corto*
  haul or run   *trayecto corto*
  term   *a corto plazo*
showcase   *vitrina, escaparate (m)*
shrimp   *camarón (m), gamba*
shutdown   *cierre (m)*
siderurgy   *siderurgia*
sight draft   *giro a la vista*
sign   *letrero, rótulo, cartel, señal; firmar*
  posting   *señalización*
signature loan   *préstamo a sola firma*
silent partner   *socio comanditario*
  partnership   *sociedad comanditaria (en comandita)*
silver   *plata*
simulation technique   *técnica de simulación*
situation   *supuesto*
  technique   *técnica de incidente*

skill (ability)   *habilidad, destreza, pericia*
skin   *piel (f)*
slogan   *lema (m), mote (m)*
small   *pequeño*
  batch production   *producción ordenada (en pequeños lotes)*
  business   *pequeña empresa*
snack   *merienda*
soft   *blando*
  drink (soda)   *refresco*
  sell   *venta por persuasión*
software   *software program*
sole proprietorship   *empresa individual o simple, propiedad de una sola persona*
solvency   *solvencia*
sorghum   *sorgo*
source   *emanación (origen)*
sovereign state   *estado soberano*
soybean   *soja, soya*
Spaceship Earth   *nave espacial: la Tierra (f)*
spare part   *pieza de repuesto*
specialize   *especializar*
specialty   *especialidad*
  goods   *bienes especiales*
  shop   *almacén de artículos de calidad*
specify   *precisar, especificar*
speculate   *especular*
speculative buying   *compra especulativa*
speedbump   *tope (México), guardia tumbado (Spain), policía acostado (Colombia), muerto (Costa Rica)*
spill   *(n) derrame (m); (v) derramar*
spokesperson   *portavoz (m/f)*
sponsor   *patrocinar*
spreadsheet   *hoja de cálculo*
staff   *personal, plantilla*
  member   *funcionario*
standard of living   *nivel de vida (m)*
standard production   *producción estándar*

staple (*n*) *grapa;* (*v*) *engrapar*

stapler *engrapador/a, abrochador (m)*

stapling *engrapamiento*

state-controlled company *empresa estatal*

statement of account *estado de cuenta*

state-run (government-run) *estatal*

statistics *estadística*

stay *estancia*

steel *acero*

step (procedure) *trámite (m), gestión*

stock (*n*) *acción, existencia* (in stock: *en existencia*); (*adj*) *bursátil;* (*v*) *abastecer, proveer*

  exchange *bolsa (de valores, de comercio)*

  market *bolsa comercial (de valores)*

  portfolio *cartera de acciones*

stockbroker *corredor/a de acciones (de bolsa)*

stockholder *accionista (m/f)*

stoplight *semáforo*

stopping *detenimiento*

storage *almacenaje (m), almacenamiento*

straight-line *lineal*

  depreciation *depreciación lineal*

  method (depreciation) *método lineal*

strategic *estratégico*

  planning *planificación estratégica*

strategy *estrategia*

strike (*n*) *huelga, paro;* (*v*) *ir a la huelga, declararse en huelga*

strikebreaker (scab) *esquirol (m), rompehuelgas*

striker *huelguista (m/f)*

student intern *asistente de práctica (m/f)*

submit *someter*

subsidiary *sucursal (f), filial (f)*

subsidize *subvencionar*

subtract *sustraer*

success *éxito, triunfo*

successful *exitoso*

successfully *con éxito, exitosamente*

sue *demandar, procesar, pleitar*

sugar *azúcar (m/f)*

  beet *remolacha azucarera*

  cane *caña de azúcar*

  refining *refinamiento de azúcar*

suitable *idóneo*

sulfur *azufre (m)*

summary *minuta*

supplier *proveedor/a, abastecedor/a, suministrador/a*

supplies *bienes de abastecimiento (m/pl), suministros, abastos*

supply (*n*) *abastecimiento, suministro;* (*v*) *abastecer, suministrar, proveer*

  and demand *oferta y demanda*

supporter *partidario*

surf (the internet) *navegar*

surplus *excedente (m), superávit(m); superavitario (adj)*

survey *encuesta*

swivel chair *silla giratoria*

sworn in *prestar juramento (como presidente)*

T

tactful *discreto, diplomático*

take *tomar*

  care of *encargarse de*

  steps or measures *hacer gestiones*

  the census *hacer o levantar el censo*

tariff (*n*) *tarifa, arancel (m);* (*adj*) *arancelario*

taste (*n*) *sabor (m)*

tax (*n*) *impuesto,* (*adj*) *impositivo*

  accountant *contable fiscal (m/f)*

  accounting *contabilidad fiscal*

  liability *obligación contributaria, (impositiva)*

team *equipo*

tear down, demolish *derrumbar*

technology *tecnología*

  transfer *transmisión (transferencia) de tecnología*

telecommuter *teleconmutador/a, trabajador/a a distancia*

telemarketing *telemarketing (m)*

telephone bill *cuenta de teléfono*

telesales *televentas*

tenant *inquilino*

test (*n*) *prueba;* (*v*) *probar* (ue), *poner a prueba*

textile *tejido, textil (m)*

theme, subject *tema (m), asunto*

third country national *nacional de terceros países*

time *tiempo, vez*

  deposit *depósito a plazo fijo*

  draft *giro a plazo*

  period *plazo*

tin *estaño*

to the bearer *al portador*

toll road *autopista (f) de peaje o de cuota*

ton *tonelada*

tool *herramienta*

tourism *turismo*

tow (*v*) *remolcar*

  boat *remolcador*

toxic waste *desecho tóxico*

trade (*n*) *comercio, negocio;* (*v*) *comerciar, negociar*

  deficit, unfavorable balance of trade *saldo negativo (desfavorable), balanza comercial negativa o deficitaria*

  discount *rebaja al revendedor*

  fair *feria comercial*

trademark *marca comercial (de fábrica), marca registrada*

train (*n*) *ferrocarril, tren;* (*v*) *adiestrar, capacitar, entrenar*

training *adiestramiento, capacitación, entrenamiento*

transact *negociar, tramitar*

transaction *transacción*

transfer   (n) *traslado, traspaso (de título de propiedad), trasbordo;* (v) *trasladar, traspasar, trasbordar*
　of technology   *transmisión de tecnología*
　payment   *transferencia (pago de transferencia)*
translator   *traductor/a*
transportation   *transporte (m), acarreo*
transport ship   *buque de transporte (m)*
travel allowance   *viáticos*
traveling market   *mercado ambulante*
treasury   *tesorería*
　bond   *bono del estado, bono del Tesoro (EUA)*
treatment, manner of dealing with   *trato*
trial balance   *balance de comprobación (m)*
truck (n)   *camión (m)*
　wholesaler   *mayorista sin almacén (m/f)*
trust   (n) *confianza;* (v) *confiar en, fiarse de*
try (v)   *tratar de, probar* (clothes, food, drink)
tug   (n) *remolcador,* (v) *remolcar*
tugboat   *remolcador*
tuition scholarship   *beca de matrícula*
tungsten   *tungsteno*
turkey   *pavo, guajolote*
TV card   *tarjeta de TV*
twin (n/adj)   *gemelo*
　deficits   *deudas gemelas*
　Towers   *Torres Gemelas (Centro Comercial Mundial en NY)*
type (v)   *escribir a máquina*
typewriter   *máquina de escribir*

u

ultralight   *ultraligero*
ultrathin   *ultradelgado*
underdeveloped   *subdesarrollado*

underemployment   *subempleo*
undertake   *emprender*
unemployment   *desempleo, paro*
　rate   *índice de desempleo (m)*
unfinished goods   *bienes semiacabados*
union   (n) *sindicato;* (adj) *sindical*
　representative   *representante sindical (m/f)*
unlimited   *sin límites, ilimitado*
unloading   *descarga (de mercancías)*
unsecured loan   *préstamo no garantizado (sin caución)*
upper management   *alto mando*
up-to-date   *al día, corriente*
uranium   *uranio*
user   *usuario*
utilities   *luz, agua y gas*
utility   *utilidad*

V

valuables   *valores (m), artículos de valor*
value-added   *ad valorem*
　tax   *impuesto sobre el valor añadido (agregado) (IVA)*
van   *camioneta*
varnish (n)   *barniz*
VCR (videocassette)   *vídeo*
vegetable   *vegetal (m), legumbre (f), verdura*
vending machine   *máquina expendedora, distribuidor automático*
video card   *tarjeta de vídeo*
virtual reality   *realidad virtual*
voice   *voz*
　mail   *correo auditivo*
　mailbox   *buzón de voz (m)*
volume discount   *descuento sobre cantidad*

W

wage (hourly)   *jornal (m), salario*
　hike   *aumento de salario*
warehouse   (n) *almacén (m);* (v) *almacenar*
waste   (n) *desperdicio;* (v) *desperdiciar*

wealth   *riqueza, caudal (m), patrimonio*
wear out   *desgastar(se), agotar(se)*
web page   *página web*
web site   *sitio*
West Indies, Antilles   *Islas Antillas*
wheat   *trigo*
wholesale   *al por mayor*
wholesaler   *mayorista (m/f), comerciante al por mayor (m/f)*
wholesaling   *venta al por mayor*
will   *testamento*
winegrowing, wine production   *vinicultura*
withdraw   *retirar*
wood   *madera, leña*
wool   *lana*
word processor   *procesador de textos (de palabras) (m)*
work   (adj) *laboral*
　aesthetic, attractiveness of work environment   *estética laboral*
　ethic   *ética laboral*
　place   *lugar de trabajo, oficina, fábrica*
　week   *semana laboral*
worker (n)   *trabajador, obrero, empleado, operario;* (adj) *laboral*
workshop   *taller (m)*
workstation   *estación de trabajo*
World Trade Organization   *Organización Mundial del Comercio*
worldwide   *mundial*
worship of saints   *santería*
wireless   *inalámbrico*
wrong way (in traffic)   *a, de contramano*

Y

yield (interest)   *devengar*

Z

zinc   *cinc (m)*
zip drive   *disco zip*

Índice temático

Page numbers in italics indicate terms found in charts, tables, boxed in readings, such as Para pensar *sections, footnotes, etc.*

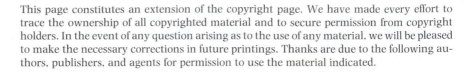

Credits

This page constitutes an extension of the copyright page. We have made every effort to trace the ownership of all copyrighted material and to secure permission from copyright holders. In the event of any question arising as to the use of any material, we will be pleased to make the necessary corrections in future printings. Thanks are due to the following authors, publishers, and agents for permission to use the material indicated.

TEXT CREDITS

Chapter 1, page 4: From Estrategia para reducir la pobreza, Banco Interamericano de Desarrollo [BID], Departamento de Desarrollo Sostenible; **Chapter 2, page 32:** Figure from BID, Departamento de Desarrollo Sostenible, marzo 2002. Interamerican Development Bank. Reprinted with permission; **Chapter 3, page 62:** Adapted from www.bumeran.com, marzo 2004; **Chapter 4, page 89:** From Mission and Objectives of the BCIE, www.cabei.org/bcie/contnrdescmision.htm; **Chapter 5, pages 126-127:** From Sr. J. Ed Ramsey, Director de Ventas Internacionales de Taylor Ramsey Corporation en Lynchburg, Virginia; **Chapter 6, page 158:** From www.revistapoder.com, 5/7/04, página 2; **Chapter 7, page 188:** From Estatuto de los Trabajadores, Ministerio de Trabajo y Asuntos Sociales, España, www.mtas.es 23/4/03; **Chapter 8, page 220:** From Iván Escalona, «Diseño y Manufactura asistidos por computadora», www.monografias.com/Ingenieria/index.shtml; **Chapter 9, page 254:** From Hispanic PR Wire, 10/4/02; **Chapter 10, page 283:** From www.colegioabogados.org/normas/reglamentos/decreto298-sustancias _peligrosas.htm, 7/20/04; **Chapter 11, page 316:** From Decálogo del inversor (www. bolsamadrid.es/, 8/5/04). De las recomendaciones que la Comisión Nacional del Mercado de Valores ofrece al inversor; **Chapter 12, page 346:** From (Los ejemplos son de España, México, Argentina, Uruguay y del U.S. Department of Transportation, http://www. dot.gov/). (Para una explicación de éstas y otras señales viales, véase http://exito.heinle. com.); **Chapter 13, page 382:** From CRISIS EN BOLIVIA: Estallido social detonado por el gas (www.elmundo.es, EFE, 14/10/03 and www.opinion.com.bo, Cochabamba, 8/12/04).

PHOTO CREDITS

Page 1: © T. Bruce Fryer; **Page 25:** © The Thomson Corporation/Heinle Image Resource Bank; **Page 48:** © Rob Crandall/The Image Works; **Page 59:** © Jose Luis Pelaez, Inc./CORBIS; **Page 73:** © Michael Scott Doyle; **Page 87:** © The Thomson Corporation/Heinle Image Resource Bank; **Page 123:** © Pablo Corral Vega/CORBIS; **Page 151:** © Photodisc Red/Getty Images; **Page 185:** © Jon Feingersh/CORBIS; **Page 213:** © Michael Newman/Photo Edit; **Page 249:** © John Coletti Photography; **Page 279:** © Scott Dalton/Bloomberg News/Landov; **Page 285:** © Jeff Gilbreath; **Page 297:** © Carrion Carlos/CORBIS SYGMA; **Page 298:** © EPA/Landov; **Page 311:** © Jan Halaska/Index Stock Imagery; **Page 341:** © AP Photo/Kathryn Cook; **Page 379:** © Alberto Lowe/Reuters/Landov; **Page 404:** © Free Agents Limited/CORBIS; **Page 405:** © dbox for the Lower Manhattan Development Corporation/CORBIS; **Page 415:** © Carol Simowitz; **Page 422:** © Royalty-Free/CORBIS